CTA
재정학
10개년 기출문제해설

세무사
1차

시대에듀

저자가 전하는 말 PREFACE

세무사 1차 시험 합격으로 가는 지름길!

세무사 1차 시험 1교시의 경우 세법학개론 40문제와 재정학 40문제를 80분 안에 풀어야 합니다. 재정학이란 과목은 1차 시험에만 있기 때문에 중요도는 떨어지지만, 세법학개론에 비해 지문이 짧고, 계산문제의 비중이 낮다는 점을 이용하여 빠른 시간 내에 정확하게 풀 수 있다면 여러분의 1차 합격률을 높여주는 전략과목이 될 수 있다고 생각합니다. 또한 재정학의 경우 매년 반복해서 출제되는 주제가 있기에 시험 전날 재정학의 목차를 펼쳐 두고 여러분의 머릿속에 중요한 부분이 바로 연상된다면 고득점을 받을 수 있을 것이라 생각합니다.

본서는 시중의 문제만 풀어주는 기출문제집들과 차별화되도록 효과적이면서 효율적인 학습이 가능한 구성으로 집필되었습니다. 기출문제를 풀면서 다른 해에 출제된 유사문제를 확인할 수 있도록 [유사문제 CHECK]를 수록하였고, 핵심이론까지 한 번에 정리할 수 있도록 해설 하단에 해당 문제의 [관련이론]을 수록하였습니다.

❶ 한 해의 기출문제를 풀어보면서 과거 유사문제를 함께 학습해 보자!

재정학의 경우 비슷한 유형의 문제가 출제되기도 하지만, 과거의 기출문제를 응용해서 풀어야하는 문제가 출제되기도 합니다. 하지만 보통 기출문제를 푸는 시점은 적어도 기본서 1회독을 끝낸 다음 점검단계에서 전 범위의 문제를 다시 풀어보거나, 시험을 치르기 2~3개월 전 본인의 실력을 테스트하기 위하여 푸는 경우가 많습니다. 따라서 단원별로 유사문제들을 한꺼번에 연계해서 풀기가 어렵습니다. 본서는 이러한 문제점을 해결하기 위하여, 해설 우측에 [유사문제 CHECK]를 수록하여 수험생이 쉽게 반복학습 및 심화학습을 할 수 있도록 구성하였습니다.

❷ 기출문제로 현재 나의 수준을 확인하고 학습방향을 제대로 설정하자!

수험생 시절 저는 기출문제를 기본서나 객관식문제집의 회독수를 끝내고, 시간 내에 풀 수 있는지, 제가 현재 부족한 단원이 무엇인지 확인하는 도구로 활용하였습니다. 아마 다른 수험생도 저와 비슷하게 기출문제를 활용하실 것입니다. 저는 주로 틀린 부분을 정확히 체크해 놓고, 제가 틀린 부분의 이론을 기본서나 워크북에서 찾아 다시 학습하곤 했는데, 생각보다 시간이 많이 걸렸고, 때로는 이 지문이 왜 틀린 것인지 한 번에 와닿지 않는 경우도 있었습니다. 이러한 경험은 객관식 지문의 틀린 보기를 올바른 문장으로 한눈에 볼 수 있도록 첨삭식 해설로 표시해주고, 자주 출제되거나 알아두어야 할 내용을 [관련이론]으로 정리하여 기본서를 찾아보는 시간을 줄일 수 있는 도서의 집필로 이어졌습니다. 따라서 본서는 [관련이론]을 통해 현재 부족한 부분의 내용을 기본서에서 찾아서 학습해야 하는 수고를 덜어주고, 기출문제와 관련된 추가적인 학습을 할 수 있도록 구성되었습니다.

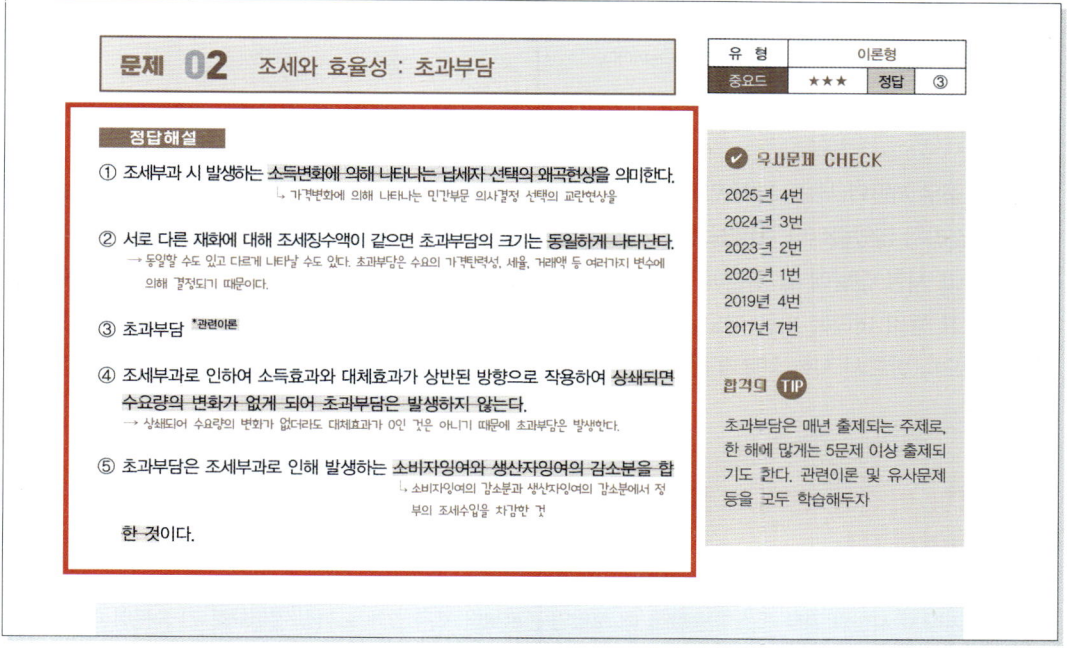

기출문제는 이미 검증된 문제이기 때문에 본서는 수험생 입장에서 어떻게 하면 짧은 시간에 효율적으로 공부할 수 있을지에 초점을 맞춰 해설의 완성도를 높였습니다. 처음 기출문제를 푼 다음, 채점을 할 때 수험생 본인의 점수와 부족한 부분만을 체크하는 것이 아니라, 각 지문에 맞는 문장은 왜 맞는지 틀린 문장은 왜 틀리는지, 본서의 해설집처럼 문제집에 한 번씩 적어 보는 것을 추천합니다. 또한 문제 하단의 [관련이론]을 통하여 추가적인 심화학습을 하고, 문제편 여백에는 본인에게 부족한 부분을 메모함으로써 자신만의 핵심노트를 완성해 보시기를 추천합니다.

저자가 전하는 말 PREFACE

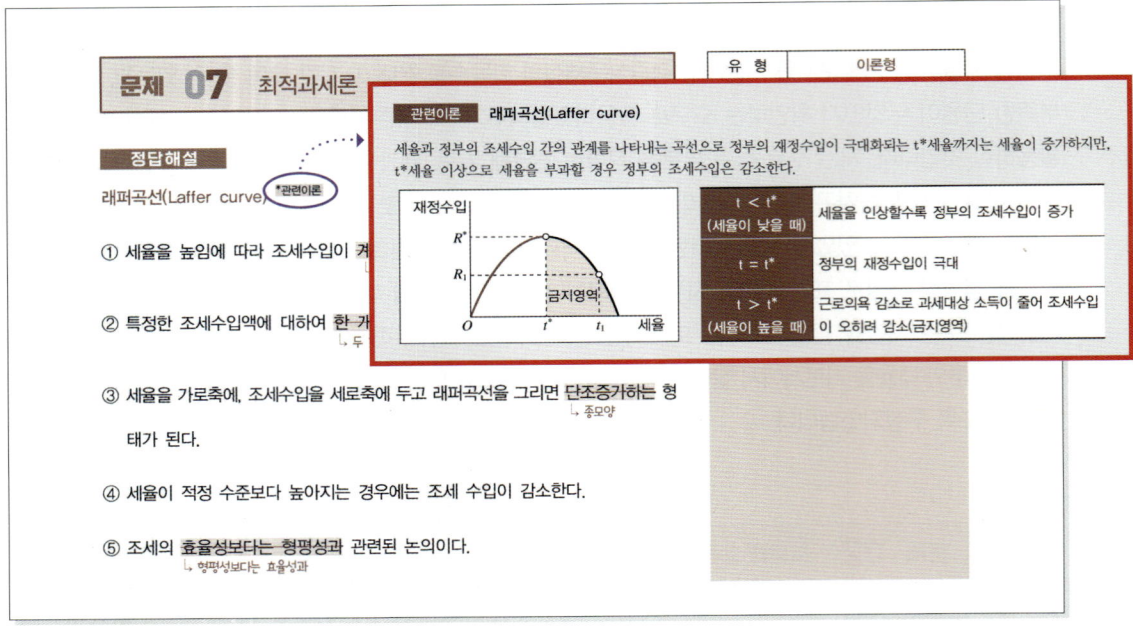

재정학의 경우 저만의 서브노트가 있었고, 시험 전날 서브노트(노트로 총 3권 분량, 단면으로 정리)를 보는 데 1시간이 걸리지 않았습니다. 서브노트를 지금 당장 만들 수 없는 수험생은 **꼭 보아야 할 [관련이론] 내용을 표시해 놓고 시험 전날에 그 부분에 대해서 빠르게 정리**하시길 권합니다. 재정학의 경우 문제를 보자마자 그래프나 표 등이 머리에 바로 떠오르지 않으면, 제시된 지문을 읽으면서 갑자기 오답이 정답으로 보이는 경우가 있으니 반드시 시험 치르기 하루 전날의 시간을 잘 활용하시길 바랍니다.

❸ 완벽한 학습이 합격의 중요한 요소이지만, 1년에 한 번뿐인 시험에서 다음을 꼭 기억하자!

첫 째, 세무사 시험의 경우 평소 학습했을 때 보았던 폰트보다 조금 크게 느껴질 것이므로 긴 지문이 아니라도 체감상 길게 느껴질 수 있습니다. 당황하지 말고 침착하세요.

둘 째, 세무사 1차 시험은 시간싸움입니다. 재정학과 세법 총 80문제를 80분 안에 해결해야 합니다. 따라서 각 문제당 주어진 시간은 1분입니다. 계산문제의 경우 본인이 풀 수 있는 문제인지 아닌지 먼저 파악한 뒤 접근하고, 여러번 읽어도 잘 모르겠는 문제에 너무 많은 시간을 투자하지 마세요.

수험공부만으로도 벅찰 수 있는 수험생 시절, 저는 학생들을 가르치는 아르바이트와 수험생활을 병행했습니다. 이때 저를 버틸 수 있게 해준 것은 "**주어진 시간을 최대한 효율적으로 활용하자**"는 것이었습니다. 즉,

1시간을 공부하더라도 다른 사람보다 더 집중하고 효율적으로 한다면 가능성이 있을 것이라는 믿음으로 공부했습니다. 따라서 본서의 집필을 맡게 되었을 때 저는 다음의 두 가지를 꼭 담고 싶었습니다. 첫 번째는 그 당시 제가 공부했던 방법을 반영하여, 수험생들의 황금 같은 시간을 조금 더 효율적으로 활용하는 데 도움을 드리고 싶었고, 두 번째는 '이렇게 공부했더라면 조금 더 좋은 성적으로 합격할 수 있지 않을까' 하는 아쉬움을 반영하고자 하였습니다. 본서가 여러분의 합격에 동반자가 되어, 필드에서 세무전문가로서 함께 하면 좋겠습니다.

> **정답해설**
> ① 1988년에 10인 이상의 사업장 근로자를 대상으로 처음 시행되었다.
> ③ 사업장가입자 한 사람당 기준소득월액의 9%씩 국민연금 보험료로 납부되고 있으며, 직장이 4.5%, 근로자가 4.5%를 부담한다.
> ┌ 2006년부터
> ④ 2022년부터 1인 이상 근무하는 전체 사업장이 국민연금 가입대상으로 확대되었다.

> **합격의 TIP**
> 국민연금의 효과에 대한 문제는 그 동안 많이 출제되었으나 2022년처럼 우리나라의 국민연금제도의 역사를 알아야 풀 수 있는 문제는 출제된 적이 거의 없었던 유형이다. 국민연금과 관련된 문제인 2025년 34번, 40번, 2024년 37번, 2020년 34번, 2019년 37번, 2018년 22번, 2017년 37번, 2016년 20번을 추가 학습해보자

마지막으로 본서의 집필과 출간에 있어 많은 배려를 해 주신 편집팀과 응원을 해준 저희 가족에게 감사의 말씀을 드리고 싶습니다. 매년 기출문제에 대한 해설을 집필하다 보면, 과거에 출제되었던 지문과 동일한 지문을 발견하게 되고, 동일한 유형이지만 숫자만 변경되어 출제되는 지문도 있기에 수험생일 때보다 기출문제가 이렇게 중요하다는 것을 깨달을 때가 많습니다. 부족할 수 있지만 본서가 힘든 싸움을 하고 있는 수험생분들에게 도움이 되었으면 좋겠습니다. 많이 힘든 기간이지만, 지금 이 순간 최선을 다하고 계시는 수험생 여러분들을 진심으로 응원합니다.

저자 송지은 드림

세무사 자격시험 소개 INFORMATION

◆ 시험과목 및 시험시간

구분	교시	시험과목	문항수	시험시간	시험방법
제1차 시험	1	**1** 재정학 **2** 세법학개론 「국세기본법」, 「국세징수법」, 「조세범처벌법」, 「소득세법」, 「법인세법」, 「부가가치세법」, 「국제조세조정에 관한 법률」	과목별 40문항	80분 (09:30~10:50)	객관식 5지택일형
	2	**3** 회계학개론 **4** 「상법」(회사편), 「민법」(총칙), 「행정소송법」* 중 택 1 * 「민사소송법」 준용규정 포함		80분 (11:20~12:40)	
제2차 시험	1	**1** 회계학 1부(재무회계, 원가관리회계)	교시별 4문항	90분 (09:30~11:00)	논술형
	2	**2** 회계학 2부(세무회계)		90분 (11:30~13:00)	
	3	**3** 세법학 1부 「국세기본법」, 「소득세법」, 「법인세법」, 「상속세및증여세법」		90분 (14:00~15:30)	
	4	**4** 세법학 2부 「부가가치세법」, 「개별소비세법」, 「조세특례제한법」, 「지방세법」, 「지방세기본법」, 「지방세징수법」 및 「지방세특례제한법」 중 취득세, 재산세 및 등록에 대한 등록면허세		90분 (16:00~17:30)	

※ 제1차 시험과목 중 영어과목은 공인어학성적 제출로 대체
※ 시험과 관련하여 법률·회계처리기준 등을 적용하여 정답을 구하여야 하는 문제는 해당 시험일 현재 시행 중인 법률·기준 등을 적용하여 그 정답을 구하여야 함
※ 회계학 과목의 경우 한국채택국제회계기준(K-IFRS)만 적용하여 출제
※ 기활용된 문제, 기출문제 등도 변형·활용되어 출제될 수 있음

◆ 공인어학성적

시험명	TOEFL		TOEIC	TEPS	G-TELP	FLEX
	PBT	IBT				
일반응시자	530	71	700	340	65(level-2)	625
청각장애인	352	35	350	204	43(level-2)	375

※ 공인어학성적의 인정범위는 2022년 1월 1일 이후 실시된 시험으로서 시험 시행 예정일 전날까지 성적이 발표된 시험 중 기준 점수 이상인 경우에 한하여 인정 (인정기간 5년)
※ 해당 외국어시험기관의 정기시험 성적만 인정하고, 정부기관·민간회사·학교 등에서 승진·연수·입사·입학·졸업 등의 특정목적으로 실시하는 수시 또는 특별시험은 인정하지 않음

◆ 합격결정기준

구 분	합격결정기준
1차 시험	영어 과목을 제외한 나머지 과목에서 과목당 100점을 만점으로 하여 각 과목의 점수가 40점 이상이고, 전 과목 평균점수가 60점 이상인 사람을 합격자로 결정
2차 시험	과목당 100점을 만점으로 하여 각 과목의 점수가 40점 이상이고, 전 과목 평균점수가 60점 이상인 사람을 합격자로 결정(단, 최소 합격인원에 미달하는 경우에는 그 미달하는 범위에서 순차적으로 전 과목의 평균점수가 다른 사람보다 높은 사람을 합격자로 결정)

◆ 2025년도 제62회 1차 시험 전체 통계

대 상	응 시	결 시	응시율	합 격	합격률
22,010명	18,708명	3,302명	84.99%	4,220명	22.55%

◆ 1차 시험 재정학 10개년 통계

연도 및 회차	응시자수	평균점수	과락자수	과락률
2025년 제62회	18,708명	57.32점	5,311명	28.39%
2024년 제61회	18,842명	54.33점	4,925명	26.10%
2023년 제60회	13,768명	51.97점	3,571명	25.90%
2022년 제59회	12,554명	62.38점	1,950명	15.53%
2021년 제58회	10,348명	52.76점	2,547명	24.61%
2020년 제57회	9,506명	58.58점	1,438명	15.65%
2019년 제56회	8,713명	60.35점	1,553명	17.94%
2018년 제55회	8,971명	57.34점	1,302명	14.51%
2017년 제54회	8,937명	55.05점	1,730명	19.36%
2016년 제53회	9,327명	55.53점	1,535명	16.46%

저자의 합격수기 REVIEW

시작하면서

예술고등학교를 졸업하고 대학에서 피아노를 전공했던 제가 회계사란 꿈을 가지게 된 건 2011년, 본격적으로 세무사를 준비한 것은 2013년 2월 회계사 시험에 불합격한 뒤였습니다. 세무사만 준비했던 수험생이 아니었기 때문에 이렇게 합격수기를 쓴다는 것이 조금은 부끄럽지만, 한 달 반 정도 남겨놓은 짧은 시점에서 1차를 합격하기 위한 정리방법, 그리고 경영학도나 경제학도가 아닌 타과 출신의 수험생에게도 힘이 되었으면 하는 마음에 글을 쓰게 되었습니다. 지금 생각해 보면 그 당시 회계사 시험에 떨어졌던 것은 당연한 것 같습니다. 시험에 합격하기 위해서는 시험 전 마지막 한 달에서 약 한 달 반을 어떻게 정리하느냐가 가장 중요할 수 있는데, 회계사 시험을 치르기 전에는 정리할 수 있는 시간이 한 2주 정도 밖에 없었던 지라 조바심과 불안감이 많이 차지했었기 때문입니다. 한 가지의 공부방법이 모든 사람에게 맞는 것은 아니기에 제 방법이 절대적이라고 말씀드릴 수는 없지만, 제가 동차로 합격할 수 있었던 2013년의 기억을 떠올리면서, 부디 제 합격수기가 여러분의 수험생활을 조금이나마 짧게 하는 데 도움이 되었으면 합니다.

공부방법

❶ 상 법

하루에 1시간에서 1시간 30분 정도 볼 수 있게 **일주일 단위로 회사법의 분량을 나누고, 1회독이 끝난 다음 날은 모의고사**를 풀었습니다. 모의고사 오답을 정리하면서 시험 전날 꼭 봐야 할 부분들과 아닌 부분들이 정확하게 나누어지기 시작했습니다. 저의 공부스타일은 입으로 암기하기 보다는, 반복해서 보고 눈에 문구를 익혀 두는 방법을 주로 사용하였습니다. 시험 전날에는 전범위를 정독할 수 없기 때문에 **모의고사 오답을 정리하면서 시험 전날 꼭 봐야 할 부분들을** 확인하고, 비교적 자세하게 나와있는 **차례를 처음부터 보면서, 이 챕터에 어떤 내용이 있었는지 머릿속으로 연상**해 보았습니다.

❷ 재정학

재정학의 경우, 회계사 시험에는 없는 과목이기 때문에 하루에 6시간 정도 배정하였습니다. 한 번에 모든 것을 끝내야 했기 때문에, 한 번을 보더라도 여러 번 읽은 것과 같은 효과를 낼 수 있는 방법이 무엇일까 고민한 결과, 저의 재정학 공부순서는 다음과 같았습니다. **오늘 들을 강의 부분에 해당하는 교재 내용을 먼저 읽어보고 문제 풀기**(문제 풀 때 아리송한 문제는 바로 표시해두고 문제풀이에 너무 많은 시간을 배치하지 말 것) ➡ **강의 듣기** ➡ **나만의 서브노트 만들기** (강의 필기 내용 + 교과서에 있는 내용까지 모두 필기, 노트의 한 쪽은 비우고, 한 쪽만 작성, 빈페이지에는 표나 그래프를 암기할 수 있는 공간으로 활용) ➡ **강의 후 문제 다시 풀기**(문제 2회독 효과) ➡ **일주일의 마지막 날은 일주일치 서브노트를 반복해서 학습**, 매일 약 6시간 총 1달 반 정도의 시간이 걸렸으며, 각 일일특강 때마다 저는 제 서브노트를 함께 들고 가서 강사님께서 중요하다고 표시해주는 것을 제 서브노트에 별도로 표기하였고, 반복해서 보았습니다. 서브노트의 분량은 조금 두꺼운 중고노트로 3권의 분량이 나왔으며, 시험 전날 이 서브노트 전체를 보는 시간은 약 40분 정도였습니다.

❸ 세 법

세법의 경우 범위가 광범위하여, 각 법령별로 제대로 학습된 법령도 있었고, 덜된 법령도 있었기 때문에 스스로 느끼기에 다른 과목에 비해 준비가 조금 부족하다고 느껴졌습니다. 따라서 2차 시험 때 세법학과 세무회계에 많은 시간을 투자할 수 밖에 없었고, 시간 싸움이 중요한 1차 시험에서 계산문제를 여러 번 다시 풀면서 긴장했던 순간이 아직도 기억에 많이 남아 있습니다. 세무사 시험의 경우 폰트가 조금 큰 편인데, 이 때문에 다른 과목에 비해 세법의 지문이 길게 느껴지기도 했습니다. 2차 준비에 앞서 제가 풀었던 2013년 시험지를 분석해 보았는데, 정확히 공부한 단원과 아닌 단원에서 정답률의 차이가 많이 나는 것을 확인하였습니다. 시험에 출제된 문구를 상세하게 고, 객관식 세법 문제집을 풀면서 각 지문마다 왜 틀렸는지, 어디가 틀렸는지 꼼꼼하게 적어놓았던 챕터의 경우에는 정답률이 높았고, 준비가 부족했던 챕터는 확실히 정답률이 매우 낮았습니다. 이 때문에 2차 시험에서 세법학과 세무호 계에 다른 수험생보다 시간을 조금 더 많이 투자하는 계기가 되었고, 세법학의 경우에는 제가 2차 시험장에서 쓸 것들을 최소한으로 하더라도 모든 법령 전범위를 공부하였습니다.

❹ 회계학개론
회계학개론은 재무회계와 원가관리회계로 나누어 출제됩니다. 먼저 회계학개론의 경우는 서브노트를 만들기 보다는 문제와 기준서 내용이 함께 있는 책 한 권에 모든 것을 축약해 놓았습니다. 이때 기출문제와 기준서가 요약되어 있는 책을 활용하였으며, 계산문제의 경우 같은 방법으로 풀 수 있게 하였고, 제가 시험장에서 이 문제를 접했을 때 풀어갈 순서대로 저만의 풀이식을 기록해 놓았습니다. 그리고 심화문제나 어려웠던 문제도 함께 기록해 놓았습니다. 마지막으로 시험 하루 전날에는 풀이식 순서가 헷갈리는 문제나, 기준서 내용이 헷갈렸던 문제를 보았습니다. 이 책은 세무사 2차 시험 중 재무회계 시험에도 매우 유용하게 쓰였습니다. 1차 시험이 끝나고 동차 GS를 등록하여 다녔었는데, 재무회계 모의고사를 보기 전에 정리해 놓은 이 책을 활용하여 정리한 뒤, 매주 모의고사를 응시했습니다. 그 결과 세법학과 세무회계에 필요한 시간을 좀 더 확보할 수 있었습니다. 원가관리회계는 상대적으로 암기량이 적게 느껴졌던 원가회계에 좀 더 집중하였습니다. 기출문제 위주로 문제에 대한 감과 풀이속도를 유지하기 위해 꾸준하게 풀었으나, 많은 시간을 투자하지는 않았습니다.

마치면서

세무사 시험에 합격했던 2013년이 저에게는 어느 때보다 가장 힘들고 절박했던 시간이었습니다. 수험생활과 학생들의 레슨을 함께 병행하면서 수험 준비를 했었는데, 당시 제가 가르치던 학생들이 중요한 입시를 앞두고 있었기 때문에, 수험생활과 제 학생들 둘 중 어느 하나도 포기할 수 없었던 상황이었습니다. 그 당시 저를 가장 버티게 해주었던 것은 "남들보다 부족한 시간이라면, 똑같은 1시간을 공부하더라도 저는 그 이상을 공부하는 효과를 낼 수 있도록 공부한다면 승산이 있다"고 늘 암시를 걸었습니다. 이러한 긍정적인 생각은 수험공부를 하는 데 있어서 조바심을 내지 않도록 해주었습니다. 합격을 좌우한 또 다른 한 가지는 세무사 시험 한두 달 전에 1차 시험과목을 어느 정도 반복해서 학습할 수 있는 준비가 되어있었다는 것입니다. 특히 세무사 시험의 경우 80분에 80문항을 모두 풀고, OMR카드 작성까지 마무리 지어야 하므로, 기계적으로 문제를 풀어낼 수 있는 능력이 중요한 것 같습니다. 또한 저의 경우, 세무사 1차 시험 전에 시험의 감을 유지하기 위하여 학원 모의고사를 모두 응시하고, 모의고사 하루 전날을 마치 시험 전날처럼 공부를 하였었는데, 매번 합격권 안의 점수가 나왔습니다. 모의고사가 실제 출제경향과 다르게 출제되는 경향도 있지만, 합격권의 점수가 나오면 자신감이 생깁니다. 물론 저 또한 '실제시험이 아니잖아'란 생각이 들기도 했지만, 시험장에서 뚤리는 마음을 진정시키기에는 충분했습니다. 반복하여 할 수 있는 시간을 충분히 남겨두시고, 기출문제나 모의고사를 통해 세무사 1차 시험날 최상의 컨디션을 유지할 수 있도록 하시기 바랍니다. 남은 수험기간 건강관리 잘하시고, 늘 긍정적인 마인드로 자신감 있게 시험에 임하여 합격의 기쁨을 누리시기를 기원합니다. 감사합니다.

세무사 송지은

출제 포인트 ANALYSIS

◆ **재정학**

출제포인트	2025	2024	2023	2022	2021	2020	2019	2018	2017	2016	합 계
재정학의 기초	0	1	0	0	0	0	0	0	0	0	1
경제적 효율성과 시장실패	4	3	4	6	3	3	4	2	1	3	33
외부성	3	3	2	2	2	4	4	4	4	4	32
공공재이론	3	1	2	1	1	1	3.5	2	2	3	19.5
공공선택이론	1	1	2	2	2	1	1.5	2	3	0	15.5
공공경비와 예산제도	1	1	3	3	1	0	1	2	2	0	14
비용편익분석	2	1	2	2	2	2	1	2	2	2	18
조세의 기초이론	2	3	1	2	2	1	6	2	4	2	25
조세의 전가와 귀착	2	2	2	2	2	2	1	3	3	4	23
조세와 효율성 : 초과부담	1	1	1	2	3	5	1	3	3	0	20
최적과세론	2	1	2	1	1	4	2	2	1	6	22
개별조세이론	2	4	3	5	4	4	2	8	4	6	42
조세의 경제적 효과	5	3	5	3	3	3	2	2	4	2	32
소득분배 및 사회보장	6	10	6	5	9	5	7	3	5	5	61
공공요금의 이론	1	1	2	1	1	1	2	1	1	1	12
공채론	3	1	1	1	2	1	1	1	0	0	11
지방재정	2	3	2	2	2	3	1	1	1	2	19
합 계	40	40	40	40	40	40	40	40	40	40	400

이 책의 구성과 특징 STRUCTURES

반복·심화학습이 가능한 유사문제 CHECK

문제 10 최적과세론

유 형	이론형	
중요도	★★☆	정답 ②

정답해설

알링햄–샌드모(M.Allingham & A.Sandmo)의 탈세모형 *관련이론

① 세율 인상에 따른 대체효과는 탈루소득을 줄이는 방향으로 작용한다.
  → 늘리는 방향으로 작용한다. 세율이 인상되면 탈세로 얻는 이득(=탈세의 한계편익)이 커지기 때문이다.

② 절대위험기피도가 체감하는 개인은 세율이 오르면 소득효과로 탈루소득의 크기를 줄인다.

③ 탈세로 인한 심리적 비용이 클수록 탈세 규모는 감소한다.
  → 심리적 비용에 대한 고려가 미흡하다.

④ 절세행위는 불법성을 특징으로 한다는 점에서 조세회피와 구별된다.
  → 탈세행위

⑤ 탈세의 편익은 세율로 표현될 수 있으며, 감사받을 확률의 증가나 벌금률의 증가가 탈루소득을 분명하게 늘린다.
  → 감소시킨다.

유사문제 CHECK
- 2025년 8번
- 2024년 10번
- 2019년 7번

합격더 TIP
탈세에 대한 기본적인 내용만 알면 풀 수 있는 문제가 출제되었으나 2019년부터 알링햄–샌드모의 탈세모형으로 한정하여 출제된 바 있으므로 관련이론을 반드시 알아두자

직접적인 비교가 가능한 첨삭식 해설

문제에 대한 총평 및 학습방향 수록

해당 문제와 관련된 핵심이론 정리

관련이론 알링햄–샌드모(M.Allingham & A.Sandmo)의 탈세모형

(1) 가정
  1) 납세자는 위험중립자를 가정한다.
  2) 조세당국은 무작위 세무조사를 실시하며, 무작위 세무조사 시 반드시 적발된다.
  3) 탈세액이 증가할수록 벌금은 체증적으로 증가한다.

(2) 탈세의 한계비용 = 세무조사확률 × 한계벌금의 크기

(3) 탈세의 한계편익 = 탈세로 얻는 이득

(4) 탈세를 낮추는 방법 : 세율을 줄이고, 세무조사받을 확률과 한계벌금의 크기를 늘린다.

(5) 이론의 한계점
  1) 탈세의 심리적 비용에 대한 고려가 미흡하다.
  2) 모형에서 위험중립자를 가정하고 있지만 실제 납세자들은 주로 위험기피적이다.
  3) 한계세율이 매우 높은 경우 탈세가 용이한 직업에 종사하려는 특징을 보인다.
  4) 실제 세무조사확률(세무사찰확률)은 직업이나 소득규모에 따라 달라진다.

이 책의 차례 CONTENTS

PART 1   세무사 1차 재정학 기출문제

2025년(제62회) 기출문제	3
2024년(제61회) 기출문제	17
2023년(제60회) 기출문제	31
2022년(제59회) 기출문제	45
2021년(제58회) 기출문제	58
2020년(제57회) 기출문제	71
2019년(제56회) 기출문제	86
2018년(제55회) 기출문제	101
2017년(제54회) 기출문제	116
2016년(제53회) 기출문제	131

PART 2   세무사 1차 재정학 정답 및 해설

2025년(제62회) 정답 및 해설	147
2024년(제61회) 정답 및 해설	182
2023년(제60회) 정답 및 해설	218
2022년(제59회) 정답 및 해설	257
2021년(제58회) 정답 및 해설	293
2020년(제57회) 정답 및 해설	330
2019년(제56회) 정답 및 해설	370
2018년(제55회) 정답 및 해설	404
2017년(제54회) 정답 및 해설	439
2016년(제53회) 정답 및 해설	479

PART 1

세무사 1차 재정학 기출문제

2025년(제62회) 기출문제
2024년(제61회) 기출문제
2023년(제60회) 기출문제
2022년(제59회) 기출문제
2021년(제58회) 기출문제
2020년(제57회) 기출문제
2019년(제56회) 기출문제
2018년(제55회) 기출문제
2017년(제54회) 기출문제
2016년(제53회) 기출문제

남에게 이기는 방법의 하나는 예의범절로 이기는 것이다.

– 조쉬 빌링스 –

2025년도 제62회
세무사 1차 국가자격시험 문제지

교시	시험과목	시험시간	문제형별
1교시	① 재정학 ② 세법학개론	80분	A

수험번호		성 명	

【 수험자 유의사항 】

1. 시험문제지는 **단일 형별(A형)**이며, 답안카드는 형별 기재란에 표시된 형별(A형)을 확인하시기 바랍니다. 시험문제지의 **총면수, 문제번호 일련순서, 인쇄상태** 등을 확인하시고, 문제지 표지에 수험번호와 성명을 기재하시기 바랍니다.

2. 답은 각 문제마다 요구하는 **가장 적합하거나 가까운 답 1개**만 선택하고, 답안카드 작성 시 시험문제지 **마킹착오**로 인한 불이익은 전적으로 **수험자에게 책임**이 있음을 알려 드립니다.

3. 답안카드는 국가전문자격 공통 표준형으로 문제번호가 1번부터 125번까지 인쇄되어 있습니다. 답안 마킹 시에는 반드시 **시험문제지의 문제번호와 동일한 번호**에 마킹하여야 합니다.

4. **감독위원의 지시에 불응하거나 시험시간 종료 후 답안카드를 제출하지 않을 경우** 불이익이 발생할 수 있음을 알려 드립니다.

5. 시험문제지는 시험 종료 후 가져가시기 바랍니다.

재 정 학

01 바람직한 조세가 갖추어야 할 원칙에 관한 내용이다. 어느 원칙에 해당되는가?

> 조세의 납부방법, 시기, 금액 등이 정해진 법률과 규정에 따라 국민들이 이해할 수 있는 방식으로 제시되어야 한다.

① 확실성의 원칙
② 공평성의 원칙
③ 경제성의 원칙
④ 중립성의 원칙
⑤ 신축성의 원칙

02 공평과세의 원칙에 관한 설명으로 옳은 것은?

① 능력원칙에 의하면 아파트 가격이 올랐다면 재산세를 더 많이 부담해야 한다.
② 능력원칙은 빅셀(K. Wicksell)이 제시한 동등희생의 원칙이라는 재정이론에 그 근거가 있다.
③ 편익원칙에 따르면 상이한 경제적 능력을 가진 사람에게는 서로 다른 크기의 조세를 부과해야 한다.
④ 능력원칙에 따른 과세의 예로 통행료, 사용료 및 수수료가 해당된다.
⑤ 편익원칙은 밀(J. S. Mill)이 제공한 자발적 교환의 재정이론에서 이념적 기초를 찾을 수 있다.

03 우리나라 조세에 관한 설명으로 옳지 않은 것은?

① 목적세는 특정분야 사업재원의 안정적인 확보에 기여한다.
② 지방세이면서 목적세로는 지방교육세가 있다.
③ 국세이면서 목적세로는 농어촌특별세가 있다.
④ 직접세로는 법인세가 있으며 간접세로는 부가가치세가 있다.
⑤ 간접세가 직접세에 비해서 소득분배의 개선에 유리하다.

04 초과부담에 관한 설명으로 옳지 않은 것은?

① 물품세 부과 시 초과부담은 한계대체율(MRS)과 한계생산변환율(MRT)이 달라 효율적인 자원배분의 조건이 충족되지 않아서 발생한다.
② 물품세 부과로 인한 초과부담은 소비자 지불가격과 생산자 수취가격이 달라지기 때문에 발생한다.
③ 조세부과로 인한 초과부담은 상대가격의 변화로 인한 소득효과와 대체효과가 서로 반대방향으로 작용하게 되면 발생하지 않는다.
④ 램지규칙에 의하면 과세로 인한 초과부담을 최소화하기 위해서는 재화 간 조세수입의 한계초과부담이 일치하도록 세율을 정해야 한다.
⑤ 초과부담은 과세로 인한 소비자와 생산자의 후생감소분에서 조세수입을 차감해서 구할 수 있다.

05 어떤 재화의 한계비용은 50이고, 보상수요곡선은 $P = 100 - Q$이다. 재화의 공급자에게 단위당 20의 조세를 부과하였을 때, 다음 설명으로 옳지 않은 것은? (단, P는 가격, Q는 수량이다.)

① 조세수입은 600이다.
② 비효율성계수는 $\frac{3}{4}$이다.
③ 소비자잉여의 감소는 800이다.
④ 과세로 인한 공급자의 판매량 감소는 20이다.
⑤ 과세로 조세부담은 소비자에게 전가된다.

06 다음에서 설명하는 조세귀착은?

> 조세 그 자체만의 분배적 효과를 보는 가장 좋은 방법은 한 종류의 조세를 동일한 조세수입을 가져다 주는 다른 종류의 조세로 대체했을 때 어떤 분배효과가 나오는가를 보는 것이다.

① 전방전가 조세귀착
② 후방전가 조세귀착
③ 균형예산 조세귀착
④ 차별적 조세귀착
⑤ 절대적 조세귀착

07 우리나라의 부가가치세와 법인세에 관한 설명으로 옳은 것은?

① 수출품에 대한 부가가치세 영세율은 매출액에 대한 부가가치세가 없다는 의미이므로 매입세액공제를 하지 않는다.
② 부가가치세는 생산단계마다 추가된 부가가치에 대해서만 과세하므로 수직적 통합을 촉진하는 효과가 있다.
③ 부가가치세 면세대상 상품의 경우에는 중간단계에서 납부한 매입세액을 공제하지 않는다.
④ 경제적 이윤에 대한 법인세과세방식은 기업의 생산결정을 왜곡하게 된다.
⑤ 타인자본에 대해서만 이자비용공제를 허용하는 법인세는 투자재원조달방식의 왜곡을 가져오지 않는다.

08 알링햄-샌드모(M. Allingham and A. Sandmo)의 탈세모형에 관한 설명으로 옳지 않은 것은?

① 절대위험기피도 체감의 특성을 가진 개인은 세율이 올라 순소득이 줄어들면 위험부담의 크기를 줄여서 탈루소득의 크기를 줄인다.
② 세율인상에 따른 대체효과는 탈루소득의 한계편익이 줄어들기 때문에 탈루소득을 줄이는 방향으로 작용한다.
③ 감사받을 확률과 벌금율의 증가는 탈루소득을 감소시킨다.
④ 세율 상승에 따른 소득효과와 대체효과는 서로 반대 방향으로 작용하기 때문에 탈루소득의 변화 방향을 알 수 없다.
⑤ 납세자가 절대위험기피도 체감의 특성을 가진다고 가정한다.

09 소득세에 관한 설명으로 옳은 것은?

① 헤이그-사이먼즈(Haig-Simons)의 포괄소득세제는 능력원칙에 기반한 과세방식이다.
② 여가가 정상재일 때, 근로소득세의 부과에 따른 노동공급은 대체효과에 의해서 증가한다.
③ 소득의 증가에 따라서 평균세율이 한계세율보다 클수록 누진성이 증가하게 된다.
④ 소득공제는 세액공제보다 한계세율이 낮은 저소득층에 유리하다.
⑤ 헤이그-사이먼즈의 포괄적 소득 정의에 의하면, 개인의 경제적 능력의 증가는 소득으로 실현된 경우에만 소득세의 과세 대상이 된다.

10 이자소득세 부과의 효과로 옳지 않은 것은? (단, 현재소비와 미래소비는 모두 정상재이다.)

① 국민저축은 그 변화를 알 수 없다.
② 현재소비에 미치는 영향은 소득효과와 대체효과의 상대적인 크기에 의해 결정된다.
③ 소득효과에 의해 현재소비가 감소한다.
④ 이자소득세의 부과에 의한 소득효과는 저축의욕을 줄어들게 한다.
⑤ 현재소비는 대체효과에 의해 증가하고 소득효과에 의해 감소한다.

11 조세와 기업의 투자에 관한 설명으로 옳지 않은 것은?

① 신고전파 투자이론에 의하면 자본의 사용자비용이 적을수록 투자가 증가한다.
② 자본스톡의 사용자비용탄력성이 작을수록 조세정책이 기업의 투자에 미치는 영향이 작다.
③ 신고전파 투자이론에서 자본재 구입비용은 즉시 비용처리하고, 지급이자에 대한 비용 공제를 허용하지 않는 경우 법인세는 투자에 중립적이다.
④ 한계실효세율이 음(−)이면 조세의 존재가 투자를 촉진하는 결과를 가져온다.
⑤ 부채를 통한 투자의 경우 한계실효세율이 음(−)의 값을 갖는 것은 현행 조세제도가 부채의존도를 줄이는 효과를 갖는다는 뜻이다.

12 정부지출 증대를 위한 국채발행이 경제에 미치는 영향으로 옳은 것을 모두 고른 것은?

> ㄱ. 국채가 전액 시중에서 소화될 경우, 이자율이 상승하고 민간투자가 억제되는 현상을 구축효과라고 한다.
> ㄴ. 통화주의자는 호황기보다 경기 침체기에 구축효과가 더 크게 발생한다고 주장한다.
> ㄷ. 중앙은행이 국채를 인수하면 통화량이 증가하여 인플레이션이 유발된다.
> ㄹ. 중앙은행이 국채를 인수하면 시중에서 소화되는 경우보다 총수요 증대효과가 더 크다.

① ㄴ, ㄹ
② ㄱ, ㄴ, ㄷ
③ ㄱ, ㄷ, ㄹ
④ ㄴ, ㄷ, ㄹ
⑤ ㄱ, ㄴ, ㄷ, ㄹ

13 위험자산에 대한 투자에서 투자의 안전성이 정상재이고, 투자자의 위험부담행위의 소득탄력성이 0보다 작으면, 수익에 대한 비례소득세 부과가 투자자의 자산구성에 미치는 효과에 관한 설명으로 옳은 것은?

① 완전손실보상제도가 있는 경우, 위험자산의 비중은 작아진다.
② 완전손실보상제도하에 정부의 위험부담 비용이 민간부문과 같다면, 조세의 부과는 사회후생을 증진시킨다.
③ 손실보상제도를 전혀 허용하지 않는 경우, 소득효과가 대체효과보다 큰 경우에 위험자산의 비중은 증가한다.
④ 손실보상제도를 전혀 허용하지 않는 경우, 대체효과는 위험자산의 비중을 늘린다.
⑤ 완전손실보상제도가 있는 경우, 투자 수익과는 달리 손실에 대해 정부와 투자자가 공동 부담하도록 한다.

14 지방분권제도에 관한 설명으로 옳지 않은 것은?

① 정부부문의 총지출 중 중앙정부의 총지출이 차지하는 비율을 중앙집권화율이라 하며, 분권 수준을 파악하는 지표로 사용한다.
② 오우츠(W. Oates)는 공공재 공급비용이 동일하다면, 지역공공재는 중앙정부보다 지방정부가 공급하는 것이 효율적일 수 있다고 주장하였다.
③ 분권화로 지방정부는 각 지역의 특성에 부합하는 다양한 정책들을 시도할 수 있다.
④ 분권화로 지역들이 차별성을 가지고, 여러 지역 중에서 투표자가 자신이 원하는 곳을 선택할 수 있다면 결과적으로 후생이 증가될 수 있다.
⑤ 티부(C. Tiebout)는 여러 개의 지역사회가 존재하고 개인들이 '발에 의한 투표'를 하면 지역공공재의 배분이 효율적으로 이루어지는 모형을 제시했다.

15 국가부채에 관한 설명으로 옳지 않은 것은?

① 리카도 대등정리가 성립하면, 국채상환에 대비한 저축이 증가하여 이자율이 오르지 않아 구축효과가 발생하지 않는다.
② 국채발행이 증가하면 이자율이 상승하고, 환율(W/$)이 하락하여 경상수지가 악화된다.
③ 러너(A. Lerner)의 국채에 관한 전통적인 견해에 따르면, 외부채무의 경우 미래세대로 부담이 전가된다.
④ 이자율 하락은 국채의 시장가치를 하락시켜 정부부채를 감소시키는 효과가 있다.
⑤ 중복세대모형에 따르면, 국가채무는 미래세대로 부담이 전가된다.

16 모딜리아니-밀러(Modigliani-Miller)의 제1명제에 관한 설명으로 옳은 것을 모두 고른 것은?

> ㄱ. 기업의 가치를 극대화하는 최적 자본구조의 존재를 입증한 것이다.
> ㄴ. 기업의 수익에 조세를 부과하지 않는 것을 가정한다.
> ㄷ. 경영자와 주주 간에 주인-대리인 문제가 있다고 가정한다.
> ㄹ. 모든 투자자와 경영자가 같은 정보를 가지고 있음을 가정한다.
> ㅁ. 기업의 파산과 관련한 비용은 발생하지 않는다.

① ㄱ, ㄴ, ㄷ
② ㄴ, ㄹ, ㅁ
③ ㄷ, ㄹ, ㅁ
④ ㄱ, ㄴ, ㄷ, ㄹ
⑤ ㄱ, ㄴ, ㄹ, ㅁ

17 중앙정부가 지방정부에 제공하는 교부금에 관한 설명으로 옳지 않은 것은?

① 보조금이 지급될 때, 지방세가 줄어들어 민간지출이 증가하는 현상을 끈끈이 효과라 한다.
② 대응교부금은 공공재 선택에서 대체효과를 발생시키기 때문에 비효율적이다.
③ 무조건부 교부금은 소득효과만을 발생시키기 때문에 비효율을 억제할 수 있다.
④ 우리나라에서 국고보조금은 조건부 교부금의 성격을 가진다.
⑤ 무조건부 교부금은 대응교부금에 비해 지방자치단체의 후생수준 증가 측면에서 우월하다.

18 근로소득세 부과가 노동시장에 미치는 효과에 관한 설명으로 옳은 것을 모두 고른 것은?

> ㄱ. 여가가 정상재이고 소득효과가 대체효과보다 작으면 노동공급곡선은 후방굴절형이다.
> ㄴ. 여가가 정상재이고 비례소득세 부과로 대체효과가 소득효과보다 크다면 노동공급은 늘어난다.
> ㄷ. 여가가 열등재일 때 중립세로 부과하면 소득효과만 존재한다.

① ㄱ
② ㄷ
③ ㄱ, ㄴ
④ ㄴ, ㄷ
⑤ ㄱ, ㄴ, ㄷ

19 자연독점인 공기업의 공공요금 결정이론에 관한 설명으로 옳지 않은 것은?

① 한계비용 가격설정방법으로 요금을 결정하면, 공공서비스 공급량은 효율적이다.
② 한계비용 가격설정방법으로 요금을 결정하면, 공공서비스를 생산하는 기관은 손실을 볼 수 있다.
③ 평균비용 가격설정방법으로 요금을 결정하면, 공공서비스 공급량은 비효율적이다.
④ 평균비용 가격설정방법으로 요금을 결정하면, 공공서비스를 생산하는 기관은 손실을 보지 않는다.
⑤ 램지(F. Ramsey)의 원칙에 따르면 수요의 가격탄력성이 작을수록 가격을 한계비용에 가깝게 설정할 때 효율성이 제고된다.

20 정부 감세정책의 경제적 효과로 옳은 것은?

① 가처분 소득이 줄어들고 화폐 수요가 감소한다.
② 소비 지출이 감소하여 총수요 곡선이 좌측으로 이동한다.
③ 국내외 연구결과에 의하면 감세정책이 국민저축을 대폭 증대시키는 효과가 있었다.
④ 구축효과가 없다는 가정하에 세금 감면과 정부 지출 증가의 금액이 동일한 크기라면 두 정책의 총수요 효과는 동일하다.
⑤ 구축효과가 없다는 가정하에 정부 지출을 줄이는 만큼 세금을 감면하면 재정 적자의 변화 없이 총수요를 감소시킨다.

21 공공재의 성격으로 옳은 것은?

① 비경합성이란 대가를 지불하지 않고도 소비에 참여할 수 있는 성질을 의미한다.
② 순수공공재는 그 특성상 가격을 설정할 수 없기 때문에 시장실패의 원인이 될 수 있다.
③ 지방정부가 공급하는 상수도는 공공재의 예이다.
④ 모든 소비자는 등량의 공공재 소비로부터 항상 같은 수준의 효용을 얻는다.
⑤ 소비자들은 공공재에 대한 수요를 정확하게 표출한다.

22 자원배분의 효율성에 관한 설명으로 옳지 않은 것은?

① 어떤 배분상태가 효율적이라면 그 상태로부터 다른 상태로 옮겨갈 때 파레토 개선이 불가능하다.
② 후생경제학의 제1정리는 일반경쟁균형이 파레토 효율적임을 의미한다.
③ 애로우(K. Arrow)는 완벽한 조건부거래시장이 존재하면 불확실성이 있더라도 시장실패가 일어나지 않음을 밝혔다.
④ 외부효과로 인한 비효율성은 중립세 부과를 통해 해결할 수 있다.
⑤ 도덕적 해이는 정보의 비대칭성 때문에 발생하는 현상으로 시장실패를 초래한다.

23 시장실패와 정부의 기능에 관한 설명으로 옳지 않은 것은?

① 시장실패는 정부개입의 필요조건이다.
② 중립세는 민간부문의 의사결정을 교란시키지 않는다.
③ 비용체감산업에 대한 평균비용 가격설정은 독점으로 인한 비효율성을 제거할 수 있다.
④ 정부의 중고차 정비이력 의무화는 정보비대칭으로 인한 시장실패를 완화하는 방안이다.
⑤ 국민연금의 강제 가입은 늦게 은퇴할 가능성이 높은 근로자들의 가입을 유도하여 역선택 문제를 해결할 수 있다.

24 개인 A와 B로 구성된 경제에 X재가 1000단위 존재하며, 이 재화에 대한 효용함수는 각각 $U_A = 3\sqrt{X_A}$, $U_B = \sqrt{X_B}$이다. 이 사회의 사회후생함수를 $W = \min\{U_A, U_B\}$로 가정한다. 다음 중 옳지 않은 것은? (단, $X_i > 0 (i = A, B)$는 개인 i의 X재 소비량이다.)

① X재가 사용재인 경우 사회후생의 극댓값은 30이다.
② 롤즈적 사회후생함수를 상정하고 있다.
③ X재가 순수공공재인 경우 A와 B는 같은 양을 소비한다.
④ X재가 순수공공재인 경우 사회후생수준은 A의 효용에 의해 결정된다.
⑤ X재가 사용재인 경우 사회후생의 극댓값은 순수공공재인 경우보다 작다.

25 도농복합도시 A시에는 도시와 농촌지역에 각각 5명의 주민이 거주하고, 시정부는 소방서비스를 제공하고 있다. 도시지역 주민의 개별 수요함수는 $P = 20 - Q$이고, 농촌지역 주민의 개별 수요함수는 $P = 15 - 2Q$이다. 공공재인 소방서비스의 한계비용이 85일 때, 사회적으로 바람직한 서비스 수준은? (단, P는 가격, Q는 서비스의 양이다.)

① 2
② 4
③ 5
④ 6
⑤ 8

26 A와 B 두 명으로 구성된 사회에서 개인의 효용을 각각 U_A와 U_B, 사회후생을 W라고 할 때, 다음 중 옳지 않은 것은?

① 평등주의적 사회후생함수는 많은 효용을 가진 사람에게는 낮은 가중치를, 적은 효용을 가진 사람에게는 높은 가중치를 준다.
② 공리주의적 사회후생함수는 모든 구성원에게 동일한 가중치를 평등하게 부여한다.
③ 롤즈적 사회후생함수는 $W = \min\{U_A, U_B\}$로 나타낼 수 있다.
④ 사회후생함수가 $W = U_A + 2U_B$일 경우, B의 효용을 A의 효용보다 2배 더 중요시 한다.
⑤ 공리주의적 사회후생함수에 의하면 소득의 한계효용이 감소할 때 사회후생의 극대화를 위해서는 각 개인소득의 한계효용이 서로 달라야 한다.

27 중위투표자 정리에 관한 설명으로 옳지 않은 것은?

① 중위투표자 정리의 정치적 균형은 파레토 효율성을 보장한다.
② 일정한 조건하에서 10억, 20억, 30억의 3개 예산안에 대한 콩도세승자는 20억이 될 것이라는 의미이다.
③ 진보정당과 보수정당의 선거공약이 비슷해지는 현상을 설명할 수 있다.
④ 투표자의 선호가 다봉형이 아닌 단봉형일 때 성립한다.
⑤ 중위투표자의 지지를 얻은 정당이 선거에서 승리할 수 있음을 의미한다.

28 다음은 재화 X의 소비에 대한 사적 한계편익(PMB), 생산의 사회적 한계비용(SMC), 생산에 따른 한계 외부피해(MD)이다.

| $PMB = 600 - 4Q$ | $SMC = 6Q$ | $MD = 2Q$ |

사회적 최적 생산량을 위한 피구세의 크기는? (단, Q는 생산량이다.)

① 40
② 60
③ 80
④ 100
⑤ 120

29 니스카넨(W. Niskanen)과 미그-빌레인저(Migue-Belanger)의 관료제 모형에 관한 설명으로 옳은 것은?

① 니스카넨 모형에서 관료는 가격순응자이다.
② 두 모형에서 관료는 공익의 극대화를 추구하는 존재이다.
③ 두 모형에서 관료가 선호하는 생산량은 한계편익과 한계비용이 일치하는 수준보다 크다.
④ 다른 조건이 모두 동일할 때, 니스카넨 모형의 공공재 생산량은 미그-빌레인저 모형의 생산량보다 적다.
⑤ 니스카넨 모형에서 관료는 예산집행으로 인한 편익과 비용의 차이가 가장 큰 점에서 생산하려 한다.

30 외부성에 관한 설명으로 옳지 않은 것은?

① 금전적 외부성은 자원배분 효율성에는 영향을 미치지 않는다.
② 실질적 외부성은 자원의 비효율성을 유발한다.
③ 외부성은 생산과정은 물론 소비과정에서도 발생한다.
④ 외부성을 내부화하기 위한 환경세 부과는 시장을 활용하는 방식이다.
⑤ 이로운 외부성이 존재하면 해당재화의 생산량은 사회적 최적 수준보다 과다 생산되는 경향이 있다.

31 공공사업의 비용과 편익 평가기준에 관한 설명으로 옳은 것은?

① 잠재가격은 시장이 안정적일 경우 자원의 사회적 기회비용을 계산하여 비용과 편익의 평가기준으로 사용하는 방법이다.
② 독점자가 생산한 상품을 구입하여 그 상품의 생산량이 그만큼 증가하였다면 평균비용을 평가기준으로 한다.
③ 독점자가 생산한 상품을 구입하였으나 그 상품의 생산량이 불변이면 시장가격을 평가기준으로 한다.
④ 물품세가 부과된 상품이 공공사업에 투입되었으나 그 상품의 생산량이 불변이라면 생산자가격이 적절한 평가기준이다.
⑤ 물품세가 부과된 상품이 공공사업에 투입되어 그 상품의 생산량이 투입된 양만큼 증가하였다면 한계비용을 평가기준으로 한다.

32 공공투자가 유발하는 편익과 비용에 관한 설명으로 옳지 않은 것은?

① 실질적 편익은 공공사업의 최종소비자가 얻는 편익으로, 사회후생 증가에 기여한다.
② 무형적 편익과 비용은 시장에서 파악되지 않기 때문에 공공투자사업의 비용편익 분석에 고려하지 않는다.
③ 확실대등액은 불확실성이 개재되어 있는 공공사업 평가에 활용된다.
④ 시장이자율이 사회적 할인율보다 높을 때 시장이자율을 할인율로 사용하면 공공사업의 경제성은 낮아질 수 있다.
⑤ 시장에서 거래되지 않는 재화나 서비스의 편익은 다른 상황에서 관찰된 소비자의 행위나 시장정보를 이용하여 간접적으로 추정한다.

33 이전지출에 관한 설명으로 옳지 않은 것은?

① 이전지출이란 기초연금처럼 정부가 일방적으로 소득을 이전해주는 성격의 지출을 말한다.
② 소득보조, 가격보조, 현물보조로 나눌 수 있다.
③ 소득보조는 상대가격 변화를 초래하지 않아 대체효과는 발생하지 않는다.
④ 가격보조는 소득효과와 대체효과를 일으킨다.
⑤ 소득보조는 가격보조에 비하여 해당상품의 소비를 촉진하는 효과가 더 크다.

34 우리나라 국민연금제도의 성격으로 옳은 것을 모두 고른 것은?

ㄱ. 역선택으로 인한 시장실패 치유
ㄴ. 정부조세수입 확충
ㄷ. 온정적 간섭
ㄹ. 소득재분배 수단

① ㄱ, ㄴ
② ㄱ, ㄴ, ㄷ
③ ㄱ, ㄷ, ㄹ
④ ㄴ, ㄷ, ㄹ
⑤ ㄱ, ㄴ, ㄷ, ㄹ

35 우리나라 재분배정책에 관한 설명으로 옳은 것은?

① 국민기초생활보장제도는 우리나라 대표적인 공공부조제도이다.
② 공공부조는 기여한 국민만이 혜택을 받을 수 있다.
③ 부가가치세는 조세를 이용한 대표적인 재분배정책이다.
④ 사회보험은 기여 여부와 무관하게 모든 국민이 혜택을 받을 수 있다.
⑤ 근로장려세제는 근로에 참여한 모든 근로자를 돕기 위한 제도이다.

36 외부성에 관한 설명으로 옳지 않은 것은?

① 코즈정리는 소유권이 분명하다면 외부성의 문제가 정부의 직접적 개입 없이도 당사자들의 협상에 의해 해결될 수 있음을 보여준다.
② 조세 부과를 통해 내부화함으로써 효율적인 자원배분을 가져오게 할 수 있다.
③ 생산과정에서 발생하는 외부효과를 내부화하기 위해서는 사회적으로 바람직한 소비량 수준에서의 한계피해액 만큼의 크기를 조세로 부과하여야 한다.
④ 조세 부과에 비하여 보조금 지급에 따른 생산량 감소의 크기는 단기적으로는 크지만 장기적으로는 동일하다.
⑤ 배출권거래제도는 시장을 활용하여 외부성을 내부화하는 방법이다.

37 사회의 분배 상태를 나타내는 불평등 지수에 관한 설명으로 옳지 않은 것은?

① 모두 동일한 소득을 가지고 있다면 5분위배율의 값은 1이다.
② 가치판단이 달라도 동일한 소득분배 상태라면 앳킨슨지수의 값은 동일하다.
③ 지니계수는 0에서부터 1까지 값을 가지며 0에 가까울수록 평등한 분배를 뜻한다.
④ 앳킨슨지수는 0에서부터 1까지 값을 가지며 0에 가까울수록 평등한 분배를 뜻한다.
⑤ 두 사회의 로렌츠곡선이 교차한다면 로렌츠곡선만으로는 두 사회의 소득 불평등도를 비교할 수 없다.

38 최적 분배에 관한 설명으로 옳지 않은 것은?

① 롤즈(J. Rawls)는 사회의 가장 가난한 사람의 후생을 극대화하도록 분배하는 것이 그 사회의 후생을 극대화하는 것이라 하였다.
② 러너(A. Lerner)는 동등확률하에서도 효용함수가 서로 다르면 사람들의 균등분배는 최적분배가 아니라고 하였다.
③ 에지워스(F. Edgeworth)는 자신이 제시한 세 가지 가정이 충족된다면 모든 사람에게 완전히 균등하게 소득을 나누어주는 것이 가장 바람직한 분배라고 하였다.
④ 공리주의적 견해에 의하면 그 사회의 총체적 후생을 극대화할 수 있다면 불균등한 분배상태도 정당화된다.
⑤ 노직(R. Nozick)은 결과의 정의보다 절차상의 정의를 더욱 중시하였다.

39 분배에 관한 공리주의적 주장으로 옳지 않은 것은?

① 개인 간 효용 비교를 전제로 하고 있다.
② 실천과정에서 개인의 권리가 침해될 수 있다.
③ 효용함수는 소득의 한계효용이 불변이라는 가정이 필요하다.
④ 사회전체 후생의 증감에 입각한 공리의 원칙이 유일한 도덕기준이다.
⑤ 바람직한 분배란 그 사회의 총체적 후생을 극대화할 수 있는 분배이어야 한다.

40 연금제도에 관한 설명으로 옳지 않은 것은?

① 노후소득의 감소에 대비하기 위한 사회보험제도이다.
② 완전적립방식은 세대 간 재분배, 부과방식은 세대 내 재분배가 발생한다.
③ 상속효과로 민간저축이 증가한다.
④ 재산대체효과로 민간저축이 감소한다.
⑤ 사적 보험시장에서 발생 가능한 역선택 문제를 방지하기 위하여 사회보험으로 운용하고 있다.

2024년도 제61회
세무사 1차 국가자격시험 문제지

교시	시험과목	시험시간	문제형별
1교시	① 재정학 ② 세법학개론	80분	A

수험번호		성 명	

【 수험자 유의사항 】

1. 시험문제지는 **단일 형별(A형)**이며, 답안카드는 형별 기재란에 표시된 형별(A형)을 확인하시기 바랍니다. 시험문제지의 **총면수, 문제번호 일련순서, 인쇄상태** 등을 확인하시고, 문제지 표지에 수험번호와 성명을 기재하시기 바랍니다.

2. 답은 각 문제마다 요구하는 **가장 적합하거나 가까운 답 1개**만 선택하고, 답안카드 작성 시 시험문제지 **마킹착오**로 인한 불이익은 전적으로 **수험자에게 책임**이 있음을 알려 드립니다.

3. 답안카드는 국가전문자격 공통 표준형으로 문제번호가 1번부터 125번까지 인쇄되어 있습니다. 답안 마킹 시에는 반드시 **시험문제지의 문제번호와 동일한 번호**에 마킹하여야 합니다.

4. **감독위원의 지시에 불응하거나 시험시간 종료 후 답안카드를 제출하지 않을 경우** 불이익이 발생할 수 있음을 알려 드립니다.

5. 시험문제지는 시험 종료 후 가져가시기 바랍니다.

재 정 학

01 바람직한 조세가 갖추어야 할 조건으로 옳지 않은 것은?

① 능력에 따른 조세부담이 이루어지는 공평성의 원칙
② 조세를 통한 재정수입을 극대화하는 수입성의 원칙
③ 조세의 납부방법, 시기, 금액 등이 국민들이 이해할 수 있는 방식으로 제시되는 확실성의 원칙
④ 조세의 납부방법이 납세자에게 가장 편리한 방식으로 이루어지는 편의성의 원칙
⑤ 조세징수와 관련된 비용과 납세자의 경제활동에 주는 부담이 가장 적은 경제성의 원칙

02 조세의 공평성에 관한 설명으로 옳은 것은?

① 누진세의 도입은 2개 과세기간 이상의 평균소득이 동일한 개인사업자와 근로소득자 간의 수평적 공평성을 저해할 수 있다.
② 편익원칙에 따를 때, 누진세를 도입하는 경우 편익의 소득탄력성이 1보다 작으면 공평하다.
③ 납세 전후로 개인 간 효용수준의 순위가 변하는 것이 바람직하다.
④ 수평적 공평성의 개선을 위한 정책수단으로 포괄적 소득세는 바람직하지 않다.
⑤ 소득세율의 누진성 강화는 납세자들 간의 수직적 공평성을 저해하게 된다.

03 조세의 초과부담에 관한 설명으로 옳지 않은 것은?

① 수요의 가격탄력성이 클수록 초과부담은 커진다.
② 세율이 높아지면 초과부담이 늘어나고 조세수입도 늘어난다.
③ 정액세(lump-sum tax) 부과는 초과부담을 발생시키지 않는다.
④ 완전보완재인 두 재화 중 한 재화에 대한 과세는 초과부담을 발생시키지 않는다.
⑤ 초과부담을 정확히 측정하려면 보상수요곡선을 이용해야 한다.

04 단위당 일정액의 물품세를 부과할 때, 조세의 전가와 귀착에 관한 설명으로 옳은 것은?

① 수요가 탄력적일수록 정부의 조세 수입은 증가한다.
② 공급이 탄력적일수록 조세부과에 따른 후생손실은 커진다.
③ 단위당 세액이 커지면 정부의 조세수입은 증가한다.
④ 상대적으로 탄력성이 높은 쪽의 조세부담이 상대적으로 커진다.
⑤ 수요가 완전비탄력적이면 생산자가 조세 전부를 부담한다.

05 커피우유의 수요함수와 공급함수가 각각 $Q_d = 50 - 2P$, $Q_s = 3P - 20$이다. 정부가 단위당 10원의 물품세를 생산자에게 부과하는 경우, 다음 설명으로 옳지 않은 것은?

① 물품세 총액은 120원이다.
② 물품세 부과 전 균형가격은 14원, 균형거래량은 22이다.
③ 물품세 부과 이후 균형가격은 20원, 균형거래량은 10이다.
④ 소비자와 생산자 조세부담은 각각 단위당 6원과 4원이다.
⑤ 사회적 후생손실은 60원이다.

06 조세부과 시 납세자들의 공평한 조세부담의 평가기준으로 적합한 것은?

| ㄱ. 능력원칙 | ㄴ. 중립성 원칙 | ㄷ. 효율성 원칙 |
| ㄹ. 편익원칙 | ㅁ. 최소징세비 원칙 | |

① ㄱ, ㄴ
② ㄱ, ㄹ
③ ㄴ, ㄷ
④ ㄴ, ㅁ
⑤ ㄷ, ㅁ

07 법인세와 소득세의 통합에 관한 설명으로 옳은 것을 모두 고른 것은?

ㄱ. 자본이득방식(capital gains method) – 법인세를 폐지하고 실현여부와 관계없이 모든 자본이득에 소득세를 부과하는 방식으로 부분통합에 해당된다.
ㄴ. 조합방식(partnership method) – 배당이나 사내유보를 구분하지 않고 법인의 이윤을 모두 주주에게 귀속시켜 개인소득세로 부과하는 방식으로 완전통합에 해당된다.
ㄷ. 배당세액공제제도(dividend gross-up method) – 법인의 모든 이윤에 대해 법인세를 부과한 다음, 법인세 중 배당부분에 해당하는 금액을 개인소득세에서 세액공제해주는 방식으로 완전통합에 해당된다.
ㄹ. 차등세율제도(split rate system) – 법인의 이윤 중 배당금으로 지급되는 부분에 대해서는 사내유보가 되는 부분보다 더 낮은 법인세율을 적용해주는 방식으로 부분통합에 해당된다.

① ㄱ, ㄴ ② ㄱ, ㄷ
③ ㄴ, ㄷ ④ ㄴ, ㄹ
⑤ ㄴ, ㄷ, ㄹ

08 소득세에 관한 설명으로 옳은 것은?

① 현재소비가 정상재인 경우에 이자소득세의 부과에 의한 소득효과는 저축의욕을 줄어들게 한다.
② 비례소득세는 조세부담의 수직적 공평성을 향상시킨다.
③ 선형누진세는 소득의 증가에 따라서 평균세율은 올라가지만 한계세율은 변화하지 않는다.
④ 소득공제는 조세의 부담에 있어서 저소득층이 고소득층에 비해 유리하다.
⑤ 세액공제의 도입은 한계세율의 증가를 초래하게 된다.

09 우리나라의 법인세와 부가가치세에 관한 설명으로 옳은 것은?

① 부가가치세는 조세부담이 누진적이다.
② 수출품의 부가가치세 부담은 국내 판매용 제품과 동일하다.
③ 기업의 부채비중을 높이는 것이 법인세 절감에 유리하다.
④ 기업이 자본재 구입 시에 투자세액공제를 적용하면 법인세 부담이 증가한다.
⑤ 법인세는 법인의 자산을 과세대상으로 한다.

10 알링햄-샌드모(M. Allingham and A. Sandmo)의 탈세모형에 관한 설명으로 옳지 않은 것은?

① 불확실성 하의 기대효용 극대화 관점에서 탈세 행위를 분석하고 있다.
② 납세자가 절대위험기피도 체감의 특성을 가진다고 가정한다.
③ 세율 상승이 소득효과와 대체효과를 발생시켜 탈루소득을 더 크게 만든다고 분석하였다.
④ 세율을 합리적인 수준으로 유지하고 감사의 확률이나 벌금률 조정을 탈세 방지의 수단으로 활용하는 것이 더 바람직하다.
⑤ 행정비용을 절약한다는 측면에서 감사의 확률보다 벌금률을 높이는 것이 더 바람직한 탈세방지 수단이다.

11 우리나라 조세 중 목적세가 아닌 것은?

① 담배소비세
② 지방교육세
③ 지역자원시설세
④ 농어촌특별세
⑤ 교통·에너지·환경세

12 시점간(inter-temporal) 소비선택 모형을 이용하여 이자소득세 부과가 개별 소비자에게 미치는 영향으로 옳은 설명을 모두 고른 것은? (단, 무차별곡선은 원점에 대해 강볼록하며, 미래소득은 영(0)이다. 그리고 현재소비와 미래소비 모두 정상재이다.)

ㄱ. 미래소비로 표시한 현재소비의 상대가격이 하락한다.
ㄴ. 대체효과에 의해 현재소비가 증가하므로 저축은 감소한다.
ㄷ. 소득효과에 의해 현재소비가 감소하고 미래소비도 감소한다.
ㄹ. 실질소득이 감소하므로 효용수준은 감소한다.

① ㄱ, ㄴ, ㄷ
② ㄱ, ㄴ, ㄹ
③ ㄱ, ㄷ, ㄹ
④ ㄴ, ㄷ, ㄹ
⑤ ㄱ, ㄴ, ㄷ, ㄹ

13 하루 $\overline{T}(\overline{T} \leq 24)$시간을 노동($H$)과 여가($L$)에 배분하는 근로자의 근로소득은 M, 시간당 임금률은 w이다. 세율 t의 근로소득세가 부과될 경우 다음 설명으로 옳지 않은 것은? (단, 근로소득 이외의 여타 소득은 없다고 가정한다. 그래프의 가로축은 여가이고 세로축은 근로소득이다.)

① 세금 부과 전의 예산선은 $M = w(\overline{T} - L)$이다.
② 세금 부과 후 예산선의 세로축 절편은 $(1-t)w\overline{T}$이다.
③ 여가가 정상재라면, 노동공급은 증가, 감소 또는 불변일 수 있다.
④ 여가가 정상재라면, 대체효과가 소득효과보다 클 경우 노동공급은 증가한다.
⑤ 여가가 열등재라면, 대체효과와 소득효과 모두 노동공급을 감소시킨다.

14 조세와 기업의 투자에 관한 설명으로 옳지 않은 것은?

① 자본의 사용자비용은 기업이 자본재를 보유하고 사용하는 데 소요되는 기회비용으로 해석할 수 있다.
② 가속감가상각을 채택하면 자본의 사용자비용을 낮춰 투자가 증가한다.
③ 자본스톡의 사용자비용탄력성이 작을수록 조세제도상 투자 유인책의 효과는 커진다.
④ 한계적인 투자계획에서 나오는 세전 실질수익률과 이 투자계획의 재원을 제공한 저축자에게 지급되는 세후 실질수익률이 같으면 한계실효세율은 영(0)이 된다.
⑤ 한계실효세율이 높을수록 투자가 위축된다.

15 정부지출 증대를 위한 국채발행이 경제에 미치는 영향으로 옳지 않은 것은?

① 통화주의자는 경기 침체기보다 호황기에 구축효과가 더 크게 발생한다고 주장한다.
② 국채발행으로 이자율이 상승하는데, 이로 인해 자본유입이 발생하면 환율이 평가절하되어 경상수지가 개선된다.
③ 국채가 전액 시중에서 소화될 경우, 민간투자가 위축되는 구축효과가 발생한다.
④ 중앙은행이 국채를 인수하면 통화량이 증가하여 인플레이션이 유발된다.
⑤ 중앙은행이 국채를 인수하면 시중에서 소화되는 경우보다 총수요 증대효과가 더 크다.

16 공공요금이론에 관한 설명으로 옳은 것은?

① 수요가 가격에 대해 비탄력적인 필수품에 대한 램지가격설정은 분배 측면에서 문제를 일으킬 수 있다.
② 시설용량에 제한이 있는 시설에 초과수요가 발생하는 경우 한계비용에서 경제적 지대를 차감한 수준에서 가격을 결정해야 효율적이다.
③ 공공요금은 소비과정에서의 효율성은 높여주나 생산과정에서의 효율성 개선과는 무관하다.
④ 공평성의 관점에서 보면 능력원칙에 입각하여 요금을 부과해야 한다.
⑤ 규모의 경제가 존재하는 경우 평균비용가격설정은 사회적 최적수준에 비해 과대생산을 유발한다.

17 중앙정부가 지방재정조정제도를 통해서 지방정부에 재원을 이전하는 교부금의 유형별 경제적 효과에 관한 설명으로 옳은 것은? (단, 공공재와 사용재는 정상재이며, 지역주민들의 무차별곡선은 원점에 대해 강볼록함을 가정한다)

① 조건부 비대응교부금의 경우에는 지역주민들의 공공재 소비와 후생수준이 증가하게 된다.
② 무조건부 교부금의 경우에는 지역주민들의 소득감소와 조세부담의 증가를 가져오게 된다.
③ 지역주민들의 공공재 소비규모와 후생수준은 교부금의 유형과 관련이 없다.
④ 무조건부 교부금의 경우에는 소득효과로 지역주민들의 공공재의 소비를 증가시키지만 사용재의 소비는 감소하게 된다.
⑤ 조건부 대응교부금의 경우에는 소득효과와 대체효과에 의해서 지역주민들의 공공재의 소비 증가 여부를 알 수 없다.

18 지방분권에 관한 설명으로 옳지 않은 것은?

① 티부(C. Tiebout)모형은 지방정부에 필요한 재원으로 재산세를 상정하고 있다.
② 분권화로 지역들의 특성이 차별화되고 주민들이 자신들이 원하는 지역으로의 이동이 자유로워지면 주민들의 후생이 증가할 수 있다.
③ 어떤 한 지역의 공공재 공급이 다른 지역에 경제적 영향을 주는 외부성이 있는 경우에는 공공재 공급에 비효율성이 발생할 수 있다.
④ 국방이나 우편서비스 등은 외부성과 규모의 경제 등으로 중앙정부에서 공급하는 것이 효율적이다.
⑤ 지방정부가 보조금을 받아서 공공재를 공급하는 경우에는 중앙집권화의 정도가 과대평가된다.

19 우리나라 지방교부세와 국고보조금에 관한 설명으로 옳은 것은?

① 지방교부세는 대응교부금이다.
② 국고보조금은 무조건부 교부금이다.
③ 국고보조금은 지방정부의 자체재원이다.
④ 지방정부의 자율적인 재정운영을 위해서는 지방교부세가 국고보조금보다 바람직하다.
⑤ 지방교부세와 국고보조금은 지방정부의 재정자립도를 개선하는 효과가 있다.

20 재정이론에 관한 설명으로 옳지 않은 것은?

① 중상주의 시대의 재정이론은 조세부과의 정당성, 조세수입의 원천 등 조세수입과 관련된 논의가 중심이었다.
② 아담스미스(A. Smith)에 의하면 가격기구에 의한 효율적인 자원배분이 가능하므로 재정의 역할은 치안, 국방 등 최소한에 머무는 것이 바람직하다.
③ 바그너(A. Wagner)는 조세부과에 있어서 재정수입확보 기능뿐만 아니라 누진세율의 적용 등으로 분배과정의 불평등을 시정하는 사회정책적인 과세원리를 강조하였다.
④ 집단의사결정에 관한 공공선택이론과 공공재의 최적공급에 관한 이론은 빅셀(K.Wicksell)과 파레토(V. Pareto) 등의 학자들에 의해서 제시되었다.
⑤ 케인즈(J. M. Keynes)가 제시한 최적조세이론은 조세수입을 극대화하는 조세구조에 관한 이론이다.

21 재정의 기능에 관한 설명으로 옳지 않은 것은?

① 재정의 자원배분기능으로 자원배분의 효율성이 개선될 수 있다.
② 시차문제에 있어서 재량적 재정정책(discretionary fiscal policy)이 자동안정장치(built-in stabilizer)에 비해 나은 정책수단이다.
③ 자동안정장치의 정책수단으로는 실업보험제도와 소득세의 누진세제도 등이 있다.
④ 정부가 재정으로 개입할 수 있는 시장실패의 유형으로는 공공재, 외부성 등이 있다.
⑤ 소득분배를 위한 재정투입으로 소득계층 간 수평적 공평과 수직적 공평을 개선할 수 있다.

22 x재와 y재를 소비하는 2인 순수교환경제를 고려하자. 소비자 i의 효용함수는 $u_i(x_i, y_i) = x_i y_i$이며 (i = 1, 2), 소비자 1의 초기부존은 $(\overline{x_1}, \overline{y_1})$ = (0, 20), 소비자 2의 초기부존은 $(\overline{x_2}, \overline{y_2})$ = (40, 10)이다. 일반균형배분 ((20, 15), (20, 15))에 도달하기 위하여 초기부존을 재배분한다고 할 때 새로운 초기부존 $((\overline{x_1}, \overline{y_1}), (\overline{x_2}, \overline{y_2}))$으로 적절한 것은?

① ((10,16), (30,14))
② ((12,20), (28,10))
③ ((14,16), (26,14))
④ ((16,18), (24,12))
⑤ ((28,9), (12,22))

23 노동(L)과 자본(K)으로 x재와 y재를 생산하는 어느 경제의 생산가능곡선상의 한 점 (x, y)에서 한계변환율은 $MRT_{xy}(x, y)$ = 1이며, 두 소비자 1과 2의 한계대체율이 $MRS^1(x_1, y_1) = MRS^2(x_2, y_2)$ = 2인 상황을 고려하자(이 때 $x_1 + x_2 = x$, $y_1 + y_2 = y$이다). 현재 상황에 대한 옳은 설명을 모두 고른 것은?

> ㄱ. 이 경제의 현재 상황에서 생산 측면의 효율성은 만족된다.
> ㄴ. 이 경제의 현재 상황에서 소비 측면의 효율성은 만족된다.
> ㄷ. 이 경제는 현재 상황에서 경제 전체적으로 생산과 소비의 종합적인 파레토 개선이 가능하다.

① ㄱ   ② ㄷ
③ ㄱ, ㄴ   ④ ㄴ, ㄷ
⑤ ㄱ, ㄴ, ㄷ

24 두 재화 x재와 y재를 소비하는 소비자의 무차별곡선은 원점에 대해 강볼록하다. 이 소비자의 소득은 60이며, 각 재화의 가격은 p_x = 2, p_y = 3이라 하자. 이 소비자가 y재를 5단위를 살 수 있는 상품권을 받을 때와 해당 금액을 현금으로 받을 때의 효용을 비교하고자 한다. 이에 관한 설명으로 옳은 것은? (단, 소비점 (x, y)에서 이 소비자의 한계대체율은 $MRS(x, y)$로 나타내기로 한다)

① 상품권을 받을 때 효용수준이 반드시 더 높다.
② 현금으로 받을 때 효용수준이 반드시 더 높다.
③ 가격이 달라지면, 상품권을 받을 때 더 높은 효용을 얻을 수 있다.
④ $MRS(30, 5)$ = 1이면, 현금으로 받을 때 반드시 더 높은 효용을 얻는다.
⑤ $MRS(30, 5)$ = 0.5이면, 상품권으로 받을 때 반드시 더 높은 효용을 얻는다.

25 역선택 문제를 완화시키는 방안으로 옳지 않은 것은?

① 카페 주인이 카페에 설치된 CCTV를 확인하여 아르바이트 직원의 업무 태도를 감시한다.
② 회사가 신규채용 지원자에게 대학 졸업장 제출을 요구한다.
③ 모든 차량에 대하여 자동차 책임보험의 가입을 강제한다.
④ 신규채용 지원자가 해당 업무의 자격증을 획득하여 해당 회사에 제출한다.
⑤ 중고차 거래 시 판매자가 구매자에게 중고차에 대한 품질보증을 제공한다.

26 공공재에 대한 두 소비자 1과 2의 수요함수는 각각 $P_1 = 50 - Q$와 $P_2 = 40 - \frac{2}{3}Q$(단, Q는 공공재 수량)이다. 공공재 한 단위의 생산비는 60으로 일정하다고 하자. 효율적인 공공재 조달을 위한 두 소비자의 부담(P_1과 P_2)은 각각 얼마인가?

① $P_1 = 30, P_2 = 30$
② $P_1 = 32, P_2 = 28$
③ $P_1 = 35, P_2 = 25$
④ $P_1 = 38, P_2 = 22$
⑤ $P_1 = 40, P_2 = 20$

27 좁은 골목에서 서로 마주보고 있는 두 집에 각각 살고 있는 A와 B가 골목에 가로등을 설치하는 문제를 고려하고 있다. 가로등이 설치되면 두 사람이 얻는 편익은 각각 30으로 알려져 있으며, 가로등의 설치비용은 50이다. 각 사람은 설치에 대해 찬성(Yes) 또는 반대(No)를 선택할 수 있다. 두 사람 모두 찬성하면 설치비용을 반반씩 부담하고, 한 사람만 찬성하면 찬성한 사람만 설치비용을 부담한다. 둘 다 반대하면 가로등은 설치되지 않으며 이 때의 편익은 각각 영(0)이다. 이 문제를 전략형 게임(strategic game)의 관점에서 분석할 때, 다음 설명 중 옳은 것은?

① 서로 찬성하는 것이 우월전략균형이다.
② 서로 찬성하는 것이 우월전략균형은 아니지만 내쉬균형이다.
③ 무임승차문제로 인해 이 게임의 내쉬균형은 존재하지 않는다.
④ 이 문제는 치킨 게임이므로 누군가 한 사람만 찬성하는 것이 내쉬균형이다.
⑤ 서로 반대하는 것이 유일한 내쉬균형이다.

28. 투표자 A, B, C가 꽁도세(Condorcet) 방식에 따라 다수결로 세 개의 대안 a, b, c 중 하나를 선택하는 문제를 다음 두 가지 사례에 각각 적용한다고 할 때, 다음 설명 중 옳은 것은? (단, 선호 조작은 없다고 가정한다)

사례 1
$A : c > b > a$
$B : b > a > c$
$C : b > c > a$

사례 2
$A : a > c > b$
$B : b > c > a$
$C : c > a > b$

① 두 사례 모두에서 투표의 역설 현상이 나타난다.
② 사례 1에서는 투표의 역설 현상이 나타나지 않으나, 사례 2에서는 나타난다.
③ 사례 1에서는 투표의 역설 현상이 나타나지만, 사례 2에서는 나타나지 않는다.
④ 꽁도세 승자는 사례 1에서는 c이며, 사례 2에서는 a이다.
⑤ 꽁도세 승자는 사례 1에서는 b이며, 사례 2에서는 c이다.

29. 외부성이 있는 시장에서 사적한계편익은 $PMB = 150 - Q$, 외부한계편익은 $EMB = 30 - \frac{1}{4}Q$이며, 사적한계비용이 $PMC = Q$이라고 하자. 이 시장의 과소생산 문제를 해결하기 위하여 정부가 생산자에게 단위당 s의 보조금을 지급한다면 s는 얼마인가? (단, Q는 수량이다)

① 8
② 9
③ 10
④ 11
⑤ 12

30. 목장 주인이 방목하는 소들이 이웃 농부의 농작물을 뜯어 먹는 상황을 고려하자. 농작물 피해액은 500만원이며, 소가 농작물에 접근하지 못하도록 목장과 농장 사이에 울타리를 설치하는 비용은 600만원이다. 이 상황과 관련하여 코즈정리(Coase theorem)에서 시사하는 민간의 자발적 해결책에 관한 설명으로 옳은 것은?

① 목장 주인에게 소를 방목할 수 있는 권리가 주어진다면, 농부가 울타리를 설치하게 된다.
② 농부에게 재산권이 주어진다면, 목장 주인은 울타리를 설치하게 된다.
③ 해당 권리가 누구에게 주어지든 울타리가 설치된다.
④ 해당 권리가 누구에게 주어지든 울타리는 설치되지 않는다.
⑤ 농부에게 재산권이 주어진다면, 목장 주인은 농부에게 500만원을 피해보상하고 울타리를 설치하게 된다.

31 사회 A, B, C는 모두 두 사람으로 구성되어 있으며 개인 1의 소득(Y_1)이 개인 2의 소득(Y_2)의 4배이다. 사회후생함수가 각각 $SW_A = Y_1 + Y_2$, $SW_B = \min\{Y_1, Y_2\}$, $SW_C = Y_1^{1/2} Y_2^{1/2}$ 이라고 할 때, 다음 설명 중 옳지 않은 것은?

① 사회 B의 앳킨슨지수는 사회 A보다 높다.
② 사회 C의 앳킨슨지수는 사회 A보다 높다.
③ 사회 B의 앳킨슨지수는 사회 C보다 높다.
④ 균등분배대등소득은 사회 C가 가장 크다.
⑤ 앳킨슨지수로 판단할 때 가장 불균등한 분배가 이루어지고 있는 사회는 B이다.

32 소득 분배에 관한 설명으로 옳지 않은 것은?

① 평등주의적 견해에 따르면 개인의 정당한 권리가 침해될 가능성이 있다.
② 공리주의적 견해에 따르면 불균등한 분배상태를 정당화시켜 줄 수도 있다.
③ 롤스(J. Rawls)의 견해에 따르면 다른 사람들의 자유와 양립할 수 있는 한에서의 자유에 대한 동등한 권리가 최소극대화원칙보다 우선시된다.
④ 러너(A. Lerner)의 동등확률 가정에 따르면 사람들의 효용함수가 서로 달라도 균등분배가 최적이다.
⑤ 노직(R. Nozick)의 견해에 따르면 균등한 분배가 실현된다면 절차의 정당성은 무시될 수 있다.

33 앳킨슨지수에 관한 설명으로 옳지 않은 것은?

① 1에 가까울수록 분배상태가 불균등함을 의미한다.
② 분배의 불평등성에 대한 명백한 가치판단을 전제로 한다.
③ 공리주의 사회후생함수의 경우 균등분배대등소득이 평균소득보다 작다.
④ 소득분배가 완전히 균등하다면 균등분배대등소득과 평균소득이 일치한다.
⑤ 동일한 분배상태라도 사회후생함수에 따라 지수의 크기는 달라질 수 있다.

34 정부가 저소득층을 위해 다양한 유형의 보조금을 지원할 수 있다. 보조금 유형에 관한 설명으로 옳은 것을 모두 고른 것은? (단, 무차별곡선은 원점에 대해 강볼록한 형태이다)

> ㄱ. 정책 목표가 해당 현물의 소비 증대라면 현금보조보다 현물보조가 더 효과적이다.
> ㄴ. 수혜자의 선호를 존중한다면 현물보조보다 현금보조가 더 효과적이다.
> ㄷ. 현물보조보다 현금보조의 경우 더 높은 행정 및 운영비용이 발생한다.
> ㄹ. 가격보조가 비효율성을 일으키는 원인은 상대가격구조가 변하기 때문이다.
> ㅁ. 현금보조의 단점은 부정수급과 바람직하지 않은 상품의 오남용이다.

① ㄱ, ㄴ, ㄷ ② ㄱ, ㄷ, ㅁ
③ ㄱ, ㄴ, ㄷ, ㄹ ④ ㄱ, ㄴ, ㄹ, ㄷ
⑤ ㄴ, ㄷ, ㄹ, ㅁ

35 우리나라의 근로장려세제에 관한 설명으로 옳은 것은?

① 기초생활보장제도의 수혜대상이 되는 무소득자의 생계안정과 근로유인 제공을 위한 제도이다.
② 가구의 구성원에 관계없이 동일한 지원혜택을 운영하고 있다.
③ 기초생활보장제도와 같은 공공부조 프로그램보다 근로의욕 촉진효과가 더 크다.
④ 근로소득이 증가함에 따라 근로장려금이 감소하는 점감구간에서의 대체효과는 노동공급을 증가시키는 방향으로 작용한다.
⑤ 암묵적 한계세율이 영(0)인 구간에서는 대체효과가 소득효과보다 크다.

36 부의 소득세제(negative income tax)에 관한 설명으로 옳은 것을 모두 고른 것은? (단, $S = m - tE$, S : 보조금, m : 기초수당, t : 한계세율, E : 스스로 번 소득)

> ㄱ. 재원이 고정되어 있는 상황에서 기초수당을 올리려면 한계세율도 올려야한다.
> ㄴ. 비범주적(noncategorical) 보조금이므로 수혜 대상에 대한 자격심사가 필요 없다.
> ㄷ. 소득의 재분배 효과는 한계세율이 낮을수록 커진다.
> ㄹ. 한계세율이 높을수록 근로의욕은 낮아진다.
> ㅁ. 여가가 정상재일 경우 소득효과와 대체효과 모두 노동공급을 감소시키는 방향으로 작용한다.

① ㄱ, ㄴ ② ㄱ, ㄷ
③ ㄴ, ㄷ, ㄹ ④ ㄱ, ㄴ, ㄹ, ㅁ
⑤ ㄴ, ㄷ, ㄹ, ㅁ

37 국민연금제도에 관한 설명으로 옳지 않은 것은?

① 민간 보험시장에서 발생하는 역선택 문제를 해소할 수 있다.
② 재원을 적립방식으로 충당하면 세대 간 공평성 문제가 발생한다.
③ 자산대체효과가 은퇴효과보다 작다면 개인 저축이 증가한다.
④ 국민연금에 의한 소득효과는 노동공급을 감소시킨다.
⑤ 세대 내의 재분배 문제는 재원조달방식과 무관하다.

38 우리나라 국민건강보험제도에 관한 설명으로 옳지 않은 것은?

① 정부의 개입 정도가 국민보건서비스방식보다 강하다.
② 공동보험은 의료서비스 소비에서 발생하는 도덕적 해이를 부분적으로 제거할 수 있다.
③ 강제보험이므로 민간보험시장에서 발생하는 역선택 문제를 해소할 수 있다.
④ 넓은 의미에서 사회보험방식에 기초하고 있다.
⑤ 조세제도에서 의료비지출에 세액공제를 적용하는 것은 공평성과 관련이 있다.

39 정부지출에 관한 설명으로 옳지 않은 것은?

① 보몰효과(Baumol effect)에 의하면 정부가 생산·공급하는 서비스의 생산비용이 상대적으로 빠르게 증가하여 정부지출이 늘어나게 된다.
② 피코크-와이즈만(A. Peacock and J. Wiseman)에 의하면 사회적 혼란기에는 정부지출의 증가를 용인하는 분위기에 의해서 정부지출이 증가하게 된다.
③ 경기침체 등으로 민간의 한계소비성향이 줄어들게 되면 정부지출에 의한 국민소득 증가의 크기는 줄어들게 된다.
④ 민간의 한계소비성향이 1보다 작은 경우에는 정부지출 증가에 의한 국민소득의 증가분이 정부지출의 증가분보다 크게 된다.
⑤ 브라운-잭슨(C. Brown and P. Jackson)은 중위투표자의 공공서비스에 대한 소득탄력성이 크게 되면 정부지출이 증가한다는 리바이어던가설(Leviathan hypothesis)을 제기하였다.

40 공공사업의 비용-편익분석에 관한 설명으로 옳지 않은 것은?　　　　[기출문제 수정]

① 공공사업에 사용될 투입요소가 민간의 독점시장으로부터 제공된다면, 비용계산 시 독점 가격에서 독점이윤을 제외시켜야 한다.
② 투입요소에 간접세가 부과된 경우, 이 조세는 정부로 이전되기 때문에 비용계산 시 제외시켜야 한다.
③ 사회적 할인율이 높아질수록 초기에 편익이 집중되는 사업이 유리해진다.
④ 공공투자에 사용되는 자금의 기회비용은 그 자금을 어떤 방식으로 조달하였느냐에 따라 달라질 수 있다.
⑤ 시장이자율이 사회적 할인율보다 높을 때 시장이자율을 할인율로 사용하면 공공사업의 경제성이 커질 수 있다.

2023년도 제60회
세무사 1차 국가자격시험 문제지

교시	시험과목	시험시간	문제형별
1교시	① 재정학 ② 세법학개론	80분	A

수험번호		성 명	

【 수험자 유의사항 】

1. 시험문제지는 **단일 형별(A형)**이며, 답안카드는 형별 기재란에 표시된 형별(A형)을 확인하시기 바랍니다. 시험문제지의 **총면수, 문제번호 일련순서, 인쇄상태** 등을 확인하시고, 문제지 표지에 수험번호와 성명을 기재하시기 바랍니다.

2. 답은 각 문제마다 요구하는 **가장 적합하거나 가까운 답 1개**만 선택하고, 답안카드 작성 시 시험문제지 **마킹착오**로 인한 불이익은 전적으로 **수험자에게 책임**이 있음을 알려 드립니다.

3. 답안카드는 국가전문자격 공통 표준형으로 문제번호가 1번부터 125번까지 인쇄되어 있습니다. 답안 마킹 시에는 반드시 **시험문제지의 문제번호와 동일한 번호**에 마킹하여야 합니다.

4. **감독위원의 지시에 불응하거나 시험시간 종료 후 답안카드를 제출하지 않을 경우** 불이익이 발생할 수 있음을 알려 드립니다.

5. 시험문제지는 시험 종료 후 가져가시기 바랍니다.

재 정 학

01 우리나라 조세 중 지방세이면서 목적세에 해당하는 것은?

① 농어촌특별세
② 주민세
③ 지방교육세
④ 담배소비세
⑤ 문화재관람료

02 조세의 초과부담에 관한 설명으로 옳은 것은?

① 초과부담은 조세수입에서 사회후생 감소분을 차감한 것이다.
② 초과부담은 주로 조세부담의 전가 때문에 발생한다.
③ 세율이 높으면 조세수입이 늘어나지만 초과부담은 줄어든다.
④ 수요의 가격탄력성이 클수록 초과부담은 오히려 작아진다.
⑤ 정액세(lump-sum tax) 부과는 초과부담을 발생시키지 않는다.

03 최적물품세를 도출한 램지규칙에 관한 설명으로 옳지 않은 것은?

① 램지규칙은 효율성 측면만을 고려한 과세원칙이다.
② 램지규칙이 성립하기 위해서는 두 재화 간의 관계가 독립적이어야 한다.
③ 램지규칙은 재화 간 조세수입의 한계 초과부담을 일치시키는 과정에서 도출된다.
④ 생활필수품에 낮은 세율을 부과하는 것이 램지규칙에 부합하고, 사회적으로도 바람직하다.
⑤ 램지규칙에 의하면, 수요의 가격탄력성에 반비례하도록 각 재화에 세율을 부과하여야 효율적이다.

04 단위당 생산비가 57원으로 일정한 독점기업에게 판매단위당 9원의 판매세를 부과한다고 하자. 시장수요곡선이 우하향하는 직선일 때, 독점기업이 부담하는 단위당 판매세에 관한 설명으로 옳은 것은?

① 독점기업과 소비자가 나누어 부담한다.
② 공급의 가격탄력성이 작을수록 독점기업의 부담이 커진다.
③ 독점기업에게 부과하였으므로 9원 모두 독점기업이 부담한다.
④ 공급의 가격탄력성이 무한대이고 따라서 모든 세금을 소비자에게 전가할 수 있으므로 독점기업은 0원을 부담한다.
⑤ 수요의 가격탄력성이 작을수록 독점기업의 부담이 커진다.

05 수요함수가 $Q = 120 - 2P$이고 공급함수가 $Q = P$인 완전경쟁시장을 고려하자. 정부가 단위당 12원의 물품세를 소비자에게 부과할 때, 그 중 생산자의 부담액은?

① 0원
② 4원
③ 6원
④ 8원
⑤ 12원

06 법인세에 관한 설명으로 옳은 것은?

① 우리나라의 현행 법인세 최고세율은 22%이다.
② 인플레이션이 있을 경우 감가상각공제의 현재가치는 증가하므로 법인세 부담은 감소하게 된다.
③ 자기자본에 대한 귀속이자를 경비로 인정해 주지 않는 법인세제 상의 특성이 법인들로 하여금 유상증자에 대한 의존도를 높이는 유인이 될 수 있다.
④ 법인세가 경제적 이윤에 대한 과세가 되기 위해서는 당기순이익이 경제적 이윤보다 커야 한다.
⑤ 법인세가 이윤에 대한 과세의 성격을 가지게 되는 경우에는 그 부담은 소유주인 주주에게 귀착된다.

07 우리나라의 소득세와 부가가치세에 관한 설명으로 옳은 것은?

① 다른 조건이 일정할 때 인플레이션으로 명목소득이 증가하게 되면 소득세 부담은 감소하게 된다.
② 개인소득세는 가구단위가 아닌 개인단위로 부과하고 있다.
③ 부가가치세는 최종단계의 부가가치에만 과세되어 수직적 통합을 방지하는 효과가 있다.
④ 비례소득세는 수직적 공평성을 개선하게 된다.
⑤ 이자소득세를 부과할 경우, 소득효과는 저축의욕을 떨어뜨린다.

08 조세지출의 사례에 해당하는 것을 모두 고른 것은?

ㄱ. 남북협력기금에 대한 보조금 지급
ㄴ. 법인세 특별감가상각
ㄷ. 조세수입으로 확보된 재정의 지출
ㄹ. 투자세액공제
ㅁ. 공해배출기업에 대한 환경세 부과
ㅂ. 기부행위에 대한 소득공제

① ㄱ, ㄷ, ㅁ
② ㄱ, ㄷ, ㅂ
③ ㄴ, ㄹ, ㅂ
④ ㄷ, ㄹ, ㅁ
⑤ ㄹ, ㅁ, ㅂ

09 다음 중 탈세의 부정적 효과를 모두 고른 것은?

ㄱ. 자원배분의 왜곡 초래
ㄴ. 지하경제 비대
ㄷ. 조세부담의 불공평 초래
ㄹ. 경제정책 효과의 불확실 초래

① ㄱ, ㄴ, ㄷ
② ㄱ, ㄴ, ㄹ
③ ㄱ, ㄷ, ㄹ
④ ㄴ, ㄷ, ㄹ
⑤ ㄱ, ㄴ, ㄷ, ㄹ

10 근로소득세 부과가 노동시장에 미치는 효과에 관한 설명으로 옳지 않은 것은?

① 여가가 정상재일 경우 소득효과가 대체효과보다 크면 후방굴절형 노동공급곡선이 될 것이다.
② 여가가 정상재일 경우 비례소득세 부과로 인한 소득효과가 대체효과보다 작다면 노동공급은 줄어든다.
③ 여가가 정상재일 경우 누진소득세 부과가 노동공급에 미치는 영향은 비례소득세 부과와 유사하지만 고소득자에게 유리하다.
④ 여가가 열등재일 경우 비례소득세를 부과하면 노동공급은 감소한다.
⑤ 여가가 열등재일 경우 정액세(lump-sum tax)를 부과하면 소득효과만 존재하여 노동공급은 감소한다.

11 시점간(inter-temporal) 소비선택 모형에서 이자소득세의 부과에 관한 설명으로 옳은 것은?(단, 무차별곡선은 원점에 대해 강볼록하며, 미래소득은 영(0)이다. 그리고 현재소비와 미래소비는 모두 정상재이다)

① 이자소득세 부과 시 현재소비의 상대가격은 상승하게 된다.
② 이자소득세 부과 시 저축은 반드시 감소하게 된다.
③ 이자소득세 부과 시 민간저축은 감소하나 총저축의 증감여부는 불분명하다.
④ 현재소비에 미치는 영향은 소득효과와 대체효과의 상대적인 크기에 의해 결정된다.
⑤ 미래소비에 미치는 영향은 소득효과와 대체효과의 상대적인 크기에 의해 결정된다.

12 한계실효세율(marginal effective tax rate)에 관한 설명으로 옳은 것을 모두 고른 것은?

ㄱ. 투자수익에 조세가 부과되지 않으면 한계실효세율은 0이다.
ㄴ. 한계실효세율이 낮을수록 투자에 유리하다.
ㄷ. 한계실효세율이 음(—)인 경우, 조세가 투자를 촉진하는 결과를 가져온다.

① ㄱ
② ㄱ, ㄴ
③ ㄱ, ㄷ
④ ㄴ, ㄷ
⑤ ㄱ, ㄴ, ㄷ

13 자본의 사용자 비용(user cost of capital)을 낮추어 투자를 촉진할 수 있는 조세정책이 아닌 것은?

① 가속상각제도
② 투자세액공제
③ 특정기간조세 감면
④ 법인세율 인하
⑤ 근로소득세 감면

14 모딜리아니-밀러(Modigliani-Miller)의 제1명제에 관한 설명으로 옳은 것을 모두 고른 것은?

> ㄱ. 이 명제는 기업의 가치를 극대화하는 최적 자본구조의 존재를 증명한 것이다.
> ㄴ. 이 명제에서는 기업의 수익에 조세가 과세되지 않는 것을 가정하고 있다.
> ㄷ. 이 명제에서는 경영자가 주주의 재산을 극대화하려는 노력을 가정하고 있다.
> ㄹ. 이 명제에서는 모든 투자자와 경영자가 같은 정보를 가지고 있음을 가정한다.

① ㄱ, ㄴ
② ㄴ, ㄷ
③ ㄷ, ㄹ
④ ㄴ, ㄷ, ㄹ
⑤ ㄱ, ㄴ, ㄷ, ㄹ

15 재정적자의 경제적 효과에 관한 설명으로 옳은 것은?

① 통화주의학파는 국채발행이 구축효과를 가져와서 총수요를 증가시킨다고 하였다.
② 케인즈학파는 국채발행을 통해 조세부담을 경감시켜도 총수요는 변화가 없다고 하였다.
③ 리카르도(D. Ricardo)는 재정적자를 국채로 충당하면 총수요를 감소시킨다고 하였다.
④ 배로(R. Barro)는 정부지출이 일정하다면 재정적자를 조세로 조달하든 국채로 조달하든 총수요에 영향을 미치지 않는다고 하였다.
⑤ 러너(A. Lerner)는 외부채무는 미래세대의 부담을 증가시키지 않는다고 하였다.

16 자연독점인 공기업의 공공요금 결정에 관한 설명으로 옳은 것은?

① 규모의 경제가 존재하는 경우 하나의 공기업에서 생산하는 것이 더 낮은 비용으로 생산할 수 있다.
② 민간기업이 생산하고 가격규제를 하지 않으면 사회적 최적생산량 달성이 가능하다.
③ 공공서비스의 경우 이부가격제도(two-part tariff)를 적용하면 결손을 줄일 수 있으나, 효율적 생산량에 도달하는 것은 불가능하다.
④ 한계비용가격설정을 사용하는 경우 해당 공기업의 경제적 이윤은 양(+)이 된다.
⑤ 평균비용가격설정을 사용하는 경우 해당 공기업의 경제적 이윤은 음(-)이 된다.

17 독점적으로 가스를 공급하는 K가스공사는 동일 비용으로 가스를 생산하여 가정용과 산업용으로 구분하여 판매하고 있다. 산업용 가스의 시장수요의 가격탄력성은 3이고, 가정용 가스의 시장수요의 가격탄력성은 2라고 하자. 가정용 가스의 m^3당 가격이 1,200원이라면 K가스공사가 이윤을 극대화할 수 있는 산업용 가스의 m^3당 가격은?(단, 기타 비용은 0원이다)

① 300원
② 400원
③ 600원
④ 900원
⑤ 1,200원

18 우리나라의 지방재정에 관한 설명으로 옳지 않은 것은?

① 지방세 규모는 국세 규모보다 작다.
② 중앙정부는 법률로 국세를 신설할 수 있으며 지방자치단체는 법률에 관계없이 조례로 지역에 필요한 지방세목을 신설할 수 있다.
③ 지방재정조정제도에서 조정교부금제도는 상위지방자치단체가 하위지방자치단체에 지원하는 제도이다.
④ 지방교부세는 재원의 사용 용도가 정해져 있지 않다.
⑤ 부동산 경기변동은 지방재정의 규모와 안정성에 영향을 주게 된다.

19 지방분권에 관한 설명으로 옳지 않은 것은?

① 지방분권의 정도를 간접적으로 파악할 수 있는 중앙집권화율은 중앙정부의 지출을 지방정부의 지출로 나누어 계산한다.
② 지방자치단체 간의 경쟁을 촉진하여 공공서비스의 효율적인 생산을 유도한다.
③ 티부(C. Tiebout) 모형은 공공재 공급의 재원으로 재산세를 상정하고 있다.
④ 중앙집권제도에 비해 공공재와 세금에 대한 정보확보비용이 증가하게 된다.
⑤ 오우츠(W. Oates)에 의하면 공공재 공급비용이 동일하다면 지방공공재는 지방정부가 공급하는 것이 효율적이다.

20 소득세율이 소득구간에 따라 0원에서 1,200만원까지는 0%, 1,200만원 초과 3,000만원까지는 9%, 3,000만원 초과 5,000만원까지는 18%, 5,000만원 초과부터는 27%이다. K군의 총소득 5,500만원에서 각종 공제를 적용한 후 과세가능소득은 4,500만원이다. K군의 (A)한계세율과 (B)실효세율은?(단, 백분율(%)을 구할 때 소수점 셋째자리에서 반올림한다)

① A : 9%, B : 7.85%
② A : 9%, B : 9.60%
③ A : 18%, B : 7.85%
④ A : 18%, B : 9.60%
⑤ A : 27%, B : 9.60%

21 두 소비자 1과 2가 두 재화 x와 y를 소비하는 순수교환경제를 고려하자. 소비자 1의 부존은 $(\overline{x_1}, \overline{y_1}) = (18, 12)$, 소비자 2의 부존은 $(\overline{x_2}, \overline{y_2}) = (22, 8)$이며, 소비자 i의 효용함수는 $u^i(x_i, y_i) = x_i y_i$라고 하자($i = 1, 2$). 다음의 배분 $((x_1, y_1), (x_2, y_2))$ 중 파레토 개선이 가능하지 않은 것을 모두 고르면?

ㄱ. ((6, 3), (34, 17))
ㄴ. ((16, 8), (22, 11))
ㄷ. ((24, 10), (16, 10))
ㄹ. ((38, 19), (2, 1))

① ㄱ, ㄴ
② ㄱ, ㄹ
③ ㄴ, ㄷ
④ ㄱ, ㄴ, ㄹ
⑤ ㄴ, ㄷ, ㄹ

22 두 사람으로 구성된 어느 경제의 효용가능경계와 사회후생함수 $W^A = U_1 + U_2$의 사회무차별곡선과의 접점을 A, 사회후생함수 $W^B = \min\{U_1, U_2\}$의 사회무차별곡선과의 접점을 B, 사회후생함수 $W^C = U_1 U_2$의 사회무차별곡선과의 접점을 C라고 하자. 이 접점들은 각 경우에 유일한 접점이라고 하자. 다음 중 옳은 것을 모두 고른 것은?

ㄱ. A와 B가 일치하면 C도 반드시 일치한다.
ㄴ. A와 C가 일치하면 B도 반드시 일치한다.
ㄷ. B와 C가 일치하면 A도 반드시 일치한다.
ㄹ. 세 접점이 모두 일치할 수는 없다.

① ㄹ
② ㄱ, ㄴ
③ ㄱ, ㄷ
④ ㄴ, ㄷ
⑤ ㄱ, ㄴ, ㄷ

23 후생경제학의 기본 정리에 관한 설명으로 옳은 것을 모두 고른 것은?

> ㄱ. 제1정리는 완전경쟁시장에서 개인의 이기적인 선택의 결과가 사회적 관점에서도 효율적인 자원배분을 이루어낸다는 것을 의미한다.
> ㄴ. 제2정리는 효율성이 공평한 자원배분을 보장한다는 의미를 갖는다.
> ㄷ. 후생경제학의 제1정리와 제2정리의 결론은 소비자 선호의 볼록성과 무관하게 성립한다.

① ㄱ
② ㄴ
③ ㄱ, ㄴ
④ ㄱ, ㄷ
⑤ ㄴ, ㄷ

24 긍정적 외부성이 있는 양봉업자가 생산하는 벌꿀에 대한 수요함수가 $Q = 10 - 2P$이고, 외부한계편익함수는 $Q = 5 - 2P$이다. 한계생산비용이 4라면 사회적 최적 생산량은?

① 2
② 3.5
③ 4
④ 5
⑤ 10

25 시장실패에 관한 설명으로 옳은 것을 모두 고른 것은?

> ㄱ. 시장실패는 정부개입의 충분조건이다.
> ㄴ. 자연독점에 대한 평균비용가격설정은 독점으로 인한 비효율을 제거할 수 있다.
> ㄷ. 정액세(lump-sum tax)는 민간부문의 의사결정을 왜곡하지 않는다.
> ㄹ. 사회보험은 시장실패를 보완하는 기능을 수행한다.
> ㅁ. 공공재는 배제성과 경합성의 특성으로 인하여 시장실패가 발생하게 된다.

① ㄱ, ㄴ
② ㄴ, ㄷ
③ ㄷ, ㄹ
④ ㄷ, ㅁ
⑤ ㄹ, ㅁ

26. 공공재에 관한 설명으로 옳은 것은?
   ① 비경합성이 강한 공공재일수록 공공재가 주는 사회적 편익의 크기가 더 커진다.
   ② 현실에서 대부분의 공공재는 시장이 성립되지 못하는 순수공공재이다.
   ③ 클럽재(club goods)는 배제성 적용이 불가능하다.
   ④ 모든 공공재는 비배제성과 비경합성을 동시에 충족한다.
   ⑤ 공공재의 소비자들은 자신의 선호를 정확하게 표출한다.

27. 9명의 투표자 중 A유형은 4명, B유형은 3명, C유형은 2명이며, 이들은 네 개의 대안 a, b, c, d를 놓고 선택하고자 한다. 각 유형의 대안에 대한 선호는 다음과 같다고 하자. 보다(Borda)투표제를 실시한다면, 어느 대안이 선택되겠는가?(단, 선호 조작은 없다고 가정한다)

   A[4명] : a 〉 b 〉 c 〉 d
   A[3명] : b 〉 d 〉 a 〉 c
   A[2명] : c 〉 d 〉 b 〉 a

   ① a
   ② b
   ③ c
   ④ d
   ⑤ 투표 결과를 특정할 수 없다.

28. 다음 중 소득 분배상태가 완전 균등인 경우 그 값이 0인 경우를 모두 고른 것은?

   ㄱ. 5분위분배율
   ㄴ. 10분위분배율
   ㄷ. 지니계수
   ㄹ. 앳킨슨지수
   ㅁ. 달튼지수

   ① ㄱ, ㄴ
   ② ㄴ, ㄷ
   ③ ㄷ, ㄹ
   ④ ㄱ, ㄴ, ㄹ
   ⑤ ㄷ, ㄹ, ㅁ

29 외부성에 관한 설명으로 옳지 않은 것은?

① 부정적 외부성이 있는 경우에 정부가 교정세를 부과하여도 효율적 자원배분을 이룰 수 없다.
② 연구기관의 연구개발 활동은 외부성의 특성을 가지고 있다.
③ 코즈정리가 성립하려면 재산권이 명확하게 설정되어 있어야 한다.
④ 어떤 행동이 상대가격의 변동을 가져와서 발생하는 외부성을 금전적 외부성이라 한다.
⑤ 양봉업자가 인근 과수원의 생산에 영향을 준 것은 기술적 외부성에 해당한다.

30 세 투표자 A, B, C가 세 가지 대안 a, b, c에 대하여 다음과 같은 선호를 가지고 있다고 할 때, 꽁도세 승자(Condorcet winner)는?(단, 선호 조작은 없다고 가정한다)

```
A : a > b > c
B : b > c > a
C : c > b > a
```

① a
② b
③ c
④ a, b, c
⑤ 투표의 역설로 꽁도세 승자는 존재하지 않는다.

31 작은 섬나라 "율도국"에는 해안과 내륙지역에 각각 6명, 4명의 주민이 거주하고 있는데, 정부는 지진해일(Tsunami) 경보서비스를 제공하고 있다. 해안지역 주민의 개별수요함수는 $Q = 100 - \frac{1}{2}P$, 내륙지역 주민의 개별수요함수는 $Q = 50 - \frac{1}{3}P$로 표현된다. 경보서비스의 한계비용이 840일 때, 사회적으로 바람직한 경보서비스 수준과 해안과 내륙지역 주민 1명이 각각 부담해야 할 몫은?(단, Q는 경보서비스 수준, P는 주민 부담 몫이다)

① 경보서비스 수준은 40, 해안지역 주민은 120, 내륙지역 주민은 30
② 경보서비스 수준은 40, 해안지역 주민은 126, 내륙지역 주민은 42
③ 경보서비스 수준은 40, 해안지역 주민은 140, 내륙지역 주민은 0
④ 경보서비스 수준은 50, 해안지역 주민은 60, 내륙지역 주민은 40
⑤ 경보서비스 수준은 50, 해안지역 주민은 126, 내륙지역 주민은 42

32 최적 분배에 관한 설명으로 옳지 않은 것은?

① 공리주의적 견해에 의하면 바람직한 분배란 그 사회의 총체적 후생을 극대화할 수 있는 분배이어야 한다.
② 평등주의적 견해에 의하면 모든 사람에게 평등하게 분배하는 것이 정의롭다.
③ 롤즈(J. Rawls)는 사회의 가장 가난한 사람의 후생을 극대화하도록 분배하는 것이 그 사회의 후생을 극대화하는 것이라 하였다.
④ 자유주의적 견해에 의하면 정부의 간섭 없이 자유로운 시장의 힘에 의해 결정된 분배상태가 가장 바람직하다.
⑤ 러너(A. Lerner)에 의하면 사람들의 효용함수가 서로 다르면 동등확률 하에서도 균등분배는 최적이 될 수 없다.

33 우리나라의 사회보장제도 운영에 관한 설명으로 옳은 것은?

① 차상위계층이라 함은 소득이 최저생계비 130% 이하인 가구를 말한다.
② 기초연금제도 운영에 필요한 재원은 국민연금 보험료로 충당한다.
③ 국민기초생활보장제도 수급자로서 급여를 받기 위해서는 부양의무자가 없거나 있어도 부양이 불가능하여야 하며, 자산조사 결과 최저생계비 이하이어야 한다.
④ 사업장(직장)가입자의 모든 사회보험료는 고용주와 근로자가 각각 절반씩 분담한다.
⑤ 건강보험제도 운영에 필요한 재원은 가입자 및 사용자로부터 징수한 보험료와 정부지원금으로 충당한다.

34 현물보조에 관한 설명으로 옳지 않은 것은?

① 현물보조가 현금보조에 비하여 정책 목적 달성에 효율적이다.
② 현물보조 대상은 주로 해당 현물의 소비가 바람직하다고 생각하는 가치재들이다.
③ 현물보조는 현금보조에 비하여 높은 행정비용과 운영비용을 수반한다.
④ 생산에서 규모의 경제가 성립하는 재화는 현물보조가 더 효율적이다.
⑤ 동일한 재정을 투입하는 경우 일반적으로 현물보조가 현금보조에 비하여 소비자 만족도가 높다.

35 우리나라의 사회보험제도에 관한 설명으로 옳지 않은 것은?

① 우리나라에서 시행 중인 사회보험은 연금보험, 건강보험, 산재보험, 고용보험, 노인장기요양보험으로 5가지이다.
② 사회보험제도의 도입으로 역선택을 방지할 수 있다.
③ 우리나라 의료보장제도는 국민보건 서비스 방식이다.
④ 사회보험제도의 운영에 필요한 재원 조달방식에는 적립방식과 부과방식의 두 가지가 있다.
⑤ 국민연금은 현금급여, 건강보험은 현물급여가 원칙이다.

36 우리나라의 연금보험제도에 관한 설명으로 옳지 않은 것은?

① 일반국민이 가입하는 국민연금과 공무원, 군인, 사립학교 교직원이 가입하는 직역연금으로 구분된다.
② 국민연금은 기여원칙에 따른 적립방식을 채택하고 있으나 완전적립방식이 아니어서 세대 내 재분배 효과뿐만 아니라 세대 간 재분배효과도 발생한다.
③ 국민연금은 18세 이상 60세 미만으로 대한민국 국민이면 국외거주자도 가입할 수 있다.
④ 국민연금의 연금급여에는 노령연금, 장애연금, 유족연금이 있다.
⑤ 국민연금 보험료는 기준소득월액에 보험료율을 곱하여 산정한다.

37 한 국가의 민간소비(C), 조세(T), 정부지출(G), 투자(I)가 아래와 같고 재정은 균형상태이며 완전고용국민소득은 7,000이다. 정부지출과 조세를 통해서 국민소득을 조정하고자 할 경우에 관한 설명으로 옳지 않은 것은?(단, Y는 국민소득이다)

$C = 1,000 + 0.6(Y-T)$
$G = 1,000$
$I = 1,000$

① 완전고용 달성에 필요한 조세의 감소 규모는 600이다.
② 완전고용 달성에 필요한 정부지출의 증가액은 400이다.
③ 정부지출 증가 시에 정부지출의 증가액보다 국민소득이 더 많이 증가한다.
④ 조세 감세 시에 조세의 감세액보다 국민소득의 증가액이 더 크다.
⑤ 경기침체 등으로 민간의 한계소비성향이 줄어들게 되면 정부지출이 유발하는 국민소득의 증가분은 줄어들게 된다.

38 정부지출의 증가 원인에 관한 설명으로 옳은 것은?

① 바그너(A. Wagner)법칙에 의하면, 1인당 소비가 증가할 때 국민소득에서 차지하는 공공부문은 민간부문에 비례하여 성장한다.
② 보몰효과(Baumol effect)에 의하면, 정부가 생산·공급하는 서비스의 생산비용이 상대적으로 낮아지면 정부지출이 증가하게 된다.
③ 부캐넌(J. Buchanan)은 현대의 대의민주체제가 본질적으로 정부부문의 팽창을 억제한다는 리바이어던가설(Leviathan hypothesis)을 제기하였다.
④ 피코크-와이즈만(A. Peacock & J. Wiseman)에 의하면, 사회적 혼란기에는 전위효과(displacement effect)에 의하여 정부지출이 증가하게 된다.
⑤ 브라운-잭슨(C. Brown & P. Jackson)에 의하면, 중위투표자의 공공서비스에 대한 수요의 소득탄력성이 줄어들게 되면 정부지출의 비중이 증가하게 된다.

39 공공사업의 비용-편익분석에 관한 설명으로 옳지 않은 것은?

① 사회적인 할인율이 높아질수록 초기에 편익이 집중되는 사업이 유리하다.
② 불완전경쟁시장에서는 재화의 시장가격이 기회비용을 적절히 반영하지 못하므로 잠재가격을 사용한다.
③ 공공사업으로 시장가격이 낮아지는 경우라면 증가된 소비자잉여가 편익에 포함되어야 한다.
④ 시장이자율이 사회적 할인율보다 높을 때 시장이자율을 할인율로 사용하면 공공사업의 경제성이 커질 수 있다.
⑤ 공공사업에서 발생하는 무형의 편익에 대한 평가가 매우 힘든 경우 비용효과분석(cost-effectiveness analysis)을 이용할 수 있다.

40 시장에서 거래되지 않는 재화(시간, 생명 등)의 가치평가에 관한 설명으로 옳지 않은 것은?

① 노동 자체로부터 만족을 얻는 사람의 시간가치는 임금률보다 더 높을 수 있다.
② 현재의 임금률로 더 일하고 싶어도 할 수 없는 사람의 시간가치는 임금률보다 더 높을 것이라 추정할 수 있다.
③ 서로 다른 시간이 소요되는 교통수단에 지불되는 요금의 차이를 이용하여 시간의 가치를 추정할 수 있다.
④ 사망 확률을 낮추기 위하여 지불할 용의가 있는 금액으로 생명의 가치를 평가하는 방법은 생명의 가치를 과소평가할 가능성이 있다.
⑤ 사망에 따른 소득상실액으로 생명의 가치를 평가하는 방법은 노인이나 장애인의 생명가치를 적절히 평가하지 못하는 한계가 있다.

2022년도 제59회
세무사 1차 국가자격시험 문제지

교시	시험과목	시험시간	문제형별
1교시	① 재정학 ② 세법학개론	80분	A

수험번호		성 명	

【 수험자 유의사항 】

1. 시험문제지는 **단일 형별(A형)**이며, 답안카드는 형별 기재란에 표시된 형별(A형)을 확인하시기 바랍니다. 시험문제지의 **총면수, 문제번호 일련순서, 인쇄상태** 등을 확인하시고, 문제지 표지에 수험번호와 성명을 기재하시기 바랍니다.

2. 답은 각 문제마다 요구하는 **가장 적합하거나 가까운 답 1개**만 선택하고, 답안카드 작성 시 시험문제지 **마킹착오**로 인한 불이익은 전적으로 **수험자에게 책임**이 있음을 알려 드립니다.

3. 답안카드는 국가전문자격 공통 표준형으로 문제번호가 1번부터 125번까지 인쇄되어 있습니다. 답안 마킹 시에는 반드시 **시험문제지의 문제번호와 동일한 번호**에 마킹하여야 합니다.

4. **감독위원의 지시에 불응하거나 시험시간 종료 후 답안카드를 제출하지 않을 경우** 불이익이 발생할 수 있음을 알려 드립니다.

5. 시험문제지는 시험 종료 후 가져가시기 바랍니다.

재정학

01 부가가치세에 관한 설명으로 옳지 않은 것은?

① 단일세율의 부가가치세는 조세부담이 역진적이다.
② 각 거래단계의 부가가치에 과세된다.
③ 우리나라는 수출품에 영세율을 적용하고 있다.
④ 우리나라는 매입세액공제방식을 따른다.
⑤ 우리나라는 총소득형 부가가치세를 채택하고 있다.

02 세수함수 T = −400 + 0.5Y에 관한 설명으로 옳은 것만을 고른 것은?(단, T : 세금, Y(소득) 〉 800이다)

| ㄱ. 소득 증가 시 평균세율 증가 | ㄴ. 소득크기에 관계없이 한계세율 일정 |
| ㄷ. 세수탄력성 〈 1 | ㄹ. 한계세율 〈 평균세율 |

① ㄱ, ㄴ
② ㄱ, ㄷ
③ ㄷ, ㄹ
④ ㄱ, ㄷ, ㄹ
⑤ ㄴ, ㄷ, ㄹ

03 개인소득세의 감면제도에 관한 설명으로 옳지 않은 것은?

① 감면 총규모가 일정할 때, 소득공제를 세액공제로 변경하면 수직적 공평성은 악화된다.
② 누진세율 구조에서 소득공제의 실제 조세감면 효과는 대상자의 소득이 클수록 크게 나타난다.
③ 어떤 재화 구입비의 소득공제는 해당 재화의 상대가격 변화를 가져올 수 있다.
④ 우리나라의 경우 교육비는 세액공제 대상이다.
⑤ 세액공제의 결정액은 한계세율과 관계없다.

04 지방재정조정제도인 보조금제도에 관한 설명으로 옳지 않은 것은?

① 무조건부보조금은 사적재와 공공서비스 간 선택에서 소득효과를 발생시킨다.
② 대응보조금은 사적재와 공공서비스 선택에서 대체효과를 발생시키기 때문에 비효율성을 유발한다.
③ 대응보조금은 사적재와 공공서비스 선택에서 소득효과와 대체효과로 인해 공공서비스 소비량의 변화를 알 수 없다.
④ 보조금으로 끈끈이 효과가 나타나면 지방정부의 지출이 늘어난다.
⑤ 비대응보조금은 지역주민의 사적재 소비를 늘리는 방향으로 영향을 미칠 수 있다.

05 법인세에 관한 설명으로 옳지 않은 것은?

① 법인소득을 과세대상으로 한다.
② 선입선출법에 따르면 인플레이션은 법인세 부담에 영향을 미친다.
③ 우리나라에서는 기업의 부채비중을 높이는 것이 법인세 절감에 유리하다.
④ 자본재 구입에 가속상각을 도입하면 투자에 불리하다.
⑤ 법인세 과세로 인해 상품가격이 인상된다면 소비자에게도 세부담이 전가된 것이다.

06 인플레이션의 영향에 관한 설명으로 옳지 않은 것은?

① 누진소득세에서 실질조세부담을 증가시킨다.
② 국가채무의 실질가치를 감소시킨다.
③ 기업 차입금의 실질가치를 떨어뜨려 기업에 유리하다.
④ 선형누진 소득세에서는 실질적인 조세부담을 증가시키지 않는다.
⑤ 감가상각의 실질가치를 떨어뜨림으로써 법인세의 실질적 부담을 커지게 한다.

07 근로소득세의 초과부담을 커지게 하는 경우가 아닌 것은?

① 근로소득세율이 높아지는 경우
② 임금률이 높아지는 경우
③ 임금총액이 커지는 경우
④ 노동수요곡선의 탄력성이 작아지는 경우
⑤ 보상노동공급곡선의 탄력성이 커지는 경우

08 재정적자의 경제적 효과에 관한 설명으로 옳은 것을 모두 고른 것은?

> ㄱ. 통화주의학파 : 경제 불황기에는 호황기에 비해 구축효과가 크게 나타난다.
> ㄴ. 케인즈학파 : 국채발행을 통해 재정적자를 충당하면 승수효과만큼 총수요 증가를 가져온다.
> ㄷ. 리카르도(D. Ricardo)의 대등정리 : 재정적자를 국채로 충당할 때 총수요에 아무런 영향을 끼치지 않는다.
> ㄹ. 러너(A. Lerner) : 내부채무는 미래세대의 부담을 증가시킨다.
> ㅁ. 배로(R. Barro) : 적자재정이 국민저축과 투자에 전혀 영향을 미치지 않는다.

① ㄱ, ㄴ, ㄷ
② ㄱ, ㄴ, ㄹ
③ ㄴ, ㄷ, ㄹ
④ ㄴ, ㄷ, ㅁ
⑤ ㄷ, ㄹ, ㅁ

09 공평과세에 관한 설명이 아닌 것은?

① 대기를 오염시키는 플라스틱 생산에 환경세를 부과해야 한다.
② 고소득자일수록 더 많은 조세를 부담해야 한다.
③ 부양가족이 많으면 부담능력이 적으니 조세를 적게 부담해야 한다.
④ 주행거리에 비례한 자동차세 부과는 편익원칙에 입각한 것이다.
⑤ 인근 공원 때문에 주택가격이 올랐다면 재산세를 더 많이 부담해야 한다.

10 알링햄-샌드모(M. Allingham & A. Sandmo)의 탈세모형에 관한 설명으로 옳은 것은?

① 세율 인상에 따른 대체효과는 탈루소득을 줄이는 방향으로 작용한다.
② 절대위험기피도가 체감하는 개인은 세율이 오르면 소득효과로 탈루소득의 크기를 줄인다.
③ 탈세로 인한 심리적 비용이 클수록 탈세 규모는 감소한다.
④ 절세행위는 불법성을 특징으로 한다는 점에서 조세회피와 구별된다.
⑤ 탈세의 편익은 세율로 표현될 수 있으며, 감사받을 확률의 증가나 벌금률의 증가가 탈루소득을 분명하게 늘린다.

11 한계세율이 소득액 5,000만원까지는 10%, 5,000만원 초과금액에 대해서는 30%일 때, 두 부부의 소득과 소득세액은 아래와 같다(단, 소득공제는 없다).

부부		개인소득	과세단위별 소득세액	
			개인기준	가족기준
A	유○○ 이○○	0.5억원 1.5억원	500만원 3,500만원	5,000만원
B	박○○ 전○○	1억원 1억원	2,000만원 2,000만원	5,000만원

다른 조건이 일정할 때, 두 부부의 과세방식을 개인기준에서 가족기준으로 변경할 경우의 결과로 옳은 것은?

① A부부 – 결혼중립성 충족
② B부부 – 결혼중립성 충족
③ A부부 – 수평적 공평성 미충족
④ B부부 – 수평적 공평성 미충족
⑤ A부부 – 수평적 공평성 충족

12 누진세에 관한 찬반 의견으로 옳지 않은 것은?

① 조세제도를 복잡하게 만들어 탈세할 수 있는 구멍(loophole)을 제공할 수 있다고 반대한다.
② 경제의 활력을 떨어뜨리는 원인이 된다고 반대한다.
③ 능력원칙에 따라 경제적 능력이 큰 사람일수록 정부서비스 혜택을 많이 받기 때문에 찬성한다.
④ 사람들은 자신들의 미래가 불확실한 상황에서는 누진세를 찬성할 수 있다.
⑤ 밀(J. S. Mill)의 동등희생의 원칙에는 누진세를 찬성하는 논리가 제시되어 있다.

13 조세지출에 관한 설명으로 옳지 않은 것은?

① 조세지출예산제도는 조세지출의 남발을 억제하기 위해 도입된 제도이다.
② 법인세 특별감가상각제도는 조세지출의 예이다.
③ 남북협력기업에 대한 보조금 지급은 조세지출에 해당한다.
④ 공익단체에 대한 기부행위에 소득공제를 허용하는 것은 조세지출의 예이다.
⑤ 투자세액공제는 조세지출에 해당한다.

14 이자소득세 부과의 효과에 관한 내용으로 옳은 것의 개수는?(단, 현재소비와 미래소비는 모두 정상재이다)

> ○ 저축을 감소시키는 소득효과와 저축을 증가시키는 대체효과를 동시에 발생시킨다.
> ○ 저축에 대한 영향은 시점 간 자원배분모형을 이용하여 분석될 수 있다.
> ○ 미래소비보다 현재소비가 유리한 여건이 제공될 수 있다.
> ○ 현재소비는 대체효과에 의해 증가하고 소득효과에 의해 감소한다.
> ○ 민간저축은 증가할 수도 감소할 수도 있다.

① 1개
② 2개
③ 3개
④ 4개
⑤ 5개

15 어떤 독점기업의 수요함수는 P = 200 − Q이고, MC는 40이다. 이 때 단위당 60의 종량세를 이 기업에 부과할 경우 발생하는 영향으로 옳지 않은 것은? [기출문제 수정]

① 시장가격은 120에서 150으로 상승한다.
② 종량세 과세에 따른 소비자잉여변화의 크기는 1,950이다.
③ 소비자에게 귀착되는 종량세 부담은 1,200이다.
④ 종량세 부과로 발생하는 조세수입은 3,000이다.
⑤ 시장의 거래량은 80에서 50으로 줄어든다.

16 하버거(A. Harberger)는 아래 가정하에 조세귀착의 일반균형 모형을 분석하였다. 이 경우에 나타나는 현상으로 옳은 것은?

> ○ 두 재화 X, Y가 있으며, 생산기술은 1차동차(선형동차)이고 X와 Y의 요소집약도는 동일하다.
> ○ 모든 시장은 완전경쟁이고 노동과 자본의 부존량은 주어져 있고, 이 생산요소들은 완전한 이동성을 갖는다.

① X부문과 Y부문에 대한 동일 세율의 물품세는 노동의 상대가격을 낮추게 된다.
② X부문에 물품세를 부과하면 노동에 대비한 자본의 상대가격을 높이게 된다.
③ X부문의 자본에 대한 과세는 산출효과를 통해 노동에 대비한 자본의 상대가격을 낮추게 된다.
④ X부문의 자본에 대한 과세는 요소대체효과를 통해 노동에 대비한 자본의 상대가격을 낮추게 된다.
⑤ Y부문의 노동에 대한 과세 시 산출효과와 요소대체효과는 서로 같은 방향으로 작용한다.

17 공공요금 이론에 관한 설명으로 옳은 것을 모두 고른 것은?

> ㄱ. 최대부하가격설정에서 비성수기에는 공공요금을 한계비용에 일치시키는 것이 효율적이다.
> ㄴ. 공공부문이 생산하는 재화나 서비스의 한계비용가격설정은 일반적으로 효율적인 자원배분을 실현할 수 없다.
> ㄷ. 공공서비스의 경우 이부가격제도(two-part tariff)를 적용하던 결손을 줄일 수 있다.
> ㄹ. 램지가격설정방식은 분배상 문제를 일으킬 수 있다.
> ㅁ. 규모의 경제가 존재할 경우 여러 공기업에서 생산하는 것이 바람직하다.

① ㄱ, ㄴ, ㄷ
② ㄱ, ㄷ, ㄹ
③ ㄱ, ㄹ, ㅁ
④ ㄴ, ㄷ, ㄹ
⑤ ㄷ, ㄹ, ㅁ

18 비례소득세 부과가 노동공급에 미치는 영향으로 옳지 않은 것은?

① 여가가 정상재일 경우, 비례소득세를 부과하면 소득효과와 대체효과 모두 노동공급을 증가시키므로 총노동공급은 증가한다.
② 여가가 정상재일 경우, 누진소득세 부과가 노동공급에 미치는 영향은 비례소득세 부과와 유사하지만 고소득자에게 불리하다.
③ 여가가 열등재일 경우, 비례소득세를 부과하면 노동공급량은 감소한다.
④ 여가가 정상재일 경우, 임금변화에 따른 소득효과가 대체효과보다 크다면 후방굴절형 노동공급곡선이 될 것이다.
⑤ 여가가 정상재일 경우, 비례소득세를 부과하면 대체효과는 노동공급을 줄이는 방향으로 작용하고 소득효과는 노동공급을 늘리는 방향으로 작용한다.

19 조겐슨(D. Jorgenson)의 신고전파 투자이론에 관한 설명으로 옳지 않은 것은?

① 자본의 사용자비용이 적을수록 투자가 증가한다.
② 생산요소 간에 대체탄력성이 작으면 자본스톡의 사용자비용탄력성이 낮아질 수 있다.
③ 자본스톡의 사용자비용탄력성이 작을수록 법인세가 기업의 투자에 미치는 영향이 크다.
④ 법인세의 경우 자본재 구입비용은 즉시상각하고, 지급이자에 대한 비용공제는 불허하면 투자에 대해 중립적이다.
⑤ 자기자본의 귀속이자비용과 차입금에 대한 이자공제가 허용되고 세법상 감가상각률과 경제적 감가상각률이 일치할 경우 법인세는 투자에 영향을 미치지 않는다.

20 지방분권에 관한 설명으로 옳지 않은 것을 모두 고른 것은?

> ㄱ. 자치단체 간 경쟁을 유발하여 효율적인 생산을 촉진한다.
> ㄴ. 중앙정부의 교부금으로 인해 지방의 재정자립도가 높아진다.
> ㄷ. 지역 간 재정능력의 불균형으로 지역 간 격차가 커질 수 있다.
> ㄹ. 오우츠(W. Oates)의 분권화 정리는 지방공공재 공급에 있어서 규모의 경제가 있고, 인접 지역으로의 외부성이 없는 경우에 성립한다.
> ㅁ. 지방분권제도가 중앙집권제도보다 지방공공재에 대한 정보를 획득하는 비용이 높다.

① ㄱ, ㄴ, ㄷ
② ㄱ, ㄴ, ㄹ
③ ㄴ, ㄷ, ㄹ
④ ㄴ, ㄹ, ㅁ
⑤ ㄷ, ㄹ, ㅁ

21 자원배분의 효율성에 관한 설명으로 옳지 않은 것은?

① 후생경제학의 제1정리는 아담 스미스(A. Smith)의 '보이지 않는 손'이 효율적인 자원배분을 실현함을 의미한다.
② 정보의 비대칭성은 자원배분의 비효율성을 초래하는 요인이 된다.
③ 어떤 자원배분 상태에 파레토개선의 여지가 있다면 그 상태는 효율적이다.
④ 영기준예산제도는 점증주의예산에서 탈피하여 효율적 자원배분을 제고할 수 있는 제도이다.
⑤ 공공부문이 공급하는 재화나 서비스에 공공요금을 부과하면 가격기능을 통해 효율적인 자원배분이 가능하다.

22 A와 B 두 명으로 구성된 사회에서 개인의 효용을 각각 U_A와 U_B, 사회후생을 W라고 할 때, 다음 중 옳지 않은 것은?

① 어떤 배분상태가 효용가능경계상에 있다면 그 상태에서 효율성과 공평성을 동시에 개선시킬 수 없다.
② 평등주의적 사회후생함수의 경우, 평등주의적 성향이 극단적으로 강하면 롤즈(J.Rawls)적 사회무차별곡선의 형태를 가진다.
③ 롤즈의 사회후생함수는 $W = \min\{U_A, U_B\}$로 나타낼 수 있다.
④ 사회후생함수가 $W = U_A + 2U_B$일 경우, B의 효용이 A의 효용보다 사회적으로 2배의 중요성이 부여되고 있다.
⑤ 평등주의적 사회후생함수는 사회 구성원들에게 동일한 가중치를 부여한다.

23 시장실패와 정부의 기능에 관한 설명으로 옳지 않은 것은?
① 국민연금의 강제 가입은 일찍 은퇴할 가능성이 높은 사람만 가입하는 역선택 문제를 해결할 수 없다.
② 중립세는 민간부분의 의사결정을 교란시키지 않는다.
③ 시장실패는 정부개입의 필요조건이다.
④ 정부가 어떤 정책에 대한 민간부문의 반응을 완벽하게 통제하지 못하면 정부실패가 발생할 수 있다.
⑤ 자연독점기업에 대한 한계비용가격설정은 독점으로 인한 비효율성을 제거할 수 있다.

24 기업 A와 B는 현재 각각 500단위의 오염을 배출하고 있으며, 배출의 저감비용은 각각 $C(q_A) = 40 + \frac{1}{2}q_A^2$, $C(q_B) = 30 + q_B^2$이다. 정부가 총 배출량을 30% 줄이기 위해 배출권거래제를 도입하고, A에 400단위, B에 300단위의 배출권을 무료로 할당한다면 배출권시장의 균형에서 (ㄱ)배출권의 가격과 (ㄴ)배출권 거래량은?(단, $q_i (i = A, B)$는 기업 i의 배출 저감량이다)

① ㄱ : 100, ㄴ : 100단위
② ㄱ : 100, ㄴ : 200단위
③ ㄱ : 200, ㄴ : 100단위
④ ㄱ : 200, ㄴ : 200단위
⑤ ㄱ : 250, ㄴ : 100단위

25 개인 A와 B로 구성된 경제에 X재가 1,000단위 존재하며, 이 재화에 대한 효용함수는 각각 $U_A = 3\sqrt{X_A}$, $U_B = \sqrt{X_B}$이다. 이 사회의 사회후생함수를 $W = \min\{U_A, U_B\}$로 가정할 경우 사회후생의 극댓값은?(단, $X_i > 0 (i = A, B)$는 개인 i의 X재 소비량이다)

① 15
② 30
③ 60
④ 90
⑤ 100

26 외부성에 관한 설명으로 옳지 않은 것은?
① 기술적 외부성은 자원배분의 비효율성을 발생시킨다.
② 코즈(R. Coase)정리가 성립하려면 외부성에 관한 권리(재산권)의 설정이 명확해야 한다.
③ 해로운 외부성이 존재하면 해당 재화는 사회적 최적수준보다 과다생산되는 경향이 있다.
④ 대규모 건설공사로 인한 건축자재 가격 상승으로 다른 건축업자가 피해를 입은 것은 금전적인 외부성의 예이다.
⑤ 코즈정리에 따르면 외부성 관련 거래비용이 클수록 협상이 용이하다.

27 공공재에 관한 설명으로 옳지 않은 것은?

① 클럽재는 부분적으로 경합성의 성질을 가져 혼잡을 발생시키는 재화나 서비스이다.
② 순수공공재의 경우 소비자 추가에 따른 한계비용이 영(0)이다.
③ 공공재의 최적 공급수준은 개별 이용자의 한계편익의 합과 한계비용이 일치할 때 달성된다.
④ 클라크 조세(Clarke tax)에서 각 개인은 공공재에 대한 자신의 진정한 선호를 표출하는 것이 우월전략이다.
⑤ 가치재는 순수공공재에 해당된다.

28 공공선택에서 투표제도에 관한 설명으로 옳지 않은 것은?

① 과반수제가 갖는 문제점으로는 투표의 역설이 있다.
② 최적다수결제의 경우 의사결정비용은 의결에 필요한 표수가 클수록 커진다.
③ 린달(E. Lindahl)모형은 전원합의제에 의한 공공재 배분의 가능성을 보여준 사례이다.
④ 전략적 행동이 없을 경우, 선택대상에 대한 선호의 강도를 가장 잘 반영하는 것은 점수투표제이다.
⑤ 점수투표제에서 투표거래(logrolling)가 발생하면 선호의 강도가 반영될 수 없다.

29 오염배출권 거래제도에 관한 설명으로 옳지 않은 것은?

① 배출권 시장의 균형에서는 개별 기업이 결정한 배출량의 합이 정부가 설정한 목표 배출량과 일치한다.
② 정부는 총배출량을 설정할 때 개별 기업의 한계저감비용에 관한 정보를 필요로 한다.
③ 환경세에 비해 인플레이션과 같은 경제 상황의 변화에 쉽게 적응할 수 있다.
④ 배출권 거래 시 한계저감비용이 상대적으로 높은 기업이 구매자가 된다.
⑤ 배출권 시장의 균형에서는 각 기업의 한계저감비용이 같아진다.

30 니스카넨(W. Niskanen)모형에 관한 설명으로 옳지 않은 것은?

① 관료는 사회적 최적수준보다 과다한 생산수준을 선택한다.
② 생산수준이 미그-빌레인저(Migue-Belanger) 모형에서 제시한 수준보다 더 적다.
③ 관료제에 대응하는 방안으로 민간부문에 생산을 맡기고 정부는 비용만 부담하는 방법을 제안했다.
④ 관료가 선택한 생산수준에서는 사회적잉여가 영(0)이다.
⑤ 관료는 예산극대화를 추구하며, 총편익과 총비용이 일치하는 수준에서 생산수준을 결정한다.

31 공공사업이 유발하는 편익과 비용에 관한 설명으로 옳은 것은?

① 공공사업을 추진하는 행정주체는 내부적 편익과 외부적 편익 가운데 외부적 편익을 더 중시한다.
② 공공사업의 목표는 소득재분배, 총소비증대를 통한 국민의 후생증진에 국한된다.
③ 공공사업에서 발생하는 금전적 편익은 사회 전체적인 후생을 증진시킨다.
④ 공공사업의 유형적 편익과 무형적 편익을 비교하면 무형적 편익이 크다.
⑤ 공공사업은 이윤 이외의 목표 추구 등을 고려하므로 그 편익과 비용을 측정할 때 시장가격과 다른 척도의 적용이 필요하다.

32 소득분배의 불평등을 완화하는 정책으로 옳은 것만을 고른 것은?

ㄱ. 교육기회 확대	ㄴ. 누진세제
ㄷ. 인두세 강화	ㄹ. 복권제도 활성화

① ㄱ, ㄴ
② ㄷ, ㄹ
③ ㄱ, ㄴ, ㄷ
④ ㄴ, ㄷ, ㄹ
⑤ ㄱ, ㄴ, ㄷ, ㄹ

33 앳킨슨(A. Atkinson)지수에 관한 설명으로 옳지 않은 것은?

① 사회후생함수에 의한 가치판단을 명시적으로 전제하여 소득불평등을 측정한다.
② 불균등한 분배가 사회후생을 떨어뜨리는 정도가 클수록 균등분배대등소득과 1인당 평균소득 간 격차는 줄어든다.
③ 균등분배대등소득과 1인당 평균소득이 같으면 앳킨슨지수는 영(0)의 값을 갖는다.
④ 동일한 분배상태라도 보는 사람에 따라 균등분배대등소득이 달라질 수 있으므로 앳킨슨지수의 값은 여러 가지로 측정될 수 있다.
⑤ 앳킨슨지수는 0에서 1 사이의 값을 갖는다.

34 사회보험과 관련된 내용만을 모두 고른 것은?

> ㄱ. 정부의 재정수입 달성　　　ㄴ. 시장실패의 보완
> ㄷ. 보험료에 의한 재원 조달　　ㄹ. 정부의 온정적 간섭주의

① ㄱ, ㄴ
② ㄱ, ㄹ
③ ㄴ, ㄷ
④ ㄱ, ㄴ, ㄷ
⑤ ㄴ, ㄷ, ㄹ

35 다음은 예산제도에 관한 설명이다. ( )에 들어갈 내용으로 옳은 것은?

> 각 기관의 지출항목별로 예산을 편성하는 방식을 (ㄱ)라고 부른다. (ㄱ)는 유사한 일을 하는 부서 간에 예산편중 중복을 차단하기 쉽지 않다. (ㄴ)는 비슷한 기능을 가진 부서들이 하는 업무를 하나로 묶어 소요예산을 절감하는 방식을 따르며, 우리나라는 2007년부터 도입하여 운영하고 있다.

① ㄱ : 품목별예산제도, ㄴ : 영기준예산제도
② ㄱ : 품목별예산제도, ㄴ : 프로그램예산제도
③ ㄱ : 영기준예산제도, ㄴ : 품목별예산제도
④ ㄱ : 프로그램예산제도, ㄴ : 품목별예산제도
⑤ ㄱ : 영기준예산제도, ㄴ : 프로그램예산제도

36 사회후생함수에 관한 설명으로 옳지 않은 것은?

① 롤즈(J. Rawls)적 가치판단에 기초한 사회무차별곡선은 우하향하는 직선 형태로 표시된다.
② 사회후생함수가 설정되면 어떤 변화가 발생했을 때, 그것이 개선인지의 여부를 판정할 수 있다.
③ 사회후생함수와 효용가능경계를 이용하여 바람직한 자원배분을 도출할 수 있다.
④ 사회구성원들의 가치판단에 따라 여러 유형의 사회후생함수가 선택될 수 있다.
⑤ 센(A. Sen)에 따르면 제한된 수의 선택가능성 사이에 서열을 매길 수 있는 합리적이고 민주적인 사회적 선호체계의 도출이 가능하다.

37 소득재분배정책에 관한 설명으로 옳지 않은 것은?

① 로렌츠곡선을 완전히 평등한 분배를 나타내는 대각선으로 접근시키는 역할을 한다.
② 상속 및 증여세는 세입 측면의 소득재분배정책 성격을 갖는다.
③ 현금보조, 물품보조 등을 활용하는 방식으로 시행될 수 있다.
④ 로렌츠곡선, 지니계수, 앳킨슨지수로 분배의 불평등을 평가함에 있어서는 가치판단이 개입된다.
⑤ 지니계수가 커지면 소득분배의 개선으로 본다.

38 정부지출 증가 원인에 관한 주장으로 옳은 것은?

① 브라운-잭슨(C. Brown & P. Jackson) : 바그너(A. Wagner)의 법칙을 중위투표자의 선택과 결부시켜 설명하였다.
② 보몰(W. Baumol) : 사회적 격변기에 전위효과(displacement effect)의 영향으로 정부지출이 팽창된다고 보았다.
③ 피코크-와이즈만(A. Peacock & J. Wiseman) : 노동집약적인 공공부문이 민간부문보다 생산성 향상이 느리기 때문에 정부지출이 팽창된다고 주장하였다.
④ 부캐넌(J. Buchanan) : 정부지출의 편익이 간접적으로 인식되는 반면, 공공서비스의 공급비용은 과대평가되므로 정부지출이 팽창된다고 설명하였다.
⑤ 바그너의 법칙 : 1인당 국민소득 하락국면에서 공공부문의 상대적 크기가 증가하는 것을 말한다.

39 비용편익분석에 관한 내용으로 옳은 것은?

① 파레토기준을 충족한 투자계획만을 채택한다.
② 공공부문의 투자계획 타당성 판정에만 적용된다.
③ 현재가치법에서 적용되는 할인율은 투자계획에 사용되는 자금의 기간당 기회비용과 일치하도록 선택되어야 한다.
④ 현재가치법은 어떤 투자계획의 채택가능성을 평가할 뿐이며, 투자계획들 간 우선순위를 결정하지는 못한다.
⑤ 내부수익률이 투자계획에 소요되는 자금의 기회비용인 할인율보다 크다면 그 투자계획은 기각된다.

40 우리나라의 국민연금제도에 관한 설명으로 옳지 않은 것은?

① 1988년에 시행되었다.
② 최초 법적 기반은 1973년에 제정된 「국민복지연금법」이다.
③ 사업장가입자 한 사람당 기준소득월액의 9%씩 국민연금 보험료로 납부되고 있다.
④ 2022년부터 1인 이상 근무하는 전체 사업장이 국민연금 가입대상으로 확대되었다.
⑤ 65세 이상 노령층에 대해 소득수준 등을 감안하여 지급되는 기초연금은 국민연금을 보완하는 측면이 있다.

2021년도 제58회
세무사 1차 국가자격시험 문제지

교시	시험과목	시험시간	문제형별
1교시	① 재정학 ② 세법학개론	80분	A

수험번호		성 명	

【 수험자 유의사항 】

1. 시험문제지는 **단일 형별(A형)**이며, 답안카드는 형별 기재란에 표시된 형별(A형)을 확인하시기 바랍니다. 시험문제지의 **총면수, 문제번호 일련순서, 인쇄상태** 등을 확인하시고, 문제지 표지에 수험번호와 성명을 기재하시기 바랍니다.

2. 답은 각 문제마다 요구하는 **가장 적합하거나 가까운 답 1개**만 선택하고, 답안카드 작성 시 시험문제지 **마킹착오**로 인한 불이익은 전적으로 **수험자에게 책임**이 있음을 알려 드립니다.

3. 답안카드는 국가전문자격 공통 표준형으로 문제번호가 1번부터 125번까지 인쇄되어 있습니다. 답안 마킹 시에는 반드시 **시험문제지의 문제번호와 동일한 번호**에 마킹하여야 합니다.

4. **감독위원의 지시에 불응하거나 시험시간 종료 후 답안카드를 제출하지 않을 경우** 불이익이 발생할 수 있음을 알려 드립니다.

5. 시험문제지는 시험 종료 후 가져가시기 바랍니다.

재 정 학

01 부가가치세에 관한 설명으로 옳지 않은 것은?

① 각 생산단계에서 추가된 부가가치에만 과세되어 수직적 통합을 방지하는 효과가 있다.
② 영세율을 통해 수출품에 대해 조세를 효과적으로 환급해 줄 수 있다.
③ 소비형 부가가치세는 투자를 촉진하는 장점이 있다.
④ 매입세액 공제방식은 탈세를 방지할 수 있다.
⑤ 어떤 상품이 면세의 대상인 경우 중간단계에서 납부한 부가가치세까지 환급해 준다.

02 조세의 초과부담에 관한 설명으로 옳은 것은?

① 조세부과 시 발생하는 소득변화에 의해 나타나는 납세자 선택의 왜곡현상을 의미한다.
② 서로 다른 재화에 대해 조세징수액이 같으면 초과부담의 크기는 동일하게 나타난다.
③ 초과부담은 조세부과로 인해 상대가격이 변하는 경우 대체효과에 의해 나타난다.
④ 조세부과로 인하여 소득효과와 대체효과가 상반된 방향으로 작용하여 상쇄되면 수요량의 변화가 없게 되어 초과부담은 발생하지 않는다.
⑤ 초과부담은 조세부과로 인해 발생하는 소비자잉여와 생산자잉여의 감소분을 합한 것이다.

03 물품세(excise tax)의 초과부담에 관한 설명으로 옳지 않은 것은?

① 물품세의 최적과세는 초과부담을 최소화시키는 과세를 의미한다.
② 물품세의 초과부담은 소비자가 지불하는 가격과 생산자가 수취하는 가격이 달라지기 때문에 발생한다.
③ 물품세의 초과부담은 수요의 가격탄력성이 클수록 증가한다.
④ 보상수요의 가격탄력성이 0인 경우에는 물품세 부과로 인한 가격 상승이 보상수요량에 아무런 변화도 주지 않고 초과부담도 없다.
⑤ 어떤 재화의 시장에서 공급곡선이 수평이고 수요곡선이 우하향하며 직선인 경우 재화의 초기 균형가격은 P_1, 물품세의 세율은 t, 물품세 과세 이전과 이후의 균형 소비량(산출량)은 각각 Q_1과 Q_2, 그리고 보상수요의 가격탄력성을 e로 나타내면 물품세의 과세로 인한 초과부담은 $\frac{1}{2}e(P_1Q_2)t^2$이 된다.

04 동등희생의 원칙에서 희생의 비율을 동등하게 하는 경우 누진세를 정당화하는 것으로 옳은 것은?

① 소득의 한계효용이 감소하고 직선이다.
② 한계효용의 소득탄력성이 1보다 크다.
③ 한계효용의 소득탄력성이 1보다 작다.
④ 소득의 한계효용이 일정하다.
⑤ 한계효용의 소득탄력성이 1이다.

05 다음에서 설명하는 조세귀착은?

> 일반적인 조세귀착은 시장에서 조세부담의 분배에 대해서만 고찰하지만, 궁극적으로는 조세부담뿐 아니라 정부의 세수지출로 인한 편익까지 함께 고려할 필요가 있다. 예컨대 동일한 액수의 세금을 낸다 하더라도, 세수지출로 인해 혜택을 받는 사람과 그렇지 못한 사람 사이의 실질적 조세부담 정도는 상이할 수밖에 없다. 따라서 보다 엄격한 조세귀착을 고려하기 위해서는 조세부담뿐 아니라 세수지출로 인한 편익까지 함께 고려해야 한다.

① 일반균형 조세귀착
② 부분균형 조세귀착
③ 균형예산 조세귀착
④ 절대적 조세귀착
⑤ 차별적 조세귀착

06 조세의 전가와 귀착에 관한 설명으로 옳지 않은 것은?

① 독점시장의 경우 조세부담은 소비자에게 모두 전가되지는 않는다.
② 법인세의 법적 부담자는 기업이지만 법인세 과세로 인해 상품가격이 인상된다면 소비자에게도 세부담이 전가된다.
③ 국민연금제도에서 기여금은 법적으로는 고용주와 근로자가 1/2씩 부담하지만 실질적인 부담은 노동의 수요 및 공급의 임금탄력성에 따라 결정된다.
④ 독점시장에서는 공급곡선의 형태에 따라 귀착은 달라진다.
⑤ 독점시장에서 종량세와 종가세가 미치는 효과는 상이하다.

07 소득세율이 소득구간에 따라 0에서 100까지는 10%, 100 초과 200까지는 20%, 200 초과에서는 30% 이다. 갑의 총소득 240에서 각종 공제를 한 후 과세가능소득은 180이다. 갑의 한계세율(A)과 실효세율(B)은?

① (A) : 10%, (B) : 약 14.4%
② (A) : 10%, (B) : 약 10.8%
③ (A) : 20%, (B) : 약 10.8%
④ (A) : 20%, (B) : 약 14.4%
⑤ (A) : 30%, (B) : 약 14.4%

08 완전경쟁시장 개별기업의 수요함수는 $P=220-Q$이고, 공급곡선은 $P=40+2Q$이다. 이때 60의 종량세를 공급에 부과할 경우 발생하는 영향에 관한 설명으로 옳지 않은 것은?

① 시장가격은 160에서 180으로 상승한다.
② 종량세 과세에 따른 초과부담은 1,200이다.
③ 시장의 거래량은 60에서 40으로 줄어든다.
④ 종량세 부과로 발생하는 조세수입은 2,400이다.
⑤ 소비자에게 귀착되는 종량세 부담은 800이다.

09 누진세에 관한 설명으로 옳지 않은 것은?

① 조세회피가 발생할 가능성이 있다.
② 경제적 효율성이 저해될 수 있다.
③ 조세를 소득의 함수로 나타내면 원점을 지나는 선형조세함수의 형태가 된다.
④ 정부로부터 제공받는 서비스의 정도와 관계없이 조세부담을 해야 한다.
⑤ 경기변동 시 자동안정화 기능을 한다.

10 시장균형에서 A상품의 소비량이 1,000이고 가격이 1,000이며, 수요와 공급의 가격탄력성이 각각 1/10, 1/10이다. 10%의 종가세가 부과되었을 때, 조세로 인한 사중손실의 크기는?

① 10
② 50
③ 100
④ 250
⑤ 500

11 법인세와 소득세를 통합하는 방식 중에서 완전통합방식에 해당하는 것은?

① 자본이득방식(capital gains method)
② 법인방식(corporation method)
③ 귀속제도(imputation system)
④ 차등세율제도(split rate system)
⑤ 배당세액공제제도(dividend gross-up method)

12 부의 소득세제(negative income tax)가 $S=a-tE$로 주어졌을 때 다음 설명으로 옳지 않은 것은?(단, S: 보조금, a: 기초수당, t: 한계세율, E: 스스로 벌어들인 소득)

① a가 50만원, t가 0.2일 때 E가 250만원이면 보조금 혜택이 중단된다.
② a가 50만원, t가 0.25일 때 보조금을 받기 위해서 E는 200만원 미만이어야 한다.
③ 다른 조건이 일정할 때, t가 인하되면 조세부담이 줄어들어 보조금도 같이 줄어든다.
④ 정부가 선택할 수 있는 정책변수는 a와 t이다.
⑤ 다른 조건이 일정할 때, a가 클수록 재분배효과가 증가한다.

13 부동산 관련 조세에 관한 설명으로 옳지 않은 것은?

① 부동산의 공급탄력성이 0이면 과세에 따른 초과부담이 발생하지 않는다.
② 부동산 보유세 인상 시 조세의 자본화에 의하여 부동산 가격이 상승하게 된다.
③ 우리나라의 부동산 취득 시 내는 조세로는 지방세인 취득세가 있다.
④ 우리나라의 재산세와 종합부동산세는 부동산 보유 시 부과된다.
⑤ 우리나라의 양도소득세는 부동산 양도 시 발생하는 차익에 대해서 과세하는 국세다.

14 조겐슨(D. Jorgenson)의 신고전학파 투자이론에 관한 설명으로 옳지 않은 것은?

① 중요한 투자결정요인은 자본의 사용자비용이다.
② 자본의 사용자비용이 낮아지면 투자는 늘어난다.
③ 자본의 사용자비용에는 포기된 다른 투자로 인한 기회비용도 포함된다.
④ 자본재 구입비용은 즉시 비용처리하고, 지급이자에 대한 비용공제는 허용하지 않는 경우 법인세는 투자에 중립적이다.
⑤ 자기자본의 귀속이자비용이 공제되지 않아도, 차입금에 대한 이자공제가 허용되고 세법상 감가상각률과 경제적 감가상각률이 일치하면 법인세는 투자에 영향을 미치지 않는다.

15 토지에 부과된 조세의 자본화(capitalization)에 관한 설명으로 옳은 것은?

① 자본화의 크기는 기간당 할인율에 비례한다.
② 세율이 높을수록 조세의 자본화 정도는 작아진다.
③ 조세부담은 토지임대사용자에게 귀착된다.
④ 토지가격의 변동 폭은 부과된 조세의 현재가치보다 크게 나타난다.
⑤ 토지와 같이 공급이 고정된 자산에 과세하면 미래 조세부담이 미리 예측되어 가격이 하락하는 현상을 말한다.

16 근로소득에 비례소득세를 부과하는 경우 나타나는 효과에 관한 설명으로 옳지 않은 것은?(단, 여가는 정상재이고, 근로소득만 존재한다)

① 초과부담은 세율이 높아질수록 커진다.
② 노동공급곡선이 우상향이면 시장임금률은 상승한다.
③ 노동공급곡선이 수직이면 전부 근로자에게 귀착된다.
④ 실질소득의 감소로 노동공급을 증가시키려는 소득효과가 나타난다.
⑤ 대체효과와 소득효과가 동일하여 노동공급이 일정하면 순임금률과 시장임금률은 동일하다.

17 투자자들이 자산유형별로 상이한 위험과 기대수익률을 고려하여 수익률을 극대화하도록 자산을 구성한다고 한다. 투자의 안전성이 정상재이고 투자자의 위험회피도가 체증적인 경우, 수익에 대한 비례소득세 부과가 투자자의 자산구성에 미치는 효과에 관한 설명으로 옳은 것은?

① 기대수익률이 하락하여 안전성에 대한 기회비용이 증가함으로써, 위험자산의 비중은 작아진다.
② 완전손실상계제도가 있는 경우, 위험자산의 비중은 커진다.
③ 완전손실상계제도가 있는 경우, 투자 수익과는 달리 손실에 대해 정부와 투자자가 공동 부담하도록 한다.
④ 손실상계제도를 전혀 허용하지 않는 경우, 위험자산의 비중에는 영향이 없다.
⑤ 손실상계제도를 전혀 허용하지 않는 경우, 소득효과가 대체효과보다 큰 경우에 한해 위험자산의 비중은 감소한다.

18 A, B 두 사람이 공동으로 소비하는 공공재(Z)에 대한 수요함수는 각각 $Z_A = 100 - 20P$, $Z_B = 100 - 10P$이고, 이를 생산하는 데 드는 한계비용이 3일 때, B의 린달가격(부담비율)은?(단, P는 공공재 가격이다)

① $\dfrac{2}{5}$

② $\dfrac{1}{2}$

③ $\dfrac{2}{3}$

④ 1

⑤ $\dfrac{5}{3}$

19 지방분권제도에 관한 설명으로 옳지 않은 것은?

① 지역의 특성을 반영한 제도의 도입이 용이하다.
② 지역주민의 욕구를 반영한 행정을 실현할 수 있다.
③ 자치단체 간 경쟁을 유발하여 효율적인 생산을 촉진한다.
④ 중앙정부의 교부금으로 인해 지방의 재정자립도가 높아진다.
⑤ 지역 간 재정능력의 불균형으로 지역 간 격차가 커질 수 있다.

20 공공서비스의 가격설정 이론에 관한 설명으로 옳은 것은?

① 더 많이 소비하는 사람이 더 많은 비용을 부담해야 한다는 원칙을 적용해야 한다.
② 외부성이 존재하는 경우 한계비용과 일치하는 수준에서 가격이 설정되어야 한다.
③ 기존시설에 대한 초과 수요가 존재하는 경우 평균비용에서 경제적 지대를 제외한 수준에서 가격이 설정되어야 한다.
④ 규모의 경제가 존재하는 경우 한계비용과 일치하는 수준에서 가격이 설정되면 효율적인 배분을 달성할 수 있다.
⑤ 램지(F. Ramsey)의 원칙에 따르면 수요의 가격탄력성이 작을수록 가격을 한계비용에 가깝게 설정할 때 효율성이 제고된다.

21 효용가능경계(utility possibility frontier)에 관한 설명으로 옳은 것을 모두 고른 것은?

> ㄱ. 효용가능경계상의 각 점에서는 소비의 파레토 효율성만 충족된다.
> ㄴ. 효용가능경계상의 한 점은 생산가능곡선상의 한 점과 대응관계에 있다.
> ㄷ. 효용가능경계상의 일부 점에서만 $MRS = MRT$가 성립한다.
> ㄹ. 소비에 있어서 계약곡선을 효용공간으로 옮겨 놓은 효용가능곡선의 포락선(envelope curve)이다.
> ㅁ. 효율과 공평을 동시에 달성시키는 점들의 궤적이다.

① ㄱ, ㄴ
② ㄴ, ㄹ
③ ㄷ, ㅁ
④ ㄴ, ㄷ, ㄹ
⑤ ㄴ, ㄷ, ㄹ, ㅁ

22 공공서비스의 수요곡선은 $P = 16 - \frac{1}{2}Q$이고 이를 공급하는데 소요되는 한계비용은 12로 일정할 때, 이를 독점적으로 공급하는 관료가 효율적인 서비스를 제공하기 보다는 자신이 속한 조직 규모 극대화를 추구하고 있다. 이런 경우 관료의 공공서비스 규모는?(단, P는 공공서비스의 가격, Q는 공공서비스의 규모이다)

① 4
② 8
③ 12
④ 14
⑤ 16

23 공공재의 과다공급 원인으로 옳은 것을 모두 고른 것은?

> ㄱ. 다수결 투표제도
> ㄴ. 정치적 결탁(logrolling)
> ㄷ. 다운즈(A. Downs)의 투표자의 무지
> ㄹ. 갤브레이드(J. K. Galbraith)의 의존효과

① ㄱ, ㄴ
② ㄱ, ㄷ
③ ㄴ, ㄷ
④ ㄴ, ㄹ
⑤ ㄷ, ㄹ

24 사회후생함수에 관한 설명으로 옳지 않은 것은?

① 그 사회가 선택하는 가치기준에 의해서 형태가 결정된다.
② 사회후생함수에서는 개인들의 효용을 측정할 수 있다고 가정한다.
③ 평등주의 사회후생함수는 각 개인의 효용에 동일한 가중치를 부여하게 된다.
④ 공리주의 사회후생함수에 의하면 사회후생의 극대화를 위해서는 각 개인소득의 한계효용이 같아야 한다.
⑤ 사회후생을 극대화시키는 배분은 파레토 효율을 달성한다.

25 코즈(R. Coase)정리에 관한 설명으로 옳지 않은 것은?

① 외부성이 있는 경우 형평성이 아닌 효율성을 고려하는 해결방안이다.
② 외부성이 있는 경우 당사자들의 이해관계와 무관하게 코즈정리를 적용할 수 있다.
③ 외부성 문제가 있는 재화의 과다 또는 과소공급을 해결하는 방안이다.
④ 정부가 환경세를 부과하여 당사자의 한쪽에게 책임을 지게 하면 효율적 자원배분을 이룰 수 있다.
⑤ 소유권이 분명하다면, 당사자들의 자발적 거래에 의해 시장실패가 해결된다는 정리이다.

26 시장실패에 관한 설명으로 옳지 않은 것은?

① 불완전한 경쟁의 경우 시장실패가 일어날 수 있다.
② 공공재는 그 특성에 의해서 시장실패가 발생하게 된다.
③ 정부개입의 필요조건을 제공한다.
④ 완비되지 못한 보험시장의 경우 시장실패가 일어날 수 있다.
⑤ 외부불경제로 사회적 최적생산량보다 과소 생산되는 경우에 발생한다.

27 중위투표자 정리에 관한 설명으로 옳지 않은 것은?

① 양당제를 운영하고 있는 국가에서 정치적 성향이 대치되는 두 정당의 선거 공약이 차별화되는 것과 관련이 있다.
② 선호가 모든 투표자 선호의 한 가운데 있는 사람을 중위투표자라 한다.
③ 이 정리에 의한 정치적 균형이 항상 파레토 효율성을 가져오는 것은 아니다.
④ 투표자의 선호가 다봉형이 아닌 단봉형일 때 성립한다.
⑤ 가장 많은 국민들의 지지를 확보하려는 정치가는 중위투표자의 지지를 얻어야 하는 것으로 해석할 수 있다.

28 티부(C. Tiebout) 가설에 관한 설명으로 옳지 않은 것은?

① 개인의 완전한 이동성이 보장되어야 한다.
② 지방정부가 취한 행동이 외부성을 발생시키지 않아야 한다.
③ 상이한 재정 프로그램을 제공하는 지역사회의 수가 충분히 많아야 한다.
④ 각 지역사회가 공급하는 재화와 조세에 대해 주민이 완전한 정보를 가지고 있어야 한다.
⑤ 공공재의 생산 규모가 증가할수록 단위당 생산비용이 하락하는 규모의 경제가 발생하여야 한다.

29 연금보험을 사회보험 형태로 운영하는 이유로 옳은 것을 모두 고른 것은?

> ㄱ. 재정수입 확보
> ㄴ. 세대 내 소득재분배
> ㄷ. 시장실패 보완
> ㄹ. 온정적 간섭주의

① ㄱ, ㄴ, ㄷ
② ㄱ, ㄴ, ㄹ
③ ㄱ, ㄷ, ㄹ
④ ㄴ, ㄷ, ㄹ
⑤ ㄱ, ㄴ, ㄷ, ㄹ

30 기간별 비용과 편익이 아래와 같을 때 공공사업의 순편익의 현재가치는?(단, 할인율은 10%이다)

구 분	0기	1기	2기
비 용	3,000	0	0
편 익	0	1,100	2,420

① $-\dfrac{3,520}{(1+0.1)^2}$

② $-\dfrac{520}{(1+0.1)}$

③ 0

④ 100

⑤ 520

31 우리나라에서 시행 중인 소득재분배정책에 관한 설명으로 옳지 않은 것은?

① 국민기초생활보장제도는 절대빈곤선을 기준으로 수급 대상자를 선정한다.
② 근로장려세제는 근로빈곤층(working poor)에게 생계안정지원과 동시에 근로 유인을 위한 제도이다.
③ 공공부조는 일반 국민이 납부한 세금을 재원으로 저소득계층을 지원하는 프로그램이다.
④ 우리나라에서 운용 중인 사회보험은 국민연금, 건강보험, 고용보험, 산재보험, 노인장기요양보험이 있다.
⑤ 사회보험제도는 가입자들이 납부한 보험료를 기본 재원으로 운영된다.

32 적자재정에 따른 국채발행의 효과에 관한 설명으로 옳은 것은?

① 리카르도(D. Ricardo)는 총수요를 변화시킬 수 있다고 하였다.
② 러너(A. Lerner)는 내부채무는 미래세대의 부담을 증가시킨다고 하였다.
③ 통화주의자들은 총수요가 변한다고 하였다.
④ 배로(R. Barro)는 국민저축과 투자에 전혀 영향을 미치지 않는다고 하였다.
⑤ 케인즈학파는 국채발행을 통해 조세부담을 경감시켜주어도 총수요는 변하지 않는다고 하였다.

33 소득분배의 불평등도 측정에 관한 설명으로 옳은 것은?

① 지니(Gini)계수 : 0과 1 사이의 값을 가지며, 1에 가까울수록 소득이 평등하게 분배되었음을 나타낸다.
② 달튼(H. Dalton)의 평등지수 : 0과 1 사이의 값을 가지며, 1에 가까울수록 소득이 평등하게 분배되었음을 나타낸다.
③ 앳킨슨(A. Atkinson)지수 : −1과 1 사이의 값을 가지며, 1이면 소득이 완전 평등하게 분배되었음을 나타낸다.
④ 5분위분배율 : 하위 20%에 속하는 사람들의 소득점유비율을 상위 20%에 속하는 사람들의 소득점유비율로 나눈 값이다.
⑤ 십분위분배율 : 상위 40%에 속하는 사람들의 소득점유비율을 하위 20%에 속하는 사람들의 소득점유비율로 나눈 값이다.

34 정부의 사회취약계층을 위한 현물보조와 현금보조에 관한 비교 설명으로 옳은 것을 모두 고른 것은? (단, 정부지출은 동일하다)

> ㄱ. 현물보조는 현금보조보다 소비자들이 선호한다.
> ㄴ. 현물보조는 현금보조보다 높은 행정비용과 운영비용을 수반한다.
> ㄷ. 현금보조는 현물보조에 비하여 오남용 가능성이 높다.
> ㄹ. 현금보조는 현물보조보다 소비자에게 보다 넓은 선택의 자유를 부여한다.

① ㄱ, ㄴ
② ㄱ, ㄹ
③ ㄴ, ㄷ
④ ㄱ, ㄷ, ㄹ
⑤ ㄴ, ㄷ, ㄹ

35 정부의 세금 인하로 인해 발생하는 경제적 효과로 옳지 않은 것은?

① 가처분소득이 늘어나 화폐 수요가 증가한다.
② 소비지출이 증가하므로 총수요 곡선이 오른쪽으로 이동한다.
③ 리카르도(D. Ricardo)의 대등정리에 따르면 세금 인하로 인해 발생하는 재정적자를 국채로 충당할 때 총수요에 아무런 영향을 끼치지 않는다.
④ 구축 효과가 없다는 가정하에 세금 감면액과 정부지출 증가액이 동일한 크기라면 두 정책의 총수요 효과는 동일하다.
⑤ 구축 효과가 없다는 가정하에 정부지출을 줄이는 만큼 세금을 감견하면 재정적자의 변화 없이 총수요를 감소시킨다.

36 외부효과를 내부화하기 위한 시장 메커니즘이 아닌 것은?

① 피구세
② 푸드 스탬프
③ 오염 배출권
④ 환경 투자 보조금
⑤ 거래 가능 어획 쿼터제

37 다음은 재화 X의 소비에 대한 사적 한계편익(PMB), 생산의 사적 한계비용(PMC), 생산에 따른 한계 외부피해(MD)이다.

$$PMB = 600 - 4Q \qquad PMC = 6Q \qquad MD = 2Q$$

사회적 최적생산량을 달성하기 위한 피구세(Pigouvian tax)의 크기는?(단, Q는 생산량이다)

① 25
② 40
③ 50
④ 80
⑤ 100

38 분배에 대한 공리주의적 주장으로 옳지 않은 것은?

① 가장 바람직한 분배 상태는 최소극대화의 원칙을 따른다.
② 바람직한 분배가 모든 사람이 동일한 효용함수를 가지지 않을 때에도 나타날 수 있다.
③ 벤담(J. Bentham)은 사회 전체의 후생을 극대화하는 분배가 가장 바람직하다고 보았다.
④ 불균등한 소득분배도 정당화될 수 있다.
⑤ 효용함수는 소득의 한계효용이 체감한다는 가정이 필요하다.

39 공적연금과 사적연금에 관한 설명으로 옳지 않은 것은?

① 인플레이션이 있는 경우 공적연금과 달리 사적연금에는 인플레이션에 조정된 연금이 지급된다.
② 공적연금은 사적연금 시장에서 나타날 수 있는 역선택 문제를 해결할 수 있다.
③ 공적연금은 사적연금보다 준비금을 적게 보유할 수 있다.
④ 사적연금은 공적연금에 비해 수요자의 다양한 요구에 대응하기 용이하다.
⑤ 공적연금은 위험의 공동 부담이라는 측면에서 사적연금 시장에서 나타날 수 있는 도덕적 해이 문제를 해결할 수 있다.

40 특정 프로젝트의 비용과 편익이 불확실한 경우 활용하는 확실성등가(certainty equivalent)에 관한 설명으로 옳지 않은 것은?

① 확실성등가가 크면 클수록 더 위험회피적(risk averse)이다.
② 확실성등가를 산출하기 위해서는 프로젝트의 수익 분포뿐만 아니라 개인의 위험회피도에 대한 정보도 필요하다.
③ 위험중립적(risk neutral)인 개인의 경우 위험 프리미엄은 0이며 확실성등가는 기대소득과 일치한다.
④ 확실성등가는 프로젝트의 기대소득에서 위험 프리미엄을 공제한 금액을 말한다.
⑤ 위험회피적인 개인의 경우 위험한 기회로부터 기대소득보다 확실성등가가 항상 작다.

2020년도 제57회
세무사 1차 국가자격시험 문제지

교시	시험과목	시험시간	문제형별
1교시	① 재정학 ② 세법학개론	80분	A

수험번호		성 명	

【 수험자 유의사항 】

1. 시험문제지는 **단일 형별(A형)**이며, 답안카드는 형별 기재란에 표시된 형별(A형)을 확인하시기 바랍니다. 시험문제지의 **총면수, 문제번호 일련순서, 인쇄상태** 등을 확인하시고, 문제지 표지에 수험번호와 성명을 기재하시기 바랍니다.

2. 답은 각 문제마다 요구하는 **가장 적합하거나 가까운 답 1개**만 선택하고, 답안카드 작성 시 시험문제지 **마킹착오**로 인한 불이익은 전적으로 **수험자에게 책임**이 있음을 알려 드립니다.

3. 답안카드는 국가전문자격 공통 표준형으로 문제번호가 1번부터 125번까지 인쇄되어 있습니다. 답안 마킹 시에는 반드시 **시험문제지의 문제번호와 동일한 번호에 마킹하여야** 합니다.

4. **감독위원의 지시에 불응하거나 시험시간 종료 후 답안카드를 제출하지 않을 경우** 불이익이 발생할 수 있음을 알려 드립니다.

5. 시험문제지는 시험 종료 후 가져가시기 바랍니다.

재 정 학

01 조세의 초과부담에 관한 설명으로 옳은 것은?

① 다른 조건이 일정하면, 대체재가 많은 재화에 과세하면 그렇지 않은 경우에 비해 초과부담이 작다.
② 조세수입에서 후생감소분을 차감한 것이다.
③ 가격변화에 둔감한 재화에 대한 과세는 상대적으로 초과부담을 작게 발생시킨다.
④ 정액세(lump sum tax) 부과는 소득효과가 없기 때문에 초과부담을 발생시키지 않는다.
⑤ 두 재화가 완전보완재인 경우 그 중 한 재화에 대한 과세는 초과부담을 발생시킨다.

02 조세에 관한 설명으로 옳은 것을 모두 고른 것은?

> ㄱ. 동등한 경제 상황에 있는 사람들에게 동등하게 과세하여야 한다는 것이 수직적 공평이며, 부자에게는 더 많은 세금을 부과하여야 한다는 것이 수평적 공평이라 한다.
> ㄴ. 조세의 중립성은 조세가 자원배분의 효율성을 왜곡시키지 않는 것을 의미하며, 조세의 간편성은 납세비용이나 조세행정의 부담을 줄이는 것을 의미한다.
> ㄷ. 조세부담의 귀착이란 법률상 납세의무자가 조세부담의 일부를 거래 상대방에게 일시적으로 이전하는 것을 말하며, 최종적으로 누가 조세를 부담할 것인가를 나타내는 것이 조세부담의 전가이다.
> ㄹ. 인두세는 단기적으로 대체효과가 발생하지 않는다는 점에서 왜곡이 없는 조세이지만, 소득에 대해 역진적이기 때문에 공평하다고 말할 수 없다.

① ㄴ　　　　　　　　　　　　② ㄷ
③ ㄹ　　　　　　　　　　　　④ ㄱ, ㄷ
⑤ ㄴ, ㄹ

03 개인소득세는 누진세이고, 과세단위는 개인단위 과세와 부부합산 과세가 있다. 이러한 과세단위가 가지는 특징에 관한 설명으로 옳지 않은 것은?

① 개인단위 과세는 각 납세자의 지불능력을 잘 반영하는 특징을 가지고 있다.
② 부부합산 과세는 가족이 경제활동의 기본 단위라는 인식에 기반하고 있다.
③ 부부합산 과세의 경우, 주소득원과 그 배우자가 각각 직면한 한계세율은 동일하다.
④ 개인단위 과세의 경우, 주소득원과 그 배우자가 각각 직면한 한계세율은 상이하다.
⑤ 비탄력적인 부문에 높은 세율을 부과한다는 램지원칙에 개인단위 과세보다 부부합산 과세가 더 잘 부합한다.

04 소득세 누진구조에 대한 에지워스(F. Edgeworth) 최적분배모형에서는 다음과 같은 가정을 하였다. 이 모형에 관한 해석으로 옳지 않은 것은?

> 가정 1 : 주어진 세수를 충족시키면서 개인들의 효용의 합을 극대화하는 형태로 최적 소득세를 결정한다.
> 가정 2 : 개인들은 자신의 소득에만 의존하는 동일한 효용함수를 가지며, 효용함수는 한계효용 체감의 특성을 보여주고 있다.
> 가정 3 : 사회 전체의 가용한 소득은 고정되어 있다.

① 가정 1은 공리주의적인 사회후생함수를 가정하였음을 의미한다.
② 가정 2는 이타적인 효용함수를 배제하고 있음을 의미한다.
③ 가정 3은 분배상태가 변화할 때 총소득의 크기가 달라질 수 있다는 점에서 비현실적이라는 비판을 받고 있다.
④ 가장 높은 소득자로부터 세금을 거두어 가장 낮은 소득자에게 재분배하는 경우 사회후생은 증가하게 된다.
⑤ 가정 2로 인해 최적 소득세는 모든 사회 구성원의 소득 균등화까지 이르지는 못한다.

05 조세의 법적 귀착과 경제적 귀착이 일치하는 경우는?
① 수요곡선은 우상향하고 공급곡선은 우하향할 때, 소비자에게 과세하는 경우
② 수요곡선은 우하향하고 공급곡선은 우상향할 때, 생산자에게 과세하는 경우
③ 수요곡선은 수직이고 공급곡선은 우상향할 때, 소비자에게 과세하는 경우
④ 수요 및 공급의 탄력성이 모두 단위탄력적일 때, 생산자에게 과세하는 경우
⑤ 수요곡선은 우하향하고 공급곡선이 수평일 때, 생산자에게 과세하는 경우

06 일반적으로 조세는 시장의 자원배분을 왜곡하여 초과부담을 발생시킨다. 다음 중 조세의 초과부담이 발생하지 않을 상황을 모두 고른 것은?

> ㄱ. 고가부동산 거래에 고율 과세하는 경우
> ㄴ. 부유층이 주로 소비하는 재화에 10%의 소비세를 부과하는 경우
> ㄷ. 대기오염을 발생시키는 제품의 사회적 최적생산수준에서 한계환경피해비용과 세율이 같아지도록 과세하는 경우
> ㄹ. 공급은 완전비탄력적이고 수요는 완전탄력적일 때, 생산자에게 과세하는 경우

① ㄱ, ㄴ
② ㄱ, ㄷ
③ ㄴ, ㄷ
④ ㄴ, ㄹ
⑤ ㄷ, ㄹ

07 래퍼곡선(Laffer curve)에 관한 설명으로 옳은 것은?

① 세율을 높임에 따라 조세수입이 계속 증가한다는 것을 보여준다.
② 특정한 조세수입액에 대하여 한 개의 세율만 존재한다.
③ 세율을 가로축에, 조세수입을 세로축에 두고 래퍼곡선을 그리면 단조증가하는 형태가 된다.
④ 세율이 적정 수준보다 높아지는 경우에는 조세 수입이 감소한다.
⑤ 조세의 효율성보다는 형평성과 관련된 논의이다.

08 다음은 순수독점의 형태로 운영되고 있는 시장의 수요함수이다.

$$Q = 200 - 4P$$

그리고 이 시장의 독점공급자인 A사의 총비용함수는 다음과 같다.

$$TC = \frac{1}{4}Q^2 + 10Q + 75$$

정부가 소비자에게 단위당 10만큼의 물품세를 부과한다고 할 때, 다음 설명으로 옳은 것을 모두 고른 것은?(단, Q는 수량, P는 가격, TC는 총비용이다)

ㄱ. 독점공급자는 조세부담을 전가시킬 수 있으므로 세금은 모두 소비자가 부담한다.
ㄴ. 독점공급자의 조세부담이 소비자의 조세부담보다 3배 더 크다.
ㄷ. 조세부담의 크기는 소비자와 공급자가 동일하다.
ㄹ. 독점공급자의 조세부담이 소비자의 조세부담의 1/3이다.
ㅁ. 동일한 세금을 소비자 대신 공급자에게 부과해도 조세부담 귀착의 결과는 같다.

① ㄱ, ㄴ
② ㄱ, ㄷ
③ ㄴ, ㄷ
④ ㄴ, ㅁ
⑤ ㄹ, ㅁ

09 콜렛-헤이그(Corlett-Hague) 조세원칙에 관한 설명으로 옳지 않은 것은?

① 여가에 보완적인 상품과 서비스에 대한 과세를 통해 간접적으로 여가에 과세가 가능하다.
② 효율성 제고를 위해서는 여가에 대해서도 과세를 해야 한다.
③ 여가에 대한 직접적인 과세가 불가능한 경우에 대한 원칙이다.
④ 여가에 보완적인 상품에 대해 보다 높은 세율로 과세하는 것이 바람직하다.
⑤ 동일한 세율을 적용하는 소득세가 세율의 차등을 두는 물품세보다 우월할 수 있다는 것을 의미한다.

10 A와 B, C와 D는 각각 부부이며, 두 가구의 소득과 소득세액은 다음의 표와 같다. 이에 관한 설명으로 옳은 것을 모두 고른 것은?

가 구		개인소득	개인 소득세액	가구 총소득	개인소득세액 합계	가구 합산 시 세액
1	A	1억원	4천만원	1억2천만원	4천1백만원	4천9백만원
	B	2천만원	1백만원			
2	C	6천만원	1천2백만원	1억2천만원	2천4백만원	4천9백만원
	D	6천만원	1천2백만원			

ㄱ. 가구합산을 하는 경우, 결혼세(marriage tax)의 문제가 발생한다.
ㄴ. 세율 체계의 누진성, 조세부담의 수평적 형평성, 결혼에 대한 중립성은 동시에 만족될 수 없다.
ㄷ. 결혼세의 문제는 세율체계의 누진성 때문에 발생한다.

① ㄱ
② ㄱ, ㄴ
③ ㄱ, ㄷ
④ ㄴ, ㄷ
⑤ ㄱ, ㄴ, ㄷ

11 분권화된 체제에서의 지방세에 관한 설명으로 옳지 않은 것은?

① 지역발전을 위한 조세경쟁이 발생한다.
② 조세수출이 발생한다.
③ 지방세율 차이로 인해 지역의 물가가 달라질 수 있다.
④ 지역 간 형평성을 위해서는 지방세율이 동일해야 한다.
⑤ 지방세는 주로 이동성이 작은 자산에 과세하는 것이 바람직하다.

12 경제 내 모든 가격이 동일한 율로 인상되는 인플레이션이 발생할 경우, 실질적인 조세부담이 영향을 받지 않는 것은?

① 면세점 이상 구간에 대해서만 단일세율을 적용하는 소득세
② 기업 이윤에 대한 단일세율의 과세
③ 누진적인 개인소득세
④ 누진적인 양도소득세
⑤ 누진적인 재산세

13 법인세 과세표준 계산 시 타인자본에 대한 이자지불액만 공제된다고 하자. 이러한 과세방식으로 인한 법인의 의사결정에 관한 설명으로 옳은 것은?

① 자기자본에 비해 차입을 선호한다.
② 배당금에 비해 사내유보를 선호한다.
③ 회사채 발행을 기피한다.
④ 현금자산 보유를 기피한다.
⑤ 부동산 보유를 기피한다.

14 피셔(I. Fisher)의 시점 간 자원배분모형에서 이자소득세에 관한 설명으로 옳은 것은?(단, 현재소비와 미래소비는 둘 다 정상재이다)

① 미래소비는 감소하게 된다.
② 저축은 반드시 감소한다.
③ 현재소비에 대한 대체효과는 현재소비를 감소시킨다.
④ 현재소비에 대한 소득효과는 현재소비를 증가시킨다.
⑤ 이자소득세를 부과하면 현재 소비의 상대가격이 높아진다.

15 소득세에 관한 설명으로 옳은 것은?

① 여가가 정상재일 경우, 소득세 부과의 노동공급에 대한 대체효과와 소득효과는 같은 방향으로 작용한다.
② 헤이그-사이먼즈(Haig-Simons)의 포괄적 소득 정의에 따르면, 소비도 소득세의 과세대상이 된다.
③ 비례소득세는 수직적 공평성을 제고시킨다.
④ 이자소득세를 부과할 경우, 소득효과는 저축에 대한 매력을 상대적으로 감소시켜 저축의욕을 떨어뜨린다.
⑤ 수평적 공평성을 중시하는 누진적인 소득세에서는 과세기준이 되는 소득이 증가하면, 세금부담액은 증가하고 평균세율은 감소한다.

16 최적과세론에 관한 설명으로 옳은 것은?

① 램지원칙에 의하면, 생활필수품은 수요가 가격에 대해서 비탄력적이기 때문에 상대적으로 높은 세율이 부과되게 된다.
② 램지원칙에 의하면, 수요의 가격 탄력성과 관계없이 모든 재화에 대해서 동일한 세율이 적용된다.
③ 램지원칙에 의하면, 사치품은 수요가 가격에 대해서 탄력적이기 때문에 상대적으로 높은 세율이 부과된다.
④ 스턴(N. Stern)의 최적선형누진세에 따르면, 공평성을 선호할수록 최고한계세율이 낮아진다.
⑤ 램지원칙은 공평성의 제고를 위한 과세원칙이다.

17 다음은 근로장려세제와 관련한 어떤 연구의 실증분석 결과이다.

> (가) 한부모 여성가구주(single mother)의 노동공급은 증가하였다.
> (나) 부부의 경우, 주소득자의 노동공급에는 거의 영향을 미치지 못했으나, 부소득자의 노동공급은 크게 감소하였다.
> (다) 근로장려세제 대상자들 전체의 노동공급에는 별다른 변화가 없었다.

실증분석 결과에 대해 유추 가능한 다음의 해석으로 옳은 것을 모두 고른 것은?

> ㄱ. (가)의 해석 : 한부모 여성가구주들은 제도 도입 전에 주로 무노동계층이었거나, 점증구간에 속해 있었을 것이다.
> ㄴ. (나)의 해석 : 가구 주소득자의 노동공급의 임금탄력성은 매우 작은 반면, 부소득자의 임금탄력성은 클 것이다.
> ㄷ. (다)의 해석 : 당초의 의도와는 달리 정책도입 후 실제로 노동공급 증가량과 노동공급 감소량은 대체로 비슷하게 발생하였다.

① ㄱ
② ㄱ, ㄴ
③ ㄱ, ㄷ
④ ㄴ, ㄷ
⑤ ㄱ, ㄴ, ㄷ

18 탈세와 절세에 관한 설명으로 옳지 않은 것은?

① 절세는 합법적으로 세금을 절약하는 것이다.
② 알링햄 – 샌드모(M. Allingham – A. Sandmo)에 따르면, 탈세의 편익은 세율로 표현될 수 있으며, 세율이 낮을수록 탈세는 늘어나게 된다.
③ 절대위험기피도가 체감하는 개인은 세율이 오르면 탈루소득의 크기를 줄인다.
④ 탈세로 인한 심리적 비용이 클수록 탈세 규모는 감소한다.
⑤ 알링햄 – 샌드모에 따르면, 세율을 일정한 수준에서 유지하고 감사확률과 벌금을 적절하게 조절하여 탈세를 방지하는 것이 바람직하다.

19 한 개인은 소득 M으로 사치재 X와 필수재 Y만을 소비한다. 이 사람의 예산선 기울기에 영향을 미치는 설명은?

① 사치재인 X에 고율의 소비세가 부과되었다.
② 소득에 정액세가 부과되었다.
③ 현금보조금을 받았다.
④ 소득보전 정책에 따라 납부소득세만큼 환급받았다.
⑤ X와 Y에 단일세율의 종가세가 부과되었다.

20 우리나라 조세 중 지방세이면서 목적세인 것은?

① 레저세
② 교육세
③ 지역자원시설세
④ 농어촌특별세
⑤ 재산세

21 기술적 외부성에 관한 설명으로 옳은 것을 모두 고른 것은?

> ㄱ. 자원배분의 비효율성은 발생하지 않는다.
> ㄴ. 화학공장이 강 상류에 폐수를 방출하였다.
> ㄷ. 대규모 건설공사로 인한 건축자재 가격 상승으로 다른 건축업자가 피해를 입었다.
> ㄹ. 양봉업이 인근 과수원의 생산에 영향을 미쳤다.

① ㄱ
② ㄱ, ㄷ
③ ㄴ, ㄷ
④ ㄴ, ㄹ
⑤ ㄷ, ㄹ

22 다음은 고령화가 급격히 진행되면서 복지지출이 지속적으로 증가하는 한 국가의 최근 10년간 조세부담률과 국민부담률의 추이이다. 이에 관한 해석으로 옳은 것을 모두 고른 것은?

구 분	2017	2018	2019	2020	2021	2022	2023	2024	2025	2026
조세부담률	18.4	18.7	18.2	18.0	18.5	18.4	18.6	18.4	18.5	18.6
국민부담률	24.2	24.8	24.7	25.7	26.4	27.5	28.3	29.0	29.4	30.1

ㄱ. 사회보장성 기여금 부담이 매년 증가하고 있다.
ㄴ. 최근 10년간 GDP 증가율이 매년 1%로 표준화되었다고 할 때, 2021년 대비 2022년도의 조세의 세수탄력성(세수변화율/GDP변화율)은 1보다 크다.
ㄷ. 조세부담률이 전년도와 동일하다면, 조세수입은 경제성장률만큼 증가한다.

① ㄱ
② ㄱ, ㄴ
③ ㄱ, ㄷ
④ ㄴ, ㄷ
⑤ ㄱ, ㄴ, ㄷ

23 자연독점하의 공기업에서 공공요금 결정에 관한 설명으로 옳은 것은?

① 규모의 경제를 활용하여 평균비용을 낮추기 위해 하나가 아닌 여러 공기업에서 생산하는 것이 바람직하다.
② 민간기업이 생산하고 가격규제를 하지 않으면 사회적 최적생산량 달성이 가능하다.
③ 이부가격제도(two-part tariff)를 도입하면, 생산량 자체는 효율적이다.
④ 한계비용가격설정을 사용하는 경우 해당 공기업의 경제적 이윤이 0이 된다.
⑤ 평균비용가격설정을 사용하는 경우 사회적 최적생산량을 달성할 수 있다.

24 긍정적 외부성이 있는 재화의 수요함수가 $Q=10-p$ 이고, 한계편익함수는 $Q=5-p$ 이다. 한계생산비용이 7.5라면 사회적 최적생산량은?(단, Q는 수량, p는 가격이다)

① 1.25
② 3.75
③ 7.5
④ 10.0
⑤ 15.0

25 지방분권제도가 중앙집권제도보다 더 바람직한 경우에 관한 설명으로 옳은 것은?

① 세금 징수에 있어서 규모의 경제가 존재한다.
② 공공재 공급에 있어서 규모의 경제가 존재한다.
③ 공공재에 대한 선호가 모든 지역에서 동일하다.
④ 주민들의 지역 간 이동비용이 낮다.
⑤ 공공재와 세금에 대한 정보를 획득하는 비용이 높다.

26 보상기준에 관한 설명으로 옳지 않은 것은?

① 효용가능곡선이 교차하지 않는 경우, 보상기준이 충족되면 잠재적으로 사회후생이 증가된다.
② 스키토브스키(T. Scitovsky)기준은 칼도-힉스(Kaldo-Hicks)기준의 모순을 보완하기 위한 기준이다.
③ 파레토기준은 칼도-힉스의 보상기준을 충족한다.
④ 칼도기준은 상태 변경으로 이득을 얻는 사람의 이득으로 손해 보는 사람의 손실을 보상하고도 남는 경우를 말한다.
⑤ 힉스(J. R. Hicks) 기준은 상태 변경으로 손해를 보는 사람이 이득을 얻는 사람을 매수하는 데 실패하는 경우에 해당한다.

27 어떤 시장에 공급함수와 수요함수가 각각 다음과 같이 주어졌다고 하자.

$$P = aQ_S + 10, \quad P = 100 - bQ_D$$

초기 균형 상태에서 정부가 공급자에게 단위당 10만큼의 세금을 부과할 경우, 세수와 자중손실(deadweight loss)의 비(세수 : 자중손실)는 얼마인가?(단, P는 가격이고 Q_S는 공급량, Q_D는 수요량이고 $a > 0$, $b > 0$이다)

① 20:1 ② 16:1
③ 12:1 ④ 8:1
⑤ 3.7:1

28 정부 간 재원 이전제도인 교부금에 관한 설명으로 옳지 않은 것은?

① 보조금이 지급될 경우, 지방세가 줄어들어 그로 인해 민간지출이 증가하기보다 지방정부의 지출이 더 많이 늘어나는 현상을 끈끈이 효과로 볼 수 있다.
② 대응교부금의 경우, 공공재 선택에서 대체효과를 발생시키기 때문에 비효율적이다.
③ 무조건부교부금의 경우, 소득효과만을 발생시키기 때문에 비효율을 억제할 수 있다.
④ 우리나라의 국고보조금과 보통교부세는 조건부교부금이다.
⑤ 지방자치단체의 후생수준 증가라는 측면에서 볼 때, 무조건부교부금은 최소한 대응교부금보다 우월하다.

29 다음은 강 상류에 위치한 화학공장 A와 하류의 양식장 B로 구성된 경제에 관한 상황이다. A는 제품생산 공정에서 수질오염을 발생시키고, 이로 인해 B에 피해비용이 발생한다. A의 한계편익(MB_A)과 A의 생산으로 인한 B의 한계피해비용(MD_B)은 다음과 같다.

$$MB_A = 90 - \frac{1}{2}Q, \quad MD_B = \frac{1}{4}Q$$

Q에 대한 A의 한계비용과 B의 한계편익은 0이며, 협상이 개시되는 경우 협상비용도 0이라고 가정하자. 다음 설명으로 옳지 않은 것은?(단, Q는 A의 생산량이다)

① 강의 소유권이 A에게 있고 양자 간의 협상이 없다면, A의 생산량은 180, A의 총편익은 8,100, B의 총비용은 4,050이다.
② 강의 소유권이 B에게 있고, 양자 간의 협상이 없다면, A의 생산량은 0, A의 총편익은 0, B의 총비용은 0이다.
③ 이 경제에서 사회적으로 바람직한 A의 생산량은 120, A의 총편익은 7,200, B의 총비용은 1,800이다.
④ 강의 소유권이 A에게 있고 양자 간의 협상이 성립하여 사회적으로 바람직한 생산량이 달성된다면, A가 B로부터 받는 보상의 범위는 최소 900 이상, 최대 2,250 이하가 될 것이다.
⑤ 강의 소유권이 B에게 있고 양자 간의 협상이 개시되어 사회적으로 바람직한 산출량이 달성된다면, B가 A로부터 받는 보상의 범위는 최소 1,800 이상 최대 4,050 이하가 될 것이다.

30 빈곤에 관한 아래의 정의식에 근거하여 다음 설명으로 옳은 것을 모두 고른 것은?

> ○ 빈곤율 = 빈곤층의 인구 / 전체인구
> ○ 빈곤갭 = 빈곤층 인구수 × (빈곤선 − 빈곤층 인구의 평균소득)
> ○ 소득갭비율 = (빈곤선 − 빈곤층 인구의 평균소득) / 빈곤선

> ㄱ. 빈곤율은 빈곤 완화를 위해 필요한 재원규모에 대한 정보를 알려주지 못한다.
> ㄴ. 빈곤갭은 빈곤층 내부의 소득재분배에 영향을 받지 않는다.
> ㄷ. 소득갭비율은 정부의 정책으로 빈곤층 인구의 평균소득을 증가시키면 늘어난다.

① ㄱ
② ㄱ, ㄴ
③ ㄱ, ㄷ
④ ㄴ, ㄷ
⑤ ㄱ, ㄴ, ㄷ

31 A, B, C 세 가지 선택대상에 대한 갑, 을, 병 3인의 선호순위가 다음의 표와 같이 주어져 있다.

	1순위	2순위	3순위
갑	A	B	C
을	B	C	A
병	C	A	B

다수결에 의해 결정할 경우 꽁도세(Condorcet) 승자에 관한 설명으로 옳은 것을 모두 고른 것은?

> ㄱ. A와 B를 먼저 비교할 경우, 최종적으로 B가 선택된다.
> ㄴ. A와 C를 먼저 비교할 경우, 최종적으로 B가 선택된다.
> ㄷ. B와 C를 먼저 비교할 경우, 최종적으로 B가 선택된다.
> ㄹ. 이 상황에서는 사회적 선호가 이행성을 만족시킨다.
> ㅁ. 이 상황에서는 사회적 선호가 이행성을 만족시키지 않는다.

① ㄱ, ㄹ
② ㄱ, ㅁ
③ ㄴ, ㄹ
④ ㄴ, ㅁ
⑤ ㄱ, ㄴ, ㄷ, ㄹ

32 외부성에 관한 설명으로 옳지 않은 것은?

① 생산과 관련된 현상으로 소비와 관련되어 나타날 수 없다.
② 외부불경제가 존재하면 사회적 최적에 비하여 과다생산된다.
③ 외부성을 내부화하기 위해 조세 또는 보조금을 사용한다.
④ 배출권 거래제는 공해 물질에 대한 시장을 조성한 것으로 볼 수 있다.
⑤ 재산권을 통해 외부성을 내부화한 경우, 소득분배의 방향과 단계없이 효율성 달성이 가능하다.

33 사회보험과 공공부조에 관한 설명으로 옳지 않은 것은?

① 사회보험으로 국민기초생활보장제도의 재원을 충당한다.
② 공공부조는 원칙적으로 정부의 예산으로 충당한다.
③ 부과방식의 사회보험은 수지균형을 원칙으로 한다.
④ 공공부조의 수혜 대상 결정은 소득·재산조사를 근거로 한다.
⑤ 사회보험의 재원은 원칙적으로 보험료로 충당한다.

34 국민연금의 재정적자를 줄이기 위한 조치와 효과로 옳지 않은 것은?

① 보험료율의 인상은 저소득근로자들에게 부담이 되지 않는다.
② 보험료율의 인상은 개인들의 현재 가처분소득을 줄일 것이다.
③ 보험료 부과 상한이 월 급여 400만원에서 450만원으로 인상된다면 월 급여 200만원인 근로자의 납입보험료는 영향을 받지 않는다.
④ 연금수급연령의 상향 조정은 단기적으로 연금수급자 수를 줄인다.
⑤ 연금수급연령이 65세이고 평균수명이 80세라고 가정할 때, 연금수급연령을 1년 상향 조정하면 재정적자를 줄일 수 있다.

35 의료보험의 도덕적 해이에 관한 설명으로 옳지 않은 것은?

① 의료보험에 가입하면 개인들은 건강관리를 철저히 하지 않는 경향이 있다.
② 민간 의료보험의 경우, 건강관리를 등한시하는 사람의 가입이 증가한다.
③ 의료보험에 가입하면 본인부담 진료비가 줄어들어 병원에 자주 간다.
④ 실손 민간 의료보험의 경우, 고가의 치료 방식을 선호하는 경향으로 인하여 보험금 지출이 늘어난다.
⑤ 의료 서비스에 대한 실제 비용보다 환자의 지불액이 낮을 때, 발생한다.

36 아래와 같은 비용과 편익이 발생하는 공공사업의 순편익의 현재가치는?(단, 할인율은 10%이다)

	0기	1기	2기
비 용	1,400	0	0
편 익	0	550	1,210

① -330
② -100
③ 0
④ 100
⑤ 330

37 린달모형(Lindahl model)에 관한 설명으로 옳은 것은?

① 공공재에 관한 진정한 선호를 표출하기 때문에 무임승차의 문제가 생기지 않는다.
② 자발적 교환을 통한 공공재의 공급문제를 다루고 있다.
③ 린달모형은 개인 간 갈등해소를 위해 정부가 적극적으로 개입해야 함을 시사한다.
④ 개별 소비자의 공공재 비용 분담 비율은 소비자의 소득에 의해서 결정된다.
⑤ 린달모형에서는 파레토 최적이 달성되지 않는다.

38 경제적 타당성 분석기간이 30년으로 설정된 어떤 공공투자 사업은 첫 해에 비용이 모두 발생하는 반면, 편익은 분석의 전 기간에 걸쳐 매년 동일한 크기로 발생한다. 사회적 할인율이 r일 때, 비용편익분석 결과 순편익의 현재가치는 0이다. 다음 설명으로 옳지 않은 것을 모두 고른 것은?

> ㄱ. 만약 r보다 높은 사회적 할인율을 적용하면, 이 사업의 편익/비용 비율은 1보다 더 커질 것이다.
> ㄴ. 만약 r보다 높은 사회적 할인율을 적용하면, 이 사업의 순편익의 현재가치는 0보다 더 커질 것이다.
> ㄷ. 만약 r보다 높은 사회적 할인율을 적용하면, 이 사업의 내부수익률은 더 작아질 것이다.

① ㄱ
② ㄱ, ㄴ
③ ㄱ, ㄷ
④ ㄴ, ㄷ
⑤ ㄱ, ㄴ, ㄷ

39 소득의 불평등도 측정에 관한 설명으로 옳지 않은 것은?

① 두 로렌츠곡선이 서로 교차하는 경우, 소득 불평등도를 서로 비교할 수 없다.
② 지니계수는 대각선과 로렌츠곡선 사이의 면적을 로렌츠곡선 아래의 면적으로 나눈 값이다.
③ 균등분배 대등소득과 평균 소득이 일치하면 앳킨슨지수는 0이 된다.
④ 5분위배율은 소득분배의 불평등도가 커질수록 값이 커진다.
⑤ 달튼(H. Dalton)의 평등지수는 0에 가까울수록 불평등한 상태를 의미한다.

40 국가채무에 관한 설명으로 옳지 않은 것은?

① 리카도 대등정리가 성립하면, 국채상환에 대비한 저축이 증가하여 이자율이 오르지 않아서 구축효과가 발생하지 않는다.
② 국채발행이 증가하면 이자율이 상승하고, 원화 환율이 하락하여 경상수지가 악화된다.
③ 러너(A. Lerner)로 대표되는 국채에 관한 전통적인 견해에 따르면, 내부채무의 경우 미래세대로 부담이 전가된다.
④ 이자율 하락은 국채의 시장가치를 상승시켜 정부부채를 증가시키는 효과가 있다.
⑤ 중복세대모형에 따르면, 국가 채무는 미래세대로 부담이 전가된다.

2019년도 제56회
세무사 1차 국가자격시험 문제지

교시	시험과목	시험시간	문제형별
1교시	① 재정학 ② 세법학개론	80분	A

수험번호		성 명	

【 수험자 유의사항 】

1. 시험문제지는 **단일 형별(A형)**이며, 답안카드는 형별 기재란에 표시된 형별(A형)을 확인하시기 바랍니다. 시험문제지의 **총면수, 문제번호 일련순서, 인쇄상태** 등을 확인하시고, 문제지 표지에 수험번호와 성명을 기재하시기 바랍니다.

2. 답은 각 문제마다 요구하는 **가장 적합하거나 가까운 답 1개**만 선택하고, 답안카드 작성 시 시험문제지 **마킹착오**로 인한 불이익은 전적으로 **수험자에게 책임**이 있음을 알려 드립니다.

3. 답안카드는 국가전문자격 공통 표준형으로 문제번호가 1번부터 125번까지 인쇄되어 있습니다. 답안 마킹 시에는 반드시 **시험문제지의 문제번호와 동일한 번호**에 마킹하여야 합니다.

4. **감독위원의 지시에 불응하거나 시험시간 종료 후 답안카드를 제출하지 않을 경우** 불이익이 발생할 수 있음을 알려 드립니다.

5. 시험문제지는 시험 종료 후 가져가시기 바랍니다.

재 정 학

01 목적세에 관한 설명으로 옳지 않은 것은?

① 조세의 편익원칙에 기초한다.
② 특정분야 사업 재원의 안정성을 보장한다.
③ 전체 재정활동의 관점에서 효율성을 저해할 수 있다.
④ 우리나라의 목적세로는 종합부동산세를 들 수 있다.
⑤ 과세기한이 정해져 있는 것이 일반적이다.

02 선형누진세와 비선형누진세에 관한 설명으로 옳지 않은 것은?

① 한계세율이 평균세율보다 높다.
② 비선형누진세는 한계세율과 평균세율이 동시에 변화한다.
③ 선형누진세는 한계세율과 평균세율이 변화하지 않는다.
④ 선형누진세는 비선형누진세에 비해 상대적으로 고소득층에 유리 할 수도 있다.
⑤ 선형누진세는 면세점을 두고 있다.

03 최적물품세에 관한 설명으로 옳지 않은 것은?

① 램지규칙은 주어진 조세수입 목표를 달성하는 가운데 초과부담을 최소화할 때 실현된다.
② 램지규칙에 따른 최적의 세율구조는 보상수요곡선을 전제로 한다.
③ 콜렛-헤이그(Corlett-Hague) 규칙은 해당 재화 수요의 가격탄력성에 따라 차등적인 물품세를 부과해야 성립한다.
④ 역탄력성 규칙은 역진성을 초래하는 한계가 있다.
⑤ 램지규칙은 재화 간 조세수입의 한계초과부담을 일치시키는 과정에서 도출된다.

04 조세의 초과부담에 관한 설명으로 옳지 않은 것은?

① 조세부과로 상대가격이 변화하고, 이로 인해 민간의 의사결정이 영향을 받음으로써 발생한다.
② 민간부문의 의사결정에 아무런 영향을 미치지 않는 조세를 중립세라 한다.
③ 세율이 높으면 초과부담이 줄어들지만 조세수입은 늘어난다.
④ 수요의 가격탄력성이 클수록 초과부담은 커진다.
⑤ 초과부담은 대체효과에 의해 발생하기 때문에 보상수요곡선으로 크기를 측정해야 한다.

05 소득세제에 관한 설명으로 옳지 않은 것은?

① 선형누진세의 경우 한계세율은 소득수준에 관계없이 항상 일정하다.
② 세액공제는 한계세율을 인상시킨다.
③ 소득공제는 저소득층보다 고소득층에게 유리하다.
④ 소득공제는 재화의 상대가격 변화를 초래할 수 있다.
⑤ 소득획득에 소요되는 비용을 공제하면 수평적 공평성이 증진될 수 있다.

06 수요곡선과 공급곡선에서 생산물 1단위당 300원의 세금이 부과되었다. 300원에서 소비자가 부담하는 세금의 크기는?(단, 수요곡선 : $P=6,000-4Q$, 공급곡선 : $P=2Q$, P : 가격, Q : 수량)

① 50원　　　　　　　　　　　② 100원
③ 200원　　　　　　　　　　　④ 250원
⑤ 300원

07 알링햄-샌드모(M. Allingham and A. Sandmo)의 탈세모형에 관한 설명으로 옳지 않은 것은?

① 세율 인상에 따른 대체효과는 탈루소득을 줄이는 방향으로 작용한다.
② 탈세행위는 불법성을 특징으로 한다는 점에서 조세회피와 구별된다.
③ 탈세방지수단으로 적발 확률의 증가와 벌금 인상을 고려할 때, 행정비용 측면에서는 높은 벌금의 부과가 바람직하다.
④ 절대위험기피도 체감의 특성을 가진 납세자를 가정한다.
⑤ 탈세행위는 수평적 공평성뿐 아니라 수직적 공평성에도 부정적 효과를 낳는다.

08 공평과세에 관한 설명으로 옳지 않은 것은?

① 편익원칙은 빅셀(K. Wicksell), 린달(E. Lindahl) 등에 의해 발전되었는데, 이들은 조세를 자발적 교환에 대한 대가로 파악한다.
② 수수료, 통행료, 사용료는 편익원칙에 따른 과세의 예이다.
③ 능력원칙에 따르면 상이한 경제적 능력을 가진 사람에게는 상이한 크기의 조세를 부과해야 한다.
④ 밀(J. Mill)은 공평과세의 원칙으로 동등희생설을 주장한다.
⑤ 사뮤엘슨(P. Samuelson)에 의하면 동등절대희생의 원칙은 한계효용의 소득탄력성이 1보다 작은 경우에 누진과세를 정당화한다.

09 부(-)의 소득세제에서, 한계세율을 t, 모든 사람에게 최소한으로 보장되는 소득인 기초수당을 m이라고 할 때, 보조금은 $S = m - tE$ (단, E는 스스로 번 소득)이다. 부의 소득세에 관한 설명으로 옳은 것을 모두 고른 것은?

> ㄱ. 누진적 소득세제의 논리적 연장이다.
> ㄴ. 소득세의 납부과정에서 정부로부터 보조를 받는 형식을 취한다.
> ㄷ. 어떤 사람이 스스로 벌어들인 소득이 m/t이면, 보조금은 0(zero)이다.
> ㄹ. 재분배효과는 m이 클수록 커진다.
> ㅁ. t가 클수록 근로의욕이 커진다.

① ㄷ, ㅁ ② ㄱ, ㄴ, ㄷ
③ ㄴ, ㄹ, ㅁ ④ ㄱ, ㄴ, ㄷ, ㄹ
⑤ ㄱ, ㄴ, ㄷ, ㄹ, ㅁ

10 공공경비팽창에 관한 설명으로 옳은 것을 모두 고른 것은?

> ㄱ. 바그너(A. Wagner)의 법칙이란 1인당 국민소득이 증가할 때 공공부문의 상대적 크기가 증가하는 것을 말한다.
> ㄴ. 피코크-와이즈만(A. Peacock and J. Wiseman)은 사회적 격변기에 정부지출 수준이 급속히 높아져 일정기간 유지되면, 추세선 자체가 상방으로 이동하게 되는데 이를 전위효과(displacement effect)라고 불렀다.
> ㄷ. 보몰(W. Baumol)은 노동집약적인 공공부문이 민간부문보다 생산성 향상이 더디게 일어나기 때문에 경비가 팽창하게 된다고 보았다.
> ㄹ. 부캐넌(J. Buchanan)은 특정 공공지출의 편익은 수혜자들에게 직접적으로 인식되는 반면, 공공서비스의 공급비용은 모든 사회구성원들에게 조세형태로 분산되기 때문에 공공서비스 공급비용을 과소평가한다고 설명하였다.

① ㄱ, ㄷ ② ㄴ, ㄷ
③ ㄱ, ㄴ, ㄹ ④ ㄱ, ㄷ, ㄹ
⑤ ㄱ, ㄴ, ㄷ, ㄹ

11 근로소득세의 초과부담에 관한 설명으로 옳지 않은 것은?

① 초과부담은 세율이 높을수록 커지며, 노동공급의 탄력성이 낮을수록 커진다.
② 개인에 대한 근로소득세의 초과부담은 대체효과가 클수록 증가한다.
③ 초과부담 측정은 임금률의 변화가 초래하는 소득효과를 제외한 보상된 노동공급곡선을 이용해야 한다.
④ 대체효과에 따른 노동공급 변화가 초래하는 후생 순손실을 의미한다.
⑤ 노동공급량 감소에 따른 노동공급자의 잉여 감소분에서 조세수입을 제외한 것이다.

12 조세부과 기준으로서 경제적 능력의 평가에 관한 설명으로 옳지 않은 것은?

① 소득을 평가기준으로 할 경우, 여가와 노동에 대한 개인의 선호를 반영하지 못하는 한계가 있다.
② 소비를 평가기준으로 할 경우, 누진과세가 불가능하다.
③ 소득을 평가기준으로 할 경우, 시장을 통하지 않고 취득된 귀속소득은 과세대상에 포함하기 어렵다.
④ 재산을 평가기준으로 할 경우, 재산 가치 평가의 어려움이 있다.
⑤ 소득을 평가기준으로 할 경우, 인플레이션 발생 시 실질적인 조세부담이 증가한다.

13 조세의 공평성에 관한 설명으로 옳지 않은 것은?

① 동일한 경제적 능력 소유자의 조세부담은 같아야 한다.
② 수평적 공평성은 어떤 사람들을 똑같은 능력의 소유자로 보아야 하는 문제가 있을 수 있다.
③ 납세 이후에도 개인의 효용수준의 순서는 변하지 않아야 한다.
④ 소득세율의 누진성 강화는 수직적 공평성을 저해한다.
⑤ 포괄적 소득세는 수평적 공평성 제고를 위해 바람직하다.

14 누진적 조세제도에 관한 설명으로 옳지 않은 것은?

① 누진세율구조로 조세제도가 복잡해질 경우, 제도에 허점이 발생하여 수직적 공평성이 저해될 수 있다.
② 누진세율구조는 경제적 활력을 줄여 효율성에 부정적 영향을 끼칠 수 있다.
③ 누진세를 도입할 경우, 두 과세기간의 평균소득이 동일한 자영업자와 근로소득자 사이에 수평적 공평성을 저해할 수 있다.
④ 편익원칙에 따를 때, 편익의 소득탄력성이 1보다 작을 경우 누진세의 도입은 공평하다.
⑤ 누진세율구조는 가처분소득의 평준화를 통해 수직적 불평등을 완화할 수 있다.

15 우리나라의 근로장려세제에 관한 설명으로 옳지 않은 것은?

① 기초생활보장 등 각종 복지지원에서 제외되는 저소득근로자에게 생계비 등을 보조해 주는 제도이다.
② 근로장려금은 가구 구성과 소득수준에 따라 달라진다.
③ 소득수준이 높은 가구일수록 소득 1원 증가에 따른 가처분소득 증가분은 줄어드는 방식을 취한다.
④ 근로빈곤층의 노동공급에 미치는 영향을 최소화하면서 생계안정을 지원하는 제도이다.
⑤ 개인의 노동공급에 미치는 영향을 분석하면 소득효과 없이 대체효과가 존재하여 노동공급은 소폭 줄어든다.

16 조세와 기업의 투자에 관한 설명으로 옳지 않은 것은?

① 신고전파 투자이론에 따르면 자본의 사용자 비용이 적을수록 투자가 증가한다.
② 자본스톡의 사용자비용탄력성이 클수록 조세정책이 기업의 투자에 미치는 영향이 크다.
③ 토빈의 q이론에 따를 경우, 자본의 대체비용이 클수록 투자가 줄어든다.
④ 자본의 사용자 비용과 관련된 한계실효세율 측정은 세전수익률을 세후수익률로 나누어서 구할 수 있다.
⑤ 투자를 촉진하기 위한 방법으로는 가속상각 제도의 채택, 투자세액공제 허용 등이 있다.

17 공채에 관한 설명으로 옳지 않은 것은?

① 고전파경제학에서는 균형재정을 바람직한 것으로 보았기 때문에 공채발행을 부정적으로 인식하고 있다.
② 케인스경제학에서는 적자재정에 따른 공채발행을 보다 적극적으로 수용하고 있다.
③ 재원 조달 측면에서 볼 때 '리카도(D. Ricardo)의 대등정리'가 적용되면 조세에 비해 공채발행으로 더 큰 총수요증가를 기대할 수 있다.
④ '이용 시 지불원칙(pay-as-you-use principle)'에 의하면 정부의 투자지출에는 공채발행이 바람직하다.
⑤ 공채발행은 그 목적과 달리 결과적으로 소득재분배를 유발할 가능성이 있다.

18 공공요금과 관련된 설명으로 옳지 않은 것은?

① 일반적으로 공공부문이 생산하는 재화나 서비스의 한계비용가격설정은 효율적인 결과를 초래할 수 없다.
② 전기, 수도 등 사용재의 성격을 갖는 재화나 서비스의 경우에는 조세보다 공공요금을 부과함으로써 자원배분의 효율성을 높일 수 있다.
③ 규모의 경제가 작용하는 재화나 서비스의 경우에는 한계비용에 따라 가격을 설정한다면 손실이 발생할 수 있다.
④ 램지가격설정방식은 효율성을 달성할 수 있으나 분배상 문제를 일으킬 수 있다.
⑤ 공공요금 설정에서 분배적 측면을 고려한 낮은 가격책정은 정부의 재정부담을 증가시킬 수 있다.

19 지방분권에 관한 설명으로 옳지 않은 것은?

① 정부부문의 총지출 중 중앙정부의 직접적 지출이 차지하는 비율을 중앙집권화율이라 하며, 분권 수준을 파악하는 지표로 사용한다.
② 오우츠(W. Oates)는 공공재 공급비용이 동일하다면, 지방공공재는 중앙정부보다 지방정부가 공급하는 것이 효율적일 수 있다고 주장하였다.
③ 오우츠의 분권화 정리는 공공재 공급에 있어서 규모의 경제가 있고, 인접 지역으로의 외부성이 없는 경우에 성립한다.
④ 티부(C. Tiebout)는 개인들의 지역 간 이동이 자유롭다면, 개인들이 선호하는 지방정부를 선택하는 '발에 의한 투표'를 주장하였다.
⑤ 티부모형은 지방정부의 재원은 재산세로 충당하는 것을 상정하고 있다.

20 법인세에 관한 설명으로 옳지 않은 것은?

① 우리나라 법인세 제도에서는 기업의 부채가 클수록 법인세 부담이 줄어든다.
② 모딜리아니-밀러(F. Modigliani and M. Miller)의 제1명제는 기업 가치 극대화를 위한 최적 자본구조가 존재하지 않는다는 것이다.
③ 우리나라의 현행 법인세 법정 최고세율은 24%이다.
④ 인플레이션에 의해 감가상각공제의 실질가치가 떨어지면 법인세 부담이 가벼워진다.
⑤ 소득세와 법인세의 통합은 효율성뿐 아니라 공평성의 차원에서도 논의된다.

21 자원배분의 효율성에 관한 설명으로 옳지 않은 것은?

① 어떤 배분상태가 효율적이기 위해서는 그 상태로부터 다른 상태로 옮겨갈 때 파레토 개선이 불가능해야 한다.
② 후생경제학의 제2정리에서는 시장이 완전경쟁이라면 자원은 효율적으로 배분됨을 보여주는데, 아담 스미스의 '보이지 않는 손'이 달성됨을 의미한다.
③ 공공재는 그 특성상 가격을 설정할 수 없기 때문에 시장실패의 원인이 될 수 있다.
④ 중립세(neutral tax)를 제외한 조세부과는 자원배분상 비효율을 초래할 수 있다.
⑤ 도덕적 해이는 정보의 비대칭성으로 발생하는 현상이며, 자원배분상 비효율을 초래할 수 있다.

22 사회후생함수에 관한 설명으로 옳지 않은 것은?(단, n명으로 구성된 사회에서 개인 i의 후생은 w_i, 사회후생은 W)

① 공리주의적 사회후생함수는 모든 사회구성원의 개인적 후생의 총합으로 나타내며 $W = w_i + \cdots + w_n$가 된다.
② 엣킨슨(A. Atkinson)의 확장된 공리주의 사회후생함수는 $W = \frac{1}{\alpha} \sum_{i=1}^{n} w_i^\alpha$로 표현되는데, 이는 α가 1보다 작은 경우에는 개인후생의 합뿐만 아니라 분배에 의해서도 사회후생이 영향을 받는다는 것을 보여준다.
③ 롤즈(J. Rawls)의 사회후생함수는 도덕적 가치관을 중시하는 규범적 규율을 반영하는데, 이를 표현하면 $W = \min\{w_1, \cdots, w_n\}$로 나타낼 수 있다.
④ 평등주의적 사회후생함수는 개인의 후생수준이 높을수록 더 작은 가중치를 적용한다.
⑤ 애로우(K. Arrow)는 합리적인 사회적 선호체계를 갖춘 사회후생함수가 존재함을 실증을 통해 입증했다.

23 마을 주민이면 누구나 방목할 수 있는 공동의 목초지가 있다. 송아지의 구입 가격은 200,000이고, 1년 후에 팔 수 있다. 마을 전체의 이윤을 극대화시키는 방목 송아지 수(A)와 개별 주민 입장에서의 최적 방목 송아지 수(B)는?(단, 송아지의 1년 뒤 가격 $P = 1,600,000 - 50,000Q$, Q : 방목하는 송아지 수)

① A : 12, B : 12
② A : 13, B : 16
③ A : 14, B : 28
④ A : 15, B : 29
⑤ A : 16, B : 30

24 공기업에 관한 설명으로 옳은 것은?

① 비용체감산업의 경우 효율적 공급을 위해 규제를 해도 해당 민간 기업이 지속적으로 초과이윤을 얻기 때문에 공기업으로 운영해야 한다.
② 비용체감산업을 공기업으로 운영하고자 하는 경우 재정수입 확보가 주요 목적이다.
③ 산업이 대규모인 경우 자원의 효율적 배분을 위해 공기업으로 운영해야 할 필요성이 있다.
④ 공기업을 민영화하면 '주인 – 대리인문제'는 사라진다.
⑤ 공기업 민영화 요구의 경제학적 근거는 기존 비용체감산업의 성격이 변화된 데서 찾을 수 있다.

25 4가구(가 ~ 라)가 있는 마을에서 강을 건너기 위한 다리를 건설하기로 합의하였다. (가)는 다리를 건널 필요가 없는 농가이고, (나)는 다리를 이용하여 강 건너 직장에 출퇴근하여 500의 총편익을 얻는다. 다리 이용에 따른 (다)의 총편익은 $400 + 30M + 20M^3$이고 (라)의 총편익은 $300 + 70M + 30M^3$이다. 이때 다리의 총 건설비용은 $3,850M + 700$이다. 다리의 적정 규모 M은?(단, M : 다리규모)

① 2
② 3
③ 4
④ 5
⑤ 6

26 공공재의 성격에 관한 설명으로 옳은 것은?

① 비경합성이란 소비자의 추가적인 소비에 따른 한계비용은 0(zero)이 됨을 의미한다.
② 순수공공재는 배제성과 비경합성을 동시에 충족한다.
③ 대부분 공공재는 순수공공재로 볼 수 있으며, 시장이 성립하지 못한다.
④ 클럽재는 배제성 적용이 불가능하다.
⑤ 공공재의 소비자들은 자신의 수요를 정확하게 표출한다.

27 갑, 을, 병 세 사람으로 구성된 사회에 공공재를 공급하고자 한다. 공공재의 총공급 비용은 $TC = 36Q$ 이며, 갑, 을, 병 각각의 수요함수는 $Q = 30 - P$, $Q = 35 - P/2$, $Q = 40 - P/4$이다. 공공재 공급비용을 각자 균등하게 부담할 때, 꽁도세(Condorcet) 방식에 의한 공공재 공급량은?(단, Q : 수량, P : 가격)

① 29
② 30
③ 32
④ 35
⑤ 37

28 공공재의 수요표출메커니즘에 관한 설명으로 옳은 것을 모두 고른 것은?

> ㄱ. 수요표출매커니즘의 궁극적 목적은 파레토 효율적 자원배분을 실현하기 위함이다.
> ㄴ. 클라크 조세(Clarke tax)의 핵심은 개인이 부담할 세금의 크기와 표출한 선호 간 독립성을 확보하는 것이다.
> ㄷ. 클라크 조세에서 개인은 자신의 진정한 선호를 표출하는 것이 우월전략이다.
> ㄹ. 클라크 조세에서 어떤 소비자가 부담할 세금은 자신이 표출한 선호가 아니라 다른 소비자들이 표출한 선호에 의해 결정된다.

① ㄱ, ㄷ
② ㄴ, ㄷ
③ ㄱ, ㄴ, ㄹ
④ ㄱ, ㄷ, ㄹ
⑤ ㄱ, ㄴ, ㄷ, ㄹ

29 관료제모형에 관한 설명으로 옳은 것은?

① 니스카넨(W. Niskanen)모형에서 관료제 조직은 가격순응자와 같이 행동한다.
② 니스카넨모형과 미그-빌레인저(Migue-Belanger)모형에서는 공익추구를 기본 가정으로 한다.
③ 니스카넨모형에서 관료는 예산의 한계편익과 한계비용이 일치하는 수준까지 예산규모를 늘린다.
④ 다른 조건이 모두 동일할 때, 니스카넨모형에 따른 공공재의 초과공급은 미그-빌레인저모형에 따를 때의 초과공급보다 적다.
⑤ 니스카넨모형에서 관료제에 대응하는 방안으로 생산과 공급활동은 민간기업에 맡기고 정부는 비용만 부담하는 방법이 있다.

30 투표자들의 선호 강도를 반영할 수 있는 제도를 모두 고른 것은?

ㄱ. 거부권투표제	ㄴ. 보다(Borda)투표제
ㄷ. 점수투표제	ㄹ. 투표거래(logrolling)
ㅁ. 만장일치제	

① ㄱ, ㄴ, ㄷ
② ㄱ, ㄷ, ㄹ
③ ㄴ, ㄷ, ㄹ
④ ㄴ, ㄹ, ㅁ
⑤ ㄷ, ㄹ, ㅁ

31 대기오염을 유발하는 경유 차량의 운행으로 인한 외부성에 관한 설명으로 옳은 것은?

① 경유 사용으로 인해 대기오염이 증가하여 국민건강을 해친다면, 이는 외부경제효과이다.
② 경유 소비에 대해 토빈세(Tobin tax)를 부과하면 대기오염을 감축시킬 수 있다.
③ 대기오염을 유발하기 때문에 경유 소비는 사회적 적정 수준보다 과소하다.
④ 외부효과를 상쇄하는 조세의 크기는 바람직한 경유 소비량 수준에서의 한계피해액만큼이어야 한다.
⑤ 조세부과를 통해 외부효과를 내부화할 수는 있지만, 자원배분의 효율을 달성하기 어렵다.

32 강 상류에서 우유를 생산하는 목장이 있다. 이 목장의 우유 1ℓ의 한계비용은 $MC = 100 + Q$이고, 수요곡선은 $P = 1,300 - 10Q$이다. 목장의 축산폐수가 하류지역에 피해를 유발하는데, 그 한계피해는 $MD = Q$이다. 경쟁적인 우유시장에서 정부가 교정조세(Corrective tax)를 부과할 경우 옳지 않은 것은? (단, P : 가격, Q : 수량)

① 사회적 최적생산량은 100ℓ이다.
② 사회적 최적생산량 수준에서의 가격은 300이다.
③ 사회적 최적생산량 수준을 달성하기 위해서는 단위당 100의 교정조세를 부과해야 한다.
④ 교정조세를 부과하지 않으면, 과다생산될 여지가 있다.
⑤ 교정조세를 부과할 때 기업의 이윤극대화 생산량은 $\frac{1,200}{11}$ℓ이다.

33 강 상류에서 가축을 기르는 축산농가와 하류에서 물고기를 잡는 어민들 간에 상류의 가축분뇨 방류로 인한 분쟁이 발생하였다. 다음 중 외부성을 해결하는 타당한 방안을 모두 고른 것은?

> ㄱ. 강물에 대한 소유권을 설정한다.
> ㄴ. 오염배출권을 발행하여 거래한다.
> ㄷ. 축산농가에 대해 환경세를 부과한다.
> ㄹ. 가축분뇨 방류로 인한 수질 오염 허용치를 설정한다.

① ㄱ, ㄴ
② ㄷ, ㄹ
③ ㄱ, ㄴ, ㄷ
④ ㄴ, ㄷ, ㄹ
⑤ ㄱ, ㄴ, ㄷ, ㄹ

34 외부편익이 존재하는 경우를 나타낸 아래 그림에 관한 설명으로 옳은 것의 개수는?(단, D : 수요곡선, PMB : 사적 한계편익, S : 공급곡선, PMC : 사적 한계비용, MEB : 한계외부편익, SMB : 사회적 한계편익)

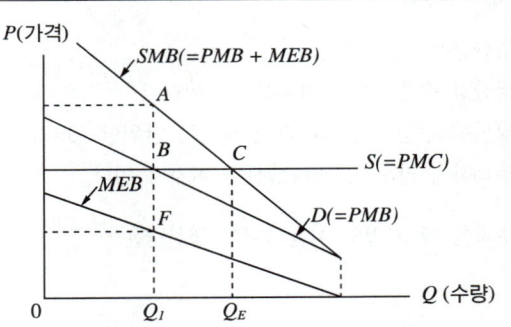

- 이 그림은 재화의 소비에 외부편익이 존재하는 경우를 나타낸 것이다.
- 시장균형은 $PMB = PMC$가 성립하는 점 B에서 달성되는데, 이때의 생산량은 $SMB > PMC$가 되므로 사회적으로는 과소하다.
- 시장균형에서 발생하는 사회적 후생비용의 크기는 삼각형 ABC에 해당한다.
- 시장균형에서는 생산량을 변화시키려는 경쟁적 힘이 작용한다.
- 생산량을 Q_E로 증가시킴에 따른 사회적 순이득(net gain)은 삼각형 ABC와 같다.

① 1개 ② 2개
③ 3개 ④ 4개
⑤ 5개

35 소득분배에 관한 설명으로 옳지 않은 것은?

① 상위 20%의 소득이 서로 같은 A, B국이 있을 때, A국의 10분위분배율이 1/2이고 B국의 5분위배율이 2라면, 하위 20%의 소득은 A국이 B국보다 크다.
② 지니계수는 값이 클수록 소득분배가 불평등함을 의미한다.
③ 사회무차별곡선이 원점에 대해 볼록할수록, 해당 사회에 대한 앳킨슨지수(Atkinson index)는 높게 나타난다.
④ 조세 체계의 누진성을 강화하면 5분위배율은 하락한다.
⑤ 소득이 완벽히 평준화된 사회에서 로렌츠곡선은 대각선이 된다.

36 소득재분배정책에 관한 설명으로 옳지 않은 것은?

① 우리나라의 4대 사회보험은 국민연금, 건강보험, 고용보험, 산재보험이다.
② 소득세의 누진세율제도는 소득 계층 간 가처분소득의 격차를 줄이는 역할을 한다.
③ 사회보험제도는 보험료를 납부한 사람만, 그리고 공공부조 프로그램은 세금을 납부한 사람에게만 혜택을 준다.
④ 근로장려세제는 근로빈곤층(working poor) 지원을 위한 제도이다.
⑤ 국민기초생활보장제도는 근로능력의 유무에 관계없이 월소득이 최저생계비에 미치지 못할 경우 정부가 보조해 주는 제도이다.

37 우리나라의 국민연금제도에 관한 설명으로 옳은 것은?

① 우리나라의 국민연금제도는 국내에 거주하는 16세 이상 60세 미만의 국민이면 가입이 가능하다.
② 공무원, 군인, 사립학교 교원 등은 별도의 연금제도에 가입하지만, 본인이 원하면 국민연금에도 동시 가입이 가능하다.
③ 우리나라 국민연금은 적립방식을 취하는데, 납부된 보험료로 기금을 조성하고 기금과 운용수익으로 연금을 지급한다.
④ 사업장 가입자의 연금보험료 중 기여금은 가입자 본인이, 부담금은 사용자가 부담하는데, 그 금액은 각각 기준소득월액의 5.0%이다.
⑤ 국민연금제도 도입에 따른 은퇴효과와 상속효과는 자발적인 저축을 감소시킨다.

38 정부가 사회보험을 도입하는 근거로 옳지 않은 것은?

① 역선택 문제 때문
② 도덕적 해이를 방지하기 위해
③ 온정주의(paternalism) 때문
④ 외부효과를 해결하기 위해
⑤ 소득재분배를 위해

39 경제안정을 위한 재정의 총수요관리에 관한 설명으로 옳지 않은 것은?

① 총수요관리를 위한 재정정책의 유형으로는 자동안정장치(built-in stabilizer), 공식에 의한 신축성 (formular flexibility), 재량적 재정정책(discretionary fiscal policy) 등이 있다.
② 자동안정장치의 대표적인 정책수단으로는 누진세제도와 실업보험제도 등이 있다.
③ 자동안정장치는 시차문제에서 재량적 재정정책에 비해 더 나은 정책수단이라 할 수 있다.
④ 재량적 재정정책은 자동안정장치에 비해 총수요관리에 보다 능동적으로 대처할 수 있다.
⑤ 자동안정장치는 불황기일 경우 재정긴축, 호황기일 경우 재정확장으로 작동된다.

40 비용편익분석에 관한 설명으로 옳은 것은?

① 비용편익분석의 이론적 기반은 파레토 보상기준이다.
② 현재가치법을 사용할 경우, 할인율이 낮을수록 장기사업보다 단기사업이 유리하다.
③ 현재가치법은 총편익의 현재가치를 기준으로 사업의 우선순위를 결정한다.
④ 편익-비용비율법의 경우 그 값이 작을수록 우선순위가 올라간다.
⑤ 내부수익률은 순편익의 현재가치를 1로 만드는 할인율이다.

2018년도 제55회
세무사 1차 국가자격시험 문제지

교시	시험과목	시험시간	문제형별
1교시	① 재정학 ② 세법학개론	80분	A

수험번호		성 명	

【 수험자 유의사항 】

1. 시험문제지는 **단일 형별(A형)**이며, 답안카드는 형별 기재란에 표시된 형별(A형)을 확인하시기 바랍니다. 시험문제지의 **총면수, 문제번호 일련순서, 인쇄상태** 등을 확인하시고, 문제지 표지에 수험번호와 성명을 기재하시기 바랍니다.

2. 답은 각 문제마다 요구하는 **가장 적합하거나 가까운 답 1개**만 선택하고, 답안카드 작성 시 시험문제지 **마킹착오**로 인한 불이익은 전적으로 **수험자에게 책임**이 있음을 알려 드립니다.

3. 답안카드는 국가전문자격 공통 표준형으로 문제번호가 1번부터 125번까지 인쇄되어 있습니다. 답안 마킹 시에는 반드시 **시험문제지의 문제번호와 동일한 번호**에 마킹하여야 합니다.

4. **감독위원의 지시에 불응하거나 시험시간 종료 후 답안카드를 제출하지 않을 경우** 불이익이 발생할 수 있음을 알려 드립니다.

5. 시험문제지는 시험 종료 후 가져가시기 바랍니다.

재정학

01 조세에 관한 설명으로 옳지 않은 것은?

① 법인세의 과세대상은 법인이윤과 배당소득이다.
② 부가가치세의 면세제도는 형평성을 증진시키는 효과가 있다.
③ 직접세의 예로 소득세를 들 수 있고, 간접세의 예로 부가가치세를 들 수 있다.
④ 소득세는 노동과 여가의 선택에 대해서 중립적으로 작용하지 않는다.
⑤ 부가가치세는 직접세에 비해 조세저항이 낮아 세수확보에 유리하다.

02 램지원칙과 역탄력성원칙에 관한 설명으로 옳지 않은 것은?

① 램지원칙은 효율성을 고려한 과세 원칙이다.
② 역탄력성원칙이 램지원칙에 비해 일반적인 원칙이다.
③ 역탄력성원칙에 따르면 효율성을 제고하기 위해서 수요의 가격탄력성에 반비례하게 과세하여야 한다.
④ 역탄력성원칙에 따르면 필수재에 대해서는 높은 세율로 과세하여야 한다.
⑤ 램지원칙에 따르면 모든 상품의 보상수요량에 똑같은 비율의 감소가 일어나도록 세율 구조를 만들어야 한다.

03 부동산 관련 조세에 관한 설명으로 옳은 것은?

① 우리나라의 재산세와 종합부동산세는 부동산 거래 시 부과된다.
② 부동산 보유세 인상 시 미래의 보유세 부담이 집값에 반영되어 집값이 상승하는 현상을 조세의 자본화라고 한다.
③ 보유세 인상의 실제적인 부담은 보유세 인상 이후 부동산 구입자가 모두 부담하게 된다.
④ 우리나라의 양도소득세는 부동산 양도 시 발생하는 차익에 대해 과세하는 지방세이다.
⑤ 부동산 공급이 완전비탄력적인 경우 부동산에 대한 과세는 초과부담을 발생시키지 않는다.

04 개인소득세에 관한 설명으로 옳지 않은 것은?

① 헤이그-사이먼스(Haig-Simons) 소득은 두 시점 사이에서 발생하는 경제적 능력 순증가의 화폐가치이다.
② 우리나라는 가구단위가 아닌 개인단위로 개인소득세를 과세하고 있다.
③ 감면 총규모를 유지하면서 소득공제를 세액공제로 변경하는 경우 수직적 형평성은 개선된다.
④ 우리나라의 소득세제는 실현주의를 기본 원칙으로 채택하고 있다.
⑤ 누진적인 소득세하에서 인플레이션은 실질조세부담을 낮추는 효과를 가진다.

05 조세의 근거학설인 이익설의 장점은?

① 조세가 갖는 강제성의 특징을 반영한다.
② 시장경제원리를 적용하기 때문에 조세부과가 용이하다.
③ 경제 불안정을 극복하기 위해 필요한 정부지출 재원 조달이 수월하다.
④ 외부성과 무관하게 공공재 공급재원을 조달할 수 있다.
⑤ 정부의 저소득층 지원을 위한 복지재원 확보가 유리하다.

06 비용불변의 독점기업에서 생산하는 제품에 종가세를 부과할 때 나타나는 효과로 옳은 것은?(단, 수요곡선은 선형이며 우하향한다)

① 비용불변이기 때문에 소비자가격은 변동하지 않는다.
② 종가세의 부담은 소비자와 생산자가 분담한다.
③ 소비자잉여는 불변이다.
④ 독점기업이기 때문에 이윤을 줄이지 않고 대응할 수 있어 독점이윤은 불변이다.
⑤ 가격상승은 부과된 단위당 세액보다 크다.

07 피구세(Pigouvian tax) 형태의 공해세 부과가 초래하는 영향에 관한 설명으로 옳은 것은?

① 공해세 부과는 해당 제품의 한계비용을 인하하는 영향을 초래한다.
② 공해세 부과 후 해당 제품의 가격은 하락하게 된다.
③ 공해세 부과는 해당 제품의 과소한 생산량을 늘리는 효과가 있다.
④ 공해세 부과에 따라 공해가 완전히 제거된다.
⑤ 공해세의 대표적인 예로 탄소세를 들 수 있다.

08 세제개편 내용으로 자동안정화장치(built-in stabilizer)가 아닌 것은?

① 담배 소비세를 인상하였다.
② 소득세 최고세율 적용 과표구간을 확대하였다.
③ 저소득가구에 대한 근로장려금 지급을 확대하였다.
④ 법인세 최고 과표구간을 신설하여 세율을 인상하였다.
⑤ 소득세 최저세율 적용 과표구간을 축소하였다.

09 다음은 아담 스미스의 국부론 내용의 일부이다. 현대의 조세이론 가운데 자원배분의 왜곡과 관련된 항목을 모두 고른 것은?

> ㄱ. 조세 징수에 많은 수의 관리들이 필요해서 그들의 봉급이 조세수입의 대부분을 갉아먹고 또한 그들의 부수입이 국민들에게 추가적인 과세부담으로 되는 경우이다.
> ㄴ. 조세가 국민들의 근면을 방해하고, 그들로 하여금 (많은 사람들을 먹여 살리고 고용할 수 있는) 어떤 산업부문에 종사하는 것을 단념하도록 만드는 경우이다.
> ㄷ. 탈세를 시도하다가 실패하는 불행한 사람들에게 몰수 기타의 형벌을 부과함으로써, 조세가 그들을 종종 몰락시키고 그리하여 사회가 (그들의 자본 운용으로부터 얻을 수 있었을) 이익을 상실하게 되는 경우이다.
> ㄹ. 국민들에게 조세 징수인의 빈번한 방문·짜증나는 조사를 받게 함으로써 조세가 국민들에게 수많은 불필요한 고통·번거로움·억압을 주는 경우이다.

① ㄴ   ② ㄹ
③ ㄱ, ㄹ   ④ ㄴ, ㄷ
⑤ ㄴ, ㄹ

10 다음 중 탈세에 관한 설명으로 옳지 않은 것은?

① 탈세에 대한 벌금률을 높이면 탈세는 감소한다.
② 세무감사의 확률을 높이면 탈세는 감소한다.
③ 임금소득에 비해 자영업 소득의 탈세율이 높은 경우가 많다.
④ 귀속소득을 보고하지 않아 탈세가 되는 경우가 많다.
⑤ 세율 인상의 대체효과는 탈루소득을 증가시킨다.

11 A재의 한계비용은 100이고, 보상수요곡선은 $P = 200 - 2Q_a$이다. A재의 공급자에게 단위당 20의 조세를 부과하였을 때 비효율성 계수(coefficient of inefficiency)는?(단, Q_a : A재의 수량)

① 0.115　　② 0.125
③ 0.135　　④ 0.145
⑤ 0.250

12 법인세와 소득세의 통합에 관한 설명으로 옳은 것을 모두 고른 것은?

> ㄱ. 조합방식(partnership method) : 완전통합으로 배당이나 사내유보를 구분하지 않고 개인소득세로 부과하는 방식이다.
> ㄴ. 자본이득방식(capital gains method) : 완전통합으로 법인소득 중 배당되는 부분은 개인소득으로, 사내유보는 자본이득으로 과세하는 방식이다.
> ㄷ. 배당세액공제제도(dividend gross-up method) : 부분통합으로 법인의 모든 이윤에 과세한 후, 이중과세를 피하기 위하여 법인세 과세분 전체를 개인소득세에서 세액공제하는 방식이다.
> ㄹ. 차등세율제도(split rate system) : 부분통합으로 법인의 이윤 중 배당된 부분에 대해서는 사내유보가 되는 부분보다 더 낮은 법인세율을 적용해 주는 방식이다.

① ㄱ, ㄹ　　② ㄴ, ㄷ
③ ㄱ, ㄴ, ㄹ　　④ ㄴ, ㄷ, ㄹ
⑤ ㄱ, ㄴ, ㄷ, ㄹ

13 근로소득세 부과가 노동공급에 미치는 영향으로 옳은 것은?

① 여가가 정상재일 경우, 소득효과와 대체효과 모두 노동공급을 증가시키므로 총노동공급은 증가한다.
② 여가가 정상재일 경우, 소득효과로 노동공급이 증가하고, 대체효과로 노동공급이 감소하여 총노동공급의 변화는 알 수 없다.
③ 여가가 열등재일 경우, 소득효과와 대체효과 모두 노동공급을 증가시키므로 총노동공급은 증가한다.
④ 여가가 열등재일 경우, 소득효과로 노동공급이 감소하고, 대체효과로 노동공급이 증가하여 총노동공급의 변화는 알 수 없다.
⑤ 여가가 열등재일 경우, 소득효과로 노동공급이 증가하고 대체효과로 노동공급이 감소하여 총노동공급의 변화는 알 수 없다.

14 다음 그림은 과세표준과 세율의 관계를 표시하고 있다. 이에 관한 설명으로 옳은 것은?

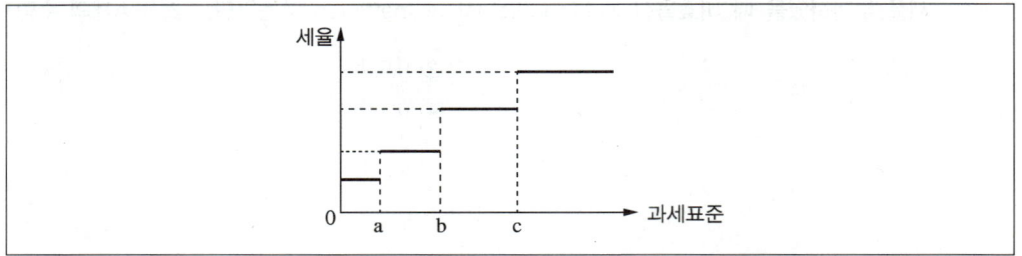

① 과세표준이 a를 초과할 때 비로소 누진세가 나타난다.
② 평균세율은 과세표준의 구간에 따라 계단식으로 증가한다.
③ 과세표준이 전 구간에 걸쳐 평균세율은 한계세율보다 낮다.
④ 과세표준이 c를 초과하면 평균세율은 더 이상 증가하지 않는다.
⑤ 과세표준의 전 구간에서 세액공제가 증가하면 한계세율은 감소한다.

15 X재, Y재, 여가 간의 선택에 조세부과가 미치는 효과로 옳지 않은 것은?(단, X재 : 여가와 보완재, Y재 : 노동과 보완재)

① X재에 대한 개별소비세는 X재와 여가 간의 선택에 영향을 미친다.
② Y재에 대한 개별소비세는 Y재와 여가 간의 선택에 영향을 미친다.
③ 일반소비세, 소득세, 개별소비세 가운데 어느 쪽이 더 효율적인가는 단정하기 어렵다.
④ X재에 중과하는 개별소비세는 여가에 간접적으로 과세할 수 있기 때문에 보다 효율적이다.
⑤ 정액세(lump sum tax)는 초과부담을 수반하지 않기 때문에 형평성 측면에서 우월한 조세이다.

16 이자소득세 부과의 효과로 옳지 않은 것은?(단, 현재소비와 미래소비는 모두 정상재이다)

① 이자소득세 부과 시 민간저축과 정부저축의 합은 그 변화를 알 수 없다.
② 이자소득세가 부과되면 미래소비의 가격이 상승하는 효과를 가진다.
③ 이자소득세 부과 시 민간저축은 증가할 수도 감소할 수도 있다.
④ 이자소득세 부과 시 현재소비는 대체효과에 의해 증가하고 소득효과에 의해 감소한다.
⑤ 이자소득세 부과 시 미래소비에 주는 영향은 대체효과와 소득효과로 나눠지는데 이들 두 효과는 서로 반대 방향으로 작동한다.

17 다음 그림은 재화 A, 재화 B가 존재하는 경제에서 납세자의 예산선과 무차별곡선(i, ii)을 나타내고 있다. 과세 이전의 예산선은 $\overline{B_0A_0}$이고, 과세 이후의 예산선은 $\overline{B_3A_1}$이다. 과세 이전과 과세 이후 납세자의 효용극대화 점은 각각 E_0, E_1이다. 과세 이전 예산선고- 동일한 기울기를 가지면서 과세 이후 효용극대화 점을 지나는 무차별곡선에 접하는 예산선은 $\overline{B_2A_2}$로 주어져 있다. 이 때 초과부담은?

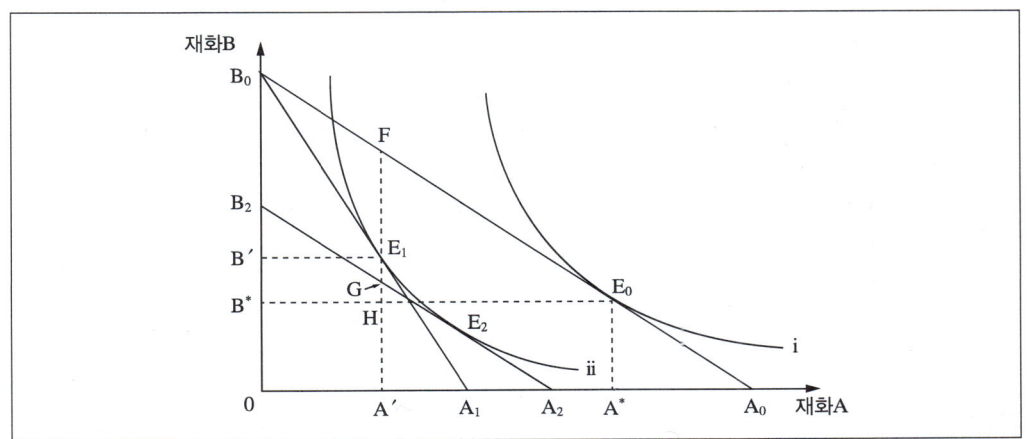

① $\overline{FE_1}$
② $\overline{FG}$
③ $\overline{FH}$
④ $\overline{E_1G}$
⑤ $\overline{E_1H}$

18 개인소득세의 소득공제와 세액공제에 관한 설명으로 옳지 않은 것은?

① 누진세율 구조인 경우 세액공제의 실제 조세 감면 효과는 대상자의 소득이 클수록 크게 나타난다.
② 소득공제는 담세능력에 따라 과세하고자 하는 것이다.
③ 소득공제를 실시하면 파레토 효율성 조건 중의 하나인 교환의 조건을 충족하지 못한다.
④ 개인들의 수요에 대한 가격탄력성이 각각 다른 상황에서 특정 경제행위의 장려가 조세감면의 목표라면 소득공제가 세액공제보다 효과적일 수 있다.
⑤ 현재 우리나라 세액공제 사례로 의료비, 정치후원금 등이 있다.

19 하버거(A. Harberger)는 조세귀착에 관한 일반균형모형에서 다음과 같이 가정하였다. 이러한 경우에 나타나는 현상으로 옳지 않은 것은?

> ㄱ. 두 재화 X, Y가 있으며, 생산기술은 일차동차(선형동차)이고 X는 자본집약적 부문이고 Y는 노동집약적 부문이다.
> ㄴ. 모든 시장은 완전경쟁이고 노동과 자본의 총량은 일정하고 부문 간 요소 이동성이 완전하다.

① X부문과 Y부문의 노동에 대한 동률의 조세는 그 부담이 모두 노동에 귀착된다.
② X재화에 물품세를 부과하면 노동에 대비한 자본의 상대가격을 높이게 된다.
③ X부문의 자본에 대한 과세는 산출효과를 통해 노동에 대비한 자본의 상대가격을 낮추게 된다.
④ X부문의 자본에 대한 과세는 요소대체효과를 통해 노동에 대비한 자본의 상대가격을 낮추게 된다.
⑤ Y부문의 노동에 대한 과세 시 산출효과와 요소대체효과는 서로 같은 방향으로 작용한다.

20 법인세에 관한 설명으로 옳지 않은 것은?

① 경제적 이윤에 대해 과세하는 형태의 법인세는 기업의 생산 결정을 왜곡하지 않는다.
② 법인세 부과로 인해 법인소득 단계와 개인소득 단계에서 이중과세하는 문제가 발생한다.
③ 우리나라 법인세율은 여러 세율로 구성된 누진구조로 되어 있다.
④ 타인자본에 대해서만 이자비용 공제를 허용하는 법인세는 투자재원 조달 방식에 왜곡을 가져오지 않는다.
⑤ 국가 간의 조세경쟁이 존재하는 경우 투자를 유치하기 위해 각 국은 법인세율을 낮춘다.

21 비용-편익분석에 관한 설명으로 옳지 않은 것은?

① 현재가치법에서 할인율이 높아질수록 편익이 초기에 집중되는 사업의 상대적 우선순위가 높아진다.
② 내부수익률은 사업 순편익의 현재가치를 0으로 만드는 할인율이다.
③ 사업의 규모가 현저히 다른 두 사업에 대해서 내부수익률법과 현재가치법은 다른 우선순위를 가질 수 있다.
④ 추가적인 비용을 비용 증가 또는 편익 감소 어느 쪽으로 분류하든 편익-비용 비율은 달라지지 않는다.
⑤ 우리나라 정부에서 행하고 있는 예비타당성 조사는 비용-편익분석의 사례이다.

22 연금제도에 관한 설명으로 옳지 않은 것은?

① 노후소득의 감소에 대비한 사회보험제도이다.
② 사회보험으로 운용하는 이유는 역선택 문제가 있기 때문이다.
③ 우리나라의 국민연금은 적립방식이 아닌 부과방식으로 도입되었다.
④ 연금제도가 가지는 재산대체효과는 민간저축을 줄이는 방향으로 작용한다.
⑤ 부과방식의 연금이 운용되게 되면 세대 간 소득이전이 발생할 수 있다.

23 야생동물 보호정책에 관한 설명으로 옳지 않은 것은?

① 순찰대를 만들어 감시를 하였으나 여전히 남획이 계속되었다면 구제를 통한 외부성의 내부화에는 한계가 있음을 의미한다.
② 야생동물에 대한 재산권을 동물 판매업자에게 부여한 결과 남획이 줄어들었다. 이는 재산권을 누구에게 부여하는가에 따라 소득분배뿐만 아니라 자원배분의 효율성도 영향을 받음을 의미한다.
③ 포획 가능한 야생동물 수를 매년 정하고, 포획권을 경매를 통해 판매하여 야생동물 수를 유지할 수 있었다. 이는 시장기구를 통해 외부성을 내부화한 예이다.
④ 야생동물에 대한 재산권을 해당 지역의 부족들에게 부여하였더니, 이 부족들은 탐방사업 등을 통해 수익을 거두기 위하여 야생동물 보호활동을 강화했다. 이는 재산권 확립을 통한 외부성 문제 해결의 예이다.
⑤ 야생동물을 포획·반출하는 행위에 세금을 부과하여 야생동물의 남획을 최적수준으로 줄일 수 있었다면 이러한 정책은 피구 조세의 예로 볼 수 있다.

24 보상원칙에 관한 설명으로 옳지 않은 것은?

① 파레토 기준의 한계를 보완하는 차원의 접근이다.
② 개인 간의 직접적 효용비교 없이 어떤 변화가 개선인지의 여부를 평가할 수 있는 방법이다.
③ 판단하는 시점에서는 보상 여부를 감안하지 않지만 선택 결정 이후에는 보상이 이루어져야만 성립한다.
④ 하나의 상태가 다른 상태로 변화했을 때 이득을 보는 사람이 손해를 보게 되는 사람의 손실을 보전하고도 남는 것이 있을 때 칼도기준을 충족한다.
⑤ 사회구성원들이 1원에 대해 똑같은 사회적 가치평가를 한다고 암묵적으로 가정하고 있다.

25 애로우(K. Arrow)의 불가능성정리에서 사회적 선호체계가 가져야 할 바람직한 속성이 아닌 것은?

① 볼록성
② 이행성
③ 비독재성
④ 파레토 원칙
⑤ 제3의 선택가능성으로부터의 독립

26 갑의 생산행위가 시장가구를 통하지 않고 을에게 피해를 입히게 되는데, 갑의 한계편익은 $200 - \frac{1}{2}Q$, 한계비용은 50, 갑의 행위로 인한 을의 한계피해비용은 10이다. 코즈(Coase)정리에 따라 효율적인 생산규모 산정이 가능하다고 할 때, 다음 설명으로 옳은 것은?(Q : 갑의 생산량)

① 갑이 재산권을 가지고 있을 경우, 을이 80을 갑에게 제공하면 자발적 협상이 타결될 수 있다.
② 갑이 재산권을 가지고 있을 경우, 자발적 협상이 타결되면 갑의 생산량은 증가한다.
③ 갑이 재산권을 가지고 있을 경우, 자발적 협상이 타결되면 갑의 최대 후생은 22,600이다.
④ 을이 재산권을 가지고 있을 경우, 갑이 을에게 2,500을 제공하면 자발적 협상이 타결될 수 있다.
⑤ 을이 재산권을 가지고 있을 경우, 자발적 협상이 타결이 되지 않으면 갑의 생산량은 300이다.

27 현물보조와 현금보조에 관한 설명으로 옳지 않은 것은?

① 현물보조의 대표적인 항목에는 의무 교육, 의료, 주거 등 가치재들이 포함된다.
② 현물보조에 비하여 현금보조는 높은 행정비용과 운영비용을 수반한다.
③ 동일한 재정을 투입하는 경우 일반적으로 현금보조가 현물보조에 비하여 소비자에게 보다 넓은 선택을 가능하게 한다.
④ 현물보조를 사용하는 주된 이유는 해당 현물의 소비가 바람직하다고 생각하기 때문이다.
⑤ 현금보조가 가지는 단점 중 하나는 상대적으로 부정수급과 오남용 가능성이 크다는 것이다.

28 규모수익체증하에서 적정 공공요금 결정이론에 관한 설명으로 옳지 않은 것은?

① 한계비용가격설정 방법으로 요금을 결정하면, 공급되는 공공서비스 양은 효율적이다.
② 한계비용가격설정 방법으로 요금을 결정하면, 공공서비스를 생산하는 기관은 이윤을 창출할 수 없다.
③ 평균비용가격설정 방법으로 요금을 결정하면, 공급되는 공공서비스 양은 비효율적이다.
④ 평균비용가격설정 방법으로 요금을 결정하면, 공공서비스를 생산하는 기관은 이윤을 창출할 수 있다.
⑤ 이부가격제도(two-part tariff)는 기업의 손실 규모를 줄이기 위하여 도입된다.

29 갑과 을 두 사람이 존재하는 경제에서 이들의 후생이 소득수준과 동일할 경우, 갑의 소득은 400, 을의 소득은 100이다. 앳킨슨지수(Atkinson index)로 소득분배를 평가한 설명으로 옳은 것은?

① 롤즈의 사회후생함수인 경우 앳킨슨지수는 0이다.
② 롤즈의 사회후생함수인 경우 앳킨슨지수는 0.4이다.
③ 롤즈의 사회후생함수인 경우 앳킨슨지수는 1이다.
④ 공리주의 사회후생함수인 경우 앳킨슨지수는 1이다.
⑤ 공리주의 사회후생함수인 경우 앳킨슨지수는 0이다.

30 갑과 을 두 사람만 존재하는 경제에서 공공재 생산의 단위비용은 생산수준과 관계없이 1이다. 갑의 공공재 수요함수는 $3 - \frac{1}{3}G_a$이고, 을의 공공재 수요함수는 $4 - \frac{1}{2}G_b$이다. 린달균형(Lindahl equilibrium)에 의해 적정공공재를 생산할 때, 갑과 을의 비용분담 비율은?(단, G_a, G_b는 각각 갑과 을의 공공재 수요량이다)

① 갑 : 0.2 을 : 0.8
② 갑 : 0.4 을 : 0.6
③ 갑 : 0.5 을 : 0.5
④ 갑 : 0.6 을 : 0.4
⑤ 갑 : 0.8 을 : 0.2

31 A와 B 두 사람만이 존재하는 경제에서, 비경합적이고 배제불가능한 연극공연에 대한 A의 효용함수는 $U_A = 100 + 20D - D^2$이고 B의 효용함수는 $U_B = 20 + 12D - 2D^2$으로 주어져 있다. 연극공연의 한계비용이 $MC = 2D$라고 할 때 사회적으로 바람직한 최적 연극공연은 몇 회인가?(단, D는 연극공연 횟수이다)

① 1회
② 2회
③ 3회
④ 4회
⑤ 5회

32 공공투자가 유발하는 편익과 비용에 관한 설명으로 옳지 않은 것은?

① 실질적 편익은 공공사업의 최종소비자가 얻는 편익으로, 사회후생 증가에 기여한다.
② 화폐적 편익과 비용은 공공사업에 의해 야기되는 상대가격의 변화 때문에 발생하며, 사회 전체의 후생은 불변이다.
③ 무형적 비용은 외부불경제에 의해 발생한다.
④ 유형적 편익이 무형적 편익보다 작은 공공사업이 존재한다.
⑤ 무형적 편익과 비용은 시장에서 파악되지 않기 때문에 공공투자의 시행 여부를 판단함에 있어 고려하지 않아도 된다.

33 투표제도에 관한 설명으로 옳은 것을 모두 고른 것은?

> ㄱ. 과반수제에서는 '투표의 역설' 현상이 나타날 수 있다.
> ㄴ. 보다방식(Borda count)에서는 선택대상 간 연관성이 없다.
> ㄷ. 선택대상에 대한 선호의 강도는 점수투표제에서 직접 표시될 수 있다.
> ㄹ. 전략적 행동이 없다면 점수투표제가 선택대상에 대한 선호의 강도를 가장 잘 반영한다.
> ㅁ. 점수투표제는 개인의 선호를 서수로 나타낸다.

① ㄱ, ㄴ, ㄷ
② ㄱ, ㄷ, ㄹ
③ ㄴ, ㄷ, ㅁ
④ ㄴ, ㄹ, ㅁ
⑤ ㄷ, ㄹ, ㅁ

34 다음 그림은 어떤 재화에 대한 우하향하는 수요곡선과 수평인 공급곡선을 나타내고 있다. 이 재화에 정부가 상품 한 단위당 k만큼의 보조금을 지급하여 보조금 이후의 공급곡선은 S′으로 나타나고 있다. 이러한 보조금이 가지는 초과부담은 무엇으로 표시되는가?

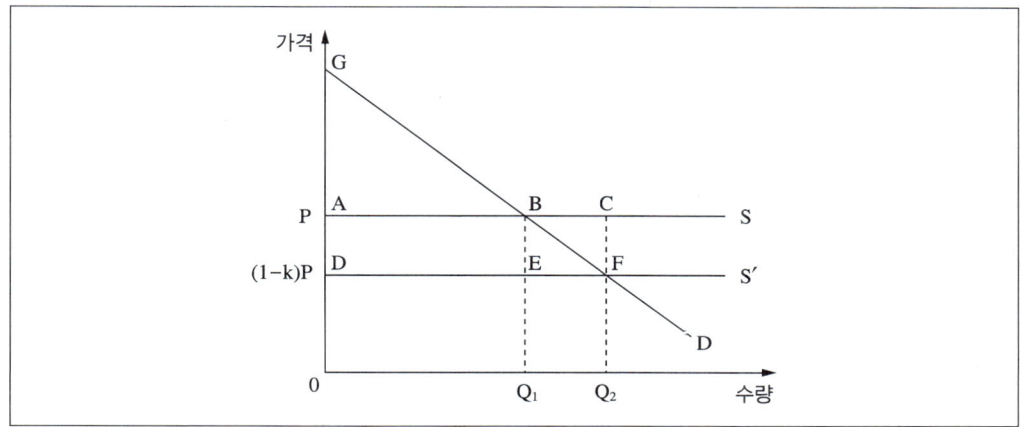

① 초과부담은 0이다.
② 삼각형 BCF
③ 삼각형 BEF
④ 삼각형 GBA
⑤ 사각형 ABFD

35 공동의 목초지에 갑과 을이 각각 100마리의 양을 방목하기로 합의하면 갑과 을의 이득은 각각 10원이다. 두 사람 모두 합의를 어겨 100마리 이상을 방목하면 갑과 을의 이득은 각각 0원이다. 만약 한 명은 합의를 지키고 다른 한 명이 합의를 어기면 어긴 사람의 이득은 11원, 합의를 지킨 사람의 이득은 -1원이다. 이러한 게임적 상황에서 정부가 합의를 어긴 사람에게 2원의 과태료를 부과할 때 발생될 결과는?

① 두 사람 모두 합의를 지킨다.
② 두 사람 모두 합의를 어긴다.
③ 두 사람의 합의 준수 여부는 불확실하다.
④ 갑은 반드시 합의를 지키지만 을은 합의를 어긴다.
⑤ 갑은 반드시 합의를 어기지만 을은 합의를 지킨다.

36 정부지출 증대를 위한 공채발행이 경제에 미치는 영향에 관한 설명으로 옳은 것은?

① 공채를 전액 중앙은행이 인수할 경우, 경기가 과열된 상태에서는 인플레이션을 억제하는 효과가 있다.
② 공채를 전액 중앙은행이 인수할 경우, 화폐공급량이 감소하기 때문에 유효수요 증대효과는 없다.
③ 공채가 전액 시중에서 소화될 경우, 이자율이 상승하고, 민간투자가 억제되는 현상을 구축효과라고 한다.
④ 공채의 잔액이 증가함에 따라 민간의 소비지출이 감소하는 현상을 러너효과라고 한다.
⑤ 공채가 전액 시중에서 소화될 경우, 중앙은행이 인수할 경우보다 유효수요의 증대효과가 크다.

37 지방 분권화에 관한 설명으로 옳지 않은 것은?

① 분권화로 지역들이 차별성을 가지고, 여러 지역 중에서 투표자가 자신이 원하는 곳을 선택할 수 있다면 결과적으로 후생이 증가될 수 있다.
② 분권화로 지방정부는 각 지역의 특성에 부합하는 다양한 정책들을 시도할 수 있다.
③ 한 지역의 공공재가 다른 지역에도 영향을 주는 외부성을 가지고 있는 경우 분권화는 효율적인 공공재 배분을 가능하게 한다.
④ 조세행정에는 규모의 경제가 존재하기 때문에 국세 행정을 이용하여 징수하고 이후 지방으로 배분하는 형태로 조세행정과 재정배분이 이루어지기도 한다.
⑤ 지방자치단체장은 선거를 통해 선출되기 때문에 지역주민들의 수요에 민감하게 반응한다.

38 다음 설명 중 옳지 않은 것은?

① 조세지출예산제도는 조세지출의 남발을 억제하기 위해 도입된 제도이다.
② 성과주의예산제도는 관리기능을 강조한 제도이다.
③ 프로그램예산제도는 계획기능을 강조한 제도이다.
④ 영기준예산제도는 점증주의적 예산을 탈피하여 효율적 자원배분을 제고할 수 있는 제도이다.
⑤ 성과주의예산제도는 예산의 과목을 부서별로 나누어 편성하는 제도이다.

39 중위투표자정리에 관한 설명으로 옳지 않은 것은?

① 중위투표자는 전체투표자 선호의 한 가운데 있는 투표자를 의미한다.
② 정당들이 차별적인 정책을 내세우도록 만드는 현상과 관련된다.
③ 모든 투표자의 선호가 단일정점(단봉형)인 경우 성립한다.
④ 중위투표자정리에 의한 정치적 균형이 항상 파레토 효율을 달성한다는 보장은 없다.
⑤ 정당들이 중위투표자가 선호하는 정책들을 내세우도록 만드는 것과 관련된다.

40 세수의 소득탄력성이 $\frac{\triangle T}{\triangle Y} \cdot \frac{Y}{T} = 1.2$이고, 조세부담률은 $\frac{T}{Y} = 0.25$라고 가정한다. 여기서 $\triangle G = \triangle T$라고 할 때, 정부지출승수 값은?(단, T: 조세수입, Y: 국민소득, G: 정부지출)

① $\frac{3}{10}$ ② 1
③ $\frac{5}{2}$ ④ $\frac{10}{3}$
⑤ $\frac{24}{5}$

2017년도 제54회
세무사 1차 국가자격시험 문제지

교시	시험과목	시험시간	문제형별
1교시	① 재정학 ② 세법학개론	80분	A

수험번호		성 명	

【 수험자 유의사항 】

1. 시험문제지는 **단일 형별(A형)**이며, 답안카드는 형별 기재란에 표시된 형별(A형)을 확인하시기 바랍니다. 시험문제지의 **총면수, 문제번호 일련순서, 인쇄상태** 등을 확인하시고, 문제지 표지에 수험번호와 성명을 기재하시기 바랍니다.

2. 답은 각 문제마다 요구하는 **가장 적합하거나 가까운 답 1개**만 선택하고, 답안카드 작성 시 시험문제지 **마킹착오**로 인한 불이익은 전적으로 **수험자에게 책임**이 있음을 알려 드립니다.

3. 답안카드는 국가전문자격 공통 표준형으로 문제번호가 1번부터 125번까지 인쇄되어 있습니다. 답안 마킹 시에는 반드시 **시험문제지의 문제번호와 동일한 번호**에 마킹하여야 합니다.

4. **감독위원의 지시에 불응하거나 시험시간 종료 후 답안카드를 제출하지 않을 경우 불이익이 발생할 수 있음을 알려 드립니다.**

5. 시험문제지는 시험 종료 후 가져가시기 바랍니다.

재정학

01 토지에 부과하는 조세부담이 자본화되어 토지가격이 하락했을 경우 다음 설명으로 옳은 것은?

① 토지처럼 공급이 고정되어 있는 자산에 과세를 하면 조세부담의 자본화가 발생할 수 있다.
② 자본화가 일어나면 조세부담은 누구에게도 귀착되지 않는다.
③ 토지가격은 부과된 조세의 현재가치보다 항상 크게 하락한다.
④ 토지임대사용자에게 모든 조세부담이 귀착된다.
⑤ 조세부과 후 토지구입자에게 모든 조세부담이 귀착된다.

02 목적세에 관한 설명으로 옳지 않은 것은?

① 교육세, 교통·에너지·환경세 등을 예로 들 수 있다.
② 목적세 세수를 필요한 만큼 확보하지 못하면 보통세 세수를 전용해야 하는 문제가 발생할 수 있다.
③ 정부의 재원배분 과정을 자동화하여 정부예산의 효율성을 높인다.
④ 정부의 예산배분 과정에서 나타나는 정치적 갈등을 줄일 수 있다.
⑤ 정부재정 운영의 신축성을 떨어뜨린다.

03 세수함수가 $T = -300 + 0.5Y$일 때, 다음 중 옳지 않은 것은?(단, T는 세금, Y는 소득, $Y > 600$이다)

① 소득이 증가함에 따라 평균세율은 증가한다.
② 한계세율은 소득에 관계없이 일정하다.
③ 세수탄력성은 1보다 작다.
④ 한계세율은 평균세율보다 크다.
⑤ 위의 세수함수는 선형누진소득세에 해당된다.

04 A국과 B국 모두 개인소득세를 도입하고 있다. A국은 비례세율구조이고, B국은 누진세율구조이다. 명목소득과 물가가 같은 비율로 상승한다고 할 때, 세법이 변화하지 않는 경우에 A국과 B국의 실질조세 징수액은?

① A국, B국 모두 증가한다.
② A국은 감소하나 B국은 증가한다.
③ A국은 증가하나 B국은 감소한다.
④ A국은 변화가 없고 B국은 증가한다.
⑤ A국은 증가하고 B국은 변화가 없다.

05 소득세 구조가 누진적인 경우가 아닌 것은?

① 면세점이 존재하고 선형조세함수일 경우
② 면세점은 없으나 한계세율이 소득에 따라 증가할 경우
③ 세수탄력성이 1보다 클 경우
④ 한계세율과 평균세율이 같을 경우
⑤ 한계세율은 일정하나 평균세율이 소득에 따라 증가할 경우

06 조세의 귀착에 관한 설명으로 옳지 않은 것은?

① 균형예산귀착은 다른 조세가 없다고 가정하고 특정 조세로 조달한 재원에 의한 정부지출 사업까지 고려하여 조세의 분배효과를 분석한다.
② 차별귀착은 모든 조세와 정부지출이 일정하게 유지된다고 가정하고 하나의 세금을 다른 세금으로 대체할 경우의 분배효과를 비교 분석한다.
③ 절대귀착은 다른 조세나 정부지출에 아무런 변화가 없다는 가정하에서 특정 조세의 분배효과를 분석한다.
④ 절대귀착은 균형예산귀착보다 정부지출이 분배에 미치는 효과를 파악할 때 더 적합한 분석방법이다.
⑤ 균형예산귀착은 정부가 부과하는 조세가 다수인 경우에는 분석이 용이하지 않다.

07 X재와 Y재를 소비하는 어떤 사회에서 과세에 따른 초과부담에 관한 설명으로 옳은 것은?

① 조세수입이 동일한 경우, 두 재화보다는 한 재화에 세금을 부과할 때 초과부담은 작아진다.
② 개별물품세가 부과되어도 수요량이 변하지 않으면 초과부담은 존재하지 않는다.
③ 현금보조는 부(-)의 조세의 일종이므로 초과부담이 발생한다.
④ 두 재화가 대체관계인 경우, X재에 조세가 부과된 상태에서 Y재에 조세를 부과하면 Y재의 과세에 따른 왜곡의 발생으로 반드시 경제 전체의 초과부담은 늘어난다.
⑤ 두 재화가 완전보완재인 경우, 한 재화에 과세하면 경제 전체의 초과부담은 0(zero)이다.

08 부분균형분석을 따를 때 조세귀착에 관한 설명으로 옳지 않은 것은?

① 물품세의 법적 귀착과 경제적 귀착은 항상 동일한 결과를 나타낸다.
② 물품세 부과에 따른 소비자에로의 조세귀착은 공급의 가격탄력성이 수요의 가격탄력성보다 클수록 더 커진다.
③ 노동수요의 탄력성이 무한히 큰 경우 근로소득세를 부과하면 세부담은 노동자에게 모두 귀착된다.
④ 완전 개방 경제에서 자본에 대한 과세는 전적으로 자본의 사용자에게 귀착된다.
⑤ 조세귀착의 부분균형분석은 특정한 시장에서 부과된 조세가 다른 시장에 영향을 미치지 않고 그 시장에서만 영향을 미친다는 가정하에서 분배효과를 측정한다.

09 시장수요가 시장공급보다 탄력적인 재화가 있다고 할 때, 이 재화가 거래되는 경쟁적인 시장에서 물품세를 부과하거나 또는 가격보조를 할 경우 새로운 균형에서의 귀착으로 옳은 것을 모두 고른 것은?

> ㄱ. 수요자에게 물품세를 부과할 경우 상대적으로 수요자에게 조세가 더 많이 귀착될 것이다.
> ㄴ. 수요자에게 가격보조를 할 경우 상대적으로 수요자에게 보조금이 더 많이 귀착될 것이다.
> ㄷ. 공급자에게 물품세를 부과할 경우 상대적으로 공급자에게 조세가 더 많이 귀착될 것이다.
> ㄹ. 공급자에게 가격보조를 할 경우 상대적으로 공급자에게 보조금이 더 많이 귀착될 것이다.

① ㄱ
② ㄷ
③ ㄱ, ㄴ
④ ㄷ, ㄹ
⑤ ㄱ, ㄴ, ㄷ, ㄹ

10 로젠(H. Rosen)이 제시한 바람직한 소득세의 조건과 관련된 설명으로 옳지 않은 것은?

① 동일한 소득의 가족에게는 똑같은 세금을 부과하는 수평적 공평성이 충족되어야 한다.
② 합산과세방식은 가족 간 수직적 공평성 조건을 충족하나 수평적 공평성과 결혼중립성 조건은 충족하지 못한다.
③ 결혼 여부가 두 개인의 조세부담을 변화시켜서는 안 된다.
④ 납세자 간 분리과세방식은 결혼중립성 조건을 충족하나 가족 간 수평적 공평성은 충족하지 못한다.
⑤ 소득이 증가함에 따라 한계소득세율이 증가하는 수직적 공평성이 충족되어야 한다.

11 조세의 효율성에 관한 설명으로 옳지 않은 것은?

① 조세에 의한 초과부담은 소득효과와는 관련이 없고 대체효과에 의해서 유발된다.
② 조세부과가 초래하는 초과부담을 측정할 때는 보상수요곡선을 사용하여야 한다.
③ 정액세는 납세자의 경제 행위와는 무관하게 세금을 부과하기 때문에 조세에 의한 왜곡이 일어나지 않는다.
④ 이미 조세를 부과하고 있는 상태에서 새로운 조세를 부과하면 소비자들은 부담이 추가되어 항상 효용은 줄어든다.
⑤ 2기간 생애주기모형(two-period life-cycle model)에서 이자소득세는 없고 매기의 소비가 정상재라면 근로소득세가 부과되어도 대체효과에 의한 초과부담은 발생하지 않는다.

12 근로소득세 부과가 노동시장에 미치는 효과에 관한 설명으로 옳은 것은?

① 여가가 정상재일 경우 임금변화에 따른 소득효과가 대체효과보다 작다면 후방굴절형 노동공급곡선이 될 것이다.
② 여가가 열등재일 경우 비례소득세를 부과하면 노동공급량은 감소한다.
③ 여가가 정상재일 경우 비례소득세를 부과하면 대체효과는 노동공급을 늘리는 방향으로 작용하고 소득효과는 노동공급을 줄이는 방향으로 작용한다.
④ 여가가 정상재일 경우 누진소득세 부과가 노동공급에 미치는 영향은 비례소득세 부과와 유사하지만 고소득자에게 유리하다.
⑤ 여가가 정상재일 경우 선형누진소득세의 평균세율이 비례소득세와 동일하다면 노동공급에 미치는 효과는 동일하다.

13 근로소득세율이 다음과 같다고 한다.

구 간	근로소득(단위 : 만원)	세 율(%)
(1)	1,200 이하	6
(2)	1,200 초과 ~ 4,600 이하	15
(3)	4,600 초과 ~ 8,800 이하	24
(4)	8,800 초과 ~ 15,000 이하	35
(5)	15,000 초과 ~ 30,000 이하	38
(6)	30,000 초과 ~ 50,000 이하	40
(7)	50,000 초과 ~ 100,000 이하	42
(8)	100,000 초과	45

이 때 구간 (3)인 4,600만원 초과 ~ 8,800만원 이하에 해당하는 세율을 현재의 24%에서 30%로 인상할 경우 다음 중 옳은 것을 모두 고른 것은?

> ㄱ. 구간 (1) ~ (3)에 속하는 사람들의 평균세율이 내려간다.
> ㄴ. 구간 (4) ~ (8)에 속하는 사람들의 노동공급 선택에 왜곡이 발생한다.
> ㄷ. 구간 (4) ~ (8)에 속하는 사람들의 평균세율이 올라간다.

① ㄱ
② ㄴ
③ ㄷ
④ ㄱ, ㄴ
⑤ ㄴ, ㄷ

14 멀리즈(J. Mirrlees)가 분석한 최적비선형소득세와 관련된 내용으로 옳지 않은 것은?

① 효율과 공평을 함께 고려한다.
② 노동의 공급을 늘리는 유인 기능의 성격을 지닌다.
③ 최고소득구간에 대한 한계소득세율은 0(zero)이다.
④ 한계소득세율은 항상 1보다 작다.
⑤ 임금률이 낮은 개인이 높은 개인보다 더 큰 효용을 누릴 수도 있다.

15 우리나라 부가가치세에 관한 설명으로 옳지 않은 것은?

① 현재 우리나라 세목 가운데 세수입이 가장 크다.
② 기초생활필수품은 영세율 대상이다.
③ 일반적으로 소득세에 비해 조세저항이 작다.
④ 수출품에 대한 영세율 적용은 완전면세 효과를 나타낸다.
⑤ 재화와 용역(서비스)의 생산·유통과정에서 창출되는 부가가치가 과세대상이다.

16 1인당 국민소득이 증가할 때 정부지출이 국민경제에서 차지하는 비중이 점차 증가하는 현상에 대한 원인이 아닌 것은?

① 소득증가율에 비해 공공재에 대한 수요가 더 빠른 속도로 증가하기 때문이다.
② 시장의 기능이 자연적으로 축소되기 때문이다.
③ 관료가 예산을 극대화하려는 성향을 보이기 때문이다.
④ 기술혁신에 따른 생산비 절감효과 측면에서 공공재가 사적재에 비해 뒤떨어지기 때문이다.
⑤ 복지를 포함한 공공서비스 수요의 소득탄력성이 크기 때문이다.

17 민간소비(C), 조세(T), 투자(I)가 아래와 같고 재정은 균형 상태이다. 이 나라의 완전고용국민소득이 4,000이라고 할 때, 정부지출을 증가시켜 완전고용을 달성하고자 하는 경우의 추가 정부지출규모(A)와 감세정책을 통하여 완전고용을 실현하고자 하는 경우의 감세규모(B)로 옳은 것은?(단, Y는 국민소득이다)

$$C = 200 + 0.8(Y-T), \quad T = 400, \quad I = 400$$

① A : 120, B : 150
② A : 150, B : 120
③ A : 300, B : 450
④ A : 450, B : 300
⑤ A : 800, B : 1,000

18 임금이 상승할 때 처음에는 우상향하다가 일정 임금 수준 이상에서 후방굴절 형태를 갖는 노동공급곡선과 관련된 설명으로 옳은 것은?(단, 여가는 정상재라 가정한다)

① 후방굴절 구간에서는 대체효과가 소득효과보다 크다.
② 임금과 노동공급이 정(+)의 관계인 구간에서는 근로소득세를 증가시키면 노동공급은 증가한다.
③ 후방굴절 구간에서 근로소득세를 증가시키면 노동공급은 증가한다.
④ 근로소득세 과세는 초과부담을 초래하지 않는다.
⑤ 근로소득세 납부 후 임금율은 상승한다.

19 어떤 기업이 자본재에 투자하려고 한다. 이 때 첫 해에 이 투자에 대해 전액 감가상각을 허용하는 경우(A)와 이자비용의 손금처리를 부인하는 경우(B)로 구분할 때, A와 B가 각각 이 투자에 미치는 영향은?

① A : 투자 촉진, B : 투자 촉진
② A : 투자 촉진, B : 투자 위축
③ A : 투자 위축, B : 투자 촉진
④ A : 투자 불변, B : 투자 불변
⑤ A : 투자 불변, B : 투자 위축

20 어떤 재화의 시장 수요곡선과 공급곡선이 각각 $Q^D = 1,000 - 5P$, $Q^S = 50$이라고 가정한다. 정부가 이 재화 1단위당 100원의 세금을 소비자에게 부과했을 경우, 사중적손실(deadweight loss)은?(단, Q^D는 수요함수, Q^S는 공급함수, P는 가격이다)

① 0
② 100
③ 250
④ 1,000
⑤ 2,500

21 소득불평등도 지수에 관한 설명으로 옳지 않은 것은?

① 앳킨슨(A. Atkinson)지수는 소득분배에 대한 사회적 가치판단에 따라서 크기가 달라진다.
② 로렌츠(M. Lorenz)곡선은 하위 몇 %에 속하는 사람들이 전체 소득에서 차지하는 비율을 나타내는 점들의 궤적이다.
③ 지니계수(Gini coefficient)는 로렌츠곡선을 이용해서 계산할 수 있다.
④ 지니계수는 전체 인구의 평균적인 소득격차의 개념을 활용하고 있다.
⑤ 달튼(H. Dalton)의 평등지수는 1에 가까울수록 불평등한 상태를 의미한다.

22 지방재정조정제도의 하나인 보조금제도에 관한 설명으로 옳지 않은 것은?

① 우리나라의 국고보조금은 조건부보조금(conditional grant)이다.
② 우리나라의 보통교부세는 무조건부보조금(unconditional grant)이다.
③ 무조건부보조금은 그 중 일부가 지역주민의 조세부담을 완화시키는데 사용될 수 있다.
④ 비대응보조금(non-matching grant)은 지역주민의 사적재 소비를 늘리도록 영향을 미칠 수 있다.
⑤ 대응보조금(matching grant)은 공공재의 소비를 증가시키고 지방정부의 재정부담 완화로 사적재의 소비도 증가시킨다.

23 사회후생함수에 관한 설명으로 옳지 않은 것은?

① 사회후생함수는 그 사회가 어떠한 가치 기준을 선택할 것인가에 대한 해답을 제공해 준다.
② 사회후생함수는 개인들의 효용을 측정할 수 있다고 가정한다.
③ 공리주의 사회후생함수일 경우 사회후생이 극대화되려면 각 개인의 소득의 한계효용이 서로 같아야 한다.
④ 사회후생을 극대화시키는 배분은 파레토효율을 실현한다.
⑤ 어떤 배분이 총효용가능경계선(utility possibility frontier)상에 있다면 그 배분에서는 효율과 공평을 함께 증가시킬 수 없다.

24 소득이 Y_1, Y_2인 두 사람으로 구성된 사회의 후생함수가 $W = Y_1 \times Y_2$라고 한다. 두 사람의 소득이 각각 $Y_1 = 16, Y_2 = 4$이라고 할 때, 앳킨슨(A. Atkinson)지수는?

① 0.1
② 0.2
③ 0.3
④ 0.8
⑤ 8

25 공유지의 비극(tragedy of the commons)에 관한 설명으로 옳지 않은 것은?

① 소유권이 분명하지 않은 상태에서 각 개인이 자원을 아껴 쓸 유인을 갖지 못해 발생하는 문제이다.
② 연근해의 어족 자원 고갈이 하나의 예이다.
③ 공유지 사용과 관련된 개인의 결정이 다른 사람에게 외부성을 일으키게 된다.
④ 여러 사람이 공동으로 사용하려는 목적으로 구입한 자원의 소유권은 결국 한 사람에게 귀착된다.
⑤ 공동으로 사용하는 자원은 관련자들의 비효율적 사용으로 빨리 고갈되는 경향이 있다.

26 공공재(public goods), 사적재(private goods) 및 클럽재(club goods)에 관한 설명으로 옳은 것은?

① 정부에 의해 공급되지 않고 기업에 의해 공급되는 재화는 모두 사적재이다.
② 우편과 철도서비스는 순수공공재에 해당된다.
③ 클럽재는 시장을 통해서는 효율적으로 공급될 수 없다.
④ 공공재의 규모가 일정할 때, 추가적 사용에 따른 한계비용은 증가한다.
⑤ 이론적으로 순수공공재와 순수사적재 간 효율적 자원배분이 가능하다.

27 공공재의 수요표출메커니즘에 관한 설명으로 옳지 않은 것은?

① 어떤 소비자가 부담할 세금은 자신이 표출한 선호가 아니라 다른 소비자들이 표출한 선호에 의해 결정된다.
② 수요표출메커니즘을 활용하면 공공재의 효율적 공급을 실현할 수 있다.
③ 개별 소비자들은 다른 소비자들의 선호표출과 관계없이 정직하게 선호를 표출하는 것이 최선이므로 무임승차 문제는 발생하지 않는다.
④ 수요표출메커니즘을 이용하면 정부의 균형예산 조건이 항상 충족된다.
⑤ 수요표출메커니즘의 예로는 클라크세(Clarke Tax)가 있다.

28 단순다수결 투표제를 통해 공교육에 대한 투자지출 규모를 결정하려고 한다. 3명의 투표자 A, B, C의 선호가 각각 다음과 같이 주어졌을 때, 옳지 않은 것은?(단, 3가지 안에 대한 지출 규모는 $x < y < z$이다)

	A	B	C
1순위	x	y	z
2순위	y	z	x
3순위	z	x	y

① 이행성 조건이 충족되지 못한다.
② 투표의 역설이 발생한다.
③ 중위투표자 정리가 성립한다.
④ 꽁도세(Condorcet) 투표방식을 따를 때 대진 순서에 따라 승자가 달라진다.
⑤ 의사진행조작(manipulation)이 발생할 수 있다.

29 A시 의회에서는 의사결정방식으로 최적다수결제(optimal majority)모형을 사용하기로 하였다. 가결률 $n(0 \leq n \leq 1)$에 따른 의사결정비용과 의안통과로 인해 자신들이 손해를 본다고 느끼는 사람들에게서 발생하는 외부비용이 다음과 같다. 이 때 최적가결률은?

> 의사결정비용 = $10n^2 + 10$
> 외부비용 = $-6n^2 - 2n + 5$

① $\dfrac{1}{3}$ ② $\dfrac{1}{4}$

③ $\dfrac{1}{5}$ ④ $\dfrac{1}{6}$

⑤ 1

30 A국은 개인들의 효용함수가 동일하고, 고소득자가 저소득자보다 수는 적지만 소득점유율이 높은 불공평한 분배를 보이고 있다. 이 때 공공재 공급과 관련하여 단순다수결투표를 할 경우 다음 중 옳은 것은? (단, 공공재는 정상재이다)

① 공공재에 대한 수요는 고소득자가 저소득자보다 항상 작다.
② 단순다수결투표로 정해지는 공공재 공급수준은 효율적이다.
③ 중위투표자의 소득을 높이는 소득재분배 후 단순다수결투표를 한다면 공공재의 수요량은 적어질 것이다.
④ 비례적 소득세를 부과하여 소득을 재분배하면 공공재가 최적공급 수준에 비해 과대공급될 가능성이 있다.
⑤ 해당 공공재에 대해 대체관계가 있는 사적재가 존재할 경우 단순다수결투표의 균형은 항상 성립하지 않는다.

31 배출권거래제도에 관한 설명으로 옳지 않은 것은?

① 기업들에게 허용되는 오염물질 배출의 총량을 미리 정해 놓는다.
② 공해를 줄이는 데 드는 한계비용이 상대적으로 낮은 기업은 배출권을 판매한다.
③ 배출권 시장의 균형에서는 배출권을 줄이는 데 드는 각 기업의 한계비용이 같아진다.
④ 배출권의 총량이 정해지면 배출권을 각 기업에게 어떻게 할당하느냐와 관계없이 효율적 배분이 가능하다.
⑤ 환경오염 감축효과가 불확실한 것이 단점이다.

32 하천의 상류에는 하천오염물질을 유출하는 기업 A가 조업하고 있으며, 하천의 하류에는 깨끗한 물을 사용해야 하는 기업 B가 조업하고 있다고 가정할 경우, 코즈정리(Coase Theorem)와 관련하여 옳지 않은 것은?

① 하천의 재산권을 기업 A에게 부여하면 기업 B에게 부여하는 경우보다 하천의 오염도가 증가할 것이다.
② 코즈정리가 성립하려면 재산권이 명확하게 규정되어 있어야 한다.
③ 코즈정리가 성립하려면 협상으로부터 얻는 이득이 협상에 드는 비용보다 커야만 한다.
④ 코즈정리에 따르더라도 분배문제는 해결되지 않는다.
⑤ 코즈정리가 성립하려면 재산권 부여와 관련된 소득효과가 없어야 한다.

33 외부성에 관한 설명으로 옳지 않은 것은?

① 외부성이 존재할 경우 효율적 자원배분을 위해서는 사회적 한계비용과 사회적 한계편익이 일치해야 한다.
② 실질적 외부성이란 개인의 행동이 제3자에게 의도하지 않은 이득이나 손실을 가져와 비효율적인 자원배분의 원인으로 작용하는 현상을 말한다.
③ 금전적 외부성이 존재하면 상대가격구조의 변동을 가져와 비효율적인 자원배분의 원인으로 작용한다.
④ 긍정적 외부성이 존재하면 해당 재화는 사회적 최적수준보다 적게 생산되는 경향이 있다.
⑤ 부정적 외부성이 존재하면 해당 재화는 사회적 최적수준보다 많이 생산되는 경향이 있다.

34 로렌츠(M. Lorenz)곡선에 관한 설명으로 옳지 않은 것은?

① 두 지역의 로렌츠곡선이 서로 교차한다면 두 지역의 소득분배 평등도의 비교가 어렵다.
② 소득분배의 평등도에 대한 서수적인 평가를 나타낸다.
③ 로렌츠곡선이 대각선에 가까이 위치할수록 보다 평등한 분배를 나타낸다.
④ 사회 구성원이 똑같은 소득을 나누어 갖는 균등분배를 평등한 소득분배로 전제한다.
⑤ 셋 이상의 곡선을 동시에 비교할 수 없다.

35 오이(W. Y. Oi)에 의해 제시된 최적이부요금에 관한 설명으로 옳지 않은 것은?

① 총요금 중에서 고정수수료와 사용단위당 요금 사이의 비중은 재화를 공급받는 소비자들의 고정 수수료에 대한 탄력성에 의존한다.
② 램지의 가격설정방식에서 적용된 역탄력성 법칙과 유사하다.
③ 고정수수료에 대한 탄력성이 클수록 고정수수료를 낮게 책정하고 사용요금을 높게 책정하면 효율성이 증가한다.
④ 단일요금 부과의 경우에 비하여 더 높은 효율성을 달성할 수 있다.
⑤ 최적이부요금은 비용함수와 수요함수만을 이용하면 산출할 수 있다.

36 의료보험제도에서 포괄수가제와 행위별수가제에 관한 다음 설명으로 옳은 것을 모두 고른 것은?

> ㄱ. 포괄수가제의 경우 행위별수가제에 비해 과잉진료 행위가 줄어든다.
> ㄴ. 포괄수가제의 경우 행위별수가제에 비해 의료서비스 품질의 저하가 우려된다.
> ㄷ. 포괄수가제에 비해 행위별수가제는 의학 발전에 부정적이다.

① ㄱ
② ㄱ, ㄴ
③ ㄱ, ㄷ
④ ㄴ, ㄷ
⑤ ㄱ, ㄴ, ㄷ

37 연금제도의 경제적 효과에 관한 설명으로 옳지 않은 것은?

① 연금제도는 노동공급과 노동수요의 증대를 가져와 경제성장에 기여하게 된다.
② 적립방식의 연금제도는 일반적으로 세대 내의 구성원 간에 부(wealth)의 이전을 초래한다.
③ 연금급여에 대한 기대로 조기에 퇴직하는 퇴직효과(retirement effect)는 개인저축을 늘리는 작용을 한다.
④ 연금제도는 저축의 중요성을 일깨우는 인식효과(recognition effect)를 가져오며 이는 개인저축을 늘리는 작용을 한다.
⑤ 연금급여에 대한 기대는 개인저축을 줄이는 자산대체효과(wealth substitution effect)를 발생시킨다.

38 인플레이션율이 3%, 명목이자율이 5%일 경우 20%의 이자소득세율이 적용된다면 납세 후 실질수익률은?

① 1% ② 2%
③ 3% ④ 4%
⑤ 5%

39 A, B 두 사업의 연차별 수익이 아래 표와 같다. 두 사업의 비용편익분석 결과에 관한 설명으로 옳지 않은 것은?

사업안	사업 연차별 수익		
	0년	1년차	2년차
A	−1,000	0	1,210
B	−1,000	1,150	0

① 순현재가치 평가결과 할인율이 7%라면 A가 유리한 사업이다.
② 순현재가치 평가결과 할인율이 8%라면 B가 유리한 사업이다.
③ 할인율에 따라 내부수익률과 순현재가치의 평가 결과가 상이하다.
④ 내부수익률 기준으로는 B가 유리한 사업이다.
⑤ 순현재가치로 평가하는 경우, 할인율이 높을수록 편익이 단기간에 집약적으로 발생하는 단기투자에 유리하다.

40 어떤 사업에 대한 비용편익분석을 하려고 한다. 사업 시행 마지막 해인 50년 후에는 구조물을 처리하는 데 드는 비용 등을 고려할 때 기대순편익이 −100억원이라고 한다. 이자율은 매년 10%이고, 지금부터 50년 후의 위험할인율은 20%라고 한다. 사업 시행 마지막 해 순편익의 확실대등액(certainty equivalents)의 현재가치는?

① $-100억원 \times (1 - 0.2 - 0.1)^{50}$
② $-100억원 \div (1 - 0.2) \div (1 + 0.1)^{50}$
③ $-100억원 \div (1 + 0.2) \div (1 + 0.1)^{50}$
④ $-100억원 \times (1 - 0.2) \div (1 + 0.1)^{50}$
⑤ $-100억원 \times (1 + 0.2) \div (1 + 0.1)^{50}$

2016년도 제53회
세무사 1차 국가자격시험 문제지

교시	시험과목	시험시간	문제형별
1교시	① 재정학 ② 세법학개론	80분	A

수험번호		성 명	

【 수험자 유의사항 】

1. 시험문제지는 **단일 형별(A형)**이며, 답안카드는 형별 기재란에 표시된 형별(A형)을 확인하시기 바랍니다. 시험문제지의 **총면수, 문제번호 일련순서, 인쇄상태** 등을 확인하시고, 문제지 표지에 수험번호와 성명을 기재하시기 바랍니다.

2. 답은 각 문제마다 요구하는 **가장 적합하거나 가까운 답 1개**만 선택하고, 답안카드 작성 시 시험문제지 **마킹착오**로 인한 불이익은 전적으로 **수험자에게 책임**이 있음을 알려 드립니다.

3. 답안카드는 국가전문자격 공통 표준형으로 문제번호가 1번부터 125번까지 인쇄되어 있습니다. 답안 마킹 시에는 반드시 **시험문제지의 문제번호와 동일한 번호**에 마킹하여야 합니다.

4. **감독위원의 지시에 불응하거나 시험시간 종료 후 답안카드를 제출하지 않을 경우** 불이익이 발생할 수 있음을 알려 드립니다.

5. 시험문제지는 시험 종료 후 가져가시기 바랍니다.

재 정 학

01 외부성 문제를 해결하기 위한 과세의 사례는?

① 모든 상품에 대해서 10%의 소비세를 부과하는 경우
② 고소득 근로자들에게 고율의 누진소득세를 부과하는 경우
③ 대기오염을 감축시킬 목적으로 오염발생 기업 제품에 과세하는 경우
④ 고가부동산의 거래에 고율의 취득세를 부과하는 경우
⑤ 중소기업의 법인소득에 법인세를 부과하는 경우

02 우리나라 소득세 및 부가가치세 체계에서 면세자 비율을 낮추기 위한 방안으로 옳지 않은 것을 모두 고른 것은?(단, 향후 경제성장률과 물가상승률은 모두 양의 값이며 경제성장률이 더 높다. 현재의 소득공제 항목은 모두 존치된다)

ㄱ. 소비활력 제고를 위해 간이과세자의 간이과세 적용요건을 완화한다.
ㄴ. 면세점을 현재 수준으로 유지한다.
ㄷ. 저출산 문제에 대응하기 위해 다자녀 가정의 인적공제를 확대한다.
ㄹ. 개인연금저축의 공제액을 확대한다.

① ㄱ, ㄴ ② ㄴ, ㄷ
③ ㄷ, ㄹ ④ ㄱ, ㄴ, ㄹ
⑤ ㄱ, ㄷ, ㄹ

03 원점에 대해 볼록한 무차별곡선을 가진 소비자 A는 열등재인 X재와 정상재인 Y재의 소비에 있어서 효용극대화를 달성하고 있다. 정부가 X재에 t_x의 세율로 과세한다고 할 때 가격효과에 관한 설명으로 옳은 것은?

ㄱ. 대체효과에 의해, A의 X재 소비를 감소시키고 Y재 소비를 증가시킨다.
ㄴ. 대체효과에 의해, A의 X재 소비를 감소시키고 Y재 소비를 감소시킨다.
ㄷ. 소득효과에 의해, A의 X재 소비를 증가시키고 Y재 소비를 증가시킨다.
ㄹ. 소득효과에 의해, A의 X재 소비를 증가시키고 Y재 소비를 감소시킨다.
ㅁ. 소득효과에 의해, A의 X재 소비를 감소시키고 Y재 소비를 증가시킨다.

① ㄱ, ㄷ ② ㄱ, ㄹ
③ ㄱ, ㅁ ④ ㄴ, ㄷ
⑤ ㄴ, ㄹ

04

편익과 비용의 흐름이 다음 표와 같은 공공투자사업에 관한 설명으로 옳은 것은 몇 개인가?(단, 사회적 할인율은 10%이다)

분석기간	편익(억원)	비용(억원)
0기	0	10
1기	10	10
2기	10	10
3기	10	10
4기	10	0

- ○ 사업의 내부수익률은 12%이다.
- ○ 본 사업의 순현재가치는 1이다.
- ○ 본 사업의 편익비용비율(B/C ratio)은 1보다 작다.
- ○ 사회적 할인율이 7.5%로 인하되면 순현재가치는 증가한다.

① 0개 ② 1개
③ 2개 ④ 3개
⑤ 4개

05

재산세와 같은 일반적인 자산과세(property tax)에 관한 설명으로 옳지 않은 것은?

① 자산과세의 세부담자는 자산소유자이지만, 주로 물건을 기준으로 과세되기 때문에 대물세로 간주한다.
② 자산수익률이 노동수익률보다 높은 경우, 자산과세의 강화는 소득분배 불평등도를 완화시킨다.
③ 자산과세를 지방세의 근간으로 하면 지역 간 재정불균형을 심화시킬 수 있다.
④ 이론적으로 동결효과(lock-in effect)로 인하여 부동산 거래를 활성화시킨다.
⑤ 능력원칙과 편익원칙을 모두 구현할 수 있는 과세방식이다.

06 재정연방체제이론에 따른 중앙정부와 지방정부 간 기능배분에 관한 설명으로 옳지 않은 것은?

① 공공재 공급효과가 미치는 공간적 범위에 따라 중앙정부와 지방정부가 공급해야 할 공공재를 구분해야 한다.
② 조세부담-편익 연계가 강한 공공재는 지방정부가, 그렇지 않은 공공재는 중앙정부가 공급하는 것이 바람직하다.
③ 무임승차의 가능성이 높은 공공재의 경우에는 중앙정부가, 그렇지 않은 공공재는 지방정부가 공급하는 것이 바람직하다.
④ 국방과 외교는 중앙정부가, 쓰레기 수거와 거리청소는 지방정부가 공급하는 것이 바람직하다.
⑤ 부정적 외부성이 존재하는 공공재는 중앙정부가, 긍정적 외부성이 존재하는 공공재는 지방정부가 공급하는 것이 바람직하다.

07 중앙정부의 지방자치단체에 대한 교부금 지원이 초래하는 끈끈이 효과(flypaper effect)에 관한 설명으로 옳지 않은 것은?

① 지방정부의 공공재 지출증대 효과는 중앙정부의 정액교부금 지원을 통한 경우가 중앙정부의 조세감면-주민소득증가에 의한 경우보다 효과가 더 크다.
② 중앙정부의 교부금으로 인해 지방공공재의 생산비가 하락한 것으로 주민들이 인식하는 경향이 있다.
③ 지역주민이 중앙정부의 교부금 지원에 따른 한계조세가격의 하락으로 인식하는 재정착각에 빠질 수 있다.
④ 관료들이 중앙정부로부터 교부금을 받았다는 사실을 공개할 때 나타나는 현상이다.
⑤ 지방자치단체 관료들의 예산극대화 동기와 무관하지 않다.

08 A국의 소득을 소득계층별, 소득형태별로 정리한 표에 관한 해석으로 옳지 않은 것은?(단, 소득공제는 없다)

구 분	총소득(%)	노동소득(%)	자산소득(%)	기타소득(%)
상위(1~10%)	29.4	31.2	96.9	66.3
중위(11~60%)	51.0	54.3	3.1	33.7
하위(61~100%)	19.6	14.5	0.0	0.0
소득형태별 점유율(%)	100.0	86.0	3.0	11.0

① 동일한 세율로 세수를 극대화하려면 자산 및 기타소득에 과세라는 것이 효과적이다.
② 자산소득을 갖고 있는 사람들은 대부분 상위소득자라 할 수 있다.
③ 국가 전체로 보면 노동소득에서 발생하는 금액이 제일 크다.
④ 효과적인 소득재분배를 위해서는 금융소득과 부동산(임대, 양도)소득에 중과세할 필요가 있다.
⑤ 조세의 효율성 측면에서 판단하자면 동일한 조세 수입 가정하에 모든 소득에 단일세율로 과세하는 것이 좋다.

09 린달(E. Lindahl)의 자발적 협상모형과 관련된 설명으로 옳은 것은 몇 개인가?

> ○ 부정적 외부성이 존재한다 하더라도, 개인 간의 협상을 통해 효율성이 개선될 수 있다는 이론이다.
> ○ 린달모형의 정책적 함의는 '개인 간 갈등해소를 위해 정부가 적극적으로 개입해야 함'을 의미한다.
> ○ 린달모형에서 도출된 해는 사뮤엘슨의 효율성 조건을 만족시킬 수 있다.
> ○ 합의에서 결정되는 비용의 부담비율이 시장에서 가격의 기능과 유사함을 밝힌 모형이다.
> ○ 정부의 개입이 불필요하다는 것을 강조했다는 점에서 코즈이론과 유사하지만, 형평성을 강조했다는 점에서 코즈이론과 차별화 된다.

① 0개 ② 1개
③ 2개 ④ 3개
⑤ 5개

10 어느 나라의 소득세 과세구간은 n개이고, 각 과세구간의 한계세수당 한계효용의 비율은 다음과 같았다.

$$\frac{MU_1}{MR_1} < \frac{MU_2}{MR_2} = \frac{MU_3}{MR_3} = \cdots = \frac{MU_{n-1}}{MR_{n-1}} < \frac{MU_n}{MR_n}$$

(여기서 MR(한계세수)과 MU(한계효용)는 각각 0보다 크고, 체감한다)
효용을 극대화할 수 있는 세율 조정방안은?(단, 소비는 세후소득에만 의존하고, 각 구간에서 효용은 소비의 함수, 세수는 세율의 함수이다)

① 1번째 과세구간의 소득세율은 높이고, n번째 과세구간의 소득세율도 높인다.
② 1번째 과세구간의 소득세율은 높이고, n번째 과세구간의 소득세율은 낮춘다.
③ 1번째 과세구간의 소득세율은 낮추고, n번째 과세구간의 소득세율은 높인다.
④ 1번째 과세구간의 소득세율은 낮추고, n번째 과세구간의 소득세율도 낮춘다.
⑤ 현재 상태에서 세율조정은 불필요하다.

11 오염의 효율적 억제에 관한 설명으로 옳지 않은 것은?

① 오염의 최적수준은 오염감축의 사회적 한계비용이 오염의 사회적 한계피해와 같아지는 점에서 결정된다.
② 오염 발생 기업에 대한 과세는 오염 감축기술의 개발을 저해한다.
③ 오염은 기업 간 오염 감축비용을 고려하여 통제하는 것이 합리적이다.
④ 재산권 설정과 거래를 통해 오염의 최적수준을 달성할 수 있다.
⑤ 오염에 대한 과세는 기업들이 스스로 오염을 억제할 유인을 준다.

12 정부가 정량보조의 형태로 소규모 임대아파트를 지역주민들에게 무상으로 제공하는 경우 경제적 효과로 옳은 것을 모두 고른 것은?

ㄱ. 무주택자의 입장에서는 정액임대료를 지원하는 것에 비해 후생면에서 더 우월하다.
ㄴ. 대형평수 주택소유자의 입장에서는 정액임대료를 지원하는 것에 비해 후생면에서 더 열등하다.
ㄷ. 식품을 정량보조로 지급하는 것과 동일한 효과를 갖는다.

① ㄱ ② ㄴ
③ ㄱ, ㄴ ④ ㄴ, ㄷ
⑤ ㄱ, ㄴ, ㄷ

13 우리나라 고용보험제도는 보험료를 일정기간 납부하면 실직 시 일정기간 실업급여로 지급하게 된다. 이의 경제적 효과로 옳은 것은?

① 구직활동을 하지 않게 한다.
② 자발적 실업자에게도 지급된다.
③ 도덕적 해이는 발생하지 않는다.
④ 경기가 좋아지면 실업급여의 지급이 늘어난다.
⑤ 소득대체율이 높을수록 구직노력을 덜 하게 하는 유인이 발생한다.

14 다음과 같은 형태로 운영되는 소득세 과세체계에 관한 설명으로 옳지 않은 것은?(단, 부의 소득세는 고려하지 않는다)

$$T = (Y - 1,000) \times 0.3 \quad (T는 세액, Y는 소득)$$

① 평균세율보다 한계세율이 항상 높다.
② 비례세에 비해 수직적 형평성을 개선하고 있다.
③ 소득공제액은 1,000이다.
④ 세액공제액은 300이다.
⑤ 누진세 체계를 가지고 있다.

15 소득구간별 세율이 아래와 같을 때, 연금저축에 대하여 400만원까지 소득공제혜택이 주어지던 것이 400만원까지에 대하여 10%의 세액공제로 전환되었다고 가정할 경우의 효과로 옳은 것은?

구 분	세 율
저소득층	5%
중소득층	15%
고소득층	30%

① 중소득자의 혜택이 상대적으로 증가한다.
② 저소득층의 연금저축이 감소할 것이다.
③ 저축금액에 관계없이 모든 계층에게 같은 금액의 세제혜택이 주어진다.
④ 고소득층의 혜택이 상대적으로 더 감소한다.
⑤ 소득분배 개선효과는 없다.

16 램지(Ramsey)의 최적물품과세 원리에 관한 내용으로 옳지 않은 것은?

① 초과부담을 최소화하는 방법이다.
② 과세 시 모든 상품의 소비량 감소율이 같도록 설계되어야 한다.
③ 재화 간 세수에 대한 후생비용의 비율이 같아야 한다.
④ 필수재에 더 높은 세율을 적용하도록 한다.
⑤ 수요의 가격탄력성이 높은 재화일수록 높은 세율을 적용한다.

17 두 사람(A, B)만 존재하고 X재의 양은 1,000이고, A와 B의 효용함수는 각각 $3\sqrt{X_a}$, $\sqrt{X_b}$ 이다. 공리주의 사회후생함수의 형태를 가질 경우 사회후생의 극대값은?(단, X_a는 A의 소비량이고, X_b는 B의 소비량이며, X_a와 X_b는 모두 양의 수이다)

① 60 ② 70
③ 80 ④ 90
⑤ 100

18 파레토최적에 관한 설명으로 옳지 않은 것은?

① 생산자 간 생산요소 배분의 효율성은 모든 생산요소시장이 완전경쟁시장이면 달성된다.
② 소비자 간 재화 배분의 효율성은 모든 상품시장이 완전경쟁시장이면 달성된다.
③ 시장경제에서 생산자 및 소비자 모두가 완전경쟁상태에 있다면, 강단조성을 갖는 동시에 외부성 등이 존재하지 않는다는 조건하에서 파레토효율이 이루어진다.
④ 파레토최적 배분상태는 효용가능경계곡선상에서 하나만 나타난다.
⑤ 재화의 최적구성은 생산에 있어서 두 재화 간 한계변환율과 소비에 있어서 두 재화 간 한계대체율이 같을 때 이루어진다.

19 조세를 통한 소득재분배효과에 관한 설명으로 옳지 않은 것은?

① 누진세 구조의 개인소득세는 저소득층의 소득을 직접 증가시키는 것은 아니지만 소득분배 개선효과를 나타낸다.
② 소비세의 과세대상을 사치품으로 한정하여 부과한다면 고소득층이 세금부담을 주로 할 것이므로 소득분배 개선효과를 나타낸다.
③ 한계세율이 점증하는 누진소득세 체계에서 소득공제를 도입하면 고소득층의 세후 소득을 감소시킨다.
④ 법인세의 세부담이 소비자에게 전가된다면 소득분배가 악화된다.
⑤ 자산소득 지니계수가 높은 나라에서는 자산소득에 높은 세율로 과세하면 소득분배 개선효과를 나타낸다.

20 공적연금보험제도 도입이 민간저축에 미치는 영향에 관한 설명으로 옳지 않은 것은?(단, 다른 조건은 일정하다고 가정한다)

① 노후대비에 대한 인식이 더욱 제고되어 민간저축은 증가한다.
② 연금보험료를 납부하게 되면 개인의 가처분소득 감소로 민간저축은 감소한다.
③ 평생에 걸친 소비의 현재가치는 소득의 현재가치와 같다는 조건하에서 자산대체효과는 민간저축을 감소시킨다.
④ 상속효과에 따르면 민간저축은 증가할 것이다.
⑤ 공적연금보험제도의 실시로 발생하는 은퇴효과는 민간저축을 감소시킨다.

21 병원 방문의 수요곡선이 $400-Q$ (Q : 병원 방문 횟수)이고, 건강보험이 없는 상태의 방문당 비용은 100, 건강보험 가입 시 방문당 본인부담금은 20이다. 소비자의 도덕적 해이로 인한 후생비용은?

① 3200　　　　　　　　　　② 4000
③ 5000　　　　　　　　　　④ 6000
⑤ 6400

22 규모에 대한 수확체증인 공공서비스 공급에 있어서 가격을 한계비용과 같도록 설정함으로써 발생하는 손실을 해결하기 위한 방안으로 옳지 않은 것은?

① 일반 세원으로 손실을 충당한다.
② 공공서비스의 평균비용으로 공공서비스가격을 결정한다.
③ 소비자가 사용하는 양에 따라 다른 가격을 설정한다.
④ 소비자로 하여금 일정한 금액을 지불하게 한 다음 소비자가 구입하는 양에 비례하여 추가적인 가격을 설정한다.
⑤ 한계수입과 한계비용이 같은 점을 공공서비스가격으로 한다.

23 두 기업(A, B)이 존재하는 경제에서 A기업은 X재를 생산하고, B기업은 Y재를 생산할 경우, A기업의 비용함수(C_a)는 X^2+4X이고, B기업의 비용함수(C_b)는 Y^2+3Y+X이다. 효율적인 자원배분을 위한 정부 정책수단으로 옳지 않은 것은?(단, $X>0$, $Y>0$이다)

① B기업에 환경세를 부과한다.
② 외부성을 유발하는 물질에 대한 신규시장을 개설한다.
③ 두 기업을 공동 소유할 수 있도록 통합한다.
④ 두 기업 간 거래비용이 매우 적고, 협상으로 인한 소득재분배의 변화가 없을 경우 자발적 타협을 유도한다.
⑤ 정부가 X재와 Y재의 사회적 최적량을 생산하도록 수량을 규제한다.

24 두 사람(A, B)이 존재하는 경제에서 공공재 X의 한계비용(MC_X)은 $2X$, A의 한계효용(MU_A)은 $4-X$, B의 한계효용(MU_B)은 $8-2X$이다. 공공재의 균형량은?

① 2.4
② 2.8
③ 3.0
④ 3.4
⑤ 4.0

25 안전자산과 위험자산으로 구성되어 있는 경제에서 안전자산의 수익률은 0이며, 개인은 수익극대화를 추구한다. 위험자산에 비례소득세를 부과하고 손실 보상을 전혀 해주지 않는 경우의 설명으로 옳은 것은?

① 위험부담 행위의 소득탄력성이 양이면, 소득효과는 위험자산에 대한 투자를 줄이고 대체효과는 위험자산에 대한 투자를 늘려 총효과는 불확실하다.
② 위험부담 행위의 소득탄력성이 음이면, 소득효과와 대체효과 모두 위험자산에 대한 투자를 늘린다.
③ 위험부담 행위의 소득탄력성이 양이면, 소득효과와 대체효과 모두 위험자산에 대한 투자를 줄인다.
④ 위험부담 행위의 소득탄력성이 음이면, 소득효과와 대체효과 모두 위험자산에 대한 투자를 줄인다.
⑤ 위험부담 행위의 소득탄력성이 양이면 소득효과와 대체효과가 발생하지 않아 위험자산에 대한 투자는 불변이다.

26 시장 내 모든 기업이 이윤극대화를 추구할 때, 종가세와 종량세의 조세귀착에 관한 설명으로 옳지 않은 것은?

① 완전경쟁시장의 경우 과세 후 균형점에서 수요가격과 공급가격의 차만 같으면 종가세와 종량세의 전가는 동일하다.
② 완전경쟁시장의 경우 과세 후 균형점에서 수요가격과 공급가격의 차만 같으면 종가세와 종량세의 조세수입은 동일하다.
③ 독점시장에서 소비자에게 과세하는 경우 종가세와 종량세가 생산량에 동일하게 영향을 미친다면, 종가세의 조세수입이 종량세의 조세수입보다 많아진다.
④ 독점시장에서 소비자에게 과세하는 경우 종가세와 종량세로 인한 조세수입이 같다면, 종가세의 생산량보다 종량세의 생산량이 더 많아진다.
⑤ 독점시장에서 소비자에게 과세하는 경우 종가세와 종량세가 생산량에 동일하게 영향을 미친다면, 종가세와 종량세의 사중손실(deadweight loss)의 크기는 동일하다.

27 근로소득세가 노동공급에 미치는 영향으로 옳은 것은?

① 여가가 정상재일 때, 비례소득세 부과로 인한 대체효과가 소득효과보다 크면 노동공급은 늘어난다.
② 여가가 정상재일 때, 비례소득세와 동일한 조세수입을 가져다주는 비왜곡적인 정액세를 부과하는 경우 노동공급에 미치는 효과는 동일하다.
③ 여가가 열등재일 때, 비례소득세 부과로 인한 대체효과가 소득효과보다 크면 노동공급은 늘어난다.
④ 여가가 열등재일 때, 비례소득세와 동일한 조세수입을 가져다주는 비왜곡적인 정액세를 부과하는 경우 노동공급에 미치는 효과는 동일하다.
⑤ 여가가 열등재일 때, 비왜곡적인 정액세를 부과하는 경우 소득효과만 존재하여 노동공급은 감소한다.

28 스턴(N. Stern)이 주장한 소득세의 최적과세에 관한 설명으로 옳은 것을 모두 고른 것은?

ㄱ. 불평등에 대한 혐오감지표의 절대값이 낮을수록 최적소득세율은 낮다.
ㄴ. 조세수입 목표가 클수록 최적소득세율은 높다.
ㄷ. 면세점 이상인 소득자에 대해서 최적선형소득세는 최적비선형소득세에 비해 수직적 공평을 제고하는 데 상대적으로 효과적이지 않다.

① ㄱ
② ㄴ
③ ㄱ, ㄴ
④ ㄴ, ㄷ
⑤ ㄱ, ㄴ, ㄷ

29 생산요소의 조세귀착에 관한 부분균형분석적 설명으로 옳은 것은?

① 노동의 수요탄력성이 무한히 클 경우 근로소득세는 고용주가 모두 부담한다.
② 자본에 과세하는 경우 자본의 개방도가 높을수록 자본공급자의 부담은 높아진다.
③ 공급이 고정되어 있는 토지에 대한 과세는 토지의 현재 소유자에게 귀착된다.
④ 토지의 공급이 신축적일 경우 토지에 대한 과세는 완전한 자본화를 가져온다.
⑤ 노동의 공급탄력성이 매우 작을 경우 근로소득세는 고용주가 대부분 부담한다.

30 정부가 공급하는 상호 독립적인 공공서비스 X와 Y의 한계비용은 각각 $MC_X = 20$, $MC_Y = 30$이고, 가격은 각각 $P_X = 25$, $P_Y = 50$이다. Y의 수요의 가격탄력성이 1일 때, 요금 책정에 따른 효율성 상실의 극소화를 보장하는 X의 수요의 가격탄력성은?

① 1
② 2
③ 2.5
④ 3
⑤ 3.5

31 코즈정리에 관한 설명으로 옳지 않은 것은?

① 정부가 소유권을 설정하면, 자발적 거래에 의하여 시장실패가 해결된다는 정리이다.
② 외부성이 있는 재화의 과다 또는 과소 공급을 해소하는 대책에 해당한다.
③ 외부불경제의 경우 이해당사자 중 가해자와 피해자를 명확하게 구분하지 않더라도 코즈정리를 적용할 수 있다.
④ 외부성 문제 해결에 있어서 효율성과 형평성을 동시에 고려하는 해결방안이다.
⑤ 코즈정리는 외부성 관련 당사자들이 부담해야 하는 거래비용이 작을 때 적용이 용이하다.

32 다수가 사용하는 공공재의 최적공급이론에 관한 설명으로 옳은 것은?

① 비배제성이 존재할 경우에도 공공재의 정확한 수요를 도출할 수 있다.
② 공공재의 전체 수요곡선은 개별수요곡선을 수평으로 합계한 것이다.
③ 공공재의 최적공급 상황에서는 동일한 소비량에 대하여 상이한 가격을 지불하게 된다.
④ 파레토 효율은 공공재 개별 이용자의 한계편익과 한계비용이 일치할 때 달성된다.
⑤ 공공재의 각 이용자가 부담하는 공공재 가격은 공급에 따르는 한계비용과 일치한다.

33 조세의 근거학설 가운데 이익설에 관한 설명으로 옳지 않은 것은?

① 이익의 크기에 따라 조세를 부과하므로 근로의욕을 저해하지 않는다.
② 외부성이 있는 공공재의 공급재원 조달은 어렵다.
③ 공공서비스로부터의 편익에 비례해 부담하기 때문에 무임승차 문제가 발생할 수 없다.
④ 빅셀이 제시한 자발적 교환이론에 근거하고 있다.
⑤ 소득재분배를 위해 필요한 정부지출 재원을 조달하기 어렵다.

34 순수독점시장의 수요함수는 $Q = 300 - 3P$이고, 독점공급자의 총비용 함수는 $TC = \frac{1}{2}Q^2 + 10Q + 20$이다. 정부가 소비자에게 20의 조세를 부과할 때 옳지 않은 것은?

① 세전 균형 거래량은 $Q = 54$이다.
② 세전 균형 가격은 $P = 82$이다.
③ 세후 균형 거래량은 $Q = 42$이다.
④ 소비자가 실제로 부담하는 단위당 세금은 12이다.
⑤ 공급자가 실제로 부담하는 단위당 세금은 16이다.

35 소득세의 면세점 인상으로 발생한 소득세 감소분 1,000억 원을 재산세의 증세로 보전할 경우에 나타나는 효과로 옳지 않은 것은?

① 저소득층의 실질소득 증가를 초래한다.
② 부동산소유자의 실질소득 감소와 재산세 증세의 영향으로 재산수익률이 축소된다.
③ 여가가 정상재인 경우 고소득층의 노동공급의 증감은 불확실하다.
④ 자원배분의 효율성이 증진된다.
⑤ 소득분배 형평성을 제고할 수 있다.

36 독점적 경쟁시장하의 개별 기업에 대한 과세의 효과에 관한 설명으로 옳은 것은?

① 독점적 경쟁시장의 상품에 과세한 경우, 기업이 충성고객을 확보하였을 때는 전가가 어렵다.
② 독점적 경쟁시장의 상품에 과세한 경우, 상품에 이질성이 높으면 전가가 어렵다.
③ 독점적 경쟁시장의 기업에 대한 이윤세 부과는 기업의 이윤극대화 행위에 영향을 주지 못한다.
④ 완전경쟁시장 개별 기업의 상품에 과세한 경우에 비해 전가가 어렵다.
⑤ 독점적 경쟁시장의 상품에 과세한 경우, 상품에 동질성이 높으면 전가가 용이하다.

37 주어진 소득으로 개인이 재화를 선택하는 데 있어서 중립성을 저해하는 과세방식은?

① 소득세만 부과한다.
② 소득세를 부과한 이후에 특정 재화에 물품세를 부과한다.
③ 소득세와 일반소비세를 부과한다.
④ 모든 재화에 대해 동일한 물품세를 동시에 부과한다.
⑤ 소득효과만 있고 대체효과가 존재하지 않는 조세를 부과한다.

38 시장에 존재하는 불확실성 완화 방안으로 옳지 않은 것은?

① 도덕적 해이의 축소와 역선택의 확대
② 위험분산
③ 보험제도 실시
④ 조건부거래시장 개설
⑤ 정보의 확산

39 정부가 저소득층 아동을 위하여 실시하는 사립학교용 교육바우처제도에 관한 설명으로 옳지 않은 것은?

① 사립초등학교 지원율을 높일 것이다.
② 사립과 공립초등학교 간 선택의 폭이 늘어날 것이다.
③ 사립초등학교의 신설이 늘어날 것이다.
④ 사립과 공립초등학교 간 경쟁이 높아질 것이다.
⑤ 공립초등학교의 신설이 늘어날 것이다.

40 환경정책 시행을 통해 발생하는 편익을 측정하는 방법으로 옳은 것은?

① 조건부가치측정법은 현시된 선호에 기초해 환경의 질 개선에 대해 사람들이 지불할 용의가 있는 금액을 편익으로 측정하는 방법이다.
② 회피행위접근법은 환경오염으로 발생하는 위험을 회피하기 위해 지불하는 금액을 편익으로 측정하는 방법이다.
③ 헤도닉가격접근법은 환경질 악화로 손실을 본다고 느끼는 사람들에게 이를 개선하기 위해 지불할 용의가 있는 금액을 편익으로 측정하는 방법이다.
④ 지불의사접근법은 환경재의 질적 개선으로 인한 가격상승폭을 편익으로 측정하는 방법이다.
⑤ 여행비용접근법은 환경재를 이용함에 있어 가상적인 효과를 제시하고, 이를 통해 얼마만큼 지불할 용의가 있는지를 묻는 방법을 통해 측정하는 방법이다.

PART 2

세무사 1차 재정학 정답 및 해설

2025년(제62회) 정답 및 해설
2024년(제61회) 정답 및 해설
2023년(제60회) 정답 및 해설
2022년(제59회) 정답 및 해설
2021년(제58회) 정답 및 해설
2020년(제57회) 정답 및 해설
2019년(제56회) 정답 및 해설
2018년(제55회) 정답 및 해설
2017년(제54회) 정답 및 해설
2016년(제53회) 정답 및 해설

아이들이 답이 있는 질문을 하기 시작하면 그들이 성장하고 있음을 알 수 있다.

- 존 J. 플롬프 -

2025년(제62회) 세무사 1차 재정학 정답

재정학

01	02	03	04	05	06	07	08	09	10
①	①	⑤	③	②	④	③	②	①	④
11	12	13	14	15	16	17	18	19	20
⑤	③	③	①	④	②	①	②	⑤	⑤
21	22	23	24	25	26	27	28	29	30
②	④	③	④	④	⑤	①	⑤	③	⑤
31	32	33	34	35	36	37	38	39	40
③	②	⑤	③	①	④	②	②	③	②

2025년 세무사 1차 결과

대상인원(명)	응시인원(명)	합격인원(명)	합격률(%)
22,010	18,708	4,220	22.55

2025년 과목별 결과

구 분	응시인원(명)	평균점수(점)	과락인원(명)	과락률(%)
재정학	18,708	57.32	5,311	28.39
세법학개론	18,708	35.96	10,912	58.33
회계학개론	18,583	36.43	10,959	58.97
상 법	4,987	57.45	1,046	20.97
민 법	1,469	59.60	302	20.56
행정소송법	12,127	56.69	3,316	27.34

| 문제 | 01 | 조세의 기초이론 |

유형	이론형
중요도 ★☆☆	정답 ①

정답해설

바람직한 조세란 공평성의 원칙, 확실성의 원칙, 편의성의 원칙 경제적 효율성 외에 경제의 변화에 신축적으로 변화할 수 있는 신축성의 요건도 갖추어야 한다. 조세의 납부방법, 시기, 금액 등이 정해진 법률과 규정에 따라 국민들이 이해할 수 있는 방식으로 제시되어야 한다는 것은 확실성의 원칙에 해당한다.

유사문제 CHECK

2024년 1번

합격의 TIP

2024년 1번에 출제되었던 문제와 동일한 주제로 2025년에도 1번에 출제되었다. 난이도가 쉬운 문제로 반드시 맞추도록 하자

| 문제 | 02 | 조세의 기초이론 |

유형	이론형
중요도 ★★☆	정답 ①

정답해설

① 능력원칙에 의하면 아파트 가격이 올랐다면 재산세를 더 많이 부담해야 한다.

② 능력원칙은 빅셀(K. Wicksell)이 제시한 동등희생의 원칙이라는 재정이론에 그
  ↳ 밀(J. S. Mill)이 제시한 균등희생의 원칙
  근거가 있다.

③ 편익원칙에 따르면 상이한 경제적 능력을 가진 사람에게는 서로 다른 크기의 조
  ↳ 능력원칙
  세를 부과해야 한다.

④ 능력원칙에 따른 과세의 예로 통행료, 사용료 및 수수료가 해당된다.
  ↳ 편익원칙

⑤ 편익원칙은 밀(J. S. Mill)이 제공한 자발적 교환의 재정이론에서 이념적 기초를
  ↳ 빅셀(K. Wicksell)과 린달(E. Lindahl)
  찾을 수 있다.

유사문제 CHECK

2024년 2번
2022년 9번
2019년 13번

문제 03 개별조세이론

유 형	이론형
중요도 ★★☆	정답 ⑤

정답해설

① 목적세는 특정분야 사업재원의 안정적인 확보에 기여한다.

② 지방세이면서 목적세로는 지방교육세가 있다.

③ 국세이면서 목적세로는 농어촌특별세가 있다.

④ 직접세로는 법인세가 있으며 간접세로는 부가가치세가 있다.

⑤ ~~간접세가 직접세에~~ 비해서 소득분배의 개선에 유리하다.
  ↳ 직접세가 간접세에

유사문제 CHECK

2024년 11번
2023년 1번
2020년 20번

합격의 TIP

우리나라 조세체계의 분류는 과거에 출제된 바 있다. 관련이론을 통해 조세의 구분에 대한 정의에 대하여 추가로 학습하고 유사문제를 통해 우리나라 조세체계를 알아두자

관련이론 직접세와 간접세, 보통세와 목적세

구분 기준	조세	정 의	예 시	특 징
납세의무자와 담세자 관계	직접세	납세의무자와 담세자가 일치하는 조세	소득세, 법인세, 재산세	조세 부담이 직접 드러나 조세저항이 큼
	간접세	납세의무자와 담세자가 일치하지 않는 조세	부가가치세, 개별소비세, 주세	가격에 포함되어 부담이 간접적, 조세저항이 적음
특정한 지출 목적의 여부	보통세	일반적 국가 재정 지출을 위한 조세	소득세, 법인세, 부가가치세	세수가 크고 국가 재정 운영의 기본
	목적세	특정한 지출 목적을 위해 부과되는 조세	교육세, 농어촌특별세, 교통·에너지·환경세	특정 재원 확보에 안정적이나 재정 융통성이 낮음

문제 04 조세와 효율성 : 초과부담

유 형	이론형
중요도 ★★★	정답 ③

정답해설

③ 조세부과로 인한 초과부담은 상대가격의 변화로 인한 소득효과와 대체효과가 서로 반대방향으로 작용하게 되면 발생하지 않는다.
  ↳ 대체효과가 0이라면, 초과부담의 근본적인 원인은 조세부과로 상대가격이 변화하여 대체효과가 발생하기 때문이다.

✓ 유사문제 CHECK

2024년 3번, 2023년 2번
2021년 2번, 2020년 1번
2019년 4번, 2017년 7번

합격의 TIP

초과부담과 관련된 문제는 매년 출제되는 중요한 문제이다. 유사문제를 반드시 풀어보고, 2024년 3번 문제의 관련이론에 있는 기출지문이론까지 완벽하게 학습하자

관련이론 초과부담

(1) **초과부담의 개념** : 조세징수액을 초과하는 추가적인 민간의 부담으로, 조세를 부과함에 따라 민간부문의 의사결정이 교란됨에 따라 발생. '후생손실' 또는 '사중적손실', '자중손실'이라는 표현을 쓰기도 함

(2) **초과부담의 근본적인 원인** : 조세부과로 상대가격이 변화하여 대체효과가 발생하기 때문

(3) **초과부담의 측정방법 및 결정요인**
   1) 공급곡선이 수평선인 경우 : $DWL = \frac{1}{2} \cdot t^2 \cdot \epsilon \cdot (PQ)$
   2) 공급곡선이 우상향인 경우 : $DWL = \frac{1}{2} \cdot \frac{1}{\frac{1}{\epsilon}+\frac{1}{\eta}} \cdot t^2 \cdot (PQ)$

   (주로 면적을 이용하지만, 위의 식도 알아두자)
   3) 수요가 탄력적일수록 초과부담은 커지며, 초과부담은 세율의 제곱, 거래금액에 비례한다.

(4) **특이한 경우와 초과부담**
   1) 완전보완재의 경우
      ① 무차별곡선 : L자 형태
      ② 효용함수 $U = \min[X, Y]$
      ③ 대체효과 : 0(따라서 초과부담이 발생하지 않는다)
      ④ 가격효과 = 소득효과
   2) 조세부과 후 구입량의 변화가 없는 경우 : 대체효과와 소득효과의 크기가 절대적으로 동일하면서 반대방향으로 작용할 때 나타나는 현상이다. 따라서 조세부과 후 구입량에는 변화가 없지만, 대체효과가 0이 아니기 때문에 초과부담이 발생한다.
      참고 대체효과와 소득효과의 크기가 절대적으로 동일하면서 반대방향으로 작용한다는 것은 조세가 부과되는 재화가 반드시 열등재인 경우이다.
   ※ 대체효과가 0인 완전보완재의 경우, 공급곡선이나 수요곡선이 완전히 비탄력적인 경우에는 초과부담이 발생하지 않는다. 따라서 거래량이 불변인 경우, 거래량이 0인 경우, 조세수입이 0인 경우, 시장가격이 불변인 경우 모두 초과부담이 발생한다는 것을 유념하자

문제 05 조세의 전가와 귀착

유형: 계산형 **중요도**: ★★★ **정답**: ②

정답해설

1 조세부과 전 가격과 거래량 구하기
- 수요함수 : P = 100 − Q
- 공급함수 : MC = 50
→ 따라서 P = 50, Q = 50

2 조세부과 후 공급함수
- 공급함수 : P = MC + t = 50 + 20
  → 공급곡선 세금만큼 상방이동

  P = 70

3 조세부과 이후 가격과 거래량
- 수요함수와 공급함수를 연립하면 P = 70, Q = 30로 변경된 균형점을 구할 수 있다.
→ 따라서 과세로 인한 공급자의 판매량은 50에서 30으로 감소하였으므로 20(④)임을 알 수 있다.

4 비효율성계수(②)
- 비효율성계수 = $\dfrac{\text{초과부담}}{\text{조세수입}} = \dfrac{1)}{2)} = \dfrac{200}{600} = \dfrac{1}{3}$

- 그림으로 나타내면 다음과 같으며, 조세수입 BCDE(①), 소비자잉여감소 ABE + BCDE(③), 과세로 소비자에게 100% 전가된 금액 20(⑤)을 파악할 수 있다.

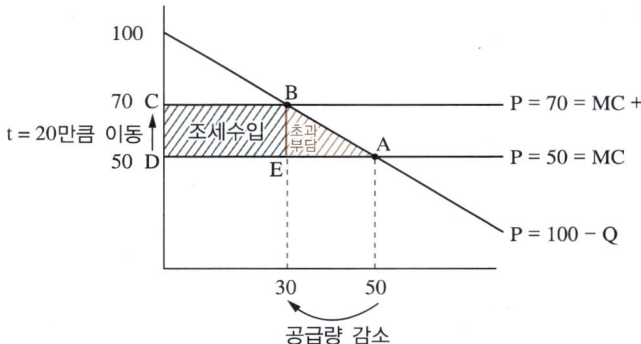

따라서 정답은 ②번이다.

유사문제 CHECK
2024년 5번
2021년 10번

합격의 TIP
2018년 11번에 비효율성계수와 관련된 문제가 단독으로 출제된 바 있다. 함께 학습하자

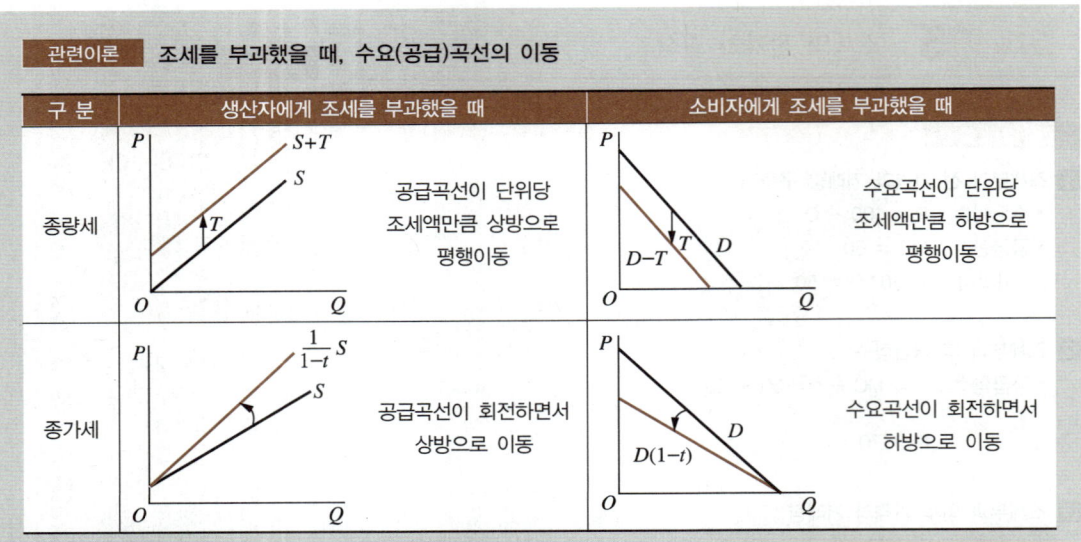

문제 06 조세의 전가와 귀착

유 형	이론형
중요도 ★☆☆	정답 ④

정답해설

'조세 그 자체만의 분배적 효과를 보는 가장 좋은 방법은 한 종류의 조세를 동일한 조세수입을 가져다주는 다른 종류의 조세로 대체했을 때 어떤 분배효과가 나오는가를 보는 것이다'라는 보기의 설명은 ④ 차별적 조세귀착 분석방법에 대한 설명이다.

> **합격의 TIP**
>
> 10년간 처음 출제된 주제이다. 관련 이론을 통해 각 귀착의 분석방법을 알아두자

관련이론

1. 조세귀착의 방향
(1) 전방전가 조세귀착 : 공급자(생산자)에게 부과된 세금이 가격 인상을 통해 소비자에게 이전되는 것
(2) 후방전가 조세귀착 : 공급자(생산자)가 세금을 소비자 가격에 전가하지 못하고, 자신이 부담하거나, 혹은 생산요소(노동자·토지소유자)에게 부담을 떠넘기는 것

2. 조세귀착의 분석방법
(1) 균형예산 조세귀착 : 정부가 세금을 걷은 후, 조세징수와 정부지출 변화에 따르는 종합적인 효과를 고려하는 것 그 세수를 지출하는 효과까지 포함하여 조세귀착을 분석하는 방법
(2) 차별적 조세귀착 : 정부지출의 크기를 고정시켜 놓은 상태에서 특정 세목의 조세를 동액의 조세수입을 얻을 수 있는 다른 세목으로 대체해서 도입하는 경우의 귀착을 비교하는 방법
(3) 절대적 조세귀착 : 정부지출 규모와 다른 조세의 크기를 고정시켜 놓고, 새로운 조세를 도입했을 때, 그 세금의 귀착을 분석하는 방법
※ 절대적 조세귀착과 차별적 조세귀착의 가장 큰 차이는 특정 세금 자체의 효과를 분석하는 것인지 아니면 다른 세금과 대체했을 때의 효과를 분석하는 것인지에 있음

문제 07 개별조세이론

유 형	이론형
중요도 ★★★	정답 ③

정답해설

① 수출품에 대한 부가가치세 영세율은 매출액에 대한 부가가치세가 없다는 의미이므로 <u>매입세액공제를 하지 않는다</u>.
  ↳ 매입세액공제를 허용한다. 다만, 면세사업만 있는 사업자의 경우에는 매입세액이 있어도 환급 받을 수 없다.

② 부가가치세는 생산단계마다 추가된 부가가치에 대해서만 과세하므로 수직적 통합을 <u>촉진하는</u> 효과가 있다.
  ↳ 줄이는

④ 경제적 이윤에 대한 법인세과세방식은 기업의 생산결정을 <u>왜곡하게 된다</u>.
  왜곡하지 않는다. 법인세를 경제적 이윤에 대하여 과세한다면, 법인세는 전부 주주에게 귀착되기 때문에 조세전가와 초과부담이 발생하지 않기 때문이다.

⑤ 타인자본에 대해서만 이자비용공제를 허용하는 법인세는 투자재원조달방식의 왜곡을 <u>가져오지 않는다</u>.
  ↳ 가져온다.

✅ 유사문제 CHECK

2024년 9번(법인세, 부가가치세)
2023년 6번(법인세)
2023년 7번(소득세, 부가가치세)
2022년 1번(부가가치세)
2022년 5번(법인세)
2021년 1번(부가가치세)
2019년 20번(법인세)
2018년 20번(법인세)
2017년 15번(부가가치세)

합격의 TIP

자주 출제되는 유형이므로 유사문제를 통해 기출지문을 학습해두자

문제 08 최적과세론

유 형	이론형
중요도	★★☆	정답	②

정답해설

② 세율인상에 따른 대체효과는 탈루소득의 한계편익이 ~~줄어들기 때문에 탈루소득~~ 늘어나기 때문에 탈루소득에 대한 효과는 불분명하다. 세율인상에 따른 소득효과와 대체효과가 반대방향으로 움직이기 때문이다.
~~을 줄이는 방향으로 작용한다.~~

✓ 유사문제 CHECK

2024년 10번
2022년 10번
2019년 7번

합격의 TIP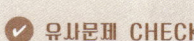

최근들어 자주 출제되고 있으므로, 유사문제를 반드시 확인해두자

관련이론 알링햄-샌드모(M. Allingham & A. Sandmo)의 탈세모형

(1) 가 정
  1) 납세자는 위험중립자를 가정한다.
  2) 조세당국은 무작위 세무조사를 실시하며, 무작위 세무조사 시 반드시 적발된다.
  3) 탈세액이 증가할수록 벌금은 체증적으로 증가한다.

(2) 탈세의 한계비용 = 세무조사확률 × 한계벌금의 크기

(3) 탈세의 한계편익 = 탈세로 얻는 이득

(4) 탈세를 낮추는 방법 : 세율을 줄이고, 세무조사받을 확률과 한계벌금의 크기를 늘린다.

(5) 이론의 한계점
  1) 탈세의 심리적 비용에 대한 고려가 미흡하다.
  2) 모형에서 위험중립자를 가정하고 있지만 실제 납세자들은 주로 위험기피적이다.
  3) 한계세율이 매우 높은 경우 탈세가 용이한 직업에 종사하려는 특징을 보인다.
  4) 실제 세무조사확률(세무사찰확률)은 직업이나 소득규모에 따라 달라진다.

문제 09 조세의 경제적 효과

유형: 이론형
중요도: ★★☆
정답: ①

정답해설

② 여가가 정상재일 때, 근로소득세의 부과에 따른 노동공급은 대체효과에 의해서 증가한다.
   ↳ 감소한다. 실질임금의 가치가 하락하여 여가의 상대가격이 하락하므로, 노동공급은 감소하게 된다.

③ 소득의 증가에 따라서 평균세율이 한계세율보다 클수록 누진성이 증가하게 된다.
   감소하게, 한계세율이 평균세율보다 클수록 누진성이 증가한다.

④ 소득공제는 세액공제보다 한계세율이 낮은 저소득층에 유리하다.
   ↳ 높은. 소득공제는 세율에 과세표준을 직접적으로 낮추어 주어 보다 낮은 세율 구간이 적용될 수 있지만, 세액공제는 세액에서 직접 차감되기 때문이다.

⑤ 헤이그–사이먼즈의 포괄적 소득 정의에 의하면, 개인의 경제적 능력의 증가는 소득으로 실현된 경우에만 소득세의 과세 대상이 된다.
   ↳ 실현된 경우와 상관없이

유사문제 CHECK
2022년 18번
2020년 15번

합격의 TIP
헤이그–사이먼즈의 소득정의에 대해 정확히 알아두고, 2020년 15번 문제에 수록된 기출지문을 확인하자. 또한 여가 관련 심화학습을 위해 2024년 13번과 그 유사문제를 함께 학습해두자

관련이론 헤이그–사이먼즈(Haig–Simons)의 소득 정의

(1) 발생원천과 관계없이 일정기간 동안 개인의 경제적 능력을 증가시킨 수입은 모두 과세대상인 소득에 포함해야 하며, 소득의 원천, 형태, 실현여부에 관계없이 개인의 경제적 능력을 증가시킨 것은 모두 포함

(2) 장 점
   1) 개인의 경제적 능력에 대한 적절한 측정이 가능
   2) 소득원천 선택의 교란이 발생하지 않음
   3) 수평적 공평에 부합
   4) 세원확보에 용이하며, 낮은 세율로도 주어진 목표 달성이 가능
   5) 낮은 세율로 인하여 탈세의 가능성이 낮고, 초과부담도 적음

(3) 단 점
   1) 경제적 능력의 순증가를 파악하는 것이 현실적으로 불가능함
   2) 귀속소득을 정확히 계산하는 것에 어려움이 있음

문제 10 최적과세론

유 형	이론형
중요도 ★★★	정답 ④

정답해설

④ 이자소득세의 부과에 의한 소득효과는 저축의욕을 <s>줄어들게</s> 한다.
　　　　　　　　　　　　　　　　　　　↳ 늘어나게

유사문제 CHECK
- 2024년 12번
- 2023년 11번
- 2022년 14번
- 2020년 14번
- 2018년 16번

합격의 TIP
최근들어 자주 출제되고 있으므로 관련이론과 유사문제를 반드시 학습해두자

관련이론 이자소득세가 저축에 미치는 영향

(1) 예금자

가격효과	소득효과	현재소비 = 정상재	현재소비 감소, 미래소비 감소, 저축 증가
		현재소비 = 열등재	현재소비 증가, 미래소비 증가, 저축 감소
		(실질 이자율(실질 수익률)이 하락하여 실질소득 감소)	
	대체효과	현재소비 증가, 저축 감소, 미래소비 감소	
		(실질 이자율(실질 수익률)의 하락으로 현재소비의 기회비용이 감소)	

(2) 차입자

가격효과	소득효과	현재소비 = 정상재	현재소비 증가, 미래소비 감소, 저축 감소
		현재소비 = 열등재	현재소비 감소, 미래소비 증가, 저축 증가
		(실질 이자율(실질 수익률)이 하락하여 실질소득 증가)	
	대체효과	현재소비 증가, 저축 감소, 미래소비 감소	
		(실질 이자율(실질 수익률)의 하락으로 현재소비의 기회비용이 감소)	

문제 11 조세의 경제적 효과

유 형	이론형
중요도 ★★☆	정답 ⑤

정답해설

③ 신고전파 투자이론에서 자본재 구입비용은 즉시 비용처리하고, 지급이자에 대한 비용 공제를 허용하지 않는 경우 세후와 세전 투자수익률이 같아지기 때문에 중립적이다.

④ 가속상각, 투자세액공제 등의 제도에 따라 한계실효세율은 음(−)을 가질수 있으며, 킹(M. King)과 플라톤(D. Fullerton)의 한계실효세율접근법에서 한계실효세율이 음(−)이란 것은 정부가 투자소득에 대해 보조금을 주는 것을 의미하기 때문에 조세의 존재가 투자를 촉진하는 결과를 가져온다.

⑤ 부채를 통한 투자의 경우 한계실효세율이 음(−)의 값을 갖는 것은 현행 조세제도가 부채의존도를 줄이는(→증가하는) 효과를 갖는다는 뜻이다.

✓ 유사문제 CHECK
2024년 14번
2022년 19번
2021년 14번

문제 12 공채론

유 형	이론형
중요도	★☆☆
정답	③

정답해설

ㄴ. 통화주의자는 호황기보다 경기 침체기에 구축효과가 더 크게 발생한다고 주장한다.

↳ 경기 침체기보다 호황기에, 구축효과는 민간소비의 증가로 인한 이자율 상승으로 인한 민간투자의 감소로 인한 효과를 의미하는데, 경기 침체기보다 호황기에 민간소비의 증가가 활발하게 이루어지고, 국채의 발행으로 인한 이자율도 상승하게 되므로 이자율이 침체기보다 더 많이 상승하므로 민간투자의 감소 또한 크게 영향을 받게 된다.

ㄹ. 시중에서 소화되는 경우 구축효과가 발생하기 때문에 중앙은행이 국채를 인수하는 경우가 시중에서 소화되는 경우보다 총수요 증대효과가 더 크다.

ㄱ, ㄷ, ㄹ 모두 옳은 문장이다. 따라서 정답은 ③번이다.

유사문제 CHECK
2023년 15번
2022년 8번
2021년 32번

합격의 TIP
구축효과는 보기의 지문으로 자주 출제되므로 정의는 반드시 알아두자. 또한 관련이론을 통해 케인즈학파와 통화주의 학파의 관점을 구분하여 알아두자

관련이론 학파별 국채발행 및 조세감면에 따른 국민소득의 변화

구 분	국채발행·조세감면 효과	가처분 소득	총수요 변화	국민소득 변화	메커니즘 요약
케인즈 학파	효과 긍정적으로 평가	증가	증가	증가	가처분 소득이 증가함에 따라 소비·수요 모두 증가함
통화주의 학파	효과 제한적으로 평가	증가	별로 변하지 않음	별로 변하지 않음	공채발행에 따른 이자율상승으로 민간투자가 감소함 (가처분 소득이 증가하지만, 구축효과 발생으로 인해 총수요에 미치는 영향이 제한적임)
리카도 등가정리	효과 없다고 평가	변화 없음	변화 없음	변화 없음	가처분소득은 불변이고, 저축만 증가함에 따라 미래세 부담 예상

문제 13 조세의 경제적 효과

유형: 이론형 **중요도**: ★☆☆ **정답**: ③

정답해설

① 완전손실보상제도가 있는 경우, 위험자산의 비중은 <s>작아진다</s>. → 커진다.

② 완전손실보상제도하에 정부의 위험부담 비용이 민간부문과 <s>같다면</s>, 조세의 부과는 사회후생을 증진시킨다.
→ 크다면, 정부의 위험부담 비용이 민간 부문과 같은 경우 경제적 효율성은 불분명하다.

③ 문제에서 위험부담행위에 대한 소득탄력성이 0보다 작은 경우를 가정하였기 때문에 소득효과가 대체효과보다 큰 경우에 위험자산의 비중은 증가한다.

④ 손실보상제도를 전혀 허용하지 않는 경우, 대체효과는 위험자산의 비중을 <s>늘린다</s>.
→ 줄인다. 조세부과로 인하여 수익률이 감소하기 때문에 안전자산의 기회비용이 감소하기 때문이다.

⑤ 완전손실보상제도가 있는 경우, 투자 수익과는 달리 손실에 대해 <s>정부와 투자자가</s> 공동 부담하도록 한다.
→ 정부가. 손실상계란 투자로 인한 손실이 발생했을 때 세액의 일부를 환급하거나 공제해 줌으로써 손실분에 해당하는 조세부담을 감면시켜주는 것을 의미한다.

유사문제 CHECK
2021년 17번
2016년 25번

합격의 TIP
위험자산과 투자의 안전성 중 어떤 것이 정상재인지 그리고 투자자의 위험부담행위의 소득탄력성에 대한 가정을 어떻게 하는지에 따라 소득효과의 방향이 달라지므로 관련 이론을 정확하게 학습해두자

관련이론 조세와 위험부담

(1) 손실상계
   투자로 인하여 손실이 발생하였을 때 세액의 일부를 환급하거나 공제해 줌으로써 손실분에 해당하는 조세부담을 감면해 주는 것

(2) 위험자산에 비례소득세를 부과하고 손실상계가 허용되는 경우
   1) 정부가 일종의 공동투자자로서 행동하고, 위험부담을 촉진함
   2) 경제적 효율성은 불분명하나, 반드시 위험부담 행위가 증가함

(3) 위험자산에 비례소득세를 부과하고 손실상계가 허용되지 않는 경우

가격효과 (조세부과에 따라 투자 수익률이 감소)	소득효과	위험자산 = 정상재 위험자산 투자 감소, 안전자산 투자 증가 (위험부담 항위의 소득탄력성이 양인 경우)
		위험자산 = 열등재 위험자산 투자 증가, 안전자산 투자 감소 (위험부담 항위의 소득탄력성이 음인 경우)
	대체효과	위험자산 투자 감소, 안전자산 투자 증가

유 형	이론형
중요도 ★★☆	정답 ①

문제 14 지방재정

정답해설

① 정부부문의 총지출 중 중앙정부의 **총지출**이 차지하는 비율을 중앙집권화율이라
   ↳ 직접적 지출
   하며, 분권 수준을 파악하는 지표로 사용한다.

② 오우츠(W. Oates)의 분권화 정리

④, ⑤ 티부(C. Tiebout)의 분권화 정리

유사문제 CHECK
2024년 18번, 2023년 19번
2022년 20번, 2021년 19번
2019년 19번, 2018년 37번

합격의 TIP
2023년 19번 관련이론을 통해 중앙집권화율과 지방재정자립도에 대한 개념을 알아두자

관련이론 분권화 정리

(1) 오우츠(W. Oates)의 분권화 정리
   중앙정부가 공공재를 공급하는 것보다, 각 지방정부가 자율적으로 지역 주민의 '선호'에 맞춰 공공재를 공급하는 것이 더 효율적이거나 최소한 같은 효율성을 달성할 수 있음. 단, 공공재 공급에 규모의 경제가 발생한다면 중앙정부가 공급하는 것이 더 유리할 수도 있음

(2) 티부(C. Tiebout)의 분권화 정리
   1) 내 용 : 한 나라가 다수의 지방정부로 구성되어 있고, 각 지방정부는 지역주민의 선호에 따라 지방세와 지방공공재의 공급수준을 결정하고, 개인의 지역 간 완전이동성이 보장될 때, 각 지역에서 지방공공재는 최적수준으로 공급될 뿐만 아니라 국민들은 효율적 거주지를 결정(발에 의한 투표를 통해)하게 된다.
   2) 가 정
      • 다양한 수준의 공공재를 공급하는 다수의 지방정부가 존재해야 함
      • 각 지방의 공공재 공급수준과 조세수준을 아무런 비용 없이 알 수 있어야 함
      • 지역 간 주민의 완전이동성이 보장되어야 함
      • 공공재 공급에 외부성이 존재하지 않음
      • 공공재의 공급비용이 일정해야 함
      • 공공재의 공급재원은 비례적인 재산세를 통해 조달해야 함(소득세가 아님에 주의)
      • 각 지역에서 최소주택규모 등 안정적인 균형이 성립되기 위한 도시계획규제가 실시되어야 함

문제 15 공채론

유 형	이론형
중요도 ★★☆	정답 ④

정답해설

④ 이자율 하락은 국채의 시장가치를 하락시켜 정부부채를 감소시키는 효과가 있다.
  ↳ 상승, 이자율과 채권의 가격은 반대로 움직인다.

유사문제 CHECK

2024년 15번
2020년 40번
2018년 36번

합격의 TIP

보기지문 ②번의 경우 2024년 출제지문이 그대로 출제되었다. 유사문제를 반드시 학습해두자

문제 16 조세의 경제적 효과

유 형	이론형
중요도 ★☆☆	정답 ②

정답해설

ㄱ. 기업의 가치를 극대화하는 최적 자본구조의 존재를 입증한 것이다.
　→ 존재가 없음을 입증한 것이다.

ㄷ. 경영자와 주주 간에 주인-대리인 문제가 있다고 가정한다.
　→ 없다

ㄴ, ㄹ, ㅁ은 모딜리아니-밀러(Modigliani-Miller)의 정리에 관한 옳은 설명이다.
*관련이론

따라서 정답은 ②번이다.

✅ 유사문제 CHECK

2023년 14번

합격의 TIP

2023년 이후 처음으로 단독 출제된 주제이다. 과거 기출문제를 함께 학습해두자

관련이론 모딜리아니-밀러(Modigliani-Miller)의 정리

(1) 제1명제(1958년)
　1) 기업의 가치를 극대화하는 데 필요한 할인율을 최소화하는 최적자본구조가 존재하는지에 대한 연구
　2) 가정
　　- 완전자본시장을 전제로 함
　　- 법인세와 소득세 등의 세금은 없음
　　- 기업이 발행하는 증권은 주식과 무위험영구부채만 존재하며, 주식·채권의 거래비용은 존재하지 않음
　　- 모든 투자자 및 경영자의 정보수준은 동일하며, 정보에 제한이 없음
　　- 개인투자자는 기업과 동일한 이자율로 차입·대출을 할 수 있고, 모든 기업의 영업위험은 동일함
　3) 결론 : 기업의 가치를 극대화하는 최적 자본구조는 존재하지 않는다.
　4) 비판
　　- 현실에서는 세금 및 거래비용이 존재하며, 완전자본시장이라는 전제가 비현실적임
　　- 개인투자자와 기업의 차입능력이 다름

(2) 제2명제(1963) 수정모형
　1) 제1명제의 가정에 법인세가 존재하는 것으로 수정함. 즉, 법인세가 존재할 때 부채 사용 시 발생하는 이자비용의 절세효과를 고려
　2) 결론 : 법인세가 존재하여 이자비용의 절세효과를 고려하는 경우, 100% 타인자본을 사용하는 것이 기업의 가치를 극대화하는 최적자본구조이다.

문제 17 지방재정

유형	계산형
중요도	★★★ 정답 ①

정답해설

① 보조금이 지급될 때, 지방세가 줄어들어 민간지출이 증가하는 현상을 끈끈이 효과라 한다.

> 지방정부의 지출이 더 크게. 끈끈이 효과란 지역주민의 소득이 증가할 때보다 동액의 무조건부보조금을 지급할 때 지방정부의 지출(지방공공재 공급)이 더 크게 증가하는 효과이다. 따라서 지방정부의 공공재 지출증대 효과는 중앙정부의 정액교부금 지원을 통한 경우(보조금지급)가 중앙정부의 조세감면-주민소득 증가(지역주민의 소득이 증가)에 의한 경우보다 효과가 더 크다.

유사문제 CHECK
- 2024년 17번
- 2022년 4번
- 2020년 28번
- 2017년 22번
- 2016년 6번

관련이론 보조금이론

(1) 보조금 지급의 목적
1) 지역 간 외부성과 특정 공공재 공급의 촉진
   조건부 정률보조금에 해당하며, 현행 국고보조금으로 시행 중
2) 지역 간 재정력 격차 해소 및 재원조달 능력의 차이 해결
   무조건부보조금 지급에 해당하며, 현행 지방교부금으로 시행 중
3) 특정지역에 대한 보상 및 역할을 위임

(2) 보조금의 유형

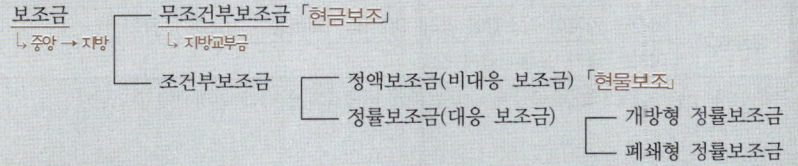

무조건부보조금		사용용도 제한없음(주로 지역 간 경제력의 평준화 및 지역 간 소득재분배를 위하여 지급)	
조건부보조금	정액보조금	일정금액 지급, 사용용도 제한	
	정률보조금	공공사업에 소요되는 재원의 일정비율만 지급	
		개방형	지출증가 시 보조금도 증가
		폐쇄형	정률지급하되 지급한도 있음

(3) 보조금의 효과에 대한 비교
1) 동일 보조금 지급 시 효용(증가)크기
   무조건부 > 정액 > 정률
2) 지방공공재의 생산 촉진효과
   정률 > 정액 ≥ 무조건부
3) 동일 효용 달성 시 필요 보조금
   정률 > 정액 ≥ 무조건부

문제 18 조세의 경제적 효과

유 형	이론형
중요도	★★★ 정답 ②

정답해설

ㄱ. 여가가 정상재이고 소득효과가 대체효과보다 작으면 노동공급곡선은 후방굴절
   ↳ 크면
   형이다.

ㄴ. 여가가 정상재이고 비례소득세 부과로 대체효과가 소득효과보다 크다면 노동공급은 늘어난다.
   ↳ 줄어든다.

따라서 옳은 것은 ②번 ㄷ이다.

✔ 유사문제 CHECK

2024년 13번
2023년 10번
2021년 16번
2020년 15번
2017년 12번
2017년 18번
2016년 27번

합격의 TIP

매년 출제되는 지문으로 반드시 알아두자

관련이론 근로소득세(비례소득세)와 노동공급

(1) 근로소득세(비례소득세)가 노동공급에 미치는 영향

가격효과	소득효과	시간당 임금이 감소함에 따라 실질소득이 감소하게 됨	
		여가 = 정상재 : 여가는 감소, 노동공급은 증가	소득효과 > 대체효과 : 노동공급은 증가
			소득효과 < 대체효과 : 노동공급은 감소
		여가 = 열등재 : 여가는 증가, 노동공급은 감소	
	대체효과	시간당 임금이 감소함에 따라, 여가의 기회비용이 감소하게 됨	
		여가는 증가, 노동공급은 감소	

※ 사람들은 효용에 따라 선택하므로, 노동 공급은 소득효과와 대체효과에 따라 결정됨에 주의한다.

(2) 근로소득세(비례소득세)와 노동공급곡선

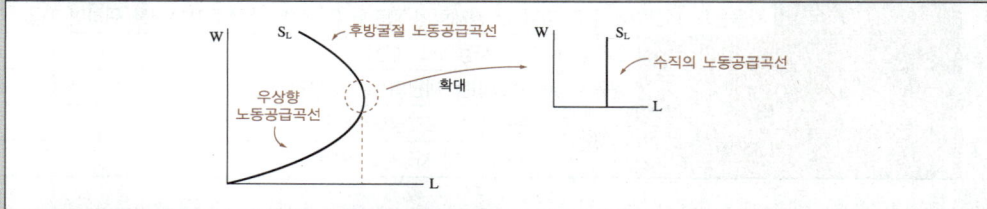

1) 후방굴절 노동공급곡선(실질임금 감소 → 노동 증가)
   여가 = 정상재 & 소득효과 > 대체효과
2) 우상향 노동공급곡선(실질임금 감소 → 노동 감소)
   여가 = 열등재
   여가 = 정상재 & 소득효과 < 대체효과
3) 수직의 노동공급곡선(실질임금 불변 → 노동 불변)
   여가 = 정상재 & 소득효과 = 대체효과

문제 19 공공요금의 이론

유 형: 이론형
중요도: ★★★
정답: ⑤

정답해설

① 한계비용 가격설정방법으로 요금을 결정하면, 파레토 최적이 달성되므로 공공서비스 공급량은 효율적이다.

② 한계비용 가격설정방법으로 요금을 결정하면, 평균비용과 한계비용 만큼의 차이가 발생하기 때문에 적자가 발생한다. 따라서 공공서비스를 생산하는 기관은 손실을 볼 수 있다.

③ 평균비용 가격설정방법으로 요금을 결정하면, 독점에 비해 후생손실이 줄어들긴 하지만 여전히 공공서비스 공급량은 비효율적이다.

④ 평균비용 가격설정방법으로 요금을 결정하면, 공공서비스를 생산하는 기관은 손실을 보지 않는다.

⑤ 램지(F. Ramsey)의 원칙에 따르면 수요의 가격탄력성이 작을수록 가격을 한계비용에 가깝게 설정할 때 효율성이 제고된다.

> 클수록, 램지는 초과부담을 0으로 만드는 것은 불가능하지만, 초과부담의 최소화를 추구하였다. 초과부담의 최소화를 추구하려면 수요의 가격탄력성과 가격을 반대로 설정해야 한다.

유사문제 CHECK
- 2024년 23번
- 2023년 16번
- 2022년 17번
- 2021년 20번
- 2019년 18번
- 2018년 28번
- 2016년 22번

합격의 TIP
가격설정이론은 매년 출제되는 문제이다. 유사문제를 통해 다른 가격설정방법에 대해 숙지하고, 관련이론에 수록한 램지의 최적물품세 이론을 추가로 학습해두자

관련이론 램지(Ramsey)의 최적물품세 이론

(1) 가정 : X재와 Y재는 서로 독립재(교차탄력성 = 0)이고, 일정한 조세수입을 확보해야 함

(2) 이론의 방향 : 여가에 대한 과세가 불가능하기 때문에 초과부담의 최소화를 추구하였으며, 공평성은 고려하지 않음

(3) 램지규칙과 역탄력성의 법칙
   1) 한계초과부담이 동일해야 함
      즉, 세금 1원을 걷을 때 추가적으로 발생하는 초과부담이 동일해야 함
      - 계산 : $\dfrac{\Delta X_{세전}}{2X_{세후}}$
   2) 소비량 감소비율이 동일해야 함
      - 램지규칙 : $\dfrac{\Delta X}{X} = \dfrac{\Delta Y}{Y}$
   3) 위의 램지규칙을 이용하여 역탄력성의 원칙을 도출함(도출과정은 이 책에서는 생략하기로 한다)
      - 역탄력성의 규칙 : $\dfrac{t_Y}{t_X} = \dfrac{\epsilon_X}{\epsilon_Y}$
      - 해당 재화의 탄력성과 세율은 반비례한다는 역탄력성의 원칙이 도출됨
      - 결국 역탄력성의 원칙에 따라 조세를 부과하면, 사치재에는 낮은 세율이 부과되고 생활필수품에는 높은 세율이 부과되는 역진적인 조세를 부과하는 것이 초과부담의 최소화를 추구하는 최적과세라는 결론에 도달

유 형	이론형
중요도 ★☆☆	정답 ⑤

문제 20 공채론

정답해설

① 가처분 소득이 줄어들고 화폐 수요가 감소한다.
   ↳ 증가한다.

② 소비 지출이 감소하여 총수요 곡선이 좌측으로 이동한다.
   ↳ 증가   ↳ 우측

③ 국내외 연구결과에 의하면 감세정책이 국민저축을 대폭 증대시키는 효과가 있었다.
   ↳ 국민저축보다는 소비 지출을

④ 구축효과가 없다는 가정하에 세금 감면과 정부 지출 증가의 금액이 동일한 크기라면 두 정책의 총수요 효과는 동일하다.
   ↳ 동일하지 않다. 세금 감면 보다 정부 지출 증가가 총수요에 미치는 영향이 더 크다.

⑤ 구축효과가 없다는 가정하에 세금 감면은 가처분 소득을 늘려서 총수요를 증가시키는 효과가 있지만, 일반적으로 정부지출의 승수효과가 조세감면보다 더 크다고 보기 때문에, 정부지출을 줄이면서 같은 금액의 세금 감면을 동시에 시행하면 총수요가 감소한다.

✓ 유사문제 CHECK
2021년 35번

합격의 TIP

2023년 37번의 관련이론에 대한 승수에 대한 개념을 알고 있다면, ④, ⑤번 지문을 좀 더 쉽게 접근할 수 있다. 함께 학습해보자. ⑤번 지문의 경우 정부지출 승수=$1/(1-c)$, 조세승수=$-c/(1-c)$라면 (여기서 c는 한계소비성향), 정부지출을 1 감소시키고 세금을 1만큼 줄이는 경우의 총수요 변화는 다음과 같이 정리할 수 있다.

$-1/(1-c)+c/(1-c)=-(1-c)/(1-c)=-1$

유 형	이론형		
중요도	★★☆	정답	②

문제 21 공공재이론

정답해설

① 비경합성이란 대가를 지불하지 않고도 소비에 참여할 수 있는 성질을 의미
   └ 비배제성
한다.

② 순수공공재는 그 특성상 가격을 설정할 수 없기 때문에 시장실패의 원인이 될 수 있다.

③ 지방정부가 공급하는 상수도는 공공재의 예이다.
   └ 비순수공공재, 공공재 성격을 띠지만 비경합성

④ 모든 소비자는 등량의 공공재 소비로부터 항상 같은 수준의 효용을 얻는다.
   모두 다른 수준의 효용을 얻는다. 어떤 개인의 공공재 소비가 다른 개인의 소비
   가능성을 감소시키진 않지만 모두 같은 수준의 효용을 얻는다고는 할 수 없다.

⑤ 소비자들은 공공재에 대한 수요를 정확하게 표출한다.
   표출하지 않는다. 이에 따라 무임승차의 문제를 발생시킨다.

✓ 유사문제 CHECK
2023년 26번
2022년 27번
2019년 26번
2017년 26번

합격의 TIP
③번의 보기 지문이 헷갈릴 수 있지만 순수공공재로 보기에는 어려움이 있으며, 최종 정답 역시 ②번으로 발표 되었다.

관련이론 공공재의 특성

(1) 비경합성
어떤 개인의 공공재 소비가 다른 개인의 소비가능성을 감소시키지 않으며, 추가적인 소비에 따른 한계 비용이 0이므로 양의 가격을 부여할 수 없다 하더라도 양의 가격을 부여하는 것이 바람직하지 않음

(2) 비배제성
일단 공공재의 공급이 이루어지고 나면, 생산비를 부담하지 않은 개인이라고 할지라도 소비에서 배제할 수 없는 특성을 의미하며, 비용을 부담하지 않아도 소비에서 배제가 불가능하기 때문에 양의 가격설정이 불가능하고, 무임승차자의 문제를 발생시킨다.

(3) 재화의 구분

구분		배제성	
		있음	없음
경합성	있음	사용재 (과일, 채소 등 주변에서 흔히 볼 수 있는 재화)	비순수공공재 (공유자원으로 호수의 낚시터, 공원)
	없음	비순수공공재(한산한 유료 고속도로)	순수공공재(국방, 법률 등)

유 형	이론형
중요도 ★★☆	정답 ④

문제 22 경제적 효율성과 시장실패

정답해설

② 후생경제학의 제1정리는 모든 개인의 선호체계가 강단조성(재화소비량이 많을수록 효용이 증가하는 것)을 지니고, 외부성 또는 공공재 등의 시장실패요인이 존재하지 않는다면 일반경쟁균형(왈라스균형)의 자원배분은 파레토 효율적이다.

③ 불확실성이 존재하더라도 완전한 조건부거래시장이 존재한다면 경쟁시장에서 자원배분의 효율성이 달성되지만, 현실에는 완전한 조건부거래시장이 존재하지 않는다.

④ 외부효과로 인한 비효율성은 중립세 부과를 통해 해결할 수 있다.
→ 조세 또는 보조금 지급은. 중립세는 민간부문의 의사결정을 교란시키지 않으므로 외부효과로 인한 비효율성을 해결할 수 없다.

⑤ 도덕적 해이는 감추어진 행동의 상황에서 어떤 계약(거래)이 이루어진 이후에 정보를 가진 측이 바람직하지 못한 행동을 하는 것을 의미하므로 정보의 비대칭성 때문에 발생한다.

유사문제 CHECK

2022년 21번

합격의 TIP

보기에 출제된 지문들이 단독 주제로 출제될 확률이 높다. 보기의 지문들은 꼼꼼하게 학습해두자

유 형	이론형
중요도 ★☆☆	정답 ③

문제 23 경제적 효율성과 시장실패

정답해설

① 시장실패는 정부개입의 충분조건이 아니라 필요조건이다.

③ 비용체감산업에 대한 평균비용 가격설정은 독점으로 인한 비효율성을 제거할 수 있다.
→ 없다. 평균비용 가격설정방법으로 요금을 결정하면, 독점에 비해 후생손실이 줄어들긴 하지만 여전히 공공서비스 공급량은 비효율적이다.

합격의 TIP

역선택의 해결방법에 관한 문제로 2024년 25번을 함께 학습해보자

문제 24 경제적 효율성과 시장실패

유 형	계산형
중요도 ★★★	정답 ④

정답해설

① 사회후생은 다음과 같이 계산할 수 있다.

1 $SW = \min(U_A, U_B)$인 롤스 사회후생함수의 경우 사회후생의 극대화조건
  - SW 극대화조건 : $U_A = U_B$

2 사회후생이 극대화되는 X_A와 X_B의 개수

  1) $3\sqrt{X_A} = \sqrt{X_B}$
     $X_A + X_B = 1,000$
  2) $9X_A = X_B$
     $X_A + 9X_A = 1,000$
     $10X_A = 1,000$
     $X_A = 100$, $X_B = 900$

3 사회후생의 크기
  - $W = \min\{3\sqrt{X_A}, \sqrt{X_B}\}$
    $= \min\{3\sqrt{100}, \sqrt{900}\}$
    $= 30$

③ X재가 순수공공재인 경우 한 번 생산하면 모든 사람이 동시에 그 전체 양을 이용하게 되므로 A와 B는 같은 양(1,000)을 소비한다.

④ X재가 순수공공재인 경우 사회후생수준은 A(→B)의 효용에 의해 결정된다.

⑤ X재가 사용재인 경우와 순수공공재인 경우의 사회후생 극댓값

1 사용재인 경우
  $X_A = 100$, $X_B = 900$
  $SW = \min(U_A, U_B) = \min(3\sqrt{100}, \sqrt{900}) = 30$

2 순수공공재인 경우
  $X_A = 1000$, $X_B = 1000$
  $SW = \min(U_A, U_B) = \min(3\sqrt{1000}, \sqrt{1000}) = 31.62$

따라서 사용재인 경우의 사회후생 극댓값이 순수공공재인 경우보다 작다.

✓ 유사문제 CHECK

2025년 26번
2022년 25번
2022년 22번
2021년 24번
2019년 22번
2017년 23번

합격의 TIP

사회적 후생함수를 응용한 문제는 여러 각도로 출제될 수 있다. 특히 2022년 25번 문제는 2025년 보기 1번을 한 문제로 구성하여 출제된 바 있다. 유사문제에 사회후생함수와 관련되어 출제된 문제를 모아 두었으니 함께 학습해두자

> **관련이론** 롤스(J.Rawls)의 사회후생함수

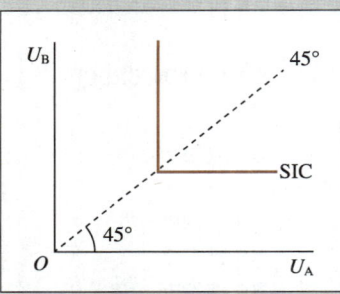

- $SW = \min(U_A, U_B)$
- U_A와 U_B 완전보완재 관계
- 최소극대화의 원칙
- SW 극대화조건 : $U_A = U_B$
- 무차별곡선의 형태 : 45°선에서 꺾어지는 L자 형태

문제 25 공공재이론

유 형		계산형	
중요도	★★★	정답	④

정답해설

1 도시지역 5주민의 수요함수
  P = 20 − Q
  P = 5(20 − Q) = 100 − 5Q

2 농촌지역 5주민의 수요함수
  P = 15 − Q
  P = 5(15 − 2Q) = 75 − 10Q

3 도시와 농촌지역 10주민의 수요함수
  P = 100 − 5Q + 75 − 10Q
  P = 175 − 15Q

4 공공재인 소방서비스의 한계비용이 85이므로 도시와 농촌지역 10주민의 수요함수에 85를 대입
  85 = 175 − 15Q
  Q = 6

따라서 사회적으로 바람직한 서비스 수준은 6(④)이다.

✓ 유사문제 CHECK

2024년 26번
2023년 31번
2021년 18번
2018년 30번
2018년 31번

합격의 TIP

과거에 비해 이론문제보다 계산문제가 자주 출제되는 경향을 보인다. 유사문제에 비슷한 유형의 계산문제를 기재해 놓았으니 반드시 학습해두자

문제 26 경제적 효율성과 시장실패

유 형: 이론형
중요도: ★★★
정답: ⑤

정답해설

⑤ 공리주의적 사회후생함수에 의하면 소득의 한계효용이 감소할 때 사회후생의 극대화를 위해서는 각 개인소득의 한계효용이 서로 <u>달라야</u> 한다.
  ↳ 동일해야

유사문제 CHECK
- 2023년 22번
- 2022년 22번
- 2021년 24번
- 2019년 22번
- 2017년 23번

문제 27 공공선택이론

유 형: 이론형
중요도: ★★☆
정답: ①

정답해설

① 중위투표자 정리의 정치적 균형은 파레토 효율성을 <u>보장한다.</u>
  보장하지 않는다. 결정된 공공재의 공급량은 최적수준과 일치한단 보장이 없음. 즉, 공공재의 공급량은 사회적인 최적수준을 초과할 수도 있고, 미달할 수도 있다.

유사문제 CHECK
- 2021년 27번
- 2018년 39번

> **관련이론 중위투표자의 정리(medianvoter theorem)**
>
> (1) 정 의
>   모든 투표자의 선호가 단봉형(single-peaked)이면 다수결투표제도하에서는 항상 중위투표자(선호순서대로 투표자를 나열할 때 가운데 위치하는 투표자)가 가장 선호하는 수준의 공공재 공급이 채택된다는 이론
>
> (2) 특 징
>   1) 어떤 안건에 선호순서대로 투표자를 나열했을 때, 가운데 위치하는 투표자(중위투표자)의 선호가 투표결과로 나타나는 현상
>   2) 모든 투표자의 선호가 단봉형일 경우에만 성립
>   3) 결정된 공공재의 공급량은 최적수준과 일치한단 보장이 없음. 즉, 공공재의 공급량은 사회적인 최적수준을 초과할 수도 있고, 미달할 수도 있음
>   4) 중위투표자가 원하는 공급량이 변하지 않는 한, 다른 개인의 공공재 수요가 변하더라도 공공재의 공급량은 변하지 않음

문제 28 외부성

유 형	계산형
중요도 ★★★	정답 ⑤

정답해설

1 사적 한계편익(PMC)
SMC − MD = 6Q − 2Q = 4Q

2 피구세가 없을 때 사회적 최적 생산량
사회적 한계편익(PMB) = 사적 한계비용(SMC)
600 − 4Q = 6Q
Q = 60

3 피구세가 없을 때 가격 (P)
사적 한계편익(PMC)에 최적생산량 대입
4Q = 4 × 60 = 240

4 피구세가 있을 때 가격 (P*)
사회적 한계편익(PMB)에 최적생산량 대입
6Q = 6 × 60 = 360

5 피구세의 크기
P* − P = 360 − 240 = 120
피구세 크기 : 120

따라서 정답은 ⑤번이다.

유사문제 CHECK

2024년 29번
2023년 24번
2021년 37번
2020년 24번
2019년 32번

합격의 TIP

조세(피구세 포함), 보조금을 지급할 때 각 경제적 효과에 대한 문제는 매년 출제되므로 유사문제는 반드시 학습하자. 특히 2021년 37번의 문제와 2025년 28번 문제를 비교하여 알아두자

문제 29 공공재이론

유 형	이론형
중요도 ★★☆	정답 ③

정답해설

① 니스카넨 모형에서 관료는 ~~가격순응자이다.~~
   ↳ 가격순응자가 아니다. 니스카넨 모형에서 관료는 정보우위를 가지고, 예산을 극대화하려할 뿐 가격순응자나 가격결정자로 말할 수 없다.

② 두 모형에서 관료는 ~~공익의 극대화~~를 추구하는 존재이다.
   ↳ 사익. 즉, 니스카넨은 관료들의 예산, 미그-빌레인저는 관료들의 효용

③ 두 모형에서 관료가 선호하는 생산량은 한계편익과 한계비용이 일치하는 수준보다 크기 때문에 두 모형 모두 과잉생산이 이루어진다.

④ 다른 조건이 모두 동일할 때, 니스카넨 모형의 공공재 생산량은 미그-빌레인저 모형의 생산량보다 ~~적다.~~
   ↳ 많다.

⑤ 니스카넨 모형에서 관료는 예산집행으로 인한 ~~편익과 비용의 차이가 가장 큰 점~~에서 생산하려 한다.
   ↳ 총비용과 총편익이 교차하는 점. 즉, 총비용이 총편익보다 커지는 점

✅ **유사문제 CHECK**
2022년 30번
2019년 29번

관련이론 니스카넨(W. Niskanen)모형과 미그-빌레인저(Migue-Belanger)모형

구 분	니스카넨(W. Niskanen)모형	미그-빌레인저(Migue-Belanger)모형
기본 가정	관료들의 예산 극대화	관료들의 효용 극대화
공공재 생산점	총편익과 총비용이 교차하는 점	순편익곡선과 무차별곡선이 접하는 점
결 론	과잉생산이 이루어지고, 사회적인 순편익은 0	여전히 과잉생산이 이루어지나 니스카넨 모형보단 적은 수준

문제 30 외부성

유 형	이론형
중요도 ★☆☆	정답 ⑤

정답해설

⑤ 이로운 외부성이 존재하면 해당재화의 생산량은 사회적 최적 수준보다 ~~과다~~ 생산되는 경향이 있다.
   ↳ 과소

✅ **유사문제 CHECK**
2022년 26번

합격의 TIP
매우 쉽게 출제되었기에 반드시 맞추어야 하는 문제이다. 2024년 30번 문제를 통해 코즈정리를 심화학습하자

유 형	이론형
중요도 ★☆☆	정답 ③

문제 31 비용편익분석

정답해설

① 잠재가격은 시장이 안정적일 경우 자원의 사회적 기회비용을 계산하여 비용과
　　　　　　↳ 시장에 왜곡(독점, 조세, 외부성 등)이 발생하는 경우
　편익의 평가기준으로 사용하는 방법이다.

② 독점자가 생산한 상품을 구입하여 그 상품의 생산량이 그만큼 증가하였다면
　평균비용을 평가기준으로 한다.
　↳ 한계비용

③ 독점자가 생산한 상품을 구입하였으나 그 상품의 생산량이 불변인 경우, 즉
　소비만 감소한 경우를 의미하기 때문에 시장가격을 평가 기준으로 한다.

④ 물품세가 부과된 상품이 공공사업에 투입되었으나 그 상품의 생산량이 불변
　이라면 생산자가격이 적절한 평가기준이다.
　　　↳ 소비자가격

⑤ 물품세가 부과된 상품이 공공사업에 투입되어 그 상품의 생산량이 투입된
　양만큼 증가하였다면 한계비용을 평가기준으로 한다.
　　　　　　　　　　　↳ 한계비용곡선 하방의 면적을

관련이론 독점의 경우 비용과 편익의 평가기준

- 공공사업을 위하여 독점기업이 생산하는 재화를 구입함에 따라 민간부문의 소비량이 감소한 경우의 기회비용 : 시장가격으로 측정
- 공공사업에 따른 수요증가로 독점기업이 생산하는 재화의 생산량이 증가한 경우 : 한계비용으로 측정
- 공공사업으로 인하여 민간소비감소와 생산증가가 동시에 이루어진 경우 : 시장가격과 한계비용을 가중평균 한 값으로 측정

유 형	이론형		
중요도	★☆☆	정답	②

문제 32 비용편익분석

정답해설

② 무형적 편익과 비용은 시장에서 파악되지 않기 때문에 공공투자사업의 비용편익 분석에 고려하지 않는다.
→ 고려한다. 시간, 생명 등을 평가하기 위하여 합리적인 잠재가격을 설정한 뒤 비용편익분석에 고려한다.

유사문제 CHECK

2018년 32번

합격의 TIP

자주 출제되지 않는 주제이나 쉽게 정답을 찾을 수 있는 문제이다. 2018년 32번 기출에서도 같은 지문을 정답으로 출제함에 따라 유사문제를 통해 옳은 지문에 대해 인지해두고, 무형적 편익과 비용도 편익을 측정할 수 있다는 것을 기억해두자

유 형	이론형		
중요도	★★★	정답	⑤

문제 33 소득분배와 사회보장

정답해설

⑤ 소득보조는 가격보조에 비하여 해당상품의 소비를 촉진하는 효과가 더 크다.
→ 작다.

유사문제 CHECK

2024년 34번, 2023년 34번
2021년 34번, 2018년 27번
2016년 12번

합격의 TIP

2025년의 경우 난이도가 쉽게 출제되었다. 매년 출제되는 주제로 2024년에 수록된 관련이론 및 유사문제는 반드시 학습하자

유 형	이론형
중요도 ★★★	정답 ③

문제 34 소득분배와 사회보장

정답해설

우리나라 국민연금제도는 정부조세의 확충 목적과는 거리가 멀다.

따라서 옳은 지문은 ㄱ, ㄷ, ㄹ으로 정답은 ③번이다.

✓ 유사문제 CHECK

2024년 37번, 2023년 36번
2022년 40번, 2020년 34번
2019년 37번, 2018년 22번
2017년 37번, 2016년 20번

합격의 TIP

자주 출제되는 주제이다. 국민연금제도에 대한 전반적인설명의 경우 쉽게 맞출 수 있지만 국민연금의 경제적 효과에 대하여 출제되는 경우 난이도가 어렵게 느껴질 수 있다. 2025년 40번을 함께 학습해두자

유 형	이론형
중요도 ★☆☆	정답 ①

문제 35 소득분배와 사회보장

정답해설

① 국민기초생활보장제도는 우리나라 대표적인 공공부조제도이다.

② 공공부조는 ~~기여한 국민만이~~ 혜택을 받을 수 있다.
   ↳ 기여 여부와 무관하게

③ 부가가치세는 ~~조세를 이용한 대표적인 재분배정책이다.~~
   ↳ 간접세와 소비세 성격을 지니고 있기 때문에 재분배정책 관점은 매우 약한 조세이다.

④ 사회보험은 ~~기여 여부와 무관하게 모든~~ 국민이 혜택을 받을 수 있다.
   ↳ 가입을 한(국민연금, 건강보험 등)

⑤ 근로장려세제는 ~~근로에 참여한 모든 근로자를~~ 돕기 위한 제도이다.
   ↳ 저소득 근로자

합격의 TIP

사회보험제도, 연금보험제도 등 소득 재분배정책에 관하여 자세히 다룬 문제가 출제되기도 하지만 2025년과 같이 재분배정책에 대하여 전반적으로 묻는 문제가 출제되는 경우도 있다. 이 경우 난이도가 쉬우므로 반드시 맞추도록 하자

문제 36 외부성

유 형	이론형	
중요도	★☆☆	정답 ④

정답해설

④ 조세 부과에 비하여 보조금 지급에 따른 생산량 감소의 크기는 단기적으로는 크지만 장기적으로는 동일하다.
  ↳ 조세 부과는 생산량 감소를, 보조금 지급은 생산량 증가를 가져오는 효과를 통해 외부성 효과를 해결하고자 하는 방법론이다.

유사문제 CHECK

2021년 36번

합격의 TIP

외부성이라는 주제로 출제된 기출문제 중 난이도가 쉬운 문제이다. 따라서 중요도는 낮지만 반드시 맞추어야 하는 문제이다. 2021년 36번 문제를 통해 외부성을 해결하는 전반적인 방법에 대해 알아두고, 코즈정리에 대해 심화학습을 하고 싶은 수험생은 2024년 30번 문제를 함께 학습해보자

문제 37   소득분배와 사회보장

유 형	이론형
중요도 ★★★	정답 ②

정답해설

② 가치판단이 달라도 동일한 소득분배 상태라면 앳킨슨 지수의 값은 동일하다.
　↳ 사회의 후생함수에 대한 가정이 같고

유사문제 CHECK
- 2023년 28번
- 2023년 37번
- 2021년 33번
- 2020년 39번
- 2019년 35번
- 2017년 34번

관련이론   소득분배불평등의 측정방법의 비교

평등지수	측정방법	측정의 판정
로렌츠곡선과 지니계수	(소득-인구 그래프, 대각선 위 영역 ①, 대각선과 로렌츠곡선 사이 ②, 로렌츠곡선 아래 ③) ※ 지니계수 : ②/(②+③)	• 로렌츠곡선 : 곡선이 대각선에 가까울수록 평등 • 지니계수 : 0과 1 사이의 값을 가지며, 작을수록 평등
십분위분배율	$\dfrac{\text{하위 40\%의 소득}}{\text{상위 20\%의 소득}}$	0과 2 사이의 값을 가지며 클수록 평등
달튼의 평등지수	공리주의 사회후생을 가정하며, 모든 사람에게 완전히 균등하게 소득이 분배되었을 때 사회후생이 극대화됨	0과 1 사이의 값을 가지며, 클수록 평등
앳킨슨지수	$A = 1 - \dfrac{Y_e}{Y}$	0과 1 사이의 값을 가지며, 작을수록 평등
5분위분배율	$\dfrac{\text{상위 20\%의 소득}}{\text{하위 20\%의 소득}}$	1에서 무한대의 값을 가지며, 작을수록 평등

유 형		이론형	
중요도	★★☆	정답	②

문제 38 소득분배와 사회보장

정답해설

① 롤즈(J. Rawls)의 사회 후생함수는 $SW = \min(U_A, U_B)$로 최소극대화의 원칙을 주장한다.

② 러너(A. Lerner)는 동등확률하에서도 효용함수가 서로 다르면 사람들의 균등분배는 최적분배가 아니라고 하였다.
   ↳ 될 수 있다고 주장하였다.

③ 에지워스(F. Edgeworth)가 제시한 세 가지 가정이란 한계효용이 체감하고, 개인 간 효용에 대한 비교가 가능하며, 동일한 효용함수의 가정을 의미하는데 이 3가지 조건하에서 모두 균등하게 소득을 분배하는 것이 가장 바람직한 분배라고 하였다.

합격의 TIP

최적분배 관점에서 출제된 것은 처음이지만 사회후생함수는 경제적 효율성, 공공재 등 여러 분야에서 다양하게 활용되어 출제될 수 있다. 관련이론의 사회후생함수를 함께 공부해두자

관련이론 사회후생함수

공리주의	롤즈(J. Rawls)	평등주의
기울기 : -1, SIC (우하향 직선)	45°선에서 꺾이는 L자 형태, SIC	원점에 볼록한 우하향 곡선, SIC
• $SW = U_A + U_B$	• $SW = \min(U_A, U_B)$	• $SW = U_A \times U_B$
• U_A와 U_B 완전대체재 관계	• U_A와 U_B 완전보완재 관계	• NASH의 후생함수라고도 함
• 최대다수의 최대행복	• 최소극대화의 원칙	• 무차별곡선의 형태 : 원점에 볼록하며 우하향(직각쌍곡선)
• SW 극대화조건 : $MU_A = MU_B$	• SW 극대화조건 : $U_A = U_B$	• 볼록한 정도가 클수록 평등하며, 극단적인 경우 L자 형태를 보임
• 무차별곡선의 기울기 : -1	• 무차별곡선의 형태 : 45°선에서 꺾어지는 L자 형태	
• 무차별곡선의 형태 : 우하향하는 직선		

문제 39 공공경비와 예산제도

유 형: 이론형
중요도: ★★☆
정답: ③

정답해설

③ 효용함수는 소득의 한계효용이 **불변**이라는 가정이 필요하다.
　　　　　　　　　　　　　　└ 체감

유사문제 CHECK

2021년 38번

합격의 TIP

2023년 38번의 기출문제와 동일한 지문으로 출제되었다. 유사문제를 함께 학습하자

관련이론 — 공리주의적 견해

(1) 가정
  1) 사회 내의 총소득은 일정하게 주어져 있다.
  2) 개인들의 소득의 한계효용은 체감한다.
  3) 사회구성원들의 효용함수가 동일하다(만약, 동일하지 않다면 균등분배는 불가능하다).
  4) 사회후생은 사회구성원들의 효용의 합으로 측정된다.

(2) 내용
사회구성원들의 소득의 한계효용곡선이 동일하므로 완전히 균등한 소득분배가 이루어졌을 때 사회후생이 극대화

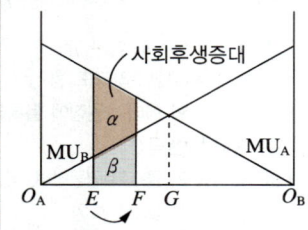

⟨E→F로 이동 시⟩ A의 개인효용 : $\alpha+\beta$ 만큼 증가
　　　　　　　　　B의 효용감소분 : β
　　　　　　　　　사회후생증대 : α

문제 40 소득분배와 사회보장

유형: 이론형
중요도: ★★★
정답: ②

정답해설

② 완전적립방식은 세대 간 재분배, 부과방식은 세대 내 재분배가 발생한다.
  ↳ 완전적립방식은 세대 간 재분배 효과가 없다.

유사문제 CHECK

2024년 37번, 2023년 36번
2022년 40번, 2020년 34번
2019년 37번, 2018년 22번
2017년 37번, 2016년 20번

관련이론 국민연금의 경제적 효과

소득재분배효과	세대 간 재분배효과	적립방식	효과 없음
		부과방식	효과 있음
	세대 내 재분배효과	적립방식	효과 있음
		부과방식	효과 있음
노동공급에 대한 효과	노년층의 노동		조기은퇴효과 발생으로 감소
	청년층의 노동		알 수 없음
저축에 대한 효과	자산대체효과	적립방식	개인저축 감소 / 정부저축 증가 / 전체저축 불변
		부과방식	개인저축 감소 / 정부저축 불변 / 전체저축 감소
	은퇴효과		개인저축 증가
	상속효과		개인저축 증가
	인식효과		개인저축 증가

※ 저축에 대한 4가지 효과를 모두 반영한다면, 개인저축의 변화는 확실하게 알 수 없고, 전체저축은 적립방식의 경우에는 감소, 부과방식의 경우에는 확실히 알 수 없다.

2024년(제61회) 세무사 1차 재정학 정답

재정학

01	02	03	04	05	06	07	08	09	10
②	①	②	②	①	②	④	③	③	③
11	12	13	14	15	16	17	18	19	20
①	⑤	④	③	②	①	①	⑤	④	⑤
21	22	23	24	25	26	27	28	29	30
②	④	⑤	④	①	②	⑤	⑤	③	④
31	32	33	34	35	36	37	38	39	40
④	⑤	③	④	③	④	②	①	⑤	⑤

2024년 세무사 1차 결과

대상인원(명)	응시인원(명)	합격인원(명)	합격률(%)
22,455	18,842	3,233	17.15

2024년 과목별 결과

구 분	응시인원(명)	평균점수(점)	과락인원(명)	과락률(%)
재정학	18,842	54.33	4,925	26.1
세법학개론	18,842	36.53	10,614	56.3
회계학개론	18,714	33.71	12,626	67.5
상 법	5,406	61.61	987	18.3
민 법	1,790	53.67	491	27.4
행정소송법	11,518	54.29	3,297	28.6

문제 01 조세의 기초이론

유형	이론형
중요도	★☆☆ 정답 ②

정답해설

② 조세를 통한 재정수입을 극대화하는 수입성의 원칙은 바람직한 조세가 갖추어야 할 조건이 아니다.

바람직한 조세란 ① 공평성의 원칙, ③ 확실성의 원칙, ④ 편의성의 원칙 ⑤ 경제적 효율성 외에 경제의 변화에 신축적으로 변화할 수 있는 신축성의 요건도 갖추어야 한다.

합격의 TIP

난이도가 쉬운 문제로 반드시 맞추자

문제 02 조세의 기초이론

유형	이론형
중요도	★☆☆ 정답 ①

정답해설

① 수평적 공평성이란 A와 B가 동일능력이면 같은 세금을 내는 것을 의미한다. 2개 과세기간 이상의 평균소득이 동일하더라도 1개 과세기간의 평균 소득이 매우 큰 납세자가 있다면, 해당 납세자는 더 높은 세율 구간을 적용받아 세금을 더 많이 납부할 수 있으므로 수평적 공평성을 저해할 수 있다.

② 편익원칙에 따를 때, 누진세를 도입하는 경우 편익의 소득탄력성이 1보다 작으면 공평하다.
  크면. 소득탄력성이 1보다 크면 누진세, 소득탄력성이 1보다 작으면 역진세,
  소득탄력성이 1인 경우 비례세가 이루어진다.

③ 납세 전후로 개인 간 효용수준의 순위가 변하는 것이 바람직하다.
  → 변하지 않는 것이

④ 수평적 공평성의 개선을 위한 정책수단으로 포괄적 소득세는 바람직하지 않다.
  바람직하다. 포괄적 소득에는 소득의 원천이나 형태, 실현 여부를 따지지 않고 발생주의에
  따라 조세부과가 이루어지므로 수평적 공평성을 극대화할 수 있다.

⑤ 소득세율의 누진성 강화는 납세자들 간의 수직적 공평성을 저해하게 된다.
  촉진시킨다. 수직적 공평성이란 A가 B보다 더 큰 능력이면 A가 더 많은 세금을
  내는 것을 의미하므로 누진성 강화는 수직적 공평성을 극대화할 수 있다.

유사문제 CHECK

2025년 2번
2022년 9번
2019년 13번

합격의 TIP

과거 문제의 난이도에 비해 조금 어렵게 출제되었다. 과거의 문제도 함께 학습해보자

관련이론 공평과세

- 편익원칙 : 편익을 받는 사람이 부담
- 능력원칙 : 능력에 따라 조세를 부담
  - 수평적 공평성 : A와 B가 동일능력이던 같은 세금
  - 수직적 공평성 : A가 B보다 더 큰 능력이면 A가 더 많은 세금

유 형	이론형
중요도 ★★★	정답 ②

문제 03 조세와 효율성 : 초과부담

정답해설

② 세율이 높아지면 초과부담이 늘어나고 조세수입도 **늘어난다**.
    └ 불분명하다.

유사문제 CHECK

2025년 4번, 2023년 2번
2021년 2번, 2020년 1번
2019년 4번, 2017년 7번

합격의 TIP

관련이론에 수록된 기출지문만 보아도 반복적으로 출제되는 지문을 파악할 수 있다. 초과부담과 관련된 기출지문은 반드시 학습하자

관련이론 초과부담과 관련된 기출지문

(1) 2023년 기출지문
 1) 초과부담은 후생감소분(소비자잉여의 감소분과 생산자잉여의 감소분)에서 조세수입을 차감한 것이다.
 2) 초과부담은 대체효과 때문에 발생한다.
 3) 세율이 높으면 조세수입은 불분명하고 초과부담은 커진다.
 4) 수요의 가격탄력성이 클수록 초과부담은 작아진다.
 5) 정액세(lump-sum tax) 부과는 초과부담을 발생시키지 않는다.

(2) 2021년 기출지문
 1) 조세부과 시 발생하는 가격변화에 의해 나타나는 민간부문 의사결정 선택의 교란현상을 의미한다.
 2) 서로 다른 재화에 대해 조세징수액이 같더라도 초과부담의 크기는 다를 수 있다.
 3) 초과부담은 조세부과로 인해 상대가격이 변하는 경우 대체효과에 의해 나타난다.
 4) 조세부과로 인하여 소득효과와 대체효과가 상반된 방향으로 작용하여 상쇄되더라도 초과부담은 발생한다.
 5) 초과부담은 조세부과로 인해 발생하는 후생감소분(소비자잉여의 감소분과 생산자잉여의 감소분)에서 조세수입을 차감한 것이다.

(3) 2020년 기출지문
 1) 다른 조건이 일정하면, 대체제가 많은 재화에 과세하면 그렇지 않은 경우에 비해 초과부담이 크다.
 2) 후생감소분(소비자잉여의 감소분과 생산자잉여의 감소분)에서 조세수입을 차감한 것이다.
 3) 가격변화에 둔감한 재화에 대한 과세는 상대적으로 초과부담을 작게 발생시킨다.
 4) 정액세(lump-sum tax)부과는 대체효과가 없기 때문에 초과부담을 발생시키지 않는다.
 5) 두 재화가 완전보완재인 경우 그 중 한 재화에 대한 과세는 초과부담을 발생시키지 않는다.

(4) 2019년 기출지문
 1) 조세부과로 상대가격이 변화하고, 이로 인해 민간의 의사결정이 영향을 받음으로써 발생한다.
 2) 민간부문의 의사결정에 아무런 영향을 미치지 않는 조세를 중립세(lump-sum tax)라 한다.
 3) 세율이 높으면 초과부담은 늘어나고, 조세수입은 증가하다 특정구간이 지나면 감소한다.
 4) 수요의 가격탄력성이 클수록 초과부담은 커진다.
 5) 초과부담은 대체효과에 의해 발생하기 때문에 보상수요곡선으로 크기를 측정해야 한다.

(5) 2017년 기출지문
1) 조세수입이 동일한 경우, 두 재화보다는 한 재화에 세금을 부과할 때 초과부담은 커진다.
2) 개별물품세가 부과되어도 수요량이 변하지 않으면 대체효과와 소득효과가 서로 상쇄되기 때문에, 수요량이 변하지 않는 것이며, 대체효과가 0이 아니기 때문에 초과부담은 여전히 존재한다.
3) 현금보조는 부(−)의 조세의 일종이므로 대체효과 없이 소득효과만 발생하기 때문에 초과부담은 발생하지 않는다.
4) 두 재화가 대체관계인 경우, X재에 조세가 부과된 상태에서 Y재에 조세를 부과하면 Y재의 과세에 따른 왜곡의 발생으로 경제 전체의 초과부담은 늘어날 수도 있고, 감소할 수도 있다.
5) 초과부담은 대체효과 때문에 발생하는 현상으로 두 재화가 완전보완재인 경우, 대체효과는 0이므로 경제 전체의 초과부담은 0이다.

(6) 2015년 기출지문
1) 완전보완재인 두 재화 중 어느 하나에 물품세를 부과할 경우 초과부담은 발생하지 않는다.
2) 수요가 완전비탄력적일 때 물품세를 부과하더라도 해당 시장에서 초과부담은 발생하지 않는다.
3) 종가세가 부과될 경우, 초과부담은 수요의 가격탄력성이 크거나 재화의 거래액이 많을수록 증가한다.
4) 초과부담은 대체효과에 의해서만 발생하기 때문에 초과부담을 분석하기 위해서는 소득효과가 제거된 보상수요곡선을 사용해야 한다.
5) 독립적인 관계에 있는 두 재화에 물품세를 부과할 때 발생하는 초과부담은 대체관계에 있을때에 비해 더 커진다.

문제 04 조세의 전가와 귀착

유 형	이론형
중요도 ★★★	정답 ②

정답해설

① 수요가 탄력적일수록 정부의 조세 수입은 증가한다.
   └ 감소한다.

③ 단위당 세액이 커지면 정부의 조세수입은 증가한다.
   └ 불분명하다.

④ 상대적으로 탄력성이 높은 쪽의 조세부담이 상대적으로 커진다.
   └ 작아진다.

⑤ 수요가 완전비탄력적이면 **생산자가** 조세 전부를 부담한다.
   └ 소비자가

합격의 TIP

난이도가 쉽게 출제되었으며, 기출지문은 다른 문제의 보기로도 출제될 수 있는 중요한 지문이다. 또한 출제지문 중 ④, ⑤번에 대한 심화학습으로 기출문제 2017년 9번을 학습해보자

문제 05 조세의 전가와 귀착

유 형	계산형
중요도	★★★
정답	①

정답해설

1 조세부과 전 가격과 거래량 구하기(②)

1) 수요함수: $Q_d = 50 - 2P$
2) 공급함수: $Q_s = 3P - 20$

∴ P = 14, Q = 22

2 조세부과 후 공급함수

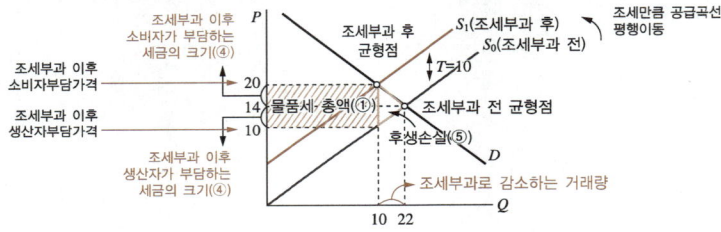

$$P = \frac{1}{3}Q + \frac{20}{3} + 10$$

↳ 공급곡선 세금만큼 상방이동

$$P = \frac{1}{3}Q + \frac{50}{3} \rightarrow Q = 3P - 50$$

3 조세부과 후 가격과 거래량

수요함수와 조세부과 후 공급함수를 연립하면 P = 20, Q = 10으로 변경된 균형점을 구할 수 있으며(③), 그림으로 나타내면 다음과 같다. 물품세총액(①), 생산자의 부담액(④)과 소비자의 부담액(④), 사회적후생손실(⑤)을 파악할 수 있다.

따라서 물품세 총액은 100이므로 정답은 ①번이다.

✓ 유사문제 CHECK

2025년 5번
2023년 5번
2022년 15번
2021년 8번
2019년 6번
2017년 20번

합격의 TIP

조세부과 후의 생산자 부담과 소비자 부담분에 대한 문제는 매우 자주 출제된 지문이다. 특히 2023년에는 소비자에 물품세 부과를 한 문제가 출제되었는데 2024년의 경우 생산자에게 물품세를 부과한 문제가 출제되었다. 유사문제는 반드시 학습해두고, 관련이론을 통해 조세를 부과했을 때 수요곡선 혹은 공급곡선이 어떻게 이동하는지 반드시 알아두자.

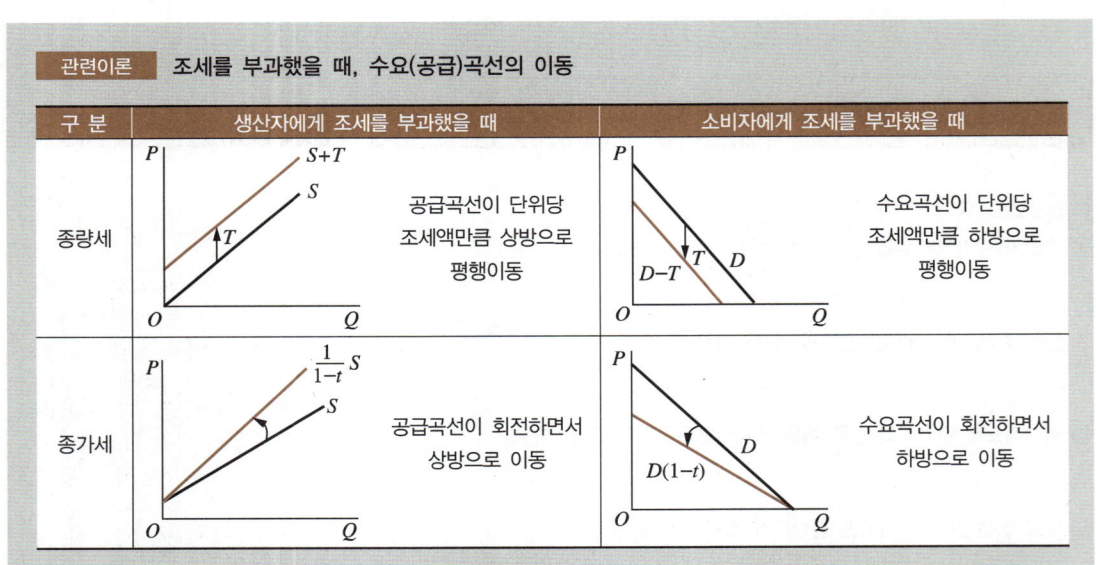

관련이론 조세를 부과했을 때, 수요(공급)곡선의 이동

구 분	생산자에게 조세를 부과했을 때		소비자에게 조세를 부과했을 때	
종량세		공급곡선이 단위당 조세액만큼 상방으로 평행이동		수요곡선이 단위당 조세액만큼 하방으로 평행이동
종가세		공급곡선이 회전하면서 상방으로 이동		수요곡선이 회전하면서 하방으로 이동

문제 06 조세의 기초이론

유 형	이론형
중요도 ★★☆	정답 ②

정답해설

열거된 원칙 중 공평한 조세부담의 평가기준으로 적절한 것은 편익원칙과 능력원칙으로 정답은 ②번이다.

유사문제 CHECK

2024년 2번
2022년 9번
2019년 13번

합격의 TIP

자주 출제되는 문제는 아니지만 조세의 공평과세에 대한 유사문제를 함께 학습해두자

유 형	이론형
중요도 ★★☆	정답 ④

문제 07 개별조세이론

정답해설

ㄱ. 자본이득방식(capital gains method) – 법인세를 폐지하고 실현여부와 관계없이 모든 자본이득에 소득세를 부과하는 방식으로 **부분통합**에 해당된다.
↳ 완전통합

ㄷ. 배당세액공제제도(dividend gross-up method) – 법인의 모든 이윤에 대해 법인세를 부과한 다음, 법인세 중 배당부분에 해당하는 금액을 개인소득세에서 세액공제해주는 방식으로 **완전통합**에 해당된다.
↳ 부분통합

ㄱ, ㄴ은 법인세를 완전히 폐지하고, 다른 세목으로 과세하자는 완전통합방식이고, ㄷ, ㄹ은 법인세를 보완하자는 부분통합방식이다. 따라서 정답은 ④번이다.

✓ 유사문제 CHECK
2021년 11번
2018년 12번

합격의 TIP
전체적인 중요도는 떨어지지만, 보기에 출제된 지문은 법인세와 소득세에 대해 묻는 개별 문제에서도 출제될 수 있는 문제이므로 반드시 알아두자

관련이론 법인세와 소득세의 통합과 관련된 논의

(1) 완전통합방식
 1) 조합방식(partnership method) : 주주를 조합원(partner)으로 간주하여 법인세를 폐지하고 사내유보까지 모두 주주에게 배당되었다는 가정을 전제(법인이윤을 전부 주주에게 귀속)로 주주에게 소득세를 부과하는 방식
 2) 자본이득방식(capital gain method) : 법인세를 폐지하고 실현여부에 관계없이 자본이득에 대하여 과세하는 방법으로 배당된 부분에 대해서는 배당소득세를, 사내에 유보된 부분은 주가상승에 따른 자본이득으로 소득세 과세대상에 포함하는 방식

(2) 부분통합방식
 1) 법인단계조정
  ① 지불배당공제법(dividend-paid deduction) : 법인기업이 배당한 부분에 대해서는 법인세를 부과하지 않고(배당의 일부 또는 전부를 과세표준에서 공제), 사내유보에만 법인세를 부과하는 방식
  ② 차등세율제도(split rate system) : 배당되는 부분에 대해서는 낮은 법인세율을 적용하고, 사내유보에는 높은 법인세율을 적용하는 방식
 2) 주주단계조정
  ① 수입배당공제법(dividend-received deduction) : 개인소득세의 과세표준에서 배당되는 부분의 일부 또는 전부를 제외시키고, 배당된 부분은 법인세만 과세
  ② 수입배당세액공제법(dividend-received credit) : 법인세에서 과세된 금액이 주주의 소득세 과세표준에 포함되어 있는 경우 주주의 배당세액을 세액공제
  ③ 귀속제도(gross-up method) : 실제 배당액과 배당에 대하여 과세된 법인세 상당액을 과세표준에 가산(gross-up)한 뒤, 귀속법인세를 산출세액에서 세액공제하는 방법

문제 08 개별조세이론

유 형	이론형	
중요도	★★☆	정답 ③

정답해설

① 현재소비가 정상재인 경우에 이자소득세의 부과에 의한 소득효과는 저축의욕을 <u>줄어들게 한다.</u>
   └ 늘어나게 한다.

② 비례소득세는 조세부담의 수직적 공평성을 <u>향상시킨다.</u>
   └ 떨어뜨린다. 저소득층과 고소득층의 구분없이 같은 세율을 적용받기 때문이다.

④ 소득공제는 조세의 부담에 있어서 <u>저소득층이 고소득층</u>에 비해 유리하다.
   └ 고소득층이 저소득층에. 고소득층의 경우 적용받는 한계세율이 낮아질 수도 있기 때문이다.

⑤ 세액공제의 도입은 한계세율의 <u>증가를 초래하게 된다.</u>
   └ 영향을 주지 않는다.

유사문제 CHECK

2023년 7번
2019년 5번
2018년 4번

합격의 TIP

보기의 지문은 다른 주제에서도 출제될 수 있는 지문이고, 반복해서 출제된 바 있다. 유사문제를 반드시 학습해두자

문제 09 개별조세이론

유 형	이론형	
중요도	★★★	정답 ③

정답해설

① 부가가치세는 조세부담이 <u>누진적이다.</u>
   └ 역진적이다. 동일한 세율이 적용되기 때문이다.

② 수출품의 부가가치세 부담은 국내 판매용 제품과 <u>동일하다.</u>
   └ 다르다. 수출품의 경우 영세율이 적용된다.

③ 부채 사용에 따른 이자를 비용으로 인정받을 수 있기 때문이다.

④ 기업이 자본재 구입 시에 투자세액공제를 적용하면 법인세 부담이 <u>증가한다.</u>
   └ 감소한다.

⑤ 법인세는 법인의 <u>자산</u>을 과세대상으로 한다.
   └ 이윤을

유사문제 CHECK

2025년 7번(법인세, 부가가치세)
2023년 6번(법인세)
2023년 7번(소득세, 부가가치세)
2022년 1번(부가가치세)
2022년 5번(법인세)
2021년 1번(부가가치세)
2019년 20번(법인세)
2018년 20번(법인세)
2017년 15번(부가가치세)

합격의 TIP

난이도는 쉽게 출제되었으나 법인세와 부가가치세에 대한 설명은 자주 출제되므로 유사문제를 통해 기출지문은 반드시 학습해두자

유 형	이론형
중요도	★★☆	정답	③

문제 10 최적과세론

정답해설

③ 세율 상승이 소득효과와 대체효과를 발생시켜 탈루소득을 더 크게 만든다고 분석하였다. 불분명하게, 소득효과와 대체효과가 반대방향으로 움직이기 때문이다.

①, ②, ④, ⑤ *관련이론

유사문제 CHECK

2025년 8번
2022년 10번
2019년 7번

합격의 TIP

탈세의 경우 탈세 전반에 대해서 묻거나 알링햄-샌드모의 탈세모형에 대해 묻는 유형으로 나뉜다.

관련이론 알링햄-샌드모(M. Allingham & A. Sandmo)의 탈세모형

(1) 가 정
 1) 납세자는 위험중립자를 가정한다.
 2) 조세당국은 무작위 세무조사를 실시하며, 무작위 세무조사 시 반드시 적발된다.
 3) 탈세액이 증가할수록 벌금은 체증적으로 증가한다.

(2) 탈세의 한계비용 = 세무조사확률 × 한계벌금의 크기

(3) 탈세의 한계편익 = 탈세로 얻는 이득

(4) 탈세를 낮추는 방법 : 세율을 줄이고, 세무조사받을 확률과 한계벌금의 크기를 늘린다.

(5) 이론의 한계점
 1) 탈세의 심리적 비용에 대한 고려가 미흡하다.
 2) 모형에서 위험중립자를 가정하고 있지만 실제 납세자들은 주로 위험기피적이다.
 3) 한계세율이 매우 높은 경우 탈세가 용이한 직업에 종사하려는 특징을 보인다.
 4) 실제 세무조사확률(세무사찰확률)은 직업이나 소득규모에 따라 달라진다.

문제 11 개별조세이론

유 형	이론형
중요도 ★☆☆	정답 ①

정답해설

① 담배소비세는 지방세이자 보통세이다.

②, ③, ④, ⑤ *관련이론

유사문제 CHECK

2025년 3번
2023년 1번
2020년 20번

합격의 TIP

2, 3년에 한 번씩은 출제되는 주제이다. 조세체계에 대해 알아두자

관련이론 우리나라의 조세체계

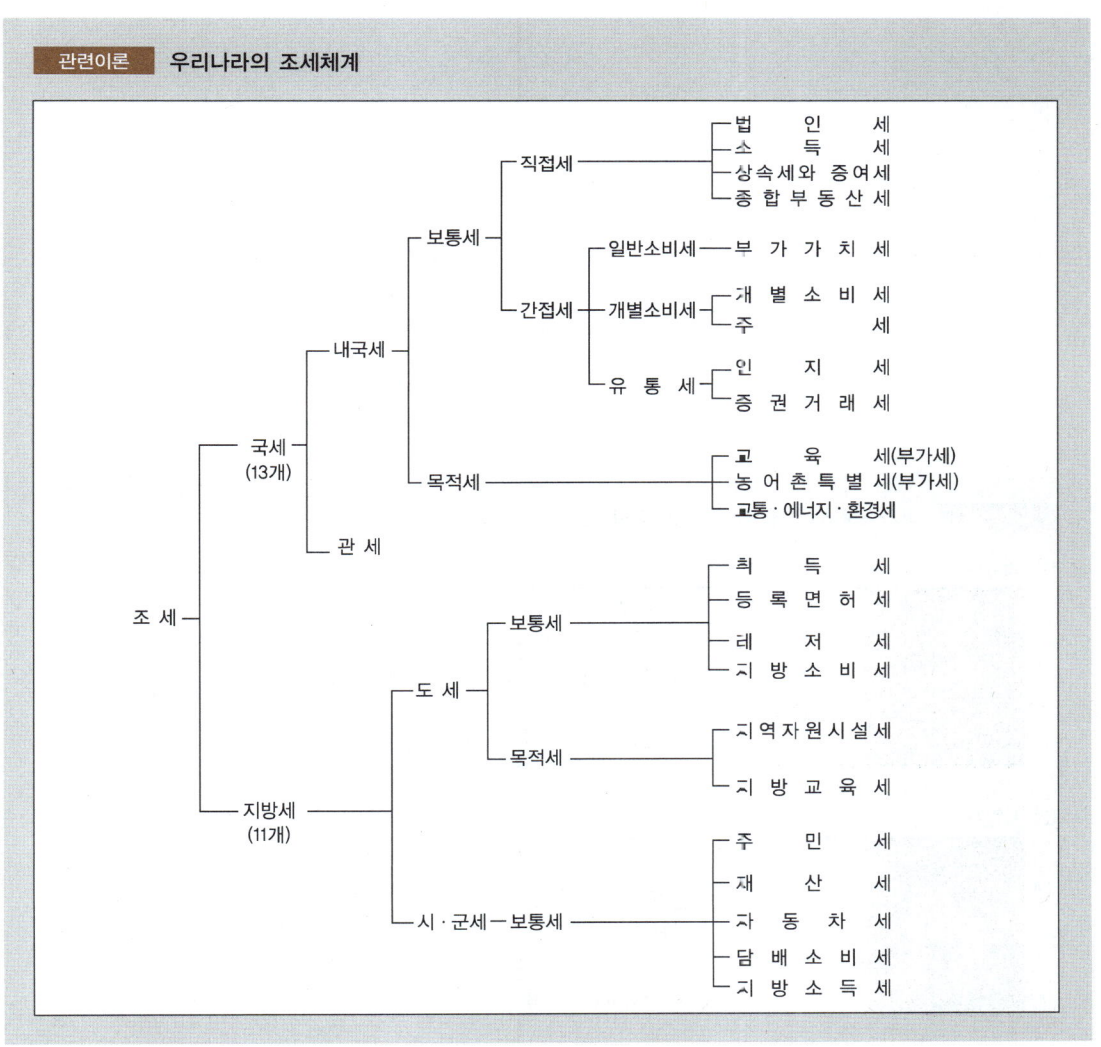

문제 12 조세의 경제적 효과

유 형	이론형
중요도 ★★☆	정답 ⑤

정답해설

개별 소비자 입장에게 미치는 영향을 물었으므로 예금자 입장에서의 효과를 분석해보면 ㄱ, ㄴ, ㄷ, ㄹ 모두 옳은 문장이다. 따라서 정답은 ⑤번이다.

유사문제 CHECK

2025년 10번
2023년 11번
2022년 14번
2020년 14번
2018년 16번

합격의 TIP

최근 자주 출제되었다. 유사문제를 반드시 학습해두자

관련이론 이자소득세가 저축에 미치는 영향

(1) 예금자

가격효과	소득효과	현재소비 = 정상재	현재소비 감소, 미래소비 감소, 저축 증가
		현재소비 = 열등재	현재소비 증가, 미래소비 증가, 저축 감소
	(실질 이자율(실질 수익률)이 하락하여 실질소득 감소)		
	대체효과	현재소비 증가, 저축 감소, 미래소비 감소	
	(실질 이자율(실질 수익률)의 하락으로 현재소비의 기회비용이 감소)		

(2) 차입자

가격효과	소득효과	현재소비 = 정상재	현재소비 증가, 미래소비 감소, 저축 감소
		현재소비 = 열등재	현재소비 감소, 미래소비 증가, 저축 증가
	(실질 이자율(실질 수익률)이 하락하여 실질소득 증가)		
	대체효과	현재소비 증가, 저축 감소, 미래소비 감소	
	(실질 이자율(실질 수익률)의 하락으로 현재소비의 기회비용이 감소)		

문제 13 조세의 경제적 효과

유 형		이론형	
중요도	★★★	정답	④

정답해설

② 세금 부과 후 예산선의 세로축 절편은 세금 부과만큼 임금률이 낮아지므로 $(1-t)w\overline{T}$ 이다.

④ 여가가 정상재라면, ~~대체효과가 소득효과보다~~ 클 경우 노동공급은 증가한다.
   ↳ 소득효과가 대체효과보다

유사문제 CHECK

2025년 18번, 2023년 10번
2021년 16번, 2020년 15번
2017년 12번, 2017년 18번
2016년 27번

합격의 TIP

매우 자주 출제되는 분야이다. 저자의 경우 아래 하단의 표를 다음처럼 축약해서 적어놓고 푸는 연습을 했다.

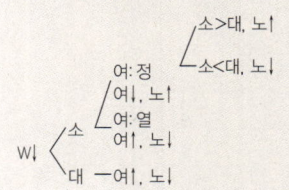

관련이론 근로소득세(비례소득세)와 노동공급

(1) 근로소득세(비례소득세)가 노동공급에 미치는 영향

가격효과	소득효과	시간당 임금이 감소함에 따라 실질소득이 감소하게 됨	
		여가 = 정상재 : 여가는 감소, 노동공급은 증가	소득효과 > 대체효과 : 노동공급은 증가
			소득효과 < 대체효과 : 노동공급은 감소
		여가 = 열등재 : 여가는 증가, 노동공급은 감소	
	대체효과	시간당 임금이 감소함에 따라, 여가의 기회비용이 감소하게 됨	
		여가는 증가, 노동공급은 감소	

※ 사람들은 효용에 따라 선택하므로, 노동 공급은 소득효과와 대체효과에 따라 결정됨에 주의한다.

(2) 근로소득세(비례소득세)와 노동공급곡선

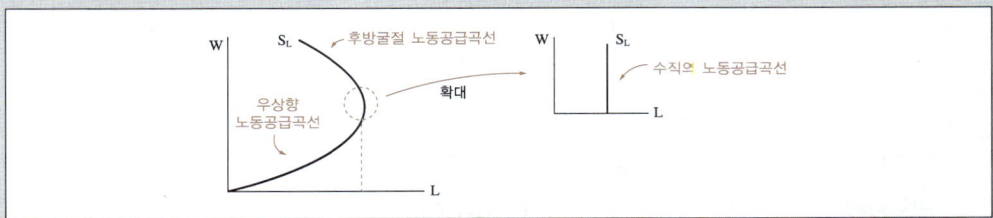

1) 후방굴절 노동공급곡선(실질임금 감소 → 노동 증가)
   여가 = 정상재 & 소득효과 > 대체효과
2) 우상향 노동공급곡선(실질임금 감소 → 노동 감소)
   여가 = 열등재
   여가 = 정상재 & 소득효과 < 대체효과
3) 수직의 노동공급곡선(실질임금 불변 → 노동 불변)
   여가 = 정상재 & 소득효과 = 대체효과

문제 14 조세의 경제적 효과

유 형	이론형
중요도 ★★☆	정답 ③

정답해설

② 가속감가상각을 하는 경우 비용으로 인정받는 금액이 늘어나기 때문이다.

③ 자본스톡의 사용자비용탄력성이 작을수록(↳클수록) 조세제도상 투자 유인책의 효과는 커진다.

④ 한계실효세율이란 세전 실질수익률을 p, 세후 실질수익률을 s라 하면 t = (p − s) / p로 나타낼 수 있다. 따라서 투자계획에서 나오는 세전 실질수익률과 이 투자계획의 재원을 제공한 저축자에게 지급되는 세후 실질수익률이 같으면 한계실효세율은 영(0)이 된다.

유사문제 CHECK

2025년 11번
2022년 19번
2021년 14번

합격의 TIP

단독문제가 아니라 보기 지문으로도 자주 출제될 수 있는 주제이므로 관련이론을 반드시 학습해두자

관련이론 법인세와 투자

(1) 조겐슨모형
  1) 자본의 사용자비용 : $C = (i + d - \pi)P_k$, $C = (r + d)P_k$
     (i = 명목이자율, d = 감가상각률, π = 인플레이션율, P_k = 기계가격)
  2) 기업이 자본재를 일정기간 동안 사용할 때, 소요되는 기회비용을 의미
  3) 조세부과 후 자본의 사용자비용 : $C_e = \dfrac{(r+d) - t(x+y)P_k}{1-t}$
     (r = 실질이자율, d = 경제적 감가상각률, P_k = 기계가격, x = 세법상 이자비용 공제율, y = 세법상 감가상각률)

(2) 투자와 사용자비용
  1) 조세부과 후 자본의 사용자비용(C_e) > 자본의 사용자비용(C) : 투자 감소
  2) 조세부과 후 자본의 사용자비용(C_e) = 자본의 사용자비용(C) : 투자 불변
  3) 조세부과 후 자본의 사용자비용(C_e) < 자본의 사용자비용(C) : 투자 증가

(3) (투자에) 중립적 법인세의 조건($C_e = C$ 조건을 충족하는 경우)
  1)

조 건	'세법상 이자비용 공제율(x) = 실질이자율(r)' & '세법상 감가상각률(y) = 경제적 감가상각률(d)'
수식 증명	$C_e = \dfrac{(r+d) - t(x+y)P_k}{1-t} = \dfrac{(r+d) - t(r+d)P_k}{1-t} = (r+d)P_k$
설 명	• 자기자본의 귀속이자를 포함한 모든 이자비용이 세법상 비용으로 인정되고, 세법상 감가상각률과 경제적 감가상각률이 일치하는 경우 • 혹은 100% 차입경영이기 때문에 모든 이자비용이 세법상 비용으로 인정되고, 세법상 감가상각률과 경제적 감가상각률이 일치하는 경우

2)	조건	'세법상 이자비용 공제율(x) = 세법상 감가상각률(y) = 0' & '조세부과 후 자본의 사용자비용(C_e)의 식에 P_k 대신 $(1-t)P_k$를 대입'
	수식 증명	$C_e = \dfrac{(r+d) - t(x+y)P_k}{1-t} = \dfrac{(r+d)(1-t)P_k}{1-t} = (r+d)P_k$
	설명	이자비용에 대하여 세법상 비용으로 전혀 공제를 해주지 않고, 자본재를 구입 즉시 비용처리하는 경우 P_k 대신 $(1-t)P_k$를 대입하는 이유는, 자본재를 구입 즉시 비용처리하는 경우, 자본재 가격에 세율을 곱한 금액만큼 법인세가 절감되기 때문이다.

(4) 투자가 촉진되는 경우
  1) 가속감가상각(내용연수가 긴 자본재라면, 가속상각의 효과가 좀 더 크다.)
  2) 투자세액공제 실시
  3) 일정기간동안 조세감면 정책 실시
  4) 각종 준비금 제도를 통한 납세지점 연기

문제 15 공채론

유형		이론형	
중요도	★★☆	정답	②

정답해설

② 국채발행으로 이자율이 상승하는데, 이로 인해 자본유입이 발생하면 환율이 평가 절하되어(→평가절상) 경상수지가 개선된다(→악화된다).

유사문제 CHECK
2025년 15번
2020년 40번
2018년 36번

합격의 TIP
공채발행의 효과에 대한 문제는 간혹 출제되므로 유사문제의 기출문제는 반드시 학습해두자

관련이론 국·공채 발행이 국제수지에 미치는 효과

국·공채 발행
 → 이자율 상승 → 자본 유입 → 환율평가 절상 (환율 하락) → 순수출 감소 수입 증가
 → 소비 증가 → 수입 증가
 → 국내 저축 감소 → 투자 제약 → 생산성 하락 → 국제 경쟁력 하락
→ 국제수지 악화 (경상수지 악화)

문제 16 공공요금의 이론

유형: 이론형
중요도: ★★★
정답: ①

정답해설

② 시설용량에 제한이 있는 시설에 초과수요가 발생하는 경우 한계비용에서 경제적 지대를 **차감한**(→합산한) 수준에서 가격을 결정해야 효율적이다.

③ 공공요금은 소비과정에서의 효율성은 높여주나 생산과정에서의 효율성 개선과는 **무관하다**(→관련이 있다).

④ 공평성의 관점에서 보면 **능력원칙**(→편익원칙)에 입각하여 요금을 부과해야 한다.

⑤ 규모의 경제가 존재하는 경우 평균비용가격설정은 사회적 최적수준에 비해 **과대생산**(→과소생산)을 유발한다.

유사문제 CHECK
- 2023년 16번
- 2022년 17번
- 2021년 20번
- 2020년 23번
- 2019년 18번
- 2016년 22번

합격의 TIP
매년 출제되는 문제로 반드시 학습해두도록 하자

문제 17 지방재정

유형: 계산형
중요도: ★★☆
정답: ①

정답해설

② 무조건부 교부금의 경우에는 지역주민들의 **소득감소**(→소득증가)와 조세부담의 **증가**(→감소)를 가져오게 된다.

③ 지역주민들의 공공재 소비규모와 후생수준은 교부금의 유형과 관련이 **없다**(→있다. 교부금의 유형에 따라 지역주민들의 공공재 소비규모와 후생수준이 달라진다).

④ 무조건부 교부금의 경우에는 소득효과로 지역주민들의 공공재의 소비를 증가시키지만 사용재의 소비는 **감소**(→증가. 무조건부 교부금은 소득의 증가와 동일하기 때문이다)하게 된다.

⑤ 조건부 대응교부금의 경우에는 소득효과와 대체효과에 의해서 지역주민들의 공공재의 소비 증가 여부를 **알 수 없다**(→알 수 있다. 조건부 대응교부금을 지급하는 경우에 공공재 소비는 반드시 증가한다. 참고로 사용재 소비의 증감여부는 알 수 없다).

유사문제 CHECK
- 2025년 17번
- 2022년 4번
- 2020년 28번
- 2017년 22번

합격의 TIP
무조건부 교부금의 경우 현금보조, 조건부 교부금의 경우 현물보조에 대응하여 생각하면 쉽게 접근할 수 있다.

> **관련이론** 보조금이론

(1) 보조금 지급의 목적
  1) 지역 간 외부성과 특정 공공재 공급의 촉진
     조건부 정률보조금에 해당하며, 현행 국고보조금으로 시행 중
  2) 지역 간 재정력 격차 해소 및 재원조달 능력의 차이 해결
     무조건부보조금 지급에 해당하며, 현행 지방교부금으로 시행 중
  3) 특정지역에 대한 보상 및 역할을 위임

(2) 보조금의 유형

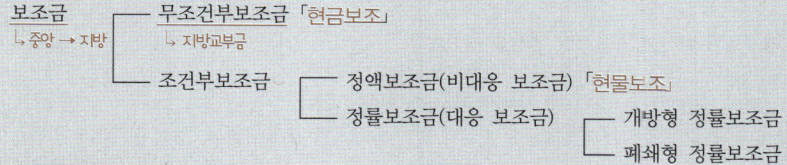

무조건부보조금		사용용도 제한없음(주로 지역 간 경제력의 평준화 및 지역 간 소득재분배를 위하여 지급)
조건부보조금	정액보조금	일정금액 지급, 사용용도 제한
	정률보조금	공공사업에 소요되는 재원의 일정비율만 지급
	개방형	지출증가 시 보조금도 증가
	폐쇄형	정률지급하되 지급한도 있음

(3) 보조금의 효과에 대한 비교
  1) 동일 보조금 지급 시 효용(증가)크기
     무조건부 > 정액 > 정률
  2) 지방공공재의 생산 촉진효과
     정률 > 정액 ≥ 무조건부
  3) 동일 효용 달성 시 필요 보조금
     정률 > 정액 ≥ 무조건부

문제 18 지방재정

유 형	이론형
중요도 ★★☆	정답 ⑤

정답해설

⑤ 지방정부가 보조금을 받아서 공공재를 공급하는 경우에는 중앙집권화의 정도가 ~~과대평가된다.~~
  ↳ 과소평가. 분권수준을 파악하는 지표로서 정부부문의 총지출에서 중앙정부의 직접적 지출이 차지하는 비율을 중앙집권화율이라 한다. 만약 지방정부가 보조금을 받아서 공공재를 공급하는 경우 중앙정부의 직접적 지출이 감소하므로 중앙집권화율은 과소평가 된다.

유사문제 CHECK
2025년 14번, 2023년 19번
2022년 20번, 2021년 19번
2019년 19번, 2018년 37번

합격의 TIP
티부가설, 오우츠의 정리를 주제로 한 단독문제가 출제되기도 하지만 지방 분권화에 대한 전반적인 설명을 하는 문제는 자주 출제되는 편이다. 유사문제와 관련이론을 통해 학습해두자

관련이론 지방 분권화와 관련된 기출지문

(1) 2023년 19번
 1) 중앙정부의 직접적 지출 정도를 간접적으로 파악할 수 있는 중앙집권화율은 중앙정부의 직접적 지출을 정부부문의 총지출로 나누어 계산한다.
 2) 지방자치단체 간의 경쟁을 촉진하여 공공서비스의 효율적인 생산을 유도한다.
 3) 티부(C.Tiebout) 모형은 공공재 공급의 재원으로 재산세를 상정하고 있다.
 4) 중앙집권제도에 비해 공공재와 세금에 대한 정보확보비용이 증가하게 된다.
 5) 오우츠(W.Oates)에 의하면 공공재 공급비용이 동일하다면 지방공공재는 지방정부가 공급하는 것이 효율적이다.

(2) 2022년 20번
 1) 자치단체 간 경쟁을 유발하여 효율적인 생산을 촉진한다.
 2) 중앙정부의 교부금으로 인해 지방의 재정자립도가 낮아진다.
 3) 지역 간 재정능력의 불균형으로 지역 간 격차가 커질 수 있다.
 4) 오우츠(W.Oates)의 분권화 정리는 지방공공재 공급에 있어서 규모의 경제가 없고, 인접 지역으로의 외부성이 없는 경우에 성립한다.
 5) 지방분권제도가 중앙집권제도보다 지방공공재에 대한 정보를 획득하는 비용이 낮다.

(3) 2021년 19번
 1) 지역의 특성을 반영한 제도의 도입이 용이하다.
 2) 지역주민의 욕구를 반영한 행정을 실현할 수 있다.
 3) 자치단체 간 경쟁을 유발하여 효율적인 생산을 촉진한다.
 4) 중앙정부의 교부금으로 인해 지방의 재정자립도가 낮아진다.
 5) 지역 간 재정능력의 불균형으로 지역 간 격차가 커질 수 있다.

(4) 2019년 19번
 1) 정부부문의 총지출 중 중앙정부의 직접적 지출이 차지하는 비율을 중앙집권화율이라 하며, 분권수준을 파악하는 지표로 사용한다.
 2) 오우츠(W.Oates)는 공공재 공급비용이 동일하다면, 지방공공재는 중앙정부보다 지방정부가 공급하는 것이 효율적일 수 있다고 주장하였다.
 3) 오우츠(W.Oates)의 분권화 정리는 공공재 공급에 있어서 규모의 경제가 없고, 인접 지역으로의 외부성이 없는 경우에 성립한다.
 4) 티부(C.Tiebout)는 개인들의 지역 간 이동이 자유롭다면, 개인들이 선호하는 지방정부를 선택하는 '발에 의한 투표'를 주장하였다.
 5) 티부모형은 지방정부의 재원은 재산세로 충당하는 것을 상정하고 있다.

(5) 2018년 37번
 1) 분권화로 지역들이 차별성을 가지고, 여러 지역 중에서 투표자가 자신이 원하는 곳을 선택할 수 있다면 결과적으로 후생이 증가될 수 있다.
 2) 분권화로 지방정부는 각 지역의 특성에 부합하는 다양한 정책들을 시도할 수 있다.
 3) 한 지역의 공공재가 다른 지역에도 영향을 주는 외부성을 가지고 있는 경우 분권화는 효율적인 공공재 배분을 불가능하게 한다.
 4) 조세행정에는 규모의 경제가 존재하기 때문에 국세 행정을 이용하여 징수하고 이후 지방으로 배분하는 형태로 조세행정과 재정배분이 이루어지기도 한다.
 5) 지방자치단체장은 선거를 통해 선출되기 때문에 지역주민들의 수요에 민감하게 반응한다.

유형	이론형
중요도	★☆☆
정답	④

문제 19 지방재정

정답해설

① 지방교부세는 ~~대응교부금~~이다.
   ↳ 무조건부 교부금

② 국고보조금은 ~~무조건부 교부금~~이다.
   ↳ 대응 교부금

③ 국고보조금은 지방정부의 ~~자체재원~~이다.
   ↳ 의존재원. 지방정부 수입은 자체재원과 의존재원으로 구분할 수 있는데, 국고보조금과 지방교부세는 모두 의존재원에 속한다. 자체재원으로는 지방세와 세외수입이 있다.

⑤ 지방교부세와 국고보조금은 지방정부의 재정자립도를 ~~개선하는~~ 효과가 있다.
   ↳ 낮추는

유사문제 CHECK

2020년 28번

관련이론 **지방교부금과 국고보조금**

(1) 지방교부금 = 지방교부세
   1) 정의 : 지방자치단체의 재정수요와 조세수입을 비교하여 재원부족이 발생하면 이를 보전할 목적으로 중앙정부가 지방자치단체에 교부하는 것
   2) 목적 : 지역 간 재정력 격차를 해소하고, 재원조달능력의 차이를 해소하기 위함
   3) 무조건부 보조금에 해당하며, 당해 연도 내국세의 일정비율이 정해져 있으며, 자의적인 배분이 불가

(2) 국고보조금 = 대응교부금
   1) 정의 : 지방자치단체가 시행하는 특정사업 경비의 일부 또는 전부를 중앙정부가 지원하는 제도
   2) 목적 : 지역 간 외부성의 해결과 특정 공공재 공급의 촉진을 위함
   3) 조건부(정률)보조금에 해당

유 형	이론형	
중요도	★☆☆	정답 ⑤

문제 20 재정학의 기초

정답해설

⑤ 케인즈(J. M. Keynes)가 제시한 최적조세이론은 <u>조세수입을 극대화하는 조세구조에 관한 이론이다.</u>
  ↳ 케인즈는 거시적 측면에서의 경제안정을 위하여 적극적인 조세정책을 주장한 학자이며, 최적조세이론이란 효율성과 공평성의 관점에서 사회후생을 극대화할 수 있는 조세구조에 대한 이론이다. 최근들어 공평성까지 고려하는 이론이 등장하고 있으나 아직까지는 효율성 측면을 고려한 이론이 주를 이루고 있다.

합격의 TIP

10년간 처음 출제된 주제지만, 최적과세이론에 대해 알고 있는 수험생이라면 정답을 쉽게 맞출 수 있는 문제였다.

유 형	이론형	
중요도	★☆☆	정답 ②

문제 21 소득분배 및 사회보장

정답해설

② 시차문제에 있어서 <u>재량적 재정정책(discretionary fiscal policy)이 자동안정장치(built-in stabilizer)에 비해</u> 나은 정책수단이다.
  ↳ 자동안정장치(built-in stabilizer)가 재량적 재정정책(discretionary fiscal policy)에 비해. 자동안정장치(built-in stabiliew)란 경기침체나 경기호황 때 정부가 의도적으로 정부지출과 세율을 변경시키지 않더라도 자동적으로 재정지출과 조세수입이 변하여 경기침체나 경기호황의 강도를 완화시켜주는 제도로 경기가 침체되면 조세수입을 줄이고 경기호황에는 조세수입을 늘리는 역할을 한다.

합격의 TIP

자주 출제되지 않은 주제이다. 기출지문 정도만 알아두자

문제 22 경제적 효율성과 시장실패

유 형	계산형
중요도	★☆☆
정답	④

정답해설

소비자 i의 효용함수 $u_i(x_i\, y_i) = x_i\, y_i$이며 $(i=1, 2)$, 교환(소비)에 있어서의 파레토 효율성은 $MRS_{xy}^1 = MRS_{xy}^2 = \dfrac{P_x}{P_y}$이다. 이때 $MRS_{xy}^1 = \dfrac{y}{x}$, $MRS_{xy}^2 = \dfrac{y}{x}$ 이므로 예산선의 기울기는 $\dfrac{y}{x} = \dfrac{15}{20} = \dfrac{3}{4}$ 이며, 두 사람이 동일한 동조적(homothetic) 선호체계(한계대체율이 $\dfrac{y}{x}$에 의존하는 선호체계)를 갖고, 그들의 한계대체율이 체감하는 형태를 띄는 것을 알 수 있다.

이 경우 에지워드 상자(Edgeworth box)에서 그들 간의 파레토 최적 배분점의 궤적은 대각선으로 표시된다. 문제에서 주어진 균형점인 $((20, 15), (20, 15))$를 지나며, x의 총 부존량은 40, y의 총 부존량은 30을 만족시키는 예산선은 $y = -\dfrac{3}{4}x + 30$으로 구할 수 있다.

초기부존 재분배	$y=-\dfrac{3}{4}x+30$에 부존량 대입 시 일치여부
① ((10,16), (30,14))	미일치
② ((12,20), (28,10))	미일치
③ ((14,16), (26,14))	미일치
④ ((16,18), (24,12))	일 치
⑤ ((28,9), (12,22))	미일치

유사문제 CHECK
2023년 23번
2019년 21번

합격의 TIP
후생경제학 제2정리에 대한 문제이다. 2019년 21번 문제를 통해 후생경제학 제1정리와 제2정리를 함께 학습해보자

관련이론 후생경제학 제1정리와 제2정리

(1) 후생경제학 제1정리
  1) 모든 개인의 선호체계가 강단조성*을 지니고, 외부성 또는 공공재 등의 시장실패요인이 존재하지 않는다면 일반경쟁균형(왈라스균형)의 자원배분은 파레토 효율적이다.
     *강단조성 : 재화소비량이 많을수록 효용이 증가하는 것
  2) 의미 : 완전경쟁하에서는 개별경제주체들이 오로지 자신의 이익을 추구하는 과정에서 자원배분의 효율성이 달성되기 때문에 정부개입의 불필요성을 의미한다. 단, 공평성에 대한 고려는 이루어지지 않는다.

(2) 후생경제학 제2정리
  1) 모든 개인들의 선호가 연속적이고 강단조성 및 볼록성을 충족하면, 초기부존자원의 적절한 재분배를 통해 임의의 파레토 효율적인 자원배분을 일반경쟁균형을 통해 달성할 수 있다.
  2) 반드시 중립세와 중립보조금을 지급하여 초기부존자원을 재분배한 후 시장에 맡기는 것을 의미하며 공평성을 달성하기 위해 효율성을 희생할 필요가 없음을 의미한다.
     *시장가격에 영향을 미치지 않도록 재분배함을 의미하기 때문에 종량세나 종량보조금은 해당되지 않음에 주의한다.

문제 23   경제적 효율성과 시장실패

유 형	이론형
중요도 ★☆☆	정답 ⑤

정답해설

ㄱ. 생산가능곡선의 한 점에서 생산이 이루어지고 있으므로 생산 측면의 효율성은 만족된다.

ㄴ. 두 소비자의 $MRS^1(x_1, y_1) = MRS^2(x_2, y_2) = 2$로 소비 측면의 효율성은 만족된다.

ㄷ. 이 경제는 현재 상황에서 x재를 만들기 쉽고 효용도 높지만 y재는 만들기 부담스럽고 효용이 낮은 상태로 종합적 파레토 효율성은 만족하지 않는다. 다만 y재 생산을 줄이면서 x재 생산을 증가시킨다면 경제 전체적으로 생산과 소비의 종합적인 파레토 개선이 가능하다.

따라서 정답은 ⑤번이다.

✅ **유사문제 CHECK**

2016년 18번

관련이론   **파레토 효율성의 조건**

(1) 교환(소비)에 있어서의 파레토 효율성(생산물의 최적배분)

$$MRS^A_{xy} = MRS^B_{xy} = \frac{P_x}{P_y}$$

무차별곡선이 접하는 점 : 계약곡선, 이를 통해 효용가능곡선과 연계

(2) 생산에 있어서의 파레토 효율성(생산요소의 최적배분)

$$MRTS^X_{LK} = MRTS^Y_{LK} = \frac{w}{r}$$

등량곡선이 접하는 점 : 계약곡선, 이를 통해 생산가능곡선과 연계

(3) 종합적인 파레토 효율성

$$MRS_{xy} = MRT_{xy}$$

(4) 파레토 효율성의 한계
- 파레토 효율성의 조건을 충족하는 점이 다수 존재
- 소득분배의 공평성에 대한 기준을 제시하지 못함

문제 24 소득분배와 사회보장

유 형	이론형
중요도 ★★★	정답 ④

정답해설

① 상품권을 받을 때 효용수준이 반드시 더 높다.
   → 반드시 더 높다고 할 수 없다. 상품권의 경우 현물보조에 속하는데 현물보조의 효용이 현금보조와 같을 수는 있지만 더 높을 수는 없다.

② 현금으로 받을 때 효용수준이 반드시 더 높다.
   → 반드시 더 높다고 할 수 없다. 상품권의 경우 현물보조에 속하는데 현물보조의 효용이 현금보조와 같을 수도 있기 때문이다.

③ 가격이 달라지면, 상품권을 받을 때 더 높은 효용을 얻을 수 있다.
   → 가격이 달라지더라도 현금보조를 받을 때보다 현물보조에 속하는 상품권을 받을 때 더 높은 효용을 얻을 수는 없다. 다만 같을 수는 있다.

⑤ $MRS(30, 5) = 0.5$이면, 상품권으로 받을 때 반드시 더 높은 효용을 얻는다.
   상품권으로 받을 때와 효용수준이 같아진다.

유사문제 CHECK

2023년 34번
2021년 34번
2018년 27번
2016년 12번

합격의 TIP

자주 출제되는 주제이므로 반드시 알아두자

관련이론 보조금 효과의 비교

(1) 동일보조 지급 시 효율의 크기 : 현금보조 ≥ 현물보조 > 가격보조

(2) 특정재화의 소비촉진 효과 : 가격보조 > 현물보조 ≥ 현금보조

(3) 동일효용 달성 시 필요한 보조금의 크기 : 가격보조 > 현물보조 ≥ 현금보조
   1) 현금보조는 소득효과만 발생
   2) 가격보조는 소득효과와 대체효과가 모두 발생
   3) 완전보완재의 경우 현금보조와 가격보조 효과가 동일
   4) 가격보조보다 현금보조를 할 때 정부의 재정부담이 더 적게 소요된다.

동일보조 지급 시 효율크기		현금 > 현물 > 가격	현금 = 현물 > 가격
특정재화의 소비촉진 효과		가격 > 현물 > 현금	가격 > 현물 = 현금
균형의 변화	가격보조(A)	E → A	E → A
	현물보조(B)	E → B	E → B = C
	현금보조(C)	E → C	E → B = C
효용수준의 변화	가격보조(I_A)	$I_0 → I_A$	$I_0 → I_A$
	현물보조(I_B)	$I_0 → I_B$	$I_0 → I_B = I_C$
	현금보조(I_C)	$I_0 → I_C$	$I_0 → I_B = I_C$

유 형	이론형
중요도 ★☆☆	정답 ①

문제 25 경제적 효율성과 시장실패

정답해설

②, ③, ④, ⑤는 역선택 문제를 완화시키는 방법이지만 ①번은 도덕적해이를 줄이기 위한 방법이다.

유사문제 CHECK

2020년 35번

합격의 TIP

역선택에 대해 단독으로 묻기도 하지만 주로 도덕적 해이와 같이 출제된다. 자주 출제되지는 않지만 난이도가 쉬운 주제이므로 두 개념을 반드시 알아두자

관련이론 도덕적 해이와 역선택

(1) 도덕적 해이

감추어진 행동의 상황에서 어떤 계약이 이루어진 이후에 정보를 가진 측이 바람직하지 못한 행동을 하는 현상

도덕적 해이가 발생하는 장소	해결방안
보험시장	공동보험제도, 기초공제제도
금융시장	담보제도, 감시제도, 보증인제도
노동시장	승진제도, 포상과 징계의 활용, 효율성임금

(2) 역선택
  1) 감추어진 특성의 상황에서 정보수준이 낮은 측이 바람직하지 못한 상대방과의 거래(낮은 품질의 재화를 구입)할 가능성이 높아지는 현상
  2) 해결방안 : 선별*, 신호발송, 신용할당제도, 효율성임금 등을 활용
     * 선별 : 정보를 갖지 못한 측에서 주어진 자료(불충분한 자료)를 이용하여 상대방의 특성 파악

※ 도덕적 해이와 역선택의 가장 큰 구분은 역선택은 사전적 선택 시 발생하는 문제이고, 도덕적 해이는 사후적으로 일어나는 행동이라는 점이다.

유 형	이론형
중요도 ★★★	정답 ②

문제 26 공공재이론

정답해설

1 공공재에 대한 소비자 1의 수요함수
$P_1 = 50 - Q$

2 공공재에 대한 소비자 2의 수요함수
$P_2 = 40 - \frac{2}{3}Q$

3 수요함수의 합
$P = 90 - \frac{5}{3}Q$

4 공공재 한단위의 생산비 = 60
$90 - \frac{5}{3}Q = 60$
$\therefore Q = 18$

5 $Q = 18$을 각각의 수요함수에 대입
1) 공공재에 대한 소비자 1의 소비자 부담 가격
$P = 50 - 18 = 32$
2) 공공재에 대한 소비자 2의 소비자 부담 가격
$P = 40 - \frac{2}{3} \times 18 = 28$

따라서 정답은 ②이다.

유사문제 CHECK

2025년 25번
2023년 31번
2021년 18번
2018년 30번

합격의 TIP

계산형 외에 이론형으로도 자주 출제되는 주제이다. 특히 계산형으로 비슷한 유형이 자주 출제되므로 유사문제를 반드시 학습해두자

유 형	이론형
중요도 ★☆☆	정답 ⑤

문제 27 외부성

정답해설

A와 B의 편익은 각각 30이고, 편익에 따른 비용부담을 고려한 순편익을 표로 정리하면 다음과 같다.

구 분		B	
		찬 성	반 대
A	찬 성	(5, 5)	(−20, 30)
	반 대	(30, −20)	(0, 0)

우월전략균형(내쉬균형) : A, B 모두 반대 (0, 0)

(1) A가 찬성을 했을 때 B의 순편익은 찬성(5), 반대(30)이므로 반대(30)를 선택한다.
(2) A가 반대를 했을 때 B의 순편익은 찬성(−20), 반대(0)이므로 반대(0)를 선택한다.
(3) B가 찬성을 했을 때 A의 순편익은 찬성(5), 반대(30)이므로 반대(30)를 선택한다.
(4) B가 반대를 했을 때 A의 순편익은 찬성(−20), 반대(0)이므로 반대(0)를 선택한다.

따라서 A와 B 모두 반대했을 때 우월전략균형으로 내쉬균형이 되므로 정답은 ⑤번이다.

유사문제 CHECK

2018년 35번

합격의 TIP

자주 출제되지 않는 주제이다. 유사문제를 통해 우월전략균형을 찾는 방법에 대해 알아두자

문제 28 공공선택이론

	유 형	이론형
중요도	★★☆	정답 ⑤

정답해설

투표의 역설이란 모든 개인들의 선호가 이행성을 충족하더라도 사회선호가 이행성이 충족되지 않는 현상으로서, 투표순서에 따라 결과가 달라지게 된다. 이는 일부 개인이 다봉형 선호를 갖고 있기 때문이다.

문제에서 제시된 사례 1과 사례 2를 분석하면 다음과 같다.

	사례 1	사례 2
a와 b	b	a
b와 c	b	c
a와 c	c	c
최종 선호	$b > c > a$	$c > a > b$

문제에서 제시된 두 사례 모두에서 투표의 역설 현상은 나타나지 않으며, 꽁도세 승자는 사례 1에서는 b이며, 사례 2에서는 c이다.

따라서 정답은 ⑤번이다.

유사문제 CHECK
2023년 30번
2020년 31번
2019년 27번

관련이론 다수결투표제도 = 꽁도세(Condorcet) 승자방식과 투표의 역설

(1) 다수결투표제도 = 꽁도세(Condorcet)승자방식
  1) 과반수 이상의 투표자가 지지하는 대안이 선택되는 방식
  2) 민주주의 사회에서 집단적 의사결정방법론으로 가장 많이 사용
  3) 문제점
    ① 서수적 선호가 반영되기 때문에, 선호강도가 반영되지 않음
    ② 최소의 비용이 보장되지 않음
    ③ 다수의 횡포가 발생할 가능성이 있음
    ④ 투표의 역설이 발생할 수 있음(Arrow - 이행성위배)

(2) 투표의 역설
  1) 정의
    모든 개인들의 선호가 이행성을 충족하더라도 사회선호가 이행성이 충족되지 않는 현상을 의미하며, 투표순서에 따라 결과가 달라지기 때문에 의사진행조작을 통하여 자신에게 가장 유리한 대안이 선택되도록 할 유인이 발생하게 되어 다수결투표제도의 신뢰성이 낮아지게 되는 것
  2) 발생이유
    일부 개인이 다봉형 선호를 갖기 때문 (단, 이는 투표의 역설이 발생하기 위한 필요조건이지 충분조건은 아님)

문제 29 외부성

유형: 계산형
중요도: ★★★
정답: ③

정답해설

1 사회적한계편익(SMB)

사회적한계편익(SMB) = 수요함수(PMB) + 외부한계편익(EMB)

$= 150 - Q + 30 - \frac{1}{4}Q$

$= 180 - \frac{5}{4}Q$

2 사적한계비용(PMC) = Q

3 사회적최적생산량

SMB = PMC

$= 180 - \frac{5}{4}Q = Q$

∴ $Q = 80$

4 생산자에게 단위당 지급해야 하는 보조금

외부한계편익(EMB)에 사회적최적생산량을 대입

$= 30 - \frac{1}{4} \times 80$

$= 10$

따라서 정답은 ③번이다.

유사문제 CHECK
- 2025년 28번
- 2023년 24번
- 2021년 37번
- 2020년 24번
- 2019년 32번

합격의 TIP
외부성은 다양한 형태로 응용해서 출제되므로 반드시 알아두자

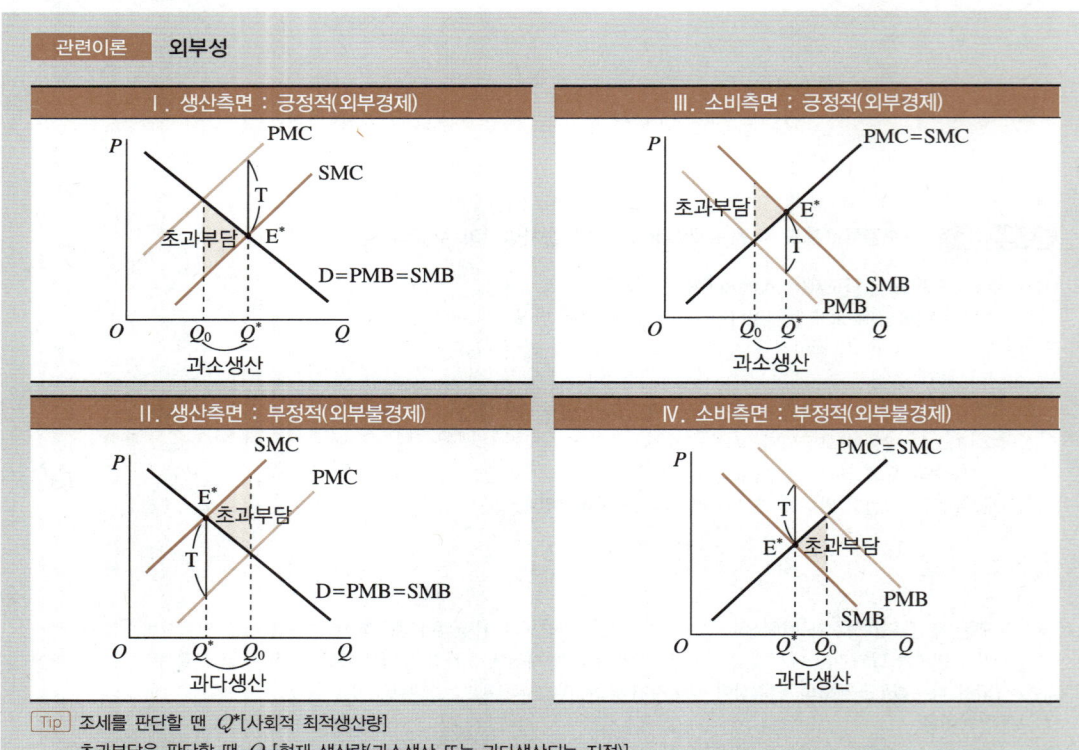

관련이론 **외부성**

I. 생산측면 : 긍정적(외부경제)
II. 생산측면 : 부정적(외부불경제)
III. 소비측면 : 긍정적(외부경제)
IV. 소비측면 : 부정적(외부불경제)

Tip 조세를 판단할 땐 Q^*[사회적 최적생산량]
초과부담을 판단할 땐 Q_0[현재 생산량(과소생산 또는 과다생산되는 지점)]

문제 30 외부성

유 형	이론형
중요도 ★★★	정답 ④

정답해설

'목장 주인에게 소를 방목할 수 있는 권리가 주어진다면' 농부는 500만원의 피해를 보지만 울타리 설치비용보다 피해액이 더 적으므로 울타리를 설치하지 않는다.

'농부에게 재산권이 주어진다면' 농부는 목장 주인에게 500만원의 피해보상을 요구하거나 울타리 설치를 요구하나 목장 주인은 울타리 설치비용이 피해보상 비용보다 더 크므로 울타리를 설치하지 않는다.

따라서 정답은 ④번이다.

유사문제 CHECK

2022년 26번, 2021년 25번
2020년 29번, 2018년 26번
2017년 32번, 2016년 31번

합격의 TIP

매우 쉽게 출제되었기에 반드시 맞추어야 하는 문제이다. 관련이론을 통해 코즈정리의 성립 조건을 추가로 확인하자

관련이론 코즈정리

(1) 코즈정리가 성립할 수 있는 조건
   1) 협상비용이 무시할 정도로 작아야 함
   2) 협상으로 인한 소득재분배가 각 개인의 한계효용에 영향을 미치지 않아야 함
      (= 효용함수에 변화가 없어야 함 = 선호체계를 왜곡시키지 않아야 함)
   3) 외부성에 관한 재산권을 설정할 수 있어야 함(누구에게 재산권을 귀속시킬지는 관련이 없음)
   4) 재산권이 설정된 후, 당사자 간의 자발적 협상에 의해 자원이 배분되어야 함

(2) 코즈정리의 결과
   재산권이 누구에게 주어지는지는 소득분배에 영향을 미칠 뿐, 재산권이 누구에게 주어지는지와 관계없이(효율성과는 상관없이) 오염배출량은 동일한 수준으로 결정됨

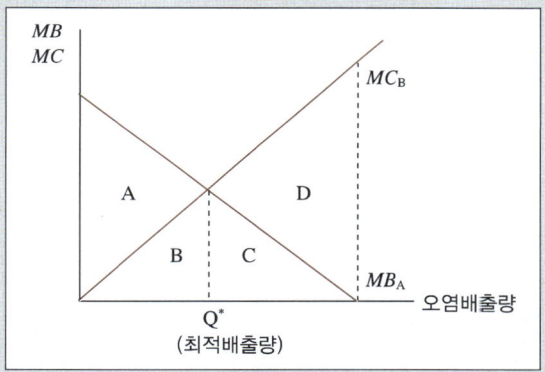

재산권이 기업 A에 있는 경우	최소보상금액 C ~ 최대보상금액 C + D
재산권이 기업 B에 있는 경우	최소보상금액 B ~ 최대보상금액 A + B

(3) 코즈정리의 단점
   1) 협상비용이 크면 적용이 불가
   2) 이해당사자가 누구인지 정확히 알 수 없는 경우가 존재
   3) 정보의 비대칭성이 존재할 경우, 협상을 통한 해결이 불가
   4) 협상능력에 있어서 차이가 존재할 수 있음
   5) 외부성의 정확한 측정 문제

문제 31 소득분배 및 사회보장

유형: 계산형 **중요도**: ★★☆ **정답**: ④

정답해설

구 분	$SW_A = Y_1 + Y_2$	$SW_B = \min\{Y_1, Y_2\}$	$SW_C = Y_1^{1/2} Y_2^{1/2}$
현재의 평균소득	개인 1의 소득 $4Y_2$ + 개인 2의 소득 $Y_2 = 5Y_2$ → $5Y_2 \div 2$명 $= \frac{5}{2}Y_2$		
사회후생함수	$SW_A = Y_1 + Y_2$	$SW_B = \min\{Y_1, Y_2\}$	$SW_C = Y_1^{1/2} Y_2^{1/2}$
균등분배 대등소득	$SW_A = 4Y_2 + Y_2$ 개인 1 $= \frac{5}{2}Y_2$ 개인 2 $= \frac{5}{2}Y_2$	$SW_B = \min\{4Y_2, Y_2\}$ 개인 1 $= Y_2$ 개인 2 $= Y_2$	$SW_C = 4Y_2^{1/2} Y_2^{1/2}$ 개인 1 $= 2Y_2$ 개인 2 $= 2Y_2$
앳킨슨지수	$A = 1 - \dfrac{Y_e}{Y_{평균소득}}$ $A = 1 - \dfrac{\frac{5}{2}Y_2}{\frac{5}{2}Y_2} = 0$	$A = 1 - \dfrac{Y_e}{Y_{평균소득}}$ $A = 1 - \dfrac{Y_2}{\frac{5}{2}Y_2} = 0.6$	$A = 1 - \dfrac{Y_e}{Y_{평균소득}}$ $A = 1 - \dfrac{2Y_2}{\frac{5}{2}Y_2} = 0.2$

④ 균등분배대등소득은 ~~사회 C~~가 가장 크다.
  ↳ 사회 A

⑤ 앳킨슨지수는 작을수록 평등하고, 클수록 불평등하다. 따라서 사회 A가 가장 평등하며, 사회 B가 가장 불평등하다.

유사문제 CHECK
- 2024년 33번
- 2022년 33번
- 2018년 29번
- 2017년 24번

합격의 TIP
2018년 29번 기출문제의 심화문제이다. 유사문제를 반드시 학습하자

관련이론 앳킨슨지수

(1) 앳킨슨지수 $= 1 - \dfrac{\text{균등분배대등소득}(Y_e)}{\text{평균소득}}$

(2) 균등분배대등소득 : 현재와 동일한 사회후생을 얻을 수 있는 소득을 완전히 평등하게 분배한 소득상태의 평균소득

(3) 균등분배대등소득이 감소하는 경우
  1) 균등분배에 대한 선호도가 클수록
  2) 불균등분배에 대한 혐오도가 클수록
  3) 현실의 소득분배에 대한 불평등정도가 높을수록

(4) 앳킨슨지수는 0에서 1 사이의 값을 가지며 작을수록 평등하다. 사회 전체의 평등에 대한 가치가 클수록 앳킨슨지수는 커짐

문제 32 소득분배와 사회보장

유 형	이론형	
중요도	★☆☆	정답 ⑤

정답해설

② 소득재분배에 대해 고려하지 않기 때문이다.

⑤ 노직(R. Nozick)의 견해에 따르면 균등한 분배가 실현된다면 절차의 정당성은 무시될 수 있다.
  ↳ 없다. 절차를 중요시하며, 소득차이는 개인의 선택에 따른 결과이다.

문제 33 소득분배와 사회보장

유 형	계산형	
중요도	★★★	정답 ③

정답해설

① 앳킨슨지수는 작을수록 평등함을 의미한다.

③ 공리주의 사회후생함수의 경우 균등분배대등소득이 평균소득보다 작다.
  작을 수도 있고, 같을 수도 있다. ↵

유사문제 CHECK
- 2024년 31번
- 2022년 33번
- 2018년 29번
- 2017년 24번

합격의 TIP

2024년의 경우 앳킨슨지수에 대해 2문제가 출제되었다. 2문제 모두 중요한 문제이므로 유사문제를 반드시 학습하자

문제 34 소득분배와 사회보장

유 형	이론형
중요도 ★★★	정답 ④

정답해설

ㄱ. 특정재화의 소비촉진 효과는 가격보조, 현물보조, 현금보조 순이며 현물보조와 현금보조의 효과는 동일할 수도 있다.

ㄴ. 동일보조 지급 시 효율의 크기는 현금보조, 현물보조, 가격보조 순이며 현물보조와 현금보조의 효과는 동일할 수도 있다.

ㄷ. 현물보조보다 현금보조의 경우 ~~더 높은~~ 행정 및 운영비용이 발생한다.
   ↳ 비교적 더 낮은

따라서 옳은 지문은 ㄱ, ㄴ, ㄹ, ㅁ으로 정답은 ④번이다.

유사문제 CHECK
- 2025년 33번
- 2023년 34번
- 2021년 34번
- 2018년 27번
- 2016년 12번

합격의 TIP

자주 출제되는 주제로 반드시 맞추어야 하는 문제이다. 심화학습으로 지방재정의 보조금 이론(2017년 22번)과도 연계하여 학습해두자

관련이론 보조금 효과의 비교

(1) 동일보조 지급 시 효율의 크기 : 현금보조 ≥ 현물보조 > 가격보조

(2) 특정재화의 소비촉진 효과 : 가격보조 > 현물보조 ≥ 현금보조

(3) 동일효용 달성 시 필요한 보조금의 크기 : 가격보조 > 현물보조 ≥ 현금보조
   1) 현금보조는 소득효과만 발생
   2) 가격보조는 소득효과와 대체효과가 모두 발생
   3) 완전보완재의 경우 현금보조와 가격보조 효과가 동일
   4) 가격보조보다 현금보조를 할 때 정부의 재정부담이 더 적게 소요된다.

동일보조 지급 시 효율크기		현금 > 현물 > 가격	현금 = 현물 > 가격
특정재화의 소비촉진 효과		가격 > 현물 > 현금	가격 > 현물 = 현금
균형의 변화	가격보조(A)	E → A	E → A
	현물보조(B)	E → B	E → B = C
	현금보조(C)	E → C	E → B = C
효용수준의 변화	가격보조(I_A)	$I_0 → I_A$	$I_0 → I_A$
	현물보조(I_B)	$I_0 → I_B$	$I_0 → I_B = I_C$
	현금보조(I_C)	$I_0 → I_C$	$I_0 → I_B = I_C$

문제 35 소득분배와 사회보장

유 형	이론형
중요도	★☆☆	정답	③

정답해설

① 기초생활보장제도의 수혜대상이 되는 무소득자의 생계안정과 근로유인 제공을 위한 제도이다.
→ 일정수준의 근로소득에 도달하지 못하는 근로자들에게

② 가구의 구성원에 관계없이 동일한 지원혜택을 운영하고 있다.
운영하고 있지 않다. 가구의 구성원 수가 많을수록 근로장려금을 더 많이 받을 수 있도록 설계되어 있다.

④ 근로소득이 증가함에 따라 근로장려금이 감소하는 점감구간에서의 대체효과는 노동공급을 증가시키는 방향으로 작용한다.
→ 감소

⑤ 암묵적 한계세율이 영(0)인 구간에서는 대체효과가 소득효과보다 크다.
작다. 대체효과에 의한 노동시간의 변화는 발생하지 않는다.

유사문제 CHECK
2020년 17번
2019년 15번

합격의 TIP
단독 주제로 출제될 수도 있지만 보기의 한 지문으로 출제될 수도 있는 주제로, 관련이론과 유사문제를 학습해두자

관련이론 근로장려세제(EITC)

(1) 개 념

근로소득자를 대상으로 소득에 비례한 세액공제액이 소득세액보다 많은 경우 환급해주는 제도로서, 소득이 일정수단에 미달한 근로자계층을 위한 임금보조의 일종으로 부의 소득세제의 단점(근로의욕 저하)을 보완한 것

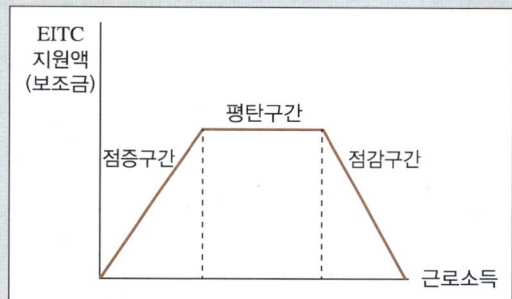

- 점증구간 : 소득 증가 → 보조금 증가
- 평탄구간 : 소득 증가 → 보조금 불변
- 점감구간 : 소득 증가 → 보조금 감소
  (소득이 증가할 때, 보조금이 감소하므로, 형태는 보조금이지만 암묵적으로는 조세를 부과한 것과 동일한 결과가 발생하게 된다.)

(2) 근로장려세제가 노동공급에 미치는 영향

점증구간	소득효과	보조금 지급 → 실질소득 증가 → 여가시간 증가 → 노동공급 감소	노동공급의 증감을 정확히 알 수 없음
	대체효과	실질임금의 증가 → 여가의 기회비용 증가 → 여가시간 감소 → 노동공급 증가	
평탄구간	소득효과	보조금 지급 → 실질소득 증가 → 여가시간 증가 → 노동공급 감소	노동공급 감소
	대체효과	실질임금의 불변 → 여가의 기회비용 불변 → 여가시간 불변 → 노동공급 불변	
점감구간	소득효과	보조금 지급 → 실질소득 증가 → 여가시간 증가 → 노동공급 감소	노동공급 감소
	대체효과	실질임금의 감소 → 여가의 기회비용 감소 → 여가시간 증가 → 노동공급 감소	

문제 36 소득분배와 사회보장

유 형	이론형
중요도 ★★☆	정답 ④

정답해설

ㄷ. 소득의 재분배 효과는 한계세율이 낮을수록 커진다.
　　　　　　　　　　　　　　　↳ 높을수록

따라서 옳은 지문은 ㄱ, ㄴ, ㄹ, ㅁ으로 정답은 ④번이다.

✓ 유사문제 CHECK
2021년 12번
2019년 9번

관련이론 부의 소득세(NIT)

(1) 개 념
　소득이 일정수준 이하가 되면 그 차액에 대하여 일정세율을 적용하여 계산된 금액을 조세환급을 통해 지급하는 제도로 소득세와 사회보장제도가 통합된 형태

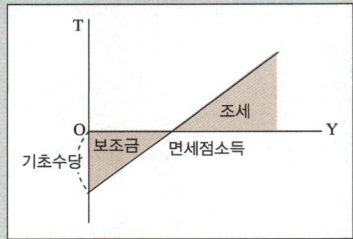

(2) 부의 소득세와 노동공급
　대체효과와 소득효과 모두 노동공급을 감소시킴

(3) 장 점
　1) 일정수준 소득에 대해 보조금과 세율이 결정되므로, 수혜자에 대한 별도의 자격심사가 필요하지 않기 때문에 행정적으로 단순함
　2) 일정수준 소득 이하의 소득자에게는 현금으로 보조금이 지급되므로, 소비자 후생측면에서 우월함

(4) 단 점
　1) 정부의 재정부담이 발생할 수 있음
　2) 일정수준 소득보다 조금 높은 소득을 얻는 사람은 근로의욕이 저해됨

유 형	이론형
중요도 ★★★	정답 ②

문제 37 소득분배와 사회보장

정답해설

② 재원을 적립방식으로 충당하면 세대 간 공평성 문제가 **발생한다**.
→ 발생하지 않는다. 적립방식은 은퇴한 이후 납부한 보험료 및 운용수익을 돌려받는 방식이기 때문이다.

유사문제 CHECK

2025년 34번, 2025년 40번
2023년 36번, 2022년 40번
2020년 34번, 2019년 37번
2018년 22번, 2017년 37번
2016년 20번

합격의 TIP

과거에는 연금제도에 대한 경제적 효과에 대해 출제하였다면, 최근에는 우리나라 국민연금제도에 대해 출제하는 경향이 있다. 국민연금 및 연금제도와 관련된 기출문제는 유사문제에 수록해 놓고, 우리나라 국민연금제도에 대한 기출지문을 관련이론에 수록해 놓았으니 알아두자

관련이론 기출지문 정리

(1) 2023년 36번
  1) 일반국민이 가입하는 국민연금과 공무원, 군인, 사립학교 교직원이 가입하는 직역연금으로 구분된다.
  2) 국민연금은 기여원칙에 따른 적립방식을 채택하고 있으나 완전적립방식이 아니어서 세대 내 재분배 효과뿐만 아니라 세대 간 재분배효과도 발생한다.
  3) 국민연금은 18세 이상 60세 미만으로 대한민국 국민으로 국외거주자는 가입할 수 없다.
  4) 국민연금의 연금급여에는 노령연금, 장애연금, 유족연금이 있다.
  5) 국민연금 보험료는 기준소득월액에 보험료율을 곱하여 산정한다.

(2) 2022년 40번
  1) 1988년에 시행되었다.
  2) 최초 법적 기반은 1973년에 제정된 「국민복지연금법」이다.
  3) 사업장가입자 한 사람당 기준소득월액의 9%씩 국민연금 보험료로 납부되고 있다.
  4) 2006년부터 1인 이상 근무하는 전체 사업장이 국민연금 가입대상으로 확대되었다.
  5) 65세 이상 노령층에 대해 소득수준 등을 감안하여 지급되는 기초연금은 국민연금을 보완하는 측면이 있다.

(3) 2020년 34번
  1) 보험료율의 인상은 저소득근로자들에게도 부담이 된다.
  2) 보험료율의 인상은 개인들의 현재 가처분소득을 줄일 것이다.
  3) 보험료 부과 상한이 월 급여 400만원에서 450만원으로 인상된다면 월 급여 200만원인 근로자의 납입 보험료는 영향을 받지 않는다.
  4) 연금수급연령의 상향 조정은 단기적으로 연금수급자 수를 줄인다.
  5) 연금수급연령이 65세 이상이고 평균수명이 80세라고 가정할 때, 연금수급연령을 1년 상향 조정하면 재정 적자를 줄일 수 있다.

(4) 2019년 37번
  1) 우리나라의 국민연금제도는 국내에 거주하는 18세 이상 60세 미만의 국민이면 가입이 가능하다.
  2) 공무원, 군인, 사립학교 교원 등은 별도의 연금제도에 가입하며, 본인이 원하더라도 국민연금에 동시에 가입은 불가능하다.
  3) 우리나라 국민연금은 적립방식을 취하는데, 납부된 보험료로 기금을 조성하고 기금과 운용수익으로 연금을 지급한다.
  4) 사업장 가입자의 연금보험료 중 기여금은 가입자 본인이, 부담금은 사용자가 부담하는데, 그 금액은 각각 기준소득월액의 4.5%이다.
  5) 국민연금제도 도입에 따른 은퇴효과와 상속효과는 자발적인 저축을 증가시킨다.

(5) 2018년 22번
  우리나라의 국민연금은 적립방식으로 도입되었다.

| 유 형 | 이론형 |
| 중요도 | ★☆☆ 정답 ① |

문제 38 소득분배와 사회보장

정답해설

① 정부의 개입 정도가 국민보건서비스방식보다 강하다.
→ 약하다. 우리나라의 국민건강보험료는 "국민건강보험방식"이다. "국민보건서비스방식"이란 일반조세로 재원을 마련하고 모든 국민에게 무상으로 의료서비스를 제공하는 것을 말한다.

유사문제 CHECK

2023년 35번

합격의 TIP

우리나라 의료보장제도가 국민건강보험방식임을 알고 있다면 쉽게 맞출 수 있는 문제로 2023년, 2024년 동일 주제가 출제되었다.

| 유 형 | 이론형 |
| 중요도 | ★★☆ 정답 ⑤ |

문제 39 공공경비와 예산제도

정답해설

① 만약 공공서비스에 대한 수요의 소득탄력성이 1보다 크다면 국민소득이 증가할 때 공공부문의 생산비용 비중은 훨씬 더 급속도로 팽창한다.

② 피코크-와이즈만(A. Peacock and J. Wiseman)에 의하면 사회적 혼란기에는 정부지출의 증가를 용인하는 분위기에 의해서 정부지출이 증가하게 되며, 사회적 혼란기가 끝나더라도 사회문제에 대한 국민들의 관심이 높아져 높은 수준의 정부지출이 유지된다.

③, ④ 케인즈의 소득-지출모형(단순모형-정액세)에서의 한계소비성향을 c라 하면, 정부지출이나 투자 또는 이전지출이 1만큼 증가할 때, 국민 소득은 $\frac{1}{1-c}$ 배만큼 증가한다. 따라서 경기침체 등으로 민간의 한계소비성향이 줄어들게 되면 정부지출에 의한 국민소득 증가의 크기는 줄어들게 되고, 민간의 한계소비성향이 1보다 작은 경우에는 정부지출 증가에 의한 국민소득의 증가분이 정부지출의 증가분보다 크게 된다.

⑤ 브라운-잭슨(C. Brown and P. Jackson)은 중위투표자의 공공서비스에 대한 소득탄력성이 크게 되면 정부지출이 증가한다는 리바이어던가설(Leviathan hypothesis)을 제기하였다.
→ 리바이어던가설(Leviathan hypothesis)을 제기하지 않았다. 리바이어던가설은 부캐넌이 제기한 개념으로 정부 규모의 팽창과 분권화는 반비례한다는 것이다. 따라서 정부 규모의 과도한 지출을 억제하기 위해서는 조세와 정부 지출 권한을 분권화해야 한다.

유사문제 CHECK

2023년 38번
2022년 38번
2019년 10번

합격의 TIP

2023년 38번의 기출문제와 동일한 지문으로 출제되었다. 유사문제를 함께 학습하자

유형	이론형
중요도 ★☆☆	정답 ⑤

문제 40 비용편익분석

정답해설

비용편익분석 시 사용되는 할인율 *관련이론

①, ② 시장이 완전경쟁이라면 시장가격과 잠재가격이 같으므로, 시장가격을 그대로 사용하여 비용-편익분석을 할 수 있다. 하지만, 시장에 왜곡(독점, 조세, 외부성 등)이 발생하는 경우 시장가격과 잠재가격이 일치하지 않기 때문에 시장가격에 일정한 손질을 가하여 비용-편익분석을 해야 한다. 만약, 공공사업에 사용될 투입요소가 민간의 독점시장으로부터 제공된다면, 비용계산 시 독점 가격에서 독점이윤을 제외시켜야 하고, 투입요소에 간접세가 부과된 경우 이 조세는 정부로 이전되기 때문에 비용계산 시 제외시켜야 한다.

③ 사회적 할인율이 높아질수록 단기의 사업 평가가 높게 나오기 때문에, 초기에 편익이 집중되는 사업이 유리해진다.

④ 공공투자에 사용되는 자금은 조세나 국채발행 등을 통하여 조달된다. 따라서 공공부문의 기회비용은 민간부문에서 공공부문으로 자금이 이전되면서 포기하게 된 비용으로 투자에 사용되었을 자금과 민간소비에 사용되었을 자금으로 구분할 수 있다. 따라서 자금을 어떤 방식으로 조달하였느냐에 따라 기회비용을 구하는 방법이 달라진다. 투자에 사용되었을 자금은 민간투자의 수익률을 할인율로 나누어 구할 수 있으며, 민간소비에 사용되었을 자금이 공공투자에 사용된다면 민간소비의 기회비용은 공공투자에 사용된 비용과 같다.

⑤ 시장이자율이 사회적 할인율보다 높을 때 시장이자율을 할인율로 사용하면 공공사업의 경제성이 커질 수 있다.
 ↳ 낮아질 수 있다. 시장이자율이 사회적 할인율보다 높은 경우, 시장이자율을 공공사업의 할인율로 사용하면 현재가치가 작아지기 때문이다.

유사문제 CHECK
2023년 39번

합격의 TIP
기존 2024년 40번 문제는 비용편익분석 시 사용되는 할인율 대하여 출제된 문제였는데, 논란이 있어 모두 정답으로 처리되어 동일 주제로 출제되었던 2015년 35번으로 문제를 변경하였다.

관련이론 비용편익분석 시 사용되는 할인율

(1) 비용편익분석 시 이자율(할인율) 상승의 효과
 1) 현재가치가 미래가치보다 커진다.
 2) 미래보다 현재를 더 중요시 여긴다.
 3) 단기사업의 평가가 장기사업보다 더 높게 평가된다.
 4) 편익이 초기에 집중된 사업이 편익이 후기에 집중된 사업보다 더 높게 평가된다.
 5) 근시안적인 의사결정을 하게 된다.

(2) 적정할인율에 대한 견해
 자본시장이 완전하다면 시장이자율을 사용할 수 있으나, 현실적으로 조세와 시장의 왜곡 등으로 인해 자본시장이 불완전하므로 시장이자율의 사용은 적절치 않다. 따라서 사회적인 관점에서의 할인율이나 공공투자에 사용되는 자금의 기회비용을 구해야 한다.

(3) 사회적 할인율에 대한 견해
 경제전반의 상황을 고려하여 결정된 할인율이나, 현실적으로 구하기 힘들다는 문제점이 있다. 사회적 할인율은 공공사업을 민간투자에 비해 더 우대하기 때문에 민간할인율보다 낮게 결정된다.

2023년(제60회) 세무사 1차 재정학 정답

재정학

01	02	03	04	05	06	07	08	09	10
③	⑤	④	①	④	⑤	②	③	⑤	③
11	12	13	14	15	16	17	18	19	20
④	⑤	⑤	④	④	①	④	②	①	③
21	22	23	24	25	26	27	28	29	30
②	②	①	④	③	①	②	③	①	②
31	32	33	34	35	36	37	38	39	40
①	⑤	⑤	⑤	③	③	①	④	④	②

2023년 세무사 1차 결과

대상인원(명)	응시인원(명)	합격인원(명)	합격률(%)
16,817	13,768	2,164	15.72

2023년 과목별 결과

구 분	응시인원(명)	평균점수(점)	과락인원(명)	과락률(%)
재정학	13,768	51.97	3,571	25.9
세법학개론	13,768	31.85	9,927	72.1
회계학개론	13,673	37.08	8,116	59.4
상 법	4,439	63.78	822	18.5
민 법	1,545	52.31	488	31.6
행정소송법	7,689	58.38	2,112	27.5

문제 01 개별조세이론

유형	이론형
중요도 ★★☆	정답 ③

정답해설
① 농어촌특별세 : 국세, 목적세
② 주민세 : 지방세, 보통세
③ 지방교육세 : 지방세, 목적세
④ 담배소비세 : 지방세, 보통세
⑤ 문화재관람료 : 조세가 아님

✓ 유사문제 CHECK
2025년 3번
2024년 11번
2020년 20번

관련이론 우리나라의 조세체계

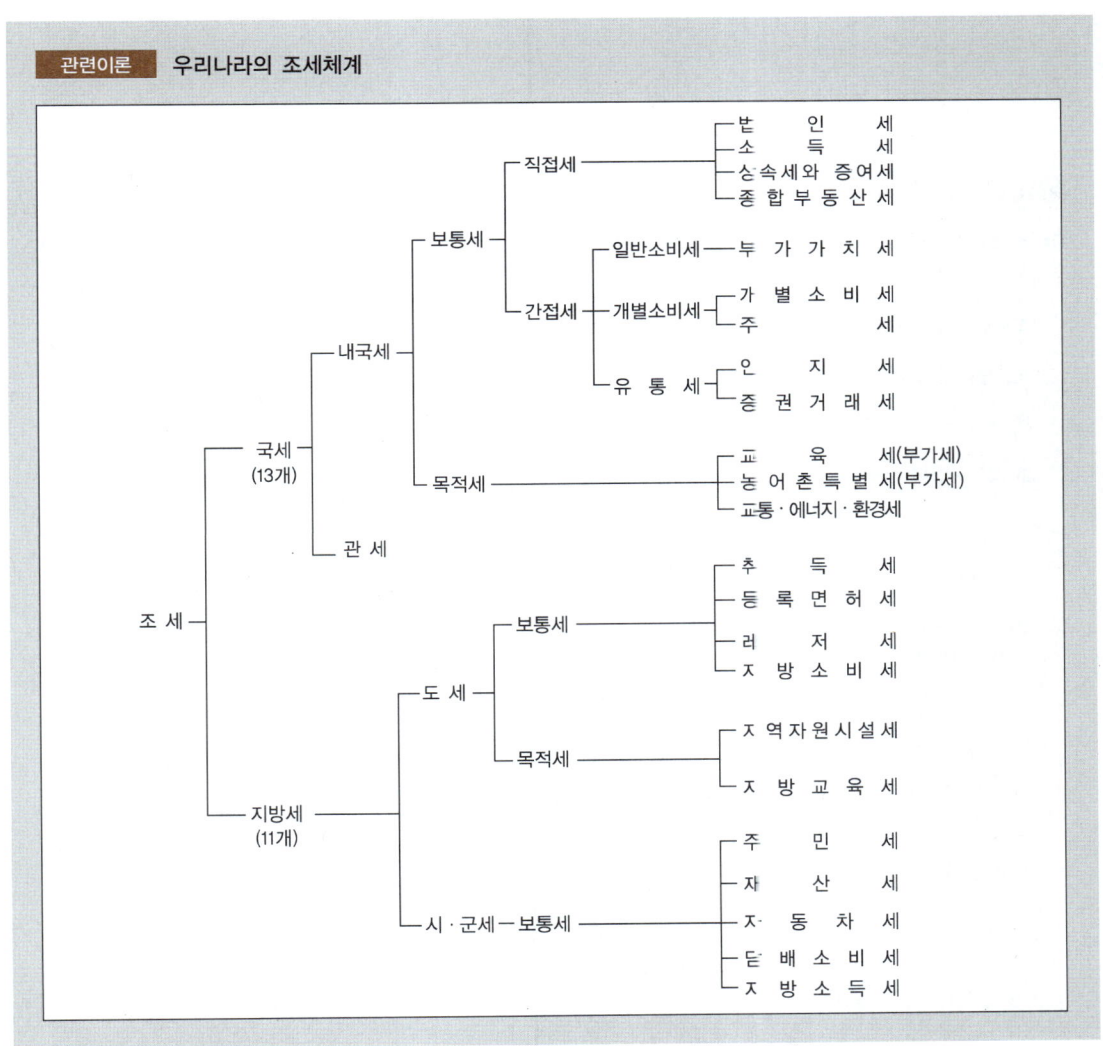

문제 02 조세와 효율성 : 초과부담

유 형	이론형
중요도 ★★★	정답 ⑤

정답해설

① 초과부담은 <u>조세수입에서</u> <u>사회후생 감소분을</u> 차감한 것이다.
 → 후생감소분(소비자잉여의 감소분과 생산자잉여의 감소분)에서 조세수입을

② 초과부담은 <u>주로 조세부담의 전가</u> 때문에 발생한다.
     └ 대체효과

③ 세율이 높으면 조세수입이 <u>늘어나지만</u> 초과부담은 <u>줄어든다</u>.
           └ 불분명하고   └ 커진다.

④ 수요의 가격탄력성이 클수록 초과부담은 오히려 <u>작아진다</u>.
                         └ 커진다.

유사문제 CHECK
- 2025년 4번
- 2024년 3번
- 2021년 2번
- 2020년 1번
- 2019년 4번
- 2017년 7번

합격의 TIP
자주 출제되는 중요한 주제로 유사 문제를 반드시 학습하자

관련이론 초과부담

(1) **초과부담의 개념** : 조세징수액을 초과하는 추가적인 민간의 부담으로, 조세를 부과함에 따라 민간부문의 의사결정이 교란됨에 따라 발생. '후생손실' 또는 '사중적손실', '자중손실'이라는 표현을 쓰기도 함

(2) **초과부담의 근본적인 원인** : 조세부과로 상대가격이 변화하여 대체효과가 발생하기 때문

(3) **초과부담의 측정방법 및 결정요인**
   1) 공급곡선이 수평선인 경우 : $DWL = \frac{1}{2} \cdot t^2 \cdot \epsilon \cdot (PQ)$
   2) 공급곡선이 우상향인 경우 : $DWL = \frac{1}{2} \cdot \frac{1}{\frac{1}{\epsilon}+\frac{1}{\eta}} \cdot t^2 \cdot (PQ)$

   (주로 면적을 이용하지만, 위의 식도 알아두자)
   3) 수요가 탄력적일수록 초과부담은 커지며, 초과부담은 세율의 제곱, 거래금액에 비례한다.

(4) **특이한 경우와 초과부담**
   1) 완전보완재의 경우
      ① 무차별곡선 : L자 형태
      ② 효용함수 U = min[X,Y]
      ③ 대체효과 : 0(따라서 초과부담이 발생하지 않는다)
      ④ 가격효과 = 소득효과
   2) 조세부과 후 구입량의 변화가 없는 경우 : 대체효과와 소득효과의 크기가 절대적으로 동일하면서 반대방향으로 작용할 때 나타나는 현상이다. 따라서 조세부과 후 구입량에는 변화가 없지만, 대체효과가 0이 아니기 때문에 초과부담이 발생한다.

   참고 대체효과와 소득효과의 크기가 절대적으로 동일하면서 반대방향으로 작용한다는 것은 조세가 부과되는 재화가 반드시 열등재인 경우이다.
   ※ 대체효과가 0인 완전보완재의 경우, <u>공급곡선이나 수요곡선이 완전히 비탄력적인 경우에는 초과부담이 발생하지 않는</u>다. 따라서 거래량이 불변인 경우, 거래량이 0인 경우, 조세수입이 0인 경우, 시장가격이 불변인 경우 모두 초과부담이 발생한다는 것을 유념하자

문제 03 최적과세론

유 형	이론형
중요도 ★★★	정답 ④

정답해설

① 램지규칙은 여가에 대한 과세가 불가능하기 때문에 초과부담의 최소화를 추구하였으며, 공평성은 고려하지 않았다. 따라서 효율성 측면만을 고려한 과세원칙이다.

② 램지규칙이 성립하기 위해서는 두 재화 간의 관계가 독립적이어야 한다. 즉, 서로 교차탄력성이 0이어야 한다.

③ 램지규칙은 재화 간 조세수입의 한계 초과부담 즉, 세금 1원을 걷을 때 추가적으로 발생하는 초과부담이 동일해야 한다.

④ 생활필수품에 ~~낮은~~ 세율을 부과하는 것이 램지규칙에 부합하고, 사회적으로도 ~~바람직하다~~. ↳ 높은
  ↳ 바람직하지 않다.

⑤ 램지규칙에 의하면, 탄력성과 세율은 반비례한다는 역탄력성의 원칙이 도출된다.

유사문제 CHECK
- 2021년 3번
- 2019년 11번
- 2018년 2번
- 2016년 16번

합격의 TIP
자주 출제되는 주제이고, 보기에 출제된 지문들이 반복해서 출제되었다. 관련이론 및 유사문제를 통해 출제된 지문들은 반드시 확인하자

관련이론 램지(Ramsey)의 최적물품세 이론

(1) 가정 : X재와 Y재는 서로 독립재(교차탄력성 = 0)이고, 일정한 조세수입을 확보해야 함

(2) 이론의 방향 : 여가에 대한 과세가 불가능하기 때문에 초과부담의 최소화를 추구하였으며, 공평성은 고려하지 않음

(3) 램지규칙과 역탄력성의 법칙
  1) 한계초과부담이 동일해야 함
    즉, 세금 1원을 걷을 때 추가적으로 발생하는 초과부담이 동일해야 함
    - 계산 : $\dfrac{\triangle X_{세전}}{2X_{세후}}$
  2) 소비량 감소비율이 동일해야 함
    - 램지규칙 : $\dfrac{\triangle X}{X} = \dfrac{\triangle Y}{Y}$
  3) 위의 램지규칙을 이용하여 역탄력성의 원칙을 도출함(도출과정은 이 책에서는 생략하기로 한다)
    - 역탄력성의 규칙 : $\dfrac{t_Y}{t_X} = \dfrac{\epsilon_X}{\epsilon_Y}$
    - 해당 재화의 탄력성과 세율은 반비례한다는 역탄력성의 원칙이 도출됨
    - 결국 역탄력성의 원칙에 따라 조세를 부과하면, 사치재에는 낮은 세율이 부과되고 생활필수품에는 높은 세율이 부과되는 역진적인 조세를 부과하는 것이 초과부담의 최소화를 추구하는 최적과세라는 결론에 도달

문제 04 조세의 전가와 귀착

유 형	이론형
중요도 ★★★	정답 ①

정답해설

수요곡선이 우하향의 직선이고, 한계비용곡선이 수평선인 기업에 단위당 T원의 물품세를 과세하는 경우 독점가격은 1/2만큼 상승한다. 따라서 독점기업과 소비자가 T원의 물품세를 반반씩 나누어 부담하게 되므로 ②, ③, ④, ⑤에 제시된 지문 모두 틀린 지문이다(수요곡선이 우하향하고, 단위당 생산비가 일정할 경우 독점기업과 소비자가 나누어 부담한다).

따라서 정답은 ①번이다.

유사문제 CHECK
- 2022년 15번
- 2021년 8번
- 2020년 8번
- 2019년 6번

합격의 TIP

2023년의 경우 정답을 쉽게 찾을 수 있었지만, 응용될 경우 시간도 많이 걸리고 어려워질 수 있는 주제이다. 특히 2022년 15번 문제는 심화학습으로 반드시 학습해두자

문제 05 조세의 전가와 귀착

유 형	계산형
중요도 ★★★	정답 ④

정답해설

1 조세부과 전 가격과 거래량 구하기

1) 수요함수 : $Q = 120 - 2P$

$$P = 60 - \frac{1}{2}Q$$

2) 공급함수 : $Q = P$

따라서 $P = 40$, $Q = 40$

2 조세부과 후 수요함수

$P = 60 - \frac{1}{2}Q - 12$ ↳ 세금만큼 하방이동

$P = 48 - \frac{1}{2}Q$

유사문제 CHECK
- 2025년 5번
- 2024년 5번
- 2022년 15번
- 2021년 8번
- 2019년 6번
- 2017년 20번

합격의 TIP

조세부과 후의 생산자 부담과 소비자 부담분에 대한 문제는 매우 자주 출제된 지문이다. 특히 유사문제 중 2021년 8번을 통해 비슷한 유형이 출제되면 반드시 맞출 수 있도록 학습해 두고, 관련이론을 통해 조세를 부과했을 때 수요곡선 혹은 공급곡선이 어떻게 이동하는지 반드시 알아두자

3 조세부과 이후 가격과 거래량

수요함수와 공급함수를 연립하면 P = 32, Q = 32로 변경된 균형점을 구할 수 있으며, 그림으로 나타내면 다음과 같으며, 생산자의 부담액과 소비자의 부담액을 그림을 통해 파악할 수 있다.

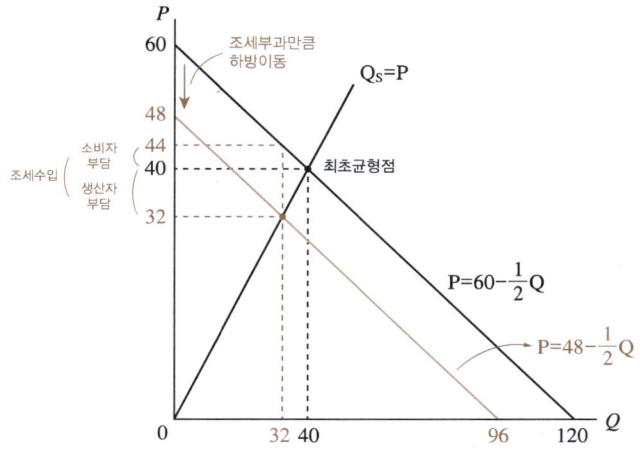

4 생산자가 부담하는 가격
= 조세부과 전 40 − 조세부과 후 32 = 8

따라서 생산자 부담액은 8원으로 정답은 ④번이다.

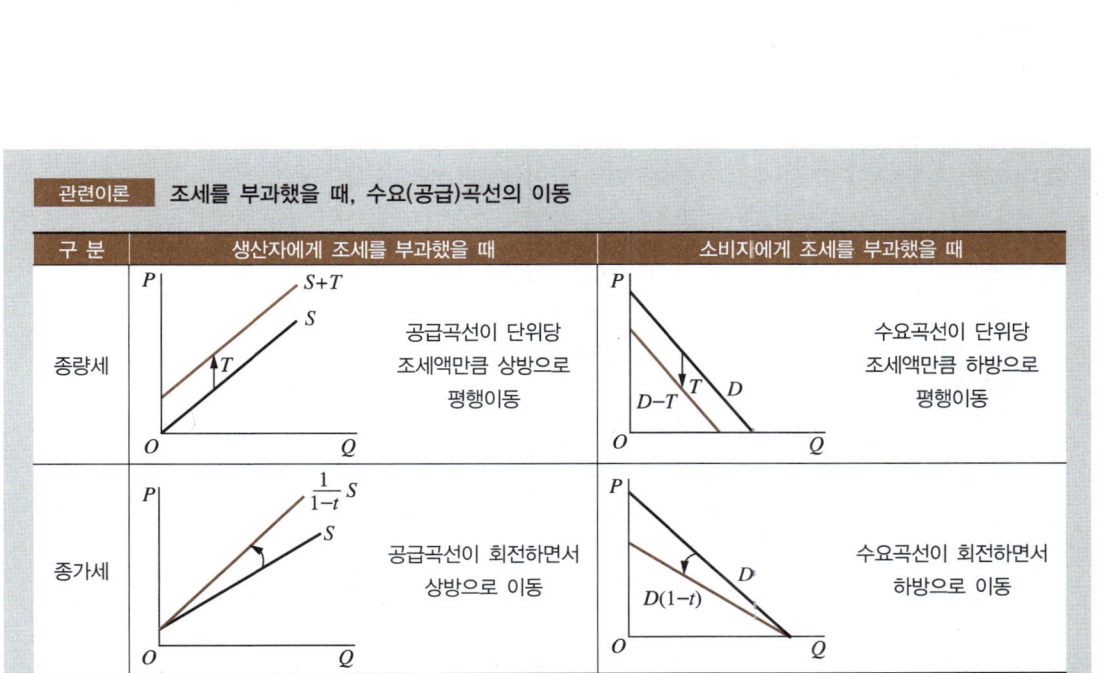

관련이론: 조세를 부과했을 때, 수요(공급)곡선의 이동

구 분	생산자에게 조세를 부과했을 때	소비자에게 조세를 부과했을 때
종량세	공급곡선이 단위당 조세액만큼 상방으로 평행이동	수요곡선이 단위당 조세액만큼 하방으로 평행이동
종가세	공급곡선이 회전하면서 상방으로 이동	수요곡선이 회전하면서 하방으로 이동

문제 06 개별조세이론

유 형	이론형
중요도 ★★★	정답 ⑤

정답해설

① 우리나라의 현행 법인세 최고세율은 <u>22%</u>이다.
   ↳ 24%

② 인플레이션이 있을 경우 감가상각공제의 현재가치는 <u>증가</u>하므로 법인세 부담은 <u>감소</u>하게 된다.
   ↳ 증가   ↳ 감소

③ 자기자본에 대한 귀속이자를 경비로 인정해 주지 않는 법인세제상의 특성이 법인들로 하여금 <u>유상증자</u>에 대한 의존도를 높이는 유인이 될 수 있다.
   ↳ 차입금

④ 법인세가 경제적 이윤에 대한 과세가 되기 위해서는 당기순이익이 경제적 <u>이윤보다 커야 한다.</u>
   ↳ 이윤과 일치해야 한다.

⑤ *관련이론

✓ 유사문제 CHECK
- 2024년 9번
- 2022년 5번
- 2019년 20번
- 2018년 20번

합격의 TIP
관련이론에 수록한 2013년 기출문제를 함께 학습해보자

관련이론 법인세를 경제적 이윤에 대한 과세로 보는 견해

(1) 조 건
 1) 100% 차입경영이고, 세법상 감가상각률과 경제적 감가상각률이 일치하는 경우
 2) 자기자본의 귀속이자를 포함한 모든 이자비용이 세법상 비용으로 인정되고, 세법상 감가상각률과 경제적 감가상각률이 일치하는 경우

(2) 법인세가 이윤세라면 법인세는 전부 주주에게 귀착되며, 조세전가가 나타나지 않으며, 초과부담은 발생하지 않음

(3) 한계점
100% 차입경영을 하는 기업은 현실에 없으며, 세법상 자기자본의 귀속이자를 이자비용으로 인정해주는 법도 현실에 없기 때문에 불가능

참고 2013년 기출문제

21 회계상 감가상각이 경제적 감가상각과 같은 경우 법인세에 관한 설명으로 옳지 않은 것은?
 ① 법인세의 과세대상은 법인의 자기자본에 대한 정상적인 보수와 경제적 이윤을 합한 것이다.
 ② 100% 차입경영인 경우에는 경제적 이윤과 세전 당기순이익은 다르다.
 ③ 100% 차입경영인 경우에는 법인세가 기업의 노동수요에 영향을 주지 않는다.
 ④ 100% 자기자본을 사용한 경우에 법인세는 법인에 사용된 자본에 대한 세금이 된다.
 ⑤ 100% 자기자본을 사용한 경우에 법인세는 비법인 기업에 투자되는 자본에 영향을 준다.

해설
회계상 감가상각이 경제적 감가상각과 같은 경우의 법인세란 것은 법인세를 경제적 이윤에 대해 과세하겠단 이야기이다.
 ① 법인세의 과세대상은 법인의 자기자본에 대한 정상적인 보수와 경제적 이윤을 합한 것이다.
 ② 100% 차입경영인 경우에는 경제적 이윤과 세전 당기순이익은 <u>다르다</u>.
   → 같다. 회계상 감가상각이 경제적 감가상각과 같고, 100% 차입경영인 경우에는 경제적 이윤과 세전 당기순이익이 일치하여 법인의 순수한 경제적 이윤에 대한 과세가 된다.
 ③ 회계상 감가상각과 경제적 감가상각이 같고, 100% 차입경영이라면 순수한 경제적 이윤에 대한 과세가 되어 법인세는 중립세의 성격을 갖게 된다. 중립세의 성격을 가지게 되면 기업의 노동수요나 투자에 영향을 주지 않는다.
 ④, ⑤ 100% 자기자본을 사용한 경우의 법인세는 법인에 사용된 자본에 대한 세금이 된다. 따라서 법인이 아닌 기업에 대한 투자를 늘릴 것이다. 따라서 비법인 기업에 대한 투자에 영향을 주게 된다.

문제 07 개별조세이론

유 형	이론형
중요도 ★★☆	정답 ②

정답해설

① 다른 조건이 일정할 때 인플레이션으로 명목소득이 증가하게 되면 소득세 부담은 ~~감소하게 된다~~.
→ 증가하게 된다.

③ 부가가치세는 ~~최종단계의~~ 부가가치에만 과세되어 수직적 통합을 방지하는 효과가 있다.
→ 각 거래단계의

④ 비례소득세는 수직적 공평성을 ~~개선하게 된다~~.
→ 개선하지 않는다. 수직적 공평성이란 보다 큰 경제적 능력을 보유한 사람에게 더 많은 조세를 부담하게 하는 것인데 비례소득세는 저소득층과 고소득층의 구분없이 동일 세율을 적용받기 때문이다.

⑤ 이자소득세를 부과할 경우, 소득효과는 저축의욕을 ~~떨어뜨린다~~.
→ 떨어뜨릴 수도 있고, 증가시킬 수도 있다. 이자소득세를 부과하는 경우 실질 수익률이 하락하여 실질소득이 감소하게 된다. 따라서 현재소비가 정상재일 경우 저축의욕은 증가하고 현재소비가 열등재일 경우 저축의욕은 감소한다.

✓ 유사문제 CHECK
2024년 8번
2024년 9번
2022년 1번
2021년 1번
2018년 4번
2017년 15번

합격의 TIP

전체적인 중요도는 떨어지지만, 보기에 출제된 지문은 다른 주제의 문제에서도 출제될 수 있는 지문이므로 반드시 알아두자. 특히 ⑤번 지문의 경우 2022년 14번을 함께 학습해 보자

문제 08 공공경비와 예산제도

유 형	이론형
중요도 ★☆☆	정답 ③

정답해설

조세지출이란 기업의 특정경제활동. 즉, 저축 혹은 투자를 증가시키기 위하여 포기된 세수를 의미하며, 감추어진 보조금 혹은 사실상의 보조금이라고 불린다. 따라서 보기 ㄱ에 제시된 남북협력기금에 대한 보조금 지급과 같은 진짜 보조금은 포함되지 않고, ㄴ. 법인세 특별감가상각, ㄹ. 투자세액공제, ㅂ. 기부행위에 대한 소득공제가 조세지출에 해당된다.

따라서 정답은 ③번이다.

유사문제 CHECK
2022년 13번

합격의 TIP
조세지출에 대한 의미를 물어보는 문제는 2021년까지는 출제되지 않았으나 2022년과 2023년 연속으로 출제되었다.

관련이론 조세지출
- 개인이나 기업의 특정경제활동을 장려하기 위하여 비과세, 감면 등 세제상의 유인을 제공함에 따라 포기된 세수를 의미
- 포기된 세수를 의미하기 때문에 감추어진 보조금, 사실상의 보조금이라는 표현을 사용하기도 하며 실제 지급되는 보조금은 포함되지 아니함

문제 09 최적과세론

유 형	이론형
중요도 ★☆☆	정답 ⑤

정답해설

ㄱ. 자원배분의 왜곡 초래, ㄴ. 지하경제 비대, ㄷ. 조세부담의 불공평 초래, ㄹ. 경제정책 효과의 불확실 초래 모두 탈세의 부정적 효과에 해당한다.

따라서 정답은 ⑤번이다.

유사문제 CHECK
2018년 10번

합격의 TIP
중요성은 떨어지지만, 정답을 쉽게 찾을 수 있는 문제이다. 탈세와 관련된 문제의 경우 탈세 및 절세의 효과 등에 대해 묻기도 하지만, 2019년부터 알링함-샌드모의 탈세 모형이 출제된 적이 있으므로 이에 대해 학습하고 싶은 수험생은 2022년 10번, 2019년 7번을 학습해보자

문제 10 조세의 경제적 효과

정답해설

①, ②, ④ *관련이론

③ 여가가 정상재일 경우 누진소득세 부과가 노동공급에 미치는 영향은 비례소득세 부과와 유사하지만 고소득자에게 유리하다.
   ↳ 불리

⑤ 정액세(lump-sum tax)를 부과하면 실질소득이 감소하기 때문에 대체효과는 발생하지 않고 소득효과만 존재한다. 여가가 열등재일 경우 실질소득이 감소하면 노동공급은 감소하게 된다.

유사문제 CHECK

2025년 18번, 2024년 13번
2022년 18번, 2021년 16번
2020년 15번, 2017년 12번
2017년 18번, 2016년 27번

합격의 TIP

2023년의 경우 정답을 매우 쉽게 찾을 수 있었으나 어렵게 출제될 경우 까다로울 수 있는 문제이다. 또한 독립된 문제로 출제되지 않더라도 다른 문제에 섞여 자주 출제되는 지문이므로 반드시 학습해두자

관련이론 근로소득세(비례소득세)와 노동공급

(1) 근로소득세(비례소득세)가 노동공급에 미치는 영향

가격효과	소득효과	시간당 임금이 감소함에 따라 실질소득이 감소하게 됨	
		여가 = 정상재 : 여가는 감소, 노동공급은 증가	소득효과 > 대체효과 : 노동공급은 증가
			소득효과 < 대체효과 : 노동공급은 감소
		여가 = 열등재 : 여가는 증가, 노동공급은 감소	
	대체효과	시간당 임금이 감소함에 따라, 여가의 기회비용이 감소하게 됨	
		여가는 증가, 노동공급은 감소	

※ 사람들은 효용에 따라 선택하므로, 노동 공급은 소득효과와 대체효과에 따라 결정됨에 주의한다.

(2) 근로소득세(비례소득세)와 노동공급곡선

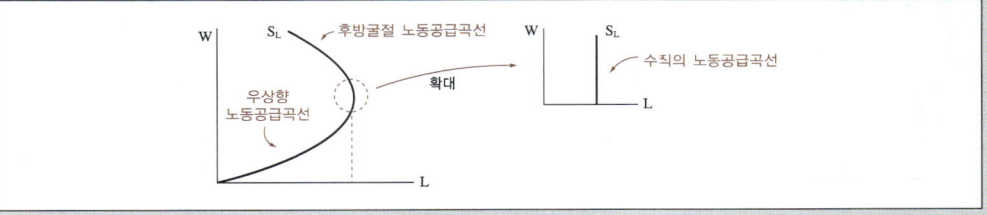

1) 후방굴절 노동공급곡선(실질임금 감소 → 노동 증가)
   여가 = 정상재 & 소득효과 > 대체효과
2) 우상향 노동공급곡선(실질임금 감소 → 노동 감소)
   여가 = 열등재
   여가 = 정상재 & 소득효과 < 대체효과
3) 수직의 노동공급곡선(실질임금 불변 → 노동 불변)
   여가 = 정상재 & 소득효과 = 대체효과

문제 11 조세의 경제적 효과

유 형		이론형	
중요도	★★★	정답	④

정답해설

① 이자소득세 부과 시 현재소비의 상대가격은 <u>상승</u>하게 된다.
　　　　　　　　　　　　　　　　　　↳ 하락

② 이자소득세 부과 시 저축은 <u>반드시 감소하게 된다</u>.
　　　　　　　　　　　↳ 증가할 수도 있고, 감소할 수도 있다.

③ 이자소득세 부과 시 민간저축은 <u>감소하나</u> 총저축의 증감여부는 불분명하다.
　　　　　　　　　　　　　↳ 증가할 수도 있고, 감소할 수도 있으며

④ *관련이론

⑤ 미래소비에 미치는 영향은 소득효과와 대체효과의 <u>상대적인 크기에 의해 결정된다</u>.
　　상대적인 크기와는 관련이 없다. 소득효과와 대체효과 모두 미래소비를 감소시키기 때문이다.

✅ 유사문제 CHECK

2025년 10번
2024년 12번
2022년 14번
2020년 14번
2018년 16번

합격의 TIP

2년 연속 독립된 문제로 출제되었다. 관련이론 및 유사문제는 반드시 학습하자

관련이론 이자소득세가 저축에 미치는 영향

(1) 예금자

가격효과	소득효과	현재소비 = 정상재	현재소비 감소, 미래소비 감소, 저축 증가
		현재소비 = 열등재	현재소비 증가, 미래소비 증가, 저축 감소
	(실질 이자율(실질 수익률)이 하락하여 실질소득 감소)		
	대체효과	현재소비 증가, 저축 감소, 미래소비 감소	
	(실질 이자율(실질 수익률)의 하락으로 현재소비의 기회비용이 감소)		

(2) 차입자

가격효과	소득효과	현재소비 = 정상재	현재소비 증가, 미래소비 감소, 저축 감소
		현재소비 = 열등재	현재소비 감소, 미래소비 증가, 저축 증가
	(실질 이자율(실질 수익률)이 하락하여 실질소득 증가)		
	대체효과	현재소비 증가, 저축 감소, 미래소비 감소	
	(실질 이자율(실질 수익률)의 하락으로 현재소비의 기회비용이 감소)		

문제 12 조세의 경제적 효과

유 형	이론형
중요도 ★☆☆	정답 ⑤

정답해설

한계실효세율(marginal effective tax rate) *관련이론

ㄱ. 한계실효세율은 세전수익률에서 세후수익률을 차감한 것을 세전수익률로 나눈 값이므로 조세가 부과되지 않으면 세전수익률과 세후수익률이 동일하기 때문에 한계실효세율은 0이다.

ㄴ. 한계실효세율이 높을수록 투자에 불리하게 작용하고 낮을수록 투자에 유리하게 작용한다.

ㄷ. 한계실효세율이 음(−)이라는 것은 정부가 투자소득에 대해 보조금을 주는 것을 의미하는 것이므로 조세가 투자를 촉진하는 결과를 가져온다.

따라서, ㄱ, ㄴ, ㄷ 모두 한계실효세율에 관련된 옳은 지문으로 정답은 ⑤번이다.

> **합격의 TIP**
> 킹(M. King)과 플러톤(D. Fullerton)의 한계실효세율접근법에 대해 2023년에 처음으로 출제되었다. 내년에도 출제될 수 있으므로 관련이론을 통해 학습해두자

관련이론 킹(M. King)과 플러톤(D. Fullerton)의 한계실효세율(marginal effective tax rate) 접근법

- 조세로 인해 투자소득이 어느 정도 감소하는지 분석
- 한계실효세율(t) = $\dfrac{\text{세전수익률(p)} - \text{세후수익률(s)}}{\text{세전수익률(p)}}$
- 한계실효세율(t)이 20%라면 조세로 인해 세전 투자수익률이 20% 감소하였음을 의미함
- 일반적으로 한계실효세율(t)는 양수(+)이나 가속상각, 투자세액공제 등이 발생하여 정부가 투자소득에 대해 보조금을 주는 효과가 나타나는 경우 (−)가 될 수도 있음

문제 13 조세의 경제적 효과

유 형	이론형
중요도 ★☆☆	정답 ⑤

정답해설

자본의 사용자 비용(user cost of capital)이란 기업이 자본재를 일정기간 동안 사용할 때 소요되는 비용으로 이자비용, 감가상각비, 인플레이션이 있다. ① 가속상각제도, ② 투자세액공제, ③ 특정기간조세 감면, ④ 법인세율 인하의 경우 자본의 사용자 비용을 낮출 수 있는 조세정책에 해당되지만 ⑤ 근로소득세의 감면은 개인에게 적용되는 것으로 자본의 사용자 비용과는 관련이 없는 제도이다.

따라서 정답은 ⑤번이다.

> **합격의 TIP**
> 중요도는 떨어지지만, 쉽게 정답을 맞출 수 있는 문제이다.

유 형	이론형
중요도 ★☆☆	정답 ④

문제 14 조세의 경제적 효과

정답해설

ㄱ. 이 명제는 기업의 가치를 극대화하는 최적 자본구조의 **존재**를 증명한 것이다.
  ↳ 존재가 없다는 것을

ㄴ, ㄷ, ㄹ은 모딜리아니-밀러(Modigliani-Miller)의 정리에 관한 옳은 설명이다.
*관련이론

따라서 정답은 ④번이다.

✓ 유사문제 CHECK
2025년 16번

합격의 TIP
2023년에 처음 출제된 문제이지만, 향후 다시 출제될 가능성이 있으므로 관련이론을 반드시 알아두자

관련이론 모딜리아니-밀러(Modigliani-Miller)의 정리

(1) 제1명제(1958년)
  1) 기업의 가치를 극대화하는 데 필요한 할인율을 최소화하는 최적자본구조가 존재하는지에 대한 연구
  2) 가정
    - 완전자본시장을 전제로 함
    - 법인세와 소득세 등의 세금은 없음
    - 기업이 발행하는 증권은 주식과 무위험영구부채만 존재하며, 주식·채권의 거래비용은 존재하지 않음
    - 모든 투자자 및 경영자의 정보수준은 동일하며, 정보에 제한이 없음
    - 개인투자자는 기업과 동일한 이자율로 차입·대출을 할 수 있고, 모든 기업의 영업위험은 동일함
  3) 결론 : 기업의 가치를 극대화하는 최적 자본구조는 존재하지 않는다.
  4) 비판
    - 현실에서는 세금 및 거래비용이 존재하며, 완전자본시장이라는 전제가 비현실적임
    - 개인투자자와 기업의 차입능력이 다름

(2) 제2명제(1963) 수정모형
  1) 제1명제의 가정에 법인세가 존재하는 것으로 수정함. 즉, 법인세가 존재할 때 부채 사용 시 발생하는 이자비용의 절세효과를 고려
  2) 결론 : 법인세가 존재하여 이자비용의 절세효과를 고려하는 경우, 100% 타인자본을 사용하는 것이 기업의 가치를 극대화하는 최적자본구조이다.

문제 15 공채론

유 형	이론형
중요도 ★★☆	정답 ④

정답해설

① 통화주의학파는 국채발행이 구축효과를 가져와서 총수요를 증가시킨다고 하였다.
   → 거의 증가시키지 않는다

② 케인즈학파는 국채발행을 통해 조세부담을 경감시켜도 총수요는 **변화가 없다**고 하였다.
   → 증가한다

③ 리카르도(D.Ricardo)는 재정적자를 국채로 충당하면 총수요를 감소시킨다고 하였다.
   → 변화하지 않는다

⑤ 러너(A.Lerner)는 외부채무는 미래세대의 부담을 증가시키지 않는다고 하였다.
   → 증가시킨다

유사문제 CHECK

2025년 12번
2022년 8번
2021년 32번

합격의 TIP

과거에는 리카르도의 등가정리, 이자율과 채권의 가격 등에 대해 물었으나 최근들어 학파들의 주장이 종합적으로 출제되는 경향을 보이고 있다. 유사문제를 반드시 학습해 두자

문제 16 공공요금의 이론

유 형	이론형
중요도	★★★ 정답 ①

정답해설

② 민간기업이 생산하고 가격규제를 하지 않으면 사회적 최적생산량 달성이 <s>가능하다</s>.
   → 불가능하다. 과소생산된다.

③ 공공서비스의 경우 이부가격제도(two-part tariff)를 적용하면 결손을 줄일 수 있으나 효율적 생산량에 도달하는 것은 <s>불가능하다</s>.
   → 가능하다.

④ 한계비용가격설정을 사용하는 경우 해당 공기업의 경제적 이윤은 <s>양(+)이</s> 된다.
   → 음(-)이 된다. 따라서 정부가 보조금을 지급해야 한다.

⑤ 평균비용가격설정을 사용하는 경우 해당 공기업의 경제적 이윤은 <s>음(-)이</s> 된다.
   → 영(0)이 된다. 다만, 평균비용가격설정을 하는 경우 과소생산된다.

✓ 유사문제 CHECK
- 2025년 19번
- 2024년 16번
- 2022년 17번
- 2021년 20번
- 2020년 23번
- 2019년 18번
- 2016년 22번

합격의 TIP
매년 출제되는 주제이므로 유사문제와 관련이론은 반드시 알아두자

관련이론 공공요금의 결정이론

(1) 한계비용가격설정
   1) 수요곡선과 한계비용곡선이 교차하는 점에서 가격을 설정하는 방법
   2) 초과부담이 발생하지 않고, 파레토 효율적인 점에서 생산됨
   3) 하지만 자연독점시장에서는 손실이 발생하여 적용이 되지 않음

(2) 평균비용가격설정
   1) 수요곡선과 평균비용곡선이 교차하는 점에서 가격을 설정하는 방법
   2) 자연독점시장 보단 덜하지만 초과부담이 발생함
   3) 가격은 완전경쟁시장보다 높고, 생산량은 적음

(3) 이부가격제
   1) 재화를 구입할 권리에 대하여 1차로 요금을 부과하고 구입량에 따라 다시 사용요금을 부과
   2) 초과부담이 발생하지 않고, 파레토 효율적인 점에서 생산됨
   3) 하지만 가입비가 너무 높을 경우 저소득층의 소비에 제한을 주게 됨

(4) 가격차별
   1) 2급 가격차별 : 대량 구매시 가격을 할인해 주는 것
   2) 3급 가격차별 : 소비자들의 탄력성을 분석하며, 시장을 몇 개로 분리한 뒤 수요가 비탄력적인 시장에 높은 가격을 매기는 것(자세한 내용은 2023년 17번 문제 참고)
   3) 사치재일수록 싸고, 필수재일수록 비싸지는 경향이 있음

(5) 램지의 가격설정(자세한 내용은 2023년 3번 문제 참고)
   탄력성에 반비례하여 가격을 설정하는 것(역탄력성의 규칙이라고도 함)

(6) 최대부하 가격설정
   성수기와 비수기의 가격을 다르게 설정함으로써 생산설비의 효율적 이용을 도모하는 가격설정방식

문제 17 공공요금의 이론

유 형		계산형	
중요도	★☆☆	정답	④

정답해설

1 시장 균형조건

$MR(\text{한계수입})_{\text{가정용}} = MR(\text{한계수입})_{\text{산업용}}$

2 산업용 가격 구하기

$MR(\text{한계수입})_{\text{가정용}} = MR(\text{한계수입})_{\text{산업용}}$

$P_{\text{가정용}}(1 - \dfrac{1}{\epsilon_{\text{가정용}}}) = P_{\text{산업용}}(1 - \dfrac{1}{\epsilon_{\text{산업용}}})$

$1{,}200(1 - \dfrac{1}{2}) = P_{\text{산업용}}(1 - \dfrac{1}{3})$

$P_{\text{산업용}} = 900$

따라서 정답은 ④번이다.

합격의 TIP

3급 가격차별의 계산문제는 2014년 이후 처음 출제되었다. 관련이론을 학습해두자

관련이론 3급 가격차별

(1) 정의 : 소비자들의 탄력성을 분석하며, 시장을 몇 개로 분리한 뒤 수요가 비탄력적인 시장에 높은 가격을 매기는 것

(2) 달성조건
 1) 시장분리가 가능하고, 시장분리에 소요되는 비용이 작아야 한다.
 2) 시장 간 재판매가 불가능해야 한다.
 3) 각 시장에서 수요의 가격탄력성이 달라야 한다.

(3) 장점 및 단점
 1) 장점 : 총판매수입이 증가하기 때문에 적자가 보존됨
 2) 단점 : 비탄력적인 시장에 높은 가격이 형성되기 때문에, 사치재일수록 싸게 필수재일수록 비싸게 가격이 책정된다.

문제 18 지방재정

유 형	이론형
중요도 ★☆☆	정답 ②

정답해설

② 중앙정부는 법률로 국세를 신설할 수 있으며 지방자치단체는 법률에 관계없이 조례로 지역에 필요한 지방세목을 신설할 수 있다.
→ 없다. 중앙정부와 지방자치단체 모두 법률에 의해서 새로운 세목을 신설할 수 있으며 이를 조세법률주의라 한다.

③ 지방재정조정제도에서 조정교부금제도는 상위지방자치단체가 하위지방자치단체에 지원하는 제도로 즉, 시·도가 시·군·구에게 일정한 기준에 따라 나누어 주는 금액을 의미한다.

④ 지방교부세는 중앙정부가 지방자치단체에 교부하는 재원으로 사용에 있어 제약이 없다.

⑤ 지방세 중 취득세, 재산세 등은 부동산 경기변동에 영향을 받기 때문에 부동산 경기변동은 지방재정의 규모와 안정성에 영향을 주게 된다.

문제 19 지방재정

유 형	이론형
중요도 ★★☆	정답 ①

정답해설

① **지방분권**의 정도를 간접적으로 파악할 수 있는 중앙집권화율은 중앙정부의 지출
  ↳ 중앙정부의 직접적 지출
  을 **지방정부**의 지출로 나누어 계산한다.
  ↳ 정부부문의 총지출

③ 티부(C.Tiebout) 모형은 공공재 공급의 재원으로 비례적인 재산세를 상정하고 있다.

⑤ 오우츠(W.Oates)에 의하면 공공재 공급비용이 동일하다면, 즉 규모의 경제가 발생하지 않는다면 중앙정부가 모든 지역에 획일적으로 공급하는 것보다는 각 지방정부가 스스로의 판단에 따라 적절한 양을 자율적으로 공급하는 것이 더 효율적이거나 최소한 같은 정도의 효율성을 가진다.

✅ 유사문제 CHECK

2025년 14번
2024년 18번
2023년 19번
2022년 20번
2021년 19번
2019년 19번
2018년 37번

합격의 TIP

정답이었던 ①번을 제외한 다른 지문들은 기존에 출제되었던 질문들이다. 티부모형을 심화학습하고자 하는 경우 2021년 28번을 함께 학습해두자

관련이론 중앙집권화율과 지방재정자립도

(1) **중앙집권화율**: 정부부문의 총지출에서 중앙정부의 직접적 지출이 차지하는 비율

$$\text{중앙집권화율} = \frac{\text{중앙정부의 직접적 지출}}{\text{정부부문의 총지출}}$$

(2) **지방재정자립도**: 중앙정부에 의존하지 않고 지방정부가 자체적으로 조달할 수 있는 재원의 비중

$$\text{지방재정자립도} = \frac{\text{자주재원}}{\text{자주재원} + \text{의존재원}} \times 100$$

문제 20 조세의 기초이론

유형: 계산형 | 중요도: ★★☆ | 정답: ③

정답해설

문제에서 주어진 상황을 그래프로 나타내면 다음과 같다.

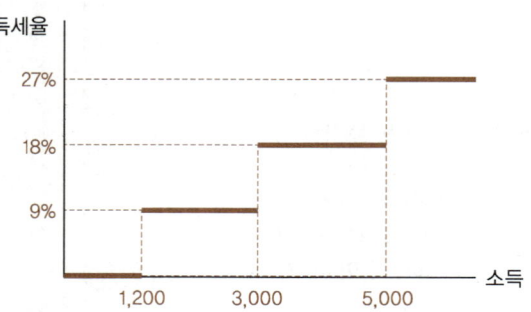

1 한계세율 : 과세가능 소득이 4,500만원일 때의 소득세율 18%

2 실효세율 : 총소득에서 세금이 차지하는 비율
  1) 과세가능소득 4,500만원인 K군이 납부해야 할 세금
     $(1,200-0) \times 0\% + (3,000-1,200) \times 9\% + (4,500-3,000) \times 18\% = 432$
  2) 실효세율
     $\dfrac{432}{5,500} \times 100 = 7.85\%$

따라서 정답은 ③번이다.

유사문제 CHECK
2021년 7번

합격의 TIP
중요성은 떨어지지만, 한계세율과 실효세율의 개념만 알고 있다면 맞출 수 있는 문제이다. 2021년에 동일한 문제가 출제되었으므로 유사문제를 통해 완벽하게 학습하자

유 형	이론형
중요도	★☆☆	정답	②

문제 21 경제적 효율성과 시장실패

정답해설

파레토개선이란 파레토열위인 배분상태에서 파레토우위인 배분상태로의 이동을 의미하므로 파레토개선이 가능하지 않은 것이란 파레토효율성이 충족되어 있는 상태를 의미한다. 따라서 경제 내의 부존자원을 모두 배분하고, 교환(소비)에 있어서의 파레토 효율성은 $MRS_{xy}^A = MRS_{xy}^B$ 를 만족해야 한다. *관련이론1

1 한계대체율(MRS_{xy} 구하기)

소비자의 효용함수 $u_i = (x_i, y_i) = x_i y_i$

$MRS_{xy} = \dfrac{y}{x}$ 이다.

2 각 배분상태의 한계대체율(MRS) 및 부존자원 확인

	MRS_{xy}^1	MRS_{xy}^2	MRS 일치 여부	부존자원 (x:40, y:20) 확인	파레토 개선 가능여부
ㄱ.((6,3), (34,17))	3/6 = 1/2	17/34 = 1/2	일치	모두배분	불가능
ㄴ.((16,8), (22,11))	8/16 = 1/2	11/22 = 1/2	일치	미달배분	가능
ㄷ.((24,10), (16,10))	10/24 = 5/12	10/16 = 5/8	불일치	모두배분	가능
ㄹ.((38,19), (2,1))	19/38 = 1/2	1/2 = 1/2	일치	모두배분	불가능

상기 표에서 파레토 개선이 가능하지 않은 것은 ㄱ, ㄹ이다.

따라서 정답은 ②번이다.

유사문제 CHECK

2016년 18번

합격의 TIP

효용가능곡선이 출제된 바는 있었지만, 파레토 개선에 관하여 직접적으로 출제한 것은 2016년 이후 처음이다. 유사문제를 함께 공부해두자

관련이론 파레토효율성(Pareto efficiency)

(1) 기본개념

파레토 열위(Pareto inferior)의 배분상태에서 파레토 우위(Pareto superior)의 배분상태로 이동할 때, 구성원 누구의 후생도 감소하지 않으면서 최소한 1명 이상의 후생이 증가하는 상태를 파레토 개선이라 하며, 더이상 파레토 개선(Pareto improvement)이 불가능한 상태를 파레토 효율성(Pareto efficiency)이라고 한다.

(2) 조건

1) 교환(소비)에 있어서의 파레토 효율성(생산물의 최적배분)

$MRS_{xy}^A = MRS_{xy}^B = \dfrac{P_x}{P_y}$

무차별곡선이 접하는 점 : 계약곡선, 이를 통해 효용가능곡선과 연계

2) 생산에 있어서의 파레토 효율성(생산요소의 최적배분)

$MRTS_{LK}^X = MRTS_{LK}^Y = \dfrac{w}{r}$

등량곡선이 접하는 점 : 계약곡선, 이를 통해 생산가능곡선과 연계

3) 종합적인 파레토 효율성

$MRS_{xy} = MRT_{xy}$

4) 파레토 효율성의 한계
- 파레토 효율성조건을 충족하는 점이 다수 존재
- 소득분배의 공평성에 대한 기준을 제시하지 못함

문제 22 경제적 효율성과 시장실패

유 형		이론형	
중요도	★☆☆	정답	②

정답해설

$W^A = U^A + U^B$의 사회무차별곡선(SIC^A)은 기울기가 1인 우하향의 직선이고, $W^B = \min(U_A, U_B)$의 무차별곡선(SIC^B)은 45°선에서 꺾어지는 L자 형태이며, $W^C = U_A \times U_B$의 무차별곡선(SIC^C)는 원점에 대해 볼록한 형태이다. 문제에서 효용가능경계(UPF)는 주어지지 않았는데, 각 무차별곡선을 그린 뒤, 효용가능경계(UPF)를 그려 사회후생이 극대화되는 점을 찾아보면 일치여부를 확인해볼 수 있다.

ㄱ. A와 B가 일치하면 C도 반드시 일치한다.
   SIC^A와 SIC^B가 일치하는 한 점인 "가"를 지나는 효용가능경계(UPF)를 그리고 SIC^C를 그려보면 SIC^C도 반드시 "가"점을 지나게 된다.

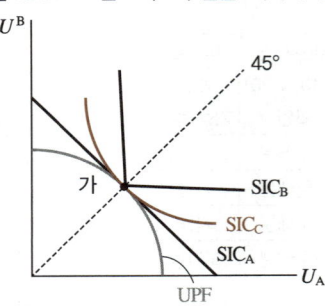

ㄴ. A와 C가 일치하면 B도 반드시 일치한다.
   SIC^A와 SIC^C가 일치하는 한 점인 "나"를 지나는 효용가능경계(UPF)를 그리고 SIC^B를 그려보면 SIC^B도 반드시 "나"점을 지나게 된다.

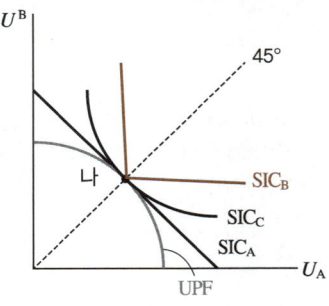

유사문제 CHECK

2022년 22번
2022년 36번
2021년 24번
2019년 22번
2017년 23번

합격의 TIP

다양한 형태로 2년에 1번은 반드시 출제되는 유형이다. 관련이론 및 유사문제는 꼭 학습해두자

ㄷ. B와 C가 일치하면 A도 반드시 **일치한다**.
　　　　　　　　　　↳ 일치할 수도 있고 아닐 수도 있다.

SIC^B와 SIC^C가 일치하는 점은 45°선상을 지나는 <u>무수한 점</u>이지만, 기울기가 1인 우하향의 직선 SIC^A와는 효용가능경계(UPF)의 모양에 따라 "라"점 또는 "마"점이 될 수도 있다.

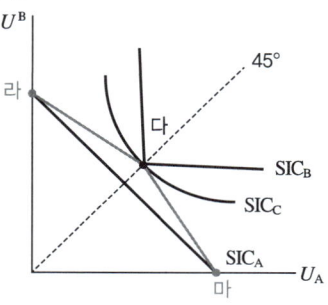

ㄹ. 세 접점이 모두 일치할 수는 **없다**.
　　　　　　　　　↳ 있다.

따라서 정답은 ②번이다.

관련이론 　효용가능경계와 사회후생함수

(1) 효용가능경계(utility possibility frontier)
　　효용가능곡선의 포락선으로서, 자원배분의 파레토 효율성 조건이 모두 충족되는 점이다. 따라서 사회후생을 극대화시키는 배분이란 효용가능경계와 사회무차별곡선이 접하는 점을 의미하며, 현재 어떤 효용가능경계선상에 있다면 그 배분에서는 효율과 공평을 함께 증가시킬 수 없다.

(2) 사회후생함수

공리주의	롤즈(J. Rawls)	평등주의
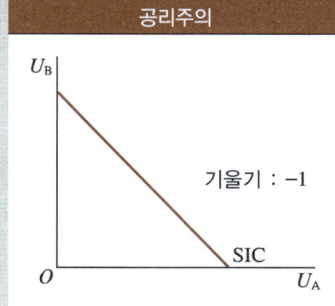	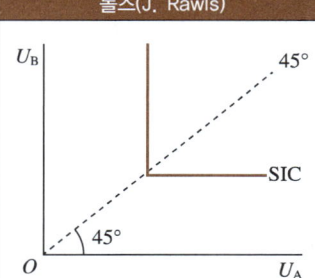	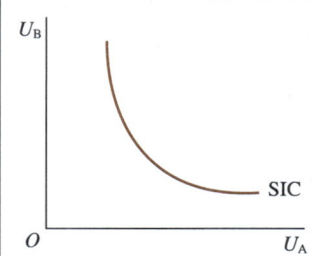
• $SW = U_A + U_B$ • U_A와 U_B 완전대체재 관계 • 최대다수의 최대행복 • SW 극대화조건 : $MU_A = MU_B$ • 무차별곡선의 기울기 : -1 • 무차별곡선의 형태 : 우하향하는 직선	• $SW = \min(U_A, U_B)$ • U_A와 U_B 완전보완재 관계 • 최소극대화의 원칙 • SW 극대화조건 : $U_A = U_B$ • 무차별곡선의 형태 : 45°선에서 꺾어지는 L자 형태	• $SW = U_A \times U_B$ • NASH의 후생함수라고도 함 • 무차별곡선의 형태 : 원점에 볼록하며 우하향(직각쌍곡선) • 볼록한 정도가 클수록 평등하며, 극단적인 경우 L자 형태를 보임

유 형	이론형
중요도	★★☆ 정답 ①

문제 23 경제적 효율성과 시장실패

정답해설

ㄱ. 후생경제학 제1정리 *관련이론 1

ㄴ. 제2정리는 <u>효율성이 공평한 자원배분을 보장한다는</u> 의미를 갖는다.
　　　　↳ 공평성을 달성하기 위하여 효율성을 희생할 필요가 없다라는

ㄷ. 후생경제학 <u>제1정리와</u> 제2정리의 결론은 소비자 선호의 <u>볼록성과 무관하게</u> 성립한다.
　　　　　↳ 제2정리의　　　　　　　　　　　　↳ 볼록성을 충족하여야 한다.

따라서 정답은 ①번이다.

> **유사문제 CHECK**
> 2024년 22번
> 2019년 21번
>
> **합격의 TIP**
> 최근에 자주 출제되는 경향을 보이는 주제이다.

관련이론 후생경제학 제1정리와 제2정리

(1) 후생경제학 제1정리
  1) 모든 개인의 선호체계가 강단조성*을 지니고, 외부성 또는 공공재 등의 시장실패요인이 존재하지 않는다면 일반경쟁균형(왈라스균형)의 자원배분은 파레토 효율적이다.
     *강단조성 : 재화소비량이 많을수록 효용이 증가하는 것
  2) 의미 : 완전경쟁하에서는 개별경제주체들이 오로지 자신의 이익을 추구하는 과정에서 자원배분의 효율성이 달성되기 때문에 정부개입의 불필요성을 의미한다. 단, 공평성에 대한 고려는 이루어지지 않는다.

(2) 후생경제학 제2정리
  1) 모든 개인들의 선호가 연속적이고 강단조성 및 볼록성을 충족하면, 초기부존자원의 적절한 재분배를 통해 임의의 파레토 효율적인 자원배분을 일반경쟁균형을 통해 달성할 수 있다.
  2) 반드시 중립세와 중립보조금을 지급하여 초기부존자원을 재분배한 후 시장에 맡기는 것을 의미하며 공평성을 달성하기
     ↳ 시장가격에 영향을 미치지 않도록 재분배함을 의미하기 때문에 종량세나 종량보조금은 해당되지 않음에 주의한다.
     위해 효율성을 희생할 필요가 없음을 의미한다.

문제 24 외부성

유 형	계산형
중요도 ★★★	정답 ②

정답해설

1 외부성 있는 재화의 수요함수(PMB)

$Q = 10 - 2P$

$PMB = 5 - \frac{1}{2}Q$

2 외부한계편익(EMB)

$Q = 5 - 2P$

$EMB = \frac{5}{2} - \frac{1}{2}Q$

3 사회적한계편익(SMB = PMB + EMB)

$\frac{15}{2} - Q = 5 - \frac{1}{2}Q + \frac{5}{2} - \frac{1}{2}Q$

4 사회적한계비용(SMC) = 4

5 사회적최적생산량(SMB = SMC)

$\frac{15}{2} - Q = 4 \therefore Q = 3.5$

따라서 정답은 ②번이다.

유사문제 CHECK

2025년 28번
2024년 29번
2021년 37번
2020년 24번
2019년 32번

합격의 TIP

외부성과 관련된 문제는 계산문제 혹은 이론문제로 매년 1문제는 출제된다. 유사문제를 통해 반드시 학습해두자

관련이론 외부성

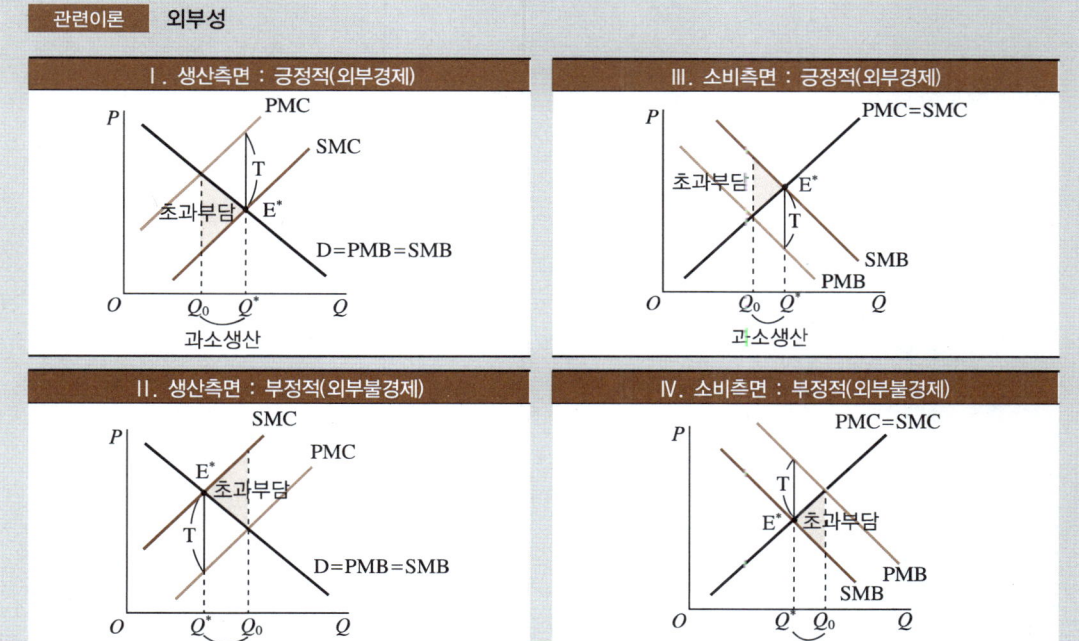

Tip 조세를 판단할 땐 Q^*[사회적 최적생산량]
초과부담을 판단할 땐 Q_0[현재 생산량(과소생산 또는 과다생산되는 지점)]

문제 25 경제적 효율성과 시장실패

유형	이론형
중요도 ★☆☆	정답 ③

정답해설

ㄱ. 시장실패는 정부개입의 **충분조건**이다.
　↳ 필요조건

ㄴ. 자연독점에 대한 평균비용가격설정은 독점으로 인한 비효율을 제거할 수 있다.
　없다. 평균비용가격설정을 하더라도 생산량은 균형보다 적게 생산되기 때문이다.

ㄷ. 중립세(lump-sum tax)는 정액세라고도 하며 누구에게나 동일한 세금을 부과하기 때문에 후생손실이 없는 세금을 의미한다. 따라서 민간부문의 의사결정을 교란시키지 않는다.

ㅁ. 공공재는 **배제성과 경합성**의 특성으로 인하여 시장실패가 발생하게 된다.
　↳ 비배제성과 비경합성

따라서 정답은 ③번이다.

유사문제 CHECK
2022년 23번
2021년 26번

합격의 TIP
보기로 출제된 지문들은 다른 해에도 출제된 바 있으므로 유사문제를 반드시 확인하자

유 형	이론형
중요도 ★★☆	정답 ①

문제 26 공공재이론

정답해설

① *관련이론

② 현실에서 대부분의 공공재는 시장이 성립되지 못하는 **순수공공재**이다.
  ↳ 비순수공공재

③ 클럽재(club goods)는 배제성 적용이 **불가능하다**.
  → 가능하다. 클럽에 가입하지 않은 사람은 소비를 할 수 없기 때문이다.

④ 모든 공공재는 비배제성과 비경합성을 **동시에** 충족한다.
  → 동시에 충족할 수도 있고, 비배제성 혹은 비경합성 중 한 특성만 충족할 수도 있다.

⑤ 공공재의 소비자들은 자신의 선호를 정확하게 **표출한다**.
  → 표출하지 않는 경우가 많다. 공공재의 경우 무임승차가 가능하기 때문이다.

✓ 유사문제 CHECK
2025년 21번
2022년 27번
2019년 26번
2017년 26번

합격의 TIP
2023년과 2022년의 경우 비교적 난이도가 쉽게 출제되었다. 공공재의 특성과 관련된 지문이 다른 공공재이론과 함께 출제되는 경우가 있으므로 유사문제를 통해 다양한 기출 지문을 학습해두자

관련이론 공공재의 특성

(1) 비경합성
어떤 개인의 공공재 소비가 다른 개인의 소비가능성을 감소시키지 않으며, 추가적인 소비에 따른 한계 비용이 0이므로 양의 가격을 부여할 수 없다 하더라도 양의 가격을 부여하는 것이 바람직하지 않음

(2) 비배제성
일단 공공재의 공급이 이루어지고 나면, 생산비를 부담하지 않은 개인이라고 할지라도 소비에서 배제할 수 없는 특성을 의미하며, 비용을 부담하지 않아도 소비에서 배제가 불가능하기 때문에 양의 가격설정이 불가능하고, 무임승차자의 문제를 발생시킨다.

(3) 재화의 구분

구분		배제성	
		있음	없음
경합성	있음	사용재 (과일, 채소 등 주변에서 흔히 볼 수 있는 재화)	비순수공공재 (공유자원으로 호수의 낚시터, 공원)
	없음	비순수공공재(한산한 유료 고속도로)	순수공공재(국방, 법률 등)

| 문 제 **27** | 공공선택이론 |

유 형	이론형
중요도	★★☆ 정답 ②

정답해설

보다(Borda)투표제에서는 순서에 의해서만 선호강도가 표시되기 때문에 대안에 따른 점수를 다음과 같이 집계할 수 있다.

	A(4명)	B(3명)	C(2명)	총점수
a	4×4=16	2×3=6	1×2=2	24
b	3×4=12	4×3=12	2×2=4	28
c	2×4=8	1×3=3	4×2=8	19
d	1×4=4	3×3=9	3×2=6	19

따라서 정답은 ②번이다.

합격의 TIP

보다(Borda)투표제만 단독으로 출제된 것은 이번이 처음이지만, 투표제도와 관련된 내용을 묻는 문제에서 보기지문으로는 여러번 출제된 바 있다. 관련문제로 2018년 33번 2019년 30번을 함께 학습해보자

관련이론 보다(Borda)투표제

(1) 특 징

점수투표제의 일종이지만, 선호강도가 약화되어 있다. 즉, 순서에 의해서만 선호강도가 표시되기 때문에 선택대상 간 연관성이 있다. 예를 들어 A, B, C라는 선택지에서 A에 3점을 부여하게 되면, B와 C는 각각 2점과 1점을 받게 된다.

(2) 장 점
 1) 중도의 대안이 채택될 가능성이 높음
 2) 투표의 역설이 발생하지 않음

(3) 단 점
 1) 전략적인 행동이 유발될 가능성이 있음
 2) 애로우의 불가능성 정리 중 독립성에 위배

문제 28 소득분배와 사회보장

유 형	이론형
중요도 ★★★	정답 ③

정답해설

	소득분배불평등의 측정방법	값	완전균등 시
ㄱ.	5분위분배율	1 ~ ∞	1
ㄴ.	10분위분배율	0 ~ 2	2
ㄷ.	지니계수	0 ~ 1	0
ㄹ.	앳킨슨지수	0 ~ 1	0
ㅁ.	달튼지수	0 ~ 1	1

따라서 정답은 ③번이다.

유사문제 CHECK

2025년 37번
2022년 37번
2021년 33번
2020년 39번
2019년 35번
2017년 34번

합격의 TIP

자주 출제되는 주제이며, 각각의 소득 분배상태를 측정하는 방법에 대해 단독으로 출제되기도 한다. 유사문제를 학습하여 다양한 형태의 문제에 대비하자

관련이론 소득분배불평등의 측정방법의 비교

평등지수	측정방법	측정의 판정
로렌츠곡선과 지니계수	(그림: 로렌츠곡선, ①②③ 영역) ※ 지니계수 : ②/(②+③)	• 로렌츠곡선 : 곡선이 대각선에 가까울수록 평등 • 지니계수 : 0과 1 사이의 값을 가지며, 작을수록 평등
십분위분배율	$\dfrac{\text{하위 40\%의 소득}}{\text{상위 20\%의 소득}}$	0과 2 사이의 값을 가지며 클수록 평등
달튼의 평등지수	공리주의 사회후생을 가정하며, 모든 사람에게 완전히 균등하게 소득이 분배되었을 때 사회후생이 극대화됨	0과 1 사이의 값을 가지며, 클수록 평등
앳킨슨지수	$A = 1 - \dfrac{Y_e}{Y}$	0과 1 사이의 값을 가지며, 작을수록 평등
5분위분배율	$\dfrac{\text{상위 20\%의 소득}}{\text{하위 20\%의 소득}}$	1에서 무한대의 값을 가지며, 작을수록 평등

유 형		이론형	
중요도	★★☆	정답	①

문제 29 외부성

정답해설

① 부정적 외부성이 있는 경우에 정부가 교정세를 부과하여도 효율적 자원배분을 이룰 수 없다.
→ 있다. 정부가 교정세, 즉, 피구세를 부과하면 생산이 최적수준으로 감소하므로 자원배분이 효율적이 된다.

② 연구기관의 연구개발 활동은 외부성의 특성을 가지고 있다.

③ 코즈정리가 성립하려면 재산권이 명확하게 설정되어 있어야 한다.

④, ⑤ *관련이론*

유사문제 CHECK
2022년 26번

합격의 TIP
난이도가 매우 쉽게 출제되었다. 심화학습으로 코즈정리에 대한 기출문제를 풀어보고 싶은 수험생은 2021년 25번, 2020년 29번, 2018년 26번, 2017년 32번, 2016년 31번을 학습해두자

관련이론 기술적 외부성과 금전적 외부성

(1) 기술적외부성(실질적외부성) : 한 경제주체의 이득이 다른 경제주체의 피해와 상쇄되지 않아 효율성에 영향을 주는 것

(2) 금전적 외부성 : 시장의 가격기구를 통하여 한 사람의 피해가 다른 사람의 피해와 정확히 상쇄되어 공평성에 영향을 주는 것

문제 30 공공선택이론

유형	이론형
중요도 ★★	정답 ②

정답해설

꽁도세 방식에 의하면 하단의 표와 같이 최종적으로 b가 선택된다.

구분	A	B	C	최종선택
a, b	a	b	b	b
b, c	b	b	c	b
a, c	a	c	c	c

사회적 선호는 b>c>a이다.

따라서 항상 b가 선택되므로 정답은 ②이다.

유사문제 CHECK
2024년 28번
2020년 31번
2019년 27번

합격의 TIP
유사문제를 반드시 학습해두자

관련이론 다수결투표제도 = 꽁도세(Condorcet) 승자방식

(1) 과반수 이상의 투표자가 지지하는 대안이 선택되는 방식

(2) 민주주의 사회에서 집단적 의사결정방법론으로 가장 많이 사용

(3) 문제점
1) 서수적 선호가 반영되기 때문에, 선호강도가 반영되지 않음
2) 최소의 비용이 보장되지 않음
3) 다수의 횡포가 발생할 가능성이 있음
4) 투표의 역설이 발생할 수 있음(Arrow - 이행성위배)

참고 다수결투표제도와 점수투표제의 비교

다수결투표제도 = 꽁도세 승자방식	점수투표제(Borda)
서수적 선호	기수적 선호체계(선호의 강도 반영)
Arrow 독립성 충족 / 이행성 위배	Arrow 독립성 위배 / 이행성 충족
투표의 역설 발생 가능성이 있음	투표의 역설 미발생
중위투표자 성립	중위투표자 성립하지 않음

※ 둘 다 전략적 행동이 발생할 가능성이 있으나, 점수투표제가 가능성이 좀 더 높다.

문제 31 공공재이론

유 형	계산형
중요도 ★★★	정답 ①

정답해설

[공공재의 적정공급조건]
$MB_A + MB_B = MC$ 또는 $MRS^A + MRS^B = MRT$

1 수요함수의 정리(수요함수를 수직으로 합해야 하므로, P로 정리한다)
- 해안지역 주민별 수요함수 : P = 200 − 2Q
- 해안지역의 총 주민 수요함수(6명) : P = 1,200 − 12Q
- 내륙지역 주민별 수요함수 : P = 150 − 3Q
- 내륙지역의 총 주민 수요함수(4명) : P = 600 − 12Q

2 해안지역과 내륙지역의 수요함수의 수직 합(단, 수요량이 50이상인 경우에는 해안지역에서만 수요가 있으므로 전체 시장 수요함수는 다음과 같다)
- Q ≥ 50 : P = 1,200 − 12Q
- Q ≤ 50 : P = 1,800 − 24Q

3 공공재의 적정공급조건 : $MB_{\text{해안지역}+\text{내륙지역}} = MC$
- Q ≥ 50
  1200 − 12Q = 840
  Q = 30(Q ≥ 50 충족)
- Q ≤ 50
  1800 − 24Q = 840
  Q = 40(Q ≤ 50 조건 충족)

따라서 정보서비스의 적정공급량은 40이다.

4 해안지역과 내륙지역의 주민 분담금액
- 해안지역 주민별 수요함수에 정보서비스의 적정공급량 대입
  P = 200 − 2Q(Q = 40)
  P = 120
- 내륙지역 주민별 수요함수에 정보서비스의 적정공급량 대입
  P = 150 − 3Q(Q = 40)
  P = 30

따라서 정보서비스 수준은 40이고 해안지역은 120을 내륙지역주민은 30을 부담해야 하므로 정답은 ①번이다.

유사문제 CHECK

2025년 25번
2024년 26번
2021년 18번
2018년 30번
2018년 31번

합격의 TIP

자주 출제되는 계산 문제이므로 유사문제를 통해 공공재의 적정공급량과 분담해야 할 비용에 대한 문제들을 반드시 학습하자

문제 32 소득분배와 사회보장

유 형	이론형
중요도 ★☆☆	정답 ⑤

정답해설

⑤ 러너(A. Lerner)에 의하면 사람들의 효용함수가 서로 다르면 동등확률 하에서도 균등분배는 <u>최적이 될 수 없다</u>.
↳ 최적이다.

합격의 TIP

분배에 관한 정의에 대해 단독으로 출제된 것은 2023년이 처음이지만, 과거에도 보기의 지문으로 출제된 경우가 많았고, 사회후생함수를 알고 있다면 분배의 정의에 대해 정확히 알지 못해도 쉽게 정답을 고를 수 있는 문제이다. 심화학습으로 2021년 38번을 함께 학습해두자

문제 33 소득분배와 사회보장

유 형	이론형
중요도 ★☆☆	정답 ⑤

정답해설

① 차상위계층이라 함은 소득이 <u>최저생계비 130%</u> 이하인 가구를 말한다.
↳ 중위소득의 50%

② 기초연금제도 운영에 필요한 재원은 <u>국민연금 보험료로</u> 충당한다.
↳ 세금으로

③ 국민기초생활보장제도 수급자로서 급여를 받기 위해서는 부양의무자가 없거나 있어도 <u>부양이 불가능 하여야</u> 하며, 자산조사 결과 최저생계비 이하이어야 한다.
↳ 부양능력이 없거나 부양능력이 있어도 부양을 받을 수 없어야 하며

④ 사업장(직장)가입자의 모든 사회보험료는 고용주와 근로자가 각각 절반씩 <u>분담한다</u>.
→ 부담하지 않는다. 대부분의 기업에서 부담하고 있는 국민연금, 건강보험(노인장기요양보험 포함), 고용보험, 산재보험 중에서도 국민연금과 건강보험만 고용주와 근로자가 각각 절반씩 부담한다.

유사문제 CHECK

2021년 31번

문제 34 소득분배와 사회보장

유 형	이론형
중요도 ★★★	정답 ⑤

정답해설

①, ②, ③, ④ *관련이론

⑤ 동일한 재정을 투입하는 경우 일반적으로 **현물보조가 현금보조**에 비하여 소비자 만족도가 높다.
↳ 현금보조가 현물보조에

✓ 유사문제 CHECK

2025년 33번
2024년 24번
2024년 34번
2021년 34번
2018년 27번
2016년 12번

합격의 TIP

자주 출제되는 주제로 반드시 맞추어야 하는 문제이다. 심화학습으로 지방재정의 보조금 이론(2017년 17번)과도 연계하여 학습해두자

관련이론 보조금 효과의 비교

(1) 동일보조 지급 시 효율의 크기 : 현금보조 ≥ 현물보조 > 가격보조

(2) 특정재화의 소비촉진 효과 : 가격보조 > 현물보조 ≥ 현금보조

(3) 동일효용 달성 시 필요한 보조금의 크기 : 가격보조 > 현물보조 ≥ 현금보조
   1) 현금보조는 소득효과만 발생
   2) 가격보조는 소득효과와 대체효과가 모두 발생
   3) 완전보완재의 경우 현금보조와 가격보조 효과가 동일
   4) 가격보조보다 현금보조를 할 때 정부의 재정부담이 더 적게 소요된다.

동일보조 지급 시 효율크기		현금 > 현물 > 가격	현금 = 현물 > 가격
특정재화의 소비촉진 효과		가격 > 현물 > 현금	가격 > 현물 = 현금
균형의 변화	가격보조(A)	E → A	E → A
	현물보조(B)	E → B	E → B = C
	현금보조(C)	E → C	E → B = C
효용수준의 변화	가격보조(I_A)	$I_0 → I_A$	$I_0 → I_A$
	현물보조(I_B)	$I_0 → I_B$	$I_0 → I_B = I_C$
	현금보조(I_C)	$I_0 → I_C$	$I_0 → I_B = I_C$

문제 35 소득분배와 사회보장

유 형	이론형
중요도 ★☆☆	정답 ③

정답해설

③ 우리나라 의료보장제도는 **국민보건서비스방식이다.**
   → 국민건강보험방식이다. 국민보건서비스방식이란 일반조세로 재원을 마련하고 모든 국민에게 무상으로 의료서비스를 제공하는 것을 말한다.

✔ 유사문제 CHECK

2024년 38번

합격의 TIP

우리나라 의료보장제도가 국민건강보험방식임을 알고 있다면 쉽게 맞출 수 있는 문제이지만 자주 출제되는 주제는 아니다. 심화학습으로 2017년 36번을 함께 학습해보자

유 형	이론형
중요도	★★☆	정답	③

문제 36 소득분배와 사회보장

정답해설

③ 국민연금은 18세 이상 60세 미만으로 대한민국 국민이면 ~~국외거주자도 가입할 수 있다.~~ → 국외거주자는 가입할 수 없다.

유사문제 CHECK

2025년 34번
2025년 40번
2024년 37번
2022년 40번
2020년 34번
2019년 37번
2018년 22번
2017년 37번
2016년 20번

합격의 TIP

과거에는 연금제도에 대한 경제적 효과에 대해 출제하였다면, 최근에는 우리나라 국민연금제도에 대해 출제하는 경향이 있다. 국민연금 및 연금제도와 관련된 기출문제는 유사문제에 수록해 놓고, 우리나라 국민연금제도에 대한 기출지문을 관련이론에 수록해 놓았으니 알아두자

관련이론 국민연금의 경제적 효과

(1) 국민연금의 재원조달방식
   1) 적립방식 : 국민들이 납부한 보험료로 기금을 조성한 뒤, 조성된 기금과 기금의 운용수익으로 연금을 지급하는 방식
   2) 부과방식 : 현재 국민연금을 납부하고 있는 기여금을 은퇴한 사람들에게 지급하는 것

(2) 국민연금의 재원조달방식에 따른 경제적 효과

소득재분배효과	세대 간 재분배효과	적립방식	효과 없음
		부과방식	효과 있음
	세대 내 재분배효과	적립방식	효과 있음
		부과방식	효과 있음
노동공급에 대한 효과	노년층의 노동	조기은퇴효과 발생으로 감소	
	청년층의 노동	알 수 없음	
저축에 대한 효과[1]	자산대체효과	적립방식	개인저축 감소, 정부저축 증가, 전체저축 불변
		부과방식	개인저축 감소, 정부저축 불변, 전체저축 감소
	은퇴효과	개인저축 증가	
	상속효과	개인저축 증가	
	인식효과[2]	개인저축 증가	

* 1 저축에 대한 효과 : 저축에 대한 4가지 효과를 모두 반영한다면, 개인저축의 변화는 확실하게 알 수 없고, 전체 저축은 적립방식의 경우에는 감소, 부과방식의 경우에는 확실히 알 수 없다.
* 2 인식효과 : 인식효과란 노후에 대한 준비의 필요성을 인식하는 효과를 의미한다. 따라서 노후를 대비하기 위해 개인들은 저축을 증가시키는 것

유 형	계산형
중요도 ★★☆	정답

문제 37 공공경비와 예산제도

정답해설

완전고용 달성에 필요한 정부지출과 조세의 감소 규모를 먼저 계산하면 다음과 같다.
$C = 1,000 + 0.6(Y-T)$, $G = 1,000$ $I = 1,000$
재정은 균형상태이므로 $T = 1,000$이다.

1 현재시점의 균형국민소득 구하기

$Y = C + G + I$ (AE : 유효수요)
$Y = [1,000 + 0.6(Y-1,000)] + 1,000 + 1,000$
$Y = 2,400 + 0.6Y$
$Y = 6,000$

2 완전고용국민소득에 도달해야 하는 국민소득 증가분

7,000(완전고용국민소득) − 6,000(현재시점의 균형국민소득) = 1,000

3 완전고용을 달성하고자 하는 정부지출규모

1) 정부지출승수
  $= \dfrac{1}{1-c} = \dfrac{1}{1-0.6} = 2.5$

2) 완전고용을 달성하고자 하는 정부지출규모(A)
  2.5(정부지출승수) × A = 1,000(국민소득증가분)
  A = 400

4 완전고용을 달성하고자 하는 감세규모

1) 조세승수
  $\dfrac{-c}{1-c} = \dfrac{-0.6}{1-0.6} = -1.5$

2) 완전고용을 달성하고자 하는 감세규모(B)
  −1.5(조세승수) × B = 1,000(국민소득증가분), B = −666.7

따라서 주어진 보기의 주어진 지문은 다음과 같이 해석할 수 있다.

① 완전고용 달성에 필요한 조세의 감소 규모는 ~~600~~이다.
  ↳ 666.7

③ 정부지출승수가 1보다 더 크므로 정부지출의 증가액보다 국민소득이 더 많이 증가한다.

④ 조세승수의 절대값이 1보다 더 크므로 조세 감세액보다 국민소득의 증가액이 더 크다.

⑤ 한계소비성향이 줄어들면 정부지출승수가 줄어들기 때문이다.

유사문제 CHECK

2018년 40번
2017년 17번

합격의 TIP

2018년 이후 오랜만에 출제된 주제이지만, 2017년 17번의 경우 같은 문제로 봐도 될 정도로 유사한 문제가 출제된 바 있다. 유사문제 및 관련이론을 반드시 학습해두자

관련이론 승수

(1) 승수효과(multiplier effect)
   승수란 어떤 경제에서 외생적으로 결정되는 변수에 변화가 있을 때, 그 변화분에 따라 내생변수가 어떻게 변화를 문제로 하는 것으로서, 케인즈의 소득-지출모형에서 승수효과란 투자나 정부지출 등에 변화가 있을 때, 그 변화에 따라 국민소득이 변화하는 효과를 말함

(2) 케인즈의 소득-지출모형(단순모형-정액세)에서의 승수
   $Y = C + c(Y - T) + I + G$
   (Y = 국민소득, C = 소비지출, c = 한계소비성향, T = 정액세, I = 투자지출, G = 정부지출, t = 비례세율)
   1) 정부지출승수, 투자승수, 이전지출승수
      정부지출이나 투자 또는 이전지출이 1만큼 증가할 때, 국민소득은 $\frac{1}{1-c}$ 배만큼 증가
   2) 조세승수
      조세가 1만큼 증가할 때, 국민소득은 $\frac{-c}{1-c}$ 배만큼 감소
   3) 균형재정승수
      조세가 정부지출과 동액만큼 증가할 때의 승수로 정부지출승수와 조세지출승수의 합으로 나타낼 수 있으며, 정액세의 경우 균형재정승수는 항상 1
      $\frac{1}{1-c} + \frac{-c}{1-c} = \frac{1-c}{1-c} = 1$

(3) 케인즈의 소득-지출모형(단순모형-비례세)에서의 승수
   $Y = C + c(Y - T - tY) + I + G$
   (Y = 국민소득, C = 소비지출, c = 한계소비성향, T = 정액세, t = 비례세율, I = 투자지출, G = 정부지출)
   1) 정부지출승수, 투자승수, 이전지출승수
      정부지출 및 투자가 1만큼 증가할 때, 국민소득은 $\frac{1}{1-c(1-t)}$ 배만큼 증가
   2) 조세승수
      조세가 1만큼 증가할 때, 국민소득은 $\frac{-c}{1-c(1-t)}$ 배만큼 감소
   3) 균형재정승수
      조세가 정부지출과 동액만큼 증가할 때의 승수로 정부지출승수와 조세지출승수의 합으로 나타낼 수 있으며, 비례세의 경우 균형재정승수는 1보다 작음
      $\frac{1}{1-c} + \frac{-c}{1-c} = \frac{1-c}{1-c(1-t)} < 1$

(4) 요약정리(수출과 수입이 없는 폐쇄경제를 가정한 케인즈단순모형)

구 분	정액세	비례세
정부지출승수	$\frac{1}{1-c}$	$\frac{1}{1-c(1-t)}$
투자승수	$\frac{1}{1-c}$	$\frac{1}{1-c(1-t)}$
이전지출승수	$\frac{1}{1-c}$	$\frac{1}{1-c(1-t)}$
조세승수	$\frac{-c}{1-c}$	$\frac{-c}{1-c(1-t)}$
균형재정승수	$\frac{1}{1-c} + \frac{-c}{1-c} = 1$	$\frac{1}{1-c} + \frac{-c}{1-c} < 1$

문제 38 공공경비와 예산제도

유 형	이론형
중요도 ★★☆	정답 ④

정답해설

① 바그너(A. Wagner)법칙에 의하면 1인당 소비가 증가할 때 국민소득에서 차지하는 공공부문은 민간부문에 비례하여 성장한다.
  └ 상대적 및 절대적

② 보몰효과(Baumol effect)에 의하면, 정부가 생산·공급하는 서비스의 생산비용이 상대적으로 낮아지면 정부지출이 증가하게 된다.
  └ 높아지면

③ 부캐넌(J.Buchanan)은 현대의 대의민주체제가 본질적으로 정부부문의 팽창을 억제한다는 리바이어던가설(Leviathan hypothesis)을 제기하였다.
  └ 억제하지 못한다는

⑤ 브라운-잭슨(C.Brown & P. Jackson)에 의하면, 중위투표자의 공공서비스에 대한 수요의 소득탄력성이 줄어들게 되면 정부지출의 비중이 증가하게 된다.
  └ 1보다 크면

유사문제 CHECK
2024년 39번
2022년 38번
2019년 10번

합격의 TIP
최근들어 출제가 자주되고 있으므로 유사문제를 함께 학습해두자

문제 39 비용편익분석

유 형	이론형
중요도 ★☆☆	정답 ④

정답해설

① 사회적인 할인율이 높아질수록 단기의 사업 평가가 높게 나오기 때문에, 초기에 편익이 집중되는 사업이 유리해진다.

② 불완전경쟁시장에서는 재화의 시장가격과 잠재가격이 다르기 때문에 시장가격을 그대로 사용할 수 없어 잠재가격을 사용한다.

④ 시장이자율이 사회적 할인율보다 높을 때 시장이자율을 할인율로 사용하면 공공사업의 경제성이 커질 수 있다.
  └ 낮아진다.

유사문제 CHECK
2024년 40번

합격의 TIP
공공사업에 따른 비용과 편익의 효과에 대해 직접 계산하거나, 비용과 편익에 대한 효과를 지문으로 제시하는 경우가 있었으나 2023년의 경우 공공사업의 비용-편익분석에 대해 직접적으로 출제하였다. 2024년 40번 문제를 학습해두자

문제 40 비용편익분석

유형	이론형
중요도 ★☆☆	정답 ②

정답해설

② 현재의 임금률로 더 일하고 싶어도 할 수 없는 사람의 시간가치는 임금률보다 더 **높을** 것이라 추정할 수 있다.
   ↳ 낮을

③ 시간의 가치는 임금을 이용하거나, 대체적인 교통수단을 이용하여 추정할 수 있다.

④ 생명의 가치를 평가하는 방법으로 기대소득의 현재가치를 이용하는 방법과 사망 확률을 이용하여 계산하는 방법이 있다. 두 가지 방법 모두 생명의 가치를 과소평가하지만 사망 확률을 이용하여 계산하는 경우가 생명의 가치를 조금 더 높게 평가한다. *관련이론

합격의 TIP

자주 출제되는 유형은 아니지만, 2023년의 경우 비교적 쉽게 정답을 맞출 수 있는 지문이 출제되었다. 유사문제를 함께 학습해두자

관련이론 생명의 가치에 대한 평가방법

(1) **인적자본접근법** : 어떤 개인이 사망하지 않았을 때 일생동안 벌어들일 수 있는 기대소득의 현재가치를 이용하는 방법

(2) **지불의사접근법** : 사망확률이 높아지는 것을 받아들이기 위하여 받고자 하는 금액 혹은 사망확률을 낮추기 위하여 지급할 용의가 있는 금액에 사망확률을 이용하여 계산하는 방법

→ 두 가지 방법 모두 생명을 과소평가 하지만, 사망확률을 이용하여 계산하는 방법이 인적자본접근법보다 생명의 가치를 더 높게 추정하는 것으로 평가되고 있음

2022년(제59회) 세무사 1차 재정학 정답

재정학

01	02	03	04	05	06	07	08	09	10
⑤	①	①	③	④	④	④	④	①	②
11	12	13	14	15	16	17	18	19	20
⑤	③	③	④	③	④	②	①	③	④
21	22	23	24	25	26	27	28	29	30
③	⑤	①	③	②	⑤	⑤	⑤	②	②
31	32	33	34	35	36	37	38	39	40
⑤	①	②	⑤	②	①	⑤	①	③	④

2022년 세무사 1차 결과

대상인원(명)	응시인원(명)	합격인원(명)	합격률(%)
14,728	12,554	4,694	37.39

2022년 과목별 결과

구 분	응시인원(명)	평균점수(점)	과락인원(명)	과락률(%)
재정학	12,554	62.38	1,950	15.53
세법학개론	12,554	43.99	4,798	38.22
회계학개론	12,496	41.24	6,043	48.36
상 법	4,244	63.37	637	15.01
민 법	1,275	61.47	249	19.53
행정소송법	6,977	64.52	1,364	19.55

문제 01　개별조세이론

유　형	이론형	
중요도	★★★ 　정답	⑤

정답해설

① 단일세율의 부가가치세는 조세부담이 역진적이다.

② 각 거래단계의 부가가치에 과세된다.

③ 우리나라는 수출에 대해서는 소비지국 과세원칙에 의한 영세율을 적용한다.

④ 우리나라는 전단계세액공제법을 사용하고 있으며, 세금계산서가 있는 경우에만 매입세액을 공제받을 수 있다.

⑤ 우리나라는 <u>총소득형</u> 부가가치세를 채택하고 있다.
　　　↳ 소비형. 소비형 부가가치세는 자본재를 과세하지 않는다는 특징을 지닌다.

✓ 유사문제 CHECK

2025년 7번(법인세, 부가가치세)
2024년 9번(법인세, 부가가치세)
2023년 7번(소득세, 부가가치세)
2021년 1번(부가가치세)
2017년 15번

합격의 TIP

2021년, 2022년 연속 출제되어 2023년에는 다른 세제에 대해 출제될 가능성이 높지만 유사한 문제가 출제될 경우 반드시 맞추어 안정권 점수를 확보하자

문제 02　조세와 효율성 : 초과부담

유　형	이론형	
중요도	★★★ 　정답	①

정답해설

누진세, 비례세, 역진세의 특징 *관련이론

ㄱ. 소득증가 시 평균세율 증가

ㄴ. 소득크기에 관계없이 한계세율은 0.5로 일정하다.

ㄷ. <u>세수탄력성 < 1</u>
　　↳ 세수탄력성 > 1

ㄹ. <u>한계세율 < 평균세율</u>
　　↳ 한계세율 > 평균세율

✓ 유사문제 CHECK

2019년 2번
2017년 3번
2017년 5번

합격의 TIP

누진세, 비례세, 역진세는 개별문제가 아니어도 반드시 알아두어야 하는 개념으로 관련이론 및 유사문제를 통해 특징을 반드시 이해하고 암기해두자

관련이론 누진세, 비례세, 역진세

- 평균세율 : 과세표준 혹은 과세물건에서 산출세액이 차지하는 비율로 소득공제 등 공제 후의 세율을 의미
- 한계세율 : 과세표준 혹은 과세물건이 1단위 증가할 때마다 세액이 증가하는 비율

(1) 누진세 : $T = -300 + 0.5Y$ (과표축을 통과하는 세수함수)

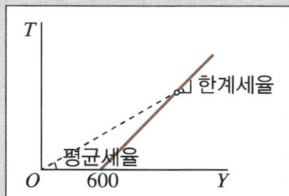

- 한계세율 > 평균세율
- 평균세율 : $T/Y = -300/Y + 0.5$
- 한계세율 : $\delta T/\delta Y = 0.5$
- 평균세율 누진도[*1] > 0
- 세수탄력성[*2] > 1

(2) 비례세 : $T = 0.5Y$ (원점을 통과하는 세수함수)

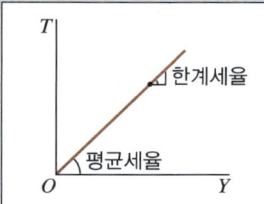

- 한계세율 = 평균세율
- 평균세율 : $T/Y = 0.5$
- 한계세율 : $\delta T/\delta Y = 0.5$
- 평균세율 누진도[*1] = 0
- 세수탄력성[*2] = 1

(3) 역진세 : $T = 300 + 0.5Y$ (세수축을 통과하는 세수함수)

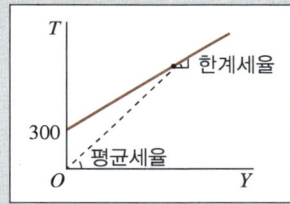

- 한계세율 < 평균세율
- 평균세율 : $T/Y = 300/Y + 0.5$
- 한계세율 : $\delta T/\delta Y = 0.5$
- 평균세율 누진도[*1] < 0
- 세수탄력성[*2] < 1

[*1] 평균세율 누진도
　소득수준이 증가할 때 평균세율의 변화

$$\text{평균세율 누진도} = \frac{\dfrac{T_1}{Y_1} - \dfrac{T_0}{Y_0}}{Y_1 - Y_0}$$

$$\text{평균세율 누진도} = \begin{cases} > 0 \ (\text{누진세}) \\ = 0 \ (\text{비례세}) \\ < 0 \ (\text{역진세}) \end{cases}$$

[*2] 세수탄력성 = 부담세액 누진도
　소득증가율과 조세수입증가율을 비교하여 누진성 여부를 판단하는 방법

$$\text{세수탄력성} = \frac{\dfrac{\Delta T}{T}}{\dfrac{\Delta Y}{Y}} = \left(\frac{\Delta T}{\Delta Y}\right) / \left(\frac{T}{Y}\right)$$

　　　　　　　　　　↳ 한계세율　↳ 평균세율

$$\text{세수탄력성} = \begin{cases} > 1 \ (\text{누진세}) \\ = 1 \ (\text{비례세}) \\ < 1 \ (\text{역진세}) \end{cases}$$

※ 세수탄력성은 수직적공평성과 세수의 신축성을 판단할 수 있으며, 조세의 자동안정화 기능을 판단하는 척도로 사용된다. 세수탄력성이 높을수록, 조세의 자동안정화 기능은 높아진다.

문제 03 개별조세이론

유 형	이론형
중요도	★★☆ 정답 ①

정답해설

세액공제와 소득공제의 비교 *관련이론

① 감면 총규모가 일정할 때, 소득공제를 세액공제로 변경하면 수직적 공평성은 약화된다.
  ↳ 강화된다.

③ 어떤 재화 구입비의 소득공제는 해당 재화의 상대가격 변화를 가져올 수 있기 때문에 특정 경제행위를 장려하는데 유리하다.

⑤ 세액공제의 결정액은 한계세율과 관계없지만, 소득공제의 경우 적용받는 한계세율이 낮아질 수도 있다.

✅ 유사문제 CHECK
2018년 18번
2016년 15번

관련이론 소득공제와 세액공제의 비교

구 분	소득공제	세액공제
과세표준	감 소	불 변
혜 택	고소득층일수록 유리	저소득층이 상대적으로 유리
한계세율	적용받는 한계세율이 소득공제를 통해 낮아질 수도 있음	불 변
특 징	실질소득을 증가시키는데 유리	특정 경제행위를 장려하는데 유리

문제 04 지방재정

유 형	이론형
중요도 ★★★	정답 ③

정답해설

보조금이론 *관련이론

③ 대응보조금은 사적재와 공공서비스 선택에서 소득효과와 대체효과로 인해 공공서비스 소비량의 변화를 알 수 없다.
  ↳ 소비량은 증가한다.

④ 끈끈이 효과란 지역주민의 소득이 증가할 때보다 동액의 무조건부보조금이 지급될 때 지방공공재 공급이 더 크게 증가하는 효과를 의미하므로 보조금으로 끈끈이 효과가 나타나면 지방정부의 지출이 늘어난다.

✓ 유사문제 CHECK

2025년 17번
2024년 17번
2020년 28번
2017년 22번
2016년 6번

관련이론 보조금이론

(1) 보조금의 유형

구 분	가격효과	내 용
무조건부보조금	소득효과만 발생	• 지역주민의 공공재 소비량이 보조금의 크기보다 적게 증가하고, 사용재 소비량이 증가함 • 보조금 중 일부가 지역주민의 조세부담 경감에 사용되었음을 의미
조건부정액보조금 (비대응보조금)	소득효과만 발생	무조건부보조금과 동일한 결과를 가져올 수도 있고 아닐 수도 있으나, 여전히 중앙정부가 지급한 보조금의 일부는 조세부담 경감에 사용되어 지역주민의 사용재 소비증가에 이용됨
조건부정률보조금 (대응보조금)	소득효과와 대체효과 모두 발생	무조건부보조금이 지급될 때보다 지방정부의 공공재 공급은 더 크게 증가하나 효용수준은 무조건부보조금보다 작게 증가한다.

(2) 보조금의 효과 비교
  1) 동일 보조금 지급 시 효용 증가 크기 : 무조건부 > 정액 > 정률
  2) 지방공공재의 생산 촉진효과 : 정률 > 정액 ≥ 무조건부
  3) 동일 효용 달성 시 필요 보조금 : 정률 > 정액 ≥ 무조건부

문제 05 개별조세이론

유형: 이론형
중요도: ★☆☆
정답: ④

정답해설

④ 자본재 구입에 가속상각을 도입하면 투자에 ~~불리하다~~.
   ↳ 유리하다.

✓ 유사문제 CHECK
- 2024년 9번
- 2023년 6번
- 2022년 5번
- 2019년 20번
- 2018년 20번

문제 06 개별조세이론

유형: 이론형
중요도: ★☆☆
정답: ④

정답해설

④ 선형누진 소득세에서는 실질적인 조세부담을 ~~증가시키지 않는다~~.
   → 증가시킨다. 인플레이션이 높아지면 명목소득이 증가하여 누진세하에 더 높은 한계세율 적용구간으로 이동하게 된다.

문제 07 조세와 효율성 : 초과부담

유 형	이론형
중요도 ★★★	정답 ④

정답해설

초과부담 *관련이론

근로소득세의 초과부담은 다음과 같이 측정할 수 있다.

$$DWL = \frac{1}{2} \times t^2 \times \eta \times (wL)$$

따라서 ① 근로소득세율이 높아지는 경우, ② 임금률이 높아지는 경우, ③ 임금총액이 커지는 경우, ⑤ (보상)노동공급곡선의 탄력성이 커지는 경우에는 근로소득세의 초과부담이 커진다.

④ 노동수요곡선의 탄력성이 ~~작아지는 경우~~
　　　　　　　　　　　↳ 커지는 경우

유사문제 CHECK

2021년 2번, 2021년 10번
2020년 1번, 2019년 4번
2018년 17번, 2017년 7번

합격의 TIP

초과부담의 측정방법 및 결정요인은 다음과 같이 결정되며, 해당 식을 문제를 풀 때도 응용하였다.

- 공급곡선이 수평선인 경우
$$DWL = \frac{1}{2} \times t^2 \times \epsilon \times (PQ)$$

- 공급곡선이 우상향인 경우
$$DWL = \frac{1}{2} \times \frac{1}{\frac{1}{\epsilon} + \frac{1}{\eta}} \times t^2 \times (PQ)$$

즉, 수요가 탄력적일수록 초과부담은 커지며, 초과부담은 세율의 제곱, 거래금액에 비례한다. 주로 면적을 이용해 초과부담을 구하지만 위의 식을 알아두면 초과부담 관련 문제를 좀 더 빠르게 해결할 수 있다. 특히 2021년을 기점으로 식을 통해 풀 수 있는 문제가 다양하게 출제되었다.

관련이론 초과부담

(1) 초과부담의 개념
　　조세징수액을 초과하는 추가적인 민간의 부담으로, 조세를 부과함에 따라 민간부문의 의사결정이 교란됨에 따라 발생. '후생손실' 또는 '사중적손실', '자중손실'이라는 표현을 쓰기도 함

(2) 초과부담의 근본적인 원인
　　조세부과로 상대가격이 변화하여 대체효과가 발생하기 때문

(3) 초과부담의 측정방법 및 결정요인
- 근로소득세의 초과부담 : $DWL = \frac{1}{2} \cdot t^2 \cdot \eta \cdot (wL)$
- 수요가 탄력적일수록 초과부담은 커지며, 초과부담은 세율의 제곱, 거래금액에 비례한다.

문제 08 공채론

유 형	이론형	
중요도	★★☆	정답 ④

정답해설

ㄱ. 통화주의학파 : 경제 불황기에는 호황기에 비해 구축효과가 ~~크게 나타난다.~~
   → 작게 나타난다. 국공채 발행으로 인한 이자율 상승효과가 작기 때문이다.

ㄹ. 러너(A.Lerner) : 내부채무는 ~~미래세대~~의 부담을 증가시킨다.
   → 현재세대

ㅁ. 배로(R.Barro) : 리카도의 등가정리에 따라 공채를 발행하면, 밀의 조세증가가 예견되기 때문에 미래세대에 더 많은 유산을 남겨줄 것이므로 공채부담은 현재세대가 부담하게 된다.

✓ 유사문제 CHECK
2025년 12번
2023년 15번
2021년 32번

합격의 TIP
매년 출제되는 주제지만, 2022년의 경우 난이도가 쉽게 출제된 바 있다. 유사문제를 통해 기출문제를 반드시 학습해두자

문제 09 조세의 기초이론

유 형	이론형	
중요도	★★☆	정답 ①

정답해설

공평과세란 편익을 받는 사람이 부담하는 편익원칙, 능력에 따라 조세를 많이 부담하는 능력원칙에 근거한 과세를 의미한다. 따라서 보기에 제시된 세금의 유형을 분류해보면 다음과 같다.

외부성과 관련된 조세	공평과세
①	②, ③, ④, ⑤

따라서 정답은 ①번이다.

✓ 유사문제 CHECK
2024년 2번, 2024년 6번
2019년 13번

합격의 TIP
자주 출제되진 않지만 난이도가 낮아 반드시 맞추어야 하는 문제이다.

관련이론 공평과세

- 편익원칙 : 편익을 받는 사람이 부담
- 능력원칙 : 능력에 따라 조세를 부담
  - 수평적 공평성 : A와 B가 동일능력이면 같은 세금
  - 수직적 공평성 : A가 B보다 더 큰 능력이면 A가 더 많은 세금

문제 10 최적과세론

유 형	이론형
중요도 ★★☆	정답 ②

정답해설

알링햄-샌드모(M.Allingham & A.Sandmo)의 탈세모형 *관련이론

① 세율 인상에 따른 대체효과는 탈루소득을 줄이는 방향으로 작용한다.
　→ 늘리는 방향으로 작용한다. 세율이 인상되면 탈세로 얻는 이득(=탈세의 한계편익)이 커지기 때문이다.

② 절대위험기피도가 체감하는 개인은 세율이 오르면 소득효과로 탈루소득의 크기를 줄인다.

③ 탈세로 인한 심리적 비용이 클수록 탈세 규모는 감소한다.
　└ 심리적 비용에 대한 고려가 미흡하다.

④ 절세행위는 불법성을 특징으로 한다는 점에서 조세회피와 구별된다.
　└ 탈세행위

⑤ 탈세의 편익은 세율로 표현될 수 있으며, 감사받을 확률의 증가나 벌금률의 증가가 탈루소득을 분명하게 늘린다.
　└ 감소시킨다.

✓ 유사문제 CHECK
2025년 8번
2024년 10번
2019년 7번

합격의 TIP
탈세에 대한 기본적인 내용만 알면 풀 수 있는 문제가 출제되었으나 2019년부터 알링햄-샌드모의 탈세모형으로 한정하여 출제된 바 있으므로 관련이론을 반드시 알아두자

관련이론 알링햄-샌드모(M. Allingham & A. Sandmo)의 탈세모형

(1) 가 정
  1) 납세자는 위험중립자를 가정한다.
  2) 조세당국은 무작위 세무조사를 실시하며, 무작위 세무조사 시 반드시 적발된다.
  3) 탈세액이 증가할수록 벌금은 체증적으로 증가한다.

(2) 탈세의 한계비용 = 세무조사확률 × 한계벌금의 크기

(3) 탈세의 한계편익 = 탈세로 얻는 이득

(4) 탈세를 낮추는 방법 : 세율을 줄이고, 세무조사받을 확률과 한계벌금의 크기를 늘린다.

(5) 이론의 한계점
  1) 탈세의 심리적 비용에 대한 고려가 미흡하다.
  2) 모형에서 위험중립자를 가정하고 있지만 실제 납세자들은 주로 위험기피적이다.
  3) 한계세율이 매우 높은 경우 탈세가 용이한 직업에 종사하려는 특징을 보인다.
  4) 실제 세무조사확률(세무사찰확률)은 직업이나 소득규모에 따라 달라진다.

문제 11 개별조세이론

유 형	이론형
중요도 ★☆☆	정답 ⑤

정답해설

개인단위과세와 부부합산과세 *관련이론

A부부와 B부부의 가족기준 소득의 합은 2억원이고, 개인기준 소득세는 4,000만원 가족기준 소득세는 5,000만원이다. 즉, 가족단위로 과세할 경우 더 높은 한계세율을 적용받기 때문에 결혼에 따른 세부담이 증가하게 된다. 이에 따라 A부부와 B부부 모두 결혼벌금이 발생하고, 두 부부 모두 결혼중립성은 충족되지 않는다.
A부부와 B부부 모두 가족기준 소득의 합이 동일하고 가족기준 소득세액도 동일하므로 두 부부 모두 수평적 공평성은 충족된다.

✅ **유사문제 CHECK**

2020년 3번, 2020년 10번

관련이론 개인단위과세와 부부합산과세

(1) 개인단위과세의 특징
  1) 각 납세자의 지불능력을 잘 반영한다.
  2) 결혼 이후에도 세부담이 없다(결혼벌금이 없다).
  3) 수평적 공평적 측면에서 문제가 발생할 수 있다.
  4) 주소득원과 그 배우자가 각각 직면한 한계세율이 상이하다.

(2) 부부합산과세의 특징
  1) 가족이 경제활동의 기본단위라는 인식에 기반한다.
  2) 부부합산과세로 인하여 개인단위과세를 적용받을 때보다 더 높은 한계세율을 적용받음으로써, 결혼에 따라 세부담이 증가한다(결혼벌금이 있다).
  3) 결혼벌금으로 인하여 결혼을 기피하거나, 혼인신고를 미루는 유인을 제공할 수 있다.
  4) 주소득원과 그 배우자가 각각 직면한 한계세율이 동일하다.

문제 12 조세의 기초이론

유 형	이론형
중요도 ★☆☆	정답 ③

정답해설

③ 능력원칙에 따라 경제적 능력이 큰 사람일수록 정부서비스 혜택을 많이 받기 때문에 찬성한다.
  → 능력원칙과 편익원칙이 함께 들어있는 문장이다. 능력원칙에 따르면 납세자의 조세부담 능력에 따라 조세를 많이 지출하게 되는데, 정부서비스의 혜택을 많이 받는다는 관점은 공공서비스로부터 얻는 편익에 비례하여 조세를 부담한다는 입장이다.

⑤ 밀(J. S. Mill)의 동등희생의 원칙은 더 큰 능력을 가진 개인이 어느 정도의 세금을 더 많이 부담해야 하는지에 대한 관점인 수직적 공평성에 대한 논의를 바탕으로 하므로 누진세를 찬성하는 논리가 제시되어 있다.

합격의 TIP

자주 출제되는 파트이나 난이도가 낮은 문제로 반드시 맞추어야 한다. 밀(J. S. Mill)의 동등희생의 원칙에 대하여 심화학습을 하고자 하는 수험생은 2021년 4번 문제를 함께 학습해보자

| 문 제 13 | 공공경비와 예산제도 |

유 형	이론형
중요도	★☆☆	정답	③

정답해설

조세지출이란 저축이나 투자를 증가시키기 위하여 포기된 세수를 의미한다. 즉, 진짜 보조금은 아니지만 사실상 혹은 감추어진 보조금을 의미한다. 주어진 보기에서 ②, ④, ⑤는 포기된 세수이지만, ③ 남북협력기업에 대한 보조금 지급은 조세지출에 해당한다.
↳ 보조금

유사문제 CHECK

2023년 8번

합격의 TIP

조세지출의 의미를 정확히 알고 있다면 쉽게 풀 수 있는 문제이다.

| 문 제 14 | 조세의 경제적 효과 |

유 형	이론형
중요도	★★★	정답	④

정답해설

이자소득세가 저축에 미치는 영향 *관련이론

저축을 감소시키는 소득효과와 저축을 증가시키는 대체효과를 동시에 발생시킨다.
↳ 증가   ↳ 감소

유사문제 CHECK

2025년 10번, 2024년 12번
2023년 11번, 2020년 14번
2018년 16번

합격의 TIP

2년 연속 독립된 문제로 출제되어 내년에도 독립된 문제로 출제될 확률은 떨어지지만 문제의 한 지문으로는 출제될 가능성이 높다. 관련이론은 정확히 알아두자

관련이론 이자소득세가 저축에 미치는 영향

(1) 예금자

가격효과	소득효과	실질 이자율(실질 수익률)이 하락하여 실질소득 감소 • 현재소비 = 정상재 : 현재소비 감소, 미래소비 감소, 저축 증가 • 현재소비 = 열등재 : 현재소비 증가, 미래소비 증가, 저축 감소
	대체효과	실질 이자율(실질 수익률)의 하락으로 현재소비의 기회비용이 감소 • 현재소비 증가, 저축 감소, 미래소비 감소

(2) 차입자

가격효과	소득효과	실질 이자율(실질 수익률)이 하락하여 실질소득 증가 • 현재소비 = 정상재 현재소비 증가, 미래소비 감소, 저축 감소 • 현재소비 = 열등재 현재소비 감소, 미래소비 증가, 저축 증가
	대체효과	실질 이자율(실질 수익률)의 하락으로 현재소비의 기회비용이 감소 • 현재소비 증가, 저축 감소, 미래소비 감소

문제 15 조세의 전가와 귀착

유 형	계산형
중요도 ★★★	정답 ③

정답해설

1 한계수입 구하기

MR은 시장수요곡선과 절편이 같고 기울기가 두 배 가팔라짐

$P = 200 - Q$

$MR = 200 - 2Q$

2 주어진 조건의 균형거래량 및 균형가격

$MR = MC$

$200 - 2Q = 40$

$Q = 80$

$Q = 80$을 수요곡선에 대입하면

$P = 120$

3 종량세 부과에 따른 한계비용(MC)

$MC + T = 40 + 60 = 100$

4 종량세 부과로 인한 균형거래량 및 균형가격

$MR = MC + T$

$200 - 2Q = 100$

$Q = 50$

$Q = 50$을 수요곡선에 대입하면

$P = 150$

5 상기 사항을 그림으로 나타내면 다음과 같다.

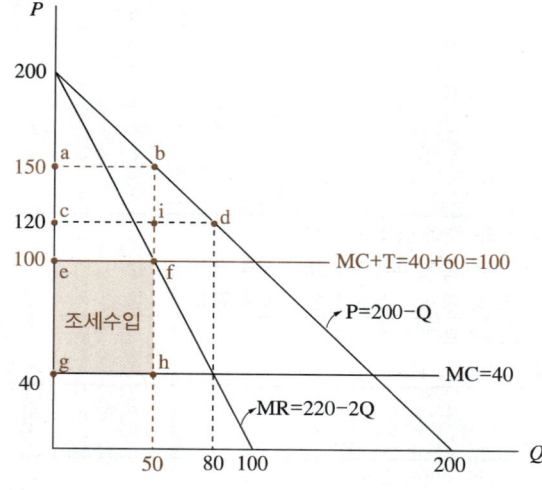

유사문제 CHECK

2025년 5번
2024년 5번
2023년 5번
2021년 8번
2019년 6번
2017년 20번

합격의 TIP

최근 들어 조세의 전가와 귀착에 대한 세금문제는 거의 매년 1문제씩은 출제되니 반드시 알아두자

① 시장가격은 P = 120에서 P = 150으로 상승했다. 이는 수요곡선이 우하향의 직선이고, MC곡선이 수평선인 기업에 단위당 T원의 물품세 과세 시 독점가격은 $\frac{1}{2}$T 만큼 상승한다는 점을 이용하여도 금방 해결할 수 있다.

② 종량세 과세에 따른 소비자잉여변화의 크기는 그림에서 사각형 abic와 삼각형 bid를 합한 면적에 해당한다. 이에 따라 1,950이다.

③ 소비자가격이 30만큼 상승하고, 거래량은 총 50이므로 소비자에게 귀착되는 조세부담은 1,500이며, 독점기업에 귀착되는 조세부담도 1,500이다.

④ 단위당 60의 종량세를 과세하고 종량세 과세 후 균형거래량은 50이므로 조세수입은 그림에서 사각형 efhg의 면적에 해당한다. 따라서 조세수입은 3,000이다.

⑤ 균형거래량이 Q = 80에서 Q = 50으로 30 감소하였다.

문제 16 조세의 전가와 귀착

유형: 이론형
중요도: ★★☆
정답: ④

정답해설

① X부문과 Y부문에 대한 동일 세율의 물품세는 노동의 상대가격을 ~~낮추게 된다~~.
→ 변화시키지 못한다. 동일한 세율의 물품세를 X부문과 Y부문에 부과하면 상대가격이 변화하지 않아 노동의 상대가격은 변화하지 않는다.

② X부문에 대한 물품세를 부과하면 노동에 대비한 자본의 상대가격을 ~~높이게 된다~~.
→ 변화하지 않는다. X부문에 대한 물품세를 부과하면 X재 소비 및 생산이 감소하고, Y재의 소비 및 생산이 증가한다. 요소집약도가 동일하므로 상대가격이 변화하지 않는다.

③ X부문의 자본에 대한 과세는 산출효과를 통해 노동에 대비한 자본의 상대가격을 ~~낮추게 된다~~.
→ 변화시키지 못한다. 산출효과란 과세대상재화에 집약적으로 투입된 요소를 불리하게 만드는 효과로 집약적으로 투입된 생산요소의 상대가격을 낮추는 방향으로 작용하는데 문제에서 X부문과 Y부문의 요소집약도가 동일하므로 상대가격은 변화하지 않는다.

④ 요소대체효과란 과세대상요소를 불리하게 만드는 효과로 조세가 부과된 생산요소의 상대가격을 낮추는 방향으로 작용하여 X부문의 자본에 대한 과세는 요소대체효과를 통해 노동에 대비한 자본의 상대가격을 낮추게 된다.

⑤ Y부문의 노동에 대한 과세 시 ~~산출효과와 요소대체효과는 서로 같은 방향으로 작용한다~~.
→ 산출효과는 불변, 요소대체효과로 노동에 대비한 자본의 상대가격(w/r)은 높아진다.

유사문제 CHECK
2018년 19번

합격의 TIP
2018년 19번의 보기와 동일하게 출제되었다. 관련이론과 유사문제를 반드시 함께 학습해두자

관련이론

1. 노동에 대한 일반요소세(t_L)

(1) 특징 : 모든 부분에 고용된 노동에 부과하는 조세

(2) 노동공급이 고정된 경우(= 노동공급곡선이 수직)
노동에 대한 일반요소세는 모두 노동자에게 귀착

(3) 노동공급이 가변적인 경우
  - 노동자가 노동공급을 감소시켜 조세의 일부를 자본가에게 귀착시킴
  - 자본과 노동의 상대가격(w/r) : 상승
  - 요소집약도(L/K) : 상승

2. 개별물품세(t_X)

(1) 특징 : 과세되는 물품의 집약적 생산요소에 불리하게 작용

$$t_X \to \left(\frac{P_X\uparrow}{P_Y}\right)\uparrow \begin{cases} \begin{pmatrix} X\text{노동집약적} \\ Y\text{자본집약적} \end{pmatrix} \to \begin{pmatrix} X\text{재 소비 및 생산}\downarrow \to L\text{해고}\uparrow \to w\downarrow \\ Y\text{재 소비 및 생산}\uparrow \to K\text{고용}\uparrow \to r\uparrow \end{pmatrix} \to \frac{w}{r}\downarrow \to \text{모든 기업의 } \frac{K\downarrow}{L\uparrow}\downarrow \\ \begin{pmatrix} X\text{자본집약적} \\ Y\text{노동집약적} \end{pmatrix} \to \begin{pmatrix} X\text{재 소비 및 생산}\downarrow \to K\text{해고}\uparrow \to r\downarrow \\ Y\text{재 소비 및 생산}\uparrow \to L\text{고용}\uparrow \to w\uparrow \end{pmatrix} \to \boxed{\frac{w}{r}\uparrow} \to \text{모든기업의 } \frac{K\uparrow}{L\downarrow}\uparrow \end{cases}$$

변화크기의 결정요인

1) 요소집약도$\left(\frac{K}{L}\right)$의 차이가 클수록
2) 수요의 가격탄력성이 클수록
3) 요소대체탄력성이 작을수록
4) 요소공급탄력성이 작을수록

3. 자본에 대한 부분요소세(t_{KX})

(1) 산출효과 : 과세대상재화에 집약적으로 투입된 요소를 불리하게 만드는 효과로 집약적으로 투입된 생산요소의 상대가격을 낮추는 방향으로 작용

(2) 요소대체효과 : 과세대상요소를 불리하게 만드는 효과로 조세가 부과된 생산요소의 상대가격을 낮추는 방향으로 작용

(3) 결론(t_{KX}의 경우)
  1) 과세대상재화가 노동집약적 : 산출효과와 요소대체효과가 반대이므로 사전적으로 자본의 상대가격이 불분명하며, 누구에게 조세의 전가가 이루어질지 알 수 없음
  2) 과세대상재화가 자본집약적 : 산출효과 요소대체효과가 같은 방향으로 움직이므로, 최종적으로 자본의 상대가격을 낮추고, 조세의 전가는 자본가에게 전가

4. 일반소비세(t_{XY})

(1) 특징 : 모든 재화에 대하여 동일한 세율을 부과(여가는 고려하지 않음)하므로, 상대가격이 불변한다. 따라서 조세부과 전 상황이 파레토 효율이었다면, 파레토 효율 상태가 유지될 수 있다.

문제 17 공공요금의 이론

유 형	이론형
중요도	★★★ 정답 ②

정답해설

ㄱ. 최대부하가격설정이란 성수기와 비성수기의 가격을 다르게 설정함으로써 생산설비의 효율적 이용을 도모하는 방식으로 비성수기에는 공공요금을 한계비용에 일치시키는 것이 효율적이다.

ㄴ. 공공부문이 생산하는 재화나 서비스의 한계비용가격설정은 일반적으로 효율적인 자원배분을 실현할 수 없다.
→ 실현한다. 한계비용가격설정이란 완전경쟁의 경우처럼 P = MC가 성립하기 때문이다.

ㄷ. 한계비용과 같아지도록 이부가격제도(two-part tariff)를 설정하면 파레토최적을 달성할 수 있으나, 너무 높은 가입비가 책정될 경우 저소득층의 소비가 제한된다는 단점이 있다.

ㄹ. 램지가격설정방식은 자원배분의 왜곡은 최소화되지만 필수재에 높은 가격을 설정하는 결과가 초래되기 때문에 분배상 문제를 일으킬 수 있다.

ㅁ. 규모의 경제가 존재할 경우 여러 공기업에서 생산하는 것이 바람직하다.
→ 한 공기업. 여러 공기업에서 생산하는 경우 오히려 단위당 생산비를 증가하는 결과를 초래한다.

유사문제 CHECK
- 2025년 15번
- 2024년 16번
- 2023년 16번
- 2020년 23번
- 2019년 18번
- 2016년 22번

합격의 TIP
매년 출제되는 주제로 유사문제를 반드시 학습해두자

관련이론 공공요금의 결정이론

(1) 한계비용가격설정
  1) 수요곡선과 한계비용곡선이 교차하는 점에서 가격을 설정하는 방법
  2) 초과부담이 발생하지 않고, 파레토 효율적인 점에서 생산됨
  3) 하지만 자연독점시장에서는 손실이 발생하여 적용이 되지 않음

(2) 평균비용가격설정
  1) 수요곡선과 평균비용곡선이 교차하는 점에서 가격을 설정하는 방법
  2) 자연독점시장보다는 덜하지만 초과부담이 발생함
  3) 가격은 완전경쟁시장보다 높고, 생산량은 적음

(3) 이부가격제
  1) 재화를 구입할 권리에 대하여 1차로 요금을 부과하고 구입량에 따라 다시 사용요금을 부과
  2) 초과부담이 발생하지 않고, 파레토 효율적인 점에서 생산됨
  3) 하지만 가입비가 너무 높을 경우 저소득층의 소비에 제한을 주게 됨

(4) 가격차별
  1) 2급 가격차별 : 대량 구매 시 가격을 할인해 주는 것
  2) 3급 가격차별 : 소비자들의 탄력성을 분석하며, 시장을 몇 개로 분리한 뒤 수요가 비탄력적인 시장에 높은 가격을 매기는 것
  3) 사치재일수록 싸고, 필수재일수록 비싸지는 경향이 있음

(5) 램지의 가격설정(자세한 내용은 2015년 20번 문제 참고)
  탄력성에 반비례하여 가격을 설정하는 것(역탄력성의 규칙이라고도 함)

(6) 최대부하가격설정
  성수기와 비성수기의 가격을 다르게 설정함으로써 생산설비의 효율적 이용을 도모하는 가격설정방식

문제 18 조세의 경제적 효과

유 형		이론형	
중요도	★★★	정답	①

정답해설

① 여가가 정상재일 경우, 비례소득세를 부과하면 **소득효과와 대체효과 모두 노동공급을 증가시키므로 총노동공급은 증가**한다.
→ 소득효과는 노동공급을 증가시키지만, 대체효과는 노동공급을 감소시키므로 소득효과와 대체효과의 크기에 따라 총노동공급은 증가할 수도 있고, 감소할 수도 있다.

유사문제 CHECK

2024년 13번
2023년 10번
2021년 16번
2020년 15번
2017년 12번
2017년 18번
2016년 27번

합격의 TIP

자주 출제되는 주제이므로 관련이론과 유사문제는 반드시 확인하자

관련이론 근로소득세(비례소득세)와 노동공급

(1) 근로소득세(비례소득세)가 노동공급에 미치는 영향

가격효과	소득효과	시간당 임금이 감소함에 따라 실질소득이 감소하게 됨 • 여가 = 정상재인 경우 : 여가는 감소, 노동공급은 증가 • 여가 = 열등재인 경우 : 여가는 증가, 노동공급은 감소
	대체효과	시간당 임금이 감소함에 따라 여가의 기회비용이 감소하게 됨 • 여가는 증가, 노동공급은 감소

• 여가 = 정상재인 경우
  - 소득효과 〉 대체효과 : 노동공급은 증가
  - 소득효과 〈 대체효과 : 노동공급은 감소
※ 사람들은 효용에 따라 선택하므로, 노동공급은 소득효과와 대체효과에 따라 결정됨에 주의한다.

(2) 근로소득세(비례소득세)와 노동공급곡선

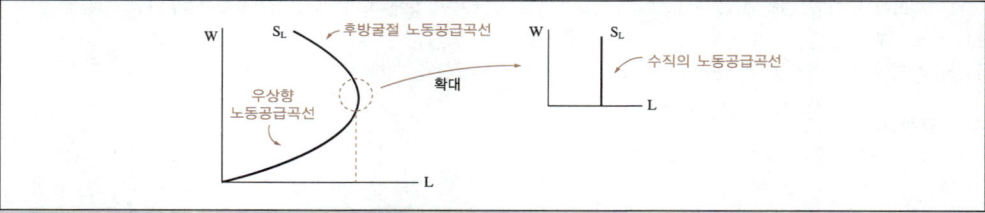

1) 후방굴절 노동공급곡선(실질임금 감소 → 노동 증가)
   여가 = 정상재 & 소득효과 > 대체효과
2) 우상향 노동공급곡선(실질임금 감소 → 노동 감소)
   여가 = 열등재
   여가 = 정상재 & 소득효과 < 대체효과
3) 수직의 노동공급곡선(실질임금 불변 → 노동 불변)
   여가 = 정상재 & 소득효과 = 대체효과

문제 19　조세의 경제적 효과

유 형	이론형
중요도 ★★★	정답 ③

정답해설

③ 자본스톡의 사용자비용탄력성이 작을수록 법인세가 기업의 투자에 미치는 영향이 크다.
　↳ 작다. 자본스톡의 사용자비용탄력성이 작으면 노동과 자본을 대체하는 것이 어렵기 때문이다.

✅ 유사문제 CHECK

2025년 11번
2024년 14번
2021년 14번
2017년 19번

합격의 TIP

출제의 중요성이 점점 커지고 있는 주제로 관련이론과 유사문제를 반드시 확인하자

관련이론　조겐슨(D.Jorgenson)모형

(1) 조겐슨모형

1) 자본의 사용자비용 : 기업이 자본재를 일정기간 동안 사용할 때, 소요되는 기회비용을 의미
　$C = (i+d-\pi)P_k$, $i = r+\pi$ 이므로 $C = (r+d)P_k$
　(i = 명목이자율, d = 감가상각률, π = 인플레이션율, P_k = 기계가격)

2) 투자의 결정원리 : $VMP_K = MP_K \cdot P$
　VMP_K(자본의 한계생산물 가치) : 자본재 1단위 증가시킬 때 추가로 얻는 수입

3) 기업의 적정 자본재 구입량 : $VMP_K = C$
　$VMP_K > C$ → 투자증가
　$VMP_K < C$ → 투자감소

4) 조세부과 후 자본의 사용자비용 : $C_e = \dfrac{(r+d)-t(x+y)P_k}{1-t}$
　(r = 실질이자율, d = 경제적 감가상각률, P_k = 기계가격, x = 세법상 이자비용 공제율, y = 세법상 감가상각률)

(2) 투자와 사용자비용
1) 조세부과 후 자본의 사용자비용(C_e) > 자본의 사용자비용(C) : 투자감소
2) 조세부과 후 자본의 사용자비용(C_e) = 자본의 사용자비용(C) : 투자불변
3) 조세부과 후 자본의 사용자비용(C_e) < 자본의 사용자비용(C) : 투자증가

(3) 투자에 중립적인 법인세의 조건
　세법상 이자비용 공제율(x)와 실질이자율(r)이 같고, 세법상 감가상각률과 경제적 감가상각률(d)가 같을 때 세법상 이자비용 공제율(x)과 세법상 감가상각(y)이 0이고, 자본재 구입을 즉시 비용처리할 때(P_K가 $(1-t) \cdot P_K$로 하락하는 효과)

유 형	이론형		
중요도	★★★	정답	④

문제 20 지방재정

정답해설

ㄴ. 중앙정부의 교부금으로 인해 지방의 재정자립도가 **높아진다.**
→ 낮아진다. 지방교부금이란 지방자치단체의 재정수요와 조세수입을 비교하여 재원부족이 발생하면 이를 보전할 목적으로 중앙정부가 지방자치단체에 교부하는 것으로 중앙정부가 교부금을 지급하면 지방의 재정자립도는 낮아지게 된다.

ㄹ. 오우츠(W.Oates)의 분권화 정리는 지방공공재 공급에 있어서 규모의 경제가 **있고,** 인접 지역으로의 외부성이 없는 경우에 성립한다.
→ 없고. 오우츠의 분권화 정리는 어느 단계의 정부가 공공재를 공급하든 공급비용이 동일함을 가정하고 있다. 따라서 규모의 경제가 발생하면 지방정부에 의한 공공재 공급은 비효율적이게 된다. 따라서 규모의 경제가 발생한다면 중앙정부가 공급하는 것이 더 효율적이다.

ㅁ. 지방분권제도가 중앙집권제도보다 지방공공재에 대한 정보를 획득하는 비용이 **높다.**
→ 낮다. 지방공공재에 대한 정보는 지방정부가 중앙정부보다 훨씬 파악하기 쉽기 때문이다.

✓ 유사문제 CHECK

2025년 14번
2024년 18번
2023년 19번
2021년 19번
2019년 19번
2018년 37번

유 형	이론형		
중요도	★★☆	정답	③

문제 21 경제적 효율성과 시장실패

정답해설

① 후생경제학의 제1정리는 모든 개인의 선호체계가 강단조성을 지니고, 외부성 및 공공재 등의 시장실패요인이 존재하지 않는다면 균형(왈라스균형)의 자원배분은 파레토 효율적이다라는 의미이다.

③ 어떤 자원배분 상태에 파레토개선의 여지가 있다면 그 상태는 **효율적이다.**
→ 효율적이지 않다. 파레토개선이란 구성원 누구의 후생도 감소하지 않으면서 최소한 1명 이상의 후생이 증가하는 경우를 의미하므로 파레토개선의 여지가 있다면 현재 상태는 효율적이라고 말할 수 없다.

④ 영기준예산제도는 점증주의예산제도를 비판하며 등장한 것으로 예산을 편성할 때 전년도 예산에 기초하지 않고 영(0)을 기준으로 원점에서 재검토한 뒤 예산을 편성하는 방법이며, 점증주의예산은 과거의 예산보다 증역시켜 예산을 편성하는 예산제도를 의미한다. 따라서 영기준예산제도는 점증주의예산제도에서 탈피하여 효율적 자원배분을 제고할 수 있는 제도이다.

✓ 유사문제 CHECK

2025년 22번

합격의 TIP

중요도는 낮지만 난이도가 낮아 반드시 맞추어야 하는 문제이다.

문제 22 경제적 효율성과 시장실패

유 형	이론형
중요도 ★★★	정답 ⑤

정답해설

⑤ 평등주의적 사회후생함수는 사회 구성원들에게 동일한 가중치를 부여한다.
↳ 고소득층보다 저소득층에 높은 가중치

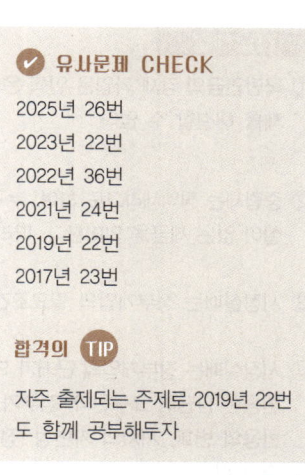

유사문제 CHECK
- 2025년 26번
- 2023년 22번
- 2022년 36번
- 2021년 24번
- 2019년 22번
- 2017년 23번

합격의 TIP

자주 출제되는 주제로 2019년 22번도 함께 공부해두자

관련이론 사회후생함수

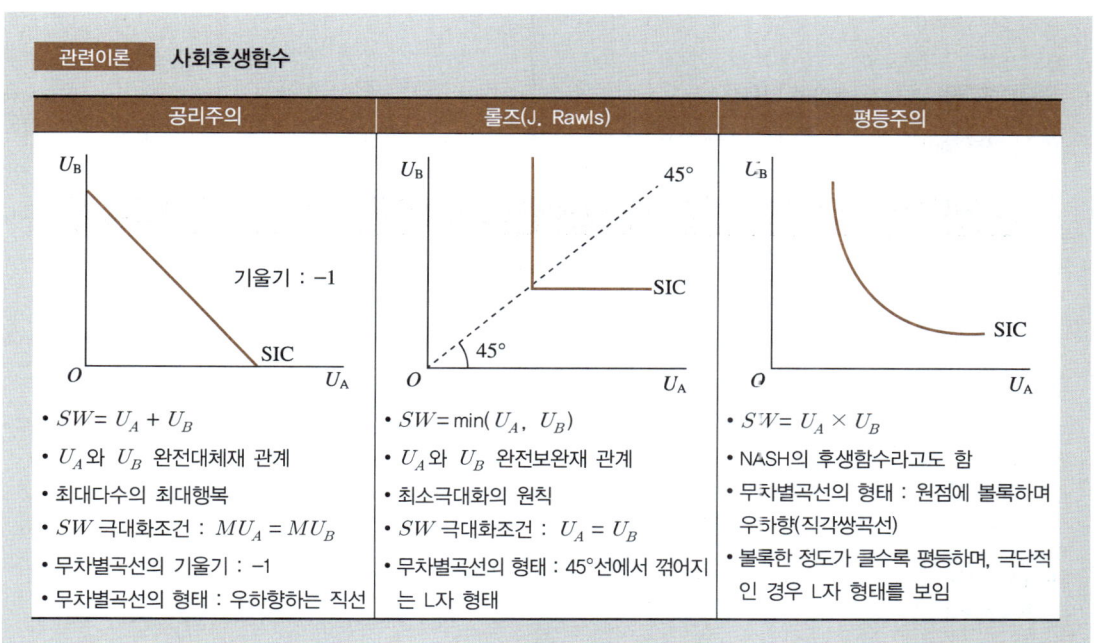

공리주의	롤즈(J. Rawls)	평등주의
• $SW = U_A + U_B$	• $SW = \min(U_A, U_B)$	• $SW = U_A \times U_B$
• U_A와 U_B 완전대체재 관계	• U_A와 U_B 완전보완재 관계	• NASH의 후생함수라고도 함
• 최대다수의 최대행복	• 최소극대화의 원칙	• 무차별곡선의 형태 : 원점에 볼록하며 우하향(직각쌍곡선)
• SW 극대화조건 : $MU_A = MU_B$	• SW 극대화조건 : $U_A = U_B$	• 볼록한 정도가 클수록 평등하며, 극단적인 경우 L자 형태를 보임
• 무차별곡선의 기울기 : -1	• 무차별곡선의 형태 : 45°선에서 꺾어지는 L자 형태	
• 무차별곡선의 형태 : 우하향하는 직선		

유 형	이론형
중요도	★★★	정답	①

문제 23 경제적 효율성과 시장실패

정답해설

① 국민연금의 강제 가입은 일찍 은퇴할 가능성이 높은 사람만 가입하는 역선택 문제를 해결할 수 없다.
   ↳ 있다.

② 중립세는 정액세라고도 하며, 누구에게나 동일한 세금을 부과하기 때문에 후생손실이 없는 세금을 의미한다. 따라서 민간부문의 의사결정을 교란시키지 않는다.

③ 시장실패는 정부개입의 필요조건이지만 충분조건은 아니다.

④ 시장실패는 정부개입의 근거가 되지만 정부도 실패할 가능성이 존재하기 때문에 신중한 판단이 요구된다. 정부가 실패하는 이유로는 정보의 불완전성, 민간부문 반응의 변화, 시차의 가변성, 정치적 과정에서의 제약, 관료들의 형태 등을 들 수 있다.

⑤ 자연독점기업의 경우 파레토효율성 조건을 불충족하지만, 한계비용가격을 설정하면 파레토효율성 조건을 만족한다.

✓ 유사문제 CHECK

2023년 25번
2021년 26번

합격의 TIP

최근들어 보기의 지분이 반복적으로 출제되었다. 유사문제를 반드시 학습해 두자

관련이론 도덕적 해이와 역선택

(1) 도덕적 해이
감추어진 행동의 상황에서 어떤 계약이 이루어진 이후에 정보를 가진 측이 바람직하지 못한 행동을 하는 현상

도덕적 해이가 발생하는 장소	해결방안
보험시장	공동보험제도, 기초공제제도
금융시장	담보제도, 감시제도, 보증인제도
노동시장	승진제도, 포상과 징계의 활용, 효율성임금

(2) 역선택
감추어진 특성의 상황에서 정보수준이 낮은 측이 바람직하지 못한 상대방과의 거래(낮은 품질의 재화를 구입)할 가능성이 높아지는 현상
• 해결방안 : 선별*, 신호발송, 신용할당제도, 효율성임금 등을 활용
*선별 : 정보를 갖지 못한 측에서 주어진 자료(불충분한자료)를 이용하여 상대방의 특성 파악

※ 도덕적 해이와 역선택의 가장 큰 구분은 역선택은 사전적 선택 시 발생하는 문제이고, 도덕적 해이는 사후적으로 일어나는 행동이라는 점이다.

유 형	계산형
중요도	★★☆
정답	③

문제 24 경제적 효율성과 시장실패

정답해설

1 두 기업의 한계비용 구하기

$C(q_A) = 40 + \frac{1}{2}q_A^2$

$MC_A = q_A$

$C(q_B) = 30 + q_B^2$

$MC_B = 2q_B$

2 감축해야 하는 오염배출량

$1,000 \times 30\% = 300$

$q_A + q_B = 300$

3 각 기업의 한계비용 및 줄여야 하는 오염배출량

$MC_A = MC_B$, $q_A = 2q_B$

$q_A + q_B = 300$

$q_B = 100$, $q_A = 200$

4 기업 A에 총 400단위의 오염배출권을 무료로 할당했으므로 기업 A는 기업 B에게 100을 매각하고, 기업 B에는 300단위의 오염배출권을 무료로 할당했으므로 기업 B는 기업 A로부터 100을 매입하며, 이 경우 균형거래량 100을 각 기업의 한계비용 식에 대입하면 균형가격은 200이다.

따라서 균형가격은 200, 균형거래량은 100단위이다.

✓ 유사문제 CHECK

2022년 29번
2017년 31번

합격의 TIP

오염배출권 관련하여 이론 및 계산문제로 다양하게 응용될 수 있으므로 반드시 알아두자

관련이론 오염배출권제도

정부가 사회적으로 적절한 오염배출량을 정하고, 오염배출권을 발급한 뒤, 시장기능을 활용하여 오염배출권의 자유로운 거래를 허용하는 제도로 오염의 총량을 규제하는 방식이다.

(1) 오염배출권의 가격 > 기업의 오염 감축비용인 경우
기업은 오염배출권을 매각하고 직접 오염을 줄임

(2) 기업의 오염 감축비용 > 오염배출권의 가격인 경우
기업은 오염배출권을 매수하고 오염을 배출

(3) 장 점
1) 오염배출량을 일정수준으로 직접 통제가 가능
2) 개별기업의 비용에 대한 정보가 필요하지 않음(피구세보다 적은 정보로 가능)
3) 인플레이션에 대한 적응력이 강함

(4) 단 점
1) 재정수입을 얻기 힘듦(오염배출권제도를 처음 도입할 때, 정부가 오염배출권을 각 기업에게 판매한다면, 일시적으로 정부는 재정수입을 얻을 수 있으나, 오염배출권 배부가 이루어진 후에는 재정수입을 얻을 수 없다)
2) 오염배출권 시장이 형성되어 있어야 함
3) 오염배출권의 배부할 때, 배부기준과 판매 시 가격설정에 대한 문제

문제 25 경제적 효율성과 시장실패

유 형	계산형
중요도 ★★☆	정답 ②

정답해설

1 SW 극대화조건

$SW = \min(U_A, U_B)$인 롤스의 사회후생함수의 경우 사회후생 극대화조건은 다음과 같다.

SW 극대화조건 : $U_A = U_B$

2 사회후생이 극대화되는 X_A와 X_B의 개수

1) $3\sqrt{X_A} = \sqrt{X_B}$
   $X_A + X_B = 1,000$
2) $9X_A = X_B$
   $X_A + 9X_A = 1,000$
   $10X_A = 1,000$
   $X_A = 100, \; X_B = 900$

3 사회후생의 크기

$W = \min(3\sqrt{X_A}, \sqrt{X_B})$
$\;\;\;= \min(3\sqrt{100}, \sqrt{900})$
$\;\;\;= 30$

따라서 사회후생의 극댓값은 30이다.

유사문제 CHECK

2025년 24번, 2025년 26번
2022년 22번, 2021년 24번
2019년 22번, 2017년 23번

합격의 TIP

사회후생 극대화의 계산문제는 다른 후생함수를 응용하여 나올 수도 있다. 유사문제를 통해 관련된 기출문제를 숙지하자

문제 26 외부성

유 형	이론형
중요도 ★★★	정답 ⑤

정답해설

① 기술적 외부성은 자원배분의 비효율성을 발생시킨다.

②, ⑤ 코즈(R.coase)정리가 성립하려면 거래비용(협상비용)이 낮아야 하고, 외부성을 측정할 수 있어야 하며, 이해당사자가 명확해야 하며, 정보의 비대칭성이 존재하지 않아야 한다. 또한 협상능력에 차이가 없어야 한다.

③ 해로운 외부성이 존재하면 해당 재화는 사회적 최적수준보다 과다생산되는 경향이 있다.

④ 대규모 건설공사로 인한 건축자재 가격 상승으로 다른 건축업자가 피해를 입은 것은 금전적인 외부성의 예이다.

⑤ 코즈정리에 따르면 외부성 관련 거래비용이 **클수록** 협상이 용이하다.
   ↳ 작을수록

유사문제 CHECK

2025년 30번
2024년 30번
2021년 25번
2018년 26번
2017년 32번
2016년 31번

관련이론 **코즈정리**

(1) 코즈정리가 성립할 수 있는 조건
   1) 협상비용이 무시할 정도로 작아야 함
   2) 협상으로 인한 소득재분배가 각 개인의 한계효용에 영향을 미치지 않아야 함
      (= 효용함수에 변화가 없어야 함 = 선호체계를 왜곡시키지 않아야 함)
   3) 외부성에 관한 재산권을 설정할 수 있어야 함(누구에게 재산권을 귀속시킬지는 관련이 없음)
   4) 재산권이 설정된 후, 당사자 간의 자발적 협상에 의해 자원이 배분되어야 함

(2) 코즈정리의 결과
   재산권이 누구에게 주어지는지는 소득분배에 영향을 미칠 뿐, 재산권이 누구에게 주어지는지와 관계없이(효율성과는 상관없이) 오염배출량은 동일한 수준으로 결정됨

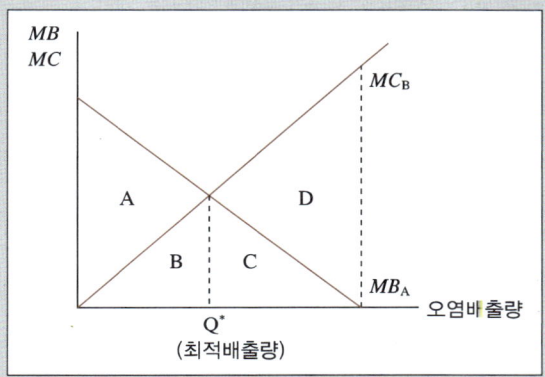

재산권이 기업 A에 있는 경우	최소보상금액 C ~ 최대보상금액 C + D
재산권이 기업 B에 있는 경우	최소보상금액 B ~ 최대보상금액 A + B

(3) 코즈정리의 단점
   1) 협상비용이 크면 적용이 불가
   2) 이해당사자가 누구인지 정확히 알 수 없는 경우가 존재
   3) 정보의 비대칭성이 존재할 경우, 협상을 통한 해결이 불가
   4) 협상능력에 있어서 차이가 존재할 수 있음
   5) 외부성의 정확한 측정 문제

문제 27 공공재이론

유형	이론형
중요도	★★☆
정답	⑤

정답해설

② 순수공공재의 경우 경합성이 없기 때문에 소비자 추가에 따른 한계비용이 영(0)으로 양의 가격을 부여할 수 있더라도 양의 가격을 부여하는 것은 바람직하지 않다.

③ 공공재의 최적 공급수준은 개별수요의 수직합으로 이루어진다.

④ 클라크 조세(Clarke tax)에서 각 개인은 공공재에 대한 자신의 진정한 선호를 표출하는 것이 우월전략이다. 단, 개인이 납부해야 할 세금의 결정에 있어서는 개인의 선호가 반영되지 않음에 주의한다.

⑤ 가치재는 순수공공재에 해당된다.
  ↳ 사용재, 가치재란 소비가 경합적이고 배제도 가능한 공공재가 아닌 사용재를 의미하며, 긍정적인 외부성을 갖는 재화 및 서비스(예 교육서비스, 의료서비스 등)가 이에 속한다.

유사문제 CHECK
- 2025년 21번
- 2023년 26번
- 2017년 26번

관련이론 공공재의 특성

(1) 비경합성
  어떤 개인의 공공재 소비가 다른 개인의 소비가능성을 감소시키지 않으며, 추가적인 소비에 따른 한계 비용이 0이므로 양의 가격을 부여할 수 없다 하더라도 양의 가격을 부여하는 것이 바람직하지 않음

(2) 비배제성
  일단 공공재의 공급이 이루어지고 나면, 생산비를 부담하지 않은 개인이라고 할지라도 소비에서 배제할 수 없는 특성을 의미하며, 비용을 부담하지 않아도 소비에서 배제가 불가능하기 때문에 양의 가격설정이 불가능하고, 무임승차자의 문제를 발생시킨다.

(3) 재화의 구분

구분		배제성	
		있음	없음
경합성	있음	사용재 (과일, 채소 등 주변에서 흔히 볼 수 있는 재화)	비순수공공재 (공유자원으로 호수의 낚시터, 공원)
	없음	비순수공공재(한산한 유료 고속도로)	순수공공재(국방, 법률 등)

문제 28 공공선택이론

유형	이론형
중요도 ★★☆	정답 ⑤

정답해설

① 투표의 역설이란 모든 개인들의 선호가 이행성을 충족하더라도 사회선호가 이행성이 충족되지 않는 현상을 의미한다.

② 최적찬성비율은 의사결정비용과 외부비용에 의해 결정된다.

③ 린달(E.Lindahl)모형은 자발적으로 공공재에 대한 수요를 표출한다면, 전원합의제에 의한 공공재 배분이 가능하다는 것을 보여준다.

④ 점수투표제의 경우 선호강도에 따라 점수를 배분하므로 투표의 역설이 발생하지 않고, 다른 투표제에 비해 소수의 의견도 투표결과에 잘 반영되는 특징을 지닌다. 다만 투표자들의 전략적 행동을 유발할 가능성이 높은 것은 점수투표제의 단점이다.

⑤ 점수투표제에서 투표거래(logrolling)가 발생하면 선호의 강도가 반영될 수 없다.
→ 투표거래가 없을 때보다 선호의 강도가 더 잘 반영된다.

유사문제 CHECK

2018년 33번

합격의 TIP

2019년의 30번 문제를 통해 투표자들의 선호강도를 반영할 수 있는 방법에 대해, 그리고 2016년 9번, 2020년 37번 문제를 통해 린달의 자발적 교환모형에 대해 학습해보자

문제 29 외부성

유 형: 이론형
중요도: ★★☆
정답: ②

정답해설

② 정부는 총배출량을 설정할 때 개별 기업의 한계저감비용에 관한 정보를 **필요로 한다.**
   → 필요로 하지 않는다.

③ 인플레이션이 발생하면 오염배출권의 가격도 함께 상승하므로 오염배출권은 인플레이션에 대한 적응이 쉽다.

④ 배출권 거래 시 한계저감비용이 상대적으로 높은 기업이 구매자가 되며, 상대적으로 낮은 기업이 판매자가 된다.

유사문제 CHECK
2022년 24번

합격의 TIP
오염배출권제도의 경우 오랜만에 출제되었으나 반드시 알아두어야 하는 주제이니 유사문제 및 관련이론을 통해 학습해두자

관련이론 오염배출권제도

정부가 사회적으로 적절한 오염배출량을 정하고, 오염배출권을 발급한 뒤, 시장기능을 활용하여 오염배출권의 자유로운 거래를 허용하는 제도로 오염의 총량을 규제하는 방식이다.

(1) 오염배출권의 가격 > 기업의 오염 감축비용인 경우
    기업은 오염배출권을 매각하고 직접 오염을 줄임

(2) 기업의 오염 감축비용 > 오염배출권의 가격인 경우
    기업은 오염배출권을 매수하고 오염을 배출

(3) 장점
    1) 오염배출량을 일정수준으로 직접 통제가 가능
    2) 개별기업의 비용에 대한 정보가 필요하지 않음(피구세보다 적은 정보로 가능)
    3) 인플레이션에 대한 적응력이 강함

(4) 단점
    1) 재정수입을 얻기 힘듦(오염배출권제도를 처음 도입할 때, 정부가 오염배출권을 각 기업에게 판매한다면, 일시적으로 정부는 재정수입을 얻을 수 있으나, 오염배출권 배부가 이루어진 후에는 재정수입을 얻을 수 없다)
    2) 오염배출권 시장이 형성되어 있어야 함
    3) 오염배출권의 배부할 때, 배부기준과 판매 시 가격설정에 대한 문제

문제 **30** 공공선택이론	유 형	이론형
	중요도 ★★☆ 정답 ②

정답해설

① 관료는 사회적 최적수준보다 과다한 생산수준을 선택한다.

② 생산수준이 미그-빌레인져(Migue-Belanger)모형에서 제시한 수준보다 더 적다.
  ↳ 크다. 효용극대화를 추구하는 미그-빌레인져(Migue-Belanger)모형은 예산극대화를 추구하는 니스카넨(W.Niskanen)모형과 동일하게 과잉생산이 이루어지나 니스카넨(W.Niskanen)모형보다는 적은 수준이다.

③ 관료제에 대응하는 방안으로 민간부문에 생산을 맡기고 정부는 비용만 부담하는 방법을 제안했다.

④ 관료가 선택한 생산수준에서는 사회적잉여가 영(0)이다.

⑤ 관료는 예산극대화를 추구하며, 총편익과 총비용이 일치하는 수준에서 생산수준을 결정한다.

✓ **유사문제 CHECK**
2025년 29번
2019년 29번

관련이론 니스카넨(W. Niskanen)모형

(1) 기본 가정 : 관료들의 예산극대화

(2) 공공재 생산점 : 총비용과 총편익이 교차하는 점에서 생산. 이는 공공재 공급에 따른 사회적 순편익의 극대화가 아니라 관료들이 공공재 공급에 있어 예산극대화를 추구하여 제1급 가격차별자와 같은 정도의 독점력을 갖고 있기 때문임

(3) 결론 : 과잉생산이 이루어지고, 사회적인 순편익은 0이 됨

문제 31	비용편익분석		유 형	이론형
			중요도	★☆☆	정답	⑤

정답해설

① 공공사업을 추진하는 행정주체는 내부적 편익과 외부적 편익 가운데 외부적 편익을 더 중시한다.
   ↳ 내부적 편익

② 공공사업의 목표는 소득재분배, 총소비증대를 통한 국민의 후생증진에 국한된다.
   → 국한되지 않고, 매우 다양한 목표를 지닌다.

③ 공공사업에서 발생하는 금전적 편익은 사회 전체적인 후생을 증진시킨다.
   → 증진시키지 않는다. 금전적 편익과 비용은 소득분배상의 변화를 가져올 뿐 서로 상쇄되기 때문이다.

④ 공공사업의 유형적 편익과 무형적 편익을 비교하면 무형적 편익이 크다.
   → 비교해 보면 공공사업의 유형에 따라 상이하다.

합격의 TIP

몇 년간 비용편익분석 파트에서 출제되지 않았던 주제이다. 중요도는 떨어지지만 관련이론을 학습해두자

관련이론1 실질적인 편익(비용)과 금전적인 편익(비용)

(1) 실질적인 편익(비용)
공공사업에 따라 발생하는 사회적인 순이득(순손실)으로 실질적인 편익(비용)은 서로 상쇄되지 않으므로 사회적인 후생 변화 초래

(2) 금전적인 편익(비용)
공공사업으로 인한 상대가격의 변화에 따른 금전상의 이익(손실)으로 금전적인 편익과 비용은 소득분배상의 변화를 가져올 뿐 서로 상쇄되므로 사회 전체적으로는 순편익 혹은 순비용의 변화를 초래하지 않음

관련이론2 실질적인 편익(비용)의 유형

(1) 직접적인 편익(비용) VS 간접적인 편익(비용)
공공사업의 직접적인 목적과 관련되었는지, 결과에 부수적으로 발생하는 편익인지에 따라 구분

(2) 유형적 편익(비용) VS 무형적 편익(비용)
실제 관찰가능 여부에 따라 구분

(3) 중간적인 편익(비용) VS 최종적인 편익(비용)
다른 재화 혹은 서비스의 중간투입물에 편익인지, 최종 소비자들에게 직접 소비되는 편익인지에 따라 구분

(4) 내부적인 편익(비용) VS 외부적인 편익(비용)
공공사업의 결과가 행정구역 내부에서 발생하는지 외부로 유출되는지에 따라 구분

문제 32 소득분배 및 사회보장

유 형		이론형	
중요도	★★☆	정답	①

정답해설

ㄱ. 교육기회 확대, ㄴ. 누진세제의 경우에는 소득분배의 불평등을 완화시킬 수 있지만, 모든 개인에게 부과되는 ㄷ. 인두세 강화나 저소득층이 주로 구매하는 ㄹ. 복권제도 활성화는 소득분배의 불평등을 완화시킬 수 없다.

따라서 정답은 ①번이다.

합격의 TIP

중요도는 떨어지지만 반드시 맞추어서 안정권을 확보할 수 있는 문제이다.

문제 33 소득분배 및 사회보장

유 형		이론형	
중요도	★★★	정답	②

정답해설

② 불균등한 분배가 사회후생을 떨어뜨리는 정도가 클수록 균등분배대등소득과 1인당 평균소득 간 격차는 줄어든다.
↳ 커진다.

③ 균등분배대등소득과 1인당 평균소득이 같으면 앳킨슨지수는 영(0)의 값을 갖는다.

④ 주관적인 가치판단을 어떻게 정의하느냐에 따라 앳킨슨지수의 값은 여러 가지로 측정될 수 있다.

⑤ 앳킨슨지수는 0에서 1 사이의 값을 가지며, 작을수록 평등하다.

유사문제 CHECK

2024년 31번
2024년 33번
2018년 29번
2017년 24번

합격의 TIP

앳킨슨지수는 소득분배평등의 측정 방법에 지문 하나로 출제될 수도 있지만 사회후생함수를 어떻게 정의하느냐에 따라 여러 가지로 측정될 수 있기 때문에 2018년 17번의 계산 문제를 반드시 함께 학습해두자

관련이론 앳킨슨지수

(1) 앳킨슨지수 = $1 - \dfrac{\text{균등분배대등소득}(Y_e)}{\text{평균소득}}$

(2) 균등분배대등소득 : 현재와 동일한 사회후생을 얻을 수 있는 소득을 완전히 평등하게 분배한 소득상태의 평균소득

(3) 균등분배대등소득이 감소하는 경우
 1) 균등분배에 대한 선호도가 클수록
 2) 불균등분배에 대한 혐오도가 클수록
 3) 현실의 소득분배에 대한 불평등정도가 높을수록

(4) 앳킨슨지수는 0에서 1 사이의 값을 가지며 작을수록 평등하다. 사회 전체의 평등에 대한 가치가 클수록 앳킨슨지수는 커짐

문제 34 소득분배 및 사회보장

유 형	이론형
중요도 ★☆☆	정답 ⑤

정답해설

사회보험이란 사회보장제도 중 하나로 국민이 질병, 노령화 등으로 소득감소가 발생하였을 경우 이를 보장하는 제도로 국민연금, 건강보험 등이 여기에 속한다. 이러한 사회보험은 ㄴ. 시장실패의 보완, ㄷ. 보험료에 의한 재원 조달, ㄹ. 정부의 온정적 간섭주의 등을 목적으로 설계된다.

유사문제 CHECK

2020년 33번

합격의 TIP

중요도는 떨어지지만 반드시 맞추어서 안정권을 확보할 수 있는 문제이다.

유 형	이론형
중요도 ★☆☆	정답 ②

문제 35 공공경비와 예산제도

정답해설

각 기관의 지출항목별로 예산을 편성하는 방식을 (ㄱ : 품목별예산제도)라고 부른다. (ㄱ : 품목별예산제도)는 유사한 일을 하는 부서 간에 예산편중 중복을 차단하기 쉽지 않다. (ㄴ : 프로그램예산제도)는 비슷한 기능을 가진 부서들이 하는 업무를 하나로 묶어 소요예산을 절감하는 방식을 따르며, 우리나라는 2007년부터 도입하여 운영하고 있다.

따라서 정답은 ② ㄱ : 품목별예산제도, ㄴ : 프로그램예산제도이다.

유사문제 CHECK
2018년 38번

합격의 TIP
자주 출제되지 않은 주제로 중요성은 떨어진다 생각하는 주제이다.

관련이론 예산제도

(1) 증분주의예산제도
  1) 전년도의 예산을 기준으로 일정금액을 가감하는 과정
  2) 장점 : 통제기능만 중시하고, 사회변화에 대한 신축반응이 어려우며, 재정지출의 효율성이 고려되지 않음

(2) 복식예산제도
  1) 경상지출은 매년 반복적으로 이루어지는 지출로 정상적인 수입으로 조달하며, 자본적 지출은 비반복적으로 이루어지는 지출로 차입을 통해 조달함
  2) 장점 : 경기변동진폭을 완화시킬 수 있으며, 공채발행 등을 통하여 적자재정이 허용되므로 효과적인 경기대응이 가능함. 또한 정부의 투자활동을 효과적으로 관리할 수 있고, 정부의 순자산을 체계적으로 파악 가능함
  3) 단점 : 자본적 지출과 경상적 지출의 구분이 명확하게 이루어지지 않는 경우가 있음

(3) 성과주의예산제도
  1) 예산액을 편성할 때 정부 각 사업의 업무량과 단위당 원가를 파악하여 편성하며, 관리기능을 중시하는 제도
  2) 장점 : 사업별 예산통제가 가능하여 신축성이 제고되고 효과적인 재정관리가 가능
  3) 단점 : 각 사업의 업무량의 측정이 쉽지 않고 단위당 원가의 계산이 어려움

(4) 프로그램예산제도
  1) 계획예산제도라고도 하며, 장기적인 계획수립과 단기적인 예산편성을 유기적으로 결합하여 정부지출의 효과를 극대화하고자 함
  2) 예산편성 절차는 〈계획 → 프로그램작성 → 예산편성〉으로 구성되며, 하향식으로 이루어짐
  3) 장점 : 효율적인 예산집행이 가능하고, 정책목표가 명확히 제시됨. 또한 부서 간 중복사업의 추진을 방지할 수 있음
  4) 단점 : 명확한 목표설정이 어려우며, 대체안을 평가하는데 있어 많은 인력을 필요로 함

(5) 영기준예산제도
  1) 전년도 예산은 완전히 무시하고, 모든 사업을 원점에서 재평가한 뒤, 다시 우선순위를 결정하여 매년 새롭게 예산을 편성함
  2) 예산편성 절차는 상향식으로 이루어지며, 중하위관리자를 예산편성에 참여시킴
  3) 장점 : 점증주의적 관행을 탈피하기 때문에 가용자원의 효율적 배분이 가능
  4) 단점 : 매년 재검토 한다는 전제가 현실적으로 불가능하며, 예산정책이 일관되지 못하고, 지속성이 유지되지 못할 가능성이 있음

(6) 조세지출예산제도
  1) 조세지출 : 저축이나 투자를 증가시키기 위하여 포기된 세수로 비과세, 감면 공제 등 세제상의 각종 유인장치를 통해 실현됨(= 사실상의 보조금, 감추어진 보조금)
  2) 조세지출예산제도의 목적 : 재정지출과 연계해 운용함으로써 재원배분의 효율성을 제고하고, 조세지출 내역을 대외적으로 공개함으로써 재정 운용의 투명성을 높임과 동시에 기득권화·만성화된 조세지출을 효과적으로 통제하는 데 있음

유 형		이론형	
중요도	★★★	정답	①

문제 36 경제적 효율성과 시장실패

정답해설

① 롤즈(J.Rawls)적 가치판단에 기초한 사회무차별곡선은 ~~우하향하는 직선 형태로 표시된다.~~
  → 45°선에서 꺾어지는 L자 형태로 표시된다.

유사문제 CHECK

2025년 26번
2023년 22번
2022년 22번
2021년 24번
2019년 22번
2017년 23번

합격의 TIP

유사문제에서 확인할 수 있듯이 사회후생함수와 관련된 문제는 자주 출제되므로 반드시 알아두자. 시간의 여력이 되는 수험생은 애로우의 불가능성정리도 함께 학습해두자 (2018년 25번)

관련이론 사회후생함수

공리주의	롤즈(J. Rawls)	평등주의
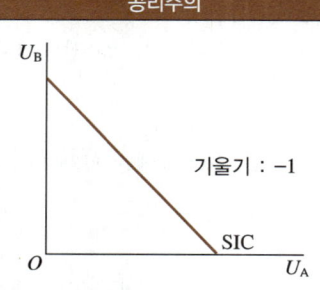	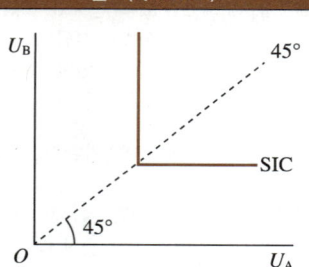	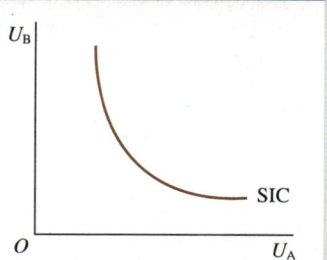
• $SW = U_A + U_B$ • U_A와 U_B 완전대체재 관계 • 최대다수의 최대행복 • SW 극대화조건 : $MU_A = MU_B$ • 무차별곡선의 기울기 : -1 • 무차별곡선의 형태 : 우하향하는 직선	• $SW = \min(U_A, U_B)$ • U_A와 U_B 완전보완재 관계 • 최소극대화의 원칙 • SW 극대화조건 : $U_A = U_B$ • 무차별곡선의 형태 : 45°선에서 꺾어지는 L자 형태	• $SW = U_A \times U_B$ • NASH의 후생함수라고도 함 • 무차별곡선의 형태 : 원점에 볼록하며 우하향(직각쌍곡선) • 볼록한 정도가 클수록 평등하며, 극단적인 경우 L자 형태를 보임

문제 37 소득분배 및 사회보장

유 형	이론형
중요도 ★★★	정답 ⑤

정답해설

① 로렌츠곡선 *관련이론

⑤ 지니계수가 커지면 소득분배의 개선으로 본다.
　　　　　　└ 작아지면

유사문제 CHECK

2025년 37번
2023년 28번
2021년 34번
2020년 39번
2019년 35번
2017년 34번

합격의 TIP

매우 쉬운 난이도로 출제되었지만 매년 한 문제씩 출제될 정도로 중요한 문제이다. 유사문제를 반드시 학습해두자

관련이론1 로렌츠곡선

(1) 정의 : 인구의 누적점유율과 소득의 누적점유율 사이의 대응관계를 그림으로 나타낸 것
(2) 측정방법 : 대각선에 가까워질수록 소득분배가 평등한 것으로 판단
(3) 평가 : 소득분배상태를 그림으로 쉽게 나타낼 수 있다는 장점이 있으나, 서수성의 성격을 지니기 때문에 해석에 한계점을 지닌다.

관련이론2 로렌츠곡선과 지니계수

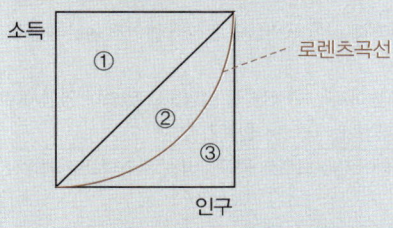

※ 지니계수 : ②/(②+③)

(1) 로렌츠곡선 : 곡선이 대각선에 가까울수록 평등
(2) 지니계수 : 0과 1사이의 값을 가지며, 작을수록 평등

문제 38 공공경비와 예산제도

유 형	이론형
중요도	★★☆ 정답 ①

정답해설

① 브라운-잭슨(C.Brown & P.Jackson) : 바그너(A.Wagner)의 법칙을 중위투표자의 선택과 결부시켜 설명하였다.

② 보몰(W.Baumol) [→ 피코크-와이즈만(A.Peacock & J. Wiseman)] : 사회적 격변기에 전위효과(displacement effect)의 영향으로 정부지출이 팽창된다고 보았다.

③ 피코크-와이즈만(A.Peacock & J. Wiseman) [→ 보몰(W.Baumol)] : 노동집약적인 공공부문이 민간부문보다 생산성 향상이 느리기 때문에 정부지출이 팽창된다고 주장하였다.

④ 부캐넌(J.Buchanan) : 정부지출의 편익이 간접적으로 [→ 직접적] 인식되는 반면, 공공서비스의 공급비용은 과대평가 [→ 과소평가] 되므로 정부지출이 팽창된다고 설명하였다.

⑤ 바그너의 법칙 : 1인당 국민소득 하락국면 [→ 상승국면] 에서 공공부문의 상대적 [→ 상대적·절대적] 크기가 증가하는 것을 말한다.

유사문제 CHECK
2023년 38번
2019년 10번

합격의 TIP
과거보다 최근에 많이 나오는 주제이다. 관련이론을 통해 주요 내용을 학습해두자.

관련이론 공공경비 팽창에 관한 학설

(1) 거시적설명

바그너 (Wagner)	• 정부활동의 규모는 필연적으로 증가 • 국민소득이 증가할 때 1인당 정부지출의 크기는 상대적 및 절대적으로 증가 • 정부가 수행해야 할 기능은 급속히 증가하고, 경제가 발전함에 따라 교육, 문화, 보건 등에 대한 수요 증가로 인하여 소득재분배와 경제안정을 위한 정부개입의 필요성이 커짐
피콕과 와이즈만 (Peacock & Wiseman)	• 공동경비가 불연속적으로 증대되는 과정을 설명 • 전위효과 : 정부지출 추세선의 상방이동 • 문턱효과(시발효과) 발생 : 전쟁, 지진, 기근 등과 같은 사회적 격변이 발생하여 국민들의 공공지출 증대의 불가피성이 인식되는 것 • 점검효과 : 사회적 격변이 끝나더라도 사회문제에 대한 국민들의 관심이 높아져 높은 수준을 계속 유지 • 외부적인 충격으로 인해 정부지출이 급속히 높아지는 현상을 잘 설명하고 있으나 평상시에 지속적으로 공공경비가 증대되는 현상을 설명하는 데에는 한계가 있음
머스그레이브-로스토우 (Musgrave-Rostow)	• 경제발전의 모든 단계에서 정부개입의 필요성이 대두되므로 공공경비는 지속적으로 팽창하고 다양한 형태의 시장실패가 발생 • 초기단계 : 사회간접자본 형성을 위한 정부개입 필요성 증가 • 중기단계 : 민간투자를 보완하기 위한 정부개입 필요성 증가 • 후기단계 : 복지서비스 및 소득보장 등을 위한 정부개입 필요성 증가

(2) 미시적설명

브라운과 잭슨 (Brown & Jackson)	• 다수결투표제도하에서 정치가가 득표 극대화 달성을 위해 중위투표자가 가장 선호하는 수준의 공공서비스를 공급하고자 하는 것 • 수요측면 접근으로 중위투표자의 공공서비스에 대한 수요의 소득탄력성이 1보다 크다면, 중위투표자의 소득이 증가할 때 공공서비스의 수요는 급속도로 증가함
보몰 (Baumol)	• 공급측면 접근방식으로 공공서비스 가격이 지속적으로 상승함(보몰의 비용병) • 만약, 공공서비스에 대한 수요의 소득탄력성이 1보다 크다면 국민소득이 증가할 때, 공공부문의 비중은 훨씬 더 상대적·절대적으로 크게 팽창함
부캐넌, 바그너 (Buchanan, Wagner)	조세가 다양하고 복잡하게 분산되어 있기 때문에 공공서비스 비용이 낮다고 인식되어 공급의 규모가 과다해지고, 공공지출 규모가 팽창됨

문제 39 비용편익분석

유 형	이론형	
중요도	★★★	정답 ③

정답해설

① 파레토기준을 충족한 투자계획만을 채택한다.
  → 채택하지 않는다. 비용편익분석은 파레토개선을 위한 투자계획이 주를 이룬다.

② 공공부문의 투자계획 타당성 판정에만 적용된다.
  → 공공부문뿐만 아니라 민간부문의 투자계획 타당성 판정에도

④ 현재가치법은 어떤 투자계획의 채택가능성을 평가할 뿐이며, 투자계획들 간 우선순위를 결정하지 못한다.
  → 채택가능성을 평가할 뿐만 아니라 투자계획들 간 우선순위도 결정할 수 있다. 현재가치법의 결과가 가장 큰 값부터 우선순위를 부여하면 되므로 우선순위를 결정할 수 있다.

⑤ 내부수익률이 투자계획에 소요되는 자금의 기회비용인 할인율보다 크다면 그 투자계획은 기각된다.
  → 채택된다.

✓ 유사문제 CHECK

2017년 39번
2016년 4번

합격의 TIP

비용편익분석은 매우 중요한 파트이나 2022년에는 매우 쉽게 출제되었다. 현재가치법에 대한 심화학습으로는 2021년 30번, 2020년 36번을 함께 풀어보자

관련이론 순현재가치법(NPV)

(1) 적절한 할인율(사회적 할인율)을 선택하여 공공투자로부터 예상되는 편익과 비용의 현재가치를 계산하는 방법

(2) $NPV = -C_0 + \dfrac{B_1}{(1+r)^1}$

  C_0 : 현재 지출되는 비용
  B_1 : 미래에(1기에) 예상되는 편익
  r : 사회적 할인율

(3) 단일 사업의 경우에 NPV가 0보다 크면 사업안을 채택하고, NPV가 0보다 작으면 사업안을 기각

(4) 복수 사업의 경우에는 NPV가 큰 것부터 선택하되, 예산 제약이 존재한다면, 주어진 예산을 별도로 고려하여 판단

문제 40 소득분배 및 사회보장

유형: 이론형
중요도: ★☆☆
정답: ④

정답해설

① 1988년에 10인 이상의 사업장 근로자를 대상으로 처음 시행되었다.

③ 사업장가입자 한 사람당 기준소득월액의 9%씩 국민연금 보험료로 납부되고 있으며, 직장이 4.5%, 근로자가 4.5%를 부담한다.

┌ 2006년부터
④ 2022년부터 1인 이상 근무하는 전체 사업장이 국민연금 가입대상으로 확대되었다.

합격의 TIP

국민연금의 효과에 대한 문제는 그동안 많이 출제되었으나 2022년처럼 우리나라의 국민연금제도의 역사를 알아야 풀 수 있는 문제는 출제된 적이 거의 없었던 유형이다. 국민연금과 관련된 문제인 2025년 34번, 40번, 2024년 37번, 2020년 34번, 2019년 37번, 2018년 22번, 2017년 37번, 2016년 20번을 추가 학습해보자

2021년(제58회) 세무사 1차 재정학 정답

재정학

01	02	03	04	05	06	07	08	09	10
⑤	③	⑤	①	③	④	③	②	③	④
11	12	13	14	15	16	17	18	19	20
①	③	②	⑤	⑤	⑤	②	③	④	④
21	22	23	24	25	26	27	28	29	30
②	⑤	①	③	④	⑤	①	⑤	④	③
31	32	33	34	35	36	37	38	39	40
①	④	②	⑤	④	②	⑤	①	①	①

2021년 세무사 1차 결과

대상인원(명)	응시인원(명)	합격인원(명)	합격률(%)
12,494	10,348	1,722	16.64

2021년 과목별 결과

구 분	응시인원(명)	평균점수(점)	과락인원(명)	과락률(%)
재정학	10,348	52.76	2,547	24.61
세법학개론	10,348	39.52	5,313	51.34
회계학개론	10,291	38.10	5,776	56.13
상 법	3,591	58.20	841	23.42
민 법	940	60.68	176	18.72
행정소송법	5,760	49.46	1,646	28.58

문제 01 개별조세이론

유 형	이론형
중요도	★★☆	정답	⑤

정답해설

①, ②, ③, ④ *관련이론

⑤ 어떤 상품이 면세의 대상인 경우 중간단계에서 납부한 부가가치세까지 ~~환급해준다.~~
환급해주지 않는다.

✓ 유사문제 CHECK

2025년 7번, 2024년 9번
2023년 7번, 2022년 1번
2017년 15번

합격의 TIP

자주 출제되는 주제는 아니지만 세무사를 준비하는 수험생이라면 재정학을 공부하지 않더라도, 맞출 수 있는 문제이다. 중요도는 떨어지지만, 이런 문제는 놓치지 말고 반드시 맞추어 합격 점수를 확보하도록 하자

관련이론 부가가치세

(1) 우리나라 부가가치세의 구조
  1) 과세대상 : 납세의무자가 국내에서 행하는 재화와 용역의 공급에 대해 과세하며, 재화의 수출에 대해서는 소비지국 과세원칙에 의한 영세율을 적용
  2) 납세의무자 : 사업목적이 영리이든 비영리이든 관계없이 사업상 독립적으로 재화 또는 용역을 공급하는 자로서, 연간 매출액이 8,000만원 이상이면 일반과세자, 8,000만원 미만이면 간이과세자로 구분됨
  3) 세율 : 기본세율 10%(단, 면세와 영세율은 제외)
  4) 현행 부가가치세의 장·단점

장 점	단 점
1. 조세수입의 확보가 쉬움 2. 수평적 공평성 실현 3. 자원배분의 중립성 4. 영세율 제도로 수출을 지원 5. 조세 행정이 단순함(세율이 10%) 6. 세금계산서 제도 등에 따라 탈세가 방지됨 7. 초과부담이 낮고 효율성이 높음	1. 조세부담이 역진적임 2. 물가 상승에 영향을 끼칠 수 있음 3. 조세의 경기조절기능이 약화됨 4. 납세자 입장에서 장부 작성을 비치해야 함

(2) 면세와 영세율

면세(불완전면세)	영세율(완전면세)
1. 납세의무가 없으며, 매입세액(납부세액)이 있어도 환급 받을 수 없음 2. 조세부담의 역진성을 완화함 3. 면세 대상 제품은 공익성이 높거나 문화 관련 재화 금융 서비스를 들 수 있음 4. 중간단계에 면세 거래가 있다면 조세부담이 커지게 됨 (누적효과와 환수효과가 발생하기 때문)	1. 납세의무를 이행하고, 매입세액(납부세액)을 환급받을 수 있음 2. 수출을 촉진하려는데 목적이 있으며, 소비지국 과세원칙을 따름 3. 영세율 대상 제품은 수출품임 4. 중간단계에 영세율 거래가 있더라도 조세부담은 불변

문제 02 조세와 효율성 : 초과부담

유 형	이론형
중요도 ★★★	정답 ③

정답해설

① 조세부과 시 발생하는 ~~소득변화에 의해 나타나는 납세자 선택의 왜곡현상을~~ 의미한다.
  ↳ 가격변화에 의해 나타나는 민간부문 의사결정 선택의 교란현상을

② 서로 다른 재화에 대해 조세징수액이 같으면 초과부담의 크기는 ~~동일하게 나타난다~~.
  → 동일할 수도 있고 다르게 나타날 수도 있다. 초과부담은 수요의 가격탄력성, 세율, 거래액 등 여러가지 변수에 의해 결정되기 때문이다.

③ 초과부담 *관련이론

④ 조세부과로 인하여 소득효과와 대체효과가 상반된 방향으로 작용하여 상쇄되면 수요량의 변화가 없게 되어 초과부담은 발생하지 않는다.
  → 상쇄되어 수요량의 변화가 없더라도 대체효과가 0인 것은 아니기 때문에 초과부담은 발생한다.

⑤ 초과부담은 조세부과로 인해 발생하는 소비자잉여와 생산자잉여의 감소분을 ~~합한 것이다~~.
  ↳ 소비자잉여의 감소분과 생산자잉여의 감소분에서 정부의 조세수입을 차감한 것

유사문제 CHECK
- 2025년 4번
- 2024년 3번
- 2023년 2번
- 2020년 1번
- 2019년 4번
- 2017년 7번

합격의 TIP
초과부담은 매년 출제되는 주제로, 한 해에 많게는 5문제 이상 출제되기도 한다. 관련이론 및 유사문제 등을 모두 학습해두자

관련이론 초과부담

(1) **초과부담의 개념** : 조세징수액을 초과하는 추가적인 민간의 부담으로, 조세를 부과함에 따라 민간부문의 의사결정이 교란됨에 따라 발생. '후생손실' 또는 '사중적손실', '자중손실'이라는 표현을 쓰기도 함

(2) **초과부담의 근본적인 원인** : 조세부과로 상대가격이 변화하여 대체효과가 발생하기 때문

(3) **초과부담의 측정방법 및 결정요인**

  1) 공급곡선이 수평선인 경우 : $DWL = \dfrac{1}{2} \cdot t^2 \cdot \epsilon \cdot (PQ)$

  2) 공급곡선이 우상향인 경우 : $DWL = \dfrac{1}{2} \cdot \dfrac{1}{\dfrac{1}{\epsilon}+\dfrac{1}{\eta}} \cdot t^2 \cdot (PQ)$

  (주로 면적을 이용하지만, 위의 식도 알아두자)

  3) 수요가 탄력적일수록 초과부담은 커지며, 초과부담은 세율의 제곱, 거래금액에 비례한다.

(4) **특이한 경우와 초과부담**

  1) 완전보완재의 경우
    ① 무차별곡선 : L자 형태
    ② 효용함수 $U = \min[X, Y]$
    ③ 대체효과 : 0(따라서 초과부담이 발생하지 않는다)
    ④ 가격효과 = 소득효과

  2) 조세부과 후 구입량의 변화가 없는 경우 : 대체효과와 소득효과의 크기가 절대적으로 동일하면서 반대방향으로 작용할 때 나타나는 현상이다. 따라서 조세부과 후 구입량에는 변화가 없지만, 대체효과가 0이 아니기 때문에 초과부담이 발생한다.

  참고 대체효과와 소득효과의 크기가 절대적으로 동일하면서 반대방향으로 작용한다는 것은 조세가 부과되는 재화가 반드시 열등재인 경우이다.

  ※ 대체효과가 0인 완전보완재의 경우, 공급곡선이나 수요곡선이 완전히 비탄력적인 경우에는 초과부담이 발생하지 않는다. 따라서 거래량이 불변인 경우, 거래량이 0인 경우, 조세수입이 0인 경우, 시장가격이 불변인 경우 모두 초과부담이 발생한다는 것을 유념하자

문제 03 최적과세론

유 형	이론형
중요도 ★★★	정답 ⑤

정답해설

① 여가에 대한 과세는 불가능하기 때문에 초과부담을 0으로 만드는 것은 포기하고 초과부담을 최소화시키는 데 집중한다.

③ 이를 역탄력성의 원칙(해당 재화의 탄력성과 세율이 반비례하는 현상)이라 한다. 이로 인하여 역진적인 조세가 된다.

④ 초과부담은 대체효과 때문에 발생하므로 보상수요의 가격탄력성이 0인 경우에는 수용량의 변화도 없고, 초과부담도 발생하지 않게 된다.

⑤ 어떤 재화의 시장에서 공급곡선이 수평이고, 수요곡선이 우하향하며 직선인 경우 재화의 초기 균형가격은 P_1, 물품세의 세율은 t, 물품세 과세 이전과 이후의 균형 소비량(산출량)은 각각 Q_1과 Q_2, 그리고 보상수요의 가격탄력성을 e로 나타내면 물품세의 과세로 인한 초과부담은 $\frac{1}{2}e(P_1 Q_2)t^2$ 이 된다.
↳ Q_1

유사문제 CHECK
2023년 3번
2019년 3번
2018년 2번
2016년 16번

합격의 TIP
물품세의 최적과세 문제는 Ramsey의 최적물품세이론을 떠올리면 쉽게 접근할 수 있다. 또한 지문 5번의 정답이 바로 보이지 않은 수험생은 2021년 2번 문제의 관련이론을 다시 한번 학습하자

관련이론 | 램지(Ramsey)의 최적물품세 이론

(1) 가정 : X재와 Y재는 서로 독립재(교차탄력성 = 0)이고, 일정한 조세수입을 확보해야 함

(2) 이론의 방향 : 여가에 대한 과세가 불가능하기 때문에 초과부담의 최소화를 추구하였으며, 공평성은 고려하지 않음

(3) 램지규칙과 역탄력성의 법칙
  1) 한계초과부담이 동일해야 함
     즉, 세금 1원을 걷을 때 추가적으로 발생하는 초과부담이 동일해야 함
     - 계산 : $\frac{\triangle X_{세전}}{2X_{세후}}$
  2) 소비량 감소비율이 동일해야 함
     - 램지규칙 : $\frac{\triangle X}{X} = \frac{\triangle Y}{Y}$
  3) 위의 램지규칙을 이용하여 역탄력성의 원칙을 도출함(도출과정은 이 책에서는 생략하기로 한다)
     - 역탄력성의 규칙 : $\frac{t_Y}{t_X} = \frac{\epsilon_X}{\epsilon_Y}$
     - 해당 재화의 탄력성과 세율은 반비례한다는 역탄력성의 원칙이 도출됨
     - 결국 역탄력성의 원칙에 따라 조세를 부과하면, 사치재에는 낮은 세율이 부과되고 생활필수품에는 높은 세율이 부과되는 역진적인 조세를 부과하는 것이 초과부담의 최소화를 추구하는 최적과세라는 결론에 도달

문제 04 조세와 효율성 : 초과부담

유 형	이론형
중요도 ★☆☆	정답 ①

정답해설

① 소득의 한계효용이 감소하고 직선이다.

② 균등절대희생의 누진세 조건

③ 균등절대희생의 역진세 조건

④ 소득의 한계효용이 일정하다면 조세부과 방식과 관계없이 항상 균등한계희생의 원칙이 실현된다.

⑤ 균등절대희생의 비례세 조건

✅ 유사문제 CHECK
2019년 8번

합격의 TIP
동등희생의 원칙에서 희생의 비율을 동등하게 하는 경우란, 조세납부로 인해 상실된 효용의 비율이 모든 사람에게 동일해야 조세부담이 공평하다는 균등비례희생으로 연결을 시켜야 풀 수 있는 문제이다. 해당 유형의 경우 2019년에 처음 출제된 이후 2년 만에 다시 출제되었다. 추후 반복 출제될 가능성이 있으므로 반드시 알아두자

관련이론 수직적 공평성의 대표적 논의 – 균등희생원칙(동등희생원칙)

조세납부에 따른 개인의 희생 크기가 균등해질 때 조세부담이 공평해진다는 능력원칙을 기반으로 하며, 균등절대희생, 균등비례희생, 균등한계희생에 따라 다른 결론에 도달함

(1) 균등절대희생
  조세납부에 따른 모든 절대적인 희생의 크기가 동일해야 조세부담이 공평함
  1) MU의 소득탄력성 > 1 : 누진세
  2) MU의 소득탄력성 = 1 : 비례세
  3) MU의 소득탄력성 < 1 : 역진세
  4) MU의 소득탄력성 < 0 : 인두세(극단적 역진세)

(2) 균등비례희생
  조세납부로 인해 상실된 효용의 비율이 모든 사람에게 동일해야 조세부담이 공평함
  1) MU곡선이 직선이면서 우하향 : 누진세
  2) MU곡선이 곡선이면서 우하향 : MU의 소득탄력성 ≥ 1이면 누진세, MU의 소득탄력성 < 1이면 불분명
  3) MU곡선이 수평선 : 비례세

(3) 균등한계희생
  마지막 단위의 조세납부로 인한 희생의 크기가 같아야 조세부담이 공평함
  1) MU곡선이 우하향 : 극단적 누진세
  2) MU곡선이 수평선 : 불분명

유 형	이론형
중요도 ★☆☆	정답 ③

문제 05 개별조세이론

정답해설

조세의 귀착 방법 *관련이론

문제에서 설명하고 있는 조세귀착은 균형예산 조세귀착에 대한 설명이다. 따라서 정답은 ③이다.

합격의 TIP

단독으로는 출제되지 않았던 유형이다. 2021년에 출제되었기 때문에 다시 출제될 가능성에 대비해두자

관련이론 조세의 귀착 방법

(1) 균형예산 조세귀착
  조세징수와 정부지출 변화에 따른 종합적인 효과를 고려하여 귀착하는 것으로 특정조세와 특정지출을 연결 예 목적세

(2) 차별적 조세귀착
  정부지출의 크기를 고정시켜 놓고, 특정조세를 동액의 조세수입을 얻을 수 있는 다른 조세로 대체할 때 분배효과의 차이를 비교하는 것으로 현실에서 가장 많이 사용하는 방법

(3) 절대적 조세귀착
  정부지출 규모와 다른 조세의 크기를 고정시켜 놓고, 특정조세가 부과되었을 때 분배적 효과를 분석하는 것으로 특정 조세가 부과되더라도 다른 조세와 정부지출이 고정되어 있다는 가정이 비현실적임

(4) 일반균형분석
  한 부문에 대한 조세부과가 다른 부문에 영향을 미치지 않는다고 가정하고, 특정부문에서의 효과만 분석하며 단기분석에 적합

(5) 부분균형분석
  한 부문에 대한 조세부과가 다른 부문에 미치는 파급효과까지 고려하면서 분석하며 장기분석에 적합

문제 06 조세의 전가와 귀착

유 형	이론형
중요도 ★★☆	정답 ④

정답해설

④ 독점시장에서는 ~~공급곡선의 형태에 따라 귀착은 달라진다.~~
  → 공급곡선이 존재하지 않는다.

✓ 유사문제 CHECK

2018년 6번
2016년 34번

합격의 TIP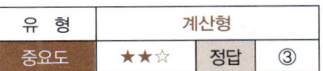

2021년에는 독점시장에 공급곡선이 존재하지 않는다는 사실을 알면 쉽게 정답을 찾을 수 있는 문제가 출제되었다. 유사문제를 통해 독점시장의 조세의 전가와 귀착에 대한 심화학습을 반드시 해두자

문제 07 조세론의 기초이론

유 형	계산형
중요도 ★★☆	정답 ③

정답해설

문제에서 주어진 상황을 그래프로 나타내면 다음과 같다.

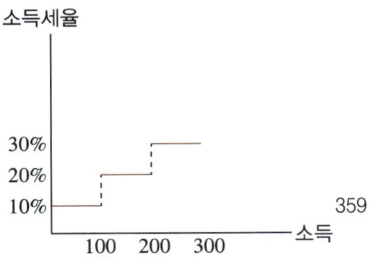

1 한계세율 : 과세가능소득이 180일 때의 소득세율 : 20%

2 실효세율 : 총소득에서 세금이 차지하는 비율
  1) 과세가능소득 180인 갑이 납부해야 할 세금
     $100 \times 10\% + (180 - 100) \times 20\% = 26$
  2) 실효세율
     $\dfrac{26}{240} \times 100\% = 10.8\%$

따라서 정답은 ③번이다.

합격의 TIP

자주 출제되는 유형은 아니지만, 한계세율과 실효세율의 개념은 반드시 알고 넘어갈 수 있도록 준비하자

유 형	계산형
중요도 ★★★	정답 ②

문제 08 조세의 전가와 귀착

정답해설

문제에 제시된 상황을 그림으로 나타내면 다음과 같다.

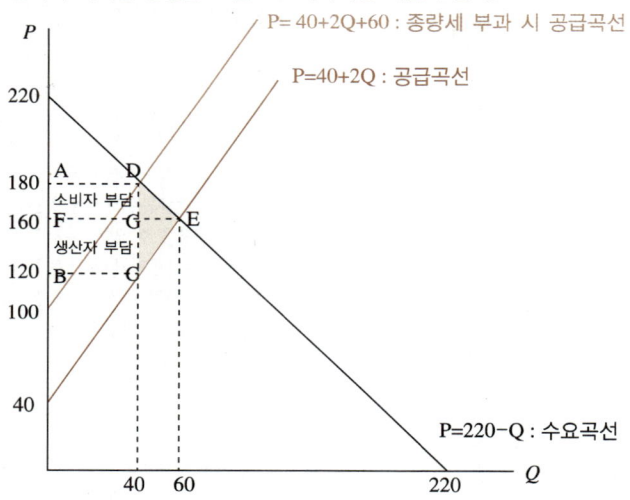

① 공급곡선의 이동으로 시장가격은 160에서 180으로 상승함을 알 수 있다.

② 종량세 과세에 따른 초과부담은 ~~1,200이다.~~
↳ 삼각형 CDE의 면적으로 600(= 60 × 20 × $\frac{1}{2}$)이다.

③ 공급곡선의 이동으로 시장의 거래량은 60에서 40으로 줄어들었음을 알 수 있다.

④ 종량세 부과로 발생하는 조세수입은 사각형 ABCD의 면적으로 2,400이다.

⑤ 소비자에게 귀착되는 종량세 부담은 사각형 AFGD의 면적으로 800이다.

[참고] 문제에 언급은 되어 있지 않지만, 생산자에게 귀착되는 종량세 부담은 사각형 FGCB의 면적으로 1,600이다.

따라서 정답은 ②번이다.

유사문제 CHECK

2025년 5번
2024년 5번
2023년 5번
2022년 15번
2019년 6번
2017년 20번

합격의 TIP

매년 출제 가능성이 높은 주제이며, 독점시장보다는 완전경쟁시장으로 출제될 경우, 난이도가 조금 낮다고 보면 된다. 유사문제는 반드시 학습하고 그래프를 빠르게 그려 파악하도록 노력하자

유 형	이론형
중요도	★★★ 정답 ③

문제 09 조세의 기초이론

정답해설

①, ②, ④ 누진세의 경우 소득이 증가하면 세금도 증가하므로 조세회피가 발생할 가능성이 높아지며, 정부로부터 제공받는 서비스의 정도와 관계없이 소득에 따라 조세부담을 해야 한다. 따라서 경제적 효율성이 저해된다.

③ 조세를 소득의 함수로 나타내면 원점을 지나는 선형조세함수의 형태가 된다.
  ↳ 납세액이 체증적으로 증가하는 그래프의 형태가 된다.

✔ 유사문제 CHECK

2019년 2번
2017년 5번
2016년 14번

합격의 TIP

2년에 한 번은 출제되는 지문이다. 평균세율, 한계세율 등 누진세와 관련된 심화유형으로 출제된 문제가 아니기 때문에 반드시 알아두어야 한다. 유사문제를 통해 심화문제의 출제가능성을 대비해두자

관련이론 누진세, 비례세, 역진세의 형태

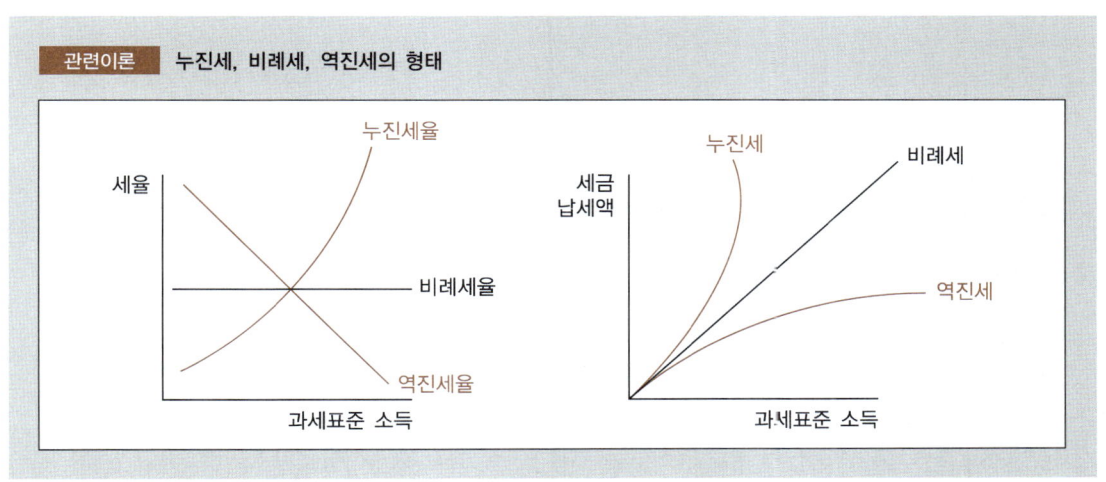

유 형	계산형
중요도 ★★☆	정답 ④

문제 10 조세와 효율성 : 초과부담

정답해설

수요곡선과 공급곡선의 가격탄력성 및 균형점이 주어져 있으므로 그림보다는 초과부담의 측정방법에 따라 계산하는 것이 빠른 문제풀이의 방법이다.

공급의 가격탄력성이 1/10으로 공급곡선이 우상향인 형태임을 바로 유추해 낼 수 있다. 따라서 다음의 식을 적용한다.

$$DWL = \frac{1}{2} \times \frac{1}{\frac{1}{\epsilon} + \frac{1}{\eta}} t^2 \times (PQ)$$

$$DWL = \frac{1}{2} \times \frac{1}{\frac{1}{0.1} + \frac{1}{0.1}} \times 0.1^2 \times (1{,}000 \times 1{,}000)$$

$$DWL = 250$$

유사문제 CHECK

2022년 7번

합격의 TIP

초과부담 문제의 경우 보통은 그래프를 그려 해결하는 것이 빠른 방법이지만, 문제에서 탄력성이 함께 주어진다면 초과부담의 식을 응용하여 해결하는 것이 훨씬 더 빠른 방법이다.
2020년까지는 초과부담의 식을 통한 해결보다는 그림으로 해결하는 문제들이 더 많이 등장하였으나, 2021년을 기점으로 초과부담의 측정방법의 식을 응용한 문제가 출제될 가능성이 있을 것으로 보인다.

관련이론 초과부담의 측정방법 및 결정요인

(1) 공급곡선이 수평선인 경우 : $DWL = \frac{1}{2} \times t^2 \times \epsilon \times (PQ)$

(2) 공급곡선이 우상향인 경우 : $DWL = \frac{1}{2} \times \frac{1}{\frac{1}{\epsilon} + \frac{1}{\eta}} \times t^2 \times (PQ)$

(주로 면적을 이용하지만, 위의 식도 알아두자)

(3) 수요가 탄력적일수록 초과부담은 커지며, 초과부담은 세율의 제곱, 거래금액에 비례한다.

문제 11 개별조세이론

유 형	이론형
중요도	★☆☆ 정답 ①

정답해설

법인세와 소득세의 통합과 관련된 논의 *관련이론

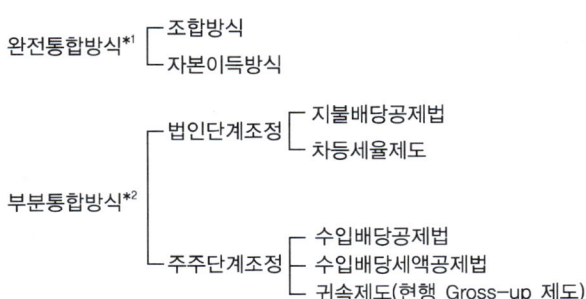

*1 법인세 폐지, 소득세만 부과
*2 법인세 유지·보완

따라서 완전통합방식에 해당하는 것은 ①이다.

유사문제 CHECK
2024년 7번
2018년 12번

관련이론 법인세와 소득세의 통합과 관련된 논의

(1) 완전통합방식
  1) 조합방식(partnership method) : 주주를 조합원(partner)으로 간주하여 법인세를 폐지하고 사내유보까지 모두 주주에게 배당되었다는 가정을 전제(법인이윤을 전부 주주에게 귀속)로 주주에게 소득세를 부과하는 방식
  2) 자본이득방식(capital gain method) : 법인세를 폐지하고 실현여부에 관계없이 자본이득에 대하여 과세하는 방법으로 배당된 부분에 대해서는 배당소득세를, 사내에 유보된 부분은 주가상승에 따른 자본이득으로 소득세 과세대상에 포함하는 방식

(2) 부분통합방식
  1) 법인단계조정
    ① 지불배당공제법(dividend-paid deduction) : 법인기업이 배당한 부분에 대해서는 법인세를 부과하지 않고(배당의 일부 또는 전부를 과세표준에서 공제), 사내유보에만 법인세를 부과하는 방식
    ② 차등세율제도(split rate system) : 배당되는 부분에 대해서는 낮은 법인세율을 적용하고, 사내유보에는 높은 법인세율을 적용하는 방식
  2) 주주단계조정
    ① 수입배당공제법(dividend-received deduction) : 개인소득세의 과세표준에서 배당되는 부분의 일부 또는 전부를 제외시키고, 배당된 부분은 법인세만 과세
    ② 수입배당세액공제법(dividend-received credit) : 법인세에서 과세된 금액이 주주의 소득세 과세표준에 포함되어 있는 경우 주주의 배당세액을 세액공제
    ③ 귀속제도(gross-up method) : 실제 배당액과 배당에 대하여 과세된 법인세 상당액을 과세표준에 가산(gross-up)한 뒤, 귀속법인세를 산출세액에서 세액공제하는 방법

문제 12   소득분배 및 사회보장

유 형	이론형
중요도 ★★★	정답 ③

정답해설

①, ② $S = a - tE$ 식에 각 조건을 대입하면, 옳은 지문임을 판단할 수 있다.

③ 다른 조건이 일정할 때, t 가 인하되면 조세부담이 줄어들어 보조금도 같이 줄어든다.
    ↳ 인하되더라도 a 역시 정부가 선택할 수 있는 정책변수이므로 a 에 따라 보조금은 줄어들 수도, 늘어날 수도 있다.

유사문제 CHECK
2024년 36번
2019년 9번

관련이론   부의 소득세(NIT)

(1) 개 념
소득이 일정수준 이하가 되면 그 차액에 대하여 일정세율을 적용하여 계산된 금액을 조세환급을 통해 지급하는 제도로 소득세와 사회보장제도가 통합된 형태

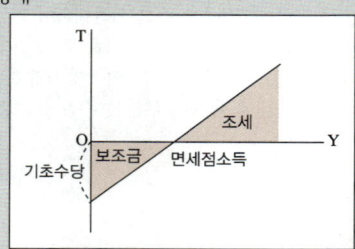

(2) 부의 소득세와 노동공급
대체효과와 소득효과 모두 노동공급을 감소시킴

(3) 장 점
  1) 일정수준 소득에 대해 보조금과 세율이 결정되므로, 수혜자에 대한 별도의 자격심사가 필요하지 않기 때문에 행정적으로 단순함
  2) 일정수준 소득 이하의 소득자에게는 현금으로 보조금이 지급되므로, 소비자 후생측면에서 우월함

(4) 단 점
  1) 정부의 재정부담이 발생할 수 있음
  2) 일정수준 소득보다 조금 높은 소득을 얻는 사람은 근로의욕이 저해됨

문제 **13** 개별조세이론		유 형	이론형
		중요도	★☆☆	정답	②

정답해설

② 부동산 보유세 인상 시 조세의 자본화에 의하여 부동산 가격이 상승하게 된다.
→ 부동산을 보유하고 있는 자가 납세의무자이므로 부동산의 가격이 하락하는 자본화 현상이 나타나게 된다.

합격의 TIP

출제 난이도가 높거나, 재정학에 대한 지식을 깊게 요구하는 문제는 아니지만, 부동산 관련 문제가 시사점이 높아 출제된 것으로 보인다. 2021년 15번과 함께 공부해두자

문제 14 조세의 경제적 효과

유 형	이론형
중요도	★★★ 정답 ⑤

정답해설

①, ③ 조겐슨모형 *관련이론

② 투자와 사용자비용 *관련이론

④ 이는 조세부과 후 자본의 사용자 비용식에 대입해보면 쉽게 알 수 있다.

⑤ ~~자기자본의 귀속이자비용이 공제되지 않아도, 차입금에 대한 이자공제가 허용되~~
 ↳ 자기자본의 귀속이자를 포함한 모든 비용의 이자공제가 허용되고
 고 세법상 감가상각률과 경제적 감가상각률이 일치하면 법인세는 투자에 영향을 미치지 않는다.

유사문제 CHECK

2024년 14번
2022년 19번
2017년 19번

합격의 TIP

법인세와 투자에 대한 출제유형은 1. 법인세가 중립적일 때, 2. 법인세가 투자에 어떤 영향을 끼치는지 이렇게 2가지이다. 관련이론 및 유사문제를 통해 함께 학습해두자

관련이론 법인세와 투자

(1) 조겐슨모형

1) 자본의 사용자비용 : $C = (i+d-\pi)P_k$, $i = r+\pi$ 이므로 $C = (r+d)P_k$
   (i = 명목이자율, d = 감가상각률, π = 인플레이션율, P_k = 기계가격)

2) 기업이 자본재를 일정기간 동안 사용할 때, 소요되는 기회비용을 의미

3) 조세부과 후 자본의 사용자비용 : $C_e = \dfrac{(r+d) - t(x+y)P_k}{1-t}$
   (r = 실질이자율, d = 경제적 감가상각률, P_k = 기계가격, x = 세법상 이자비용 공제율, y = 세법상 감가상각률)

(2) 투자와 사용자비용

1) 조세부과 후 자본의 사용자비용(C_e) > 자본의 사용자비용(C) : 투자 감소
2) 조세부과 후 자본의 사용자비용(C_e) = 자본의 사용자비용(C) : 투자 불변
3) 조세부과 후 자본의 사용자비용(C_e) < 자본의 사용자비용(C) : 투자 증가

참고 2013년 기출문제

39 법인세 부과에도 불구하고 중립성이 보장되는 경우로 옳지 않은 것은?

① 진정한 경제적 감가상각과 금융비용 전액 공제를 허용하는 경우
② 현금의 흐름 혹은 직접적 비용을 기준으로 과세하는 경우
③ 자본비용상각의 현재가치가 자본구입가격과 일치하는 경우
④ 적자가 발생할 때 손실액을 다음 해로 이월해 주는 경우
⑤ 조세가 자본의 사용자비용을 변화시키지 않는 경우

해설

①, ②, ③, ⑤의 경우는 법인세 부과에도 불구하고 중립성이 보장되는 경우이나, ④의 경우에는 중립성이 보장되지 않는다. 따라서 정답은 ④번이다.

④ 적자가 발생할 때 손실액을 다음 해로 이월해 주는 경우
 ↳ 중립성이 보장되지 않는다. 손실액을 다음 해로 이월해 준다면, 투자에 대한 의사결정의 선택에 영향을 끼치게 된다.

문제 15 소득분배 및 사회보장

유 형	이론형
중요도 ★★☆	정답 ⑤

정답해설

① 자본화의 크기는 기간당 할인율에 **비례한다**.
  → 반비례한다. 자본화란 조세부담의 현재가치만큼 가격이 하락하는 현상을 의미하므로 할인율이 낮아지면 자본화의 크기는 커진다.

② 세율이 높을수록 조세의 자본화 정도는 **작아진다**.
  → 커진다. 세율이 높을수록 조세부담의 현재가치금액은 작아지므로 세율이 높을수록 조세의 자본화 정도 역시 커진다.

③ 조세부담은 **토지임대사용자**에게 귀착된다.
  └ 토지임대인

④ 토지가격의 변동 폭은 부과된 조세의 **현재가치보다 크게 나타난다**.
  └ 현재가치와 동일하다.

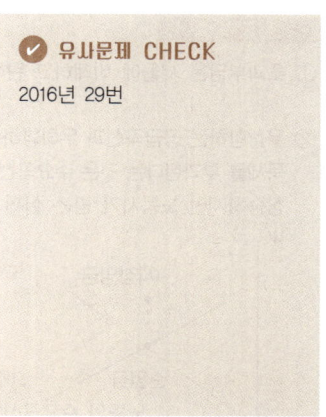

유사문제 CHECK
2016년 29번

관련이론 자본화(capitalization) = 조세환원

공급이 완전비탄력적인 경우

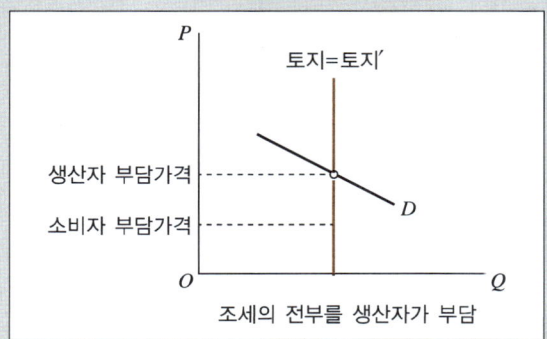

조세의 전부를 생산자가 부담

부동산처럼 공급이 고정되어 있고, 내구성이 있는 상품에 조세를 부과하였을 때, 미래 조세부담의 현재가치만큼 가격이 하락하는 현상으로, 조세의 부담은 100% 공급자가 부담함

예 토지의 경우에는 토지를 현재 소유하고 있는 자가 100% 조세를 부담

문제 16 조세의 경제적 효과

유형: 이론형
중요도: ★★★
정답: ⑤

정답해설

① 초과부담은 세율에 비례하고 탄력성에 반비례한다.

② 우상향하는 공급곡선과 우하향하는 수요곡선을 떠올렸을 때, 근로소득에 비례소득세를 부과한다는 것은 수요곡선의 하방이동을 의미한다. 따라서 시장의 임금은 상승하지만 노동자가 받는 실제 임금은 하락하게 된다.

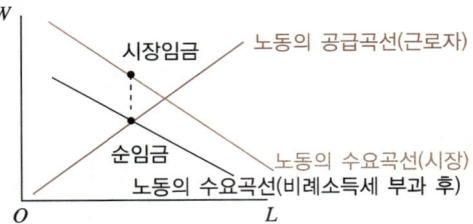

③ 노동공급곡선이 수직이란 것은 노동을 공급하는 근로자의 탄력성이 0으로 노동을 공급하는 근로자에게 세금이 모두 귀착된다.

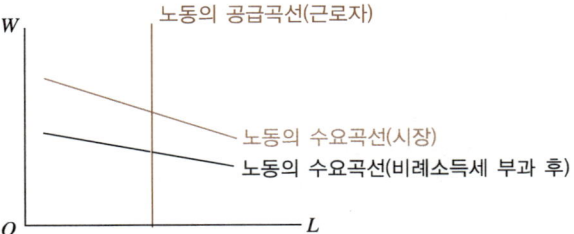

④ 실질소득의 감소로 노동공급을 증가시키려는 소득효과가 나타난다.

⑤ 대체효과와 소득효과과 동일하여 노동공급이 일정하면 순임금률과 시장임금률은 동일하다.
↳ 노동공급곡선이 수직이 되므로, 순임금률과 시장임금률은 상이하며, 근로자에게 모든 세금이 귀착된다.

유사문제 CHECK
2025년 18번
2024년 13번
2023년 10번
2022년 16번
2018년 13번
2017년 12번
2017년 18번
2016년 27번

합격의 TIP
최근 단독출제는 많이 없었지만, 과거에 매년 출제되었던 영역이다. 당해 문제는 일반적인 수요곡선과 공급곡선을 기반으로 문제를 해결할 수 있지만 유사문제를 통해 기존에 출제되었던 유형을 반드시 학습해 두자

문제 17 조세의 경제적 효과

유 형	이론형
중요도	★☆☆
정답	②

정답해설

① 기대수익률이 하락하여 안전성에 대한 기회비용이 증가함으로써, 위험자산의 비중은 작아진다.
  ↳ 커진다.

③ 완전손실상계제도가 있는 경우, 투자 수익과는 달리 손실에 대해 정부와 투자자가 공동 부담하도록 한다.
  ↳ 정부가 부담

④ 손실상계제도를 전혀 허용하지 않는 경우, 위험자산의 비중에는 영향이 없다.
  ↳ 위험자산의 비중은 위험부담 행위의 소득탄력성에 따라 달라진다(위험자산이 정상재인지, 열등재인지에 따라 소득효과가 달라지기 때문이다).

⑤ 손실상계제도를 전혀 허용하지 않는 경우, 소득효과가 대체효과보다 큰 경우에 한해 위험자산의 비중은 감소한다.
  ↳ 소득효과와 대체효과의 크기와 상관없이(문제에서 투자의 안전성(위험자산)을 정상재로 간주)

유사문제 CHECK
2025년 13번
2016년 25번

합격의 TIP
자주 출제되는 유형은 아니지만 응용해서 출제될 가능성이 있다. 관련 이론을 반드시 학습해두자

관련이론 조세와 위험부담

(1) 손실상계
  투자로 인하여 손실이 발생하였을 때 세액의 일부를 환급하거나 공제해 줌으로써 손실분에 해당하는 조세부담을 감면해 주는 것

(2) 위험자산에 비례소득세를 부과하고 손실상계가 허용되는 경우
  1) 정부가 일종의 공동투자자로서 행동하고, 위험부담을 촉진함
  2) 경제적 효율성은 불분명하나, 반드시 위험부담 행위가 증가함

(3) 위험자산에 비례소득세를 부과하고 손실상계가 허용되지 않는 경우

가격효과 (조세부과에 따라 투자 수익률이 감소)	소득효과	위험자산 = 정상재 위험자산 투자 감소, 안전자산 투자 증가 (위험부담 헝위의 소득탄력성이 양인 경우)
		위험자산 = 열등재 위험자산 투자 증가, 안전자산 투자 감소 (위험부담 헝위의 소득탄력성이 음인 경우)
	대체효과	위험자산 투자 감소, 안전자산 투자 증가

문제 18 공공재이론

유 형	계산형
중요도 ★★★	정답 ③

정답해설

1 공공재에 대한 A의 수요함수

$Z_A = 100 - 20P$

$P = 5 - \dfrac{1}{20}Z_A$

2 공공재에 대한 B의 수요함수

$Z_B = 100 - 10P$

$P = 10 - \dfrac{1}{10}Z_B$

3 A, B 수요함수의 합

$P = 15 - \dfrac{3}{20}Z_{AB}$

4 한계비용 = 3

$P = MC$

$15 - \dfrac{3}{20}Z_{AB} = 3$

$Z_{AB} = 80$

5 $Z_{AB} = 80$을 각각의 수요함수에 대입

1) 공공재에 대한 A의 수요함수

$P = 5 - \dfrac{1}{20} \times 80 = 1$

2) 공공재에 대한 B의 수요함수

$P = 10 - \dfrac{1}{10} \times 80 = 2$

6 린달가격(부담비율)

따라서 B가 부담해야 하는 부담비율은 전체 공공재 가격 3 중 2이므로 정답은 ③ $\dfrac{2}{3}$이다.

유사문제 CHECK

2025년 25번
2024년 26번
2023년 31번
2018년 30번
2016년 9번

합격의 TIP

2020년에는 이론형으로 출제되었는데, 2021년에는 계산형으로 출제되었다. 응용되어 출제될 수 있으므로 반드시 학습해두자

관련이론 린달(E. Lindahl)의 자발적 교환모형

(1) 정 의
각 개인이 공공재에 대하여 진실한 선호를 표출했을 때, 당사자 간의 자발적 합의를 통해 공공재의 적정생산수준과 비용부담비율이 결정되는 모형으로 정부개입이 없는 준시장적 해결책으로서의 의미를 지님

(2) 결 론
최적 공공재 생산량은 각 개인의 한계편익을 합한 값이 한계비용과 같아야 함($MB_a + MB_b = MC$)

(3) 장 점
각 개인의 비용부담이 편익에 비례하여 세금을 내므로, 편익원칙에 입각한 모형이며, 균형예산을 달성할 수 있음

(4) 한 계
1) 각 개인이 공공재에 대하여 진실한 선호를 표출한다는 비현실적인 가정, 3인 이상인 경우 적용할 수 없음(모형의 가정이 2명의 개인이 존재하는 세상)
2) 사회 전체의 총가용자원 중 공공재 공급에 배분해야 하는 비율을 알 수 없음(사용재에 대한 고려를 전혀 하지 않는 것으로도 해석할 수 있음)
3) 소득분배는 전혀 고려하지 않음

문제 19 지방재정

유 형	이론형
중요도	★★★	정답	④

정답해설

④ 중앙정부의 교부금으로 인해 지방의 재정자립도가 높아진다.
→ 낮아진다. 지방의 재정자립도란 중앙정부에 의존하지 않고 자체적으로 조달할 수 있는 재원의 비중을 의미한다.

유사문제 CHECK

2025년 14번
2024년 18번
2023년 19번
2020년 11번
2019년 19번
2018년 37번

합격의 TIP

지방재정과 관련된 문제는 티부가설 혹은 지방재정에 대하여 전반적으로 묻는 문제로 구분된다. 거의 매년 한 문제가 출제된다. 유사문제 및 2020년 11번 관련이론의 기출지문을 통해 학습해두자

유 형	이론형
중요도	★★★ 정답 ④

문제 20 공공요금의 이론

정답해설

① 더 많이 소비하는 사람이 더 많은 비용을 부담해야 한다는 원칙을 적용해야 한다.
  → 공공재보단 일반재에 적용되어야 하는 원칙에 가깝다. 공공요금은 효율성과 공평성의 적절한 조화를 추구하고, 적절한 수준의 재정수입이 확보되어야 하며, 행정적 단순성이 필요하다. 또한 거시 경제적인 측면이 고려되어야 한다.

② 외부성이 존재하는 경우 한계비용과 일치하는 수준에서 가격이 설정되어야 한다.
  → 긍정적 외부성이   → 낮은

③ 기존시설에 대한 초과수요가 존재하는 경우 평균비용에서 경제적 지대를 제외한 수준에서 가격이 설정되어야 한다.
  → 한계비용   → 더한

⑤ 램지(F. Ramsey)의 원칙에 따르면 수요의 가격탄력성이 작을수록 가격을 한계비용에 가깝게 설정할 때 효율성이 제고된다.
  → 클수록

유사문제 CHECK
- 2025년 19번
- 2024년 16번
- 2023년 16번
- 2020년 23번
- 2019년 18번
- 2016년 22번

관련이론 공공요금의 결정이론

(1) 한계비용가격설정
  1) 수요곡선과 한계비용곡선이 교차하는 점에서 가격을 설정하는 방법
  2) 초과부담이 발생하지 않고, 파레토 효율적인 점에서 생산됨
  3) 하지만 자연독점시장에서는 손실이 발생하여 적용이 되지 않음

(2) 평균비용가격설정
  1) 수요곡선과 평균비용곡선이 교차하는 점에서 가격을 설정하는 방법
  2) 자연독점시장보단 덜하지만 초과부담이 발생함
  3) 가격은 완전경쟁시장보다 높고, 생산량은 적음

(3) 이부가격제
  1) 재화를 구입할 권리에 대하여 1차로 요금을 부과하고 구입량에 따라 다시 사용요금을 부과
  2) 초과부담이 발생하지 않고, 파레토 효율적인 점에서 생산됨
  3) 하지만 가입비가 너무 높을 경우 저소득층의 소비에 제한을 주게 됨

(4) 가격차별
  1) 2급 가격차별 : 대량 구매 시 가격을 할인해 주는 것
  2) 3급 가격차별 : 소비자들의 탄력성을 분석하여, 시장을 몇 개로 분리한 뒤 수요가 비탄력적인 시장에 높은 가격을 매기는 것
  3) 사치재일수록 싸고, 필수재일수록 비싸지는 경향이 있음

(5) 램지의 가격설정(자세한 내용은 2023년 3번 문제 참고)
  탄력성에 반비례하여 가격을 설정하는 것(역탄력성의 규칙이라고도 함)

(6) 최대부하가격설정
  성수기와 비수기의 가격을 다르게 설정함으로써 생산설비의 효율적 이용을 도모하는 가격설정방식

유 형	이론형
중요도 ★☆☆	정답 ②

문제 21 경제적 효율성과 시장실패

정답해설

ㄱ. 효용가능경계상의 각 점에서는 ~~소비의 파레토 효율성만 충족된다.~~
   ↳ 자원배분의 파레토 효율성 조건이 모두

ㄷ. 효용가능경계상의 ~~일부 점에서만~~ $MRS = MRT$가 성립한다.
   ↳ 모든 점에서는

ㅁ. ~~효율과 공평을 동시에 달성시키는 점들의 궤적이다.~~
   ↳ 효용가능경계는 효율과 공평을 동시에 달성시킬 수 없다.

따라서 옳은 것은 ② ㄴ, ㄹ이다.

합격의 TIP

2021년의 경우, 효용가능경계의 정의만 알면 누구나 쉽게 풀 수 있는 문제가 출제되었다. 효용가능경계와 관련된 응용문제가 얼마든지 출제될 수 있으므로 2018년도의 24번을 함께 학습해두자

관련이론 효용가능경계(utility possibility frontier)

효용가능곡선의 포락선으로서, 자원배분의 파레토 효율성 조건이 모두 충족되는 점이다. 따라서 사회후생을 극대화시키는 배분이란 효용가능경계와 사회무차별곡선이 접하는 점을 의미하며, 현재 어떤 효용가능경계선상에 있다면 그 배분에서는 효율과 공평을 함께 증가시킬 수 없다.

유 형		계산형	
중요도	★★☆	정답	⑤

문제 22 　공공선택이론

정답해설

1 총비용(TC)구하기

$MC = 12$

$TC = 12Q$

2 총편익(TB) 구하기

$MB = P = 16 - \dfrac{1}{2}Q$

$TB = 16Q - \dfrac{1}{4}Q^2$

3 총비용과 총편익이 교차하는 점

$12Q = 16Q - \dfrac{1}{4}Q^2$

$48Q = 64Q - Q^2$

$Q = 16$

✓ 유사문제 CHECK

2019년 29번

관련이론　니스카넨(W. Niskanen)모형

(1) **기본 가정** : 관료들의 예산극대화

(2) **공공재 생산점** : 총비용과 총편익이 교차하는 점에서 생산. 이는 공공재 공급에 따른 사회적 순편익의 극대화가 아니라 관료들이 공공재 공급에 있어 예산극대화를 추구하여 제1급 가격차별자와 같은 정도의 독점력을 갖고 있기 때문임

(3) **결론** : 과잉생산이 이루어지고, 사회적인 순편익은 0이 됨

문제 23 공공경비와 예산제도

유형: 이론형
중요도: ★☆☆
정답: ①

정답해설

ㄱ. 다수결 투표제도 : 중위투표자의 선호에 의해 결정되므로 중위투표자가 공공재의 과다공급을 선호한다면, 다수결 투표제도하에서도 공공재가 과다공급이 될 가능성이 있다.

ㄴ. 정치적 결탁(logrolling) : 투표에 참여하는 정치인이 상대방이 원하는 공공재 공급에 찬성하기로 하는 투표거래가 발생할 경우 공공재는 과다공급이 될 가능성이 있다.

ㄷ. 다운즈(A. Downs)의 투표자의 무지 : 정보의 획득하는 편익보다 그 비용이 커서 불완전한 정보로 만족해 버리는 투표자의 상태를 의미한다. 따라서 공공재는 오히려 과소공급이 될 가능성이 있다.

ㄹ. 갤브레이드(J. K. Galbraith)의 의존효과 : 광고 및 선전으로 인해 공공재보다는 사용재를 더 선호하게 되는 현상으로 공공재가 과소공급이 될 가능성이 있다.

따라서 정답은 ①이다.

문제 24 경제적 효율성과 시장실패

유 형		이론형	
중요도	★★★	정답	③

정답해설

③ 평등주의 사회후생함수는 <u>각 개인의 효용에 동일한 가중치를 부여하게 된다.</u>
↳ 효용수준이 높은 개인에게는 낮은 가중치를, 낮은 개인에게는 높은 가중치를 부여한다.

⑤ 사회후생을 극대화시키는 배분은 파레토 효율을 달성하지만, 공평성을 보장하지는 않는다.

✓ 유사문제 CHECK

2025년 25번
2025년 26번
2023년 22번
2022년 22번
2022년 36번
2019년 22번
2017년 23번

합격의 TIP

사회후생함수는 단독문제가 아니더라도 거의 매년 출제되는 주제이다. 관련이론과 유사문제는 반드시 학습하자

관련이론 사회후생함수

공리주의	롤즈(J. Rawls)	평등주의
기울기: -1, SIC	45°, SIC, 45°	SIC
• $SW = U_A + U_B$	• $SW = \min(U_A, U_B)$	• $SW = U_A \times U_B$
• U_A와 U_B 완전대체재 관계	• U_A와 U_B 완전보완재 관계	• NASH의 사회후생함수라고도 함
• 최대다수의 최대행복	• 최소극대화의 원칙	• 무차별곡선의 형태: 원점에 볼록하며 우하향(직각쌍곡선)
• SW 극대화조건: $MU_A = MU_B$	• SW 극대화조건: $U_A = U_B$	• 볼록한 정도가 클수록 평등하며, 극단적인 경우 L자 형태를 보임
• 무차별곡선의 기울기: -1	• 무차별곡선의 형태: 45°선에서 꺾어지는 L자 형태	
• 무차별곡선의 형태: 우하향하는 직선		

문제 25 외부성

유형: 이론형
중요도: ★★★
정답: ④

정답해설

①, ②, ③, ⑤ 코즈정리 *관련이론

④ 정부가 환경세를 부과하여 당사자의 한쪽에게 책임을 지게 하면 효율적 자원배분을 이룰 수 있다.
↳ 정부의 개입없이 외부성에 관한 소유권만 설정되면, 자발적인 협상에 의해 효율적 자원배분을 이룰 수 있다.

유사문제 CHECK

2024년 30번, 2022년 26번
2018년 26번, 2017년 32번
2016년 31번

합격의 TIP

2년에 한 번은 반드시 단독문제가 아니더라도 반드시 출제되는 주제이다.

관련이론 코즈정리

(1) 코즈정리가 성립할 수 있는 조건
   1) 협상비용이 무시할 정도로 작아야 함
   2) 협상으로 인한 소득재분배가 각 개인의 한계효용에 영향을 미치지 않아야 함
      (= 효용함수에 변화가 없어야 함 = 선호체계를 왜곡시키지 않아야 함)
   3) 외부성에 관한 재산권을 설정할 수 있어야 함(누구에게 재산권을 귀속시킬지는 관련이 없음)
   4) 재산권이 설정된 후, 당사자 간의 자발적 협상에 의해 자원이 배분되어야 함

(2) 코즈정리의 결과
    재산권이 누구에게 주어지는지는 소득분배에 영향을 미칠 뿐, 재산권이 누구에게 주어지는지와 관계없이(효율성과는 상관없이) 오염배출량은 동일한 수준으로 결정됨

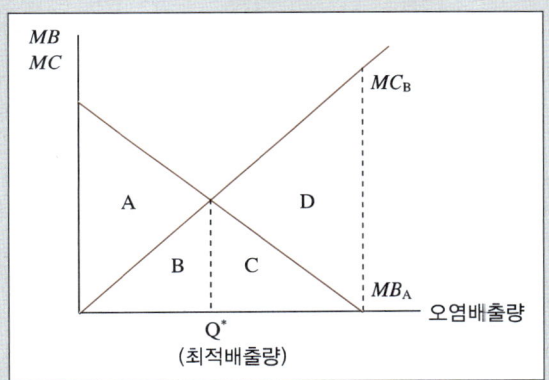

재산권이 기업 A에 있는 경우	최소보상금액 C ~ 최대보상금액 C + D
재산권이 기업 B에 있는 경우	최소보상금액 B ~ 최대보상금액 A + B

(3) 코즈정리의 단점
   1) 협상비용이 크면 적용이 불가
   2) 이해당사자가 누구인지 정확히 알 수 없는 경우가 존재
   3) 정보의 비대칭성이 존재할 경우, 협상을 통한 해결이 불가
   4) 협상능력에 있어서 차이가 존재할 수 있음
   5) 외부성의 정확한 측정 문제

문제 26　경제적 효율성과 시장실패

유 형	이론형
중요도 ★★★	정답　⑤

정답해설

② 공공재는 비경합성과 비배제성이 존재하기 때문에 시장실패가 발생하게 된다.

③ 시장실패는 정부개입의 충분조건이 아니라 필요조건이다.

④ 정보불균형이 생기면 도덕적 해이, 역선택의 문제로 시장실패가 발생하게 된다.

⑤ 외부불경제로 사회적 최적생산량보다 ~~과소생산~~되는 경우에 발생한다.
　　　　　　　　　　　　　　↳ 과다생산

유사문제 CHECK
2023년 25번
2022년 23번

합격의 TIP
최근들어 자주 출제된 주제이므로 유사문제를 반드시 학습해두자

관련이론　정부실패의 원인

시장실패는 정부개입의 충분조건이 아니라 필요조건에 해당하나 다음의 이유로 정부도 실패할 가능성이 존재함
(1) 정보의 불완전성
(2) 민간부문 반응의 변화(파생적 외부효과)
(3) 시차의 가변성
(4) 정치적 과정에서의 제약
(5) 관료들의 행태

유 형	이론형
중요도	★☆☆
정답	①

문제 27 공공선택이론

정답해설

① 양당제를 운영하고 있는 국가에서 정치적 성향이 대치되는 두 정당의 선거 공약이 차별화되는 것과 관련이 있다.
  └ 비슷해지는(이를 호텔링의 원칙 혹은 최소차별화의 원칙이라고 한다)

유사문제 CHECK
2025년 27번
2018년 39번

합격의 TIP
2018년에 출제되었던 문제(39번)와 기출지문이 거의 흡사하다. 기출지문은 항상 반복해서 학습하도록 하자

관련이론 중위투표자의 정리(medianvoter theorem)

(1) 정 의
  모든 투표자의 선호가 단봉형(single-peaked)이면 다수결투표제도하에서는 항상 중위투표자(선호순서대로 투표자를 나열할 때 가운데 위치하는 투표자)가 가장 선호하는 수준의 공공재 공급이 채택된다는 이론

(2) 특 징
  1) 어떤 안건에 선호순서대로 투표자를 나열했을 때, 가운데 위치하는 투표자(중위투표자)의 선호가 투표결과로 나타나는 현상
  2) 모든 투표자의 선호가 단봉형일 경우에만 성립
  3) 결정된 공공재의 공급량은 최적수준과 일치한단 보장이 없음. 즉, 공공재의 공급량은 사회적인 최적수준을 초과할 수도 있고, 미달할 수도 있음
  4) 중위투표자가 원하는 공급량이 변하지 않는 한, 다른 개인의 공공재 수요가 변하더라도 공공재의 공급량은 변하지 않음

(3) 2018년 기출지문
  1) 중위투표자는 전체 투표자 선호의 한 가운데 있는 투표자를 의미한다.
  2) 정당들이 비슷한 정책을 내세우도록 만드는 현상과 관련된다.
  3) 모든 투표자의 선호가 단일정점(단봉형)인 경우 성립한다.
  4) 중위투표자정리에 의한 정치적 균형이 항상 파레토 효율을 달성한다는 보장은 없다.
  5) 정당들이 중위투표자가 선호하는 정책들을 내세우도록 만드는 것과 관련된다.

유 형		이론형	
중요도	★★☆	정답	⑤

문제 28 지방재정

정답해설

①, ②, ③, ④ 티부가설 *관련이론

⑤ 공공재의 생산규모가 증가할수록 단위당 생산비용이 하락하는 규모의 경제가 발생하여야 한다.
→ 불변하여야 한다. 만약 단위당 생산비용이 하락하는 규모의 경제가 발생한다면, 지방정부보다 중앙정부에서 공급하는 것이 더 효율적이다.

✓ 유사문제 CHECK
2019년 19번

합격의 TIP
티부가설이 단독적으로 출제된 것은 최근의 경향이다. 관련이론을 정확하게 학습해두자

관련이론 티부(C. Tiebout)가설

(1) 내 용
한 나라가 다수의 지방정부로 구성되어 있고, 각 지방정부는 지역주민의 선호에 따라 지방세와 지방공공재의 공급수준을 결정하고, 개인의 지역 간 완전이동성이 보장될 때, 각 지역에서 지방공공재는 최적수준으로 공급될 뿐만 아니라 국민들은 효율적 거주지를 결정(발에 의한 투표를 통해)하게 된다.

(2) 가 정
1) 다양한 수준의 공공재를 공급하는 다수의 지방정부가 존재해야 함
2) 각 지방의 공공재 공급수준과 조세수준을 아무런 비용 없이 알 수 있어야 함
3) 지역 간 주민의 완전이동성이 보장되어야 함
4) 공공재 공급에 외부성이 존재하지 않음
5) 공공재의 공급비용이 일정해야 함
6) 공공재의 공급재원은 비례적인 재산세를 통해 조달해야 함(소득세가 아님에 주의)
7) 각 지역에서 최소주택규모 등 안정적인 균형이 성립되기 위한 도시계획규제가 실시되어야 함

유 형		이론형	
중요도	★☆☆	정답	④

문제 29 소득분배 및 사회보장

정답해설

연금보험을 사회보험 형태로 운영하는 이유는 시장실패를 보완하고, 소득재분배를 실현하며, 정부의 온정주의 입장, 규모의 경제에 따른 관리비용의 절감 등을 들 수 있다.

따라서 정답은 ④번 ㄴ, ㄷ, ㄹ이다.

합격의 TIP
중요도는 낮지만 반드시 맞추어야 하는 문제이다.

문제 30 비용편익분석

유 형	계산형
중요도	★☆☆	정답	③

정답해설

문제에서 제시한 표에 따라 NPV를 구하면 다음과 같다.

$$NPV = -C_0 + \frac{B_1}{(1+r)^1}$$
$$= -3{,}000 + \frac{1{,}100}{1.1} + \frac{2{,}420}{1.1^2}$$
$$= -3{,}000 + 1{,}000 + 2{,}000$$
$$= 0$$

유사문제 CHECK

2020년 36번, 2019년 40번
2017년 39번, 2016년 4번

합격의 TIP

2021년에 출제된 비용편익분석과 관련된 문제는 난이도가 매우 쉽게 출제되었다. 또한 2020년 36번 문제와 숫자만 다를 뿐 동일하게 출제되기도 하였다. 응용문제를 학습하기 위하여 유사문제를 반드시 풀어보자

관련이론 순현재가치법(NPV)

(1) 적절한 할인율(사회적 할인율)을 선택하여 공공투자로부터 예상되는 편익과 비용의 현재가치를 계산하는 방법

(2) $NPV = -C_0 + \dfrac{B_1}{(1+r)^1}$

  C_0 : 현재 지출되는 비용
  B_1 : 미래에(1기에) 예상되는 편익
  r : 사회적 할인율

(3) 단일 사업의 경우에 NPV가 0보다 크면 사업안을 채택하고, NPV가 0보다 작으면 사업안을 기각

(4) 복수 사업의 경우에는 NPV가 큰 것부터 선택하되, 예산 제약이 존재한다면, 주어진 예산을 별도로 고려하여 판단

문제 31 소득분배 및 사회보장

유 형	이론형
중요도	★☆☆	정답	①

정답해설

① 국민기초생활보장제도는 **절대빈곤선**을 기준으로 수급 대상자를 선정한다.
  ↳ 중위소득의 30%보다 더 적은 소득을 얻는 가구

※ 절대빈곤선이란 최소 수준의 생활을 유지하는데 필요한 소득의 한계수준선을 의미한다.

②, ③, ④, ⑤ 소득분배 및 사회보장에 대한 내용이다.

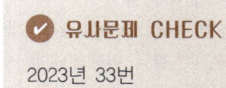

유사문제 CHECK

2023년 33번

유 형	이론형
중요도	★★☆ 정답 ④

문제 32 공채론

정답해설

① 리카르도(D.Ricardo)는 총수요를 변화시킬 수 있다고 하였다.
　　　　　　　　　　　　　　　↳ 없다

② 러너(A. Lerner)는 내부채무는 미래세대의 부담을 증가시킨다고 하였다. *관련이론
　　　　　　↳ 외부채무

③ 통화주의자들은 총수요가 변한다고 하였다.
　　　　　　　　　　　↳ 거의 증가하지 않는다. 통화주의자들은 구축효과로 인하여 총수요가 거의
　　　　　　　　　　　　증가하지 않는다고 주장한다.

⑤ 케인즈학파는 국채발행을 통해 조세부담을 경감시켜주어도 총수요는 변하지 않는다고 하였다.
　　↳ 변한다고

유사문제 CHECK
- 2025년 12번
- 2023년 8번
- 2022년 8번
- 2020년 40번
- 2019년 17번
- 2018년 36번

합격의 TIP

유사문제에 수록되어있는 리카르도의 등가정리는 반드시 알아두고 유사문제들을 통해 공채론의 기출지문들을 학습해두자. 공채론의 경우 과거에 비해 최근에 반드시 한 문제는 종합적으로 출제되는 경향을 보이고 있다.

관련이론 공채 부담에 관한 학설

(1) 현재세대 부담설
　1) 러너(A. Lerner) : 내부채무는 현재세대 부담, 외부채무는 미래세대 부담
　2) 배로(R. Barro) : 리카도의 등가정리에 의하면 공채발행은 미래의 조세증가를 예견하고 미래세대에 더 많은 유산을 남겨줄 것이므로 공채는 현재세대의 부담임

(2) 미래세대 부담설
　1) 부캐넌(M. Buchanan) : 개인적인 관점에서 공채부담을 검토한 학자. 개인들은 합리적으로 공채를 구매하며, 공채부담은 결국 미래세대에 귀착됨
　2) 보웬(H. Bowen) : 근로시기에 국공채를 매입하고 은퇴 후에 이를 상환받아 사용하므로 결국 미래세대에 귀착됨
　3) 모딜리아니(F. Modigliania) : 조세는 민간소비를 감소시키는 효과가 큰데 비하여 공채는 민간투자를 위축시키는 효과가 더 크므로 미래세대에 전가됨
　4) 고전학파 : 국공채 발행으로 정부수입이 비생산적으로 사용됨에 따라 자본축적이 저해되고 결국 미래세대에 전가

문제 33 소득분배 및 사회보장

유 형		이론형	
중요도	★★★	정답	②

정답해설

① 지니(Gini)계수 : 0과 1 사이의 값을 가지며, ~~1~~(→0에) 가까울수록 소득이 평등하게 분배되었음을 나타낸다.

③ 앳킨슨(A. Atkinson)지수 : 0과 1 사이의 값을 가지며, ~~1이면~~(→0이면) 소득이 완전 평등하게 분배되었음을 나타낸다.

④ 5분위분배율 : ~~하위~~(→상위) 20%에 속하는 사람들의 소득점유비율을 ~~상위~~(→하위) 20%에 속하는 사람들의 소득점유비율로 나눈 값이다.

⑤ 십분위분배율 : ~~상위~~(→하위) 40%에 속하는 사람들의 소득점유비율을 ~~하위~~(→상위) 20%에 속하는 사람들의 소득점유비율로 나눈 값이다.

유사문제 CHECK

2025년 37번
2023년 28번
2022년 37번
2021년 33번
2020년 39번
2019년 35번
2017년 34번

관련이론 소득분배불평등의 측정방법의 비교

평등지수	측정방법	측정의 판정
로렌츠곡선과 지니계수	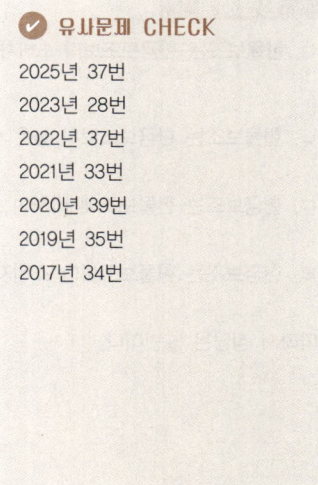 ※ 지니계수 : ②/(②+③)	• 로렌츠곡선 : 곡선이 대각선에 가까울수록 평등 • 지니계수 : 0과 1 사이의 값을 가지며, 작을수록 평등
십분위분배율	$\dfrac{\text{하위 40\%의 소득}}{\text{상위 20\%의 소득}}$	0과 2 사이의 값을 가지며 클수록 평등
달튼의 평등지수	공리주의 사회후생을 가정하며, 모든 사람에게 완전히 균등하게 소득이 분배되었을 때 사회후생이 극대화됨	0과 1 사이의 값을 가지며, 클수록 평등
앳킨슨지수	$A = 1 - \dfrac{Y_e}{Y}$	0과 1 사이의 값을 가지며, 작을수록 평등
5분위분배율	$\dfrac{\text{상위 20\%의 소득}}{\text{하위 20\%의 소득}}$	1에서 무한대의 값을 가지며, 작을수록 평등

유 형		이론형	
중요도	★★★	정답	⑤

문제 34 소득분배 및 사회보장

정답해설

ㄱ. ~~현물보조는 현금보조보다~~ 소비자들이 선호한다.
   └ 현금보조는 현물보조보다

ㄴ. 현물보조는 현금보조보다 높은 행정비용과 운영비용을 수반한다.

ㄷ. 현금보조는 현물보조에 비하여 오남용 가능성이 높다.

ㄹ. 현금보조는 현물보조보다 소비자에게 보다 넓은 선택의 자유를 부여한다.

따라서 정답은 ⑤번이다.

유사문제 CHECK

2025년 33번
2024년 24번
2024년 34번
2023년 34번
2018년 27번
2016년 12번

합격의 TIP

과거에는 매년 출제되었던 주제지만, 2019년과 2020년은 출제되지 않았던 주제로 주제의 난이도에 비해 쉽게 출제되었다. 유사문제를 통해 심화문제에 대비하자

관련이론 보조금 효과의 비교

(1) 동일보조 지급 시 효율의 크기 : 현금보조 ≥ 현물보조 > 가격보조

(2) 특정재화의 소비촉진 효과 : 가격보조 > 현물보조 ≥ 현금보조

(3) 동일효용 달성 시 필요한 보조금의 크기 : 가격보조 > 현물보조 ≥ 현금보조
   1) 현금보조는 소득효과만 발생
   2) 가격보조는 소득효과와 대체효과가 모두 발생
   3) 완전보완재의 경우 현금보조와 가격보조 효과가 동일
   4) 가격보조보다 현금보조를 할 때 정부의 재정부담이 더 적게 소요된다.

문제 35 공채론

유형: 이론형
중요도: ★☆☆
정답: ④

정답해설

① 가처분소득이란 소비와 저축을 자유롭게 할 수 있는 소득을 의미한다. 소득이 고정되어 있는 상태에서 세금을 인하하면, 가처분소득은 당연히 증가하게 되고, 화폐수요 역시 증가하게 된다.

③ 국채상환에 대비한 저축이 증가하여 이자율이 오르지 않아서 구축 효과가 발생하지 않기 때문이다.

④ 구축 효과가 없다는 가정하에 세금 감면액과 정부지출 증가액이 동일한 크기라면 두 정책의 총수요 효과는 **동일하다**.
→ 다르다. 구축 효과가 없다는 가정이란 것은 케인즈의 단순모형을 떠올리면 된다. 케인즈의 단순모형에서 정부지출이나 투자 또는 이전지출이 1만큼 증가할 때, 국민소득은 $\frac{1}{1-c}$ 배만큼 증가하며, 조세가 1만큼 증가할 때, 국민소득은 $\frac{-c}{1-c}$ 배만큼 감소한다. 따라서 정부지출이나 투자 또는 이전지출이 1만큼 증가할 때 총수요 효과와 조세가 1만큼 감소할 때, 국민소득의 증가효과는 다르게 나타난다.

⑤ 정부지출의 효과로 국민소득이 감소하는 효과가, 세금을 감면하여 국민소득이 증가하는 효과보다 크기 때문에 재정 적자의 변화 없이 총수요를 감소시킬 수 있다.

유사문제 CHECK
2025년 20번

합격의 TIP
자주 출제되는 주제는 아니기 때문에 중요도는 높지 않지만, 승수에 관하여 심화학습을 하고자 하는 수험생은 2017년도 17번의 관련이론을 함께 학습해두자

문제 36 소득분배 및 사회보장

유 형	이론형
중요도 ★☆☆	정답 ②

정답해설

① 피구세 : 최적생산량 수준에서 외부한계비용만큼의 조세를 부과하여 외부성을 해결하는 방법

② 푸드 스탬프 : 저소득층 등 취약계층에 식료품 구입을 위한 대책으로 전자카드나 바우처를 지급하는 방법

③ 오염 배출권 : 총량규제방식으로 오염 배출량을 직접 통제 가능하며, 오염 배출권보다 낮은 비용으로 오염을 줄이는 기업은 오염 배출권을 매각하고, 오염 배출권보다 높은 비용으로 오염을 줄이는 기업은 오염 배출권을 매입하게 된다.

④ 환경 투자 보조금 : 최적생산량 수준에서 외부한계편익만큼 보조금을 지급하여 시장의 외부성을 해결하는 방법

⑤ 거래 가능 어획 쿼터제 : 총어획량을 규제하는 방법

외부성을 내부화한다는 것은 시장기능을 활용하여 외부성을 해결하려는 것을 의미한다. 피구세, 오염 배출권, 환경 투자 보조금, 거래 가능 어획 쿼터제는 외부성의 해결과 관련이 있지만, 푸드 스탬프는 소득재분배 정책과 연관이 있다. 따라서 정답은 ②번이다.

유사문제 CHECK

2025년 36번

합격의 TIP

외부성의 경우 계산문제 혹은 이론문제로 출제되더라도 시간이 많이 소요되고, 어렵게 출제될 수 있으나 2021년의 경우에는 다른 해에 비해 비교적 쉽게 출제되었다.

문제 37 외부성

유 형 | 계산형
중요도 | ★★★ 정답 ⑤

정답해설

1 최초균형점 구하기

PMB = 수요곡선, PMC = 공급곡선
PMB = PMC
600 − 4Q = 6Q
Q = 60, P = 360

2 사회적 한계비용(SMC) 구하기

SMC = PMC + MD
SMC = 8Q

3 사회적 최적생산량 구하기

SMC = PMB
8Q = 600 − 4Q
Q = 50, P = 400

4 피구세 구하기

SMC하에서 사회적 최적생산량의 가격과 PMC하에서 사회적 최적생산량의 가격의 차이
400 − 300 = 100

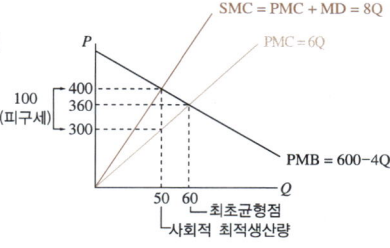

유사문제 CHECK

2025년 28번
2024년 29번
2023년 24번
2020년 24번
2019년 32번

합격의 TIP

전형적인 피구세 문제이며, 외부성에서 가장 많이 출제되는 유형이다. 관련이론과 유사문제는 반드시 학습해두자

관련이론 외부성

I. 생산측면 : 긍정적(외부경제)

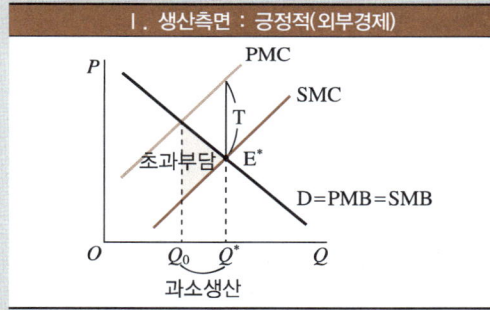

과소생산

III. 소비측면 : 긍정적(외부경제)

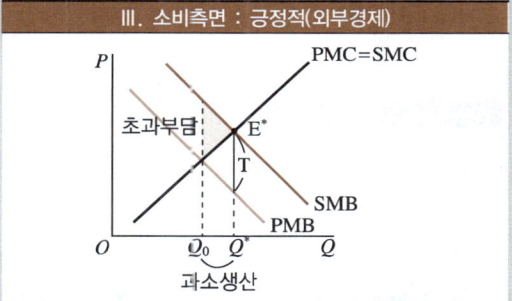

과소생산

II. 생산측면 : 부정적(외부불경제)

과다생산

IV. 소비측면 : 부정적(외부불경제)

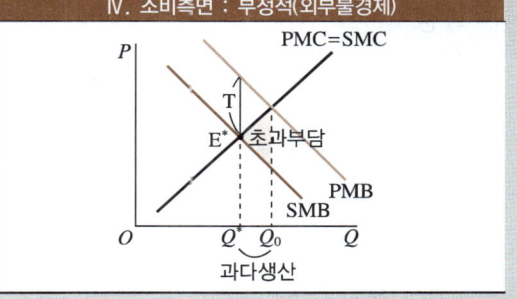

과다생산

Tip 조세를 판단할 땐 Q^*[사회적 최적생산량]
초과부담을 판단할 땐 Q_0[현재 생산량(과소생산 또는 과다생산되는 지점)]

문제 38	소득분배와 사회보장	유형	이론형
		중요도 ★☆☆	정답 ①

정답해설

① 가장 바람직한 분배 상태는 <u>최소극대화의 원칙</u>을 따른다.
   ↳ 최대극대화의 원칙, 최대다수의 최대행복의 원칙을 주장함

②, ③, ④, ⑤ 모두 공리주의 사회후생함수에 대한 설명이다.

✓ 유사문제 CHECK

2025년 39번

합격의 TIP

2016년 17번의 공리주의 사회후생함수와 연관지어 학습해보자

관련이론 공리주의적 견해

(1) 가 정
   1) 사회 내의 총소득은 일정하게 주어져 있다.
   2) 개인들의 소득의 한계효용은 체감한다.
   3) 사회구성원들의 효용함수가 동일하다(만약, 동일하지 않다면 균등분배는 불가능하다).
   4) 사회후생은 사회구성원들의 효용의 합으로 측정된다.

(2) 내 용
   사회구성원들의 소득의 한계효용곡선이 동일하므로 완전히 균등한 소득분배가 이루어졌을 때 사회후생이 극대화

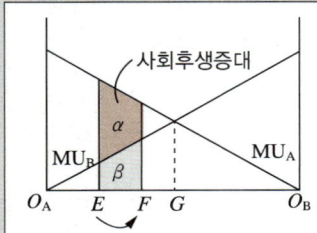

⟨E→F로 이동 시⟩ A의 개인효용 : $\alpha + \beta$ 만큼 증가

B의 효용감소분 : β

사회후생증대 : α

유 형	이론형
중요도	★☆☆ 정답 ①

문제 39 소득분배 및 사회보장

정답해설

① 인플레이션이 있는 경우 공적연금과 달리 사적연금에는 인플레이션에 조정된 연금이 지급된다.
  └ 사적연금과 달리 공적연금

②, ⑤ 모든 사람이 가입대상이 되기 때문에 역선택 문제를 해결할 수 있고, 연금에 모인 기금을 위험한 자산에 투자하는 등의 도덕적 해이는 발생가능성이 적다. 따라서 공적연금은 사적연금에 비해 역선택과 도덕적 해이 문제의 발생가능성이 적다.

③ 공적연금은 사적연금보다 보험료의 수입원이 안정적인 편이므로 준비금을 적게 보유할 수 있다.

합격의 TIP

국민연금과 관련된 문제가 거의 매년 출제되었으나 2021년의 경우 공적연금과 사적연금의 비교문제가 출제되었다.

문제 40 비용편익분석

유 형	이론형
중요도	★☆☆ 정답 ①

정답해설

① 확실성등가가 크면 클수록 더 위험회피적(risk averse)이다.
  └ 작으면 작을수록

합격의 TIP

2017년도에 확실성대등액을 구하는 문제가 출제(40번)된 바 있으나 이론 유형의 단독문제로 출제된 것은 이례적이다. 확실성등가를 응용한 문제에 대비하기 위해 관련이론을 학습해두자

관련이론 확실성등가를 이용하는 방법(위험과 불확실성에 대한 고려를 하기 위하여)

(1) 확실성등가
  불확실한 편익(비용)과 동일한 효용을 주는 확실한 금액

(2) 위험할인인자
  불확실한 편익(비용)을 확실성등가로 전환시켜주는 계수로 다음과 같이 계산할 수 있다.

  불확실한 편익(비용) × 위험할인인자 = 확실성등가

(3) 단 점
  불확실한 편익이나 비용을 확실성 등가로 환산하여 분석할 수 있다는 점에서 위험을 반영할 수 있는 적절한 방법으로 평가할 수 있으나, 현실적으로 볼 때 편익과 비용에 관련된 모든 위험을 적절하게 평가하는 것이 어렵고, 확실성등가를 계산해 내려면 모든 사람에 대한 위험기피도 정보가 필요하다는 문제점이 있음

2020년(제57회) 세무사 1차 재정학 정답

재정학

01	02	03	04	05	06	07	08	09	10
③	⑤	⑤	⑤	③	⑤	④	④	⑤	⑤
11	12	13	14	15	16	17	18	19	20
④	②	①	①	②	①	⑤	②	①	③
21	22	23	24	25	26	27	28	29	30
④	③	③	②	④	③	②	④	⑤	②
31	32	33	34	35	36	37	38	39	40
④	①	①	①	②	④	②	⑤	②	③

2020년 세무사 1차 결과

대상인원(명)	응시인원(명)	합격인원(명)	합격률(%)
11,672	9,506	3,221	33.88

2020년 과목별 결과

구 분	응시인원(명)	평균점수(점)	과락인원(명)	과락률(%)
재정학	9,506	58.58	1,488	15.65
세법학개론	9,506	42.27	4,261	44.82
회계학개론	9,470	41.68	4,196	44.31
상 법	3,433	63.69	481	14.01
민 법	973	62.98	130	13.36
행정소송법	5,064	62.67	892	17.61

문제 01 조세와 효율성 : 초과부담

유 형	이론형
중요도 ★★★	정답 ③

정답해설

① 다른 조건이 일정하면, 대체재가 많은 재화에 과세하면 그렇지 않은 경우에 비해 초과부담이 **작다**.
   └→ 크다. 대체재가 많은 재화란 것은 가격 변화에 민감한 재화이며, 결국 수요가 탄력적임을 의미한다. 따라서 대체재가 많은 재화에 과세하면 초과부담도 커진다.

② **조세수입에서 후생감소분을 차감한 것이다.**
   └→ 후생감소분(소비자잉여와 생산자잉여감소분)에서 조세수입을

④ 정액세(lump sum tax) 부과는 **소득효과가** 없기 때문에 초과부담을 발생시키지
   └→ 대체효과가
   않는다.

⑤ 두 재화가 완전보완재인 경우 그 중 한 재화에 대한 과세는 초과부담을 **발생시킨다**.
   └→ 발생시키지 않는다. 두 재화가 완전보완재인 경우는 대체효과가 없기 때문이다.

유사문제 CHECK
- 2025년 4번
- 2023년 2번
- 2021년 2번
- 2019년 4번
- 2017년 7번

합격의 TIP
매년 출제되는 매우 중요한 주제이다. 유사문제를 반드시 체크해 두자

문제 02 조세의 기초이론

유 형	이론형
중요도 ★★☆	정답 ⑤

정답해설

ㄱ. 동일한 경제 상황에 있는 사람들에게 동등하게 과세하여야 한다는 것이 **수직적 공평**이며, 부자에게는 더 많은 세금을 부과하여야 한다는 것이 **수평적 공평**이라
   └→ 수평적 공평   └→ 수직적 공평
   한다. *관련이론

ㄷ. **조세부담의 귀착**이란 법률상 납세의무자가 조세부담의 일부를 거래 상대방에게
   └→ 조세부담의 전가
   일시적으로 이전하는 것을 말하며, 최종적으로 누가 조세를 부담할 것인가를 나타내는 것이 **조세부담의 전가**이다.
                                └→ 조세부담의 귀착

ㄹ. 인두세란 주민 한 사람당 일률적으로 부과되는 세금을 의미한다. 따라서 단기적으로 대체효과가 발생하지 않는다는 점에서 왜곡이 없는 조세이지만, 소득에 대해 역진적이기 때문에 공평하다고는 말할 수 없다.

유사문제 CHECK
2019년 13번

관련이론 공평과세

- 편익원칙 : 편익을 받는 사람이 부담
- 능력원칙 : 능력에 따라 조세를 부담
  - 수평적 공평성 : A와 B가 동일능력이면 같은 세금
  - 수직적 공평성 : A가 B보다 더 큰 능력이면 A가 더 많은 세금

문제 03 최적과세론

유형	이론형
중요도 ★☆☆	정답 ⑤

정답해설

①, ②, ③, ④ 개인단위 과세와 부부합산 과세 *관련이론

⑤ 비탄력적인 부문에 높은 세율을 부과한다는 램지원칙에 개인단위 과세보다 부부합산 과세가 더 잘 부합한다.
↳ 램지원칙과 관련이 없다.

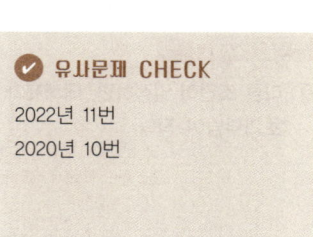

유사문제 CHECK
2022년 11번
2020년 10번

관련이론 개인단위 과세와 부부합산 과세

(1) 개인단위 과세의 특징
 1) 각 납세자의 지불능력을 잘 반영한다.
 2) 결혼 이후에도 세부담이 없다(결혼벌금이 없다).
 3) 수평적 공평의 측면에서 문제가 발생할 수 있다.
 4) 주소득원과 그 배우자가 각각 직면한 한계세율이 상이하다.

(2) 부부합산 과세의 특징
 1) 가족이 경제활동의 기본 단위라는 인식에 기반한다.
 2) 부부합산 과세로 인하여 개인단위 과세를 적용받을 때보다 더 높은 한계세율을 적용받음으로써, 결혼에 따라 세부담이 증가한다(결혼벌금이 있다).
 3) 결혼벌금으로 인하여 결혼을 기피하거나, 혼인신고를 미루는 유인을 제공할 수 있다.
 4) 주소득원과 그 배우자가 각각 직면한 한계세율이 동일하다.

유형	이론형
중요도	★☆☆
정답	⑤

문제 04 조세와 효율성 : 초과부담

정답해설

①, ②, ③, ④ *관련이론

⑤ 가정 2로 인해 최적소득세는 모든 사회 구성원의 소득 균등화까지 ~~이르지는 못한다~~.
→ 이르게 된다. 모든 사회 구성원의 납세 후 소득이 균등화된다.

합격의 TIP

에지워스의 최적소득세모형이 단독으로 출제된 것은 2020년이 처음이다. 관련이론을 통해 숙지해두자

관련이론 에지워스의 최적소득세 모형

(1) 가 정
 1) 주어진 세수를 충족시키면서 개인들의 효용의 합을 극대화하는 형태로 최적소득세를 결정한다(사회후생함수 : 공리주의 사회후생함수).
 2) 개인들은 자신의 소득에만 의존하는 동일한 효용함수를 가지며, 효용함수는 한계효용 체감의 특성을 보여주고 있다.
 3) 사회 전체의 가용한 소득은 고정되어 있다.

(2) 내 용
 1) 각 개인의 효용은 세후소득에 의해 결정되며, 사회후생이 극대화되려면 모든 사람의 소득의 한계효용이 동일하도록(세후소득이 동일해지도록) 세금을 배분해야 한다.
 2) 결국 세후평균소득을 넘는 소득을 모두 세금으로 걷는 것을 의미한다(한계세율 100%).

(3) 비 판
 1) 사회 전체의 가용한 소득이 고정되어 있다는 가정은 분배상태가 변화할 때 총소득의 크기가 달라질 수 있다는 점에서 비현실적이라는 비판을 받고 있다.
 2) 가장 높은 소득자로부터 세금을 거두어 가장 낮은 소득자에게 재분배하는 경우 사회후생은 증가할 수 있지만, 세후평균소득을 넘는 소득을 모두 세금으로 걷게 되기 때문에 근로의욕 저하 등이 나타날 수 있다.

유 형	이론형
중요도 ★★☆	정답 ③

문제 05 조세의 전가와 귀착

정답해설

① 수요곡선은 우상향하고 공급곡선은 우하향할 때, 소비자에게 과세하는 경우
→ 불일치, 법적 귀착 : 소비자, 경제적 귀착 : 소비자, 생산자

② 수요곡선은 우하향하고 공급곡선은 우상향할 때, 생산자에게 과세하는 경우
→ 불일치, 법적 귀착 : 생산자, 경제적 귀착 : 소비자, 생산자

③ 수요곡선은 수직이고 공급곡선은 우상향할 때, 소비자에게 과세하는 경우
→ (O) 일치, 법적 귀착 : 소비자, 경제적 귀착 : 소비자

④ 수요 및 공급의 탄력성이 모두 단위탄력적일 때, 생산자에게 과세하는 경우
→ 불일치, 법적 귀착 : 생산자, 경제적 귀착 : 소비자, 생산자

⑤ 수요곡선은 우하향하고 공급곡선이 수평일 때, 생산자에게 과세하는 경우
→ 불일치, 법적 귀착 : 생산자, 경제적 귀착 : 소비자

유사문제 CHECK

2019년 6번
2017년 9번

합격의 TIP

법적 귀착과 경제적 귀착의 개념에 대해 묻는 것 같지만 실제 문제의 풀이는 탄력성과 조세 및 보조금 귀착의 관계를 알고 있으면 쉽게 접근할 수 있는 문제이다. 법적 귀착과 경제적 귀착의 개념이 다시 나올 확률은 적지만, 조세의 전가와 귀착은 이론문제, 계산문제 등 다양한 범위에서 출제되므로 반드시 알아두어야 한다. 유사문제로 제시한 2019년 6번과 2017년 9번 문제를 통해 심화학습을 반드시 해두자

관련이론 법적 귀착(statutory incidence)과 경제적 귀착(economic incidence)의 정의

(1) 법적 귀착(statutory incidence) : 세법상의 납세의무자에게 조세부담이 귀속된다고 보는 것

(2) 경제적 귀착(economic incidence) : 실제로 조세를 부담하는 자가 누구인지 살펴 보는 것

| 문제 06 | 조세와 효율성 : 초과부담 |

유형	이론형
중요도	★★★ 정답 ⑤

정답해설

ㄱ. 고가부동산 거래에 고율 과세하는 경우
→ 고가부동산의 거래량은 감소하고, 가격이 상승하면서 초과부담이 발생한다.

ㄴ. 부유층이 주로 소비하는 재화에 10%의 소비세를 부과하는 경우
→ 재화의 거래량은 감소하고 가격이 상승하면서 초과부담이 발생한다.

ㄷ. 대기오염을 발생시키는 제품의 사회적 최적생산수준에서 한계환경피해비용과 세율이 같아지도록 과세하는 경우
→ 최적피구세에 대한 설명으로, 이 경우 초과부담이 발생하지 않고 자원배분의 효율성이 높아진다.

ㄹ. 공급은 완전비탄력적이고 수요는 완전탄력적일 때, 생산자에게 과세하는 경우
→ 거래량은 감소하지만 수요가 완전탄력적이므로 가격은 불변이다. 따라서 초과부담은 발생하지 않는다.

따라서 초과부담이 발생하지 않는 경우는 ㄷ, ㄹ이다.

합격의 TIP

관련된 수요곡선과 공급곡선 그래프를 떠올린 뒤, 과세를 누구에게 했는지 그래프를 이동시켜 보자. 거래량과 가격이 이동했다면 초과부담이 발생한다. 관련이론은 극단적인 경우의 조세부담에 관련된 그래프이다. 문제와 연계하여 학습해보자

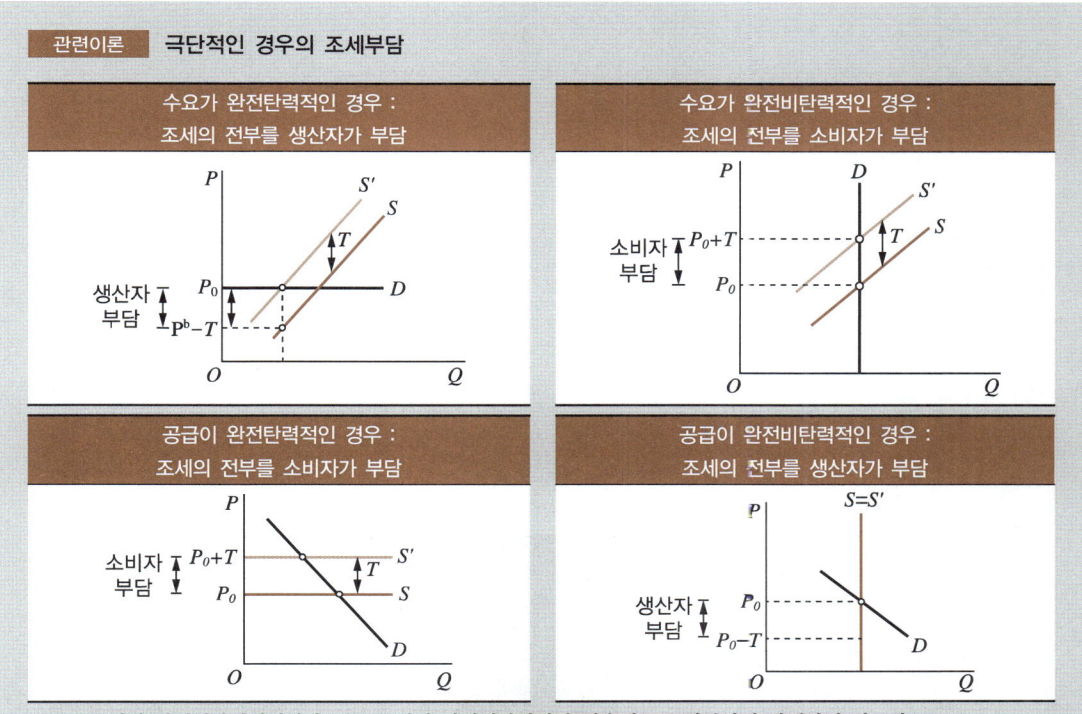

관련이론 극단적인 경우의 조세부담

※ 공급곡선이 완전비탄력적이거나, 수요곡선이 완전비탄력적인 경우에는 초과부담이 발생하지 않는다.
※ 공급곡선이 완전비탄력적인 경우 나타나는 현상을 '조세의 자본화'라고도 한다.

문제 07 최적과세론

유 형	이론형
중요도 ★☆☆	정답 ④

정답해설

래퍼곡선(Laffer curve) *관련이론

① 세율을 높임에 따라 조세수입이 <u>계속 증가한다는</u> 것을 보여준다.
  ↳ 계속 증가하다 감소한다.

② 특정한 조세수입액에 대하여 <u>한 개</u>의 세율만 존재한다.
  ↳ 두 개

③ 세율을 가로축에, 조세수입을 세로축에 두고 래퍼곡선을 그리면 <u>단조증가하는</u> 형태가 된다.
  ↳ 종모양

④ 세율이 적정 수준보다 높아지는 경우에는 조세 수입이 감소한다.

⑤ 조세의 <u>효율성보다는 형평성</u>과 관련된 논의이다.
  ↳ 형평성보다는 효율성과

합격의 TIP

래퍼곡선(Laffer curve)에 대해 단독으로 출제된 것은 2014년 이후 2020년이 처음이다. 관련이론을 통해 학습해두자

관련이론 래퍼곡선(Laffer curve)

세율과 정부의 조세수입 간의 관계를 나타내는 곡선으로 정부의 재정수입이 극대화되는 t*세율까지는 세율이 증가하지만, t*세율 이상으로 세율을 부과할 경우 정부의 조세수입은 감소한다.

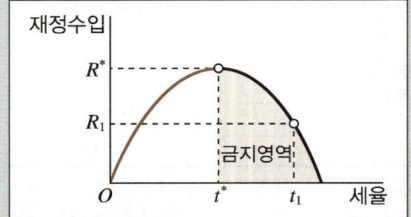

t < t* (세율이 낮을 때)	세율을 인상할수록 정부의 조세수입이 증가
t = t*	정부의 재정수입이 극대
t > t* (세율이 높을 때)	근로의욕 감소로 과세대상 소득이 줄어 조세수입이 오히려 감소(금지영역)

문제 08 조세의 전가와 귀착

유 형	계산형
중요도 ★★☆	정답 ④

정답해설

ㄱ. 독점공급자는 조세부담을 전가시킬 수 있으므로 ~~세금은 모두 소비자가 부담한다.~~
  ↳ 일부는 소비자에게 전가되나, 일부는 독점기업이 부담한다. 독점기업이라고 조세부담을 항상 소비자에게 전가시킬 수 있는 것은 아니다.

ㄴ. 전체 세금 10 중 독점공급자의 조세부담은 7.5 소비자의 조세부담은 2.5로 독점공급자의 조세부담이 3배 더 크다.

ㅁ. 동일한 세금을 소비자 대신 공급자에게 부과해도 조세부담 귀착의 결과는 같다.

유사문제 CHECK
2023년 4번
2022년 15번
2016년 34번

합격의 TIP
시험장에서 이 문제를 만난다면 시간이 많이 소요될 수 있다. 시간 배분에 신경쓰면서 풀이하도록 하자

구 분	조세부과 전	소비자에게 조세부과	공급자에게 조세부과
수요함수	$Q = 200 - 4P$ $P = 50 - \frac{1}{4}Q$	$P = 50 - \frac{1}{4}Q - 10$ (세금) $P = 40 - \frac{1}{4}Q$	$P = 50 - \frac{1}{4}Q$
한계수입함수	$MR = 50 - \frac{1}{2}Q$	$MR = 40 - \frac{1}{2}Q$	$MR = 50 - \frac{1}{2}Q$
한계비용함수	$TC = \frac{1}{4}Q^2 + 10Q + 75$ $MC = \frac{1}{2}Q + 10$	$MC = \frac{1}{2}Q + 10$	$MC = \frac{1}{2}Q + 10 + 10$ (세금)
이윤극대화 생산량·가격	$MR = MC$ $50 - \frac{1}{2}Q = \frac{1}{2}Q + 10$ $Q = 40$ $P = 40$	$40 - \frac{1}{2}Q = \frac{1}{2}Q + 10$ $Q = 30$ $P = 32.5$ (A)	$50 - \frac{1}{2}Q = \frac{1}{2}Q + 20$ $Q = 30$ $P = 42.5$ (B)

세금부담		소비자부담 ┌ 42.5 = A + 10
		2.5 │
		   └ 40(조세부과 전)
		생산자부담 ┌
		7.5 └ 32.5
			소비자부담 ┌ 42.5
			2.5 │
			   └ 40(조세부과 전)
			생산자부담 ┌
			7.5 └ 32.5 = B - 10

문제 09 최적과세론

유 형		이론형	
중요도	★★☆	정답	⑤

정답해설

①, ②, ③ 콜렛-헤이그 규칙은 여가에 과세가 불가능하다는 램지의 주장을 보완하기 위한 배경에 등장하였기에, 효율성 제고를 위해서는 여가에 대해서도 과세를 해야 하지만, 직접적인 과세가 불가능한 경우, 보완적인 상품과 서비스에 대한 과세를 통해 간접적으로 여가에 과세가 가능하다는 입장이다.

④ 여가에 보완적인 상품에 대해 보다 높은 세율을, 여가와 대체적인 관계에 있는 재화에는 낮은 세율을 적용한다.

⑤ 동일한 세율을 적용하는 소득세가 세율의 차등을 두는 물품세보다 우월할 수 있
  ↳ 차등을 두는 물품세가   ↳ 동일한 세율을 적용하는 소득세보다
다는 것을 의미한다.

유사문제 CHECK
2019년 3번

합격의 TIP
2019년에 이어 2020년에도 출제되었다. 관련이론과 2019년 기출문제를 반드시 풀어보자

관련이론 콜렛-헤이그(Corlett-Hague) 규칙

(1) 도입배경
  기본적인 램지원칙에 찬성하는 입장이지만, 여가에 과세가 불가능하다는 램지의 주장을 보완

(2) 콜렛-헤이그 규칙
  1) 여가와 보완적인 관계에 있는 재화 : 높은 세율
  2) 여가와 대체적인 관계에 있는 재화 : 낮은 세율

(3) 효율성을 추구하며, 초과부담을 줄일 수 있음

문제 10 개별조세이론

유 형	이론형
중요도 ★★☆	정답 ⑤

정답해설

ㄱ. 만약 비례적인 세율로 소득세를 부과한다면, 부부합산 과세를 하더라도 결혼세(marriage tax)가 발생하지 않게 된다.

ㄴ, ㄷ. 개인단위 과세와 부부합산 과세 *관련이론

유사문제 CHECK
2022년 11번
2020년 3번

합격의 TIP
2020년 3번 문제와 같은 주제의 문제이다. 제시된 표로 인하여 얼핏 보면 계산문제로 보이지만, 관련이론의 내용만 알아도 쉽게 풀 수 있는 문제이다.

관련이론 개인단위 과세와 부부합산 과세

(1) 개인단위 과세의 특징
 1) 각 납세자의 지불능력을 잘 반영한다.
 2) 결혼 이후에도 세부담이 없다(결혼벌금이 없다).
 3) 수평적 공평의 측면에서 문제가 발생할 수 있다.
 4) 주소득원과 그 배우자가 각각 직면한 한계세율이 상이하다.

(2) 부부합산 과세의 특징
 1) 가족이 경제활동의 기본 단위라는 인식에 기반한다.
 2) 부부합산 과세로 인하여 개인단위 과세를 적용받을 때보다 더 높은 한계세율을 적용받음으로써, 결혼에 따라 세부담이 증가한다(결혼벌금이 있다).
 3) 결혼벌금으로 인하여 결혼을 기피하거나, 혼인신고를 미루는 유인을 제공할 수 있다.
 4) 주소득원과 그 배우자가 각각 직면한 한계세율이 동일하다.

유 형	이론형		
중요도	★★★	정답	④

문제 11 지방재정

정답해설

① 조세경쟁은 분권화된 체제하에서 각 지방정부가 서로 세원을 지역 내로 유치하기 위해 경쟁적으로 세율을 낮추는 것을 의미한다. 따라서 지방분권화 체제에서는 조세경쟁이 유발된다.

② 조세수출이란 한 지역에서 부과된 조세가 어떤 원인에 의하여 다른 지역의 주민에게 귀속되는 현상으로 지역 관광지의 입장료 등에 세금이 부과되어 있다면, 타 지역에서 놀러온 관광객에게 조세가 귀속되게 된다.

④ 지역 간 형평성을 위해서는 지방세율이 동일해야 한다.
  ↳ 차등되어야

⑤ 이동이 쉽게 이루어진다면, 과세권이 불분명해지는 문제가 발생하기 때문이다.

✓ 유사문제 CHECK
2021년 19번
2019년 19번
2018년 37번

합격의 TIP
지방분권화에 대한 문제는 2년에 1번 정도 출제된다. 2019년 19번 문제를 통하여 분권화이론에 대한 심화학습을 해보자

관련이론 | 기출지문 정리

(1) 2020년 기출지문
  1) 지역발전을 위한 조세경쟁이 발생한다.
  2) 조세수출이 발생한다.
  3) 지방세율 차이로 인해 지역의 물가가 달라질 수 있다.
  4) 지역 간 형평성을 위해서는 지방세율은 달라야 한다.
  5) 지방세는 주로 이동성이 작은 자산에 과세하는 것이 바람직하다.

(2) 2018년 기출지문
  1) 분권화로 지역들이 차별성을 가지고, 여러 지역 중에서 투표자가 자신이 원하는 곳을 선택할 수 있다면 결과적으로 후생이 증가될 수 있다.
  2) 분권화로 지방정부는 각 지역의 특성에 부합하는 다양한 정책들을 시도할 수 있다.
  3) 한 지역의 공공재가 다른 지역에도 영향을 주는 외부성을 가지고 있는 경우 분권화는 효율적인 공공재 배분이 불가능하다.
  4) 조세행정에는 규모의 경제가 존재하기 때문에 국세 행정을 이용하여 징수하고 이후 지방으로 배분하는 형태로 조세행정과 재정배분이 이루어지기도 한다.
  5) 지방자치단체장은 선거를 통해 선출되기 때문에 지역주민들의 수요에 민감하게 반응한다.

(3) 2015년 기출지문
  1) 지방공공재 공급과정에서 인근 자치단체 간에 발생하는 외부성을 해결하기 어렵다.
  2) 주민들이 자신이 원하는 공공재를 공급하는 자치단체로 이동할 유인을 제공함으로써 지방정부 간 경쟁을 촉진시킨다.
  3) 지방정부가 중앙정부보다 지역 내 공공부문의 자원배분에 필요한 지역 내 수요를 파악하는 데 유리하다.
  4) 이동성이 높은 생산요소에는 낮은 세율을 부과해야 한다. 만약 무거운 세금을 부과하면, 세율이 높은 지역에서 낮은 지역으로 이동할 수 있기 때문이다.
  5) 지방정부 간 조세경쟁으로 인해 조세제도가 비효율적으로 운영될 가능성이 있다.

문제 12 개별조세이론

정답해설

① 인플레이션으로 인해 실질적으로 면세점이 낮아지는 효과가 발생하므로 실질적인 조세부담은 증가한다.

③, ④, ⑤ 누진적인 세제하에서는 인플레이션이 발생할 경우 더 높은 한계세율을 적용받게 되므로 실질적인 조세부담이 증가할 수밖에 없다.

따라서 정답은 ②번이다.

문제 13 개별조세이론

정답해설

②, ③, ④, ⑤는 관련이 없는 지문이다.

① 법인세 과세표준 계산 시, 타인자본에 대한 이자지불액만 공제된다면 법인은 차입을 통한 재원조달을 선호하게 될 것이다. 따라서 자기자본에 비해 차입을 선호하게 된다.

유 형	이론형
중요도 ★★☆	정답 ①

문제 14 조세의 경제적 효과

정답해설

② 저축은 반드시 감소한다.
　↳ 증가할 수도 있고, 감소할 수도 있다.

③ 현재소비에 대한 대체효과는 현재소비를 감소시킨다.
　　　　　　　　　　　　　↳ 증가

④ 현재소비에 대한 소득효과는 현재소비를 증가시킨다.
　　　　　　　　　　　　　↳ 감소

⑤ 이자소득세를 부과하면 현재소비의 상대가격이 높아진다.
　　　　　　　　　　↳ 하락한다. 실질이자율이 하락하기 때문이다.

✓ 유사문제 CHECK

2025년 10번
2024년 12번
2023년 11번
2022년 14번
2018년 16번

합격의 TIP

별다른 가정이 없다면, 예금자로 보고 문제를 풀이하자

관련이론 이자소득세가 저축에 미치는 영향

(1) 예금자

가격효과	소득효과	현재소비 = 정상재	현재소비 감소, 미래소비 감소, 저축 증가
		현재소비 = 열등재	현재소비 증가, 미래소비 증가, 저축 감소
	(실질 이자율(실질 수익률)이 하락하여 실질소득 감소)		
	대체효과	현재소비 증가, 저축 감소, 미래소비 감소	
	(실질 이자율(실질 수익률)의 하락으로 현재소비의 기회비용이 감소)		

(2) 차입자

가격효과	소득효과	현재소비 = 정상재	현재소비 증가, 미래소비 감소, 저축 감소
		현재소비 = 열등재	현재소비 감소, 미래소비 증가, 저축 증가
	(실질 이자율(실질 수익률)이 하락하여 실질소득 증가)		
	대체효과	현재소비 증가, 저축 감소, 미래소비 감소	
	(실질 이자율(실질 수익률)의 하락으로 현재소비의 기회비용이 감소)		

문제 15 조세의 경제적 효과

유 형	이론형
중요도	★★★
정답	②

정답해설

① 여가가 정상재일 경우, 소득세 부과의 노동공급에 대한 대체효과와 소득효과는 같은 방향으로 작용한다. *관련이론1
　└ 다른

② 헤이그-사이먼즈의 소득 정의 *관련이론2

③ 비례소득세는 수직적 공평성을 제고시킨다.
　└ 수직적 공평성을 제고시키지 못한다. 비례소득세는 저소득층과 고소득층 모두 소득의 일정비율에 해당하는 세금을 부담하기 때문이다.

④ 이자소득세를 부과할 경우, 소득효과는 저축에 대한 매력을 상대적으로 감소시켜 저축의욕을 떨어뜨린다.
　└ 증가시켜 저축의욕을 높인다.

⑤ 수평적 공평성을 중시하는 누진적인 소득세에서는 과세기준이 되는 소득이 증가하면, 세금부담액은 증가하고 평균세율은 감소한다.
　└ 증가한다. 소득의 증가속도보다 세금부담액이 더 큰 폭으로 증가하기 때문이다.

✓ 유사문제 CHECK

2025년 9번, 2025년 18번
2024년 13번

합격의 TIP

각 지문들은 언제든 다시 기출되어도 이상하지 않을 정도로 중요한 지문이다. 오답 체크를 반드시 해두자. 또한 2025년도 9번에 출제된 헤이그-사이먼즈(Haig-Simons)의 기출지문과 2024년 13번을 통해 근로소득세(비례소득세)가 노동공급에 미치는 영향에 대한 심화문제를 학습해보자

관련이론1 근로소득세(비례소득세)가 노동공급에 미치는 영향

가격효과	소득효과	시간당 임금이 감소함에 따라 실질소득이 감소하게 됨 • 여가 = 정상재인 경우 : 여가는 감소, 노동공급은 증가 • 여가 = 열등재인 경우 : 여가는 증가, 노동공급은 감소
	대체효과	시간당 임금이 감소함에 따라 여가의 기회비용이 감소하게 됨 • 여가는 증가, 노동공급은 감소

• 여가 = 정상재인 경우
 - 소득효과 > 대체효과 : 노동공급은 증가
 - 소득효과 < 대체효과 : 노동공급은 감소
※ 사람들은 효용에 따라 선택하므로, 노동공급은 소득효과와 대체효과에 따라 결정됨에 주의한다.

관련이론2 헤이그-사이먼즈(Haig-Simons)의 소득 정의

(1) 발생원천과 관계없이 일정기간 동안 개인의 경제적 능력을 증가시킨 수입은 모두 과세대상인 소득에 포함해야 하며, 소득의 원천, 형태, 실현여부에 관계없이 개인의 경제적 능력을 증가시킨 것은 모두 포함

(2) 장 점
 1) 개인의 경제적 능력에 대한 적절한 측정이 가능
 2) 소득원천 선택의 교란이 발생하지 않음
 3) 수평적 공평에 부합
 4) 세원확보에 용이하며, 낮은 세율로도 주어진 목표 달성이 가능
 5) 낮은 세율로 인하여 탈세의 가능성이 낮고, 초과부담도 적음

(3) 단 점
 1) 경제적 능력의 순증가를 파악하는 것이 현실적으로 불가능함
 2) 귀속소득을 정확히 계산하는 것에 어려움이 있음

문제 16 조세의 경제적 효과

유 형	이론형
중요도 ★★★	정답 ①

정답해설

① 이러한 점 때문에 램지원칙은 역진성을 초래한다는 한계가 있다.

② 램지원칙에 의하면, 수요의 가격 탄력성과 관계없이 모든 재화에 대해서 동일한 세율이 적용된다.
　　↳ 탄력성에 반비례하는 세율

③ 램지원칙에 의하면, 사치품은 수요가 가격에 대해서 탄력적이기 때문에 상대적으로 높은 세율이 부과된다.
　　↳ 낮은

④ 스턴(N. Stern)의 최적선형누진세에 따르면, 공평성을 선호할수록 최고한계세율이 낮아진다.
　　↳ 높아진다.

⑤ 램지원칙은 공평성의 제고를 위한 과세원칙이다.
　　↳ 효율성을 고려한

✅ 유사문제 CHECK

2019년 3번
2018년 2번
2016년 16번

합격의 TIP

유사문제를 학습하다보면, 램지의 최적물품세에 대한 관련이론을 공부할 수 있기에, 여기서는 램지의 최적물품세 관련 기출문제를 정리해 보았다. 매년 출제되는 중요한 주제이니 반드시 학습해두자

관련이론 기출지문 정리

(1) 2019년 기출지문
  1) 램지규칙은 주어진 조세수입 목표를 달성하는 가운데 초과부담을 최소화할 때 실현된다.
  2) 램지규칙에 따른 최적의 세율구조는 보상수요곡선을 전제로 한다.
  3) 역탄력성규칙은 역진성을 초래하는 한계가 있다.
  4) 램지규칙은 재화 간 조세수입의 한계초과부담을 일치시키는 과정에서 도출된다.

(2) 2018년 기출지문
  1) 램지원칙은 효율성을 고려한 과세원칙이다.
  2) 램지원칙이 역탄력성원칙에 비해 일반적인 원칙이다.
  3) 역탄력성원칙에 따르면 효율성을 제고하기 위해서 수요의 가격탄력성에 반비례하게 과세하여야 한다.
  4) 역탄력성원칙에 따르면 필수재에 대해서는 높은 세율로 과세하여야 한다.
  5) 램지원칙에 따르면 모든 상품의 보상수요량에 똑같은 비율의 감소가 일어나도록 세율 구조를 만들어야 한다.

(3) 2016년 기출지문
  1) 초과부담을 최소화하는 방법이다.
  2) 과세 시 모든 상품의 소비량 감소율이 같도록 설계되어야 한다.
  3) 재화 간 세수에 대한 후생비용의 비율이 같아야 한다.
  4) 필수재에 더 높은 세율을 적용하도록 한다.
  5) 수요의 가격탄력성이 낮은 재화일수록 높은 세율을 적용한다.

(4) 2015년 기출지문
  1) 램지원칙에 따르면, 수요의 가격탄력성이 0인 재화가 있다면 재화에 대해서만 조세를 부과해도 된다.
  2) 램지원칙이 성립하기 위해서는 각각의 재화가 독립재여야 한다.
  3) 수요의 가격탄력성이 큰 재화일수록 낮은 세율을 적용하는 것이 효율성의 관점에서 바람직하다.
  4) 램지원칙에 따르면, 각 재화의 수요의 가격탄력성에 반비례하도록 물품세를 부과하는 것이 효율적이다.
  5) 필수품에는 높게 과세하는 것이 램지원칙에 부합하지만, 조세가 역진적이므로 사회적으로 바람직하지 않다.

(5) 2014년 기출지문
  1) 램지규칙은 파레토 효율적 조세가 아닌 차선의 조세를 찾는 이론이다.
  2) 램지규칙에 따르면 최적물품세는 모든 상품의 소비량 감소율이 같도록 부과되어야 한다.
  3) 램지규칙에 따르면 상품수요의 가격탄력성에 반비례하도록 세율을 설정하는 것이 효율적이다.
  4) 콜렛-헤이그(Corlett-Hague)규칙에 따르면 여가와 보완 관계에 있는 상품에 높은 세율을 부과하여야 한다.
  5) 과세 후 총초과부담을 극소화하기 위하여 각 상품에서 거두어 들이는 조세수입의 한계초과부담이 서로 같아지도록 세율을 결정하여야 한다.

유 형	이론형
중요도 ★★☆	정답 ⑤

문제 17 소득분배 및 사회보장

정답해설

ㄱ. 노동공급이 증가하였다는 것은 점증구간에 속했다는 것을 의미한다.

ㄴ. 주소득자의 노동공급에 영향을 미치지 못했단 것은 주소득자의 노동공급의 임금탄력성이 매우 작은 반면, 노동공급이 크게 감소한 부소득자의 노동공급의 임금탄력성은 매우 높은 것을 의미한다.

ㄷ. 근로장려세제를 시행하면, 노동공급이 증가하는 효과와 감소하는 효과가 동시에 나타나는데, 전체적인 공급이 변화가 없었다는 것은 두 효과가 비슷한 수준으로 나타나 상쇄되었음을 의미한다.

따라서 ㄱ, ㄴ, ㄷ 모두 옳은 설명이다.

유사문제 CHECK

2024년 35번
2019년 15번

합격의 TIP

2019년과 2020년의 경우 개념을 정확히 알지 못해도 문제를 풀이할 수 있었지만, 앞으로 출제될 가능성을 대비하여 관련이론 및 유사문제들은 반드시 정리해 두도록 하자

관련이론 근로장려세제(EITC)

(1) 개념

근로소득자를 대상으로 소득에 비례한 세액공제액이 소득세액보다 많은 경우 환급해주는 제도로서, 소득이 일정수준에 미달한 근로자계층을 위한 임금보조의 일종으로 부의 소득세제의 단점(근로의욕 저하)을 보완한 것

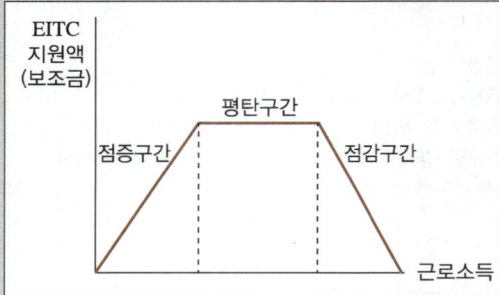

1) 점증구간 : 소득 증가 → 보조금 증가
2) 평탄구간 : 소득 증가 → 보조금 불변
3) 점감구간 : 소득 증가 → 보조금 감소
   (소득이 증가할 때, 보조금이 감소하므로, 형태는 보조금이지만 암묵적으로는 조세를 부과한 것과 동일한 결과가 발생하게 된다)

(2) 근로장려세제가 노동공급에 미치는 영향

구간	효과	내용	결과
점증구간	소득효과	보조금 지급 → 실질소득 증가 → 여가시간 증가 → 노동공급 감소	노동공급의 증감을 정확히 알 수 없음
	대체효과	실질임금의 증가 → 여가의 기회비용 증가 → 여가시간 감소 → 노동공급 증가	
평탄구간	소득효과	보조금 지급 → 실질소득 증가 → 여가시간 증가 → 노동공급 감소	노동공급 감소
	대체효과	실질임금의 불변 → 여가의 기회비용 불변 → 여가시간 불변 → 노동공급 불변	
점감구간	소득효과	보조금 지급 → 실질소득 증가 → 여가시간 증가 → 노동공급 감소	노동공급 감소
	대체효과	실질임금의 감소 → 여가의 기회비용 감소 → 여가시간 증가 → 노동공급 감소	

문제 18 최적과세론

유 형	이론형
중요도	★★★
정답	②

정답해설

① 절세에 관한 정의이다.

② 알링햄-샌드모(M. Allingham-A. Sandmo)에 따르면, 탈세의 편익은 세율로 표현될 수 있으며, 세율이 낮을수록 탈세는 늘어나게 된다.
　　　　　　　　　　　　↳ 높을수록

③ 납세자가 절대위험기피도 체감의 특성을 갖는 경우 대체효과는 탈루소득을 더 크게 만드는 방향으로 소득효과는 탈루소득을 더 작게 만드는 방향으로 작용한다.

✔ 유사문제 CHECK

2019년 7번
2018년 10번

합격의 TIP

과거에는 탈세에 대해 물었다면, 2019년부터 알링햄-샌드모의 탈세모형에 대해 질문하고 있다. 유사문제와 관련이론을 통하여 탈세와 관련된 주제는 반드시 맞출 수 있도록 학습해두자

관련이론 알링햄-샌드모(M. Allingham-A. Sandmo)의 탈세모형

(1) 탈세모형에 기대효용극대화모형을 적용하여, 위험기피심리를 반영함

(2) 위험기피자의 경우

세율 상승	대체효과	탈세 1원당 한계편익 상승	탈세 증가	탈세 증감여부 불분명
	소득효과	납세자의 순소득이 감소함에 따라 위험부담 크기도 감소	탈세 감소	
세율 하락	대체효과	탈세 1원당 한계편익 하락	탈세 감소	탈세 증감여부 불분명
	소득효과	납세자의 순소득이 증가함에 따라 위험부담 크기도 증가	탈세 증가	

※ 보통은 소득효과보다 대체효과가 크게 나타나기 때문에 세율이 상승한다면, 탈세가 증가할 가능성이 크고, 세율이 하락한다면 탈세는 감소할 가능성이 크다.

문제 19 조세와 효율성 : 초과부담

유형: 이론형 **중요도**: ★★☆ **정답**: ①

정답해설

① 사치재인 X에 고율의 소비세가 부과되면, X재에 대한 상대가격이 상승하므로 예산선의 기울기가 더 커진다.

② 소득에 정액세가 부과되면 예산선이 안쪽으로 평행이동한다.

③ 현금보조금을 받게되면, 예산선이 바깥으로 평행이동한다.

④ 납부소득세가 있다는 것은 환급받기 전 소득세로 인하여 예산선이 이미 안쪽으로 평행이동을 했다는 것을 의미한다. 따라서 납부소득세를 환급받은 경우 다시 예산선이 바깥으로 평행이동한다. 즉, 안쪽으로 평행이동한 예산선이 다시 원위치로 돌아간다.

⑤ X와 Y에 단일세율의 종가세가 부과되면 예산선이 안쪽으로 평행이동한다.

따라서 예산선의 기울기에 영향을 미치는 것은 ①번이다.

합격의 TIP

중요도는 떨어지지만, 기본적인 문제로 반드시 맞추어야 하는 문제이다. 문제를 읽는 즉시 머릿속으로 그래프 모양을 떠올릴 수 있도록 연습하자

문제 20 개별조세이론

유형: 이론형
중요도: ★★☆
정답: ③

정답해설

① 레저세 : 지방세, 보통세

② 교육세 : 국세, 목적세

③ 지역자원시설세 : 지방세, 목적세

④ 농어촌특별세 : 국세, 목적세

⑤ 재산세 : 지방세, 보통세

유사문제 CHECK
2025년 3번, 2024년 11번
2023년 1번

합격의 TIP
중요성이 다소 떨어지는 주제이니 관련이론을 정확한 암기보다는 '이런 것이 있구나'하고 감을 잡아두면 좋을 것 같다.

관련이론 우리나라의 조세체계

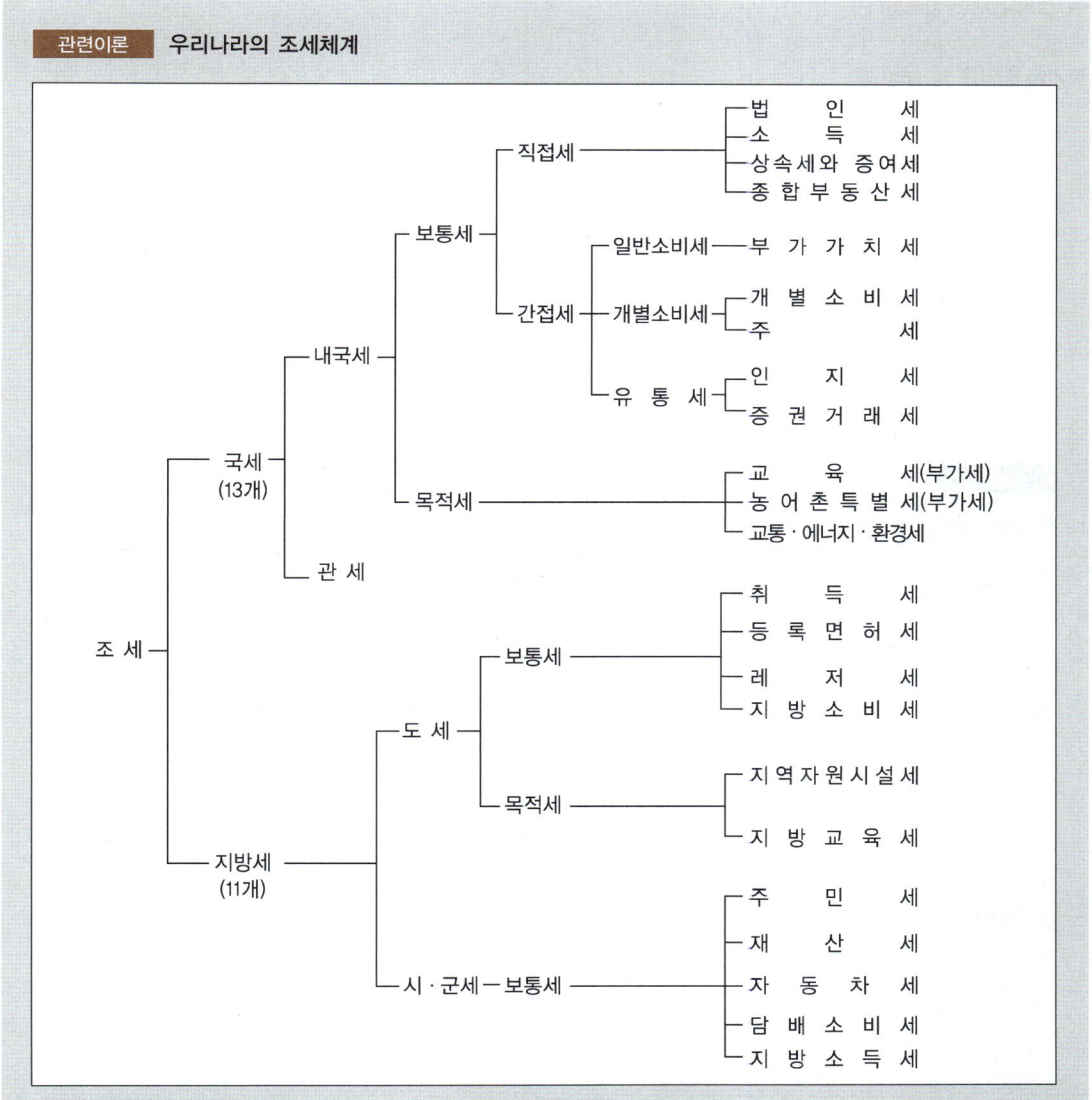

문제 21 외부성

유 형	이론형
중요도 ★☆☆	정답 ④

정답해설

기술적 외부성과 금전적 외부성 *관련이론

ㄱ. 자원배분의 비효율성은 ~~발생하지 않는다~~.
  └ 발생한다. 기술적 외부성은 한 경제주체의 이득이 다른 경제주체의 피해와 상쇄되지 않기 때문이다.

ㄴ. 외부불경제의 사례이다.

ㄷ. 금전적 외부성의 사례이다.

ㄹ. 외부경제의 사례이다.

따라서 정답은 ㄴ, ㄹ이다.

합격의 TIP

중요성은 떨어지지만, 문제의 난이도가 낮아 반드시 맞추어야 하는 문제이다. 심화학습으로서 관련이론의 외부성에 대해서도 학습해두자

관련이론 기술적 외부성과 금전적 외부성

(1) 외부성의 정의 : 시장가격기구를 통하지 않고, 의도와는 상관없이 다른 경제주체에게 영향을 끼치는 것

- 생산 MC
  - Ⅰ. 긍정적(외부경제) : PMC > SMC : 과소 : 보조금
  - Ⅱ. 부정적(외부불경제) : PMC < SMC : 과다 : 조세
- 소비 MB
  - Ⅲ. 긍정적(외부경제) : PMB < SMB : 과소 : 보조금
  - Ⅳ. 부정적(외부불경제) : PMB > SMB : 과다 : 조세

(2) 기술적 외부성(실질적 외부성) : 한 경제주체의 이득이 다른 경제주체의 피해와 상쇄되지 않아 효율성에 영향을 주는 것

(3) 금전적 외부성 : 시장의 가격기구를 통하여 한 사람의 피해가 다른 사람의 피해와 정확히 상쇄되어 공평성에 영향을 주는 것

유 형		이론형	
중요도	★☆☆	정답	③

문제 22 경제의 효율성과 시장실패

정답해설

ㄱ. 국민부담률에서 조세부담률을 빼면 사회보장부담률이다. 제시된 표를 보면 조세부담은 큰 차이가 없으나, 국민부담률이 지속적으로 증가하고 있음에 따라, 사회보장성 기여금 부담이 매년 증가하고 있음을 알 수 있다([국민부담률 − 조세부담률 = 사회보장부담률]이란 공식을 알지 못하더라도, 조세부담률은 일정한데 국민의 부담이 계속 커지고 있다는 것은 국민의 부담률이 높아지는 이유가 사회보장기여금 지출에 있음을 추론할 수 있다).

ㄴ. 최근 10년간 GDP 증가율이 매년 1%로 표준화되었다고 할 때, 2021년 대비 2022년도의 조세의 세수탄력성(세수변화율/GDP변화율)은 1보다 크다.
→ 작다. 만약 조세수입증가율이 GDP증가율보다 크다면, 조세부담률이 높아짐을 의미한다. 2021년도는 18.5%, 2022년도는 18.4%로 2021년에 비해 2022년의 조세부담률이 낮아졌다. 이는 세수탄력성이 1보다 낮아졌음을 의미한다.

ㄷ. 조세부담률이란 GDP에서 조세수입이 차지하는 비율을 의미한다. 따라서 조세부담률이 전년도와 동일하다면, 조세수입은 경제성장률만큼 증가한다.

합격의 TIP

문제에서 나온 개념들은 자주 출제되는 부분은 아니지만, 재정학에 대해 어느 정도 공부를 한 수험생이라면 GDP나 조세에 대한 정의가 어느 정도 잡혀있기에 표를 해석하는 것만으로도 정답에 접근할 수 있는 문제였다. 하지만 새로운 개념이 출제되었을 때, 다음 해에 새로운 개념에 대해 응용이 되어 출제되는 경우가 있으므로 문제에서 제시된 국민부담률, 조세부담률, 사회보장부담률, 세수탄력성 등의 개념은 학습해두자

관련이론 조세부담률 등 개념 정리

(1) 국민부담률 − 조세부담률 = 사회보장부담률
 1) 조세부담률 : 국내총생산(GDP)에서 조세가 차지하는 비율
 2) 국민부담률 : 조세와 사회보장기여금이 국내총생산(GDP)에서 차지하는 비율
 3) 사회보장부담률 : 4대보험(공적연금, 건강보험, 고용보험, 산업재해보상보험)의 보험료 징수액이 국내총생산(GDP)에서 차지하는 비율

(2) 조세의 세수탄력성 = 세수변화율 / GDP변화율

문제 23 공공요금의 이론

유형: 이론형
중요도: ★★★
정답: ③

정답해설

① 규모의 경제를 활용하여 평균비용을 낮추기 위해 <u>하나가 아닌 여러 공기업에서</u> 생산하는 것이 바람직하다.
  ↳ 하나의 공기업에서

② 민간기업이 생산하고 가격규제를 하지 않으면 사회적 최적생산량 달성이 <u>가능하다</u>.
  ↳ 불가능하다. 과소생산이 이루어짐에 따라 사회적 최적생산량 달성에 미달한다.

③ 이부가격제도(two-part tariff)를 도입하면, 초과부담이 발생하지 않고, 파레토 효율적인 점에서 생산되므로 생산량 자체는 효율적이다.

④ 한계비용가격설정을 사용하는 경우 해당 공기업의 <u>경제적 이윤이 0이 된다</u>.
  ↳ 손실이 발생한다.

⑤ 평균비용가격설정을 사용하는 경우 사회적 최적생산량을 <u>달성할 수 있다</u>.
  ↳ 미달한다.

유사문제 CHECK
2025년 19번, 2024년 16번
2023년 16번, 2022년 17번
2021년 20번, 2019년 18번
2018년 28번, 2016년 22번

합격의 TIP
매년 빠지지 않고 출제되는 지문이다. 유사문제와 관련이론은 반드시 학습하자

관련이론 공공요금의 결정이론

(1) 한계비용가격설정
  1) 수요곡선과 한계비용곡선이 교차하는 점에서 가격을 설정하는 방법
  2) 초과부담이 발생하지 않고, 파레토 효율적인 점에서 생산됨
  3) 하지만 자연독점시장에서는 손실이 발생하여 적용이 되지 않음

(2) 평균비용가격설정
  1) 수요곡선과 평균비용곡선이 교차하는 점에서 가격을 설정하는 방법
  2) 자연독점시장보단 덜하지만 초과부담이 발생함
  3) 가격은 완전경쟁시장보다 높고, 생산량은 적음

(3) 이부가격제
  1) 재화를 구입할 권리에 대하여 1차로 요금을 부과하고 구입량에 따라 다시 사용요금을 부과
  2) 초과부담이 발생하지 않고, 파레토 효율적인 점에서 생산됨
  3) 하지만 가입비가 너무 높을 경우 저소득층의 소비에 제한을 주게 됨

(4) 가격차별
  1) 2급 가격차별 : 대량 구매 시 가격을 할인해 주는 것
  2) 3급 가격차별 : 소비자들의 탄력성을 분석하여, 시장을 몇 개로 분리한 뒤 수요가 비탄력적인 시장에 높은 가격을 매기는 것
  3) 사치재일수록 싸고, 필수재일수록 비싸지는 경향이 있음

(5) 램지의 가격설정(자세한 내용은 2023년 3번 문제 참고)
  탄력성에 반비례하여 가격을 설정하는 것(역탄력성의 규칙이라고도 함)

(6) 최대부하가격설정
  성수기와 비수기의 가격을 다르게 설정함으로써 생산설비의 효율적 이용을 도모하는 가격설정방식

문제 24 외부성

유 형	계산형
중요도 ★★★	정답 ②

정답해설

1 외부성 있는 재화의 수요함수(PMB)
$Q = 10 - P$
$PMB = 10 - Q$

2 한계편익함수(EMB)
$Q = 5 - P$
$MB = 5 - Q$

3 사회적한계편익(SMB)
사회적한계편익(SMB) = 수요함수(PMB) + 외부한계편익(EMB)
$SMB = 10 - Q + 5 - Q$
$= 15 - 2Q$

4 사회적한계비용(SMC)
7.5(문제에서 주어짐)

5 최적생산량
SMB와 SMC가 접하는 점
$15 - 2Q = 7.5$
$Q = 3.75$

유사문제 CHECK

2023년 24번
2021년 37번
2019년 34번, 2019년 32번

합격의 TIP

외부성의 경우 계산문제와 이론문제 모두 중요하다. 외부성 관련하여 현재까지는 이론문제의 비중이 더 높았지만, 응용문제로 언제든 계산문제가 출제될 수 있으므로 유사문제를 반드시 학습해두자

문제 25 지방재정

유 형	이론형
중요도	★☆☆
정답	④

정답해설

① 세금 징수에 있어서 규모의 경제가 **존재한다.**
  ↳ 존재하지 않아야 한다. 규모의 경제가 존재할 경우, 공급규모가 커질수록 평균비용이 감소하기 때문이다.

② 공공재 공급에 있어서 규모의 경제가 **존재한다.**
  ↳ 존재하지 않아야 한다. 규모의 경제가 존재할 경우, 공급규모가 커질수록 평균비용이 감소하기 때문이다.

③ 공공재에 대한 선호가 모든 지역에서 **동일하다.**
  ↳ 달라야 한다. 만약 공공재에 대한 선호가 모든 지역에서 동일하다면 중앙정부가 공급하는 것이 더 효율적이다.

④ 티부가설 *관련이론

⑤ 공공재와 세금에 대한 정보를 획득하는 비용이 **높다.**
  ↳ 낮다. 공공재와 세금에 대한 정보 획득비용이 클수록 투표가 제대로 이루어질 수 없기에 효율적인 공공재 공급이 이루어지기 어렵다.

✓ 유사문제 CHECK
2020년 11번
2019년 19번

합격의 TIP
④, ⑤번 지문의 경우 티부가설을 알고 있다면 좀 더 수월하게 풀 수 있는 문제이다. 티부가설의 경우 단독 출제된 적은 없지만, 지문 속에 티부가설에 대해 알고 있어야 풀 수 있는 문제들이 출제된 바 있다. 2019년 19번 문제를 함께 학습하자

관련이론 티부(C. Tiebout)가설

(1) 내 용
  한 나라가 다수의 지방정부로 구성되어 있고, 각 지방정부는 지역주민의 선호에 따라 지방세와 지방공공재의 공급수준을 결정하고, 개인의 지역 간 완전이동성이 보장될 때, 각 지역에서 지방공공재는 최적수준으로 공급될 뿐만 아니라 국민들은 효율적 거주지를 결정(발에 의한 투표를 통해)하게 된다.

(2) 가 정
  1) 다양한 수준의 공공재를 공급하는 다수의 지방정부가 존재해야 함
  2) 각 지방의 공공재 공급수준과 조세수준을 아무런 비용 없이 알 수 있어야 함
  3) 지역 간 주민의 완전이동성이 보장되어야 함
  4) 공공재 공급에 외부성이 존재하지 않음
  5) 공공재의 공급비용이 일정해야 함
  6) 공공재의 공급재원은 비례적인 재산세를 통해 조달해야 함(소득세가 아님에 주의)
  7) 각 지역에서 최소주택규모 등 안정적인 균형이 성립되기 위한 도시계획규제가 실시되어야 함

문제 26 경제적 효율성과 시장실패

유 형	이론형
중요도 ★★☆	정답 ③

정답해설

① 효용가능곡선상의 모든 점은 교환(소비)이 파레토 효율적으로 이루어지는 점이므로 교차하지 않는 경우, 보상기준이 충족되면 잠재적으로 사회후생이 증가될 수 있다.

③ 파레토 기준은 칼도-힉스의 보상기준을 충족한다.
   ↳ 충족하지 않는다. 파레토 기준이 성립되면, 반드시 칼도의 기준이 성립하지만, 칼도의 기준이 성립한 경우 반드시 파레토 기준이 성립한다고는 볼 수 없다(파레토 기준이 칼도 기준보다 좀 더 넓은 범위로 생각하면 쉽다).

②, ④, ⑤ *관련이론

✓ **유사문제 CHECK**
2018년 24번

관련이론 후생변화의 판정 기준 – 보상원리

보상원리 : 한 사회상태에서 다른 사회상태로 이행하였을 때, 사회후생의 증감여부를 평가하는 기준

(1) 파레토 기준

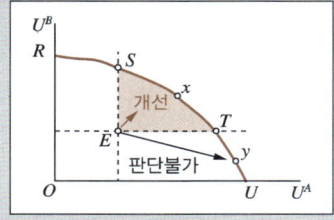

한 사회상태에서 다른 사회상태로 이동할 때, 어느 누구의 효용도 감소하지 않고, 최소한 1명 이상의 효용이 증가할 때, 개선이라고 판단하는 것. 즉, 누군가의 희생 없이는 어떤 사람의 후생증대도 불가능한 상태

(2) 칼도-힉스 기준

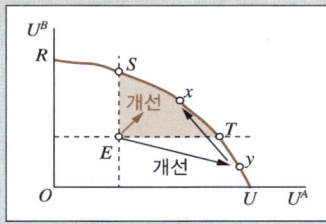

이득을 얻는 사람의 이득의 크기가 손해를 보는 사람의 손해의 크기보다 더 커서 잠재적으로 보상을 해주고도 남는 경우에 개선으로 평가하는 것으로 만약 효용가능경계 내부에서 효용가능경계상의 한 점으로 이동한다면 개선으로 평가됨. 이를 잠재적 파레토개선이라고 함(파레토 기준이 성립되면, 반드시 칼도의 기준도 성립하지만, 칼도의 기준이 성립하는 경우에 반드시 파레토 기준이 성립한다고 볼 수는 없다)

(3) 스키토프스키의 기준

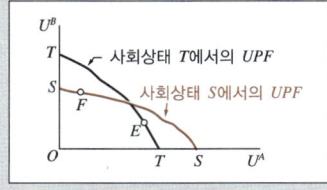

칼도 기준을 이중으로 적용하는 이론. S라는 상태에서 T라는 상태로 이동할 경우에는 칼도의 기준 시 개선으로 볼 수 있지만, T라는 상태에서 S라는 상태로 이동하는 경우에는 칼도의 개선으로 볼 수 없는 경우에 개선으로 평가함

(4) 보상원리에 대한 비판
 1) 실재적 보상이 아닌 잠재적 보상을 가정하였기 때문에 현실적이지 않음
 2) 각 경제주체가 화폐 1원으로부터 얻는 효용이 같을 것을 가정하지만, 실제로는 화폐 1원의 효용은 모두 다름

문제 27 조세와 효율성 : 초과부담

유 형	계산형
중요도 ★★★	정답 ②

정답해설

1 수요함수와 공급함수의 기울기가 a, b로 주어져 있으며, 문제에서 0보다 크다고 하였다. 문제를 쉽게 접근하기 위하여 $a=1$, $b=1$로 가정하면 다음과 같다.
- 수요함수 : $P = 100 - Q_d$
- 공급함수 : $P = Q_s + 10$
- 공급자에게 10의 세금을 부과한 경우 : $P = Q_s + 20$

2 위의 수식을 그림으로 정리하면 다음과 같다.

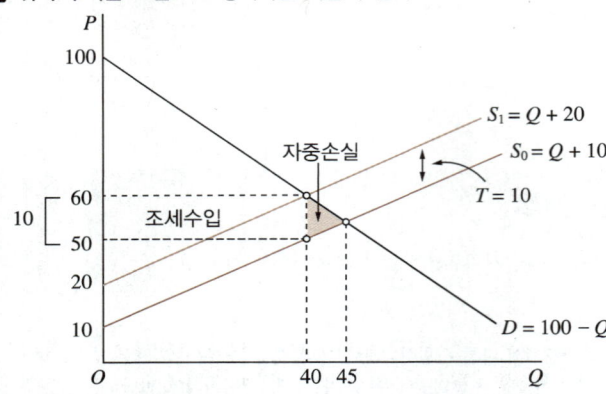

- 조세수입 : $10 \times 40 = 400$
- 자중손실 : $5 \times 10 \times \dfrac{1}{2} = 25$

따라서 조세수입과 자중손실의 비율은 400 : 25 = **16** : 1이다.

유사문제 CHECK

2021년 8번
2018년 11번
2017년 20번

합격의 TIP

초과부담의 경우 이론형이든 계산형이든 매년 1문제는 출제된다. 유사문제에 초과부담 관련 계산문제를 수록해 놓았으니 같이 학습해 보자

유 형	이론형
중요도 ★★★	정답 ④

문제 28 지방재정

정답해설

① 끈끈이 효과의 원인으로는 재정착각, 관료의 태도, 중앙정부의 압력, 지역주민들의 불완전한 정보, 이익집단들의 압력 등이 있다.

② 반면에 무조건부교부금은 소득효과만 발생한다.

③ 무조건부교부금은 지방교부금과 같은 뜻으로 지방자치단체의 재정수요와 조세수입을 비교하여 재원부족이 발생하면 이를 보전할 목적으로 중앙정부가 지방자치단체에게 교부하는 것을 말한다. 보조금에서는 현금보조와 유사하며, 소득효과만을 발생시키기 때문에 비효율을 억제할 수 있다. *관련이론

④ 우리나라의 국고보조금과 보통 교부세는 조건부교부금이다. *관련이론
  ↳ 국고보조금은 조건부교부금, 보통교부세는 무조건부교부금이다.

⑤ 대응교부금이란 정률보조금 및 현물보조와 유사하며, 소득효과만 발생시키는 무조건부교부금보다 효용수준은 무조건 작게 증가하게 된다. *관련이론

✓ 유사문제 CHECK
2025년 17번
2024년 19번
2022년 4번
2017년 22번
2016년 6번

합격의 TIP
심화학습으로 2017년도 22번 문제와 관련이론을 함께 학습해두자

관련이론 지방교부금과 국고보조금

(1) 지방교부금 = 지방교부세
  1) 정의 : 지방자치단체의 재정수요와 조세수입을 비교하여 재원부족이 발생하면 이를 보전할 목적으로 중앙정부가 지방자치단체에 교부하는 것
  2) 목적 : 지역 간 재정력 격차를 해소하고, 재원조달능력의 차이를 해소하기 위함
  3) 무조건부 보조금에 해당하며, 당해 연도 내국세의 일정비율이 정해져 있으며 자의적인 배분이 불가

(2) 국고보조금 = 대응교부금
  1) 정의 : 지방자치단체가 시행하는 특정사업 경비의 일부 또는 전부를 중앙정부가 지원하는 제도
  2) 목적 : 지역 간 외부성의 해결과 특정 공공재 공급의 촉진을 위함
  3) 조건부(정률)보조금에 해당

문제 29 외부성

유형: 계산형
중요도: ★★★
정답: ⑤

정답해설

문제의 수식을 그림으로 표현하면 다음과 같다.

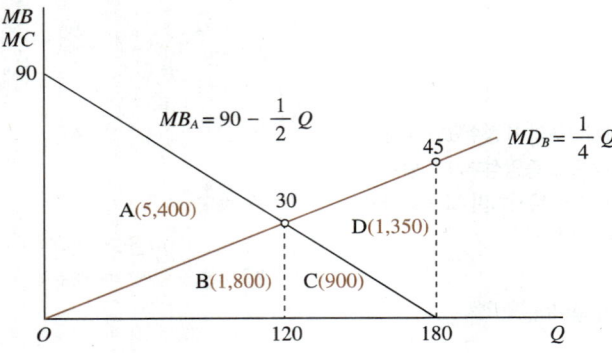

- A = $90 \times 120 \times \frac{1}{2}$ = 5,400
- B = $120 \times 30 \times \frac{1}{2}$ = 1,800
- C = $60 \times 30 \times \frac{1}{2}$ = 900
- D = $45 \times 60 \times \frac{1}{2}$ = 1,350

① 강의 소유권이 A에게 있고 양자 간의 협상이 없다면, A는 한계편익이 0이되는 시점까지(최대로 생산할 수 있는 양) 생산을 할 것이므로, A의 생산량은 180, A의 총편익은(A + B + C)은 8,100, B의 총비용(B + C + D)은 4,050이다.

② 강의 소유권이 B에게 있고, 양자 간의 협상이 없다면, B는 A에게 생산을 하지 못하게 할 것이므로, A의 생산량은 0, A의 총편익은 0, B의 총비용은 0이다.

③ 이 경제에서 사회적으로 바람직한 A의 생산량은, A의 한계편익과 B의 한계비용이 만나는 점으로 120이고, A의 총편익(A + B)은 7,200, B의 총비용(B)은 1,800이다.

④ 강의 소유권이 A에게 있고 양자 간의 협상이 성립하여 사회적으로 바람직한 생산량이 달성된다면, A가 B로부터 받는 보상의 범위는 최소(C) 900 이상, 최대(C + D) 2,250 이하가 될 것이다.

⑤ 강의 소유권이 B에게 있고 양자 간의 협상이 개시되어 사회적으로 바람직한 산출량이 달성된다면, B가 A로부터 받는 보상의 범위는 최소(B) 1,800 이상 최대 (A + B) ~~4,050~~ → 7,200 이하가 될 것이다.

유사문제 CHECK

2024년 30번
2022년 26번
2021년 25번
2018년 26번
2017년 32번
2016년 31번

합격의 TIP

계산문제뿐만 아니라 이론문제도 대비해야 한다. 반드시 관련이론과 유사문제를 학습하자

관련이론 코즈정리

(1) 코즈정리가 성립할 수 있는 조건
   1) 협상비용이 무시할 정도로 작아야 함
   2) 협상으로 인한 소득재분배가 각 개인의 한계효용에 영향을 미치지 않아야 함
      (= 효용함수에 변화가 없어야 함 = 선호체계를 왜곡시키지 않아야 함)
   3) 외부성에 관한 재산권을 설정할 수 있어야 함(누구에게 재산권을 귀속시킬지는 관련이 없음)
   4) 재산권이 설정된 후, 당사자 간의 자발적 협상에 의해 자원이 배분되어야 함

(2) 코즈정리의 결과
   재산권이 누구에게 주어지는지는 소득분배에 영향을 미칠 뿐, 재산권이 누구에게 주어지는지와 관계없이(효율성과는 상관없이) 오염배출량은 동일한 수준으로 결정됨

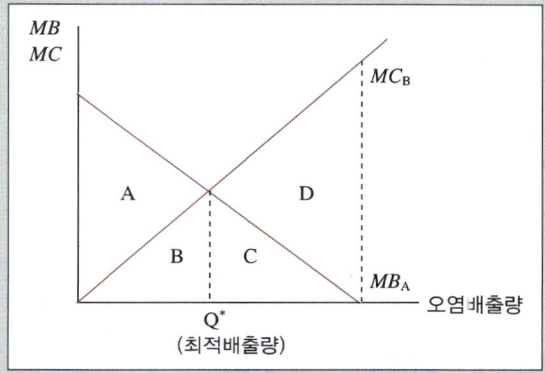

재산권이 기업 A에 있는 경우	최소보상금액 C ~ 최대보상금액 C + D
재산권이 기업 B에 있는 경우	최소보상금액 B ~ 최대보상금액 A + B

(3) 코즈정리의 단점
   1) 협상비용이 크면 적용이 불가
   2) 이해당사자가 누구인지 정확히 알 수 없는 경우가 존재
   3) 정보의 비대칭성이 존재할 경우, 협상을 통한 해결이 불가
   4) 협상능력에 있어서 차이가 존재할 수 있음
   5) 외부성의 정확한 측정 문제

문제 30 소득분배 및 사회보장

유형: 이론형 | 중요도: ★☆☆ | 정답: ②

정답해설

ㄱ. 빈곤율은 전체인구에서 빈곤층이 차지하는 비율을 나타낸 것으로서, 빈곤 완화를 위해 필요한 재원규모에 대한 정보를 알려주지 못한다.

ㄴ. 빈곤층 내부의 소득재분배가 이루어지더라도 빈곤갭은 변화하지 않는다.

ㄷ. 소득갭비율은 정부의 정책으로 빈곤층 인구의 평균소득을 증가시키면 늘어난다. (줄어든다.)

따라서 정답은 ㄱ, ㄴ이다.

합격의 TIP

문제에서 제시된 빈곤에 대한 정의식은 반드시 알아 두자

문제 31 공공선택이론

유형: 이론형 중요도: ★★☆ 정답: ④

정답해설

ㄱ. A와 B를 먼저 비교할 경우, 최종적으로 B가 선택된다. → C

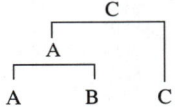

ㄴ. A와 C를 먼저 비교할 경우, 최종적으로 B가 선택된다.

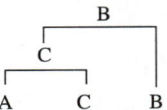

ㄷ. B와 C를 먼저 비교할 경우, 최종적으로 B가 선택된다. → A

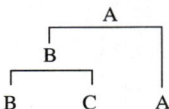

ㄹ. 이 상황에서는 사회적 선호가 이행성을 만족시킨다. → 만족시키지 않는다.

ㅁ. 이 상황에서는 사회적 선호가 이행성을 만족시키지 않는다.

따라서 정답은 ㄴ, ㅁ이다.

유사문제 CHECK
2024년 28번
2023년 30번
2019년 27번

합격의 TIP
관련이론과 심화문제로 2019년도의 27번을 반드시 학습해두자

관련이론 다수결투표제도 = 꽁도세(Condorcet) 승자방식

(1) 과반수 이상의 투표자가 지지하는 대안이 선택되는 방식

(2) 민주주의 사회에서 집단적 의사결정방법론으로 가장 많이 사용

(3) 문제점
   1) 서수적 선호가 반영되기 때문에, 선호강도가 반영되지 않음
   2) 최소의 비용이 보장되지 않음
   3) 다수의 횡포가 발생할 가능성이 있음
   4) 투표의 역설이 발생할 수 있음(Arrow – 이행성위배)

참고 다수결투표제도와 점수투표제의 비교

다수결투표제도 = 꽁도세 승자방식	점수투표제(Borda)
서수적 선호	기수적 선호체계(선호의 강도 반영)
Arrow 독립성 충족 / 이행성 위배	Arrow 독립성 위배 / 이행성 충족
투표의 역설 발생 가능성이 있음	투표의 역설 미발생
중위투표자 성립	중위투표자 성립하지 않음

※ 둘 다 전략적 행동이 발생할 가능성이 있으나, 점수투표제가 가능성이 좀 더 높다.

문제 32 외부성

유 형	이론형
중요도	★★★ 정답 ①

정답해설

① 생산과 관련된 현상으로 소비와 관련되어 나타날 수 없다.
   있다. 외부성은 생산과 소비 측면 모두에서 나타날 수 있는 현상이다.

② 생산측면이든 소비측면이든 외부불경제가 존재하면 사회적 최적에 비하여 과다 생산된다.

③ 조세(피구세)와 감산보조금 *관련이론1

④ 오염배출권제도를 통해 외부성을 해결할 수 있다.

⑤ 코즈정리에 대한 설명이다.

유사문제 CHECK
2019년 33번
2018년 23번
2016년 1번

합격의 TIP
외부성의 경우 매년 출제되는 문제이다. 2020년의 경우 난이도가 어렵지 않았으나, 응용하여 출제될 경우 난이도가 높아질 수 있는 문제이므로 관련이론과 유사문제는 반드시 학습해 두도록 하자

관련이론1 조세(피구세)와 감산보조금

(감산보조금은 생산측면의 부정적 효과가 나타났을 때 지급되는 보조금)

조 세	감산보조금
• 평균비용과 한계비용 모두 상승하지만, 공급량은 감소 • 기업의 소득분배가 악화됨 • 장기적으로 기업의 수가 감소 • 정부의 재정부담이 낮음 • 피구세는 자원배분의 효율성을 개선하므로 최적의 피구세가 부과되면 초과부담은 전혀 발생하지 않음	• 평균비용이 감소하고 한계비용이 상승하지만, 공급량은 감소 • 장기적으로 기업의 소득분배가 개선됨 • 장기적으로 기업의 수가 증가 • 정부의 재정부담이 높음 • 감산보조금은 자원배분이 비효율적으로 이루어지므로 초과부담이 발생함

※ 감산보조금의 경우 장기적으로 기업의 수가 증가한다면, 오염이 증가할 가능성이 존재한다.
※ 조세(피구세)와 감산보조금의 장기적인 효과는 차이가 있을 수 있지만, 단기적인 효과는 동일하다.

관련이론2 외부성을 해결하기 위한 방법

(1) 합병 : 외부성을 유발하는 기업과 그로 인해 피해를 입는 기업을 합병하여 외부효과를 내부화시킴

(2) 코즈정리 : 외부성의 원인인 재산권이 제대로 정해져 있지 않기 때문이라 가정하고, 재산권(소유권)을 적절하게 설정하면, 시장기구가 스스로 외부효과 문제를 해결

(3) 오염배출권제도 : 총량을 규제하는 방식으로 정부가 개입하여 오염배출의 총량을 정하고, 시장기능을 활용하여 오염배출권이 적절히 거래가 되도록 하는 제도

(4) 피구세 : 최적생산량 수준에서 외부한계비용만큼 조세를 부과하거나, 외부한계편익만큼 보조금을 부과

(5) 정부의 직접규제

문제 33 소득분배 및 사회보장

유 형	이론형
중요도 ★☆☆	정답 ①

정답해설

① **사회보험으로** 국민기초생활보장제도의 재원을 충당한다.
   ↳ 일반조세로

② 직접 보조금을 지급하거나 각종 혜택을 주는 공공부조는 원칙적으로 정부의 예산으로 충당한다.

③ 부과방식의 사회보험은 기본적으로 보험원리에 의해 운영되기 때문에 수지균형을 원칙으로 한다.

유사문제 CHECK

2022년 33번

합격의 TIP

지문 중 ①번과 ⑤번만 보아도 둘 중 정답이 있음을 알 수 있다.

문제 34 소득분배 및 사회보장

유 형	이론형
중요도 ★★★	정답 ①

정답해설

① 보험료율의 인상은 저소득근로자들에게 **부담이 되지 않는다.**
   ↳ 부담된다. 보험료율이 인상되면, 실수령액이 줄어들게 되어 저소득근로자뿐만 아니라 모든 근로자들의 보험료 부담이 증가하게 된다.

③ 월 급여가 400만원을 넘는 소득자의 보험료 부담만 증가한다.

⑤ 연금수급자 수가 줄어들기 때문이다.

유사문제 CHECK

2025년 34번
2025년 40번
2024년 37번
2023년 36번
2019년 37번
2018년 22번
2017년 37번
2016년 20번

합격의 TIP

국민연금을 주제로 한 문제는 2년에 한 번은 출제가 된다. 2020년은 재정적자의 해결방법에 대해 물었지만, 국민연금의 경제적 효과를 묻거나 국민연금의 전반적인 상황에 대해 묻기도 하므로 유사문제를 반드시 학습해두자

문제 35   경제적 효율성과 시장실패

유 형	이론형
중요도 ★★☆	정답 ②

정답해설

① 의료보험에 가입하면 개인들은 건강관리를 철저히 하지 않는 경향이 있다.
   → 사후적

② 민간 의료보험의 경우, 건강관리를 등한시하는 사람의 가입이 증가한다.
   → 사전적 → 역선택에 관한 설명이다.

③ 의료보험에 가입하면 본인부담 진료비가 줄어들어 병원에 자주 간다.
   → 사후적

④ 실손 민간 의료보험의 경우, 고가의 치료 방식을 선호하는 경향으로 인하여 보험금 지출이 늘어난다.
   → 사후적

⑤ 도덕적 해이가 발생하는 원인이다.

✅ 유사문제 CHECK
2016년 38번

합격의 TIP
도덕적 해이뿐만 아니라 역선택에 대해서도 알아두어야 한다. 관련이론과 해설에 적어 놓았듯이 도덕적 해이와 역선택은 사전적인지 사후적인지를 구분하여 판단하는 것이 가장 빠르다.

관련이론   도덕적 해이와 역선택

(1) 도덕적 해이
   감추어진 행동의 상황에서 어떤 계약이 이루어진 이후에 정보를 가진 측이 바람직하지 못한 행동을 하는 현상

도덕적 해이가 발생하는 장소	해결방안
보험시장	공동보험제도, 기초공제제도
금융시장	담보제도, 감시제도, 보증인제도
노동시장	승진제도, 포상과 징계의 활용, 효율성임금

(2) 역선택
  1) 감추어진 특성의 상황에서 정보수준이 낮은 측이 바람직하지 못한 상대방과의 거래(낮은 품질의 재화를 구입)할 가능성이 높아지는 현상
  2) 해결방안 : 선별*, 신호발송, 신용할당제도, 효율성임금 등을 활용
       *선별 : 정보를 갖지 못한 측에서 주어진 자료(불충분한자료)를 이용하여 상대방의 특성 파악

※ 도덕적 해이와 역선택의 가장 큰 구분은 역선택은 사전적 선택 시 발생하는 문제이고, 도덕적 해이는 사후적으로 일어나는 행동이라는 점이다.

문제 36 비용편익분석

유 형	계산형
중요도 ★★★	정답 ④

정답해설

주어진 자료를 NPV식에 대입하면 다음과 같다.

$$NPV = -C_0 + \frac{B_1}{(1+r)^1}$$
$$= -1,400 + \frac{550}{1.1} + \frac{1,210}{1.1^2}$$
$$= 100$$

따라서 정답은 ④이다.

유사문제 CHECK

2021년 30번
2020년 38번
2019년 40번
2018년 21번
2017년 39번
2016년 4번

합격의 TIP

비용편익분석은 매년 출제되었다. 2020년의 경우 간단한 NPV의 계산이 출제되어 비교적 쉬운 문제였다. 하지만 NPV와 IRR의 비교, IRR 계산 등이 앞으로 나올 수 있으므로 관련된 유사문제는 모두 학습해두자

관련이론 순현재가치법(NPV)

(1) 적절한 할인율(사회적 할인율)을 선택하여 공공투자로부터 예상되는 편익과 비용의 현재가치를 계산하는 방법

(2) $NPV = -C_0 + \dfrac{B_1}{(1+r)^1}$

　　C_0 : 현재 지출되는 비용
　　B_1 : 미래에(1기에) 예상되는 편익
　　r : 사회적 할인율

(3) 단일 사업의 경우에 NPV가 0보다 크면 사업안을 채택하고, NPV가 0보다 작으면 사업안을 기각

(4) 복수 사업의 경우에는 NPV가 큰 것부터 선택하되, 예산 제약이 존재한다면, 주어진 예산을 별도로 고려하여 판단

문제 37 공공재이론

유 형	이론형
중요도 ★★★	정답 ②

정답해설

① 공공재에 관한 진정한 선호를 표출하기 때문에 무임승차의 문제가 **생기지 않는다**.
   └ 생긴다. 린달모형에서는 각 개인이 공공재에 대하여 진실한 선호를 표출함을 전제로 하고 있지만, 만약 진정한 선호를 표명하지 않는다면 무임승차의 문제가 생기게 된다.

② *관련이론

③ 린달모형은 개인 간 갈등해소를 위해 **정부가 적극적으로 개입해야 함**을 시사한다.
   └ 정부의 개입없이 자발적인 합의를 통해 공공재의 적정생산수준과 비용부담비율이 결정될 수 있음을 시사한다(준시장적 해결책).

④ 개별 소비자의 공공재 비용 분담 비율은 **소비자의 소득**에 의해서 결정된다.
   └ 편익에

⑤ 린달모형에서는 파레토 최적이 **달성되지 않는다**.
   └ 달성될 수 있다.

유사문제 CHECK
2016년 9번

관련이론 린달(E. Lindahl)의 자발적 교환모형

(1) 정 의
각 개인이 공공재에 대하여 진실한 선호를 표출했을 때, 당사자 간의 자발적 합의를 통해 공공재의 적정생산수준과 비용부담비율이 결정되는 모형으로 정부개입이 없는 준시장적 해결책으로서의 의미를 지님

(2) 결 론
최적 공공재 생산량은 각 개인의 한계편익을 합한 값이 한계비용과 같아야 함($MB_a + MB_b = MC$)

(3) 장 점
각 개인의 비용부담이 편익에 비례하여 세금을 내므로, 편익원칙에 입각한 모형이며, 균형예산을 달성할 수 있음

(4) 한 계
1) 각 개인이 공공재에 대하여 진실한 선호를 표출한다는 비현실적인 가정, 3인 이상인 경우 적용할 수 없음(모형의 가정이 2명의 개인이 존재하는 세상)
2) 사회 전체의 총가용자원 중 공공재 공급에 배분해야 하는 비율을 알 수 없음(사용재에 대한 고려를 전혀 하지 않는 것으로도 해석할 수 있음)
3) 소득분배는 전혀 고려하지 않음

문제 38 비용편익분석

유 형	이론형
중요도 ★★★	정답 ⑤

정답해설

문제에서 사회적 할인율이 r일 때, 비용편익분석 결과 순편익의 현재가치는 0이므로 내부수익률과 사회적 할인율이 현재 r로 일치하는 상황이다.

ㄱ. 만약 r보다 높은 사회적 할인율을 적용하면, 이 사업의 편익/비용 비율은 1보다 더 커질 것이다.
  ↳ 작아질 것이다.

ㄴ. 만약 r보다 높은 사회적 할인율을 적용하면, 이 사업의 순편익의 현재가치는 0보다 더 커질 것이다.
  ↳ 작아질 것이다.

ㄷ. 내부수익률 계산식과 무관한 문장이다.

따라서 틀린 문장은 ㄱ, ㄴ, ㄷ이다.

✓ 유사문제 CHECK

2021년 30번
2020년 36번
2019년 40번
2018년 21번
2017년 39번
2016년 4번

합격의 TIP

세무사 시험의 경우 계산기를 가지고 들어갈 수 있으므로, 사회적 할인율(r)을 10%로 두고, r보다 높은 사회적 할인율을 20%로 했을 때, 현재가치를 간이 계산해보면 빠르게 풀 수 있는 문제이다. 2020년의 경우 비용편익분석에서 나올 수 있는 문제들이 쉽게 나온 해이다. 유사문제를 통해 반드시 다른 문제들을 학습해보자

문제 39 소득분배 및 사회보장

유형	이론형
중요도 ★★★	정답 ②

정답해설

① 로렌츠곡선의 경우 소득분배상태를 그림으로 나타낸 것으로서 단순명료하다. 하지만 두 로렌츠곡선이 서로 교차하는 경우, 소득 불평등도를 서로 비교할 수 없다.

② 지니계수는 대각선과 로렌츠곡선 사이의 면적을 <u>로렌츠곡선</u> 아래의 면적으로 나눈 값이다.
  ↳ 대각선

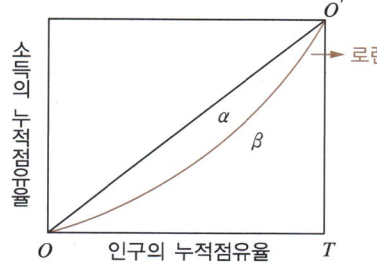

지니계수 : $\dfrac{\alpha}{\alpha + \beta}$

③ 앳킨슨지수의 경우 작을수록 평등하다.

④ 반면, 10분위분배율은 소득분배의 불평등도가 클수록 값이 작아진다.

⑤ 달튼(H. Dalton)의 평등지수는 공리주의 사회후생을 가정하며, 모든 사람에게 완전히 균등하게 소득이 분배되었을 때 사회후생이 극대화된다. 0에서 1 사이 값을 가지며, 0에 가까울수록 불평등한 상태를 의미한다.

유사문제 CHECK
- 2025년 37번
- 2023년 28번
- 2022년 37번
- 2021년 33번
- 2019년 35번
- 2017년 34번

합격의 TIP
자주 출제되는 문제이므로 하단의 관련이론을 반드시 학습하고, 심화학습으로 지니계수와 로렌츠곡선은 반드시 알아두자

관련이론 소득분배불평등의 측정방법의 비교

평등지수	측정방법	측정의 판정
로렌츠곡선과 지니계수	(그림) • 지니계수 : ②/(②+③)	• 로렌츠곡선 : 곡선이 대각선에 가까울수록 평등 • 지니계수 : 0과 1 사이의 값을 가지며, 작을수록 평등
10분위분배율	$\dfrac{\text{하위 40\%의 소득}}{\text{상위 20\%의 소득}}$	0과 2 사이의 값을 가지며 클수록 평등
달튼의 평등	공리주의 사회후생을 가정하며, 모든 사람에게 완전히 균등하게 소득이 분배되었을 때 사회후생이 극대화됨	0과 1 사이의 값을 가지며, 클수록 평등
앳킨슨지수	$A = 1 - \dfrac{Y_e}{Y}$	0과 1 사이의 값을 가지며, 작을수록 평등
5분위분배율	$\dfrac{\text{상위 20\%의 소득}}{\text{하위 20\%의 소득}}$	1에서 무한대의 값을 가지며, 작을수록 평등

문제 **40** 공채론	유 형	이론형
	중요도 ★★☆	정답 ③

정답해설

① 리카도의 대등정리란 정부지출이 고정된 상태에서 조세를 감면하고 국채발행을 통해 지출재원을 조달하더라도(= 재원조달방식의 변경은) 경제의 실질변수(= 민간부문의 경제활동)에는 아무런 영향을 미칠 수 없다는 것을 의미한다. 즉, 구축효과는 발생하지 않는다.

② 국채발행이 증가하면 이자율이 상승하고, 자본이 유입되고, 소비측면에서도 수입이 증가한다. 이는 환율하락으로 이어져, 순수출을 감소시키게 된다. 또한 국내저축도 감소하여 투자제약이 따르게 되고 생산성 감소로 인하여 국제경쟁력도 떨어지게 된다. 이를 종합하면 국제수지 및 경상수지는 악화된다.

③ 러너(A. Lerner)로 대표되는 국채에 관한 전통적인 견해에 따르면, 내부채무의 경우 미래세대로 부담이 전가된다.
↳ 현재세대가 부담한다. 러너는 내부채무는 현재세대가 부담하고, 외부채무는 미래세대가 부담한다고 주장하였다. 이와 같은 주장을 신정통파 견해라고 하며, 공채부담은 공채의 상환시점이 아닌 발행시점에 발생하고, 공공채원리금 상환을 위하여 미래세대에 조세를 징수하더라도 그 원리금 상환은 미래세대에게 이루어지는 것이므로 상환시점에는 구매력의 이전만 발생할 뿐, 세대 간 이전이 이루어지는 것은 아니라고 주장한다.

④ 이자율과 채권은 역의 관계가 성립한다. 이자율이 하락하면 실질적인 공채부담이 증가하여, 정부부채가 증가하게 된다.

⑤ 중복세대모형에 따르면, 나이에 따라 세대를 구분하는데, 국채가 발행될 경우 국채발행시점에 혜택을 누리던 세대와 국채상환시점에 상환을 하는 세대가 달라짐에 따라 그 부담의 일부가 현재세대에서 미래세대로 전가된다.

유사문제 CHECK

2025년 15번
2024년 15번
2019년 17번

합격의 TIP

공채의 경우 리카도의 등가정리를 깊게 출제하거나, 거시경제학 측면에서의 국가채무에 대한 주제가 출제된다. 리카도의 등가정리의 심화학습을 원하는 수험생은 2019년 17번의 관련이론을 함께 공부하고, 과련이론에 수록한 기출지문을 통해 다음 시험을 준비해두자

| 관련이론 | 기출지문 정리 |

(1) 2019년 기출지문
1) 고전파경제학에서는 균형재정을 바람직한 것으로 보았기 때문에 공채발행을 부정적으로 인식하고 있다.
2) 케인스경제학에서는 적자재정에 따른 공채발행을 보다 적극적으로 수용하고 있다.
3) 재원조달 측면에서 볼 때 리카도(D. Ricardo)의 대등정리가 적용되면 조세와 공채를 동일하게 인식하기 때문에 차이가 없다.
4) 이용 시 지불원칙(Pay-as-you-use-principle)에 의하면 정부의 투자지출에는 공채발행이 바람직하다.
5) 공채발행은 그 목적과 달리 결과적으로 소득재분배를 유발할 가능성이 있다

(2) 2015년 기출지문
1) 인플레이션은 국가채무의 실질가치를 감소시킨다.
2) 이자율 상승은 국가채무의 일부를 자동적으로 갚아주는 효과를 가진다.
3) 리카도의 대등정리가 현실에서 성립할지라도 국채 발행은 여전히 현재세대의 부담으로 남는다.
4) 기술진보와 생산성의 증대로 미래세대가 현재세대보다 더 풍요로운 생활을 즐길 수 있다면, 국채에 의해 재원을 조달하는 것이 정당화될 수 있다.
5) 일반적으로 국채 발행은 어느 정도 구축효과를 통해 민간부문의 투자를 위축시킬 수 있다.

(3) 2014년 기출지문
1) 이자율 상승은 국채의 시장가치를 하락시켜 정부부채를 줄이는 효과가 있다.
2) 국채발행이 증가하면 이자율이 상승하고, 원화 환율이 하락하여 경상수지가 악화된다.
3) 러너로 대표되는 국채에 관한 전통적인 견해에 따르면, 내부채무의 경우 미래세대로 부담이 전가되지 않는다.
4) 리카도 대등정리에 의하면, 국채를 발행하는 경우 민간소비와 총수요는 변화하지 않는다.
5) 리카도 대등정리가 성립하면, 국채상환에 대비한 저축이 증가하여 이자율이 오르지 않아서 구축효과가 발생하지 않는다.

※ 공채에 관한 설명에서 기출지문을 정리해보면, 공채부담을 현재세대에 부담하는지, 미래세대가 부담하는지, 그리고 구축효과와 관련된 리카도 정리를 알고 있는지가 키워드이다. 현재세대 부담설로는 러너(Lerner), 배로(Barro), 한센(Hansen)등이 있으며, 미래세대 부담설은 부캐넌(Buchannan), 보웬(Bowen), 모딜리아니(Mcdigliani)등이 있다.

2019년(제56회) 세무사 1차 재정학 정답

재정학

01	02	03	04	05	06	07	08	09	10
④	③	③	③	②	③	①	⑤	④	⑤
11	12	13	14	15	16	17	18	19	20
①	②	④	④	⑤	④	③	①	③	④
21	22	23	24	25	26	27	28	29	30
②	⑤	③	⑤	④	①	①	⑤	⑤	③
31	32	33	34	35	36	37	38	39	40
④	⑤	⑤	④	①	③	③	②	⑤	①

2019년 세무사 1차 결과

대상인원(명)	응시인원(명)	합격인원(명)	합격률(%)
10,496	8,713	2,526	28.99

2019년 과목별 결과

구 분	응시인원(명)	평균점수(점)	과락인원(명)	과락률(%)
재정학	8,713	60.35	1,563	17.94
세법학개론	8,713	44.96	3,269	37.52
회계학개론	8,682	37.70	4,795	55.23
상 법	3,397	60.90	689	19.40
민 법	1,015	57.47	190	18.72
행정소송법	4,270	58.94	817	19.13

문제 01 조세의 기초이론

유 형		이론형	
중요도	★★☆	정답	④

정답해설

①, ②, ③, ⑤ 목적세의 특징 *관련이론

④ 우리나라의 목적세로는 ~~종합부동산세~~를 들 수 있다.
　　↳ 교육세, 농어촌특별세, 교통·에너지·환경세

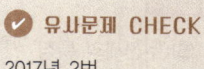

유사문제 CHECK

2017년 2번

합격의 TIP

최근에는 자주 출제되지 않는 유형이지만 과거의 기출지문은 반드시 알아두자

관련이론 목적세의 특징(기출지문 정리)

(1) 2019년 기출지문
 1) 조세의 편익원칙에 기초한다.
 2) 특정분야 사업 재원의 안정성을 보장한다.
 3) 전체 재정활동의 관점에서 효율성을 저해할 수 있다.
 4) 과세기한이 정해져 있는 것이 일반적이다.

(2) 2017년 기출지문
 1) 교육세, 교통·에너지·환경세 등을 예로 들 수 있다.
 2) 목적세 세수를 필요한 만큼 확보하지 못하면 보통세 세수를 전용해야 하는 문제가 발생할 수 있다.
 3) 정부의 예산배분 과정에서 나타나는 정치적 갈등을 줄일 수 있다.
 4) 정부재정 운영의 신축성을 떨어뜨린다.

(3) 2015년 기출지문
 1) 조세수입이 특정용도에 사용되기로 정해진 세금이다.
 2) 특정분야 사업에 대해 어느 정도의 예산이 확보될 가능성이 크기 때문에 사업의 안정성이 보장된다.
 3) 예산배분에 있어 칸막이가 발생하므로 다른 분야 예산사업의 재정위험이 목적세로 시행하는 사업에 파급되지 않는다.
 4) 해당 조세수입이 어느 정부지출로 귀결되는지를 알 수 있다.

유 형	이론형
중요도 ★★★	정답 ③

문제 02 조세의 기초이론

정답해설

①, ②, ④, ⑤ 누진세의 특징 *관련이론

③ 선형누진세는 한계세율과 평균세율이 변화하지 않는다.
→ 선형누진세에서 한계세율은 일정하지만 평균세율은 변화한다. 참고로 비선형누진세의 경우 한계세율은 변화한다.

✓ 유사문제 CHECK

2021년 9번
2017년 5번
2016년 14번

합격의 TIP

선형누진세와 비선형누진세 모두 누진세의 특징은 비슷하게 나타난다. 누진세, 비례세, 역진세의 특징은 매년 출제되는 부분이므로 반드시 학습해두어야 한다. 유사문제를 통해 다른 세제의 특징도 반드시 학습하도록 하자

관련이론 누진세

(1) **평균세율** : 과세표준 혹은 과세물건에서 산출세액이 차지하는 비율로 소득공제 등 공제 후의 세율을 의미

(2) **한계세율** : 과세표준 혹은 과세물건이 1단위 증가할 때마다 세액이 증가하는 비율

누진세 : T = −300 + 0.5Y (과표축을 통과하는 세수함수, 선형)

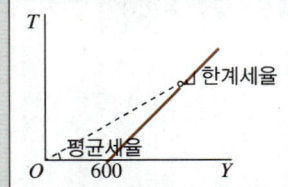

- 한계세율 > 평균세율
- 평균세율 : $T/Y = -300/Y + 0.5$
- 한계세율 : $\delta T/\delta Y = 0.5$
- 평균세율 누진도 > 0
- 세수탄력성 > 1

※ 비선형누진세의 경우 선형누진세와 동일하게 과세표준이 증가함에 따라 세율이 상승하는 조세로 누진세의 특징을 그대로 가지고 있으나, 소득 증가 시 세율이 증가하는 형태이기 때문에 비선형누진세의 경우 한계세율과 평균세율이 모두 변화한다.

문제 03 최적과세론

유 형	이론형
중요도 ★★★	정답 ③

정답해설

①, ②, ④, ⑤ 램지(Ramsey)의 최적물품세 이론 *관련이론1

③ 콜렛−헤이그(Corlett−Hague) 규칙은 해당 재화 수요의 가격탄력성에 따라 차등적인 물품세를 부과해야 성립한다. *관련이론2
  ↳ 여가와 보완적인 관계에 있는 재화에는 높은 세율을, 여가와 대체적인 관계에 있는 재화에는 낮은 세율을 부과하여 효율성을 추구한다.

✅ 유사문제 CHECK

2023년 3번, 2021년 3번
2020년 16번, 2018년 2번
2016년 16번

합격의 TIP

램지의 최적물품세 이론이 단독으로 출제되는 비중이 더 높지만, 콜렛−헤이그 규칙이 함께 출제되기도 하므로 관련이론과 유사문제를 통해 반드시 학습하자

관련이론1 램지(Ramsey)의 최적물품세 이론

(1) 가정 : X재와 Y재는 서로 독립재(교차탄력성 = 0)이고, 일정한 조세수입을 확보해야 함

(2) 이론의 방향 : 여가에 대한 과세가 불가능하기 때문에 초과부담의 최소화를 추구하였으며, 공평성은 고려하지 않음

(3) 램지규칙과 역탄력성의 법칙
  1) 한계초과부담이 동일해야 함
     즉, 세금 1원을 걷을 때 추가적으로 발생하는 초과부담이 동일해야 함
     - 계산 : $\dfrac{\Delta X_{\text{세금 전}}}{2X_{\text{세금 후}}}$
  2) 소비량 감소비율이 동일해야 함
     - 램지규칙 : $\dfrac{\Delta X}{X} = \dfrac{\Delta Y}{Y}$
  3) 위의 램지규칙을 이용하여 역탄력성의 원칙을 도출함(도출과정은 이 책에서는 생략하기로 한다)
     - 역탄력성의 규칙 : $\dfrac{t_Y}{t_X} = \dfrac{\epsilon_X}{\epsilon_Y}$
     - 해당 재화의 탄력성과 세율은 반비례한다는 역탄력성의 원칙이 도출됨
     - 결국 역탄력성의 원칙에 따라 조세를 부과하면, 사치재에는 낮은 세율이 부과되고 생활필수품에는 높은 세율이 부과되는 역진적인 조세를 부과하는 것이 초과부담의 최소화를 추구하는 최적과세라는 결론에 도달

관련이론2 콜렛−헤이그(Corlett−Hague) 규칙

(1) 도입배경 : 기본적인 램지원칙에 찬성하는 입장이지만, 여가에 과세가 불가능하다는 램지의 주장을 보완

(2) 콜렛−헤이그 규칙
  1) 여가와 보완적인 관계에 있는 재화 : 높은 세율
  2) 여가와 대체적인 관계에 있는 재화 : 낮은 세율

(3) 효율성을 추구하며, 초과부담을 줄일 수 있음

문제 04 조세와 효율성 : 초과부담

유 형	이론형
중요도 ★★★	정답 ③

정답해설

③ 세율이 높으면 초과부담이 <s>줄어들지만</s> 조세수입은 <s>늘어난다</s>.
   └ 늘어나고, 조세수입은 증가하다 특정구간이 지나면 감소한다.

④ 초과부담을 측정하는 수식을 생각해 보면, 초과부담은 수요의 가격탄력성에 비례함을 알 수 있다.

⑤ 보통의 수요곡선은 소득효과와 대체효과가 모두 나타나는데, 보상수요곡선은 소득효과를 배제하고 오직 대체효과만 고려하기 때문에 초과부담이나 소비자잉여 등을 정확하게 측정할 수 있다.

✔ 유사문제 CHECK

2025년 4번, 2024년 3번
2023년 2번, 2022년 7번
2021년 2번, 2017년 7번

합격의 TIP

초과부담은 매년 나오는 주제이기 때문에 반드시 학습해야 하는데, 2019년 출제된 이 문제는 난이도가 매우 낮아 반드시 맞추었어야 하는 문제이다. 매년 반드시 출제되는 주제이므로, 관련이론, 유사문제를 통해 정확하게 학습하자

관련이론 초과부담

(1) **초과부담의 개념** : 조세징수액을 초과하는 추가적인 민간의 부담으로, 조세를 부과함에 따라 민간부문의 의사결정이 교란됨에 따라 발생. '후생손실' 또는 '사중적손실', '자중손실'이라는 표현을 쓰기도 함

(2) **초과부담의 근본적인 원인** : 조세부과로 상대가격이 변화하여 대체효과가 발생하기 때문

(3) **초과부담의 측정방법 및 결정요인**

   1) 공급곡선이 수평선인 경우 : $DWL = \frac{1}{2} \cdot t^2 \cdot \epsilon \cdot (PQ)$

   2) 공급곡선이 우상향인 경우 : $DWL = \frac{1}{2} \cdot \frac{1}{\frac{1}{\epsilon}+\frac{1}{\eta}} \cdot t^2 \cdot (PQ)$

   (주로 면적을 이용하지만, 위의 식도 알아두자)

   3) 수요가 탄력적일수록 초과부담은 커지며, 초과부담은 세율의 제곱, 거래금액에 비례한다.

(4) **특이한 경우와 초과부담**

   1) 완전보완재의 경우
      ① 무차별곡선 : L자 형태
      ② 효용함수 $U = \min[X, Y]$
      ③ 대체효과 : 0(따라서 초과부담이 발생하지 않는다)
      ④ 가격효과 = 소득효과

   2) 조세부과 후 구입량의 변화가 없는 경우 : 대체효과와 소득효과의 크기가 절대적으로 동일하면서 반대방향으로 작용할 때 나타나는 현상이다. 따라서 조세부과 후 구입량에는 변화가 없지만, 대체효과가 0이 아니기 때문에 초과부담이 발생한다.
      참고 대체효과와 소득효과의 크기가 절대적으로 동일하면서 반대방향으로 작용한다는 것은 조세가 부과되는 재화가 반드시 열등재인 경우이다.

   ※ 대체효과가 0인 완전보완재의 경우, 공급곡선이나 수요곡선이 완전히 비탄력적인 경우에는 초과부담이 발생하지 않는다. 따라서 거래량이 불변인 경우, 거래량이 0인 경우, 조세수입이 0인 경우, 시장가격이 불변인 경우 모두 초과부담이 발생한다는 것을 유념하자

문제 05 개별조세이론

유 형	이론형
중요도 ★★☆	정답 ②

정답해설

세액공제와 소득공제의 비교 *관련이론

① 비선형누진세의 경우 한계세율은 변화함에 주의한다.

② 세액공제는 한계세율을 인상시킨다.
   └ 변화시키지 않는다.

③ 저소득층보다 고소득층에 소득공제가 적용될 경우 한계세율을 낮추는 방향으로 작용하기 때문에 유리하게 적용된다. 반대로 세액공제의 경우 납세자가 적용받고 있는 한계세율이 변화하지 않기 때문에 고소득층보다는 저소득층이 상대적으로 유리하다.

④ 대부분의 소득공제는 특정한 경제행위를 기반으로 하므로(현 세법상 보험료, 주택자금공제 등이 적용되고 있음) 상대가격 변화를 초래할 수 있다.

✓ 유사문제 CHECK
2018년 18번
2016년 15번

관련이론 세액공제와 소득공제의 비교

구 분	소득공제	세액공제
과세표준	감 소	불 변
혜 택	고소득층일수록 유리	저소득층이 상대적으로 유리
한계세율	적용받는 한계세율이 소득공제를 통해 낮아질 수도 있음	불 변
특 징	특정 경제행위를 장려하는데 유리	실질소득을 증가시키는데 유리

문제 06 조세의 전가와 귀착

유 형		계산형	
중요도	★★★	정답	③

정답해설

조세의 전가와 귀착 *관련이론

1 조세부과 전 가격과 거래량 구하기
= 공급함수와 수요함수를 연립해서 구함
- 수요곡선 P = 6,000 − 4Q
- 공급곡선 P = 2Q
→ 따라서 P = 2,000, Q = 1,000

2 조세부과 이후의 공급곡선
P = 300 + 2Q
↳ 조세(소비자에게 300을 부과한 것으로 구해도 답은 동일하다)

3 조세부과 이후의 가격과 거래량
= 조세부과 이후의 공급곡선과 수요함수를 연립해서 구함
300 + 2Q = 6,000 − 4Q
Q = 950
→ 따라서 Q = 950, P = 2,200

4 조세부과 이후 소비자가 부담하는 세금의 크기
= 조세부과 이후 가격 − 조세부과 전의 가격
= 2,200 − 2,000
= 200

별해

1 주어진 공급함수와 수요함수에서 수요의 가격탄력성과 공급의 가격탄력성을 먼저 구한다.
1) 수요의 가격탄력성 : 0.25
2) 공급의 가격탄력성 : 0.5

2 탄력성과 조세부담

1) 일반적인 소비자와 생산자의 상대적인 조세부담 : $\dfrac{\varepsilon}{\eta} = \dfrac{\text{수요의 가격탄력성}}{\text{공급의 가격탄력성}}$

2) 소비자 부담비율 : $\dfrac{\eta}{\varepsilon + \eta} = \dfrac{0.5}{0.75}$

3) 생산자 부담비율 : $\dfrac{\varepsilon}{\varepsilon + \eta} = \dfrac{0.25}{0.75}$

4) 부과된 300원의 세금을 소비자는 $\dfrac{2}{3}$, 생산자는 $\dfrac{1}{3}$씩 분담하게 된다.

따라서 소비자는 200원, 생산자는 100원을 부담한다.

유사문제 CHECK

2022년 15번

합격의 TIP

이 주제는 계산문제는 물론 이론문제까지 다양하게 응용되어 출제될 수 있다. 관련이론을 반드시 학습해두고, 별해는 물론 그래프를 그리는 연습까지 완벽하게 해두도록 하자. 특히 이 문제의 경우 별해로 푸는 것이 시간을 절약하는데 많은 도움이 되므로 별해의 공식은 반드시 알아두자

관련이론 조세의 전가와 귀착(물품세)

(1) 조세의 전가와 귀착(물품세)
   1) 조세부과의 효과 : 소비자가격과 생산자가격이 달라지며, 물품세 부과 시 일부는 소비자에게, 일부는 생산자가 부담하게 됨
   2) 소비자에게 조세가 부과되더라도 일부가 생산자에게 전가되기 때문에 생산자에 조세를 부과할 때와 마찬가지의 효과를 얻을 수 있음
      단, 생산자에게 물품세를 부과할 경우 시장가격은 소비자가 지불하는 가격
      소비자에게 물품세를 부과할 경우 시장가격은 생산자가 지불하는 가격
   3) 상대적인 조세부담은 탄력성에 의해 결정될 뿐 법적으로 누가 납세의무자로 지정되었는지는 아무런 관계가 없음

(2) 그래프를 통하여 보는 문제 6번

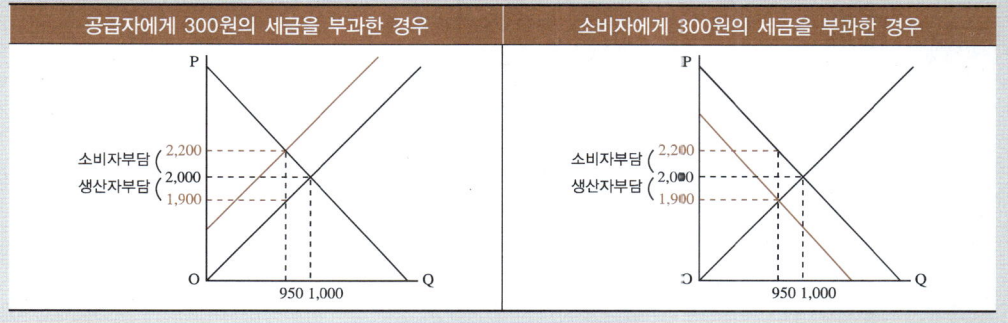

문제 07 최적과세론

유 형	이론형
중요도 ★★☆	정답 ①

정답해설

① 세율 인상에 따른 대체효과는 탈루소득을 줄이는 방향으로 작용한다.
   ↳ 늘리는 방향

④ 절대위험기피도 체감이라는 것은 납세자가 위험기피적임을 의미한다. 또한 알링햄-샌드모(M. Allingham and A. Sandmo)의 탈세모형에 따르면 납세자는 처벌이나 적발확률에 대한 지식을 가지고 있음을 가정한다.

유사문제 CHECK

2025년 8번
2024년 10번
2022년 10번

합격의 TIP

알링햄-샌드모의 탈세모형에 대해 정확히 인지하지 못하고 있더라도, 정답을 쉽게 구별할 수 있는 문제이다.

| 문제 08 | 조세의 기초이론 |

유 형	이론형
중요도	★☆☆	정답	⑤

정답해설

⑤ 사뮤엘슨(P. Samuelson)에 의하면 동등절대희생의 원칙은 한계효용의 소득탄력성이 1보다 작은 경우에 누진과세를 정당화한다.
    ↳ 큰 경우에 *관련이론

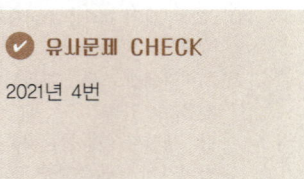

유사문제 CHECK

2021년 4번

관련이론 수직적 공평성의 대표적 논의 – 균등희생원칙

조세납부에 따른 개인의 희생 크기가 균등해질 때 조세부담이 공평해 진다는 능력원칙을 기반으로 하며, 균등절대희생, 균등비례희생, 균등한계희생에 따라 다른 결론에 도달함

(1) 균등절대희생
    조세납부에 따른 모든 절대적인 희생의 크기가 동일해야 조세부담이 공평함
    1) MU의 소득탄력성 > 1 : 누진세
    2) MU의 소득탄력성 = 1 : 비례세
    3) MU의 소득탄력성 < 1 : 역진세
    4) MU의 소득탄력성 < 0 : 인두세(극단적 역진세)

(2) 균등비례희생
    조세납부로 인해 상실된 효용의 비율이 모든 사람에게 동일해야 조세부담이 공평함
    1) MU곡선이 직선이면서 우하향 : 누진세
    2) MU곡선이 곡선이면서 우하향 : MU의 소득탄력성 ≥ 1이면, 누진세
                                    MU의 소득탄력성 < 1이면, 불분명
    3) MU곡선이 수평선 : 비례세

(3) 균등한계희생
    마지막 단위의 조세납부로 인한 희생의 크기가 같아야 조세부담이 공평함
    1) MU곡선이 우하향 : 극단적 누진세
    2) MU곡선이 수평선 : 불분명

문제 09 소득분배 및 사회보장

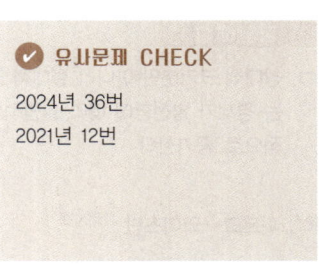

정답해설

ㄱ, ㄴ, ㄷ, ㄹ. 부의 소득세와 관련된 옳은 설명이다. *관련이론

ㅁ. t가 클수록 근로의욕이 ~~커진다~~. → 작아진다.

따라서 옳은 것은 ㄱ, ㄴ, ㄷ, ㄹ이다.

관련이론 부의 소득세(NIT)

(1) 개 념
소득이 일정수준 이하가 되면 그 차액에 대하여 일정세율을 적용하여 계산된 금액을 조세환급을 통해 지급하는 제도로 소득세와 사회보장제도가 통합된 형태

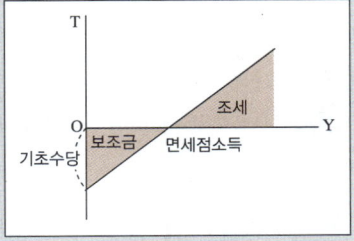

(2) 부의 소득세와 노동공급
대체효과와 소득효과 모두 노동공급을 감소시킴

(3) 장 점
1) 일정수준 소득에 대해 보조금과 세율이 결정되므로, 수혜자에 대한 별도의 자격심사가 필요하지 않기 때문에 행정적으로 단순함
2) 일정수준 소득 이하의 소득자에게는 현금으로 보조금이 지급되므로, 소비자 후생측면에서 우월함

(4) 단 점
1) 정부의 재정부담이 발생할 수 있음
2) 일정수준 소득보다 조금 높은 소득을 얻는 사람은 근로의욕이 저해됨

문제 10 공공경비와 예산제도

유 형: 이론형
중요도: ★★☆
정답: ⑤

정답해설

ㄱ. 상대적 크기뿐만 아니라 절대적 크기도 증가함에 주의한다. 즉, 정부활동의 규모는 경제가 발전함에 따라 필연적으로 증가하며 정부가 수행해야 할 기능도 급속적으로 증가한다.

ㄴ. 피코크-와이즈만 *관련이론

ㄷ. 즉, 공공부문은 생산성이 낮은 상태에서 민간부문 임금이 상승하면 공공부문의 임금도 같이 상승하게 되는데, 이에 따라 공공서비스의 비용도 상승한다.

ㄹ. 결국 공급서비스 비용을 낮다고 인식하게 되는 과소평가가 일어나면, 공급규모가 과다하게 지출되고 이는 공공지출규모를 팽창시키는 결과를 가져오게 된다.

따라서 옳은 것은 ㄱ, ㄴ, ㄷ, ㄹ이다.

✓ 유사문제 CHECK
2023년 38번
2022년 38번

관련이론 피코크-와이즈만(A. Peacock and J. Wiseman)

공공경비가 증대되는 과정을 설명하는 이론으로 문턱효과(시발효과) → 전위효과 → 점검효과 순으로 나타남

(1) 문턱효과(시발효과)
전쟁, 지진, 기근 등와 같은 사회적 격변이 발생하여 국민들이 공공지출증대의 불가피성을 인식하면서 높은 조세부담을 용인하게 됨

(2) 전위효과
결국 정부지출 수준이 급격하게 높아지면서 정부지출 추세선이 상방이동하게 되는 효과가 나타남

(3) 점검효과
사회적 격변이 끝나더라도 사회문제에 대한 국민들의 관심이 높아져 있기 때문에 정부지출은 계속해서 높은 수준을 유지하게 됨

(4) 한 계
외부적인 충격으로 인해 공공경비가 급속하게 높아지는 현상을 설명할 수 있지만, 평상 시에 지속적으로 공공경비가 증대되는 현상을 설명하기에는 한계를 보임

문제 11 조세의 효율성 : 초과부담

유 형: 이론형 **중요도**: ★★★ **정답**: ①

정답해설

① 초과부담은 세율이 높을수록 커지며, 노동공급의 탄력성이 <u>낮을수록</u> 커진다.
   높을수록. 수요가 탄력적일수록 초과부담은 커지며, 초과부담은 세율의 제곱, 거래금액에 비례한다.

② 초과부담의 근본적인 원인은 조세부과로 상대가격이 변화하여 대체효과가 발생하기 때문이다. 따라서 개인에 대한 근로소득세의 초과부담은 대체효과가 클수록 증가한다.

③ 초과부담을 측정하기 위해서는 보상수요곡선을 사용해야 한다. 근로소득세의 경우 근로자가 공급곡선, 기업이 수요곡선을 나타내므로 근로소득세의 초과부담을 측정하기 위해서는 임금률의 변화가 초래하는 소득효과를 제외한 보상된 노동공급곡선을 이용해야 한다.

유사문제 CHECK
2019년 4번

합격의 TIP
근로소득세제가 출제되는 경우 주로 노동공급에 미치는 영향에 대해 묻는 경우가 많지만, 2019년의 경우 초과부담에 대해 정확히 공부한 수험생이라면 쉽게 풀 수 있는 문제가 출제되었다. 초과부담 부분은 매우 중요한 파트이므로 반드시 학습하도록 하자

문제 12 조세의 기초이론

유 형: 이론형 **중요도**: ★★☆ **정답**: ②

정답해설

①, ③, ④, ⑤ 능력원칙의 판단기준 *관련이론

② 소비를 평가기준으로 할 경우, 누진과세가 <u>불가능하다</u>.
   ↳ 가능하다.

관련이론 능력원칙의 판단기준(소득, 소비, 재산)

판단기준	문제점
소 득	(1) 여가와 노동에 대한 개인의 선호를 반영하지 못함 (2) 미실현자본이득을 과세표준에 포함시키기 어려움(실제로 실현된 자본이득만 과세됨) (3) 행정상 어려움으로 인하여 시장을 통하지 않고 취득된 실질소득을 과세대상에 포함시키기 어려움 (4) 누진적인 소득세제하에서 일정기간 동안 소득이 동일하더라도 매년 안정된 소득을 얻는 사람에 비해 소득변동이 큰 사람의 조세부담이 큼 (5) 인플레이션 발생 시 실질소득은 불변이지만 조세부담은 증가
소비(Kaldor)	(1) 내구재 등을 소비할 경우 문제점이 발생함. 이는 소비의 시간적 형태에 따른 문제임 (2) 유동성 문제가 발생할 수 있음 (3) 저축이 과세대상에서 제외됨에 따라 저축이 많은 부유층에 유리함
재 산	(1) 유동성 문제가 발생할 수 있음 예) 납세를 위하여 재산을 매각하는 경우 (2) 매년 재산의 크기를 측정 및 평가하는데 있어 많은 비용과 어려움이 따름

문제 13 조세의 기초이론

유 형	이론형
중요도 ★★☆	정답 ④

정답해설

①, ②, ③, ⑤ 조세의 공평성에 관한 옳은 설명이다.

④ 소득세율의 누진성 강화는 수직적 공평성을 <del>저해한다</del>.
　　　　　　　　　　　　　　　　　↳ 강화한다.

유사문제 CHECK

2024년 2번, 2022년 9번

합격의 TIP

자주 출제되진 않지만, 난이도가 낮은 문제로 재정학을 공부했다면 반드시 맞출 수 있는 문제이다. 이런 문제는 중요하진 않지만 반드시 맞추어 합격에 한 걸음 다가가도록 하자

문제 14 조세의 기초이론

유 형	이론형
중요도 ★★☆	정답 ④

정답해설

①, ②, ③, ⑤ 누진적 조세제도에 관한 옳은 설명이다.

④ 편익원칙에 따를 때, 편익의 소득탄력성이 1보다 <del>작을</del> 경우 누진세의 도입은 공평하다.
　　　　　　　　　　　　　　　　　　　　　↳ 큰

합격의 TIP

난이도가 낮은 문제로 재정학을 공부했다면 반드시 맞출 수 있는 문제이다. 누진세에 대한 특징을 깊이 있게 공부하였다면 반드시 맞출 수 있는 문제이다.

문제 15 소득분배 및 사회보장

유 형	이론형
중요도 ★★☆	정답 ⑤

정답해설

⑤ 개인의 노동공급에 미치는 영향을 분석하면 <del>소득효과 없이 대체효과가 존재하여 노동공급은 소폭 줄어든다</del>.
↳ 소득효과에 따른 노동공급 감소를 방지하기 위하여, 대체효과를 통해 노동공급을 증가시키는 원리이다.

유사문제 CHECK

2024년 35번
2020년 17번

문제 16 조세의 경제적 효과

유 형	이론형
중요도 ★★★	정답 ④

정답해설

③ 토빈의 q이론 *관련이론

④ 자본의 사용자비용과 관련된 한계실효세율 측정은 ~~세전수익률을 세후수익률로 나누어서~~ 구할 수 있다.
↳ 한계실효세율 $\left(=\dfrac{\text{세전수익률}-\text{세후수익률}}{\text{세전수익률}}\right)$ 로

⑤ 가속상각 제도의 채택이나 투자세액공제를 허용할 경우 기업의 비용이 늘어나 법인세가 절감되는 효과가 있기 때문에 투자가 촉진된다.

합격의 TIP

2019년에 출제된 이 문제의 경우 난이도가 낮아 충분한 학습을 한 수험생들은 쉽게 정답을 찾을 수 있었을 것으로 보인다. 하지만 기업의 투자와 관련된 기출 모형으로는 Jorgenson 모형(2017년 19번 참고)이 빈출도가 높으므로, 추가로 기존의 기출문제를 반드시 학습해두자

관련이론 토빈의 q이론

(1) $q = \dfrac{\text{주식시장에서 평가된 기업의 시장가치}}{\text{기업의 실물자본의 대체비용}}$

(2) q > 1 → 투자증가
　　q = 1 → 투자불변
　　q < 1 → 투자감소

유 형	이론형
중요도 ★★☆	정답 ③

문제 17 공채론

정답해설

①, ② 재정정책에 대한 고전학파와 케인즈학파는 서로 반대의 견해를 보이고 있다고 생각하면 쉽다. 고전학파의 경우 완전한 구축효과로 인하여 재정정책은 효과가 없음을 주장한다. 따라서 정부의 개입을 최소화해야 함을 주장한다. 케인즈학파의 재정정책은 효과가 강력하기 때문에 단기적으로 경기가 침체한 경우, 정부의 개입을 통한 재정정책이 필요함을 주장한다.

③ 재원조달 측면에서 볼 때 '리카도(D. Ricardo)의 대등정리'가 적용되면 **조세에 비해 공채발행으로 더 큰 총수요증가를 기대할 수 있다.**
　↳ 조세와 공채를 동일하게 인식하기 때문에 차이가 없다.

유사문제 CHECK
2020년 40번

합격의 TIP
자주 출제되는 '리카도의 대등정리'만 정확하게 알아도 쉽게 정답을 찾을 수 있는 문제이다. 2019년의 경우 전반적으로 재정학의 출제 난이도가 다른 연도에 비해 쉬운 편이었는데, 2023년 대비를 위하여 '리카도의 대등정리'는 정확하게 알아두도록 하자. 또한 위에 유사문제를 통해 다른 공채 관련 지문들을 정확하게 숙지하자

관련이론 리카도의 등가정리

(1) 정부지출이 고정된 상태에서 조세를 감면하고 국채발행을 통해 지출재원을 조달하더라도(= 재원조달방식의 변경은) 경제의 실질변수(= 민간부문의 경제활동)에는 아무런 영향을 미칠 수 없다.

(2) 조세를 감면하고 공채발행 → 합리적인 경제주체는 미래의 세금으로 인식 → 미래의 소득이 세금만큼 감소할 것으로 예상함 → 합리적인 경제주체는 조세가 감면되어 처분가능소득이 증가하였지만, 증가된 처분가능소득만큼 민간저축을 증가(정부저축 감소분만큼)시키므로 소비는 불변 → 경제 전체의 총저축과 국민소득 불변

(3) 시사점
　1) 국채가 발행될 때, 정부저축의 감소분만큼 민간저축이 증가하므로 경제의 총저축은 불변이다. 따라서 이자율과 민간투자는 변하지 않는다(= 경제의 실질변수가 변하지 않는다).
　2) 결국 리카도의 등가정리가 의미하는 것은 정부가 세금을 언제 걷는지는 중요하지 않고, 국민소득에 있어 중요한 것은 정부지출의 크기이다.

(4) 성립조건
　1) 근시안적 의사결정을 하지 않는 합리적 경제주체일 것
　2) 유동성 제약(차입제약)이 없을 것
　3) 경제활동 인구의 증가율이 0%일 것
　4) 조세는 정액세(중립세)만 존재할 것

문제 18 공공요금의 이론

유 형	이론형
중요도 ★★★	정답 ①

정답해설

① 일반적으로 공공부문이 생산하는 재화나 서비스의 한계비용가격설정은 효율적인 결과를 초래할 수 없다.
  ↳ 있다. 한계비용가격설정을 하면, 자원배분의 효율성이 달성된다. 하지만 규모의 경제가 발생하는 경우 적자가 발생할 수 있다는 단점을 지닌다.

④ 램지가격설정방식은 효율성을 추구하여 초과부담을 최소화하지만, 수요가 비탄력적인 재화(필수재)에 높은 가격을 설정해야 하므로 소득분배측면에서 문제가 발생할 수 있다.

유사문제 CHECK

2025년 19번, 2024년 16번
2023년 16번, 2022년 17번
2021년 20번, 2020년 23번
2018년 28번, 2016년 22번

합격의 TIP

매년 1문제씩 출제되는 파트이다. 유사문제 및 관련이론을 통해 정확하게 알아두자

관련이론 공공요금의 결정이론

(1) 한계비용가격설정
  1) 수요곡선과 한계비용곡선이 교차하는 점에서 가격을 설정하는 방법
  2) 초과부담이 발생하지 않고, 파레토 효율적인 점에서 생산됨
  3) 하지만 자연독점시장에서는 손실이 발생하여 적용이 되지 않음

(2) 평균비용가격설정
  1) 수요곡선과 평균비용곡선이 교차하는 점에서 가격을 설정하는 방법
  2) 자연독점시장보단 덜하지만 초과부담이 발생함
  3) 가격은 완전경쟁시장보다 높고, 생산량은 적음

(3) 이부가격제
  1) 재화를 구입할 권리에 대하여 1차로 요금을 부과하고 구입량에 따라 다시 사용요금을 부과
  2) 초과부담이 발생하지 않고, 파레토 효율적인 점에서 생산됨
  3) 하지만 가입비가 너무 높을 경우 저소득층의 소비에 제한을 주게 됨

(4) 가격차별
  1) 2급 가격차별 : 대량 구매 시 가격을 할인해 주는 것
  2) 3급 가격차별 : 소비자들의 탄력성을 분석하여, 시장을 몇 개로 분리한 뒤 수요가 비탄력적인 시장에 높은 가격을 매기는 것
  3) 사치재일수록 싸고, 필수재일수록 비싸지는 경향이 있음

(5) 램지의 가격설정(자세한 내용은 2023년 3번 문제 참고)
  탄력성에 반비례하여 가격을 설정하는 것(역탄력성의 규칙이라고도 함)

(6) 최대부하가격설정
  성수기와 비수기의 가격을 다르게 설정함으로써 생산설비의 효율적 이용을 도모하는 가격설정방식

문제 19 지방재정

유 형	이론형
중요도 ★★★	정답 ③

정답해설

① 정부부문의 총지출 중 중앙정부의 직접적 지출이 차지하는 비율을 중앙집권화율이라 하며, 분권 수준을 파악하는 지표로 사용한다.

② 오우츠(W. Oates)는 공공재 공급비용이 동일하다면, 지방공공재는 중앙정부보다 지방정부가 공급하는 것이 효율적일 수 있다고 주장하였다.

③ 오우츠의 분권화 정리는 공공재 공급에 있어서 규모의 경제가 있고, 인접 지역으로의 외부성이 없는 경우에 성립한다.
  (규모의 경제가 없고. 규모의 경제가 성립한다면 중앙정부가 공급하는 것이 더 효율적이게 된다.)

④, ⑤ 티부(C. Tiebout)가설 *관련이론

유사문제 CHECK

2025년 14번, 2024년 18번
2023년 19번, 2022년 20번
2021년 19번, 2021년 28번
2020년 11번, 2018년 37번

관련이론 티부(C. Tiebout)가설

(1) 내 용
한 나라가 다수의 지방정부로 구성되어 있고, 각 지방정부는 지역주민의 선호에 따라 지방세와 지방공공재의 공급수준을 결정하고, 개인의 지역 간 완전이동성이 보장될 때, 각 지역에서 지방공공재는 최적수준으로 공급될 뿐만 아니라 국민들은 효율적 거주지를 결정(발에 의한 투표를 통해)하게 된다.

(2) 가 정
  1) 다양한 수준의 공공재를 공급하는 다수의 지방정부가 존재해야 함
  2) 각 지방의 공공재 공급수준과 조세수준을 아무런 비용 없이 알 수 있어야 함
  3) 지역 간 주민의 완전이동성이 보장되어야 함
  4) 공공재 공급에 외부성이 존재하지 않음
  5) 공공재의 공급비용이 일정해야 함
  6) 공공재의 공급재원은 비례적인 재산세를 통해 조달해야 함(소득세가 아님에 주의)
  7) 각 지역에서 최소주택규모 등 안정적인 균형이 성립되기 위한 도시계획규제가 실시되어야 함

문제 20 개별조세이론

유 형	이론형
중요도 ★★★	정답 ④

정답해설

① 우리나라 법인세 제도에서는 이자비용이 비용으로 손금산입되기 때문에 법인세 부담이 줄어든다.

③ 과세표준이 3,000억원을 넘을 경우 현행 법인세세율은 24%가 적용된다.

④ 인플레이션에 의해 감가상각공제의 실질가치가 떨어지면 법인세 부담이 가벼워진다.
  (무거워진다.)

유사문제 CHECK

2025년 9번, 2024년 9번
2023년 6번, 2022년 5번
2019년 20번, 2018년 20번

합격의 TIP

중요도는 낮지만 난이도가 매우 쉬운 문제에 속한다. 이런 문제는 반드시 맞추어야 하는 문제이다.

유 형	이론형
중요도 ★★★	정답 ②

문제 21 경제적 효율성과 시장실패

정답해설

② 후생경제학의 제2정리(→제1정리)에서는 시장이 완전경쟁이라면 자원은 효율적으로 배분됨을 보여주는데, 아담 스미스의 '보이지 않는 손'이 달성됨을 의미한다.

③ 공공재는 비경합성과 비배제성의 특성을 갖는데, 가격을 설정할 수 없는 특성은 비배제성 때문이다.

④ 중립세(neutral tax)는 자원배분의 비효율을 초래하지 않는다.

✓ 유사문제 CHECK
2024년 22번
2023년 23번

합격의 TIP
지문의 난이도가 매우 쉬운 문제로, 반드시 맞추어야 하는 문제이다. 2번 지문에 출제된 후생경제학 제1정리와 제2정리에 대한 개념은 자주 출제되고 있으므로 유사문제를 반드시 학습하자

관련이론 후생경제학 제1정리와 제2정리

(1) 후생경제학 제1정리
1) 모든 개인의 선호체계가 강단조성*을 지니고, 외부성 또는 공공재 등의 시장실패요인이 존재하지 않는다면 일반경쟁균형(왈라스균형)의 자원배분은 파레토 효율적이다.
   *강단조성 : 재화소비량이 많을수록 효용이 증가하는 것
2) 의미 : 완전경쟁하에서는 개별경제주체들이 오로지 자신의 이익을 추구하는 과정에서 자원배분의 효율성이 달성되기 때문에 정부개입의 불필요성을 의미한다. 단, 공평성에 대한 고려는 이루어지지 않는다.

(2) 후생경제학 제2정리
1) 모든 개인들의 선호가 연속적이고 강단조성 및 볼록성을 충족하면, 초기부존자원의 적절한 재분배를 통해 임의의 파레토 효율적인 자원배분을 일반경쟁균형을 통해 달성할 수 있다.
2) 반드시 중립세와 중립보조금을 지급하여 초기부존자원을 재분배한 후 시장에 맡기는 것을 의미하며 공평성을 달성하기 위해 효율성을 희생할 필요가 없음을 의미한다.
   ↳ 시장가격에 영향을 미치지 않도록 재분배함을 의미하기 때문에 종량세나 종량보조금은 해당되지 않음에 주의한다.

문제 22 경제의 효율성과 시장실패

유 형	이론형
중요도 ★★★	정답 ⑤

정답해설

①, ③, ④ 사회후생함수 *관련이론1

② 앳킨슨(A. Atkinson)지수는 주관적인 판단, 즉 사회후생함수를 어떻게 정의하느냐에 따라 균등분배대등소득이 달라지므로, 앳킨슨지수는 다른 결과가 나온다. 따라서 소득분배에 대한 사회적 가치판단에 따라서 크기가 달라진다.

⑤ 애로우(K. Arrow)는 합리적인 사회적 선호체계를 갖춘 사회후생함수가 존재함을 실증을 통해 입증했다.
↳ 존재하지 않음을 이론을 통해 *관련이론2

✓ 유사문제 CHECK

2025년 25번
2025년 26번
2023년 22번
2022년 22번
2022년 36번
2021년 24번
2018년 25번
2017년 23번

합격의 TIP

2019년의 재정학 출제 난이도가 다른 연도에 비해 낮은 편이었기에 이 문제는 반드시 맞추어야 한다. 특히 사회후생함수 관련 문제는 앞으로도 출제될 가능성이 높기 때문에 반드시 학습해두고 관련이론도 반드시 정리해두도록 하자

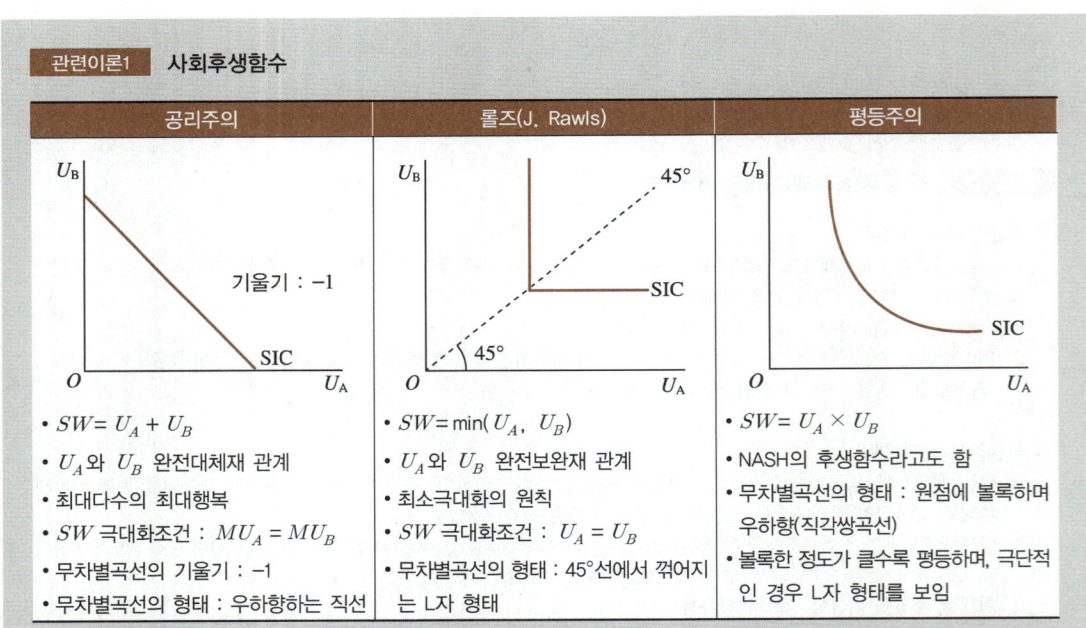

관련이론1 사회후생함수

공리주의	롤즈(J. Rawls)	평등주의
• $SW = U_A + U_B$ • U_A와 U_B 완전대체재 관계 • 최대다수의 최대행복 • SW 극대화조건: $MU_A = MU_B$ • 무차별곡선의 기울기: -1 • 무차별곡선의 형태: 우하향하는 직선	• $SW = \min(U_A, U_B)$ • U_A와 U_B 완전보완재 관계 • 최소극대화의 원칙 • SW 극대화조건: $U_A = U_B$ • 무차별곡선의 형태: 45°선에서 꺾어지는 L자 형태	• $SW = U_A \times U_B$ • NASH의 후생함수라고도 함 • 무차별곡선의 형태: 원점에 볼록하며 우하향(직각쌍곡선) • 볼록한 정도가 클수록 평등하며, 극단적인 경우 L자 형태를 보임

> **관련이론2** 애로우의 불가능성정리

다섯 가지 조건을 모두 충족하는 이상적인 사회후생함수는 존재하지 않음

조건1) 완비성(completeness)과 이행성(transitivity)
완비성 : 선택지 중 어떤 것이 선호되는지 판단할 수 있어야 함
이행성 : A, B, C 중 A가 B보다 선호되고, B가 C보다 선호되는 상태라면, 반드시 A는 C보다 선호됨

조건2) 비제한성(universality)
개인들이 어떤 선호를 갖고 있더라도 사회선호를 도출할 수 있어야 함

조건3) 파레토원칙(pareto principle)
모든 사회구성원이 A보다 B를 선호한다면, 사회 전체의 선호도도 A가 B보다 더 선호됨

조건4) 무관한 선택안으로부터의 독립성(Independence of Irrelevant Alternatives : IIA)
기수적 선호의 강도가 고려되어서는 안되며, 개인들의 우선순위에만 기초하여 선호도가 결정되어야 함. 개인 간의 효용비교를 배제하고, 서수적 선호에 의하여 결정되어야 함

조건5) 비독재성(non-dictatorship)
독재자가 사회선호를 결정해서는 안 됨

문제 23 경제적 효율성과 시장실패

유 형	계산형
중요도 ★☆☆	정답 ③

> **정답해설**

1 마을 전체의 1년 뒤 이윤 구하기

총이윤 $= P_{1년후} \times Q_{1년후} - P_{현재} \times Q_{현재}$
$= (1{,}600{,}000 - 50{,}000 Q_{1년후}) Q_{1년후} - 200{,}000 Q_{현재}$
$= 1{,}600{,}000 Q - 50{,}000 Q^2 - 200{,}000 Q$

($Q_{1년후} = Q_{현재}$)

2 이윤극대화 = 총이윤식을 미분한 뒤 0으로 설정

$1{,}600{,}000 - 100{,}000 Q - 200{,}000 = 0$
$Q = 14$

3 개별 주민 입장에서의 최적 수

$1{,}600{,}000 - 50{,}000 Q = 200{,}000$
$Q = 28$

따라서 마을 전체의 이윤을 극대화시키는 방목 송아지 수(A)는 14마리, 개별 주민 입장에서의 최적 방목 송아지 수(B)는 28마리이다.

문제 24 공공요금의 이론

유형: 이론형 | 중요도: ★☆☆ | 정답: ⑤

정답해설

① 비용체감산업의 경우 효율적 공급을 위해 규제를 해도 해당 민간 기업이 <u>지속적으로 초과이윤을 얻기</u> 때문에 공기업으로 운영해야 한다.
→ 대규모의 적자가 발생하기 때문에. 비용체감산업(자연독점)의 경우 초기에는 많은 설비비용이 발생하지만, 추가적으로 생산을 할수록 평균비용이 낮아지므로 비용체감산업에 한계비용 가격 설정(효율적 공급을 위한 규제)을 하면, 대규모의 적자가 발생하고, 평균비용가격설정을 하면, 적자가 발생하진 않지만, 과소생산으로 인한 비효율이 발생한다.

② 비용체감산업을 공기업으로 운영하고자 하는 경우 <u>재정수입 확보가 주요 목적</u>이다.
자원배분의 효율성을 높이는 것이↵

③ <u>산업이 대규모인 경우</u> 자원의 효율적 배분을 위해 공기업으로 운영해야 할 필요성이 있다.
↳ 규모의 경제가 존재하는 사업의 경우

④ 공기업을 <u>민영화하면 '주인-대리인 문제'는 사라진다.</u>
↳ 민영화하더라도 '주인-대리인 문제'는 사라지지 않는다.

문제 25 공공재이론

유형: 계산형 | 중요도: ★★★ | 정답: ④

정답해설

공공재의 적정공급조건 : $MB_A + MB_B = MC$ 또는 $MRS^A + MRS^B = MRT$

1 (가) ~ (라) 마을의 한계편익 구하기

$MB_{가} = 0$

$MB_{나} = 0$

$MB_{다} = 30 + 60M^2$

$MB_{라} = 70 + 90M^2$

2 (가) ~ (라) 마을의 한계편익 합 구하기

$MB_{가} + MB_{나} + MB_{다} + MB_{라} = 100 + 150M^2$

3 다리건설비용 한계비용

$MC = 3,850$

4 공공재의 적정공급조건

$MB_{가} + MB_{나} + MB_{다} + MB_{라} = MC$

$100 + 150M^2 = 3,850$

$M^2 = 25$

$M = 5$

유사문제 CHECK
2018년 31번
2016년 24번

합격의 TIP
거의 매년 출제되는 주제이므로 유사문제를 통해 반드시 학습해두자

문제 26 공공재이론

유형: 이론형 | **중요도**: ★★★ | **정답**: ①

정답해설

① 따라서 양의 가격을 매길 수 있다고 하더라도 양의 가격을 매기는 것은 바람직하지 않다.

② 순수공공재는 <del>배제성</del>과 비경합성을 동시에 충족한다.
   └ 비배제성과

③ 대부분 공공재는 <del>순수공공재</del>로 볼 수 있으며, 시장이 성립하지 못한다.
   └ 비순수공공재

④ 클럽재는 배제성 적용이 <del>불가능하다</del>.
   └ 가능하다.

⑤ 공공재의 소비자들은 자신의 수요를 <del>정확하게 표출한다</del>.
   └ 정확하게 표출하지 않는다. 무임승차자 문제 등이 있기 때문이다.

유사문제 CHECK
- 2023년 26번
- 2022년 27번
- 2017년 26번

문제 27 공공재이론, 공공선택이론

유형: 계산형 | **중요도**: ★★☆ | **정답**: ①

정답해설

1 한계비용 구하기
  $TC = 36Q$, $MC = 36$
  갑, 을, 병 세 사람이 12씩 공동부담

2 갑, 을, 병이 원하는 공공재 수량
  $P_갑 = MC$, $30 - Q_갑 = 12$, $Q_갑 = 18$
  $P_을 = MC$, $70 - 2Q_을 = 12$, $Q_을 = 29$
  $P_병 = MC$, $160 - 4Q_병 = 12$, $Q_병 = 37$

3 꽁도세 방식 공공재 수량
꽁도세 방식에 의하면 하단의 표와 같이 최종적으로 29가 선택된다.

구 분	갑	을	병	선택
18, 29	18	29	29	29
29, 37	29	29	37	29
18, 37	18	37	37	37

또는 갑, 을, 병 모두 단봉형 선호이기 때문에 안건에 대해 선호순서대로 투표자를 나열할 때 최종적으로 가운데 위치하는 투표자의 선호가 투표결과로 나타나는 중위투표자의 정리에 따라 중위에 있는 을의 공공재수량이 최종 투표결과로 채택됨을 이용하여 문제를 풀이할 수도 있다.

따라서 꽁도세 방식에 의한 공공재 공급량은 29이다.

유사문제 CHECK
- 2024년 28번
- 2023년 31번
- 2020년 31번

문제 28 공공요금의 이론

유 형	이론형
중요도 ★★☆	정답 ⑤

정답해설

ㄱ. 수요표출메커니즘의 궁극적 목적은 파레토 효율적 자원배분을 실현하기 위함 즉, 공공재의 효율적인 공급이 목적이다.

ㄴ, ㄷ, ㄹ. 클라크 조세 *관련이론

따라서 수요표출메커니즘에 관한 설명으로 옳은 것은 ㄱ, ㄴ, ㄷ, ㄹ 모두이다.

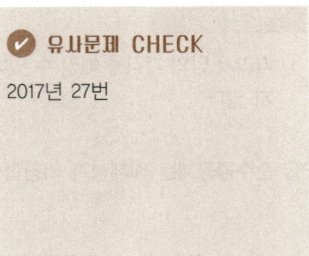

유사문제 CHECK

2017년 27번

관련이론 | 클라크 조세

(1) 개 념

공공재의 최적생산량의 결정에는 개인의 선호가 반영되지만 각 개인이 납부해야 할 세금 결정에는 개인의 선호가 반영되지 않음

공공재의 순편익	개인 i의 공공재 생산에 대한 조세 부담액
= 총편익 − 총생산비(총비용) = $\sum_{i=1}^{n} vi(z) - cz$ → 개인의 선호가 반영됨	= T_i = 총생산비 − 개인 i를 제외한 사람들의 편익 = $cz - \sum_{j \neq i}^{n} vj(z)$ → 개인이 납부할 세금에는 개인의 선호가 반영되지 않음

- 개인 i의 공공재로부터 얻는 편익 : $vi(z)$
- 단위당 공공재 생산비용 : c
- 총생산비 : $c \times z$

(2) 장 점

진실한 선호가 표출되므로 우월전략균형이며, 파레토 최적을 달성할 수 있음

(3) 단 점

균형예산이 달성되지 않으며, 담합에 취약하고, 막대한 행정비용이 발생

문제 29　공공선택이론

유 형	이론형
중요도	★★☆
정답	⑤

정답해설

니스카넨모형과 미그-빌레인저모형 *관련이론

① 니스카넨(W. Niskanen)모형에서 관료제 조직은 <u>가격순응자와 같이</u> 행동한다.
　　　　　　　　　　　　　　　　　　　1급 가격차별의 가격독점자와 같이

② 니스카넨모형과 미그-빌레인저(Migue-Belanger)모형에서는 <u>공익추구</u>를 기
　　　　　　　　　　　　　니스카넨모형은 예산극대화, 미그-빌레인저는 효용극대화
본 가정으로 한다.

③ 니스카넨모형에서 관료는 예산의 <u>한계편익과 한계비용</u>이 일치하는 수준까지 예
　　　　　　　　　　　　　　↳ 총편익과 총비용
산규모를 늘린다.

④ 다른 조건이 모두 동일할 때, 니스카넨모형에 따른 공공재의 초과공급은 미그-
빌레인저모형에 따를 때의 초과공급보다 <u>적다</u>.
　　　　　　　　　　　　　　　　　　↳ 많다.

유사문제 CHECK
2025년 29번
2022년 30번

관련이론	니스카넨(W. Niskanen)모형과 미그-빌레인저(Migue-Belanger)모형	
구 분	니스카넨(W. Niskanen)모형	미그-빌레인저(Migue-Belanger)모형
기본 가정	관료들의 예산 극대화	관료들의 효용 극대화
공공재 생산점	총편익과 총비용이 교차하는 점	순편익곡선과 무차별곡선이 접하는 점
결 론	과잉생산이 이루어지고, 사회적인 순편익은 0	여전히 과잉생산이 이루어지나 니스카넨 모형보단 적은 수준

유 형	이론형
중요도	★☆☆	정답	③

문제 30 공공선택이론

정답해설

선호강도를 반영할 수 있는 제도란 선호를 기수적으로 반영하는 제도를 의미한다. 보기에서 선호 강도를 반영할 수 있는 제도는 ㄴ. 보다(Borda)투표제 *관련이론1*, ㄷ. 점수투표제 *관련이론2*, ㄹ. 투표거래(logrolling) *관련이론3* 총 3개이다.

> **합격의 TIP**
>
> 중요도는 매우 낮지만, 이 문제는 보자마자 1초만에 정답을 찾아낼 수 있는 매우 기본적인 문제이다. 반드시 맞추도록 하자. 또한 보다투표제와 점수투표제 관련문제로 2018년 33번을 함께 학습하자

관련이론1 **보다(Borda)투표제**

(1) 특 징

점수투표제의 일종이지만, 선호강도가 약화되어 있다. 즉, 순서에 의해서만 선호강도가 표시되기 때문에 선택대상 간 연관성이 있다. 예를 들어 A, B, C라는 선택지에서 A에 3점을 부여하게 되면, B와 C는 각각 2점과 1점을 받게 된다.

(2) 장 점

1) 중도의 대안이 채택될 가능성이 높음
2) 투표의 역설이 발생하지 않음

(3) 단 점

1) 전략적인 행동이 유발될 가능성이 있음
2) 애로우의 불가능성 정리 중 독립성에 위배

관련이론2 **점수투표제**

(1) 특 징

각 선택지에 점수를 부여하고 각 점수의 합이 가장 높은 대안을 선택하는 방법이다.

(2) 장 점

1) 선호강도에 따라 점수를 배분하므로 투표의 역설이 발생하지 않음
2) 소수의 의견도 투표결과에 반영

(3) 단 점

1) 투표자들의 전략적 행동을 유발할 가능성이 높음
2) 각 대안의 투표자 선호 강도를 수치로 파악하는 것 자체가 쉽지 않음
3) 애로우의 불가능성 정리 중 독립성에 위배

관련이론3 **투표거래(logrolling)**

(1) 정 의

투표자들이 자신이 가장 선호하는 대안이 선택될 수 있도록 다른 투표자와 협의하여 각각 상대방이 선호하는 대안에 찬성투표를 하는 행위로 모든 투표제도하에서 발생 가능하지만, 점수투표제에서 가장 활발하게 나타나는 행위

(2) 개인들의 선호강도가 반영된다는 장점이 있으나, 효율성 여부는 증가시킬지 악화시킬지 알 수 없고, 공급량은 투표거래가 없을 때보다 반드시 증가

문제 31 외부성

유 형	이론형
중요도 ★★☆	정답 ④

정답해설

① 경유 사용으로 인해 대기오염이 증가하여 국민건강을 해친다면, 이는 **외부경제효과**이다.
　↳ 외부불경제

② 경유 소비에 대해 **토빈세(Tobin tax)**를 부과하면 대기오염을 감축시킬 수 있다.
　　　　　　　↳ 피구세

③ 대기오염을 유발하기 때문에 경유 소비는 사회적 적정 수준보다 **과소하다**.
　　　　　　　　　　　　　　　　　　　　　　↳ 과다하다.

⑤ 조세부과를 통해 외부효과를 내부화할 수는 있지만, 자원배분의 효율을 **달성하기 어렵다**.
　↳ 달성할 수 있다.

합격의 TIP

외부성의 경우 매년 출제되는 문제이다. 2019년의 경우 난이도가 쉽게 출제되어 비교적 정답을 빠르게 찾을 수 있었다. 외부성의 경우 응용문제를 출제하기 쉽고, 계산형(2019년 32번)도 자주 출제되기 때문에 다른 문제들을 통하여 완벽하게 학습해두자

문제 32 외부성

유 형	계산형
중요도 ★★★	정답 ⑤

정답해설

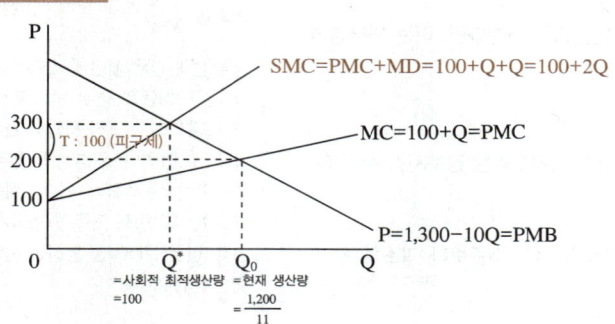

유사문제 CHECK
- 2025년 28번
- 2025년 29번
- 2023년 24번
- 2021년 37번
- 2019년 34번

합격의 TIP

외부성의 경우 응용하여 출제될 경우 난이도가 올라가고, 정답을 찾는 데 있어 오랜 시간이 걸릴 수 있다. 유사문제를 통해 반드시 학습하고, 관련이론의 4가지 외부성 그래프는 시험 전 머릿속에 반드시 입력해 두도록 하자

관련이론 외부성

I. 생산측면 : 긍정적(외부경제)
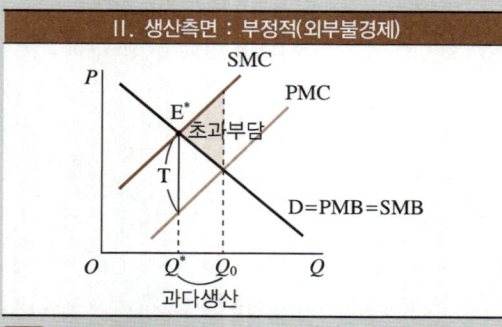
과소생산

III. 소비측면 : 긍정적(외부경제)

과소생산

II. 생산측면 : 부정적(외부불경제)

과다생산

IV. 소비측면 : 부정적(외부불경제)
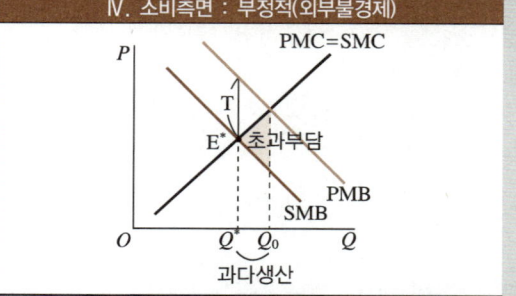
과다생산

[Tip] 조세를 판단할 땐 Q^*[사회적 최적생산량]
초과부담을 판단할 땐 Q_0[현재 생산량(과소생산 또는 과다생산되는 지점)]

문제 33 외부성

유 형	이론형
중요도 ★★☆	정답 ⑤

정답해설

외부성을 해결하기 위한 방법 *관련이론

ㄱ. 강물에 대한 소유권을 설정한다. → 코즈정리

ㄴ. 오염배출권을 발행하여 거래한다. → 오염배출권제도

ㄷ. 축산농가에 대해 환경세를 부과한다. → 조세 및 보조금제도

ㄹ. 가축분뇨 방류로 인한 수질 오염 허용치를 설정한다. → 정부 직접규제

✅ 유사문제 CHECK

2016년 23번

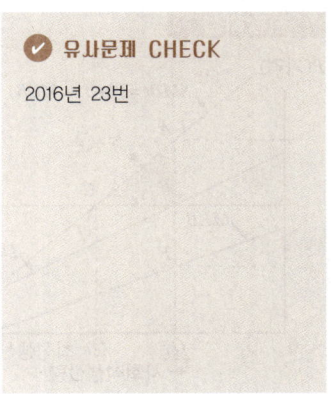

관련이론 외부성을 해결하기 위한 방법

(1) 합병 : 외부성을 유발하는 기업과 그로 인해 피해를 입는 기업을 합병하여 외부효과를 내부화시킴

(2) 코즈정리 : 외부성의 원인인 재산권이 제대로 정해져 있지 않기 때문이라 가정하고, 재산권(소유권)을 적절하게 설정하면, 시장기구가 스스로 외부효과 문제를 해결

(3) 오염배출권제도 : 총량을 규제하는 방식으로 정부가 개입하여 오염배출의 총량을 줄이고, 시장기능을 활용하여 오염배출권이 적절히 거래가 되도록 하는 제도

(4) 피구세 : 최적생산량 수준에서 외부한계비용만큼 조세를 부과하거나, 외부한계편익만큼 보조금을 부과

(5) 정부의 직접규제

문제 34 외부성

유형 이론형
중요도 ★★★ **정답** ④

정답해설

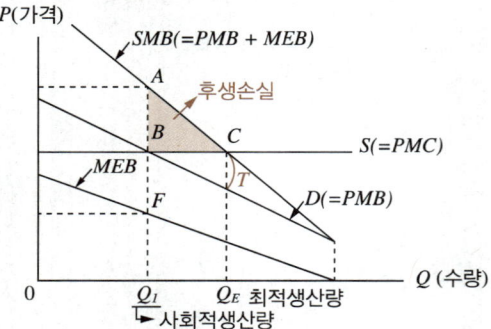

문제에서 주어진 그림을 보면 사회적생산량(Q_1)이 최적생산량(Q_E)보다 적으므로 과소생산되고 있으며, $SMB > PMB$이므로 소비에 외부편익이 존재하는 것을 알 수 있다. 이 경우 후생손실은 삼각형 ABC이며, 보조금 지급(T)으로 생산량을 변화시킬 수 있다. 따라서 제시한 보기 중 올바르지 못한 질문을 수정하면 다음과 같다.

- 시장균형에서는 생산량을 변화시키려는 경쟁적 힘이 ~~작용한다~~.
  작용하지 않는다. 보조금 등을 활용한 정부개입을 통해 생산량을 변화시킬 수 있다.

✓ 유사문제 CHECK
2021년 37번
2019년 32번

문제 35 소득분배 및 사회보장

유 형	이론형
중요도 ★★★	정답 ①

정답해설

① 상위 20%의 소득이 서로 같은 A, B국이 있을 때, A국의 10분위분배율이 1/2이고 B국의 5분위배율이 2라면, 하위 20%의 소득은 A국이 B국보다 크다.
   작다. 10분위분배율은 클수록 평등하고, 5분위배율은 작을수록 평등하다.

✓ 유사문제 CHECK

2025년 37번
2023년 28번
2022년 37번
2021년 33번
2020년 39번
2017년 34번

합격의 TIP

앳킨슨지수의 심화학습을 하고 싶은 수험생은 2017년 24번 문제를 학습해보자

관련이론 소득분배불평등의 측정방법의 비교

평등지수	측정방법	측정의 판정
로렌츠곡선과 지니계수	로렌츠곡선 그림 ①②③ / 지니계수 : ②/(②+③)	• 로렌츠곡선 : 곡선이 대각선에 가까울수록 평등 • 지니계수 : 0과 1 사이의 값을 가지며, 작을수록 평등
10분위분배율	$\dfrac{\text{하위 40\%의 소득}}{\text{상위 20\%의 소득}}$	0과 2 사이의 값을 가지며 클수록 평등
달튼의 평등	공리주의 사회후생을 가정하며, 모든 사람에게 완전히 균등하게 소득이 분배되었을 때 사회후생이 극대화됨	0과 1 사이의 값을 가지며, 클수록 평등
앳킨슨지수	$A = 1 - \dfrac{Y_e}{Y}$	0과 1 사이의 값을 가지며, 작을수록 평등
5분위소득배율	$\dfrac{\text{상위 20\%의 소득}}{\text{하위 20\%의 소득}}$	1에서 무한대의 값을 가지며, 작을수록 평등

문제 36 소득분배 및 사회보장

유형: 이론형
중요도: ★☆☆
정답: ③

정답해설

①, ②, ④, ⑤의 경우 논란에 여지가 없는 옳은 지문이다.

③ 사회보험제도는 <u>보험료를 납부한 사람만</u>, 그리고 공공부조 프로그램은 <u>세금을 납부한 사람에게만</u> 혜택을 준다.
  ↳ 자격요건을 구비한 모든 사람에게(재원 : 보험가입자 및 사용자)
  ↳ 필요성을 입증한 사람들에게(재원 : 일반조세)

문제 37 소득분배 및 사회보장

유형		이론형	
중요도	★★★	정답	③

정답해설

① 우리나라의 국민연금제도는 국내에 거주하는 ~~16세~~ 이상 60세 미만의 국민이면
   └ 18세
   가입이 가능하다.

② 공무원, 군인, 사립학교 교원 등은 별도의 연금제도에 가입하지만, ~~본인이 원하면 국민연금에도 동시 가입이 가능하다.~~
   └ 본인이 원하더라도 국민연금에 동시 가입은 불가능하다. 국민연금은 공무원, 군인, 사립학교 교원 등을 제외한 18세 이상 60세 미만의 국민이 대상이다.

④ 사업장 가입자의 연금보험료 중 기여금은 가입자 본인이, 부담금은 사용자가 부담하는데, 그 금액은 각각 기준소득월액의 ~~5.0%이다.~~
   └ 4.5%이다.

⑤ 국민연금제도 도입에 따른 은퇴효과와 상속효과는 자발적인 저축을 ~~감소시킨다.~~
   증가 *관련이론

✓ 유사문제 CHECK

- 2025년 34번
- 2025년 40번
- 2024년 37번
- 2023년 36번
- 2020년 34번
- 2018년 22번
- 2017년 37번
- 2016년 20번

합격의 TIP

국민연금이 경제적으로 어떤 효과가 있는지에 대하여 응용하여 출제된다면 어렵게 출제될 수 있지만, 2019년의 경우 난이도가 매우 쉽게 출제되었다. 하단의 관련이론은 반드시 알아두고, 유사문제를 통하여 반드시 심화학습을 해두도록 하자

관련이론 국민연금의 경제적 효과

소득재분배효과	세대 간 재분배효과	적립방식	효과 없음
		부과방식	효과 있음
	세대 내 재분배효과	적립방식	효과 있음
		부과방식	효과 있음
노동공급에 대한 효과	노년층의 노동		조기은퇴효과 발생으로 감소
	청년층의 노동		알 수 없음
저축에 대한 효과	자산대체효과	적립방식	개인저축 감소 정부저축 증가 전체저축 불변
		부과방식	개인저축 감소 정부저축 불변 전체저축 감소
	은퇴효과		개인저축 증가
	상속효과		개인저축 증가
	인식효과		개인저축 증가

※ 저축에 대한 4가지 효과를 모두 반영한다면, 개인저축의 변화는 확실하게 알 수 없고, 전체저축은 적립방식의 경우에는 감소, 부과방식의 경우에는 확실히 알 수 없다.

문제 38 소득분배 및 사회보장

유 형	이론형	
중요도	★☆☆	정답 ②

정답해설

①, ③, ④, ⑤는 정부가 사회보험을 도입하는 근거에 해당한다. 도덕적 해이란 감추어진 행동의 상황에서 어떤 계약(거래)이 이루어진 이후에 정보를 가진 측이 바람직하지 못한 행동을 하는 현상에서 발생하는 것으로 시장실패의 원인으로 해당되며, 정부의 시장개입에 대한 이론적인 근거는 될 수 있지만 사회보험 도입의 근거는 되지 않는다.

따라서 정답은 ②번이다.

합격의 TIP

매우 쉬운 문제이다. 이런 문제에서는 시간을 절약하고, 다른 문제를 푸는데 그 시간을 활용할 수 있도록 하자

문제 39 소득분배 및 사회보장

유 형	이론형	
중요도	★☆☆	정답 ⑤

정답해설

⑤ 자동안정장치는 불황기일 경우 ~~재정긴축~~(재정확장), 호황기일 경우 ~~재정확장~~(재정긴축)으로 작동된다.

합격의 TIP

자동안정장치의 사례에 관한 문제가 2018년 8번 문제로 출제된 바 있다. 이 문제와 함께 학습해두자

관련이론 자동안정장치(built-in stabilizer)

경기침체나 경기호황 때 정부가 의도적으로 정부지출과 세율을 변경시키지 않더라도 자동적으로 재정지출과 조세수입이 변하여 경기침체나 경기호황의 강도를 완화시켜 주는 제도로 경기가 침체되면 조세수입을 줄이고 경기호황에는 조세수입을 늘리는 역할을 한다.

문제 40 비용편익분석

유형	이론형
중요도 ★★★	정답 ①

정답해설

② 현재가치법을 사용할 경우, 할인율이 낮을수록 <u>장기사업보다 단기사업이 유리</u>
　　　　　　　단기사업보다 장기사업이 유리하다. 현재가치는 할인율로 나누어 계산되므로 할인율이 낮을수록
　　　　　　　장기사업이 유리하다.
　하다. *관련이론1

③ 현재가치법은 <u>총편익의 현재가치를 기준으로</u> 사업의 우선순위를 결정한다.
　　　　　　↳ 총편익의 현재가치에서 총비용의 현재가치를 차감한 값을 기준으로

④ 편익–비용비율법의 경우 그 값이 <u>작을수록</u> 우선순위가 올라간다. *관련이론2
　　　　　　　　　　　　　　　　↳ 클수록

⑤ 내부수익률은 순편익의 현재가치를 <u>1</u>로 만드는 할인율이다.
　　　　　　　　　　　　　　　　↳ 0으로

✓ 유사문제 CHECK

2021년 30번
2020년 36번
2020년 38번
2017년 39번
2016년 4번

합격의 TIP

비용편익분석의 경우 응용되어 출제될 경우 어렵게 출제될 가능성이 있다. 유사문제를 통해 심화학습을 반드시 해두도록 하자

관련이론 비용편익분석

(1) 비용편익분석 할인율 상승의 효과
　1) 현재가치가 미래가치보다 커진다.
　2) 미래보다 현재를 더 중요시 여긴다.
　3) 단기사업의 평가가 장기사업보다 더 높게 평가된다.
　4) 편익이 초기에 집중된 사업이 편익이 후기에 집중된 사업보다 더 높게 평가된다.
　5) 근시안적인 의사결정을 하게 된다.

(2) 편익–비용비율법
　1) $B/C \text{ ratio} = \dfrac{PV_B}{PV_C}$
　2) 단일산업 : B/C ratio > 1이면 채택, B/C ratio < 1이면 기각
　3) 복수사업 : B/C ratio가 큰 것부터 채택
　4) 문제점 : 사업의 규모를 고려하지 않으며, 부수적인 피해를 편익의 감소로 계산하는 경우와 비용의 증가로 계산하는 경우 상이한 결론에 도달할 수 있음

2018년 (제55회) 세무사 1차 재정학 정답

재정학

01	02	03	04	05	06	07	08	09	10
①	②	⑤	⑤	②	②	⑤	①	①	④
11	12	13	14	15	16	17	18	19	20
②	③	②	①	⑤	⑤	④	①	②	④
21	22	23	24	25	26	27	28	29	30
④	③	②	③	①	③	②	④	⑤	④
31	32	33	34	35	36	37	38	39	40
④	⑤	②	②	①	③	③	⑤	②	④

2018년 세무사 1차 결과

대상인원(명)	응시인원(명)	합격인원(명)	합격률(%)
10,438	8,971	3,018	33.64

2018년 과목별 결과

구 분	응시인원(명)	평균점수(점)	과락인원(명)	과락률(%)
재정학	8,971	57.34	1,302	14.51
세법학개론	8,971	47.43	2,961	33.00
회계학개론	8,946	39.20	4,645	51.92
상 법	3,625	68.10	476	13.13
민 법	996	69.20	94	9.44
행정소송법	4,325	62.99	663	15.33

문제 01 개별조세이론

유 형	이론형
중요도 ★★☆	정답 ①

정답해설

① 법인세의 과세대상은 ~~법인이윤과~~ 배당소득이다.
    ↳ 법인의 이윤이다. 배당소득은 소득세가 과세된다.

② 부가가치세의 면세제도는 기초생필품 등에 과세하지 않음으로써 형평성을 증진시키는 효과가 있다.

④ 상대가격을 변화시켜 의사결정에 영향을 준다면 그 조세는 중립적이라고 할 수 없다. 소득세의 경우 노동과 여가의 선택에 대해 상대가격을 변화시키므로 중립적으로 작용하지 않는다.

⑤ 일반적으로 간접세제는 직접세에 비해 조세저항이 낮다.

합격의 TIP

자주 나오는 주제는 아니지만 기본서를 공부한 수험생이라면 쉽게 풀 수 있는 문제이다.

문제 02 최적과세론

유 형	이론형
중요도 ★★★	정답 ②

정답해설

① 램지(Ramsey)원칙은 공평성은 고려하지 않으나, 효율성을 고려한다.

② 역탄력성원칙이 램지원칙에 비해 일반적인 원칙이다.
↳ 램지원칙을 통해 역탄력성원칙이 도출되기 때문에 램지원칙이 역탄력성원칙에

③, ④, ⑤ 램지(Ramsey)의 최적물품세 이론 *관련이론

✓ 유사문제 CHECK
2023년 3번
2021년 3번
2020년 16번
2019년 3번
2016년 16번

합격의 TIP
거의 매년 출제되는 이론이다. 유사문제 학습 및 관련이론을 통해 완벽하게 학습해두자

관련이론 램지(Ramsey)의 최적물품세 이론

(1) 가정 : X재와 Y재는 서로 독립재(교차탄력성 = 0)이고, 일정한 조세수입을 확보해야 함

(2) 이론의 방향 : 여가에 대한 과세가 불가능하기 때문에 초과부담의 최소화를 추구하였으며, 공평성은 고려하지 않음

(3) 램지규칙과 역탄력성의 법칙
  1) 한계초과부담이 동일해야 함
     즉, 세금 1원을 걷을 때 추가적으로 발생하는 초과부담이 동일해야 함
     - 계산 : $\dfrac{\triangle X_{세전}}{2X_{세후}}$
  2) 소비량 감소비율이 동일해야 함
     - 램지규칙 : $\dfrac{\triangle X}{X} = \dfrac{\triangle Y}{Y}$
  3) 위의 램지규칙을 이용하여 역탄력성의 원칙을 도출함(도출과정은 이 책에서는 생략하기로 한다)
     - 역탄력성의 규칙 : $\dfrac{t_Y}{t_X} = \dfrac{\epsilon_X}{\epsilon_Y}$
     - 해당 재화의 탄력성과 세율은 반비례한다는 역탄력성의 원칙이 도출됨
     - 결국 역탄력성의 원칙에 따라 조세를 부과하면, 사치재에는 낮은 세율이 부과되고 생활필수품에는 높은 세율이 부과되는 역진적인 조세를 부과하는 것이 초과부담의 최소화를 추구하는 최적과세라는 결론에 도달

문제 03 개별조세이론

유 형	이론형
중요도 ★☆☆	정답 ⑤

정답해설

① 우리나라의 재산세와 종합부동산세는 부동산 거래 시 부과된다.
　　　　　　　　　　　　　　　　　　　↳ 보유 시 부과된다.

② 부동산 보유세 인상 시 미래의 보유세 부담이 집값에 반영되어 집값이 상승하는 현상을 조세의 자본화라고 한다.
　↳ 부동산처럼 공급이 고정되어 있고, 내구성이 있는 상품에 조세를 부과하였을 때, 미래 조세부담의 현재가치만큼 가격이 하락하는 현상으로, 조세의 모든 부담을 공급자가 지는 현상임

③ 보유세 인상의 실제적인 부담은 보유세 인상 이후 부동산 구입자가 모두 부담하게 된다.
　　　　　　　　　　　　　↳ 보유세의 과세기준일 기준 보유하고 있는 자

④ 우리나라의 양도소득세는 부동산 양도 시 발생하는 차익에 대해 과세하는 지방세이다.
　↳ 국세이다.

⑤ 부동산 공급이 완전비탄력적인 경우 초과부담은 발생하지 않으며, 공급자가 조세를 100% 부담한다.

합격의 TIP

자주 출제되는 주제는 아니지만, 2018년은 부동산에 관련된 조세에 대한 정부의 관심이 높았었기에 출제된 것으로 보인다.

문제 04 개별조세이론

유 형	이론형
중요도 ★★☆	정답 ⑤

정답해설

①, ②, ③, ④는 개인소득세에 대한 맞는 설명이다.

⑤ 누진적인 소득세하에서 인플레이션은 실질 조세부담을 낮추는 효과를 가진다.
　↳ 높이는 효과를 가진다. 누진적인 소득세하에서 인플레이션이 상승하면 더 높은 세율 구간으로 이동할 수 있다. 또한 같은 조세를 부담하더라도 납세자의 실질 구매력이 낮아지기 때문에 실질적인 조세부담은 더 커진다.

유사문제 CHECK

2024년 8번
2023년 7번

문제 05 조세의 전가와 귀착

유형: 이론형 | 중요도: ★☆☆ | 정답: ②

정답해설

①, ③, ④, ⑤ 이익설이 갖는 단점이다. 이익설(편익원칙)은 공공재로부터 얻는 편익만큼 세금이 부과되는 시장경제원리를 따르고 있다. 따라서 강제성보다는 자발적 교환 원리에 기초하며 조세는 편익의 대가로 납부되기 때문에 소득재분배 또는 경제안정화 기능은 배제될 수밖에 없다.

② 공공재로부터 얻는 편익만큼 세금이 부과되기 때문에 조세부과가 용이하다는 장점이 있다.

문제 06 조세의 전가와 귀착

유형: 이론형 | 중요도: ★★★ | 정답: ②

정답해설

① 비용불변이기 때문에 소비자가격은 변동하지 않는다.
  ↳ 변동한다. 수요곡선이 비탄력적일수록, MC곡선이 완만할수록 소비자에게 많이 전가된다.

② 독점기업이라고 항상 조세부담을 소비자에게 전가시킬 수 있는 건 아니기 때문에 종가세의 부담은 소비자와 생산자 모두 부담한다.

③ 소비자잉여는 불변이다.
  ↳ 감소한다. 조세의 부담이 소비자에게 일부 전가되기 때문이다.

④ 독점기업이기 때문에 이윤을 줄이지 않고 대응할 수 있어 독점이윤은 불변이다.
  → 독점기업도 조세를 일부 부담하기 때문에 독점이윤은 불변이 아니다.

⑤ 가격상승은 부과된 단위당 세액보다 크다. *관련이론
  ↳ 작다. 독점가격은 단위당 $\frac{1}{2}T$만큼 상승한다.

유사문제 CHECK
2021년 6번

합격의 TIP
추가로 하단의 관련이론을 알아두면, 비용불변 독점기업 문제가 계산 문제로 응용되었을 때, 가격을 빠르게 계산할 수 있으므로 암기해 두도록 하자

관련이론 비용불변 독점기업에 물품세 부과 후 가격의 변화

(1) 유형 I. 수요곡선이 우하향의 직선이고 MC 곡선이 수평선인 경우

단위당 T원이 과세될 때 독점가격은 $\frac{1}{2}T$만큼 상승한다.

(2) 유형 II. 수요곡선의 탄력성이 1보다 크면서 일정하고 MC 곡선이 수평선인 경우

단위당 T원이 과세될 때 독점가격은 $\frac{1}{1-\frac{1}{\varepsilon}} \cdot T$만큼 상승한다.

문제 07 외부성

유 형: 이론형
중요도: ★★★   정답: ⑤

정답해설

① 공해세 부과는 해당 제품이 한계비용을 인하하는 영향을 초래한다.
  ↳ 상승하는

② 공해세 부과 후 해당 제품의 가격은 하락하게 된다.
  ↳ 상승하게. 단, 예외적으로 수요곡선이 수평선인 경우, 가격변동은 없으며, 생산량만 큰 폭으로 감소한다.

③ 공해세 부과는 해당 제품의 과소한 생산량을 늘리는 효과가 있다.
  ↳ 감소시키는

④ 공해세 부과에 따라 공해가 완전히 제거된다.
  ↳ 완전히 제거될 순 없고, 사회적으로 적절한 생산량이 계산된다. 따라서 사회적 최적생산량을 생산할 때 발생하는 공해는 완전히 제거되는 것이 아니다.

문제 08 조세의 기초이론

유 형: 이론형
중요도: ★☆☆   정답: ①

정답해설

① 담배 소비세를 인상하였다.
  ↳ 담배의 수요를 줄이고자 하는 정책이다.

②, ③, ④, ⑤ 자동안정화장치의 사례에 속한다. *관련이론

관련이론 자동안정화장치(built-in stabilizer)

경기침체나 경기호황 때 정부가 의도적으로 정부지출과 세율을 변경시키지 않더라도 자동적으로 재정지출과 조세수입이 변하여 경기침체나 경기호황의 강도를 완화시켜 주는 제도로 경기가 침체되면 조세수입을 줄이고 경기호황에는 조세수입을 늘리는 역할을 한다.

문제 09 조세의 기초이론

유 형	이론형
중요도 ★☆☆	정답 ①

정답해설

ㄱ. 징세비용에 관한 설명이다.

ㄴ. 문제에서 제시한 자원배분의 왜곡에 대해 가장 자세히 설명하고 있다. 조세가 부과됨에 따라 동기부여가 낮아지고, 어떤 산업부문에 종사하는 것을 단념하도록 만드는 등 국민들의 의사결정이 바뀌었다.

ㄷ. 탈세에 관한 설명이다.

ㄹ. 납세협력비용에 관한 설명이다.

따라서 자원배분의 왜곡과 관련된 항목은 ㄴ이다.

> **합격의 TIP**
>
> 자주 출제되는 주제가 아니기 때문에 시험장에서 당황할 수 있으나 국부론을 알지 못하더라도, 문제에서 자원배분의 왜곡과 관련된 항목을 고르라고 하였으므로 정답을 찾는 것은 어렵지 않다. 참고로 아담 스미스는 경제체제에서 철저한 시장 경제원리인 '보이지 않는 손'을 주장한 사람이다.

문제 10 최적과세론

유 형	이론형
중요도 ★★★	정답 ④

정답해설

①, ②, ③, ⑤ 탈세에 관한 옳은 설명이다.

④ 귀속소득을 보고하지 않아 탈세가 되는 경우가 많다.
→ 귀속소득은 과세의 대상에서 제외된다. 따라서 탈세와 관련이 없다. 귀속소득이란 본인이 갖고 있는 재산의 이용 및 자가노동 등에서 얻어지는 경제적 이익 등을 말한다. 따라서 담세력을 증가시키는 소득이지만 귀속소득의 범위가 불명확하고, 귀속소득을 파악하는 것이 쉽지 않기 때문에 과세에서는 제외되는 소득이다.

> **유사문제 CHECK**
>
> 2020년 18번
> 2019년 7번

문제 11 조세의 효율성 : 초과부담

유형: 계산형 **중요도**: ★★★ **정답**: ②

정답해설

1 자료정리

$MC_A = 100$

$P = 200 - 2Q_A$

$T = $ 단위당 20의 조세

2 비효율성계수 = $\dfrac{\text{초과부담}}{\text{조세수입}}$

1) 초과부담

① 조세부과 전 균형거래량 : $P = MC_A$

  $200 - 2Q_A = 100$

  $Q_A = 50$

② 조세부과 후 균형거래량 : $P = MC_A + T$

  $200 - 2Q_A = 100 + 20$

  $Q_A = 40$

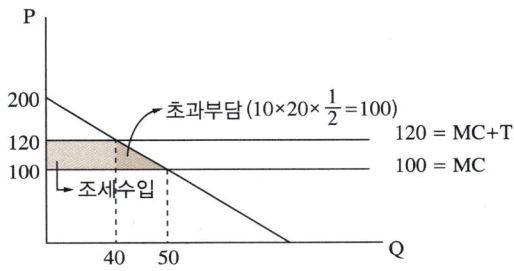

③ 초과부담 : (조세부과 후 수요량 − 조세부과 전 수요량) × 단위당 조세액 × $\dfrac{1}{2}$

  $= (50 - 40) \times 20 \times \dfrac{1}{2} = 100$

2) 조세수입

  = 조세부과 후 수요량 × 단위당 조세액

  $= 40 \times 20$

  $= 800$

3) 비효율성계수 = $\dfrac{\text{초과부담}}{\text{조세수입}} = \dfrac{100}{800} = 0.125$

유사문제 CHECK

2025년 5번

2021년 8번

2018년 17번

2018년 34번

2017년 20번

문제 12 개별조세이론

정답해설

ㄱ, ㄴ, ㄹ. 법인세와 소득세의 통합과 관련된 논의 *관련이론

ㄷ. 배당세액공제제도: 부분통합으로 법인의 모든 이윤에 과세한 후, 이중과세를 피하기 위하여 법인세 과세분 전체를 개인소득에서 세액공제하는 방식이다.
↳ 배당금에 대한 귀속법인세를 가산하여 배당소득금액을 산정하고, 산출세액 시 배당세액공제를 통하여 납부세액을 산정하는 방식이다.

따라서 옳은 것은 ㄱ, ㄴ, ㄹ이다.

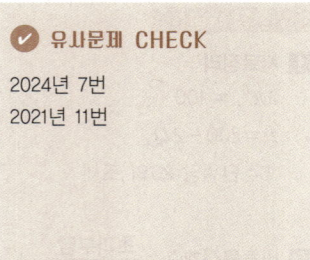

유사문제 CHECK
2024년 7번
2021년 11번

관련이론 법인세와 소득세의 통합과 관련된 논의

(1) 조합방식(partnership method)
　1) 법인세를 폐지시키고 사내유보까지 주주에게 배당되었다고 가정한 뒤, 주주에게 소득세 과세
　2) 문제점: 미실현 상태인 사내유보를 과세함에 따라 유동성 문제가 생김, 각 주주에게 통지해야 할 행정비용이 문제가 될 수 있음, 고소득층 주주의 반발이 심할 것으로 예상됨

(2) 자본이득방식(capital gain method)
　1) 법인세를 폐지하고 주주에게 주가가 상승된 것을 배당이라 보고, 배당소득세를 부과
　2) 문제점: 사내유보 금액이 클 경우 주가의 가치가 커지므로, 미실현자본이득이 발생하게 됨 결국 자본이득에 소득세를 부과하게 됨

(3) 배당세액공제제도(dividend-received credit)
　1) 배당금에 대한 귀속법인세를 가산하여 배당소득금액을 산정하고, 산출세액 시 배당세액공제를 통하여 납부세액을 산정

(4) 차등세율제도(split rate system)
　1) 법인세는 유지시키되, 배당에는 법인세율을 인하해주고, 사내유보에는 법인세율을 인상하는 제도로 기업의 배당을 촉진시키는 작용을 할 수 있음
　2) 문제점: 이중과세가 완전히 사라지는 것은 아님

※ (1)번과 (2)번 방식은 법인세를 완전히 폐지하고, 다른 세목으로 과세하자는 완전통합방식이고 (3)번과 (4)번은 법인세를 보완하자는 부분통합방식이다.

문제 13 조세의 경제적 효과

유 형	이론형
중요도 ★★★	정답 ②

정답해설

①, ② 여가가 정상재일 경우, 소득효과로 노동공급이 증가하고, 대체효과로 노동공급이 감소하여 총노동공급의 변화는 알 수 없다.

③, ④, ⑤ 여가가 열등재일 경우, 소득효과와 대체효과 모두 노동공급을 감소시키므로 총노동공급은 감소한다.

유사문제 CHECK
2023년 10번, 2021년 16번
2017년 12번, 2017년 18번
2016년 27번

합격의 TIP
매우 자주 출제되는 문제이므로, 관련이론은 물론 유사문제를 통해 정확하게 학습해두자. 또한 2016년 27번 합격의 Tip에 저자가 실제 수험장에서 외웠던 방법을 수록해 놓았다. 관심 있는 수험생은 유사문제를 풀면서 참고해보자

관련이론 근로소득세(비례소득세)와 노동공급

(1) 근로소득세(비례소득세)가 노동공급에 미치는 영향

가격효과	소득효과	시간당 임금이 감소함에 따라 실질소득이 감소하게 됨 • 여가 = 정상재인 경우 : 여가는 감소, 노동공급은 증가 • 여가 = 열등재인 경우 : 여가는 증가, 노동공급은 감소
	대체효과	시간당 임금이 감소함에 따라 여가의 기회비용이 감소하게 됨 • 여가는 증가, 노동공급은 감소

• 여가 = 정상재인 경우
  - 소득효과 > 대체효과 : 노동공급은 증가
  - 소득효과 < 대체효과 : 노동공급은 감소
  ※ 사람들은 효용에 따라 선택하므로, 노동공급은 소득효과와 대체효과에 따라 결정됨에 주의한다.

(2) 근로소득세(비례소득세)와 노동공급곡선

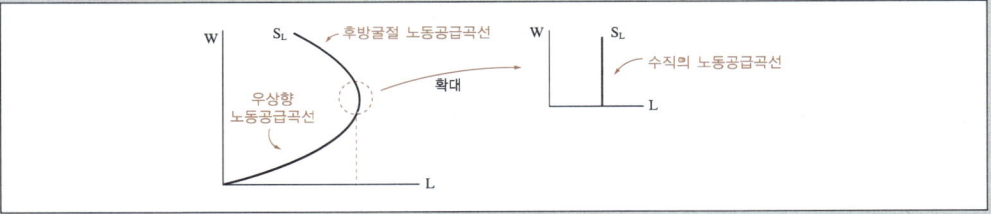

1) 후방굴절 노동공급곡선(실질임금 감소 → 노동 증가)
   여가 = 정상재 & 소득효과 > 대체효과
2) 우상향 노동공급곡선(실질임금 감소 → 노동 감소)
   여가 = 열등재
   여가 = 정상재 & 소득효과 < 대체효과
3) 수직의 노동공급곡선(실질임금 불변 → 노동 불변)
   여가 = 정상재 & 소득효과 = 대체효과

문제 14 개별조세이론

유 형	이론형
중요도 ★★☆	정답 ①

정답해설

문제의 세율구조에 평균세율을 그려보면 다음과 같다.

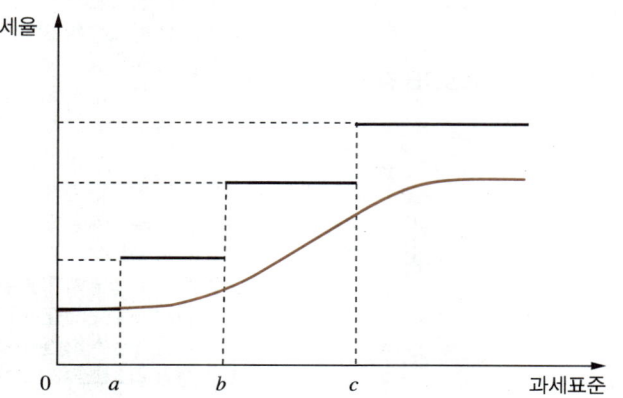

② 평균세율은 과세표준의 구간에 따라 계단식으로 증가한다.
　↳ 완만하게 지속적으로 증가한다.

③ 과세표준의 전 구간에 걸쳐 평균세율은 한계세율보다 낮다.
　↳ 누진세가 나타나기 전 한계세율과 평균세율이 같은 구간을 제외한 구간에 걸쳐

④ 과세표준이 c를 초과하면 평균세율은 더 이상 증가하지 않는다.
　↳ 초과해도 평균세율은 증가한다.

⑤ 과세표준의 전 구간에서 세액공제가 증가하면 한계세율은 감소한다.
　증가해도 한계세율에는 영향이 없다. 세액공제는 한계세율에 영향을 주지 않는다.

합격의 TIP

문제에서 세율이 한계세율인지 평균세율인지 주어지지 않았으나 정답을 찾을 때 문제를 과세표준과 한계세율의 관계를 나타내고 있다고 생각하며 풀면 정답을 찾을 수 있다.

문제 15 개별조세이론

유 형	이론형	
중요도	★★☆	정답 ⑤

정답해설

①, ②, ③, ④ 조세부과가 미치는 효과 *관련이론

⑤ 정액세(lump-sum tax)는 **초과부담을 수반하지 않기 때문에 형평성 측면에서 우월한 조세이다.**
  ↳ 중립세 부과 시 저소득층의 부담이 커진다면 조세가 역진적인 성격을 띨 수 있으므로 형평성 측면에서 우월하지 않다.

관련이론 조세부과가 미치는 효과

구 분	재화 간 선택	여가 - 소득 간 선택	현재 - 미래소비 간 선택
소득세	X (소득세는 소득에 부과되는 세금이므로, 재화 사이의 상대가격을 변화시키지 않음)	O (여가의 상대가격에 변화를 가져오기 때문에 여가와 소득 간 선택에 교란이 발생)	△ (근로소득세의 경우에는 현재와 미래소비의 선택에 교란이 발생하지 않지만, 이자소득은 현재와 미래소비의 선택에 교란이 발생)
지출세	X (총소비지출액에 부과되므로 재화 사이의 상대가격을 변화시키지 않음)	O (여가의 상대가격에 변화를 가져오기 때문에 여가와 소득 간 선택에 교란이 발생)	X (현재와 미래소비의 선택에 교란이 발생하지 않음)
일반소비세	△ (모든 재화 및 서비스에 부과되면, 재화 사이의 상대가격을 변화시키지 않지만, 특정제품에 소비세가 부과되면 재화 사이의 상대가격을 변화시킴)	O (여가의 상대가격에 변화를 가져오기 때문에 여가와 소득 간 선택에 교란이 발생)	X (현재와 미래소비의 선택에 교란이 발생하지 않음)
개별소비세	O (물품에 과세가 되므로 재화 간 상대가격에 변화를 가져오기 때문에 재화 간 선택에 교란이 발생)	O (여가의 상대가격에 변화를 가져오기 때문에 여가와 소득 간 선택에 교란이 발생)	X (현재와 미래소비의 선택에 교란이 발생하지 않음)
인두세	X (성인이 된 모든 사람에게 같은 세율이 부과되므로 재화 사이의 상대가격을 변화시키지 않음)	X (여가의 상대가격에 변화를 가져오지 않음)	△ (중립세에 가장 근접한 것으로 볼 수 있지만, 자녀의 수를 고려할 경우 중립세를 만족할 수 없음)

문제 16 조세의 경제적 효과

유 형	이론형
중요도 ★★★	정답 ⑤

정답해설

⑤ 이자소득세 부과 시 미래소비에 주는 영향은 대체효과와 소득효과로 나눠지는데 이들 두 효과는 ~~서로 반대 방향으로 작동한다.~~
→ 서로 같은 방향으로 작동한다.

✓ 유사문제 CHECK

2025년 10번
2024년 12번
2023년 11번
2022년 14번
2020년 14번

합격의 TIP

앞으로도 출제될 가능성이 높으므로, 정확하게 알아두자

관련이론 이자소득세가 저축에 미치는 영향

(1) 예금자

가격효과	소득효과	현재소비 = 정상재	현재소비 감소, 미래소비 감소, 저축 증가
		현재소비 = 열등재	현재소비 증가, 미래소비 증가, 저축 감소
	(실질 이자율(실질 수익률)이 하락하여 실질소득 감소)		
	대체효과	현재소비 증가, 저축 감소, 미래소비 감소	
	(실질 이자율(실질 수익률)의 하락으로 현재소비의 기회비용이 감소)		

(2) 차입자

가격효과	소득효과	현재소비 = 정상재	현재소비 증가, 미래소비 감소, 저축 감소
		현재소비 = 열등재	현재소비 감소, 미래소비 증가, 저축 증가
	(실질 이자율(실질 수익률)이 하락하여 실질소득 증가)		
	대체효과	현재소비 증가, 저축 감소, 미래소비 감소	
	(실질 이자율(실질 수익률)의 하락으로 현재소비의 기회비용이 감소)		

문제 **17** 조세와 효율성 : 초과부담	유 형	이론형
	중요도 ★★★ 정답 ④	

정답해설

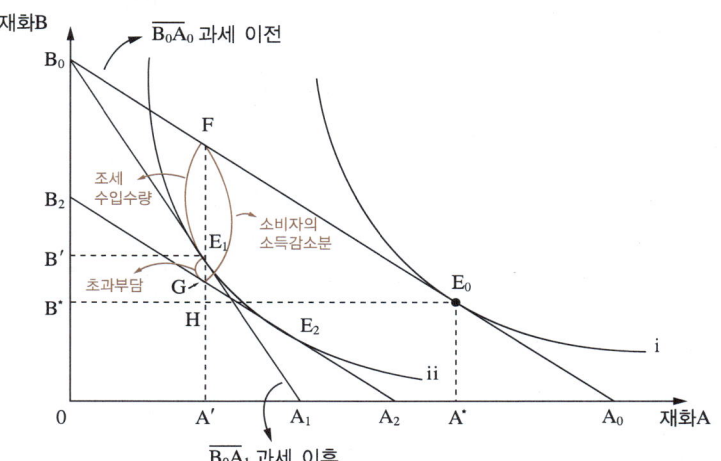

유사문제 CHECK

2022년 7번
2019년 4번
2018년 11번
2018년 34번
2017년 20번

합격의 TIP

동등변화와 보상변화에 대한 개념도 함께 잡혀 있어야 풀 수 있는 문제이다. 계산문제로 출제된 것은 아니기 때문에 난이도는 어렵지 않지만, 추후 이 문제를 응용한 계산문제에 대한 대비가 필요하다.

관련이론 보상수요곡선

(1) 보상변화 : 변화 후 가격기준으로 변화 전의 효용을 측정, 동일한 효용을 얻기 위해 조정해줘야 하는 소득

(2) 보상수요곡선(D_h) : 소득효과를 배제하고 오직 대체효과만 고려한 수요곡선으로 초과부담 및 소비자잉여의 정확한 측정이 가능함

(3) 통상수요곡선(D) : 대체효과와 소득효과를 모두 고려한 수요곡선으로 마샬의 수요곡선이라고도 함

(4) 재화의 종류에 따른 보상수요곡선과 통상수요곡선의 비교

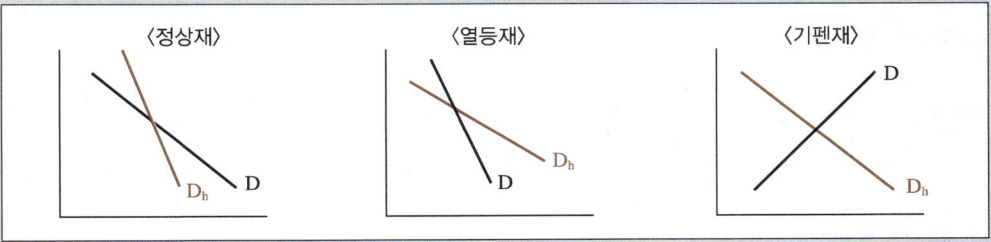

유 형		이론형	
중요도	★★☆	정답	①

문제 18 개별조세이론

정답해설

① 누진세율 구조인 경우 세액공제의 실제 조세감면 효과는 대상자의 소득이 클수록 크게 나타난다.
　　　　　　　　　↳ 소득공제

②, ③, ④, ⑤ 세액공제와 소득공제의 비교 *관련이론

유사문제 CHECK

2022년 3번
2019년 5번
2016년 15번

합격의 TIP

관련이론의 내용을 정확히 알지 못하더라도 소득세법에서 소득공제와 세액공제의 차이를 알고 있다면 쉽게 문제를 풀 수 있다.

관련이론 세액공제와 소득공제의 비교

구 분	소득공제	세액공제
과세표준	감 소	불 변
혜 택	고소득층일수록 유리	저소득층이 상대적으로 유리
한계세율	적용받는 한계세율이 소득공제를 통해 낮아질 수도 있음	불 변
특 징	특정 경제행위를 장려하는데 유리	실질소득을 증가시키는데 유리

유 형		이론형	
중요도	★★☆	정답	②

문제 19 조세의 전가와 귀착

정답해설

X재 : 자본집약적
Y재 : 노동집약적
가정 : 모든 시장은 완전경쟁으로 노동과 자본의 총량은 일정하며, 부문 간 요소 이동이 자유롭다.

① 노동에 대한 일반요소세(t_L) *관련이론1

② X재화에 물품세를 부과하면 노동에 대비한 자본의 상대가격을 높이게 된다. *관련이론2
　→ 낮추게 된다. 자본집약적인 X재화에 물품세 부과 시 자본에 대비한 노동의 상대가격(r/w)이 높아지므로, 노동에 대비한 자본의 상대가격(w/r)은 낮아진다.

③, ④, ⑤ *관련이론3

유사문제 CHECK

2022년 16번

합격의 TIP

수험생으로서 조금은 부담이 가는 부분이지만, 자주 출제되기 때문에 정확히 알아두어야 한다. 하단의 관련이론과 기출문제를 통해 탄탄하게 학습해두자

관련이론1 **노동에 대한 일반요소세(t_L)**

(1) 특징 : 모든 부분에 고용된 노동에 부과하는 조세

(2) 노동공급이 고정된 경우(= 노동공급곡선이 수직)
노동에 대한 일반요소세는 모두 노동자에게 귀착

(3) 노동공급이 가변적인 경우
   1) 노동자가 노동공급을 감소시켜 조세의 일부를 자본가에게 귀착시킴
   2) 자본과 노동의 상대가격(w/r) : 상승
   3) 요소집약도(L/K) : 상승

관련이론2 **개별물품세(t_X)**

(1) 특징 : 과세되는 물품의 집약적 생산요소에 불리하게 작용

$$t_X \to \left(\frac{P_X\uparrow}{P_Y}\right)\uparrow \begin{cases} \begin{pmatrix} X\text{노동집약적} \\ Y\text{자본집약적} \end{pmatrix} \to \begin{pmatrix} X\text{재 소비 및 생산}\downarrow \to L\text{해고}\uparrow \to w\downarrow \\ Y\text{재 소비 및 생산}\uparrow \to K\text{고용}\uparrow \to r\uparrow \end{pmatrix} \to \frac{w}{r}\downarrow \to \text{모든 기업의 } \frac{K\downarrow}{L\uparrow}\downarrow \\ \begin{pmatrix} X\text{자본집약적} \\ Y\text{노동집약적} \end{pmatrix} \to \begin{pmatrix} X\text{재 소비 및 생산}\downarrow \to K\text{해고}\uparrow \to r\downarrow \\ Y\text{재 소비 및 생산}\uparrow \to L\text{고용}\uparrow \to w\uparrow \end{pmatrix} \to \boxed{\frac{w}{r}}\downarrow \to \text{모든 기업의 } \frac{K\uparrow}{L\downarrow}\uparrow \end{cases}$$

변화크기의 결정요인
1) 요소집약도$\left(\frac{K}{L}\right)$의 차이가 클수록
2) 수요의 가격탄력성이 클수록
3) 요소대체탄력성이 작을수록
4) 요소공급탄력성이 작을수록

관련이론3 **자본에 대한 부분요소세(t_{KX})**

(1) 산출효과 : 과세대상 재화에 집약적으로 투입된 요소를 불리하게 만드는 효과로 집약적으로 투입된 생산요소의 상대가격을 낮추는 방향으로 작용

(2) 요소대체효과 : 과세대상 요소를 불리하게 만드는 효과로 조세가 부과된 생산요소의 상대가격을 낮추는 방향으로 작용

(3) 결론(t_{KX}의 경우)
   1) 과세대상 재화가 노동집약적 : 산출효과와 요소대체효과가 반대이므로 사전적으로 자본의 상대가격이 불분명하며, 누구에게 조세의 전가가 이루어질지 알 수 없음
   2) 과세대상 재화가 자본집약적 : 산출효과 요소대체효과가 같은 방향으로 움직이므로, 최종적으로 자본의 상대가격을 낮추고, 조세의 전가는 자본가에게 전가

관련이론4 **일반소비세(t_{XY})**

(1) 특징 : 모든 재화에 대하여 동일한 세율을 부과(여가는 고려하지 않음)하므로, 상대가격이 불변한다. 따라서 조세부과 전 상황이 파레토 효율이었다면, 파레토 효율 상태가 유지될 수 있다.

유 형		이론형	
중요도	★★☆	정답	④

문제 20 개별조세이론

정답해설

①, ③, ⑤는 법인세에 대한 올바른 설명이다.

② 법인세 폐지를 주장하는 자의 근거이다. *관련이론

④ 타인자본에 대해서만 이자비용을 공제를 허용하는 법인세는 투자재원 조달 방식에 왜곡을 가져오지 않는다.
↳ 투자재원 조달 방식에 왜곡을 가져온다.

유사문제 CHECK
2025년 7번
2024년 9번
2023년 6번
2022년 5번
2019년 20번

관련이론 법인세의 폐지주장

법인세를 소득세에 통합하여 과세하고, 법인세는 폐지하자는 주장으로 법인 의제설(법인은 실체가 없다는 이론)에 근거

(1) 폐지이유
  1) 개인이 법인기업을 통해 얻은 소득을 다른 소득과 구분하여 과세할 이유가 없음
  2) 법인에 대한 과세는 법인의 소유자인 개인의 조세부담능력에 따른 과세가 불가능
  3) 법인과 비법인의 기업형태에 따라 달리 과세되고 있는데, 이는 과세의 공평성과 중립성에 위배됨
  4) 법인세 부과로 인해 법인소득 단계와 개인소득 단계에서 이중과세하는 문제가 발생

문제 21 　비용편익분석

유형: 이론형　**중요도**: ★★★　**정답**: ④

정답해설

①, ②, ③ *관련이론

④ 추가적인 비용을 비용 증가 또는 편익 감소 어느 쪽으로 분류하든 편익-비용 비율은 <s>달라지지 않는다.</s>
　↳ 달라진다. 편익-비용비율은 편익의 현재가치를 비용의 현재가치로 나눈 값이다. 따라서 추가적인 비용을 비용의 증가로 인식할 때와 편익의 감소로 인식할 때의 값이 달라지게 된다.

✓ 유사문제 CHECK

2020년 36번, 2020년 38번
2017년 39번, 2016년 4번

합격의 TIP

거의 매년 출제되는 주제이다. 유사 문제를 반드시 학습하여, 계산문제와 이론문제 모두 대비할 수 있도록 준비하자

관련이론　순현재가치법(*NPV*)과 내부수익률(*IRR*법)

(1) 순현재가치법(*NPV*법)
1) 적절한 할인율(사회적 할인율)을 선택하여 공공투자로부터 예상되는 편익과 비용의 현재가치를 계산하는 방법
2) $NPV = -C_0 + \dfrac{B_1}{(1+r)^1}$

　C_0 : 현재 지출되는 비용, B_1 : 미래에(1기에) 예상되는 편익, r : 사회적 할인율
3) 단일 사업의 경우, *NPV*가 0보다 크면 사업안을 채택하고, *NPV*가 0보다 작으면 사업안을 기각
4) 복수 사업의 경우, *NPV*가 큰 것부터 선택하되, 예산 제약이 존재한다면, 주어진 예산을 별도로 고려하여 판단

(2) 내부수익률법
1) 공공사업의 시행 시 현재가치가 0이 되도록 하는 할인율로, 내부수익률과 사회적할인율을 비교하여 평가하는 방법
2) $0 = -C_0 + \dfrac{B_1}{(1+m)^1}$

　C_0 : 현재 지출되는 비용, B_1 : 미래에(1기에) 예상되는 편익, m : 내부수익률
3) 단일 사업의 경우, 내부수익률이 할인율보다 크면 채택하고, 내부수익률이 할인율보다 작으면 기각
4) 복수 사업의 경우, 내부수익률이 큰 것부터 선택
5) 문제점
　① 내부수익률이 존재하지 않거나 다수의 내부수익률이 존재할 가능성이 있음
　② 상호배타적인 사업의 선택에 있어서의 문제점(사업규모에 대한 고려가 미흡)
　③ 편익의 흐름양상이 다른 경우 잘못된 결론에 도달할 가능성
　　예 편익의 흐름양상이 다른 경우란 '1기에는 양수, 2기에는 음수, 다시 3기에는 양수'와 같이 편익의 부호가 섞여 있는 경우를 의미한다.

(3) *NPV*와 내부수익률

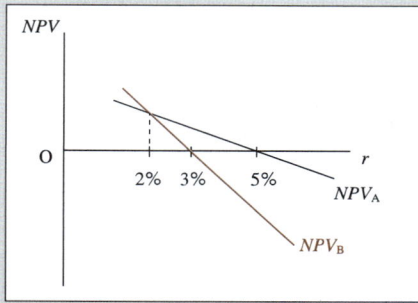

1) 현재가치법
　$r < 2\% \rightarrow B > A$
　$r = 2\% \rightarrow B = A$
　$r > 2\% \rightarrow A > B$
2) 내부수익률
　$A > B$
3) 편익-비용비율법(B/C ratio)
　$r < 3\%$: $B/C^A > 1$, $B/C^B > 1$
　$r > 5\%$: $B/C^A < 1$, $B/C^B < 1$
　$3\% < r < 5\%$: $B/C^A > 1$, $B/C^B < 1$

문제 22 소득분배 및 사회보장

유 형	이론형	
중요도	★★★	정답 ③

정답해설

①, ② 국민연금제도는 근로기간 동안 보험료를 납부하고, 은퇴 이후의 기간에 매월 일정액의 지급 받는 사회보험제도로 역선택을 방지하고자 의무화하였다.

③ 우리나라의 국민연금은 적립방식이 아닌 부과방식으로 도입되었다.
　↳ 부과방식이 아닌 적립방식으로

④ 연금급여에 대한 기대는 개인이 납부하는 보험료를 저축으로 인식하기 때문에 개인 저축을 줄이는 자산대체효과를 발생시킨다.

⑤ 적립방식의 연금 운용은 자신이 납부한 보험료를 수령하는 것으로 세대 간 소득재분배효과가 발생하지 않으나, 부과방식의 연금 운용은 세대 간 소득재분배효과가 발생한다.

✔ 유사문제 CHECK

2025년 34번
2025년 40번
2024년 37번
2023년 36번
2020년 34번
2019년 37번
2017년 37번
2016년 20번

합격의 TIP

자주 출제되는 주제이지만, 연금제도의 경제적 효과를 좀 더 자세히 물었던 해는 2017년 37번이라, 관련이론을 2017년에 37번에 수록하였다. 2017년 37번 문제의 해설과 관련이론을 정확하게 학습하자

문제 23 외부성

유 형	이론형	
중요도	★★☆	정답 ②

정답해설

② 야생동물에 대한 재산권을 동물 판매업자에게 부여한 결과 남획이 줄어들었다. 이는 재산권을 누구에게 부여하는가에 따라 소득분배뿐만 아니라 자원배분의 효율성도 영향을 받음을 의미한다.
　↳ 소득분배에는 영향을 미치지만, 자원배분의 효율성에는 영향을 미치지 않는다.

③ 시장기구를 통한 외부성 해결방법이다.

④ 코즈정리를 통한 외부성 해결방법이다.

✔ 유사문제 CHECK

2020년 32번
2016년 1번

문제 24 경제적 효율성과 시장실패

유 형	이론형
중요도 ★★☆	정답 ③

정답해설

①, ②, ④, ⑤ 후생변화의 판정기준 *관련이론

③ 판단하는 시점에서 보상 여부를 감안하지 않지만 선택 결정 이후에는 보상이 이루어져야만 성립한다.
 └ 선택 결정 이후에도 보상이 이루어져야 성립하는 것이 아니다. 보상원칙은 실제적 보상이 아닌 잠재적 보상을 가정한 이론이기 때문이다.

> **합격의 TIP**
> 보상원칙과 관련하여 기출문제가 출제될 경우에 가장 중요한 것은 실제적 보상이 아닌 잠재적 보상이란 것이다.

관련이론 후생변화의 판정 기준 – 보상원리

보상원리 : 한 사회상태에서 다른 사회상태로 이행하였을 때, 사회후생의 증감여부를 평가하는 기준

(1) 파레토 기준

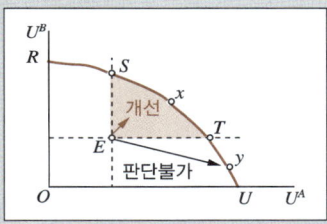

한 사회상태에서 다른 사회상태로 이동할 때, 어느 누구의 효용도 감소하지 않고 최소한 1명 이상의 효용이 증가할 때 개선이라고 판단하는 것. 즉, 누군가의 희생 없이는 어떤 사람의 후생증대도 불가능한 상태

(2) 칼도-힉스 기준

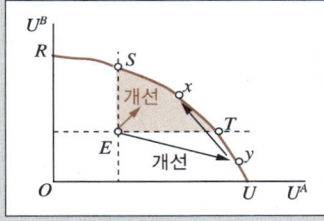

이득을 얻는 사람의 이득의 크기가 손해를 보는 사람의 손해의 크기보다 더 커서 잠재적으로 보상을 해주고도 남는 경우에 개선으로 평가하는 것으로 만약 효용가능경계 내부에서 효용가능경계상의 한 점으로 이동한다면 개선으로 평가됨. 이를 잠재적 파레토개선이라고 함(파레토 기준이 성립되면, 반드시 칼도의 기준도 성립하지만, 칼도의 기준이 성립하는 경우에 반드시 파레토 기준이 성립한다고 볼 수는 없다)

(3) 스키토프스키의 기준

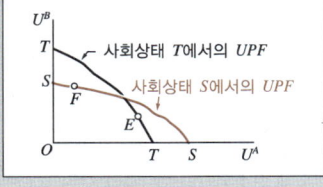

칼도 기준을 이중으로 적용하는 이론. S라는 상태에서 T라는 상태로 이동할 경우에는 칼도의 기준 시 개선으로 볼 수 있지만, T라는 상태에서 S라는 상태로 이동하는 경우에는 칼도의 개선으로 볼 수 없는 경우에 개선으로 평가함

(4) 보상원리에 대한 비판
 1) 실제적 보상이 아닌 잠재적 보상을 가정하였기 때문에 현실적이지 않음
 2) 각 경제주체가 화폐 1원으로부터 얻는 효용이 같을 것을 가정하지만, 실제로는 화폐 1원의 효용은 모두 다름

문제 25 경제적 효율성과 시장실패

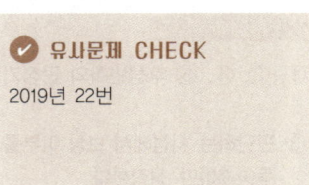

정답해설

②, ③, ④, ⑤ 애로우의 불가능성정리에서 말하는 5가지 조건 *관련이론

따라서 애로우의 불가능성정리에서 말하는 다섯가지 조건에 해당하지 않는 것은 ① 번이다.

관련이론 애로우의 불가능성정리

다섯가지 조건을 모두 충족하는 이상적인 사회후생함수는 존재하지 않음

조건1) 완비성(completeness)과 이행성(transitivity)
완비성 : 선택지 중 어떤 것이 선호되는지 판단할 수 있어야 함
이행성 : A, B, C 중 A가 B보다 선호되고, B가 C보다 선호되는 상태라면, 반드시 A는 C보다 선호됨

조건2) 비제한성(universality)
개인들이 어떤 선호를 갖고 있더라도 사회선호를 도출할 수 있어야 함

조건3) 파레토원칙(pareto principle)
모든 사회구성원이 A보다 B를 선호한다면, 사회 전체의 선호도도 A가 B보다 더 선호됨

조건4) 무관한 선택안으로부터의 독립성(Independence of Irrelevant Alternatives : IIA)
기수적 선호의 강도가 고려되어서는 안되며, 개인들의 우선순위에만 기초하여 선호도가 결정되어야 함. 개인 간의 효용비교를 배제하고, 서수적 선호에 의하여 결정되어야 함

조건5) 비독재성(non-dictatorship)
독재자가 사회선호를 결정해서는 안 됨

문제 26 외부성

유 형	이론형
중요도 ★★★	정답 ③

정답해설

코즈정리 *관련이론

1 $MB_{갑} = 200 - \frac{1}{2}Q$, $MC_{갑} = 50$

을의 한계피해비용 $= EMC_{을} = 10$ → $SMC = MC_{갑} + EMC_{을} = 60$

2 위의 관계를 그림으로 분석한 뒤, 분석하면 다음과 같다.

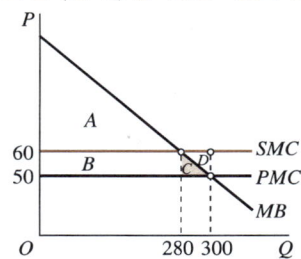

구 분	재산권 소유 : 갑	재산권 소유 : 을
현재 생산량	$200 - \frac{1}{2}Q = 50$, $Q = 300$	
사회적 최적생산량	$200 - \frac{1}{2}Q = 60$, $Q = 280$	
협상 제시자	을	갑
협상 방법 및 협상 금액	갑의 줄어드는 편익만큼은 최소 제시 (C) 최소보상금액 : C 최대보상금액 : C + D	을이 받는 피해만큼은 최소 제시 (B) 최소보상금액 : B 최대보상금액 : A + B

① 갑이 재산권을 가지고 있을 경우, 을이 80을 갑에게 제공하면 자발적 협상이 타결
   ↳ 100. 을이 80을 제공하면 갑이 최적생산량(280)을 생산
   할 경우 줄어드는 편익이 100이기 때문에, 갑은 생산량
   을 줄일 유인이 없다.

   될 수 있다.

② 갑이 재산권을 가지고 있을 경우, 자발적 협상이 타결되면 갑의 생산량은 증가한다.
   감소한다. ↲

③ 갑이 재산권을 가지고 있을 경우, 자발적 협상이 타결되면 갑의 최대 후생은 갑의 순편익(A + B)과 을로부터 받는 최대보상금액(C + D)이 된다. 따라서 22,600이 된다.

④ 을이 재산권을 가지고 있을 경우, 갑이 을에게 2,500을 제공하면 자발적 협상이
   최소 2,800(= 생산량 280개 × 을이 받는 한계피해비용 10) ↲
   타결될 수 있다.

⑤ 을이 재산권을 가지고 있을 경우, 자발적 협상이 타결이 되지 않으면 갑의 생산량은 300이다.
   ↳ 0이다. 을이 재산권을 가지고 있다면, 갑에게 생산을 하지 못하게 할 것이기 때문이다.

유사문제 CHECK

2024년 30번
2022년 26번
2021년 25번
2020년 29번
2017년 32번
2016년 31번

합격의 TIP

코즈정리는 이론형, 계산형 모두 출제될 수 있으므로 정확하게 알아두자

> **관련이론**　**코즈정리**

(1) 코즈정리가 성립할 수 있는 조건
　　1) 협상비용이 무시할 정도로 작아야 함
　　2) 협상으로 인한 소득재분배가 각 개인의 한계효용에 영향을 미치지 않아야 함
　　　(= 효용함수에 변화가 없어야 함 = 선호체계를 왜곡시키지 않아야 함)
　　3) 외부성에 관한 재산권을 설정할 수 있어야 함(누구에게 재산권을 귀속시킬지는 관련이 없음)
　　4) 재산권이 설정된 후, 당사자 간의 자발적 협상에 의해 자원이 배분되어야 함

(2) 코즈정리의 결과
　　재산권이 누구에게 주어지는지는 소득분배에 영향을 미칠 뿐, 재산권이 누구에게 주어지는지와 관계없이(효율성과는 상관없이) 오염배출량은 동일한 수준으로 결정됨

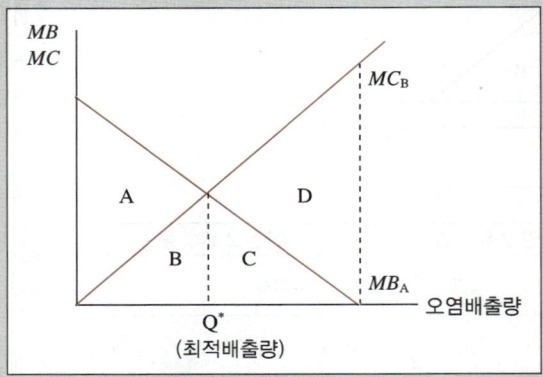

재산권이 기업 A에 있는 경우	최소보상금액 C ~ 최대보상금액 C + D
재산권이 기업 B에 있는 경우	최소보상금액 B ~ 최대보상금액 A + B

(3) 코즈정리의 단점
　　1) 협상비용이 크면 적용이 불가
　　2) 이해당사자가 누구인지 정확히 알 수 없는 경우가 존재
　　3) 정보의 비대칭성이 존재할 경우, 협상을 통한 해결이 불가
　　4) 협상능력에 있어서 차이가 존재할 수 있음
　　5) 외부성의 정확한 측정 문제

문제 27 소득분배 및 사회보장

유 형	이론형		
중요도	★★★	정답	②

정답해설

①, ③, ⑤ 현물보조와 현금보조에 관한 옳은 설명이다.

④ 현물보조는 사회가 생각하는 바람직한 소비를 유도하는 목적도 가지고 있다.

② 현물보조에 비하여 현금보조는 높은 행정비용과 운영비용을 수반한다.
   → 현금보조에 비하여 현물보조는

유사문제 CHECK
- 2025년 33번
- 2024년 24번
- 2024년 34번
- 2023년 34번
- 2021년 34번
- 2018년 27번
- 2016년 12번

합격의 TIP
현금보조 및 현물보조는 과거에는 매년 출제되었지만 최근 출제빈도가 줄어들었다. 하지만 중요한 주제이므로 반드시 알아두자

관련이론 보조금 효과의 비교

(1) 동일보조 지급 시 효율의 크기 : 현금보조 ≥ 현물보조 > 가격보조

(2) 특정재화의 소비촉진 효과 : 가격보조 > 현물보조 ≥ 현금보조

(3) 동일효용 달성 시 필요한 보조금의 크기 : 가격보조 > 현물보조 ≥ 현금보조
   1) 현금보조는 소득효과만 발생
   2) 가격보조는 소득효과와 대체효과가 모두 발생
   3) 완전보완재의 경우 현금보조와 가격보조 효과가 동일
   4) 가격보조보다 현금보조를 할 때 정부의 재정부담이 더 적게 소요된다.

동일보조 지급 시 효율크기		현금 > 현물 > 가격	현금 = 현물 > 가격
특정재화의 소비촉진 효과		가격 > 현물 > 현금	가격 > 현물 = 현금
균형의 변화	가격보조(A)	E → A	E → A
	현물보조(B)	E → B	E → B = C
	현금보조(C)	E → C	E → B = C
효용수준의 변화	가격보조(I_A)	$I_0 → I_A$	$I_0 → I_A$
	현물보조(I_B)	$I_0 → I_B$	$I_0 → I_B = I_C$
	현금보조(I_C)	$I_0 → I_C$	$I_0 → I_B = I_C$

유 형	이론형
중요도 ★★★	정답 ④

문제 28 공공요금의 이론

정답해설

①, ② 한계비용가격설정 방법으로 요금을 결정하면, $P = MC$가 성립한다. 따라서 완전경쟁시장의 거래량과 가격을 달성할 수 있으며, 초과부담도 0이 되어 파레토 최적인 상태가 된다. 하지만 한계비용을 파악하는 것이 실질적으로 매우 어렵고, 자연독점의 경우에는 적자가 발생할 수 있다.

③, ④ 평균비용가격설정 방법으로 요금을 결정하면, $P = AC$가 성립한다. 이 경우 완전경쟁시장의 거래량보다는 적은 거래량을 달성할 수 있지만, 조금은 사회후생이 개선된다. 독점에 비해 초과부담이 줄어들긴 하였지만, 여전히 초과부담은 발생하며, 기업의 손실은 0이다. 즉, 이윤은 0이다. 따라서 ④번 지문은 다음과 같이 고쳐야 한다.

④ 평균비용가격설정 방법으로 요금을 결정하면, 공공서비스를 생산하는 기관은 ~~이윤을 창출할 수 있다.~~
   ↳ 이윤이 0이다.

⑤ 이부가격제도는 재화를 구입할 권리에 대하여 1차로 요금을 부과하고, 구입량에 따라 다시 사용요금을 부과하는 것이다. 이는 기업의 손실 규모를 줄이고 완전경쟁시장의 균형거래량과 동일하게 생산되어, 파레토 최적이 달성된다. 하지만 1차 요금(일종의 가입비)이 너무 높으면 저소득층의 소비가 제한되는 단점이 있다.

✓ 유사문제 CHECK

2025년 19번
2023년 16번
2021년 20번
2020년 23번
2019년 18번
2016년 22번

합격의 TIP

거의 매년 출제되는 주제이므로, 관련이론과 유사문제는 모두 파악해 두도록 하자

관련이론 공공요금의 결정이론

(1) 한계비용가격설정
  - 수요곡선과 한계비용곡선이 교차하는 점에서 가격을 설정하는 방법
  - 초과부담이 발생하지 않고, 파레토 효율적인 점에서 생산됨
  - 하지만 자연독점시장에서는 손실이 발생하여 적용이 되지 않음

(2) 평균비용가격설정
  - 수요곡선과 평균비용곡선이 교차하는 점에서 가격을 설정하는 방법
  - 자연독점시장보단 덜하지만 초과부담이 발생함
  - 가격은 완전경쟁시장보다 높고, 생산량은 적음

(3) 이부가격제
  - 재화를 구입할 권리에 대하여 1차로 요금을 부과하고 구입량에 따라 다시 사용요금을 부과
  - 초과부담이 발생하지 않고, 파레토 효율적인 점에서 생산됨
  - 하지만 가입비가 너무 높을 경우 저소득층의 소비에 제한을 주게 됨

(4) 가격차별
  - 2급 가격차별 : 대량 구매 시 가격을 할인해 주는 것
  - 3급 가격차별 : 소비자들의 탄력성을 분석하여, 시장을 몇 개로 분리한 뒤 수요가 비탄력적인 시장에 높은 가격을 매기는 것
  - 사치재일수록 싸고, 필수재일수록 비싸지는 경향이 있음

(5) 램지의 가격설정(자세한 내용은 2023년 3번 문제 참고)
  탄력성에 반비례하여 가격을 설정하는 것(역탄력성의 규칙이라고도 함)

(6) 최대부하가격설정
  성수기와 비수기의 가격을 다르게 설정함으로써 생산설비의 효율적 이용을 도모하는 가격설정방식

문제 29 소득분배 및 사회보장

유 형	이론형
중요도 ★★★	정답 ⑤

정답해설

구 분	롤즈(J. Rowls)	공리주의
현재의 평균소득	갑의 소득 400 + 을의 소득 100 = 500 500 ÷ 2명 = 250	
사회후생함수	W = min(400,100) W = 100	W = 400 + 100 W = 500
균등분배대등소득	100 = min(갑, 을) 갑 = 100, 을 = 100	500 = 갑 + 을 갑 = 250, 을 = 250
앳킨슨지수	$A = 1 - \dfrac{Y_e}{Y_{평균소득}}$ $A = 1 - \dfrac{100}{250} = 0.6$	$A = 1 - \dfrac{Y_e}{Y_{평균소득}}$ $A = 1 - \dfrac{250}{250} = 0$

롤즈의 사회후생함수인 경우 앳킨슨지수 = 0.6
공리주의 사회후생함수인 경우 앳킨슨지수 = 0

✓ 유사문제 CHECK
2024년 31번
2024년 33번
2022년 33번
2017년 24번

합격의 TIP
2024년 31번에서 제시된 롤즈, 공리주의, 평등주의 후생함수까지 모두 알아두도록 하자

관련이론 앳킨슨지수

(1) 앳킨슨지수 = $1 - \dfrac{균등분배대등소득(Y_e)}{평균소득}$

(2) 균등분배대등소득 : 현재와 동일한 사회후생을 얻을 수 있는 소득을 완전히 평등하게 분배한 소득상태의 평균소득

(3) 균등분배대등소득이 감소하는 경우
 1) 균등분배에 대한 선호도가 클수록
 2) 불균등분배에 대한 혐오도가 클수록
 3) 현실의 소득분배에 대한 불평등정도가 높을수록

(4) 앳킨슨지수는 작을수록 평등하며 0에서부터 1의 값을 가지며, 사회 전체의 평등에 대한 가치가 클수록 앳킨슨지수는 커짐

문제 30 공공재이론

유 형	계산형
중요도 ★★★	정답 ④

정답해설

공공재의 적정공급조건 : $MB_A + MB_B = MC$ 또는 $MRS^A + MRS^B = MRT$

1 수요함수의 정리(수요함수를 수직으로 합해야 하므로, P로 정리한다)

갑 $P = 3 - \dfrac{1}{3}Q$

을 $P = 4 - \dfrac{1}{2}Q$

2 수요함수의 수직 합 : 갑+을

$P = 3 - \dfrac{1}{3}Q + 4 - \dfrac{1}{2}Q$

$P = 7 - \dfrac{5}{6}Q$

3 공공재의 적정공급조건 : $MB_{갑+을} = MC$

$7 - \dfrac{5}{6}Q = 1$

$Q = \dfrac{36}{5}$

4 비용분담 비율

갑 : $P = 3 - \dfrac{1}{3}Q$ ($Q = \dfrac{36}{5}$ 대입하면, $P = 0.6$)

을 : $P = 4 - \dfrac{1}{2}Q$ ($Q = \dfrac{36}{5}$ 대입하면, $P = 0.4$)

✓ 유사문제 CHECK

2025년 25번
2024년 26번
2023년 31번
2021년 18번
2018년 31번
2016년 24번

합격의 TIP

이 계산문제는 린달(E. Lindahl)의 자발적 교환모형과도 연계된다. 이 모형에 대한 추가 학습이 필요한 수험생은 2021년 18번 관련이론을 학습하자

문제 31 공공재이론

유형: 계산형 **중요도**: ★★★ **정답**: ④

정답해설

공공재의 적정공급조건 : $MB_A + MB_B = MC$ 또는 $MRS^A + MRS^B = MRT$

1 효용함수의 정리
$MU_A = 20 - 2D$
$MU_B = 12 - 4D$

2 비용함수의 정리
$MC = 2D$

3 사회적인 한계편익 : $MU_A + MU_B = SMB$
$= 20 - 2D + 12 - 4D$
$= 32 - 6D$

4 최적 연극공연 횟수 : $SMB = MC$
$32 - 6D = 2D$
$D = 4$

유사문제 CHECK
2025년 25번
2024년 26번
2023년 31번
2021년 18번
2019년 25번
2018년 30번
2016년 24번

문제 32 비용편익분석

유형: 이론형 **중요도**: ★☆☆ **정답**: ⑤

정답해설

① 실질적 편익이란 공공사업에 따라 발생하는 사회적인 순이득을 의미한다.

② (금전적인) 편익과 비용은 소득분배상의 변화를 가져올 뿐 서로 상쇄되기 때문이다.

③ 무형적 비용이란 실제로 관찰이 불가능한 비용을 뜻하는데, 무형적 편익은 외부경제에 의해 발생한다.

④ 유형적 편익이란 실제로 관찰이 가능한 편익을 의미한다.

⑤ 무형적 편익과 비용은 시장에서 파악되지 않기 때문에 공공투자의 시행여부를 판단함에 있어 고려하지 않아도 된다.
↳ 고려해야 한다. 유형적 편익과 비용은 물론 무형적 편익과 비용도 사업의 시행여부를 판단할 때 함께 고려해야 한다.

유사문제 CHECK
2025년 32번

유 형	이론형
중요도	★★☆ 정답 ②

문제 33 공공선택이론

정답해설

ㄴ. 보다방식(Borda count)에서는 선택대상 간 연관성이 없다. *관련이론1
  ↳ 있다.

ㄷ, ㄹ. 점수투표제 *관련이론2

ㅁ. 점수투표제는 개인의 선호를 서수로 나타낸다.
  ↳ 기수로

✓ 유사문제 CHECK
2022년 28번

합격의 TIP
2018년도와 2019년도의 경우 투표제를 깊이 있게 공부하지 않아도 정답을 맞출 수 있는 쉬운 난이도의 문제가 출제되었다. 앞으로의 시험에 대비하여 투표제의 특징들을 좀 더 상세하게 학습해두도록 하자

관련이론1 보다투표제

(1) 특 징
점수투표제의 일종이지만, 선호강도가 약화되어 있다. 즉, 순서에 의해서만 선호강도가 표시되기 때문에 선택대상 간 연관성이 있다. 예를 들어 A, B, C라는 선택지에서 A에 3점을 부여하게 되면, B와 C는 각각 2점과 1점을 받게 된다.

(2) 장 점
  1) 중도의 대안이 채택될 가능성이 높음
  2) 투표의 역설이 발생하지 않음

(3) 단 점
  1) 전략적인 행동이 유발될 가능성이 있음
  2) 애로우의 불가능성 정리 중 독립성에 위배

관련이론2 점수투표제

(1) 특 징
각 선택지에 점수를 부여하고 각 점수의 합이 가장 높은 대안을 선택하는 방법이다.

(2) 장 점
  1) 선호강도에 따라 점수를 배분하므로 투표의 역설이 발생하지 않음
  2) 소수의 의견도 투표결과에 반영

(3) 단 점
  1) 투표자들의 전략적 행동을 유발할 가능성이 높음
  2) 각 대안의 투표자 선호 강도를 수치로 파악하는 것 자체가 쉽지 않음
  3) 애로우의 불가능성 정리 중 독립성에 위배

문제 34 조세와 효율성 : 초과부담

유 형	이론형
중요도 ★★★	정답 ②

정답해설

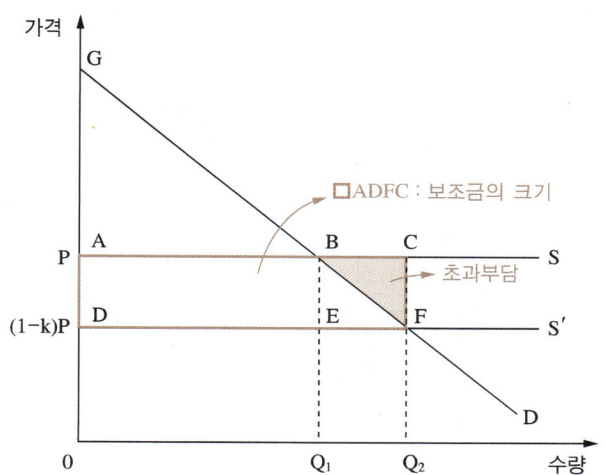

문제에서 주어진 그림을 보면 보조금 지급에 따라 수요가 Q_1에서 Q_2로 증가하였음을 확인할 수 있다. 이 경우 필요한 보조금의 크기는 사각형 $ADEB$이고, 초과부담은 BCF가 된다. 조세를 부과하는 경우와 마찬가지로 보조금 지급 시에도 초과부담은 여전히 존재한다.

유사문제 CHECK
2018년 11번
2018년 17번
2017년 20번

합격의 TIP

조세를 부과할 때 뿐만 아니라 보조금을 지급하는 경우에도 초과부담은 여전히 존재한다. 2018년의 경우에 초과부담을 판단하는 문제가 그래프로 나왔지만, 추후 문제에서 제시된 그래프를 활용하여 계산문제까지 대비해야 한다.

유 형	이론형
중요도 ★☆☆	정답 ①

문제 35 외부성

정답해설

1 정부가 과태료를 부과하지 않을 때

구 분		을	
		준 수	위 반
갑	준 수	(10, 10)	(−1, 11)
	위 반	(11, −1)	(0, 0)

→ 우월전략균형 : 갑, 을 모두 위반 (0,0) *관련이론

2 정부가 과태료 2원을 부과할 때

구 분		을	
		준 수	위 반
갑	준 수	(10, 10)	(−1, 11−2)
	위 반	(11−2, −1)	(−2, −2)

→ 우월전략균형 : 갑, 을 모두 준수 (10, 10)

따라서 정답은 ①이다.

유사문제 CHECK
2024년 27번

합격의 TIP

게임이론은 10개년 통틀어 2018년 처음 출제되었다. 재정학의 시험범위가 점점 미시경제학을 알아야 풀 수 있는 것으로 확대가 되는 느낌이다. 출제가 된 경우에는 다음 번 시험에서도 출제가 될 확률이 있으므로, 관련이론에 제시한 우월전략을 찾는 방법에 대해 학습해두자

관련이론 보수표에서 우월전략을 찾는 방법

(1) **정답해설** **1**의 표에서 갑이 규칙을 준수했을 경우 경우의 수는 (10,10), (−1,11) 2가지이다.

(2) 이때, 을은 10 또는 11의 이득을 얻을 수 있는데 11인 경우가 을에게 더 이득이므로, 을은 11, 즉 위반을 선택한다. 이를 하단의 표에 A로 표시해 보았다.

(3) 위의 (1), (2)를 각각의 일어날 수 있는 변수에 반복해본다.
 1) 갑이 규칙을 위반했을 경우 을도 위반을 선택하게 된다. (B)
 2) 을이 규칙을 준수했을 경우 갑은 위반을 선택하게 된다. (C)
 3) 을이 규칙을 위반했을 경우 갑도 위반을 선택하게 된다. (D)

(4) 갑와 을이 모두 선호하는 경우는 하단의 표에서 D, B가 다 표시되어 있는 부분이며, 이 부분이 우월전략균형이 된다.

〈과태료를 부과하지 않을 때〉

구 분		을	
		준 수	위 반
갑	준 수	(10, 10)	(−1, A)
	위 반	(C, −1)	(D, B)

문제 36 공채론

유 형	이론형
중요도 ★★☆	정답 ③

정답해설

① 공채를 전액 중앙은행이 인수할 경우, 경기가 과열된 상태에서는 인플레이션을 억제하는 효과가 있다.
  ↳ 인플레이션을 유발할 수 있다. 중앙은행이 공채를 인수할 경우, 통화량이 증가하기 때문이다.

② 공채를 전액 중앙은행이 인수할 경우, 화폐공급량이 감소하기 때문에 유효수요 증대효과는 없다.
  ↳ 화폐 공급량이 늘어나기 때문에, 유효수요 증대효과가 크게 나타난다. 즉, 민간투자가 늘어난다.

③ 공채가 전액 시중에서 소화될 경우, 이자율이 상승하고, 민간투자가 억제되는 현상을 구축효과라고 한다.

④ 공채의 잔액이 증가함에 따라 민간의 소비지출이 감소하는 현상을 러너효과라고 한다.
  ↳ 증가하는

⑤ 공채가 전액 시중에서 소화될 경우, 중앙은행이 인수할 경우보다 유효수요의 증대효과가 크다.
  ↳ 유효수요는 줄어든다. 중앙은행이 인수할 경우에는 통화량이 늘어나지만, 시중에서 소화될 경우 자금이 정부부문으로 이전되기 때문이다.

✓ 유사문제 CHECK
2025년 15번
2024년 15번
2020년 40번

문제 37 지방재정

유 형	이론형
중요도 ★★★	정답 ③

정답해설

① 각 지역마다 공공재의 공급이 획일적이지 않기 때문에 주민들이 자신이 원하는 공공재를 공급하는 자치단체로 이동할 수 있다. 이 경우 결과적으로 후생이 증가된다.

②, ④, ⑤ 지방 분권화에 대한 옳은 설명이다.

③ 한 지역의 공공재가 다른 지역에도 영향을 주는 외부성을 가지고 있는 경우 분권화는 효율적인 공공재 배분을 가능하게 한다.
  ↳ 효율적인 공공재 배분이 불가능하다. 지방이 분권화가 되어 있으면, 다른 지역에 미치는 영향에 대해서는 고려하지 않을 것이기 때문이다.

✓ 유사문제 CHECK
2025년 14번
2024년 18번
2023년 19번
2022년 20번
2021년 19번
2019년 19번

문제 38 공공경비와 예산제도

유형: 이론형
중요도: ★☆☆
정답: ⑤

정답해설

① 조세지출예산제도 *관련이론

② 성과주의예산제도 *관련이론

③ 프로그램예산제도 *관련이론

④ 영기준예산제도 *관련이론

⑤ 성과주의예산제도는 예산의 과목을 부서별로 나누어 편성하는 제도이다.
　　　　　　　　　　　　↳ 사업별로

✓ 유사문제 CHECK
2022년 35번

합격의 TIP
2018년에 출제되고, 앞으로의 출제 가능성에 대해 정확히 판단할 수는 없지만, 하단의 관련이론을 통해 각 예산제도의 특징에 대해 감을 잡아 두자

관련이론 예산제도

(1) 조세지출예산제도
  1) 조세지출 : 저축이나 투자를 증가시키기 위하여 포기된 세수로 비과세, 감면, 공제 등 세제상의 각종 유인장치를 통해 실현됨(= 사실상의 보조금 = 감추어진 보조금)
  2) 조세지출예산제도의 목적 : 재정지출과 연계해 운용함으로써 재원배분의 효율성을 제고하고, 조세지출 내역을 대외적으로 공개함으로써 재정운용의 투명성을 높임과 동시에 기득권화·만성화된 조세지출을 효과적으로 통제하는 데 있음

(2) 성과주의예산제도
  1) 예산액을 편정할 때 정부 각 사업의 업무량과 단위당 원가를 파악하여 편성하며, 관리기능을 중시하는 제도
  2) 장점 : 사업별 예산통제가 가능하여 신축성이 제고되고 효과적인 재정관리가 가능
  3) 단점 : 각 사업의 업무량의 측정이 쉽지 않고 단위당 원가의 계산이 어려움

(3) 프로그램예산제도
  1) 계획예산제도라고도 하며, 장기적인 계획수립과 단기적인 예산편성을 유기적으로 결합하여 정부지출의 효과를 극대화하고자 함
  2) 예산편성 절차는 '계획 → 프로그램작성 → 예산편성'으로 구성되며, 하향식으로 이루어짐
  3) 장점 : 효율적인 예산집행이 가능하고, 정책목표가 명확히 제시됨. 또한 부서 간 중복사업의 추진을 방지할 수 있음
  4) 단점 : 명확한 목표설정이 어려우며, 대체안을 평가하는데 있어 많은 인력을 필요로 함

(4) 영기준예산제도
  1) 전년도 예산은 완전히 무시하고, 모든 사업을 원점에서 재평가한 뒤, 다시 우선순위를 결정하여 매년 새롭게 예산을 편성함
  2) 예산편성 절차는 상향식으로 이루어지며, 중하위관리자를 예산편성에 참여시킴
  3) 장점 : 점증주의적 관행을 탈피하기 때문에 가용자원의 효율적 배분이 가능
  4) 단점 : 매년 재검토 한다는 전제가 현실상 불가능하며, 예산정책이 일관되지 못하고, 지속성이 유지되지 못할 가능성이 있음

문제 39 공공선택이론

유 형	이론형
중요도 ★☆☆	정답 ②

정답해설

①, ③, ④, ⑤ 중위투표자의 정리 *관련이론

② 정당들이 차별적인 정책을 내세우도록 만드는 현상과 관련된다.
   ↳ 비슷한 정책을

✓ 유사문제 CHECK
2025년 27번
2021년 27번

합격의 TIP
과거에는 보기의 한 지문으로 출제되었으나 최근에는 단독 문제로 출제되기도 하였다. 관련이론과 유사문제는 반드시 학습하자

관련이론 중위투표자의 정리(medianvoter theorem)

(1) 정 의
모든 투표자의 선호가 단봉형(single-peaked)이면 다수결투표제도하에서는 항상 중위투표자(선호순서대로 투표자를 나열할 때 가운데 위치하는 투표자)가 가장 선호하는 수준의 공공재 공급이 채택된다는 이론

(2) 특 징
1) 어떤 안건에 선호순서대로 투표자를 나열했을 때, 가운데 위치하는 투표자(중위투표자)의 선호가 투표결과로 나타나는 현상
2) 모든 투표자의 선호가 단봉형일 경우에만 성립
3) 결정된 공공재의 공급량은 최적수준과 일치한단 보장이 없음. 즉, 공공재의 공급량은 사회적인 최적수준을 초과할 수도 있고, 미달할 수도 있음
4) 중위투표자가 원하는 공급량이 변하지 않는 한, 다른 개인의 공공재 수요가 변하더라도 공공재의 공급량은 변하지 않음

문제 40 공공경비와 예산제도

유 형	계산형
중요도 ★★☆	정답 ④

정답해설

1 문제에서 $\frac{T}{Y} = 0.25$로 주어졌으므로, $\frac{Y}{T} = \frac{1}{0.25} = 4$

2 $\frac{\Delta T}{\Delta Y} \cdot \frac{Y}{T} = 1.2$로 주어지고, **1**에 따라 $\frac{Y}{T} = 4$이므로

$\frac{\Delta T}{\Delta Y} \cdot 4 = 1.2$

$\frac{\Delta T}{\Delta Y} = 0.3$

3 정부지출승수는 $\frac{\Delta Y}{\Delta G}$이고, $\Delta G = \Delta T$이므로, $\frac{\Delta Y}{\Delta T}$ 값을 구하면 됨

$\frac{\Delta T}{\Delta Y} = 0.3$이므로, $\frac{\Delta Y}{\Delta T} = \frac{10}{3}$

✓ 유사문제 CHECK
2023년 37번
2017년 17번

합격의 TIP

정부지출승수의 정의를 알고 있으면, 주어진 수식과 가정을 통해 풀 수 있는 문제이다. 자주 나오는 주제는 아니지만, 관련된 전공이 아니거나 경제학원론을 공부하지 않은 수험생은 승수의 개념에 대해 생소하게 느껴질 수 있다. 점점 세무사 1차 시험의 난이도가 올라가는 현실 속에서, 2017년 17번 문제를 통해 재정학에서 출제될 수 있는 승수문제에 대해 대비하자

관련이론 정부지출승수

(1) 정부지출승수란 정부지출이 1 증가할 때 국민소득의 증가분을 나타낸 것 : $\frac{\Delta Y}{\Delta G}$

(2) 케인즈단순모형에서 정부지출승수 : $\frac{1}{1-c}$ (c = 한계소비성향)

2017년(제54회) 세무사 1차 재정학 정답

재정학

01	02	03	04	05	06	07	08	09	10
①	③	③	④	④	④	⑤	①	④	②
11	12	13	14	15	16	17	18	19	20
④	②	⑤	⑤	②	②	①	③	②	①
21	22	23	24	25	26	27	28	29	30
⑤	⑤	①	②	④	⑤	④	③	②	④
31	32	33	34	35	36	37	38	39	40
⑤	①	③	⑤	⑤	②	①	①	①	⑤

2017년 세무사 1차 결과

대상인원(명)	응시인원(명)	합격인원(명)	합격률(%)
10,445	8,937	2,501	27.98

2017년 과목별 결과

구 분	응시인원(명)	평균점수(점)	과락인원(명)	과락률(%)
재정학	8,937	55.05	1,730	19.36
세법학개론	8,937	42.07	3,866	43.26
회계학개론	8,906	40.16	4,360	48.96
상 법	4,137	67.40	571	13.80
민 법	1,024	68.16	97	9.47
행정소송법	3,745	64.69	598	15.97

문제 01 　조세의 전가와 귀착

유형	이론형
중요도 ★★☆	정답 ①

정답해설

① 자본화 현상은 토지뿐만 아니라 공급이 고정되어 있는 자산에 세금을 부과할 경우에 발생한다. *관련이론

② 자본화가 일어나면 조세부담은 ~~누구에게도 귀착되지 않는다.~~
　↳ 공급자에게 귀착된다.

③ 토지가격은 부과된 조세의 ~~현재가치보다 항상 크게 하락한다.~~
　↳ 현재가치만큼 하락한다.

④ ~~토지임대사용자~~에게 모든 조세부담이 귀착된다.
　↳ 토지를 임대하는 토지 보유자(토지공급자)

⑤ 조세부과 후 ~~토지구입자~~에게 모든 조세부담이 귀착된다.
　↳ 토지공급자

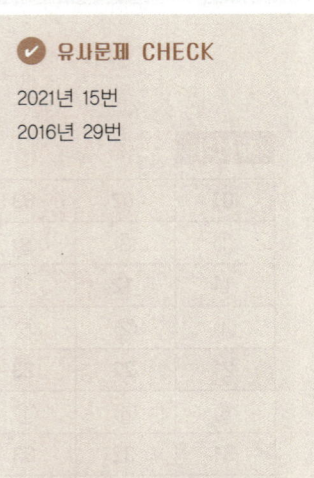

✓ 유사문제 CHECK
2021년 15번
2016년 29번

관련이론　자본화(capitalization) = 조세환원

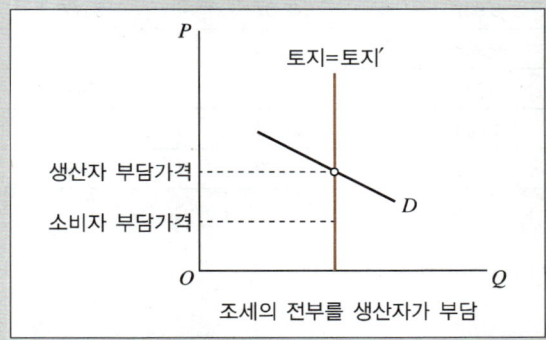

공급이 완전비탄력적인 경우

부동산처럼 공급이 고정되어 있고, 내구성이 있는 상품에 조세를 부과하였을 때, 미래 조세부담의 현재가치만큼 가격이 하락하는 현상으로, 조세의 부담은 100% 공급자가 부담함

[예] 토지의 경우에는 토지를 현재 소유하고 있는 자가 100% 조세를 부담

문제 02 조세의 기초이론

유 형	이론형
중요도	★★☆ 정답 ③

정답해설

③ 정부의 재원배분 과정을 자동화하여 정부예산의 효율성을 높인다.
→ 목적세는 해당 조세수입의 지출용도를 특정하여 제한하고 있으므로, 해당 목적을 달성하기 위한 예산을 초과하더라도 다른 목적을 위하여 사용할 수 없어 재정운용의 경직성을 초래하는 등의 비효율적인 면도 있다.

✅ **유사문제 CHECK**
2019년 1번

문제 03 조세의 기초이론

유 형	이론형
중요도	★★★ 정답 ③

정답해설

누진세, 비례세, 역진세의 특징 *관련이론

주어진 세수함수 : $T = -300 + 0.5Y$
(T : 세금, Y : 소득, $Y > 600$)
T를 세로축, Y를 가로축으로 놓고, 주어진 세수함수의 그래프 모양을 생각해 보면 소득(Y)이 증가함에 따라 세금(T)이 증가하는 선형누진소득세임을 파악할 수 있다.

① 주어진 세수함수에서 평균세율(T/Y)을 구하려면, 주어진 세수함수를 Y로 나누면 구할 수 있다. 따라서, 주어진 세수함수의 평균세율을 구해보면 '평균세율(T/Y) = $-300/Y + 0.5$'로 구할 수 있다. Y가 증가함에 따라 평균세율(T/Y)은 점점 높아지는 것을 확인할 수 있다.

② 한계세율이란 주어진 세수함수를 미분하여 구할 수 있다. 주어진 세수함수를 Y에 대해 미분하면, 0.5라는 일정한 값이 나온다. 따라서, 한계세율은 소득에 관계없이 일정하다.

③ 세수탄력성은 1보다 작다.
↳ 크다. 세수탄력성이란 '세액증가율/소득증가율'이다. 주어진 세수함수는 선형누진소득세로 누진세의 경우 세수탄력성은 1보다 크다.

④, ⑤ 주어진 세수함수는 선형누진세함수이다. 누진세의 경우에는 한계세율이 평균세율보다 항상 크다.

✅ **유사문제 CHECK**
2019년 2번
2017년 5번
2016년 14번

합격의 TIP
한계세율과 평균세율에 대한 문제가 출제되면 그래프를 연상하여 푸는 방법 직관적으로 내용을 암기해서 푸는 방법, 그리고 수식을 이용해 푸는 3가지의 방법이 있다. 이 문제의 경우 그래프를 연상하여 풀거나, 세수함수가 주어졌으므로 수식을 이용해 풀 수 있는 방법이 있으며, 아래 5번 문제의 관련이론에 적혀 있는 직관적인 내용을 암기해서 푸는 방법도 있다. 본인에게 가장 빨리 와 닿는 방법으로 기억해 두자

관련이론 누진세, 비례세, 역진세

- 평균세율 : 과세표준 혹은 과세물건에서 산출세액이 차지하는 비율로 소득공제 등 공제 후의 세율을 의미
- 한계세율 : 과세표준 혹은 과세물건이 1단위 증가할 때마다 세액이 증가하는 비율

(1) 누진세 : $T = -300 + 0.5Y$(과표축을 통과하는 세수함수)

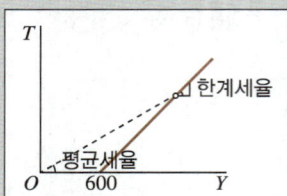

- 한계세율 > 평균세율
- 평균세율 : $T/Y = -300/Y + 0.5$
- 한계세율 : $\delta T/\delta Y = 0.5$
- 평균세율 누진도[*1] > 0
- 세수탄력성[*2] > 1

(2) 비례세 : $T = 0.5Y$(원점을 통과하는 세수함수)

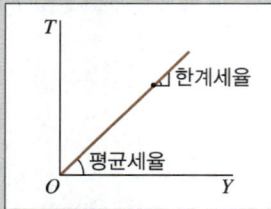

- 한계세율 = 평균세율
- 평균세율 : $T/Y = 0.5$
- 한계세율 : $\delta T/\delta Y = 0.5$
- 평균세율 누진도[*1] = 0
- 세수탄력성[*2] = 1

(3) 역진세 : $T = 300 + 0.5Y$(세수축을 통과하는 세수함수)

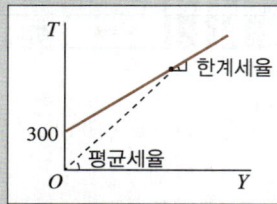

- 한계세율 < 평균세율
- 평균세율 : $T/Y = 300/Y + 0.5$
- 한계세율 : $\delta T/\delta Y = 0.5$
- 평균세율 누진도[*1] < 0
- 세수탄력성[*2] < 1

[*1] 평균세율 누진도
  소득수준이 증가할 때 평균세율의 변화

$$\text{평균세율 누진도} = \frac{\frac{T_1}{Y_1} - \frac{T_0}{Y_0}}{Y_1 - Y_0}$$

$$\text{평균세율 누진도} \begin{cases} > 0 (\text{누진세}) \\ = 0 (\text{비례세}) \\ < 0 (\text{역진세}) \end{cases}$$

[*2] 세수탄력성 = 부담세액 누진도
  소득증가율과 조세수입증가율을 비교하여 누진성 여부를 판단하는 방법

$$\text{세수탄력성} = \frac{\frac{\Delta T}{T}}{\frac{\Delta Y}{Y}} = \left(\underbrace{\frac{\Delta T}{\Delta Y}}_{\text{한계세율}}\right) / \left(\underbrace{\frac{T}{Y}}_{\text{평균세율}}\right)$$

$$\text{세수탄력성} \begin{cases} > 1 (\text{누진세}) \\ = 1 (\text{비례세}) \\ < 1 (\text{역진세}) \end{cases}$$

※ 세수탄력성은 수직적공평성과 세수의 신축성을 판단할 수 있으며, 조세의 자동안정화 기능을 판단하는 척도로 사용된다. 세수탄력성이 높을수록, 조세의 자동안정화 기능은 높아진다.

유 형	이론형
중요도	★☆☆ 정답 ④

문제 04 개별조세이론

정답해설

1 A국(비례세율구조)

명목소득과 물가가 같은 비율로 상승하면 실질구매력에는 변동이 없다. 만약, 비례세율구조를 채택한 경우 명목소득이 20% 증가하면 명목조세수입도 20% 증가한다. 하지만 물가상승률만큼 실질적인 구매력이 20% 하락하기 때문에 실질조세 징수액은 변화가 없다.

2 B국(누진세율구조)

B국도 A국과 마찬가지로 명목소득과 물가가 같은 비율로 상승하면 실질구매력에는 변동이 없다. 하지만 명목소득의 상승에 따라 더 높은 세율이 적용되는 과세구간으로 이동하게 되면, 조세수입이 증가하게 된다. 물가와 명목소득이 같이 상승하여 실질구매력이 변동 없는 상태에서 조세수입이 증가하였으므로 실질조세 징수액은 증가한다.

따라서 A국은 변화가 없고 B국은 증가한다.

합격의 TIP

누진세, 비례세에 대해 심화학습을 원하는 수험생은 2017년 3번과 5번의 관련이론을 학습하자

유 형	이론형
중요도 ★★☆	정답 ④

문제 05 조세의 기초이론

정답해설

①, ②, ③, ⑤의 경우는 누진세의 특징을 설명하고 있으며, ④는 비례세를 설명하고 있다. 따라서 정답은 ④번이다.

제시된 지문을 좀 더 자세히 살펴보면 다음과 같다.

① 2017년 3번 문제에서도 살펴 본 '$T = -300 + 0.5Y$'와 같이 누진세 중에서도 선형누진세를 뜻하는 문장이다. 선형조세함수의 경우 면세점 없이 원점을 통과하는 경우($T = 0.5Y$)에는 비례세가 되고, 면세점이 세수축을 통과하는 선형조세함수($T = 300 + 0.5Y$)의 경우에는 역진세가 된다.

② 면세점은 없으나 소득이 증가함에 따라 한계세율이 증가하는 전형적인 누진세의 특징을 설명하고 있으며, 비선형누진세의 특징이다.

④ 한계세율과 평균세율이 같을 경우
  → 누진세는 한계세율이 평균세율보다 크다. 한계세율과 평균세율이 같다면, 세수함수가 원점을 통과하는 직선으로서 비례세인 경우이다.

✓ 유사문제 CHECK

2021년 9번
2017년 3번
2016년 14번

합격의 TIP

2017년 3번 문제와 같은 주제에 속하는 문제이다. 재정학의 경우 한 가지 주제를 정확히 알고 있으면, 두 문제를 맞출 수 있는 경우가 종종 있으므로 자주 출제되는 내용은 반드시 알아두자

관련이론 누진세, 비례세, 역진세 특징

(1) 누진세
  1) 과세표준이 증가함에 따라 세율이 상승하는 조세
    • 선형누진세 : 소득 증가 시 세율이 일정
    • 비선형누진세 : 소득 증가 시 세율이 증가
  2) 한계세율이 평균세율보다 항상 큰 조세
  3) 세수탄력성이 1보다 큰 조세
  4) 소득 증가 시 평균세율도 증가(소득↑ → 평균세율↑)

(2) 비례세
  1) 과세표준의 크기와 관계없이 일정한 세율을 적용하는 조세
  2) 한계세율이 평균세율과 같은 조세
  3) 세수탄력성이 1인 조세
  4) 소득이 증가해도 평균세율 불변(소득↑ → 평균세율 불변)

(3) 역진세
  1) 과세표준이 증가함에 따라 적용세율이 낮아지는 조세
    단, 소득 증가 시 한계세율은 하락하지만 납세액은 여전히 증가함에 주의
  2) 한계세율이 평균세율보다 항상 낮은 조세
  3) 세수탄력성이 1보다 작은 조세
  4) 소득 증가 시 평균세율이 감소(소득↑ → 평균세율↓)

문제 06 조세의 전가와 귀착

유 형	이론형
중요도 ★☆☆	정답 ④

정답해설

①, ⑤ 균형예산귀착은 조세징수와 정부지출 변화에 따른 종합적인 효과를 고려하여 귀착을 분석하는 것으로서 조세 정부지출과 조세수입의 효과를 모두 동시에 고려하는 경우의 분석은 쉽지 않다.

④ 절대귀착은 <u>균형예산귀착보다</u> 정부지출이 분배에 미치는 효과를 파악할 때 더 적합한 분석방법이다.
↳ 균형예산귀착은 절대귀착보다. 절대귀착은 다른 조세와 정부지출의 효과를 전혀 고려하지 않기 때문에, 특정 조세가 부과되더라도 다른 조세와 정부지출은 계속해서 고정됨을 전제로 한다. 따라서 조세징수와 정부지출이 소득분배에 미치는 영향을 파악할 때는 균형예산귀착이 더 적합한 분석방법이다.

문제 07 조세와 효율성 : 초과부담

유 형	이론형
중요도 ★★★	정답 ⑤

정답해설

① 조세수입이 동일한 경우, 두 재화보다는 한 재화에 세금을 부과할 때 초과부담은 <u>작아진다.</u>
↳ 커진다. A재화와 B재화에 10%씩 세율을 부과하여 200의 조세수입을 과세관청이 얻고 있다고 가정하자. 만약 A재화에만 세금을 부과하고 200의 조세수입을 과세관청이 얻으려면 A재화에 20%의 세율을 부과하여야 한다. 초과부담은 세율의 제곱에 비례하므로 A재화와 B재화에 10%씩 세율을 부과하면 각 100의 초과부담이 생기지만, B재화에만 20%의 세율을 부과한다면 400의 초과부담이 생기게 된다. 즉, 초과부담은 세율의 제곱에 비례하기 때문에 동일한 조세수입을 얻기 위해 여러 재화에 조세를 부과하여 세율을 낮출 수 있다면 초과부담이 작아진다.

② 개별물품세가 부과되어도 수요량이 변하지 않으면 <u>초과부담은 존재하지 않는다.</u>
↳ 초과부담은 존재한다. 대체효과와 소득효과가 서로 상쇄되기 때문에 수요량이 변하지 않은 것이며, 대체효과가 0이 아니기 때문에 초과부담은 여전히 존재한다.

③ 현금보조는 부(-)의 조세의 일종이므로 <u>초과부담이 발생한다.</u>
↳ 초과부담이 발생하지 않는다. 현금보조는 대체효과 없이 소득효과만 발생하기 때문이다.

④ 두 재화가 대체관계인 경우, X재에 조세가 부과된 상태에서 Y재에 조세를 부과하면 Y재의 과세에 따른 왜곡의 발생으로 <u>반드시 경제 전체의 초과부담은 늘어난다.</u>
↳ 경제 전체의 초과부담이 감소할 수도 있다.

⑤ 초과부담은 대체효과 때문에 발생하는 현상이다. 두 재화가 완전보완재인 경우, 대체효과는 0이므로 경제 전체의 초과부담은 0이다.

✔ 유사문제 CHECK

2025년 4번
2024년 3번
2023년 2번
2021년 2번
2020년 1번
2019년 4번

합격의 TIP

초과부담과 관련된 문제는 매년 출제된다. 계산문제는 물론, 이론문제까지 완벽하게 준비해야 한다.

관련이론 **초과부담**

(1) 초과부담의 개념
조세징수액을 초과하는 추가적인 민간의 부담으로, 조세를 부과함에 따라 민간부문의 의사결정이 교란됨에 따라 발생. '후생손실' 또는 '사중적손실', '자중손실'이라는 표현을 쓰기도 함

(2) 초과부담의 근본적인 원인
조세부과로 상대가격이 변화하여 대체효과가 발생하기 때문

(3) 초과부담의 측정방법 및 결정요인
1) 공급곡선이 수평선인 경우 : $DWL = \frac{1}{2} \cdot t^2 \cdot \epsilon \cdot (PQ)$
2) 공급곡선이 우상향인 경우 : $DWL = \frac{1}{2} \cdot \frac{1}{\frac{1}{\epsilon}+\frac{1}{\eta}} \cdot t^2 \cdot (PQ)$

(주로 면적을 이용하지만, 위의 식도 알아두자)
3) 수요가 탄력적일수록 초과부담은 커지며, 초과부담은 세율의 제곱, 거래금액에 비례한다.

(4) 특이한 경우와 초과부담
1) 완전보완재의 경우
① 무차별곡선 : L자 형태
② 효용함수 $U = \min(X, Y)$
③ 대체효과 : 0(따라서 초과부담 발생하지 않는다)
④ 가격효과 = 소득효과
2) 조세부과 후 구입량의 변화가 없는 경우
대체효과와 소득효과의 크기가 절대적으로 동일하면서 반대방향으로 작용할 때 나타나는 현상이다. 따라서 조세부과 후 구입량에는 변화가 없지만, 대체효과가 0이 아니기 때문에 초과부담이 발생한다.
[참고] 대체효과와 소득효과의 크기가 절대적으로 동일하면서 반대방향으로 작용한다는 것은 조세가 부과되는 재화가 반드시 열등재인 경우이다.
※ 대체효과가 0인 완전보완재의 경우, 공급곡선이나 수요곡선이 완전히 비탄력적인 경우에는 초과부담이 발생하지 않는다. 따라서 거래량이 불변인 경우, 거래량이 0인 경우, 조세수입이 0인 경우, 시장가격이 불변인 경우 모두 초과부담이 발생한다는 것을 유념하자

문제 08 조세의 전가와 귀착

유 형	이론형
중요도	★★☆ 정답 ①

정답해설

① 물품세의 법적 귀착과 경제적 귀착은 항상 동일한 결과를 나타낸다.
같을 수도 있고 다를 수도 있다. 법적 귀착은 세법상의 납세의무자에게 그 조세부담이 귀속된다고 보는 것이다. 경제적 귀착은 그 조세의 납세의무가 누구에게 있는지 관계없이 실제로 그 조세를 누가 부담하는지 분석하는 것이다. 그리고 수요와 공급의 탄력성 등의 원인으로 조세의 전가가 이루어지는 경우가 흔하다. 조세의 전가가 이루어지는 경우 법적 귀착과 경제적 귀착은 거의 일치하지 않는다.

②, ③, ④ 조세의 귀착과 탄력성 *관련이론1

⑤ 조세귀착의 부분균형분석은 특정한 시장에서 부과된 조세가 다른 시장에 영향을 미치지 않고 그 시장에서만 영향을 미친다는 가정하에서 분배효과를 측정한다.
*관련이론2

합격의 TIP

탄력성에 따른 조세의 귀착은 2017년 9번 문제를 통해 자세히 학습하도록 하자

관련이론1 조세의 귀착과 탄력성

탄력성이 클수록 조세부담을 튕겨내는 힘이 크다. 따라서 탄력성이 큰 쪽이 조세부담을 상대적으로 적게 진다.

관련이론2 부분균형분석과 일반균형분석

구 분	부분균형분석	일반균형분석
정 의	특정부문에 조세를 부과함에 따른 효과가 다른 부분에 영향을 미치지 않는다고 가정하고 그 특정부문에서의 조세부과의 효과를 분석	특정부문에 조세를 부과하면 다른 부문에 미치는 영향까지 고려하여 그 특정부문에서의 조세부과의 효과를 분석
장 점	분석이 간단	다른 부문에 미치는 효과까지 분석이 가능
단 점	다른 부문과 상호작용 고려하지 못함	분석이 복잡
특 징	단기분석에 적합	장기분석에 적합

문제 09 조세의 전가와 귀착

유 형	이론형
중요도 ★★★	정답 ④

정답해설

탄력성과 조세 및 보조금의 귀착 *관련이론

구 분	수요곡선의 탄력성 > 공급곡선의 탄력성	수요곡선의 탄력성 < 공급곡선의 탄력성
물품세 부과 (조세정책)	생산자(공급자)의 부담이 커짐	소비자(수요자)의 부담이 커짐
보조금 지원 (가격보조정책)	생산자(공급자)가 보조금 혜택을 더 많이 받음	소비자(수요자)가 보조금 혜택을 더 많이 받음

따라서, 주어진 지문 중 맞는 지문은 ㄷ, ㄹ이며, 제시된 지문 중 틀린 지문을 올바른 지문으로 변경해 보면 다음과 같다.

ㄱ. 수요자에게 물품세를 부과할 경우 상대적으로 수요자에게 조세가 더 많이 귀착될 것이다.
　↳ 공급자에게

ㄴ. 수요자에게 가격보조를 할 경우 상대적으로 수요자에게 보조금이 더 많이 귀착될 것이다.
　↳ 공급자에게

합격의 TIP

탄력성과 조세 및 보조금 귀착의 관계는 자주 출제되는 중요한 주제이다. 말문제로 출제될 경우, 시험장에서 착각하기 쉬우므로, 관련이론과 해설에 제시되어 있는 표를 정확하게 숙지하고, 제시된 지문 또한 정확하게 읽어야 한다.

관련이론 탄력성과 조세 및 보조금의 귀착

(1) 탄력성과 조세부담
　탄력성이 클수록 조세부담을 튕겨내는 힘이 크다. 따라서 탄력성이 큰 쪽이 조세부담을 상대적으로 적게 진다.

(2) 탄력성과 보조금
　탄력성이 클수록 보조금을 튕겨내는 힘이 크다. 따라서 탄력성이 적은 쪽이 보조금 혜택을 더 많이 받는다.

문제 10 개별조세이론

유 형	이론형
중요도 ★☆☆	정답 ②

정답해설

① 수평적 공평성이란 동일한 경제적 능력을 보유하고 있는 사람에 대해서는 동일한 크기의 조세를 부담하는 것을 의미한다.

② 합산과세방식은 가족 간 수직적 공평성 조건을 충족하나 수평적 공평성과 결혼중
　　　　　　　　　　　　↳ 수직적 공평성과 수평적 공평성을 충족하나
립성 조건은 충족하지 못한다.

③ 결혼중립성 조건에 대한 설명이다.

문제 11   조세의 효율성 : 초과부담

유 형	이론형
중요도 ★★★	정답 ④

정답해설

제시된 지문 중 ①, ②, ③, ⑤는 조세의 효율성에 대한 옳은 지문이지만, ④번은 틀린 지문이다.
제시된 지문을 좀 더 자세히 살펴보면 다음과 같다.

① 조세에 의한 초과부담은 대체효과에 의해서만 유발된다. 대체효과가 소득효과에 의해 완전히 상쇄되는 경우에도, 초과부담은 여전히 발생한다.

② 보상수요곡선(compensated demand curve)이란 가격변화에서 오는 소득효과를 제거하고 대체효과에 의해서만 수요관계가 설정된 수요곡선을 말한다. 초과부담은 대체효과에 의해서 발생되는 것이기 때문에 조세부과가 초래하는 초과부담을 정확하게 측정하려면 보상수요곡선을 사용하여야 한다.

③ 정액세는 중립세로 경제의 왜곡이 발생하지 않는다. *관련이론1

④ 이미 조세를 부과하고 있는 상태에서 새로운 조세를 부과하면 **소비자들은 부담이 추가되어 항상 효용은 줄어든다.** *관련이론2
  ↳ 소비자들의 부담이 줄어들어 효용은 증가할 수도 있다. 두 재화가 대체관계인 경우, X재에 조세가 부과된 상태에서 Y재에 조세를 부과하면 마치 조세를 부과하지 않았던 때와 상대가격이 비슷해지기 때문에 경제 전체의 초과부담이 감소될 수도 있다. 따라서 초과부담이 감소한다면, 소비자들의 부담이 줄어들어 효용은 증가할 수도 있다.

✓ 유사문제 CHECK
2021년 2번
2019년 4번

합격의 TIP
제시된 지문 중 ④번 지문은 과거 출제된 바가 있는 지문이다. 앞으로도 출제될 가능성이 있는 지문이라 생각되니 정확하게 알아두자. 초과부담에 대한 이론을 참고하고자 하는 학생은 2017년도 7번 문제를 참고하자

관련이론1   정액세(중립세, lump-sum tax)

(1) 초과부담이 발생하지 않는 세금
(2) 대체효과가 0인 세금으로서 소득효과만 발생하는 세금
(3) 상대가격체계의 교란이 발생되지 않는 세금
(4) 민간의 의사결정의 왜곡이 발생되지 않는 세금
(5) 현실에는 존재 하지 않고, 이론적으로 존재하는 세금으로 단기적으로는 인두세를 중립세로 볼 수 있으나, 장기적으로는 인두세도 중립세로 볼 수는 없음

관련이론2   다른 시장이 왜곡되어 있을 때의 초과부담

(1) 가 정
  1) X와 Y는 서로 대체재이다.
  2) X재에 물품세가 부과되고 있다.
  3) X재와 Y재의 공급곡선은 모두 수평선의 형태이다.
(2) Y재에 이미 조세가 부과되고 있는 상황에서 대체재인 X재에 조세를 부과하면 오히려 경제 전체의 초과부담이 감소할 수 있다.

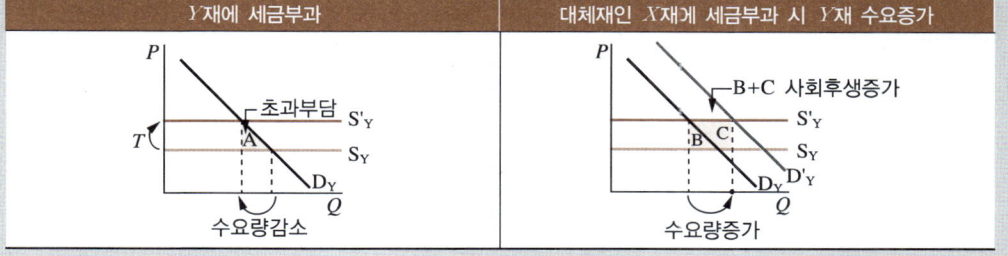

문제 12 조세의 경제적 효과

유 형: 이론형
중요도: ★★★ 정답: ②

정답해설

① 여가가 정상재일 경우 임금변화에 따른 소득효과가 대체효과보다 작다면 **후방굴절형 노동공급곡선**이 될 것이다.
  ↳ 일반적인 노동공급곡선. 후방굴절형 노동공급곡선은 여가가 정상재이고 소득효과가 대체효과보다 큰 경우에 생긴다.

② 여가가 열등재일 경우 비례소득세를 부과하면 소득효과와 대체효과 모두 노동공급량을 감소시킨다.

③ 여가가 정상재일 경우 비례소득세를 부과하면 **대체효과는 노동공급을 늘리는 방향으로 작용하고 소득효과는 노동공급을 줄이는 방향으로** 작용한다.
  ↳ 대체효과는 노동공급을 줄이고, 소득효과는 노동공급을 늘리는 방향으로 작용한다. 따라서 노동공급의 증감을 정확하게 파악할 수 없다.

④ 여가가 정상재일 경우 누진소득세 부과가 노동공급에 미치는 영향은 비례소득세 부과와 유사하지만 **고소득자에게 유리하다.**
  ↳ 고소득자에게 불리하다. 고소득자일 경우 누진소득세 부과 시 여가의 상대가격이 크게 하락하기 때문이다(대체효과).

⑤ 여가가 정상재일 경우 선형누진소득세의 평균세율이 비례소득세와 동일하다면 **노동공급에 미치는 효과는 동일하다.**
  ↳ 노동공급에 미치는 효과는 다르다. 선형누진소득세와 평균세율로 동액의 조세수입을 얻을 때 선형누진세에서 납세자의 효용수준이 더 낮고, 노동공급이 더 많이 감소한다.

유사문제 CHECK
- 2025년 18번
- 2024년 13번
- 2023년 10번
- 2022년 18번
- 2018년 13번
- 2017년 18번
- 2016년 27번

문제 13 개별조세이론

유형: 이론형 **중요도**: ★☆☆ **정답**: ⑤

정답해설

구 간	근로소득(단위 : 만원)	세율(%)
(1)	1,200 이하	6
(2)	1,200 초과 ~ 4,600 이하	15
(3)	4,600 초과 ~ 8,800 이하	24
(4)	8,800 초과 ~ 15,000 이하	35
(5)	15,000 초과 ~ 30,000 이하	38
(6)	30,000 초과 ~ 50,000 이하	40
(7)	50,000 초과 ~ 100,000 이하	42
(8)	100,000 초과	45

근로소득세율이 위와 같이 제시되어 있을 때, (3)의 구간에 속하는 세율이 30%로 인상된다면, 근로소득이 4,600만원을 초과하는 모든 사람들의 세율이 조금씩 올라가게 된다. 결국 근로소득이 4,600만원 이하인 사람들은 아무런 영향을 받지 않지만, 4,600만원을 초과하는 사람들은 세율 상승에 따라 더 많은 세금을 납부하게 된다.

각 구간별로 정리를 해보면 다음과 같다.

구간 (1) ~ (2)	• 평균세율 변동 없음 • 조세부담 증가하지 않음 • 노동공급 선택에 왜곡 발생하지 않음
구간 (3) ~ (8)	• 평균세율 변동 • 조세부담 증가 • 노동공급 선택에 왜곡 발생

따라서 제시된 문장 중 옳은 것은 ㄴ, ㄷ이다.

합격의 TIP

매년 출제되는 중요한 문제는 아니지만, 세무사 시험을 준비하는 수험생이라면 반드시 맞추어야 하는 문제이다.

문제 14 최적과세론

유 형	이론형
중요도 ★☆☆	정답 ⑤

정답해설

①, ③ 최적비선형소득세는 한계세율이 0에서 출발하여 점차 소득수준이 높아짐에 따라 한계세율도 높아지다가 일정수준(최고 소득구간에 대한 한계소득세율이 0인 지점)을 넘어서면 한계세율이 오히려 낮아진다. 따라서 이는 효율과 공평을 함께 고려한다.

② 최적비선형소득세는 소득수준이 높아짐에 따라 한계세율이 높아지다가 일정수준을 넘어서면 한계세율이 오히려 낮아지는 경향을 보이는데, 이는 노동자의 자발적인 근로의욕을 상승시키고 노동공급을 증가시킨다.

④ 한계소득세율은 항상 1보다 작다.

⑤ 임금률이 낮은 개인이 높은 개인보다 더 큰 효용을 누릴 수도 있다.
  누릴 수 없다. 최적비선형소득세의 한계세율은 0에서 시작하여 소득수준이 높아짐에 따라 한계세율도 높아지지만, 항상 1보다 작으므로 소득수준이 높은 개인의 효용수준이 소득수준이 낮은 개인의 효용수준보다 낮아지지는 않는다.

유 형		이론형	
중요도	★★★	정답	②

문제 15 개별조세이론

정답해설

제시된 지문 중 ①, ③, ④, ⑤는 부가가치세에 대한 옳은 지문이지만, ②번은 틀린 지문이다. *관련이론

② 기초생활필수품은 ~~영세율~~ 대상이다.
   ↳ 면세

③ 소득세는 직접세이고, 부가가치세는 간접세에 해당된다. 간접세가 직접세에 비해 조세저항이 작기 때문에 부가가치세가 소득세에 비해 조세저항이 작다.

④ 면세는 최종단계의 부가가치세만 면제되어 일부면세의 효과만 있지만, 영세율은 최종단계 이전의 부가가치세가 환급되어 완전면세의 효과를 가진다.

유사문제 CHECK
2024년 9번, 2023년 7번
2022년 1번, 2021년 1번
2017년 15번

합격의 TIP
세무사 수험생이라면, 이런 문제는 출제자에게 감사한 마음으로 반드시 맞춰주어야 한다. 부가가치세를 어느 정도 공부한 학생이라면 쉽게 맞출 수 있다. 하지만, 아직 세법을 공부하지 않은 수험생이라면 아래 관련이론을 참고하고 정리해두자

관련이론 부가가치세

(1) 우리나라 부가가치세의 구조
  1) 과세대상 : 납세의무자가 국내에서 행하는 재화와 용역의 공급에 대해 과세하며, 재화의 수입이나 수출에 대해서는 소비지국 과세원칙에 의한 영세율을 적용
  2) 납세의무자 : 사업목적이 영리이든 비영리이든 관계없이 사업상 독립적으로 재화 또는 용역을 공급하는 자로서, 연간 매출액이 8,000만원 이상이면 일반과세자, 8,000만원 미만이면 간이과세자로 구분됨
  3) 세율 : 기본세율 10%(단, 면세와 영세율은 제외)
  4) 현행 부가가치세의 장·단점

장 점	단 점
1. 조세수입의 확보가 쉬움 2. 수평적 공평성 실현 3. 자원배분의 중립성 4. 영세율제도로 수출을 지원 5. 조세 행정이 단순함(세율이 10%) 6. 세금계산서 제도 등에 따라 탈세가 방지됨 7. 초과부담이 낮고 효율성이 높음	1. 조세부담이 역진적임 2. 물가 상승에 영향을 끼칠 수 있음 3. 조세의 경기조절기능이 약화됨 4. 납세자 입장에서 장부 작성을 비치해야 함

(2) 면세와 영세율

면세(불완전면세)	영세율(완전면세)
1. 납세의무가 없으며, 매입세액(납부세액)이 있어도 환급받을 수 없음 2. 조세부담의 역진성을 완화함 3. 면세 대상 제품은 공익성이 높거나 문화 관련 재화 금융 서비스를 들 수 있음 4. 중간단계에 면세 거래가 있다면 조세부담이 커지게 됨 (누적효과와 환수효과가 발생하기 때문)	1. 납세의무를 이행하고, 매입세액(납부세액)을 환급받을 수 있음 2. 수출을 촉진하려는데 목적이 있으며, 소비지국과세원칙을 따름 3. 영세율 대상 제품은 수출품임 4. 중간단계에 영세율 거래가 있더라도 조세부담은 불변

문제 16 공공경비와 예산제도

유 형	이론형
중요도 ★☆☆	정답 ②

정답해설

② 시장의 기능이 자연적으로 ~~축소되기 때문이다.~~
→ 확대되기 때문이다. 1인당 국민소득이 증가한다는 것은 경제의 발전을 의미한다. 따라서 시장의 기능은 자연적으로 확대된다. 또한 경제의 발전에 따라 시장에서는 공공재가 적정수준까지 공급될 수 없고 소득재분배와 경제안정 등의 문제를 해결하기 위하여 정부의 지출이 더 확대될 수 있다.

③ 관료가 예산을 극대화하는 모형은 니스카넨모형이다. 니스카넨모형에 따르면, 공공재는 결국 과잉생산이 이루어지고 사회적인 순편익은 0이 된다.

문제 17 공공경비와 예산제도

유 형	계산형
중요도 ★★☆	정답 ①

정답해설

$C = 200 + 0.8(Y - T)$, $T = 400$, $I = 400$, $G = 400$

1 현재시점의 균형국민소득 구하기

$Y = C + G + I$ (AE : 유효수요)
$Y = [200 + 0.8(Y - 400)] + 400 + 400$
$Y = 680 + 0.8Y$
$Y = 3,400$

2 완전고용국민소득에 도달해야 하는 국민소득 증가분

$4,000 - 3,400 = 600$

3 완전고용을 달성시키는 추가 정부지출규모

1) 정부지출승수 *관련이론

$$\frac{1}{1-c} = \frac{1}{1-0.8} = 5$$

2) 완전고용을 달성시키는 추가 정부지출규모(A)

5(정부지출승수) × A = 600(국민소득증가분)
$A = 120$

4 완전고용을 실현시키는 감세규모

1) 조세승수

$$\frac{-c}{1-c} = \frac{-0.8}{1-0.8} = -4$$

2) 완전고용을 실현시키는 감세규모(B)

-4(조세승수) × B = 600(국민소득증가분)
$B = -150$

유사문제 CHECK

2023년 37번
2018년 40번

합격의 TIP

유사문제를 통해 앞으로 승수와 관련하여 출제될 수 있는 문제를 대비하자

관련이론 승 수

(1) 승수효과(multiplier effect)
   승수란 어떤 경제에서 외생적으로 결정되는 변수에 변화가 있을 때, 그 변화분에 따라 내생변수가 어떻게 변화를 문제로 하는 것으로서, 케인즈의 소득-지출모형에서 승수효과란 투자나 정부지출 등에 변화가 있을 때, 그 변화에 따라 국민소득이 변화하는 효과를 말함

(2) 케인즈의 소득-지출모형(단순모형-정액세)에서의 승수
   $Y = C + c(Y - T) + I + G$
   (Y = 국민소득, C = 소비지출, c = 한계소비성향, T = 정액세, I = 투자지출, G = 정부지출, t = 비례세율)
   1) 정부지출승수, 투자승수, 이전지출승수
      정부지출이나 투자 또는 이전지출이 1만큼 증가할 때, 국민소득은 $\frac{1}{1-c}$ 배만큼 증가
   2) 조세승수
      조세가 1만큼 증가할 때, 국민소득은 $\frac{-c}{1-c}$ 배만큼 감소
   3) 균형재정승수
      조세가 정부지출과 동액만큼 증가할 때의 승수로 정부지출승수와 조세지출승수의 합으로 나타낼 수 있으며, 정액세의 경우 균형재정승수는 항상 1
      $$\frac{1}{1-c} + \frac{-c}{1-c} = \frac{1-c}{1-c} = 1$$

(3) 케인즈의 소득-지출모형(단순모형-비례세)에서의 승수
   $Y = C + c(Y - T - tY) + I + G$
   (Y = 국민소득, C = 소비지출, c = 한계소비성향, T = 정액세, t = 비례세율, I = 투자지출, G = 정부지출)
   1) 정부지출승수, 투자승수, 이전지출승수
      정부지출 및 투자가 1만큼 증가할 때, 국민소득은 $\frac{1}{1-c(1-t)}$ 배만큼 증가
   2) 조세승수
      조세가 1만큼 증가할 때, 국민소득은 $\frac{-c}{1-c(1-t)}$ 배만큼 감소
   3) 균형재정승수
      조세가 정부지출과 동액만큼 증가할 때의 승수로 정부지출승수와 조세지출승수의 합으로 나타낼 수 있으며, 비례세의 경우 균형재정승수는 1보다 작음
      $$\frac{1}{1-c} + \frac{-c}{1-c} = \frac{1-c}{1-c(1-t)} < 1$$

(4) 요약정리(수출과 수입이 없는 폐쇄경제를 가정한 케인즈단순모형)

구 분	정액세	비례세
정부지출승수	$\frac{1}{1-c}$	$\frac{1}{1-c(1-t)}$
투자승수	$\frac{1}{1-c}$	$\frac{1}{1-c(1-t)}$
이전지출승수	$\frac{1}{1-c}$	$\frac{1}{1-c(1-t)}$
조세승수	$\frac{-c}{1-c}$	$\frac{-c}{1-c(1-t)}$
균형재정승수	$\frac{1}{1-c} + \frac{-c}{1-c} = 1$	$\frac{1}{1-c} + \frac{-c}{1-c} < 1$

문제 18 조세의 경제적 효과

유 형	이론형
중요도 ★★★	정답 ③

정답해설

① 후방굴절 구간에서는 대체효과가 소득효과보다 크다.
   ↳ (여가가 정상재이어야 하고) 소득효과가 대체효과보다 더 크다.

② 임금과 노동공급이 정(+)의 관계인 구간에서는 근로소득세를 증가시키면 노동공급은 증가한다.
   ↳ 감소한다. 임금과 노동공급이 정(+)의 관계를 가지는 구간에서는 대체효과가 소득효과보다 작으므로 근로소득세를 증가시키면 노동공급은 감소한다.

③ 후방굴절구간에서는 소득효과가 대체효과보다 크기 때문이다.

④ 근로소득세 과세는 초과부담을 초래하지 않는다.
   ↳ 발생시킨다. 초과부담은 대체효과 때문에 발생하는 것인데 근로소득세를 부과할 경우에도 대체효과는 나타난다.

⑤ 근로소득세 납부 후 임금율은 상승한다.
   ↳ (W - T)로 낮아진다.

✓ 유사문제 CHECK
2025년 18번
2024년 13번
2023년 10번
2022년 18번
2021년 16번
2018년 13번
2017년 12번
2016년 27번

관련이론 근로소득세(비례소득세)와 노동공급

(1) 근로소득세(비례소득세)가 노동공급에 미치는 영향

가격효과	소득효과	시간당 임금이 감소함에 따라 실질소득이 감소하게 됨 • 여가 = 정상재인 경우 : 여가는 감소, 노동공급은 증가 • 여가 = 열등재인 경우 : 여가는 증가, 노동공급은 감소
	대체효과	시간당 임금이 감소함에 따라 여가의 기회비용이 감소하게 됨 • 여가는 증가, 노동공급은 감소

• 여가 = 정상재인 경우
  - 소득효과 〉 대체효과 : 노동공급은 증가
  - 소득효과 〈 대체효과 : 노동공급은 감소
※ 사람들은 효용에 따라 선택하므로, 노동공급은 소득효과와 대체효과에 따라 결정됨에 주의한다.

(2) 근로소득세(비례소득세)와 노동공급곡선

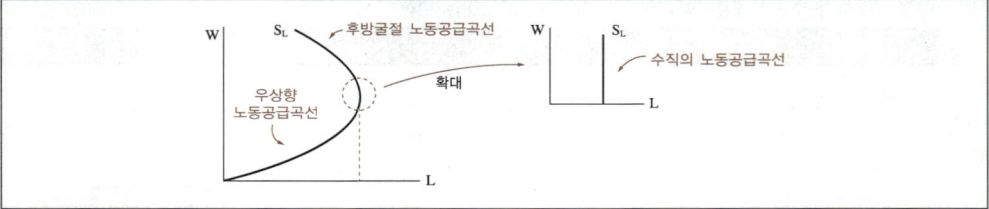

1) 후방굴절 노동공급곡선(실질임금 감소 → 노동 증가)
   여가 = 정상재 & 소득효과 > 대체효과
2) 우상향 노동공급곡선(실질임금 감소 → 노동 감소)
   여가 = 열등재
   여가 = 정상재 & 소득효과 < 대체효과
3) 수직의 노동공급곡선(실질임금 불변 → 노동 불변)
   여가 = 정상재 & 소득효과 = 대체효과

문제 19 조세의 경제적 효과

유 형	이론형
중요도 ★★★	정답 ②

정답해설

1 A
자본재에 투자할 때 첫 해에 이 투자에 대해 전액 감가상각을 허용하는 경우, 투자에 미치는 영향은 투자의 촉진이다.

2 B
자본재에 투자할 때 첫 해에 이자비용의 손금처리를 부인하는 경우, 투자에 미치는 영향은 투자의 위축이다.

따라서 정답은 ② A : 투자촉진, B : 투자 위축이다.

✅ 유사문제 CHECK

2024년 14번
2023년 13번
2022년 19번
2021년 14번

합격의 TIP

법인세와 투자에 대한 출제는 1. 법인세가 중립적일 때, 2. 법인세가 투자에 어떤 영향을 끼치는지 이렇게 2가지이다. 이 문제는 주로 법인세가 투자에 어떤 영향을 끼치는지에 대해 물어본 문제이다. 법인세가 경제적 이윤에 과세되었을 경우에도 성립하는데 요건은 법인세가 중립적인 것과 유사하다. 유사문제를 함께 학습해두자

문제 20 조세의 전가와 귀착

유 형	이론형
중요도 ★★★	정답 ①

정답해설

1 현재 상태를 그림으로 나타내면 다음과 같다.
수요곡선 : $Q^D = 1,000 - 5P$
공급곡선 : $Q^S = 50$

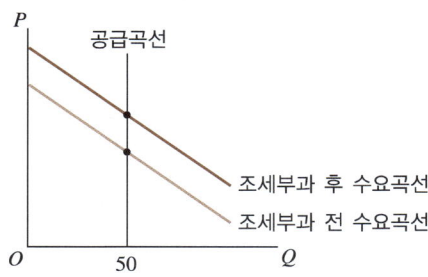

위의 그래프를 보면 조세부과 전의 균형거래량과 조세부과 후의 균형거래량이 동일함을 알 수 있다. 따라서 사중적손실(초과부담)은 0이다.

✅ 유사문제 CHECK

2023년 5번
2021년 8번
2020년 27번
2018년 11번
2018년 17번
2018년 34번

합격의 TIP

수요함수와 공급함수 중 하나라도 완전탄력적 또는 완전비탄력적일 때에는 사중손실이 발생하지 않는다. 이 문제와 함께 2017년 1번 문제도 연계해서 생각해두자. 또한 심화학습으로 유사문제를 함께 풀어보자

문제 21 소득분배 및 사회보장

유형: 이론형
중요도: ★★★
정답: ⑤

정답해설

소득분배불평등의 측정방법의 비교 *관련이론

① 앳킨슨(A. Atkinson)지수는 주관적인 판단, 즉 사회후생함수를 어떻게 정의하느냐에 따라 균등분배대등소득이 달라지므로, 앳킨슨지수는 다른 결과가 나온다. 따라서 소득분배에 대한 사회적 가치판단에 따라서 크기가 달라진다.

②, ③ 로렌츠(M. Lorenz)곡선은 인구의 누적점유율과 소득의 누적점유율 사이의 대응관계를 그림으로 나타낸 것으로서, 대각선에 가까워질수록 소득분배가 평등하다고 판단한다. 따라서 두 개의 로렌츠곡선이 서로 교차하는 경우에는 소득분배 상태의 개선 혹은 악화여부를 비교할 수 없으며, 이를 보완하기 위하여 지니계수가 등장하였다.

③ 지니계수(Gini coefficient)는 로렌츠곡선을 이용해서 계산할 수 있다. 아래의 그림에서 ②/②+③으로 계산할 수 있고, 0과 1 사이의 값을 가지고, 작을수록 소득분배가 평등하다.

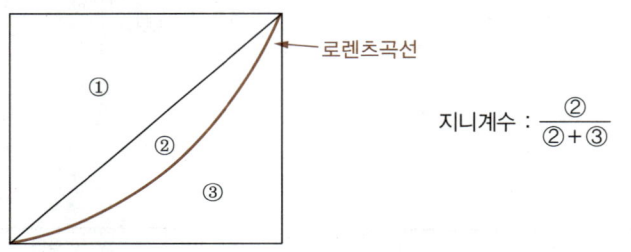

④ 지니계수는 전 계층의 소득분배상태를 나타내고 있으므로, 전체 인구의 평균적인 소득격차의 개념을 활용한다.

⑤ 달튼(H. Dalton)의 평등지수는 1에 가까울수록 <s>불평등한 상태를 의미한다</s>.
↳ 평등한 상태를 의미한다.

유사문제 CHECK

2021년 33번
2020년 39번
2017년 34번

합격의 TIP

소득분배불평등의 측정방법 중 한 가지를 주제를 한 문제로 출제할 수도 있지만, 이 문제처럼 여러 가지 소득분배불평등의 측정방법을 섞어서 출제할 수도 있다. 불평등을 판단하는 방법은 측정방법마다 차이가 있는데, 한 문제에 여러 가지 방법이 출제될 경우를 대비하여 아래의 관련이론으로 각 방법을 비교해서 기억해두자

관련이론 소득분배불평등의 측정방법의 비교

평등지수	측정방법	측정의 판정
로렌츠곡선과 지니계수	소득-인구 그래프 (①, ②, ③ 영역, 로렌츠곡선) • 지니계수 : ②/(②+③)	• 로렌츠곡선 : 곡선이 대각선에 가까울수록 평등 • 지니계수 : 0과 1 사이의 값을 가지며, 작을수록 평등
십분위분배율	$\dfrac{\text{하위 40\%의 소득}}{\text{상위 20\%의 소득}}$	0과 2 사이의 값을 가지며 클수록 평등
달튼의 평등	공리주의 사회후생을 가정하며, 모든 사람에게 완전히 균등하게 소득이 분배되었을 때 사회후생이 극대화됨	0과 1 사이의 값을 가지며, 클수록 평등
앳킨슨지수	$A = 1 - \dfrac{Y_e}{Y}$	0과 1 사이의 값을 가지며, 작을수록 평등
5분위분배율	$\dfrac{\text{상위 20\%의 소득}}{\text{하위 20\%의 소득}}$	1에서 무한대의 값을 가지며, 작을수록 평등

유 형	이론형
중요도	★★☆	정답	⑤

문제 22 지방재정

정답해설

보조금이론 *관련이론

②, ③ 무조건부보조금은 사용용도에 제한이 없고, 주로 지역 간의 경제력의 평준화 및 지역 간 소득재분배를 위하여 지급되는 보조금이다.

④ 비대응보조금은 현물보조금에 해당하는 유형이다. 따라서 어떤 특정 재화의 소비를 늘리도록 영향을 미칠 수 있다.

⑤ 대응보조금은 가격보조금에 해당하는 유형이다. 공공재의 소비를 증가시키고 지방정부의 재정부담 완화로 사적재의 소비도 증가시킨다.
↳ 공공재의 상대가격 하락(대체효과)과 지역주민의 실질소득 증가(소득효과)로

유사문제 CHECK
2025년 17번, 2024년 17번
2022년 4번, 2020년 28번
2016년 6번

합격의 TIP
무조건부보조금은 현금보조, 조건부보조금 중 정액보조금은 현물보조금, 정률보조금은 가격보조금에 해당하는 정책이라 생각하면 따로 암기하지 않아도 문제를 쉽게 접근할 수 있다

관련이론 보조금이론

(1) 보조금 지급의 목적
  1) 지역 간 외부성과 특정 공공재 공급의 촉진
     조건부 정률보조금에 해당하며, 현행 국고보조금으로 시행 중
  2) 지역 간 재정력 격차 해소 및 재원조달 능력의 차이 해결
     무조건부보조금 지급에 해당하며, 현행 지방교부금으로 시행 중
  3) 특정지역에 대한 보상 및 역할을 위임

(2) 보조금의 유형

보조금 ┌ 무조건부보조금 「현금보조」
↳ 중앙→지방   ↳ 지방교부금
      └ 조건부보조금 ┬ 정액보조금(비대응 보조금) 「현물보조」
                     └ 정률보조금(대응 보조금) ┬ 개방형 정률보조금
                                              └ 폐쇄형 정률보조금

무조건부보조금		용도 제한 없음(주로 지역 간 경제력의 평준화 및 지역 간 소득재분배를 위하여 지급)
조건부보조금	정액보조금	일정금액 지급, 용도 제한
	정률보조금	공공사업에 소요되는 재원의 일정비율만 지급 • 개방형 : 지출증가 시 보조금도 증가 • 폐쇄형 : 정률지급하되 지급한도 있음

(3) 보조금의 효과에 대한 비교
  1) 동일 보조금 지급 시 효용(증가)크기
     무조건부 > 정액 > 정률
  2) 지방공공재의 생산 촉진효과
     정률 > 정액 ≥ 무조건부
  3) 동일 효용 달성 시 필요 보조금
     정률 > 정액 ≥ 무조건부

문제 23 경제적 효율성과 시장실패

유형: 이론형 **중요도**: ★★★ **정답**: ①

정답해설

① 사회후생함수는 그 사회가 어떠한 가치 기준을 선택할 것인가에 대한 해답을 제공해 준다.
  ↳ 해답을 제공해 주지 않는다. 사회후생함수는 사회구성원들의 가치관 즉, 의사결정과정을 통해 개인적인 생각을 표현한 것이지, 그 사회가 어떠한 가치 기준을 선택할 것인가에 대한 해답을 제공해 주지 않는다.

② 사회후생함수란 사회구성원들의 선호를 집약하여 사회적 선호로 나타내어주는 함수로서, 개인들의 효용을 측정할 수 있다고 가정한다. 그리고 이 사회후생함수를 통해 사회무차별곡선을 도출해 낼 수 있다.

③ 사회후생함수 *관련이론

④, ⑤ 효용가능경계(utility possibility frontier)란, 효용가능곡선의 포락선으로서, 자원배분의 파레토 효율성 조건이 모두 충족되는 점이다. 따라서 사회후생을 극대화시키는 배분이란 효용가능경계와 사회무차별곡선이 접하는 점을 의미하며, 현재 어떤 효용가능경계선상에 있다면 그 배분에서는 효율과 공평을 함께 증가시킬 수 없다.

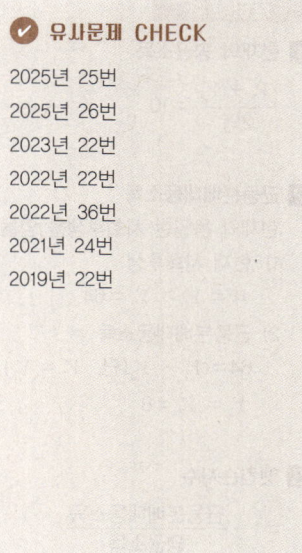

유사문제 CHECK
- 2025년 25번
- 2025년 26번
- 2023년 22번
- 2022년 22번
- 2022년 36번
- 2021년 24번
- 2019년 22번

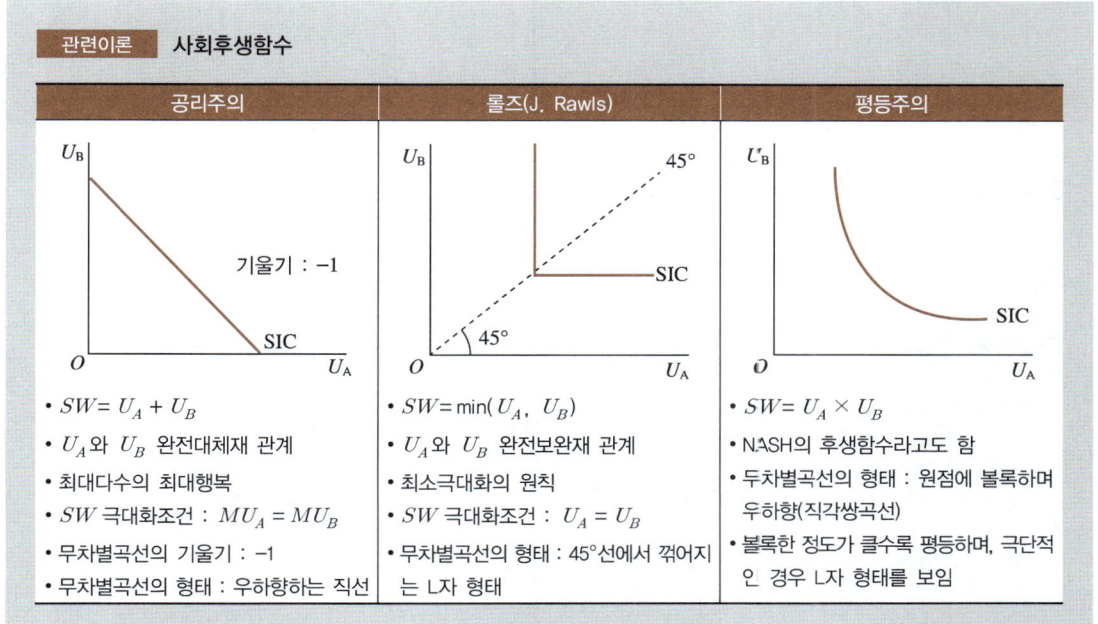

관련이론 | 사회후생함수

공리주의	롤즈(J. Rawls)	평등주의
기울기 : −1, SIC	45°, SIC	SIC
• $SW = U_A + U_B$	• $SW = \min(U_A, U_B)$	• $SW = U_A \times U_B$
• U_A와 U_B 완전대체재 관계	• U_A와 U_B 완전보완재 관계	• NASH의 후생함수라고도 함
• 최대다수의 최대행복	• 최소극대화의 원칙	• 두차별곡선의 형태 : 원점에 볼록하며 우하향(직각쌍곡선)
• SW 극대화조건 : $MU_A = MU_B$	• SW 극대화조건 : $U_A = U_B$	• 볼록한 정도가 클수록 평등하며, 극단적인 경우 L자 형태를 보임
• 무차별곡선의 기울기 : −1	• 무차별곡선의 형태 : 45°선에서 꺾어지는 L자 형태	
• 무차별곡선의 형태 : 우하향하는 직선		

유 형		계산형
중요도	★★★ 정답	②

문제 24 소득분배 및 사회보장

정답해설

1 현재의 평균소득

$$\frac{Y_1 + Y_2}{2명} = 10$$

2 균등분배대등소득

현재와 동일한 사회후생을 얻을 수 있는 소득을 평등하게 분배한 소득

1) 현재 사회후생
   $W = Y_1 \times Y_2 = 64$

2) 균등분배대등소득
   $64 = Y_1 \times Y_2$ (단, $Y_1 = Y_2$)
   $Y_1 = Y_2 = 8$

3 앳킨슨지수

$$= 1 - \frac{균등분배대등소득}{평균소득}$$

$$= 1 - \frac{8}{10}$$

$$= 0.2$$

유사문제 CHECK

2024년 31번
2024년 33번
2022년 33번
2018년 29번

합격의 TIP

2024년 31번 문제와 관련이론을 반드시 학습하여, 어떤 사회후생함수가 주어지더라도 앳킨슨지수를 구할 수 있어야 한다.

관련이론 앳킨슨지수

(1) 앳킨슨지수 $= 1 - \dfrac{균등분배대등소득(Y_e)}{평균소득}$

(2) 균등분배대등소득 : 현재와 동일한 사회후생을 얻을 수 있는 소득을 완전히 평등하게 분배한 소득상태의 평균소득

(3) 균등분배대등소득이 감소하는 경우
   1) 균등분배에 대한 선호도가 클수록
   2) 불균등분배에 대한 혐오도가 클수록
   3) 현실의 소득분배에 대한 불평등정도가 높을수록

(4) 앳킨슨지수는 작을수록 평등하며 0에서부터 1의 값을 가지며, 사회 전체의 평등에 대한 가치가 클수록 앳킨슨지수는 커짐

문제 25 외부성

유 형	이론형
중요도 ★☆☆	정답 ④

정답해설

①, ②, ③, ⑤ 공유지의 비극 *관련이론

① 공유지의 비극에 대한 정의를 설명하고 있는 문장이다.

④ 여러 사람이 공동으로 사용하려는 목적으로 구입한 ~~자원의 소유권은 결국 한 사람에게 귀착된다.~~
   ↳ 자원이 과도하게 이용된다.

관련이론 공유지의 비극

(1) 정 의
   공유자원의 과다한 소비로 인하여 자원이 고갈되는 현상으로 파레토 효율이 이루어지지 않는 상태

(2) 원 인
   소유권이 명확하지 않고, 비배제성*인 특징과 경합성*인 특징이 나타남
   (소유권이 명확하지 않고, 돈을 내지 않은 사람도 사용가능하며, 자원이 제한되어 있음)
   * 비배제성 : 공공재의 공급이 이루어지고 나면, 생산비를 부담하지 않는 개인이라고 할지라도 소비에서 배제할 수 없는 특성(돈을 내지 않은 사람도 사용이 가능하다고 생각하면 쉽다)
   * 비경합성 : 어떤 개인의 공공재 소비가 다른 개인의 소비가능성을 감소시키지 않는 특성(비경합성은 자원이 무제한, 경합성은 자원이 제한적이라고 생각하면 쉽다)

(3) 해결방법
   1) 소유권을 명확하게 해줄 것
   2) 소비를 억제할 수 있는 조세를 부과할 것

문제 26 공공재이론

유 형	이론형
중요도 ★★☆	정답 ⑤

정답해설

① 정부에 의해 공급되지 않고 기업에 의해 공급되는 재화는 <u>모두 사적재이다</u>.
　　　　　　　　　　　　　　　　모두 사적재로 볼 순 없다. 공공재의 경우 민간 기업에 위탁하여 공급되기도 한다.

② 우편과 철도서비스는 <u>순수공공재에 해당된다</u>.
　　　　　　　　↳ 순수공공재가 아니다. 일정 비용을 나라에서 부담하긴 하지만, 비용을 부담하지
　　　　　　　　 않은 사람은 배제가 가능하기 때문에 비배제성 요건을 충족하지 못한다. 따라서
　　　　　　　　 순수공공재로 볼 수 없다.

③ 클럽재는 시장을 통해서는 효율적으로 공급될 수 <u>없다</u>.
　 있다. 부캐넌의 클럽이론은 배제가 가능하다면 클럽재도 시장을 통해서 적정
　 수준으로 공급될 수 있음을 보여준다.

④ 공공재의 규모가 일정할 때, 추가적 사용에 따른 한계비용은 <u>증가한다</u>.
　　　　　　　　　　　　　　　　　　　　　　　　↳ 0이다.

⑤ 이론적으로는 가능하지만, 현실적으로는 불가능하다.

유사문제 CHECK
2025년 21번
2023년 26번
2022년 27번
2019년 26번

문제 27 공공재이론

유형: 이론형 | 중요도: ★★☆ | 정답: ④

정답해설

수요표출메커니즘 *관련이론1

① 수요표출메커니즘은 최적생산량의 결정에는 개인의 선호가 반영되지만, 소비자가 부담할 세금은 자신이 표출한 선호가 아니라 다른 소비자들이 표출한 선호에 의해 결정된다. 따라서 납부해야 할 세금에 자신의 선호와 관계없이 결정되므로 각 개인은 공공재에 대하여 진정한 선호를 표명할 수 있게 된다.

② 수요표출메커니즘이란 각 개인들이 공공재에 대하여 자신이 진정한 선호를 표출할 수 있게 해주는 장치이므로 이 장치를 활용하면 공공재의 효율적 공급을 실현할 수 있다.

③ 개별 소비자들은 다른 소비자들의 선호 표출과 관계없이 정직하게 선호를 표출하는 것이 최선이므로 무임승차 문제는 발생하지 않는다.

④ 수요표출메커니즘을 이용하면 정부의 균형예산 조건이 항상 충족된다.
  항상 충족하지 않는다. 수요표출메커니즘을 활용하면 효율적으로 공공재가 공급될 수 있다. 하지만, 조달된 재원이 공공비용과 일치한다는 보장이 없다. 즉, 균형예산 조건이 항상 충족한다고 볼 수 없다.

⑤ 수요표출메커니즘의 예로는 클라크세(Clarke Tax), 그로브즈(Groves) 등이 있다. *관련이론2

유사문제 CHECK
2019년 28번

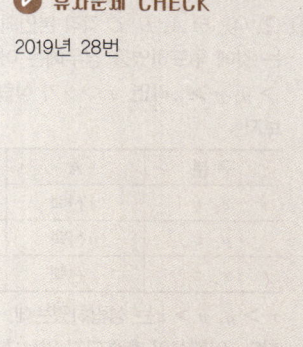

관련이론1 수요표출메커니즘

(1) 정의 : 각 개인들이 공공재에 대한 자신의 진정한 선호를 표출하는 것이 가장 유리하도록 고안된 일종의 유인 장치

(2) 장점 : 공공재의 효율적 공급이 이루어짐(=자원의 효율적 배분)

(3) 단점 : 균형예산이 보장되지 않음. 만약, 사회구성원들이 담합하여 왜곡된 선호를 시현한다면 장치가 무력화될 가능성이 있음

관련이론2 클라크 조세와 그로브즈-레야드의 비교

클라크 조세	그로브즈-레야드
우월전략균형 사용	내쉬균형개념 사용
사무엘슨조건은 충족되지만, 균형예산은 보장 안됨	균형개념을 내쉬균형으로 약화시켜, 균형예산과 파레토 효율성조건이 충족됨
담합에 무력함	

문제 28 공공선택이론

유 형	이론형
중요도	★☆☆
정답	③

정답해설

①, ②, ④, ⑤ A, B, C 각각 본인의 1순위가 x, y, z이므로 단순하게 자기가 선호하는 것에 투표하였을 경우에는 어느 대안도 선택되지 못한다. 이행성조건이란 $x > y$, $y > z$라면, $x > z$가 성립해야 하므로, 2가지 대안을 놓고 선택을 비교해보자

구 분	A	B	C	선호도
x, y	x선택	y선택	x선택	$x > y$
y, z	y선택	y선택	z선택	$y > z$
x, z	x선택	z선택	z선택	$z > x$

$x > y$, $y > z$는 성립하였는데, $z > x$가 성립되었으므로 이행성을 충족하지 못한다. 이행성이 충족되지 않는 현상을 '다수결투표의 순환성' 또는 '투표의 역설'이라고 하는데, 문제에서 주어진 상황은 투표의 역설이 발생하고 있다. 이 경우 꽁도세(Condorcet)투표방식(여러 대안 중에 2개 대안에 대하여 다수결로 승자를 결정하고 또 다시 다른 대안과 다수결로 승자를 결정하는 과정을 반복하는 것으로 토너먼트 방식과 유사)으로 의사결정이 진행된다면 대진 순서에 따라 승자가 달라지는 문제가 발생한다. 따라서 자신에게 유리한 대안이 선택되도록 의사진행 과정을 조작하는 의사진행조작(manipulation)이 발생할 수 있다.

③ 중위투표자 정리가 ~~성립한다~~. *관련이론
 → 성립하지 않는다. C가 다봉형선호를 가지고 있기 때문이다.

합격의 TIP

위의 문제는 투표제도를 이해하는데 있어 기본이 되는 사항이 전부 들어 있으므로 반드시 학습해야 한다.
이 문제를 푸는 다른 방법으로 하단의 관련이론에 제시된 그림처럼 각 선호가 다봉형인지 단봉형인지 파악하여 이행성을 검증할 수도 있기 때문에 관련이론을 반드시 학습해 두자

관련이론 중위투표자의 정리(medianvoter theorem)

모든 투표자의 선호가 단봉형(single-peaked)이면 다수결투표제도하에서는 항상 중위투표자(선호 순서대로 투표자를 나열할 때 가운데 위치하는 투표자)가 가장 선호하는 수준의 공공재 공급이 채택된다.

(1) 특 징
  1) 어떤 안건에 선호 순서대로 투표자를 나열했을 때, 가운데 위치하는 투표자(중위투표자)의 선호가 투표결과로 나타나는 현상
  2) 모든 투표자의 선호가 단봉형일 경우에만 성립
  3) 결정된 공공재의 공급량은 최적수준과 일치한단 보장이 없음. 즉, 공공재의 공급량은 사회적인 최적수준을 초과할 수도 있고, 미달할 수도 있음
  4) 중위투표자가 원하는 공급량이 변하지 않는 한, 다른 개인의 공공재 수요가 변하더라도 공공재의 공급량은 변하지 않음

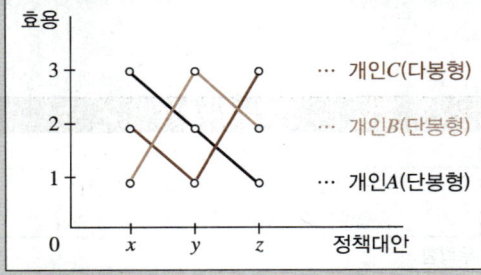

※ 단봉형(single-peaked)과 다봉형(multi-peaked)
문제에서 제시된 개인들의 선호를 그림으로 표시하면 다음과 같다.
그림에서 A, B는 봉우리가 1개인 단봉형 C는 봉우리가 2개 이상 있는 다봉형으로 나타난다. 단봉형은 가장 선호하는 대안에서 멀어질수록 효용이 지속적으로 감소하며, 다봉형은 가장 선호하는 대안에서 멀어질 때, 효용이 감소하다가 증가하는 형태를 보인다.

유 형	계산형
중요도 ★☆☆	정답 ②

문제 29 공공선택이론

정답해설

의사결정비용 = $10n^2 + 10$
외부비용 = $-6n^2 - 2n + 5$
가결률범위 $n(0 \leq n \leq 1)$

1 최적가결률
= 의사결정비용과 외부비용을 더한 총비용이 극소가 되는 점

2 총비용(C)
= 의사결정비용 + 외부비용
= $10n^2 + 10 - 6n^2 - 2n + 5$
= $4n^2 - 2n + 15$

3 총비용(C)이 극소화되는 점
= 총비용 식을 n에 대해 미분한 뒤 0으로 두고 n값을 구함
= $\frac{\delta C}{\delta n} = 0$
= $8n - 2 = 0$
$n = \frac{1}{4}$

합격의 TIP

10개년 동안 한 번 출제되었기에 중요성은 떨어지는 주제이다.

관련이론 최적가결률(최적찬성비율)

(1) 의안통과에 필요한 찬성표의 비율이 높을수록, 투표자의 동의를 얻어야 하는 비중이 증가하므로 의사결정비용곡선은 우상향(의사결정비용)

(2) 의안통과에 찬성하는 사람이 많을수록, 후생이 감소하는 사람(반대입장의 사람)이 줄어듦으로 외부비용은 우하향(외부비용)

(3) 따라서 최적가결률은 의사결정비용과 외부비용을 합한 총비용이 극소화되는 점

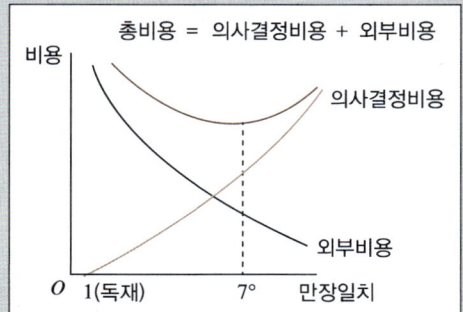

유 형	이론형
중요도	★★☆	정답	④

문제 30 공공선택이론

정답해설

① 공공재에 대한 수요는 고소득자가 저소득자보다 항상 작다.
　└ 항상 많다. 원래 공공재에 대한 수요는 소득의 크기에 영향을 받지 않지만, 문제에서 제시하길 공공재를 정상재로 정의하였기 때문에 소득이 많을수록 수요도 높아진다.

② 단순다수결투표로 정해지는 공공재 공급수준은 효율적이다.
　└ 효율적이라는 보장이 없다. 단순다수결투표하에서는 개인의 선호강도를 반영할 수 없고, 최소비용도 보장되지 않기 때문에 다수결투표로 정해진 공공재 공급수준이 효율적이라고 판단할 수 없다.

③ 중위투표자의 소득을 높이는 소득재분배 후 단순다수결투표를 한다면 공공재의 수요량은 적어질 것이다.
　└ 많아질 것이다. 단순다수결투표를 할 경우 중위투표자가 원하는 수요가 공급될 확률이 높다. 문제에서 공공재를 정상재로 정의하고 있기 때문에, 중위투표자의 소득이 높아진다면 공공재의 수요도 높아질 것이다.

④ 비례적 소득세를 부과하여 소득을 재분배하면, 중위투표자의 소득이 높아진다면, 공공재가 최적공급수준에 비해 과대공급될 가능성이 있다.

⑤ 해당 공공재에 대해 대체관계가 있는 사적재가 존재할 경우 단순다수결투표의 균형은 항상 성립하지 않는다.
　└ 존재할 수도 있다. 대체관계에 있는 사적재가 존재하더라도 공공재의 공급량은 단순다수결투표제로 정해지기 때문이다.

합격의 TIP

정확하게 옳거나 그른 것에 대한 판단을 해야 하는 것이 아니라, 문제에 제시된 가정과, 보기의 지문 문구를 정확하게 보고 판단해야 한다. 시험장에서 당황스러울 수 있는 문제이기 때문에, 직관적으로 정답을 찾기가 어렵다면, 다음 문제로 넘어가야 한다.

문제 31 외부성

유 형		이론형	
중요도	★★★	정답	⑤

정답해설

①, ②, ③, ④ 지문 모두 오염배출권제도에 대한 맞는 설명이다. 오염배출권제도는 먼저, 정부가 적절하다고 생각하는 오염배출권의 총량을 정한 뒤, 오염배출권을 발급한다. 그리고 각 기업은 자신들이 보유하고 있는 오염배출권의 한도 내에서 오염물질을 배출할 수 있게 된다. 이는 오염 저감에 따른 한계비용이 각 기업마다 다르기 때문에, 오염배출권보다 낮은 비용으로 오염을 줄이는 기업은 오염배출권을 매각하고, 오염배출권보다 높은 비용으로 오염을 줄이는 기업은 오염배출권을 매입하는 오염배출권 시장을 형성하게 된다. 결국 배출권 시장의 균형에서는 배출권을 줄이는 데 드는 각 기업의 한계비용이 같아지게 된다. 따라서 배출권의 총량이 정해지면 배출권을 각 기업에게 어떻게 할당하느냐와 관계없이 자유로운 시장거래를 통해 효율적인 방법으로 오염을 감축할 수 있다. *관련이론

⑤ 환경오염 감축효과가 불확실한 것이 단점이다.
↳ 확실하다. 정부의 목표수준만큼 감축시킬 수 있는 것이 장점이다.

유사문제 CHECK
2022년 24번
2016년 11번

합격의 TIP
오염배출권의 거의 매년 출제되는 주제이다. 오염배출권제도에 관하여 단독주제로도 출제가 되지만, 간혹 피구세와 비교하여 출제될 수도 있으니 두 가지를 비교해서 기억해 둔다면, 어떤 주제가 출제되더라도 쉽게 접근할 수 있을 것이다. 추가로 2022년 24번 문제를 통해 계산문제도 함께 학습해두자

관련이론 오염배출권과 피구세의 비교

구 분	오염배출권	피구세	비 고
오염배출량의 직접통제	가능(정부가 직접 일정수준으로 통제)	가능(정부가 원하는 오염배출량이 될 때까지 세율을 계속해서 조정해야 함)	오염배출권의 장점
개별기업의 비용에 대한 정보	필요하지 않음	개별기업의 한계비용곡선, 외부한계비용, 시장가격 등에 대한 정보가 필요	
인플레이션에 대한 적응력	인플레이션 발생 시 오염배출권 가격 자동으로 상승	인플레이션 발생 시 정부가 세율을 조정하여야 함	
재정수입	없음*	있음	피구세의 장점
오염배출권시장의 여부	오염배출권시장이 따로 있어야 하나, 현실적으로 완전경쟁적인 오염배출권 시장의 형성이 어려울 수 있음	오염배출권 시장의 여부와 관계없이 조세만으로도 도입 가능	
배출자부담원칙	배출자부담원칙이 지켜지지 않음	배출자부담원칙이 지켜짐	

* 오염배출권제도를 처음 도입할 때, 정부가 오염배출권을 각 기업에게 판매한다면, 일시적으로 정부는 재정수입을 얻을 수 있으나, 오염배출권 배부가 이루어진 후에는 재정수입을 얻을 수 없다.

문제 32 외부성

유 형	이론형
중요도 ★★★	정답 ①

정답해설

코즈정리 *관련이론

① 하천의 재산권을 기업 A에게 부여하면 기업 B에게 부여하는 경우보다 하천의 오염도가 증가할 것이다.
→ 코즈정리는 재산권이 어느 누구에게 귀속되는지와 상관없이 당사자 간의 자발적 협상에 의해 동일한 결과에 도달한다.

②, ③, ④, ⑤ 코즈정리란, 외부성을 해결하기 위한 방안으로서. 재산권(소유권)이 적절하게 설정되면, 자발적인 협상에 의하여 시장실패를 해결할 수 있다는 정리이다. 따라서 재산권이 명확하게 규정되어 있어야 한다. 또한 자발적인 협상이 필요하기 때문에, 협상으로부터 얻는 이득이 협상에 드는 비용보다 커야만 한다. 하지만, 재산권이 누구에게 부여되는지는 자원배분의 효율성에 영향을 미치지 않기 때문에, 소득재분배가 이루어지더라도 소득의 분배 문제는 여전히 남아 있으며, 각 개인의 효용함수는 영향을 받지 않는다.

✓ 유사문제 CHECK
2024년 30번, 2022년 26번
2021년 25번, 2020년 29번
2018년 26번, 2016년 31번

합격의 TIP
최근 코즈정리에 대한 단독문제가 출제될 정도로 출제비율이 높다. 외부성의 해결방안으로서 문제 속 보기지문까지 합한다면 출제빈도는 더 높다. 반드시 학습해두자

관련이론 코즈정리

(1) 코즈정리가 성립할 수 있는 조건
1) 협상비용이 무시할 정도로 작아야 함
2) 협상으로 인한 소득재분배가 각 개인의 한계효용에 영향을 미치지 않아야 함
   (= 효용함수에 변화가 없어야 함 = 선호체계를 왜곡시키지 않아야 함)
3) 외부성에 관한 재산권을 설정할 수 있어야 함(누구에게 재산권을 귀속시킬지는 관련이 없음)
4) 재산권이 설정된 후, 당사자 간의 자발적 협상에 의해 자원이 배분되어야 함

(2) 코즈정리의 결과
재산권이 누구에게 주어지는지는 소득분배에 영향을 미칠 뿐, 재산권이 누구에게 주어지는지와 관계없이(효율성과는 상관없이) 오염배출량은 동일한 수준으로 결정됨

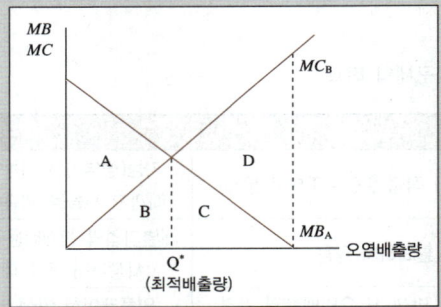

재산권이 기업 A에 있는 경우	최소보상금액 C ~ 최대보상금액 C + D
재산권이 기업 B에 있는 경우	최소보상금액 B ~ 최대보상금액 A + B

(3) 코즈정리의 단점
1) 협상비용이 크면 적용이 불가
2) 이해당사자가 누구인지 정확히 알 수 없는 경우가 존재
3) 정보의 비대칭성이 존재할 경우, 협상을 통한 해결이 불가
4) 협상능력에 있어서 차이가 존재할 수 있음
5) 외부성의 정확한 측정 문제

문제 33 외부성

유형	이론형
중요도 ★★★	정답 ③

정답해설

외부성 *관련이론

①, ④, ⑤ 외부성은 생산측면에서 외부경제와 외부불경제, 소비측면에서 외부경제와 외부불경제로 구분할 수 있는데, 외부성의 구분과 상관없이 어떤 외부성이라도 사회적 최적생산량(효율적 자원배분량)은 사회적 한계비용과 사회적 한계편익이 일치하는 점이다. 생산측면의 긍정적 외부성(예 양봉업자가 벌꿀을 생산하여 근처의 과수원 업자의 생산이 증가하는 효과)과 소비측면의 긍정적 외부성(예 독감 예방접종으로 인하여 주변의 사람들도 독감에 걸릴 확률이 적어지는 현상) 모두 사회적 최적수준보다 적게 생산되는 경향이 있으며, 생산측면의 부정적 외부성(예 연탄공장에서 배출되는 연기로 인하여 피해를 입는 세탁소), 소비측면의 부정적 외부성(예 흡연으로 비흡연자가 고통을 느낄 때)의 경우에는 사회적 최적수준보다 많이 생산되는 경향이 있다.

② 실질적 외부성이란 개인의 행동이 제3자에게 의도하지 않은 이득이나 손실을 가져와 비효율적인 자원배분의 원인으로 작용하는 현상으로 효율성에 영향을 끼친다.

③ 금전적 외부성이 존재하면 상대가격구조의 변동을 ~~가져와 비효율적인 자원배분의 원인으로 작용한다.~~
    ↳ 가져오지만, 비효율성은 초래되지 않는다. 금전적 외부성의 경우, 시장의 가격기구를 통하여 한 사람의 피해가 다른 사람의 피해와 정확히 상쇄되기 때문에 공평성에만 영향을 끼친다.

합격의 TIP

외부성은 자주 출제되는 중요한 주제로 계산형문제와 이론형문제가 다양하게 출제된다. 계산형문제와 이론형문제 모두 관련이론의 그래프를 그릴 수 있다면 대부분의 문제를 정확히 풀 수 있다. 보는 것과 그려보는 것은 다르므로 반드시 직접 여러 번 그려보길 권한다.

관련이론 외부성

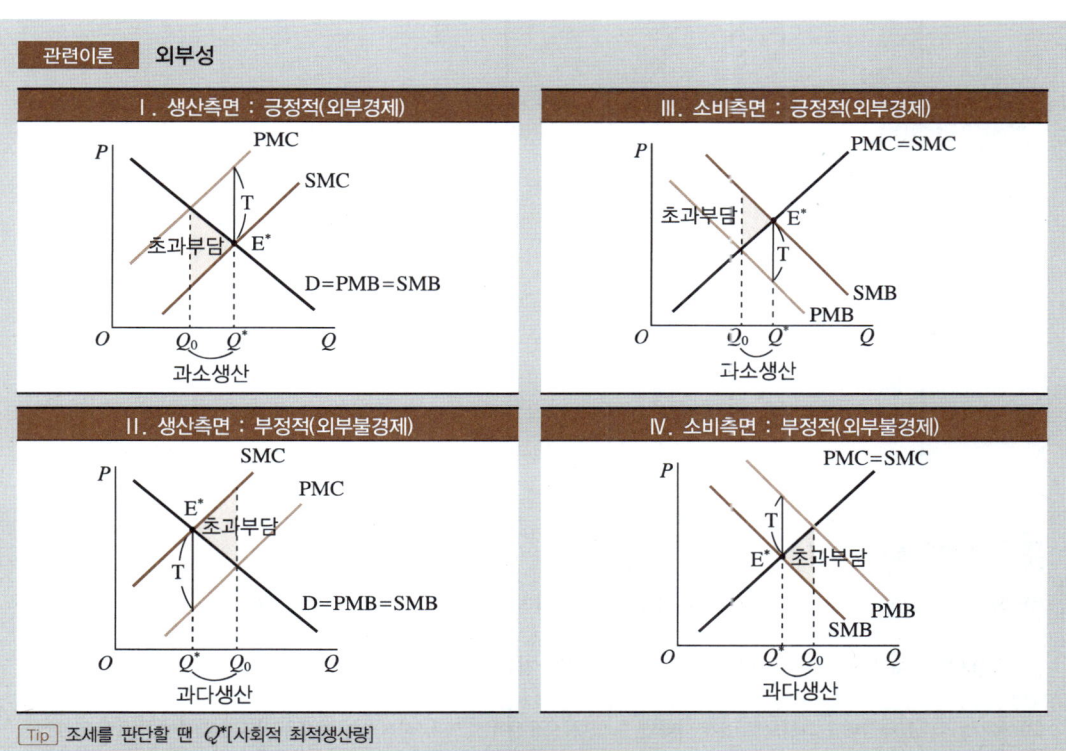

Tip 조세를 판단할 땐 Q^*[사회적 최적생산량]
초과부담을 판단할 땐 Q_0[현재 생산량(과소생산 또는 과다생산되는 지점)]

유 형		이론형	
중요도	★★★	정답	⑤

문제 34 소득분배 및 사회보장

정답해설

로렌츠곡선 *관련이론

⑤ 셋 이상의 곡선을 동시에 비교할 수 없다.
↳ 곡선 간 교차하지 않는다면 비교가능하다.

유사문제 CHECK

2025년 37번
2023년 28번
2022년 37번
2021년 33번
2020년 39번
2019년 35번
2017년 21번

합격의 TIP

2017년의 로렌츠곡선은 개념만 알고 있다면 풀 수 있는 문제로 출제되었다. 자주 나오는 주제이므로 유사문제를 반드시 학습하도록 하자

관련이론 로렌츠곡선

(1) **정의**: 인구의 누적점유율과 소득의 누적점유율 사이의 대응관계를 그림으로 나타낸 것

(2) **측정방법**: 대각선에 가까워질수록 소득분배가 평등한 것으로 판단

(3) **평가**: 소득분배상태를 그림으로 쉽게 나타낼 수 있다는 장점이 있으나, 서수성의 성격을 지니기 때문에 해석에 한계점을 지닌다.

문제 35 공공요금의 이론

유형	이론형
중요도	★★☆
정답	⑤

정답해설

①, ②, ③, ④ 오이(W. Y. Oi)는 고정수수료와 단위당 사용요금을 적절하게 결정하여 파레토 최적을 이루는 최적이부요금을 주장하였다. 최적이부요금이란 재화를 구입할 권리에 대하여 1차로 고정요금(예 가입비)을 부과하고, 소비자의 구입량에 따른 사용요금을 부과하는 방법이다. 오이(W. Y. Oi)에 따르면 총요금 중에서 고정수수료와 사용 단위당 요금 사이의 비중은 재화를 공급받는 소비자들의 고정수수료에 대한 탄력성에 의존하게 된다. 고정수수료에 대한 탄력성이 클수록 고정수수료를 낮게 책정하고 사용요금을 높게 책정하면 효율성이 증가하며, 고정수수료에 대한 탄력성이 작을수록 고정수수료를 높게 책정하고 사용요금을 낮게 설정해야 사회후생이 증가하게 된다. 이러한 요금제를 설정하면 단일요금 부과의 경우에 비하여 더 높은 효율성을 달성할 수 있다. 이는 램지의 가격설정방식에 적용된 역탄력성법칙(수요가 탄력적인 재화에 대하여 낮은 가격을 설정하는 방식)과 유사하다. 최적이부요금을 사용하는 경우 단일요금을 사용하는 것보다 사회후생이 증가할 수 있지만, 너무 높은 고정요금이 부과될 경우 저소득층의 소비가 제한될 수 있고, 최적이부요금을 설정하기 위한 비용함수, 수요함수, 소비자의 선호에 대한 정보를 수집하기 어렵다는 단점이 있다.

⑤ 최적이부요금은 **비용함수와 수요함수만을 이용하면 산출할 수 있다.**
  ↳ 비용함수와 수요함수, 각 소비자들의 선호에 대한 정보를 이용하여 산출할 수 있다. 각 소비자들의 선호에 대한 정보는 현실적으로 파악하기 힘들기 때문에 이 점은 최적이부요금의 한계점으로 지적된다.

> **합격의 TIP**
>
> 최적이부요금만 단독으로 출제했던 연도는 2017년이 유일하다(보통은 다른 공공요금의 이론과 함께 한 지문으로 나왔다). 자주 나오는 주제는 아니므로 해설을 충분히 읽어두는 정도로 학습하자

문제 36 소득분배 및 사회보장

유형	이론형
중요도	★★
정답	②

정답해설

ㄱ. 포괄수가제란 진료의 종류나 양에 관계없이 정해진 진료비를 납부하는 것이고, 행위별수가제란 진료행위의 수에 따라 총진료비를 산출하는 방식이다. 따라서 행위별수가제를 시행할 경우 의사들이 과잉진료를 할 수 있는 유인을 제공하나 포괄수가제를 진행할 경우 의사들의 과잉진료 행위는 줄어든다.

ㄴ. 포괄수가제의 경우 진료행위의 수와 상관없이 정해진 진료비를 납부하기 때문에 행위별수가제에 비해 의료서비스 품질이 저하될 수 있다.

ㄷ. **포괄수가제에 비해 행위별수가제는 의학 발전에 부정적이다.**
  → 행위별수가제의 경우 의료서비스 과잉생산의 유인이 발생하므로 의학 발전에 부정적이라고 볼 수 없다.

문제 37 소득분배 및 사회보장

유 형	이론형
중요도 ★★★	정답 ①

정답해설

① 연금제도는 <u>노동공급과 노동수요의 증대를 가져와 경제성장에 기여하게 된다.</u>
  ↳ 노동공급의 감소를 가져와 경제성장에 부정적인 영향을 미친다. 연금제도가 시행되면 노년층의 은퇴가 빨라지기 때문이며, 이를 은퇴효과 또는 퇴직효과라고 한다.

② 적립방식하의 연금제도는 자기세대가 납부한 보험료를 은퇴한 이후에 돌려 받기 때문에 세대 간 소득재분배효과는 발생하지 않지만, 동일한 세대 내에서 납부한 보험료에 따라 수령하는 연금에 차이가 발생하므로 세대 내 소득재분배효과가 발생한다.

③ 퇴직이 빨라지면, 퇴직 후의 기간이 길어지기 때문에, 이에 대비하기 위해 근로기간 중 개인저축을 증가시키는 작용을 한다. 따라서 연금급여에 대한 기대로 조기에 퇴직하는 퇴직효과는 개인저축을 늘리는 작용을 한다.

④ 연금제도의 인식효과란 노후에 대한 준비의 필요성을 인식하는 효과를 의미한다. 따라서 노후를 대비하기 위해 개인들은 저축을 증가시키는 작용을 한다. 따라서 연금제도는 저축의 중요성을 일깨우는 인식효과를 가져오며 이는 개인저축을 늘리는 작용을 한다.

⑤ 연금급여에 대한 기대는 개인이 납부하는 보험료를 저축으로 인식하기 때문에 개인저축을 줄이는 자산대체효과를 발생시킨다. 이는 적립방식하의 연금제도와 부과방식하의 연금제도의 공통된 효과이다. 단, 완전한 적립방식하의 연금제도에서는 개인의 저축은 감소하지만, 동액만큼 정부저축이 증가하므로 경제 전체의 저축은 불변이다.

유사문제 CHECK

2025년 34번
2025년 40번
2024년 37번
2023년 36번
2022년 40번
2020년 34번
2019년 37번
2018년 22번
2016년 20번

합격의 TIP

연금 관련하여 유사문제를 보면 생각했던 것보다 자주 출제되는 주제임을 알 수 있다. 국민연금의 경제적 효과는 반드시 정리해두자

관련이론 국민연금의 경제적 효과

(1) 국민연금의 재원조달방식
  1) 적립방식 : 국민들이 납부한 보험료로 기금을 조성한 뒤, 조성된 기금과 기금의 운용수익으로 연금을 지급하는 방식
  2) 부과방식 : 현재 국민연금을 납부하고 있는 기여금을 은퇴한 사람들에게 지급하는 것

(2) 국민연금의 재원조달방식에 따른 경제적 효과

소득재분배효과	세대 간 재분배효과	적립방식	효과 없음
		부과방식	효과 있음
	세대 내 재분배효과	적립방식	효과 있음
		부과방식	효과 있음
노동공급에 대한 효과	노년층의 노동	조기은퇴효과 발생으로 감소	
	청년층의 노동	알 수 없음	
저축에 대한 효과[1]	자산대체효과	적립방식	개인저축 감소, 정부저축 증가, 전체저축 불변
		부과방식	개인저축 감소, 정부저축 불변, 전체저축 감소
	은퇴효과	개인저축 증가	
	상속효과	개인저축 증가	
	인식효과[2]	개인저축 증가	

* 1 저축에 대한 효과 : 저축에 대한 4가지 효과를 모두 반영한다면, 개인저축의 변화는 확실하게 알 수 없고, 전체 저축은 적립방식의 경우에는 감소, 부과방식의 경우에는 확실히 알 수 없다.
* 2 인식효과 : 인식효과란 노후에 대한 준비의 필요성을 인식하는 효과를 의미한다. 따라서 노후를 대비하기 위해 개인들은 저축을 증가시키는 것

문제 38 조세의 경제적 효과

유 형	계산형
중요도 ★☆☆	정답 ①

정답해설

주어진 인플레이션율과 명목이자율을 이용하여 실질이자율을 구하고 납세자의 세후 실질수익률을 구하면 된다.

1 실질이자율 + 인플레이션율 = 명목이자율
  $r\% + 3\% = 5\%$
  $r = 2\%$

2 세후실질수익률 = 실질이자율 − (명목이자율 × 이자소득세율)
  $= 2\% - (5\% \times 20\%)$
  $= 1\%$

합격의 TIP

10년 동안 한 번 출제된 주제이다. 실질이자율을 구하는 것은 어렵지 않지만 피셔방정식을 알아야 풀 수 있다. '실질이자율 + 인플레이션율 = 명목이자율'이라는 것은 암기해두자

문제 39 비용편익분석

유형: 계산형
중요도: ★★★
정답: ①

정답해설

순현재가치법(NPV)과 내부수익률법(IRR) *관련이론

사업안	사업 연차별 수익		
	0년	1년차	2년차
A	−1,000	0	1,210
B	−1,000	1,150	0

1 할인율이 7%인 경우

$A : -1,000 + \dfrac{1,210}{1.07^2} = 56.8$

$B : -1,000 + \dfrac{1,150}{1.07} = 74.7$

NPV가 B가 더 크므로, B가 더 유리한 사업이다.

2 할인율이 8%인 경우

$A : -1,000 + \dfrac{1,210}{1.08^2} = 37.3$

$B : -1,000 + \dfrac{1,150}{1.08} = 64.8$

NPV가 B가 더 크므로, B가 더 유리한 사업이다.

3 내부수익률

$A : \dfrac{1,210}{(1+r)^2} = 1,000$

$r = 10\%$

$B : \dfrac{1,150}{(1+r)^1} = 1,000$

$r = 15\%$

내부수익률이 B가 더 크므로, B가 더 유리한 사업이다.

유사문제 CHECK

2022년 39번
2021년 30번
2020년 36번, 2020년 38번
2019년 40번
2018년 21번
2016년 4번

합격의 TIP

NPV와 내부수익률의 경우, 주어진 할인율에 따라 의사결정이 달라지기 때문에, 아래 관련이론에 첨부한 NPV와 내부수익률의 관계를 응용하여 문제를 풀 수도 있을 것이다. 하지만, 이 문제에서 주어진 할인율(7%, 8%)을 적용하여 계산해 보면, 내부수익률과 현재가치할인법의 의사결정이 일치한다. ③번을 가장 먼저 소거하고, 주어진 숫자를 이용하여 정확한 값을 찾는 것이 이 문제를 풀기에는 가장 쉬운 방법이다.

관련이론 순현재가치법(NPV)과 내부수익률법(IRR)

(1) 순현재가치법(NPV)
  1) 적절한 할인율(사회적 할인율)을 선택하여 공공투자로부터 예상되는 편익과 비용의 현재가치를 계산하는 방법
  2) $NPV = -C_0 + \dfrac{B_1}{(1+r)^1}$
     C_0 : 현재 지출되는 비용, B_1 : 미래에(1기에) 예상되는 편익, r : 사회적 할인율
  3) 단일 사업의 경우에 NPV가 0보다 크면 사업안을 채택하고, NPV가 0보다 작으면 사업안을 기각
  4) 복수 사업의 경우에는 NPV가 큰 것부터 선택하되, 예산 제약이 존재한다면, 주어진 예산을 별도로 고려하여 판단

(2) 내부수익률법(IRR)
  1) 공공사업의 시행 시 현재가치가 0이 되도록 하는 할인율로, 내부수익률과 사회적 할인율을 비교하여 평가하는 방법
  2) $0 = -C_0 + \dfrac{B_1}{(1+m)^1}$
     C_0 : 현재 지출되는 비용, B_1 : 미래에(1기에) 예상되는 편익, m : 내부수익률
  3) 단일 사업의 경우에 내부수익률이 할인율보다 크면 채택하고, 내부수익률이 할인율보다 작으면 기각
  4) 복수 사업의 경우에는 내부수익률이 큰 것부터 선택
  5) 문제점
     ① 내부수익률이 존재하지 않거나 다수의 내부수익률이 존재할 가능성이 있음
     ② 상호배타적인 사업의 선택에 있어서의 문제점(사업규모에 대한 고려가 미흡)
     ③ 편익의 흐름양상이 다른 경우 잘못된 결론에 도달할 가능성
        예 편익의 흐름양상이 다른 경우란 '1기에는 양수, 2기에는 음수, 다시 3기에는 양수'와 같이 편익의 부호가 섞여 있는 경우를 의미한다.

(3) NPV와 내부수익률

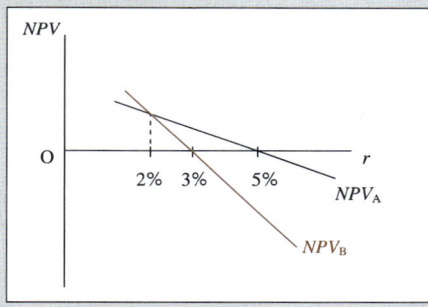

  1) 현재가치법
     $r < 2\% \rightarrow B > A$
     $r = 2\% \rightarrow B = A$
     $r > 2\% \rightarrow A > B$
  2) 내부수익률
     $A > B$
  3) 편익-비용비율법(B/C ratio)
     $r < 3\%$: $B/C^A > 1$, $B/C^B > 1$
     $r > 5\%$: $B/C^A < 1$, $B/C^B < 1$
     $3\% < r < 5\%$: $B/C^A > 1$, $B/C^B < 1$

문제 **40** 비용편익분석	유 형	계산형
	중요도 ★☆☆	정답 ⑤

정답해설

1 확실성대등액(certainty equivalents)

50년 후 구조물 처리비용의 기대순편익이 −100억원이므로, 사업 시행 마지막 해의 순편익의 확실대등액은 50년 후의 위험할인율의 이자율이 반영되어야 한다. 따라서 다음과 같이 나타낼 수 있다.

−100억원 × (1 + 0.2)

2 확실성대등액의 현재가치

현재가치란 미래시점의 가치를 현재의 것으로 계산한 값으로 다음과 같이 계산할 수 있다.

$$\frac{-100억원 \times (1 + 0.2)}{(1 + 0.1)^{50}}$$

따라서 정답은 −100억원 × (1 + 0.2) ÷ (1 + 0.1)50이다.

합격의 TIP

2016년부터 2025년까지 출제되었던 적은 2017년이 유일하다. 중요도가 매우 낮은 문제이므로 수험생 현재 수준에 따라 학습 여부를 결정하도록 하자

관련이론 확실성대등액(certainty equivalents) = 확실성등가

불확실한 상황에서의 기대효용과 동일한 효용을 주는 확실한 상황에서의 수익

2016년(제53회) 세무사 1차 재정학 정답

재정학

01	02	03	04	05	06	07	08	09	10
③	⑤	②	③	④	⑤	④	①	③	②
11	12	13	14	15	16	17	18	19	20
②	②	⑤	④	④	⑤	⑤	④	③	⑤
21	22	23	24	25	26	27	28	29	30
①	⑤	①	①	③	④	⑤	⑤	③	②
31	32	33	34	35	36	37	38	39	40
④	③	③	④	④	③	②	①	⑤	②

2016년 세무사 1차 결과

대상인원(명)	응시인원(명)	합격인원(명)	합격률(%)
10,775	9,327	2,988	32.04

2016년 과목별 결과

구 분	응시인원(명)	평균점수(점)	과락인원(명)	과락률(%)
재정학	9,327	55.53	1,535	16.46
세법학개론	9,327	40.80	4,248	45.55
회계학개론	9,283	44.19	3,646	39.28
상 법	5,269	61.20	1,176	22.32
민 법	1,241	65.89	207	16.68
행정소송법	2,773	71.55	393	14.17

문제 01 외부성

유 형	이론형
중요도 ★★☆	정답 ③

정답해설

외부성을 해결하기 위한 방법 *관련이론

①, ②, ④, ⑤의 경우는 외부성 문제를 해결하기 위한 과세와 무관하며, ③은 외부성 문제를 해결하기 위한 방법 중 하나인 피구세를 부과하는 방법이다. 따라서 정답은 ③번이다.

참고 제시된 지문 중 고소득 근로자들에게 고율의 누진소득세를 부과하는 것(②)은 능력에 따라 조세를 많이 내는 수직적 공평성을 실현하기 위한 조세이다.

유사문제 CHECK

2020년 32번
2018년 23번

합격의 TIP

외부성과 관련된 주제는 자주 출제된다. 복잡한 계산문제의 경우 시간이 많이 걸리기도 하지만, 이 문제의 경우, 외부성과 관련된 문제 중 난이도가 매우 쉬운 편에 속하는 문제이기 때문에, 이런 문제는 시험장에서 반드시 맞춰야 한다.

관련이론 외부성을 해결하기 위한 방법

(1) **합병** : 외부성을 유발하는 기업과 그로 인해 피해를 입는 기업을 합병하여 외부효과를 내부화시킴

(2) **코즈정리** : 외부성의 원인이 재산권이 제대로 정해져 있지 않기 때문이라 가정하고, 재산권(소유권)을 적절하게 설정하면, 시장기구가 스스로 외부효과 문제를 해결

(3) **오염배출권제도** : 총량을 규제하는 방식으로 정부가 개입하여 오염배출의 총량을 정하고, 시장기능을 활용하여 오염배출권이 적절히 거래가 되도록 하는 제도

(4) **피구세** : 최적생산량 수준에서 외부한계비용만큼 조세를 부과하거나, 외부한계편익만큼 보조금을 부과

(5) **정부의 직접 규제**

문제 02 개별조세이론

유 형	이론형
중요도 ★☆☆	정답 ⑤

정답해설

ㄱ. 소비활력 제고를 위해 간이과세자의 간이과세 적용요건을 **완화한다**.
   ↳ 강화한다. 간이과세 적용요건을 완화한다면 부가가치세 면세자 비율이 높아진다.

ㄴ. 향후 경제성장률과 물가상승률이 모두 양(+)의 값이며 경제성장률이 더 높은 상태이기 때문에 면세점을 현재 수준으로 유지하더라도 면세자 비율은 낮아진다.

ㄷ. 저출산 문제에 대응하기 위해 다자녀 가정의 인적공제를 **확대한다**.
   ↳ 축소한다.

ㄹ. 개인연금저축의 공제액을 **확대한다**.
   ↳ 축소한다. 개인연금저축의 공제액을 확대한다면 면세자 비율이 높아진다.

따라서 ㄱ, ㄷ, ㄹ이 옳지 않은 지문이다.

문제 03 최적과세론

유 형	이론형
중요도 ★☆☆	정답 ②

정답해설

가격효과와 세금 *관련이론

원점에 대해 볼록한 무차별곡선을 가진 소비자 A가 열등재 X재, 정상재 Y재의 소비에 있어 효용극대화를 달성하고 있는 상황에서 정부가 열등재인 X재에 t_x의 세율로 과세한다면 열등재인 X재의 가격이 상승하고, A의 실질소득은 감소하게 된다.

ㄱ. 대체효과에 의해, A의 X재 소비를 감소시키고 Y재 소비를 증가시킨다.

ㄹ. 소득효과에 의해, A의 X재 소비를 증가시키고 Y재 소비를 감소시킨다.

합격의 TIP

이 문제는 재정학보다는 미시경제학의 개념에 대해서 알고 있으면 조금 더 쉽게 접근할 수 있다. 시중에 있는 재정학 수험서의 경우 미시경제학에서 다루어지는 부분도 설명이 되어 있지만, 미시경제학이 부족하다고 생각되는 수험생은 아래의 관련이론 내용은 반드시 알아두자

관련이론 가격효과와 세금

(1) 가격효과의 의미
  1) 정의 : 명목소득이 일정할 때 재화가격의 변화에 따라 구입량이 변화하는 효과로 대체효과와 소득효과로 나타난다.
  2) 가격효과 = 대체효과 + 소득효과
  3) 대체효과 : 상대가격이 하락(상승)하였을 때, 구입량이 증가(감소)하는 효과
  4) 소득효과 : 상대가격이 하락(상승)함에 따라 실질소득이 증가(감소)하는 효과로, 재화의 종류에 따라 구입량은 다르게 나타남

(2) 가격효과와 세금의 부과

t_x의 부과로 P_x 상승	대체효과 : $\frac{P_x}{P_y}$ 상승	X재 구입량 감소	
	소득효과 : 실질소득 감소	정상재 : X재 구입량 감소	
		열등재 : X재 구입량 증가	
		기펜재 : X재 구입량 증가	

문제 04   비용편익분석

유 형: 계산형
중요도: ★★★
정답: ③

정답해설

순현재가치법(NPV)과 내부수익률법(IRR) *관련이론

- 사업의 내부수익률은 ~~12%이다~~.
  ↳ 사회적 할인율인 10%보다 작을 것이다. 수험생들에게 허용된 계산기로는 내부수익률의 계산이 어렵기 때문에 보통 시행착오법으로 계산한다. 하지만 현재 문제에서 사회적 할인율이 10%라는 단서가 주어졌고, NPV가 음수가 나오게 된다. 따라서 내부수익률이 사회적 할인율보다 작음을 알 수 있다. 따라서 내부수익률이 12%라는 설명은 옳지 않다.

- 본 사업의 순현재가치는 ~~1이다~~.
  ↳ -3.17이다.

$$NPV = -10 + \left(-\frac{10}{1.1^1} + \frac{10}{1.1^1}\right) + \left(-\frac{10}{1.1^2} + \frac{10}{1.1^2}\right) + \left(-\frac{10}{1.1^3} + \frac{10}{1.1^3}\right) + \frac{10}{1.1^4}$$
$$= -3.17$$

- 편익의 현재가치: $\frac{10}{1.1^1} + \frac{10}{1.1^2} + \frac{10}{1.1^3} + \frac{10}{1.1^4} = 31.6986$

- 비용의 현재가치: $10 + \frac{10}{1.1^1} + \frac{10}{1.1^2} + \frac{10}{1.1^3} = 34.8685$

따라서 B/C Ratio = $\frac{편익의\ 현재가치}{비용의\ 현재가치}$ = 0.9090으로 1보다 작다.

※ 사회적 할인율이 낮아지면 순현재가치는 반드시 증가한다.

따라서 옳은 것은 2개이다.

✓ **유사문제 CHECK**

2022년 39번
2021년 30번
2020년 36번
2020년 38번
2019년 40번
2018년 21번
2017년 39번

관련이론 순현재가치법(NPV)과 내부수익률법(IRR)

(1) 순현재가치법(NPV)
 1) 적절한 할인율(사회적 할인율)을 선택하여 공공투자로부터 예상되는 편익과 비용의 현재가치를 계산하는 방법
 2) $NPV = -C_0 + \dfrac{B_1}{(1+r)^1}$
  C_0 : 현재 지출되는 비용, B_1 : 미래에(1기에) 예상되는 편익, r : 사회적 할인율
 3) 단일 사업의 경우에 NPV가 0보다 크면 사업안을 채택하고, NPV가 0보다 작으면 사업안을 기각
 4) 복수 사업의 경우에는 NPV가 큰 것부터 선택하되, 예산 제약이 존재한다면, 주어진 예산을 별도로 고려하여 판단

(2) 내부수익률법(IRR)
 1) 공공사업의 시행 시 현재가치가 0이 되도록 하는 할인율로, 내부수익률과 사회적 할인율을 비교하여 평가하는 방법
 2) $0 = -C_0 + \dfrac{B_1}{(1+m)^1}$
  C_0 : 현재 지출되는 비용, B_1 : 미래에(1기에) 예상되는 편익, m : 내부수익률
 3) 단일 사업의 경우에 내부수익률이 할인율보다 크면 채택하고, 내부수익률이 할인율보다 작으면 기각
 4) 복수 사업의 경우에는 내부수익률이 큰 것부터 선택
 5) 문제점
  ① 내부수익률이 존재하지 않거나 다수의 내부수익률이 존재할 가능성이 있음
  ② 상호배타적인 사업의 선택에 있어서의 문제점(사업규모에 대한 고려가 미흡)
  ③ 편익의 흐름양상이 다른 경우 잘못된 결론에 도달할 가능성
   [예] 편익의 흐름양상이 다른 경우란 '1기에는 양수, 2기에는 음수, 다시 3기에는 양수'와 같이 편익의 부호가 섞여 있는 경우를 의미한다.

(3) NPV와 내부수익률

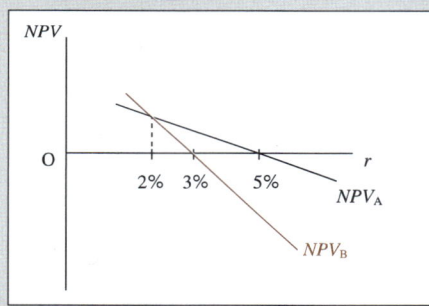

1) 현재가치법
 $r < 2\% \rightarrow B > A$
 $r = 2\% \rightarrow B = A$
 $r > 2\% \rightarrow A > B$
2) 내부수익률
 $A > B$
3) 편익-비용비율법(B/C ratio)
 $r < 3\%$: $B/C^A > 1$, $B/C^B > 1$
 $r > 5\%$: $B/C^A < 1$, $B/C^B < 1$
 $3\% < r < 5\%$: $B/C^A > 1$, $B/C^B < 1$

문제 05 개별조세이론

유 형	이론형
중요도 ★☆☆	정답 ④

정답해설

자산과세 *관련이론

① 자산과세의 세부담자는 자산소유자로, 주로 물건을 기준으로 과세되기 때문에 대물세로 간주한다. 하지만 종합토지세와 같이 인세의 형태로 부과되는 경우도 있다.

③ 자산과세는 자산이 과세물건이기 때문에, 같은 크기의 물건(예 모든 지역의 토지 1평 가격은 다르다)이라도 지역 간 가격이 차이가 있을 수 있다. 따라서 지방세의 근간으로 하면 지역 간 재정불균형을 심화시킬 수 있다.

④ 이론적으로 동결효과(lock-in effect)로 인하여 부동산 거래를 활성화시킨다.
  → 동결효과는 발생하지 않는다. 동결효과란 실현주의 원칙에 따라 과세할 때 발생하는 것으로서 양도소득세를 강화시킬 경우, 주택 보유자가 자신의 주택을 매도하지 않는 현상을 예로 들 수 있다.

⑤ 능력원칙과 편익원칙을 모두 구현할 수 있는 과세방식이며, 소득세를 보완하고, 부의집중을 완화시키는 정책적 목적으로도 사용된다.

관련이론 자산과세

(1) 자산과세(Property tax)
  1) 자산세는 저량에 대한 과세
  2) 자산세의 유형
   • 자산의 보유에 대한 과세 : 재산세, 종합토지세
   • 자산의 이전에 대한 과세 : 상속세, 증여세
   • 자산보유로 발생한 자본이득에 대한 과세 : 양도소득세
  참고 재산세 부과의 근거
   1) 편익원칙과 능력원칙의 실현
   2) 소득세의 보완
   3) 부의 집중을 완화
   4) 부동산 관련 정책의 수단으로 사용

문제 06 지방재정

유형	이론형
중요도	★★☆ 정답 ⑤

정답해설

보조금이론 *관련이론

① 지방재정의 범위가 관할구역 내로 한정되어 있기 때문에 다른 지역에 미치는 경제적 효과에 대해서는 고려하지 않기 때문이다.

②, ③, ④ 지방정부가 중앙정부에 비해 능력원칙에 따라 과세하는 것이 효율적이다.

⑤ 부정적 외부성이 존재하는 공공재는 중앙정부가, 긍정적 외부성이 존재하는 공공재는 지방정부가 공급하는 것이 바람직하다.
  ↳ 부정적인 외부성과 긍정적인 외부성 구분을 불문하고 외부성이 존재하는 공공재는 중앙정부가

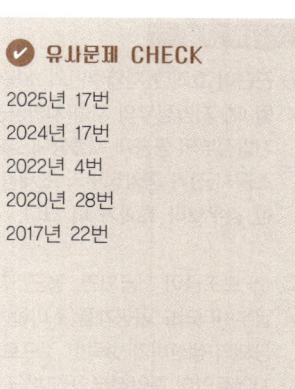

유사문제 CHECK
2025년 17번
2024년 17번
2022년 4번
2020년 28번
2017년 22번

관련이론 보조금이론

(1) 보조금 지급의 목적
  1) 지역 간 외부성과 특정 공공재 공급의 촉진
     조건부 정률보조금에 해당하며, 현행 국고보조금으로 시행 중
  2) 지역 간 재정력 격차 해소 및 재원조달 능력의 차이 해결
     무조건부보조금 지급에 해당하며, 현행 지방교부금으로 시행 중
  3) 특정지역에 대한 보상 및 역할을 위임

(2) 보조금의 유형

```
보조금 ─┬─ 무조건부보조금 「현금보조」
  ↳중앙→지방  ↳ 지방교부금
        └─ 조건부보조금 ─┬─ 정액보조금(비대응 보조금) 「현물보조」
                      └─ 정률보조금(대응 보조금) ─┬─ 개방형 정률보조금
                                              └─ 폐쇄형 정률보조금
```

무조건부보조금		사용용도 제한없음(주로 지역 간 경제력의 평준화 및 지역 간 소득재분배를 위하여 지급)
조건부보조금	정액보조금	일정금액 지급, 사용용도 제한
	정률보조금	공공사업에 소요되는 재원의 일정비율만 지급
	개방형	지출증가 시 보조금도 증가
	폐쇄형	정률지급하되 지급한도 있음

(3) 보조금의 효과에 대한 비교
  1) 동일 보조금 지급 시 효용(증가)크기
     무조건부 > 정액 > 정률
  2) 지방공공재의 생산 촉진효과
     정률 > 정액 ≥ 무조건부
  3) 동일 효용 달성 시 필요 보조금
     정률 > 정액 ≥ 무조건부

문제 07 지방재정

유 형	이론형
중요도	★☆☆ 정답 ④

정답해설

① 끈끈이 효과란 지역주민의 소득이 증가할 때보다 동액의 무조건부보조금이 지급될 때, 지방정부의 지출(지방공공재 공급)이 더 크게 증가하는 효과이다. 따라서 지방정부의 공공재 지출증대 효과는 중앙정부의 정액교부금 지원을 통한 경우(보조금지급)가 중앙정부의 조세감면-주민소득증가(지역주민의 소득이 증가)에 의한 경우보다 효과가 더 크다.

②, ③ 보조금이 지급되면, 평균조세가격이 하락하게 되는데, 주민들은 적은 세금을 납부하더라도 공공재를 소비할 수 있으므로, 중앙정부의 교부금으로 인해 지방공공재의 생산비가 하락한 것으로 주민들이 인식하는 경향이 나타날 수 있다. 이는 지역주민이 중앙정부의 교부금 지원에 따른 한계조세가격의 하락으로 인식하는 재정착각에 빠지게 하며, 주민들은 이로 인해 더 많은 공공재의 공급을 요구하게 된다.

④ 관료들이 중앙정부로부터 교부금을 받았다는 <del>사실을 공개할 때</del> 나타나는 현상이다.
↳ 사실을 공개하지 않을 때

⑤ 지방정부가 지방세를 인상한다면, 주민들의 반발에 부딪힐 수 있다. 따라서 중앙정부의 이전재원을 통하여 지출확대를 도모하게 되는데, 이 과정에서 자신의 영향력을 높이고, 승진기회의 확대를 위해 지방자치단체 관료들의 예산극대화 현상이 나타날 수 있다.

> **합격의 TIP**
>
> 지방재정은 자주 나오는 주제는 아니다. 만약 출제된다면, 보조금 지급의 경제적 효과부분(2017년 22번 참고)이나 끈끈이 효과에 대해 물어볼 확률이 높다. 두 가지 주제는 지방재정에서 꼭 챙겨가도록 하자

관련이론 끈끈이 효과

(1) 정 의
  지역주민의 소득이 증가할 때보다 동액의 무조건부보조금을 중앙정부가 지급할 때 지방정부의 지출(지방공공재 공급)이 더 크게 증가하는 현상

(2) 원 인
  1) 지역주민들이 무조건부보조금 지급에 따른 평균 조세가격의 하락을 한계조세가격이 하락한 것으로 인식하는 재정착각이 나타나기 때문
  2) 예산을 극대화 하려는 관료의 태도
  3) 보조금 사용을 공공재 공급에 사용하도록 하는 중앙정부의 압력
  4) 보조금 받은 것을 지역주민들은 알지 못하는 지역주민들의 불완전한 정보

문제 08 개별조세이론

유 형	이론형
중요도 ★☆☆	정답 ①

정답해설

구 분	총소득(%)	노동소득(%)	자산소득(%)	기타소득(%)
상위(1~10%)	29.4	31.2	96.9	66.3
중위(11~60%)	51.0	54.3	3.1	33.7
하위(61~100%)	19.6	14.5	0.0	0.0
소득형태별 점유율	100.0	86.0	3.0	11.0

① 동일한 세율로 세수를 극대화하려면 자산 및 기타소득에 과세하는 것이 효과적이다.
  ↳ 노동소득에, 소득형태별점유율을 보면, 노동소득은 86%지만, 자산소득과 기타소득의 합은 14% 밖에 되지 않는다. 따라서 노동소득에 동일세율로 조세를 부과할 때 조세수입이 훨씬 커진다.

④ 효과적인 소득재분배를 하려면 조세부담능력과 세금이 비례하는 것이 좋다. 자산소득과 기타소득의 분포를 보면 상위계층에 집중되어 있기 때문에 자산소득이나 기타소득에 중과세할 필요가 있다.

합격의 TIP

이론을 정확히 몰라도 표를 제대로 해석한다면 쉽게 접근할 수 있는 문제이다.

유 형	이론형
중요도 ★★★	정답 ③

문제 09 공공재이론

정답해설

제시된 지문 중 린달(E. Lindahl)의 자발적 협상모형과 관련된 설명으로 옳은 것은 2개이며, 틀린 지문을 바르게 고치면 다음과 같다.

○ 부정적 외부성이 존재한다 하더라도, 개인 간의 협상을 통해 효율성이 개선될 수 있다는 이론이다.
→ 코즈정리와 관련된 내용이다.

○ 린달모형의 정책적 함의는 '개인 간 갈등해소를 위해 **정부가 적극적으로 개입해야 함**'을 의미한다.
  ↳ 각 개인이 공공재에 대한 선호를 자발적으로 시현한다면, 정부의 개입이 없어도 됨

○ 정부의 개입이 불필요하다는 것을 강조했다는 점에서 코즈이론과 유사하지만, **형평성을 강조했다**는 점에서 코즈이론과 차별화 된다.
  ↳ 준시장적 해결책을 강조, 공공재의 효율적 공급을 강조. 린달의 모형은 각 개인이 공공재에 대하여 진실한 선호를 표출한다면 정부의 개입이 없이 당사자 간의 자발적 합의를 통해 효율적인 공공재 공급이 가능하다고 본다. 이는 형평성 보다는 준시장적 해결책을 의미한다고 표현할 수 있다.

✓ 유사문제 CHECK
2021년 18번
2020년 37번

합격의 TIP
공공재 이론에서 주로 출제되는 모형은 린달(E.Lindahl)의 자발적 교환모형과 사무엘슨(Samuelson)모형이다.

관련이론 린달(E. Lindahl)의 자발적 교환모형

(1) 정 의
각 개인이 공공재에 대하여 진실한 선호를 표출했을 때, 당사자 간의 자발적 합의를 통해 공공재의 적정생산수준과 비용부담비율이 결정되는 모형으로 정부개입이 없는 준시장적 해결책으로서의 의미를 지님

(2) 결 론
최적공공재 생산량은 각 개인의 한계편익을 합한 값이 한계비용과 같아야 함($MB_a + MB_b = MC$)

(3) 장 점
각 개인의 비용부담이 편익에 비례하여 세금을 내므로, 편익원칙에 입각한 모형이며, 균형예산을 달성할 수 있음

(4) 한 계
  • 각 개인이 공공재에 대하여 진실한 선호를 표출한다는 비현실적인 가정, 3인 이상인 경우 적용할 수 없음(모형의 가정이 2명의 개인이 존재하는 세상)
  • 사회 전체의 총가용자원 중 공공재 공급에 배분해야 하는 비율을 알 수 없음(사용재에 대한 고려를 전혀 하지 않는 것으로도 해석할 수 있음)
  • 소득분배는 전혀 고려하지 않음

문제 10 최적과세론

유형: 이론형
중요도: ★☆☆
정답: ②

정답해설

세금 1원을 걷을 때 추가적으로 발생하는 효용의 변화분이 모든 과세구간을 동일하게 맞출 수 있다면 효용을 극대화시킬 수 있다. 문제에서 제시된 $\dfrac{\text{한계효용}}{\text{한계세수}}\ \dfrac{MU}{MR}$ 의 구간을 살펴보면 [1구간 < 2구간 = 3구간 = ⋯ < $n-1$구간 < n]으로 1구간의 과세구간이 가장 낮고, n번째 과세구간이 가장 높다.

따라서 1번째 과세구간의 소득세율은 높이고, n번째 과세구간의 소득세율은 낮춘다 (②)가 정답이다.

유 형	이론형	
중요도	★★★ 정답	②

문제 11 외부성

정답해설

① 오염은 생산에 있어서 외부불경제가 발생하는 것을 의미한다. 따라서 오염의 최적수준은 오염감축의 사회적 한계비용과 오염의 사회적 한계피해와 같아지는 점에서 결정된다.

② 오염 발생 기업에 대한 과세는 오염 감축기술의 개발을 저해한다.
촉진한다. 각 기업이 발생하는 오염에 대해 과세하므로, 오염 감축기술을 개발하여 오염을 줄일 수 있다면, 기업은 세금을 절감할 수 있다.

③, ⑤ 오염의 효율적 억제를 위한 정책으로서, 피구세와 오염배출권제도를 들 수 있다. 피구세의 경우 각 기업은 단위당 조세와 오염감축비용을 비교하여 오염의 감축량을 정하게 되고, 오염배출권제도의 경우에는 오염배출권의 한도만큼 오염을 배출할 수 있기 때문에, 각 기업은 오염감축비용에 따라 오염배출권을 매각하거나, 매수함으로서 오염의 배출량을 조절한다. 오염배출을 0으로 만들 수는 없기 때문에 기업 간 오염 감축비용을 고려하여 통제하는 것이 합리적이다. *관련이론

④ 오염의 효율적 억제를 위한 방법인 코즈정리에 관한 설명이다. 코즈는 재산권이 설정되면, 시장기구가 스스로 협상을 통하여 외부효과의 문제를 해결할 수 있다고 주장한다.

유사문제 CHECK
2017년 31번

합격의 TIP

오염배출권은 거의 매년 출제되는 주제이다. 계산문제보다는 주로 이론형 문제의 비중이 높긴 하지만, 둘 다 정확히 알아둔다면, 어떤 문제가 나와도 대처할 수 있을 것이다. 시간의 여유가 있는 수험생은 계산형과 이론형 모두 공략해 두고, 시간의 여유가 없는 수험생은 관련 이론의 이론이라도 꼼꼼하게 알아두자. 또한 ⑤번 지문과 관련된 코즈정리도 거의 매년 출제되는 단골 주제이니, 2018년 26번 문제를 통해 반드시 알아두자.

관련이론 오염배출권제도

정부가 사회적으로 적절한 오염배출량을 정하고, 오염배출권을 발급한 뒤, 시장기능을 활용하여 오염배출권의 자유로운 거래를 허용하는 제도로 오염의 총량을 규제하는 방식이다.

(1) 오염배출권의 가격 > 기업의 오염 감축비용인 경우
   기업은 오염배출권을 매각하고 직접 오염을 줄임

(2) 기업의 오염 감축비용 > 오염배출권의 가격인 경우
   기업은 오염배출권을 매수하고 오염을 배출

(3) 장 점
   1) 오염배출량을 일정수준으로 직접 통제가 가능
   2) 개별기업의 비용에 대한 정보가 필요하지 않음(피구세보다 적은 정보로 가능)
   3) 인플레이션에 대한 적응력이 강함

(4) 단 점
   1) 재정수입을 얻기 힘듦(오염배출권제도를 처음 도입할 때, 정부가 오염배출권을 각 기업에게 판매한다면, 일시적으로 정부는 재정수입을 얻을 수 있으나, 오염배출권 배부가 이루어진 후에는 재정수입을 얻을 수 없다)
   2) 오염배출권 시장이 형성되어 있어야 함
   3) 오염배출권을 배부할 때, 배부기준과 판매 시 가격설정에 대한 문제

유 형	이론형
중요도	★★☆ 정답 ②

문제 12 소득분배 및 사회보장

정답해설

ㄱ. 무주택자의 입장에서는 정액임대료를 지원하는 ~~것에 비해 후생면에서 더 우월하다.~~
   └→ 것이 소규모 임대아파트를 주는 것보다 더 우월하다.

ㄴ. 대형평수 주택소유자의 입장이나 무주택자의 입장이나 후생면에서는 현금보조(정액임대료지원)가 현물보조(소규모 임대아파트를 지역주민들에게 무상으로 제급하는 것)보다 후생측면에서 월등하다.

ㄷ. ~~식품을 정량보조로 지급하는 것과 동일한 효과를 갖는다.~~
   → 주택은 현물보조 이후 소비량이 증가할 수 없고 오히려 감소할 수도 있으므로 일반적인 현물보조와 비교하기는 어렵다. 다만, 일반적인 현물보조의 경우 해당 재화의 소비량이 보조 이전보다 증가하거나 유지된다.

따라서 맞는 지문은 ㄴ밖에 없다.

유사문제 CHECK

2025년 33번
2024년 24번
2024년 34번
2023년 34번
2021년 34번
2018년 27번

합격의 TIP

현금보조, 현물보조, 가격효과에 대한 사례를 부동산에 적용한 문제이다. 2018년 27번 문제를 통해 각 이론에 대한 심화학습을 해두자

문제 13 소득분배 및 사회보장

유 형	이론형
중요도 ★★☆	정답 ⑤

정답해설

실업급여제도 *관련이론

① 구직활동을 하지 않게 한다.
   └ 하게 한다. 우리나라의 실업급여는 구직활동을 하는 경우에만 지급되기 때문이다.

② 자발적 실업자에게도 지급된다.
   └ 지급되지 않는다.

③ 도덕적 해이는 발생하지 않는다.
   └ 발생한다.

④ 경기가 좋아지면 실업급여의 지급이 늘어난다.
   └ 줄어든다. 경기가 호황일 경우, 실업자수가 줄어들기 때문이다.

⑤ 실업급여에 있어 소득대체율이란 고용보험가입기간 중 평균소득을 현재가치로 환산한 금액대비 실업급여지급액으로 소득대체율이 높을수록 구직자는 구직노력을 덜 하게 하는 유인이 발생한다.

합격의 TIP

사회보장제도에서는 국민연금, 실업급여제도, 부의 소득세제 등이 출제된다. 매년 주제별로 한 문제씩 출제되는 것은 아니지만 사회보장제도를 통틀어서 분석해보면 매년 한 문제는 출제되는 것으로 분석된다. 하단의 관련이론 정도는 알아두자

관련이론 실업급여제도

(1) 정의
고용보험 가입 근로자가 실직하여 재취업 활동을 하는 기간에 소정의 급여를 지급함으로써 실업으로 인한 생계불안을 극복하고 생활의 안정을 도와주며 재취업의 기회를 지원해주는 제도

(2) 실업급여의 경제적 효과
1) 실직하더라도 실업급여를 지급받을 수 있으므로 근로의욕의 감소가 나타날 수 있음(도덕적 해이)
2) 실업기간 중에도 적극적인 구직활동을 하지 않음(도덕적 해이)
3) 경기불황으로 실업자 수가 증가하더라도 실업급여로 인해 소비자의 급격한 소비위축을 방지할 수 있고, 경기호황으로 취업자 수가 증가하면 고용보험료 징수로 인하여 소비의 증가를 억제함에 따라 자동안정화 기능을 가짐
4) 고용상태가 안정되어 있는 사람들로부터 고용상태가 불안정 되어 있는 사람들에게 소득을 재분배하는 효과를 발생시킴. 고용상태가 불안정 되어 있는 사람들은 보통 저소득층이므로 계층 간 소득 재분배의 효과도 나타날 수 있음

유 형	이론형
중요도 ★★★	정답 ④

문제 14 조세의 기초이론

정답해설

$T = (Y - 1,000) \times 0.3$ (T : 세액, Y : 소득)

①, ⑤ 선형누진세제는 평균세율보다 한계세율이 항상 높다.

[참고] 주어진 수식에서 평균세율은 $\dfrac{T}{Y} = -\dfrac{300}{Y} + 0.30$이고, 한계세율은 $\dfrac{dT}{dY} = 0.30$이다.

② 누진세는 비례세에 비해 수직적 형평성을 개선하고 있다.

③ 수식을 보면 소득에서 1,000이 공제되고 있음을 알 수 있다.

④ 세액공제액은 300이다.
↳ 0이다. 소득에 따라 납세액이 결정되어지고 있으며, 소득공제만 있을 뿐 세액공제는 없다.

✓ 유사문제 CHECK

2021년 9번
2019년 2번
2017년 3번
2017년 5번

합격의 TIP

누진세에 대해 좀 더 자세히 학습하고자 하는 수험생은 2017년 3번과 5번 문제의 관련이론을 참고하자

문제 15 개별조세이론

유 형	이론형
중요도	★☆☆
정답	④

정답해설

주어진 문제의 세율을 가지고, 소득공제와 세액공제에 따른 납세액 감소분을 계산하면 다음의 표와 같다.

구 분	세 율	소득공제	세액공제
		납세액 감소분	
저소득층	5%	200,000	400,000
중소득층	15%	600,000	400,000
고소득층	30%	1,200,000	400,000

※ 소득공제 시 납세액 감소분 : 4,000,000 × 계층별 세율
※ 세액공제 시 납세액 감소분 : 4,000,000 × 10%

① 중소득자의 혜택이 상대적으로 증가한다.
　　　　　　　　　　　　↳ 감소한다.

② 저소득층의 연금저축이 감소할 것이다.
　　　　　　　　　　　↳ 증가할 것이다.

③ 저축금액에 관계없이 모든 계층에게 같은 금액의 세제혜택이 주어진다.
　　　　　　　　　　　　　　　　　↳ 다른 금액의

④ 저소득층의 경우 세액공제로 바뀔 경우 200,000원의 추가 혜택을 얻지만, 중소득층은 200,000원, 고소득층은 800,000원을 더 납부해야 한다. 따라서 소득공제에서 세액공제로 바뀌면서 고소득층의 혜택이 상대적으로 더 감소한다.

⑤ 소득분배 개선효과는 없다.
　　　　　　　　　↳ 있다. 저소득층의 조세부담은 감소하고 고소득층의 조세부담이 증가하기 때문이다.

유사문제 CHECK

2022년 3번
2019년 5번
2018년 18번

합격의 TIP

소득공제와 세액공제의 개념을 정확히 이해할 수 있다면, 하단의 관련이론을 암기하지 않고도 주어진 표를 통해 풀 수 있는 문제이다. 재정학의 경우 개별조세이론이나 조세기초이론과 관련된 주제는 이해를 하면 풀 수 있는 문제들이 있으니 처음 공부할 때, 무조건 암기하려고만 하지 말고 이해를 할 수 있는 부분은 충분히 이해하여 공부시간을 절약하자

관련이론 세액공제와 소득공제의 비교

구 분	소득공제	세액공제
과세표준	감 소	불 변
혜 택	고소득층일수록 유리	저소득층이 상대적으로 유리
한계세율	적용받는 한계세율이 소득공제를 통해 낮아질 수도 있음	불 변
특 징	특정 경제행위를 장려하는데 유리	실질소득을 증가시키는데 유리

문제 16 최적과세론

유 형	이론형
중요도	★★★ 정답 ⑤

정답해설

램지(Ramsey)의 최적물품세 이론 *관련이론

① 램지원칙에 의하면 여가에 과세가 불가능하기 때문에 초과부담을 0으로는 만들 수 없다. 따라서 초과부담을 최소화하고자 한다.

②, ③ 램지율에 대한 설명이다.

④ 역탄력성원칙에 따르면, 해당 재화의 탄력성과 세율은 반비례하기 때문에 필수재에 높은 세율이 사치재에 낮은 세율이 적용된다.

⑤ 수요의 가격탄력성이 높은 재화일수록 높은 세율을 적용한다.
   ↳ 낮은 재화일수록 높은 세율을(역탄력성의 원칙)

✓ 유사문제 CHECK
2023년 3번
2021년 3번
2020년 16번
2019년 3번
2018년 2번

합격의 TIP
거의 매년 출제되는 이론이다. 유사문제 학습 및 관련이론을 통해 완벽하게 학습해두자

관련이론 램지(Ramsey)의 최적물품세 이론

(1) 가정 : X재와 Y재는 서로 독립재(교차탄력성 = 0)이고, 일정한 조세수입을 확보해야 함

(2) 이론의 방향 : 여가에 대한 과세가 불가능하기 때문에 초과부담의 최소화를 추구하였으며, 공평성은 고려하지 않음

(3) 램지규칙과 역탄력성의 법칙
  1) 한계초과부담이 동일해야 함
     즉, 세금 1원을 걷을 때 추가적으로 발생하는 초과부담이 동일해야 함
     - 계산 : $\dfrac{\Delta X_{세전}}{2X_{세후}}$
  2) 소비량 감소비율이 동일해야 함
     - 램지규칙 : $\dfrac{\Delta X}{X} = \dfrac{\Delta Y}{Y}$
  3) 위의 램지규칙을 이용하여 역탄력성의 원칙을 도출함(도출과정은 이 책에서는 생략하기로 한다)
     - 역탄력성의 규칙 : $\dfrac{t_Y}{t_X} = \dfrac{\epsilon_X}{\epsilon_Y}$
     - 해당 재화의 탄력성과 세율은 반비례한다는 역탄력성의 원칙이 도출됨
     - 결국 역탄력성의 원칙에 따라 조세를 부과하면, 사치재에는 낮은 세율이 부과되고 생활필수품에는 높은 세율이 부과되는 역진적인 조세를 부과하는 것이 초과부담의 최소화를 추구하는 최적과세라는 결론에 도달

문제 17 경제적 효율성과 시장실패

유 형: 계산형 중요도: ★★★ 정답: ⑤

정답해설

1 각 개인의 한계효용 구하기

1) A의 한계효용이 체감하는 형태

$$MU_A = \frac{3}{2}X_a^{-\frac{1}{2}} = \frac{3}{2\sqrt{X_a}}$$

2) B의 한계효용이 체감하는 형태

$$MU_B = \frac{1}{2}X_b^{-\frac{1}{2}} = \frac{1}{2\sqrt{X_b}}$$

2 공리주의 사회후생 극대화 조건(한계효용이 체감하는 경우)
= 한계효용을 동일하게 재화를 분배

1) $MU_A = MU_B$

$$\frac{3}{2\sqrt{X_a}} = \frac{1}{2\sqrt{X_b}}$$

2) $X_a + X_b = 1,000$

3 **2**번의 식 두 개를 연립

$X_a = 900$, $X_b = 100$

4 사회후생을 극대화시키는 소비량을 사회후생함수에 대입

$$W = 3\sqrt{X_a} + \sqrt{X_b}$$
$$= 3\sqrt{900} + \sqrt{100}$$
$$= 100$$

합격의 TIP

사회후생함수는 자주 출제되는 주제이다. 아직 사회후생함수 별로 모든 계산문제가 출제되진 않았지만, 출제된 공리주의 사회후생함수 외에 롤즈의 사회후생함수, 평등주의적 사회후생함수에 대한 계산문제는 기본적으로 풀 수 있어야 한다. 다른 사회후생함수와의 비교는 2017년 23번 관련이론을 참고하자

관련이론 공리주의 사회후생함수

(1) 각 개인의 효용을 합하여 사회후생으로 나타내는 함수로 '최대다수의 최대행복'을 주장한 벤담의 이름을 따서 벤담의 사회후생함수라고도 함

(2) 함수 형태 : $SW = U^A + U^B$

(3) 사회후생 극대화 조건 : $MU^A = MU^B$(한계효용이 체감하는 경우)

(4) 사회후생이 개인효용의 합으로 결정되기 때문에 소득분배는 전혀 고려하지 않음

(5) 기울기가 -1인 우하향 직선의 사회무차별곡선

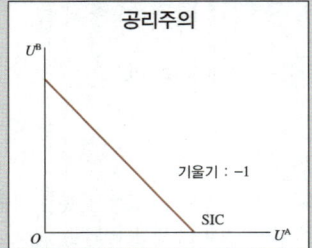

문제 18 경제적 효율성과 시장실패

유형: 이론형 중요도: ★☆☆ 정답: ④

정답해설

①, ②, ③, ⑤ 파레토 효율성의 조건 *관련이론

④ 파레토최적 배분상태는 ~~효용가능경계곡선상에서 하나만 나타난다.~~
  └→ 효용경계곡선상의 모든 점들은 파레토 효율적이다.

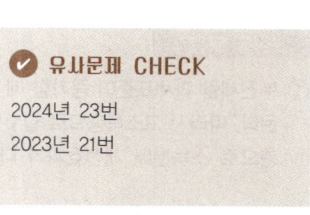

유사문제 CHECK
2024년 23번
2023년 21번

관련이론 파레토 효율성의 조건

(1) 교환(소비)에 있어서의 파레토 효율성(생산물의 최적배분)

$$MRS_{xy}^A = MRS_{xy}^B = \frac{P_x}{P_y}$$

무차별곡선이 접하는 점 : 계약곡선, 이를 통해 효용가능곡선과 연계

(2) 생산에 있어서의 파레토 효율성(생산요소의 최적배분)

$$MRTS_{LK}^X = MRTS_{LK}^Y = \frac{w}{r}$$

등량곡선이 접하는 점 : 계약곡선, 이를 통해 생산가능곡선과 연계

(3) 종합적인 파레토 효율성

$$MRS_{xy} = MRT_{xy}$$

(4) 파레토 효율성의 한계
  • 파레토 효율성의 조건을 충족하는 점이 다수 존재
  • 소득분배의 공평성에 대한 기준을 제시하지 못함

문제 19 개별조세이론

유 형	이론형
중요도 ★★☆	정답 ③

정답해설

① 누진세란 과세표준이 증가할 때, 세율이 상승하는 조세로 수직적 공평성이 실현된다. 따라서 고소득층으로 갈수록 세율이 상승하므로, 고소득층으로부터 저소득층으로 소득분배 개선효과가 나타날 수 있다.

② 사치품의 경우 주로 고소득층이 소비하기 때문에, 소비세의 과세대상을 사치품으로 한정하여 부과한다면 저소득층보다 고소득층이 세금부담을 더 많이 진다. 따라서 소득분배 개선효과가 나타난다.

③ 한계세율이 점증하는 누진소득세 체계에서 소득공제를 도입하면 고소득층의 세후 소득을 감소시킨다.
→ 증가시킨다. 소득공제를 도입한다는 것은, 과세대상 소득이 감소하는 것이므로 세금 부담이 감소한다. 따라서 실질적인 세후 소득은 증가하게 된다. 고소득층의 경우 세액공제보다 소득공제를 받을 때 세금감소의 혜택이 더 크다.

합격의 TIP

중요한 문제는 아니지만, 세무사를 준비한 수험생이라면 각 지문을 읽었을 때, 맞는 문장인지 아닌지 골라낼 수 있는 문제이다. 세무사 시험이기 때문에, 세법에 대한 감각이 있으면 풀 수 있는 문제들이 가끔씩 출제된다. 각 세제의 개념을 외워서 접근하는 방법보다는, 공부하고 있는 세법과 연관을 지어 생각을 확장해 보면 쉽게 풀릴 수 있다.

문제 20 소득분배 및 사회보장

유 형	이론형
중요도 ★★★	정답 ⑤

정답해설

국민연금의 경제적 효과 *관련이론

①, ④ 국민연금제도가 도입되면 은퇴효과, 상속효과, 인식효과로 자발적인 저축은 증가한다.

③ 자산대체효과는 민간저축을 감소시킨다.

⑤ 공적연금보험제도의 실시로 발생하는 은퇴효과는 민간저축을 감소시킨다.
　　　　　　　　　　　　　　　　　　　　　　　　　증가시킨다.

유사문제 CHECK

2025년 34번
2025년 40번
2024년 37번
2023년 36번
2020년 34번
2019년 37번
2018년 22번
2017년 37번

합격의 TIP

연금 관련하여 유사문제를 보면 생각했던 것보다 자주 출제되는 주제임을 알 수 있다. 2018년 22번과 2017년 37번의 관련이론을 통해 국민연금의 경제적 효과는 반드시 정리해두자

관련이론 국민연금의 경제적 효과

(1) 국민연금의 재원조달방식
　1) 적립방식 : 국민들이 납부한 보험료로 기금을 조성한 뒤, 조성된 기금과 기금의 운용수익으로 연금을 지급하는 방식
　2) 부과방식 : 현재 국민연금을 납부하고 있는 기여금을 은퇴한 사람들에게 지급하는 것

(2) 국민연금의 재원조달방식에 따른 경제적 효과

소득재분배효과	세대 간 재분배효과	적립방식	효과 없음
		부과방식	효과 있음
	세대 내 재분배효과	적립방식	효과 있음
		부과방식	효과 있음
노동공급에 대한 효과	노년층의 노동		조기은퇴효과 발생으로 감소
	청년층의 노동		알 수 없음
저축에 대한 효과[1]	자산대체효과	적립방식	개인저축 감소, 정부저축 증가, 전체저축 불변
		부과방식	개인저축 감소, 정부저축 불변, 전체저축 감소
	은퇴효과		개인저축 증가
	상속효과		개인저축 증가
	인식효과[2]		개인저축 증가

* 1 저축에 대한 효과 : 저축에 대한 4가지 효과를 모두 반영한다면, 개인저축의 변화는 확실하게 알 수 없고, 전체저축은 적립방식의 경우에는 감소, 부과방식의 경우에는 확실히 알 수 없다.
* 2 인식효과 : 인식효과란 노후에 대한 준비의 필요성을 인식하는 효과를 의미한다. 따라서 노후를 대비하기 위해 개인들은 저축을 증가시키는 것

문제 21 소득분배 및 사회보장

유형: 계산형
중요도: ★★☆
정답: ①

정답해설

1 건강보험 가입 전 최적방문횟수
$P = MC$
$400 - Q = 100$
$Q = 300$

2 건강보험 가입 후 최적방문횟수
$P = MC$
$400 - Q = 20$
$Q = 380$

3 건강보험제도 시행 후 과잉방문횟수
$= 380 - 300$
$= 80$

4 소비자의 도덕적 해이로 인한 후생비용
$= 80 \times 80 \times \dfrac{1}{2}$
$= 3,200$

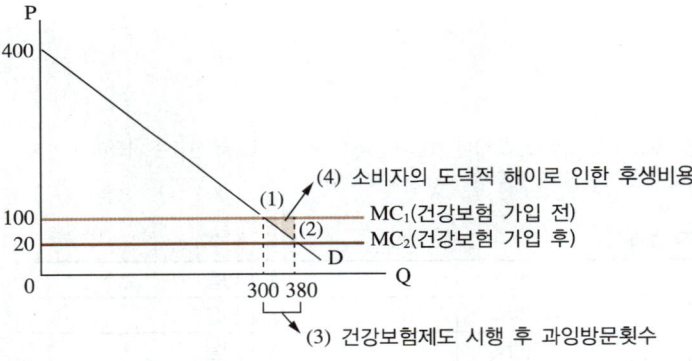

합격의 TIP

도덕적 해이는 주로 말문제로 출제되거나, 다른 세제의 효과를 언급할 때 나오는 개념이기 때문에 실제 시험장에서 이 문제를 접하면 당황할 수 있다. 하지만, 도덕적 해이로 인한 후생비용을 보조금을 지급했을 때의 효과로 바꾸어 생각하면 쉽게 풀 수 있는 문제이다.

문제 22 공공요금의 이론

유 형		이론형	
중요도	★★★	정답	⑤

정답해설

규모의 경제가 발생하는 공공재의 공급가격 결정 시 한계비용 가격설정을 하면 손실이 발생하는데, ①, ②, ③, ④의 방식은 손실을 일부 보전할 수 있는 올바른 방법에 속한다. 또한 한계비용이 아닌 평균비용가격설정 시, 기업의 이윤은 0이지만 손실을 보전할 수 있다. 따라서 ⑤번 지문을 올바르게 수정하면 다음과 같다.

⑤ 한계수입과 한계비용이 같은 점을 공공서비스가격으로 한다.
  ↳ 한계수입과 평균비용이

유사문제 CHECK

2025년 19번
2024년 16번
2023년 16번
2022년 17번
2021년 20번
2020년 23번
2019년 18번
2018년 28번

합격의 TIP

거의 매년 출제되는 단골주제이다. 유사문제와 2018년 28번 하단의 관련이론을 반드시 학습하여 출제되었을 때 반드시 맞추도록 하자

문제 23 외부성

유 형	이론형
중요도	★★☆	정답	①

정답해설

A기업(X생산)의 비용함수 : $C_a = X^2 + 4X$
B기업(Y생산)의 비용함수 : $C_b = Y^2 + 3Y + X$

① ~~B기업~~에 환경세를 부과한다.
  └ A기업. 만약 B기업에 환경세를 부과하고, A기업의 X생산량이 증가하면, B기업이 Y를 생산하는 비용도 계속 증가한다. 즉, 기업 A가 기업 B에게 외부불경제를 유발하는 상황이 된다. 따라서 A기업에 환경세를 부과해야 한다.

② 오염배출권에 대한 설명이다.

③ 합병에 대한 설명이다.

④ 코즈정리에 대한 설명이다.

⑤ 정부의 직접규제에 대한 설명이다.

유사문제 CHECK

2019년 33번

합격의 TIP

얼핏 보면 계산문제로 보이지만, ①번 지문에 대한 확신이 없더라도 기본적인 이론만 알고 있다면, ②, ③, ④, ⑤번 지문을 소거하는데 어려움이 없는 문제이다. 항상 강조하지만, 객관식 시험에서는 시간을 절약하는 tip이 필요하다. 지문을 읽을 때도, 많은 시간을 소요하지 않고, 직관적으로 소거할 수 있는 지문이 있다면, 먼저 소거해야 한다. 또한 2016년의 경우 외부성을 해결하기 위한 방법을 제대로 공부해 두었다면, 1번과 23번 2문제를 모두 맞출 수 있었다.

관련이론 외부성을 해결하기 위한 방법

(1) 합병 : 외부성을 유발하는 기업과 그로 인해 피해를 입는 기업을 합병하여 외부효과를 내부화시킴

(2) 코즈정리 : 외부성의 원인인 재산권이 제대로 정해져 있지 않기 때문이라 가정하고, 재산권(소유권)을 적절하게 설정하면, 시장기구가 스스로 외부효과 문제를 해결

(3) 오염배출권제도 : 총량을 규제하는 방식으로 정부가 개입하여 오염배출의 총량을 정하고, 시장기능을 활용하여 오염배출권이 적절히 거래가 되도록 하는 제도

(4) 피구세 : 최적생산량 수준에서 외부한계비용만큼 조세를 부과하거나, 외부한계편익만큼 보조금을 부과

(5) 정부의 직접규제

문제 24 공공재이론

유형: 계산형
중요도: ★★★
정답: ①

정답해설

공공재의 적정공급조건 : $MB_A + MB_B = MC$ 또는 $MRS^A + MRS^B = MRT$

1 효용함수의 정리

$MU_A = 4 - X$

$MU_B = 8 - 2X$

2 비용함수의 정리

$MC = 2X$

3 사회적인 한계편익

$MU_A + MU_B = SMB$
$= 4 - X + 8 - 2X$
$= 12 - 3X$

4 공공재의 균형량

$SMB = MC$
$12 - 3X = 2X$
$X = 2.4$

유사문제 CHECK

2025년 25번
2024년 26번
2023년 31번
2021년 18번
2019년 25번
2018년 30번
2018년 31번

문제 25 조세의 경제적 효과

유 형	이론형
중요도	★☆☆
정답	③

정답해설

① 위험부담 행위의 소득탄력성이 양이면, 소득효과는 위험자산에 대한 투자를 줄이고 ~~대체효과는 위험자산에 대한 투자를 늘려 총효과는 불확실하다.~~
  ↳ 대체효과도 위험자산에 대한 투자를 줄여 위험자산에 대한 총효과는 줄어든다.

② 위험부담 행위의 소득탄력성이 음이면, ~~소득효과와 대체효과 모두 위험자산에 대한 투자를 늘린다.~~
  ↳ 소득효과는 위험자산에 대한 투자를 늘리고, 대체효과는 위험자산에 대한 투자를 줄이므로 불분명하다.

④ 위험부담 행위의 소득탄력성이 음이면, ~~소득효과와 대체효과 모두 위험자산에 대한 투자를 줄인다.~~
  ↳ 소득효과는 위험자산에 대한 투자를 늘리고, 대체효과는 위험자산에 대한 투자를 줄이므로 불분명하다.

⑤ 위험부담 행위의 소득탄력성이 양이면 ~~소득효과와 대체효과가 발생하지 않아 위험자산에 대한 투자는 불변이다.~~
  ↳ 소득효과와 대체효과 모두 위험자산에 대한 투자를 줄인다.

유사문제 CHECK
2025년 13번
2021년 17번

합격의 TIP
매년 출제되는 중요한 주제는 아니지만, 하단의 관련이론의 내용 정도는 기억해두자

관련이론 조세와 위험부담

(1) 위험자산에 비례소득세를 부과하고 손실상계가 허용되지 않는 경우

가격효과 (조세부과에 따라 투자 수익률이 감소)	소득효과	위험자산 = 정상재 위험자산 투자 감소, 안전자산 투자 증가 (위험부담 행위의 소득탄력성이 양인 경우)
		위험자산 = 열등재 위험자산 투자 증가, 안전자산 투자 감소 (위험부담 행위의 소득탄력성이 음인 경우)
	대체효과	위험자산 투자 감소, 안전자산 투자 증가

(2) 위험자산에 비례소득세를 부과하고 손실상계가 허용되는 경우
  경제적 효율성은 불분명하며, 반드시 위험부담 행위가 증가

문제 26 조세의 전가와 귀착

유 형	이론형
중요도 ★★☆	정답 ④

정답해설

④ 독점시장에서 소비자에게 과세하는 경우 종가세와 종량세로 인한 조세수입이 같다면, ~~종가세의 생산량보다 종량세의 생산량이 더 많아진다.~~
  → 종가세의 생산량이 종량세의 생산량보다 더 많아진다.

문제 27 조세의 경제적 효과

유 형	이론형
중요도 ★★★	정답 ⑤

정답해설

근로소득세(비례소득세)와 노동공급 *관련이론

① 여가가 정상재일 때, 비례소득세 부과로 인한 대체효과가 소득효과보다 크면 노동공급은 ~~늘어난다.~~
  → 감소한다.

② 여가가 정상재일 때, 비례소득세와 동일한 조세수입을 가져다주는 비왜곡적인 정액세를 부과하는 경우 ~~노동공급에 미치는 효과는 동일하다.~~
  → 노동공급은 증가한다.

③ 여가가 열등재일 때, 비례소득세 부과로 인한 대체효과가 소득효과보다 크면 노동공급은 ~~늘어난다.~~
  → 감소한다.

④ 여가가 열등재일 때, 비례소득세와 동일한 조세수입을 가져다주는 비왜곡적인 정액세를 부과하는 경우 ~~노동공급에 미치는 효과는 동일하다.~~
  → 노동공급은 감소한다.

✔ 유사문제 CHECK
2025년 18번, 2024년 13번
2023년 10번, 2021년 16번
2018년 13번, 2017년 12번
2017년 18번

합격의 TIP

매우 자주 출제되는 분야이다. 이런 문제의 경우, 관련이론에 첨부한 표를 자기만이 볼 수 있는 표로 암기하여 간단하게 시험지 옆에 메모하고 푸는 것이 시간을 절약할 수 있다. 참고로 저자의 경우 아래 하단의 표를 다음처럼 축약해서 적어놓고 푸는 연습을 했다.

> **관련이론** 근로소득세(비례소득세)와 노동공급

(1) 근로소득세(비례소득세)가 노동공급에 미치는 영향

가격효과	소득효과	시간당 임금이 감소함에 따라 실질소득이 감소하게 됨 • 여가 = 정상재인 경우 : 여가는 감소, 노동공급은 증가 • 여가 = 열등재인 경우 : 여가는 증가, 노동공급은 감소
	대체효과	시간당 임금이 감소함에 따라 여가의 기회비용이 감소하게 됨 • 여가는 증가, 노동공급은 감소

• 여가 = 정상재인 경우
 - 소득효과 > 대체효과 : 노동공급은 증가
 - 소득효과 < 대체효과 : 노동공급은 감소
※ 사람들은 효용에 따라 선택하므로, 노동공급은 소득효과와 대체효과에 따라 결정됨에 주의한다.

(2) 근로소득세(비례소득세)와 노동공급곡선

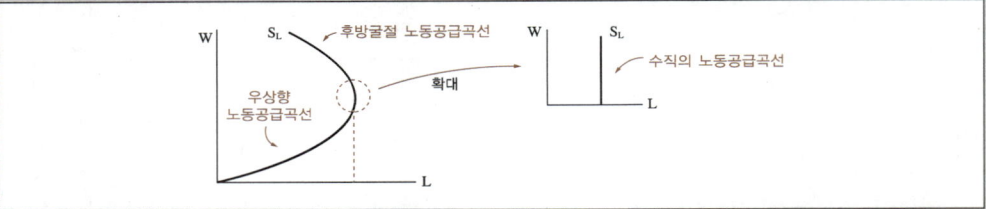

1) 후방굴절 노동공급곡선(실질임금 감소 → 노동 증가)
 여가 = 정상재 & 소득효과 > 대체효과
2) 우상향 노동공급곡선(실질임금 감소 → 노동 감소)
 여가 = 열등재
 여가 = 정상재 & 소득효과 < 대체효과
3) 수직의 노동공급곡선(실질임금 불변 → 노동 불변)
 여가 = 정상재 & 소득효과 = 대체효과

문제 28 최적과세론

유 형	이론형
중요도	★★☆	정답	⑤

> **정답해설**

ㄱ, ㄴ. 스턴(Stern)의 최적과세론 *관련이론*
ㄷ. 비선형소득세의 경우 소득수준이 높아질수록 한계세율이 점점 높아지므로, 수직적 공평을 제고하는 데는 선형소득세보다 비선형소득세가 더 효과적이다. *관련이론*

> **관련이론** 최적선형소득세(Stern)의 연구

(1) 가 정
 여가와 소득에 대한 선호가 동일하며, 여가와 소득 간의 대체탄력성이 일정하다면 최적선형누진세의 세율을 계산할 수 있음
(2) 최적소득세율을 결정하는 요인
 1) 공평에 대한 사회적인 선호가 클수록 최적한계세율은 높음
 2) 노동공급이 탄력적일수록 최적한계세율은 낮음
 3) 조세수입목표가 클수록 최적한계세율은 높음
 4) 사회구성원의 능력차이(기술분포)가 클수록 최적한계세율은 높음
 ※ 스턴(Stern)의 실증연구결과에 따르면 최적한계세율은 그리 높지 않은 것으로 나타남

문제 29 조세의 전가와 귀착

유 형	이론형
중요도 ★★★	정답 ③

정답해설

극단적인 경우의 조세부담 *관련이론

① 노동의 수요탄력성이 무한히 클 경우 근로소득세는 <u>고용주</u>가 모두 부담한다.
  노동공급자, 수요가 완전탄력적이면 생산자가 조세 전부를 부담한다. 근로소득세의 경우에는 생산자가 노동공급자가 되고, 고용주가 노동 수요자이다. 따라서, 노동의 수요탄력성이 무한히 클 경우 근로소득세는 노동공급자가 모두 부담하게 되는 것이다.

② 자본에 과세하는 경우 자본의 개방도가 높을수록 <u>자본공급자</u>의 부담은 높아진다.
  └ 자본수요자

④ <u>토지의 공급이 신축적일 경우</u> 토지에 대한 과세는 완전한 자본화를 가져온다.
  └ 토지의 공급이 고정되어 있을 경우

⑤ 노동의 공급탄력성이 매우 작을 경우 근로소득세는 <u>고용주</u>가 대부분 부담한다.
  노동공급자, 공급이 완전비탄력적일 경우에는 생산자가 조세 전부를 부담한다. 근로소득세의 경우에는 생산자가 노동공급자가 되고, 고용주가 노동수요자이다. 따라서 노동의 공급탄력성이 매우 작을 경우 근로소득세는 노동공급자가 대부분 부담하게 된다.

유사문제 CHECK
2017년 1번

합격의 TIP
조세의 전가와 귀착에 관련된 주제가 출제된다면, 가장 먼저 수험생의 머릿속에 떠올라야 하는 개념은 '탄력성이 큰 쪽이 조세부담을 많이 진다.'는 것이다. 자주 출제되는 주제이므로 탄력성과 조세부담의 정도에 대해서는 꼭 알아두도록 하자

관련이론 극단적인 경우의 조세부담

수요가 완전탄력적인 경우 : 조세의 전부를 생산자가 부담

생산자 부담: $P_0 - P^b = T$

수요가 완전비탄력적인 경우 : 조세의 전부를 소비자가 부담

소비자 부담: $P_0 + T - P_0 = T$

공급이 완전탄력적인 경우 : 조세의 전부를 소비자가 부담

소비자 부담: $P_0 + T - P_0 = T$

공급이 완전비탄력적인 경우 : 조세의 전부를 생산자가 부담

생산자 부담: $P_0 - P_c = T$

※ 공급곡선이 완전비탄력적이거나, 수요곡선이 완전비탄력적인 경우에는 초과부담이 발생하지 않는다.
※ 공급곡선이 완전비탄력적인 경우 나타나는 현상을 '조세의 자본화'라고도 한다.

문제 30 최적과세론

유형	계산형
중요도 ★★☆	정답 ②

정답해설

문제에서 효율성 상실의 극소화라고 주어졌기 때문에 램지의 가격설정이론이 떠올라야 한다.

램지(Ramsey)의 가격설정이론

$$\frac{\frac{P_X - MC_X}{P_X}}{\frac{P_Y - MC_Y}{P_Y}} = \frac{\varepsilon_Y}{\varepsilon_X}$$

위의 식에 $MC_X = 20$, $MC_Y = 30$, $P_X = 25$, $P_Y = 50$, $\varepsilon_Y = 1$을 각각 대입

$$\frac{\frac{25-20}{25}}{\frac{50-30}{50}} = \frac{1}{\varepsilon_X}$$

$\therefore \varepsilon_X = 2$

합격의 TIP

램지(Ramsey)의 가격설정이론은 향후에도 출제될 가능성이 있으므로, 해당 식을 반드시 암기해두고, 관련학습이 필요한 수험생은 2018년 2번 문제를 참고하자

문제 31 외부성

유형	이론형
중요도 ★★★	정답 ④

정답해설

코즈정리가 성립할 수 있는 조건 *관련이론

①, ②, ③, ⑤ 코즈정리란, 외부성을 해결하기 위한 방안으로서, 재산권(소유권)이 적절하게 설정되면 자발적인 협상에 의하여 시장실패를 해결할 수 있다는 정리이다. 이해당사자 중 가해자와 피해자를 명확하게 구분하지 않더라도 재산권이 적절하게 설정된다면, 코즈정리를 적용할 수 있다. 또한, 자발적인 협상으로 해결되기 때문에, 거래비용(협상비용)이 낮아야 적용이 용이하다.

④ 외부성 문제 해결에 있어서 **효율성과 형평성을 동시에 고려하는 해결방안이다.**
↳ 효율성을 고려하는 해결방안이다. 형평성은 고려하지 않는다.

유사문제 CHECK

2024년 30번
2022년 26번
2021년 25번
2020년 29번
2018년 28번
2017년 32번

합격의 TIP

외부성을 해결하는 방법에서 주로 출제되는 것은 오염배출권과 피구세가 빈도가 가장 높지만, 코즈정리도 종종 출제된다. 2016년의 경우, 현재 문제에서도 코즈정리가 출제되었지만 23번 문제의 ④번 지문에도 코즈정리에 대한 정의가 출제되었음을 알 수 있다. 코즈정리는 꼭 학습해두자

관련이론   **코즈정리**

(1) 코즈정리가 성립할 수 있는 조건
  1) 협상비용이 무시할 정도로 작아야 함
  2) 협상으로 인한 소득재분배가 각 개인의 한계효용에 영향을 미치지 않아야 함
     (= 효용함수에 변화가 없어야 함 = 선호체계를 왜곡시키지 않아야 함)
  3) 외부성에 관한 재산권을 설정할 수 있어야 함(누구에게 재산권을 귀속시킬지는 관련이 없음)
  4) 재산권이 설정된 후, 당사자 간의 자발적 협상에 의해 자원이 배분되어야 함

(2) 코즈정리의 결과
  재산권이 누구에게 주어지는지는 소득분배에 영향을 미칠 뿐, 재산권이 누구에게 주어지는지와 관계없이(효율성과는 상관없이) 오염배출량은 동일한 수준으로 결정됨

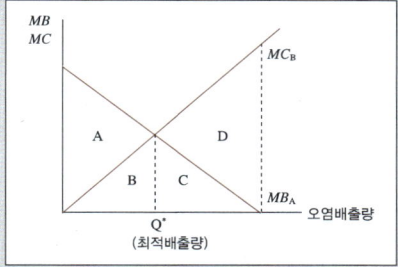

재산권이 기업 A에 있는 경우	최소보상금액 C ~ 최더보상금액 C + D
재산권이 기업 B에 있는 경우	최소보상금액 B ~ 최더보상금액 A + B

(3) 코즈정리의 단점
  1) 협상비용이 크면 적용이 불가
  2) 이해당사자가 누구인지 정확히 알 수 없는 경우가 존재
  3) 정보의 비대칭성이 존재할 경우, 협상을 통한 해결이 불가
  4) 협상능력에 있어서 차이가 존재할 수 있음
  5) 외부성의 정확한 측정 문제

문제 32 공공재이론

유 형	이론형
중요도 ★★☆	정답 ③

정답해설

① 비배제성이 존재할 경우에도 공공재의 정확한 수요를 도출할 수 있다.
  → 경우에는 공공재의 정확한 수요를 도출할 수 없다. 공공재의 비배제성으로 인하여 자신의 수요를 표현하지 않는 소비자들이 존재하며, 무임승차 문제가 발생할 수 있다.

② 공공재의 전체 수요곡선은 개별수요곡선을 수평으로 합계한 것이다.
  수직. 이는 공공재의 특징 중 비경합성 때문이다.

④ 파레토 효율은 공공재 개별 이용자의 한계편익과 한계비용이 일치할 때 달성된다.
  ↳ 개별 이용자의 한계편익의 합과 사회적 한계비용이 일치할 때 달성된다.

⑤ 공공재의 각 이용자가 부담하는 공공재 가격은 공급에 따르는 한계비용과 일치한다.
  ↳ 개별수요곡선의 높이와

문제 33	조세의 기초이론		유 형	이론형
			중요도	★☆☆ 정답 ③

정답해설

② 일반적으로 편익원칙에 따라 과세하는 것은 불가능하나 정부가 공급하는 재화나 서비스 중 사용재의 성격을 갖고 있어 배제가 가능한 경우에는 이익설에 따른 과세가 가능하다. 이를 '응익과세'라고도 부르며, 수수료, 통행료, 전기나 수도의 사용료 등이 이에 속한다.

③ 공공서비스로부터의 편익에 비례해 부담하기 때문에 무임승차 문제가 발생할 수 없다.
→ 무임승차 문제가 발생한다. 공공서비스의 경우 편익에 비례해 부담한다면, 사람들은 자신이 받는 편익의 크기를 제대로 밝히지 않고, 무임승차 문제가 발생하게 된다.

④ 빅셀, 린달 등에 의해 발전한 이론이며 빅셀이 제시한 자발적 교환(일종의 만장일치)이론에 근거하고 있다.

⑤ 이익설은 소득재분배를 위해 필요한 정부지출 재원을 조달하기 어렵고, 경제안정화를 위한 정부지출 가능성을 배제하는 단점이 있다.

관련이론 편익원칙

(1) 편익원칙(= 이익원칙, 응익과세)
  1) 각 개인이 공공서비스로부터 얻는 편익에 비례하여 조세를 부담하며, 빅셀, 린달 등에 의해 발전되어왔음
  2) 조세의 부과는 공공서비스에 대한 수요의 소득탄력성에 의해 결정
    • 소득탄력성 > 1 : 누진세
    • 소득탄력성 = 1 : 비례세
    • 소득탄력성 < 1 : 역진세

(2) 편익원칙(= 이익원칙, 응익과세)의 문제점
  1) 개개인의 편익을 측정하기 어려움
  2) 무임승차자의 문제가 발생할 수 있음
  3) 조세제도를 통한 소득재분배 가능성을 배제
  4) 경제안정화를 위한 정부지출 가능성을 배제
  5) 공공지출의 특성에 따라 조세제도가 달라짐
  단, 정부가 공급하는 재화나 서비스 중 사용재의 성격을 갖고 있기 때문에 배제가 가능한 경우에는 편익원칙에 따른 과세가 가능함에 주의(예 통행료, 전기사용료 등)

문제 34 조세의 전가와 귀착

유형: 계산형
중요도: ★★★
정답: ④

정답해설

1 한계비용 구하기

$TC = \frac{1}{2}Q^2 + 10Q + 20$

$MC = Q + 10$

2 조세부과 전 시장수요곡선 : $Q = 300 - 3P$, $P = 100 - \frac{1}{3}Q$

MR은 시장수요곡선과 절편이 같고 기울기가 2배 가팔라짐

$MR = 100 - \frac{2}{3}Q$

3 소비자에게 조세부과 후 수요곡선의 변화

$P = 100 - \frac{1}{3}Q - 20$

$P' = 80 - \frac{1}{3}Q$

4 조세부과 후 MR의 변화

$MR' = 80 - \frac{2}{3}Q$

5 조세부과 전 이윤극대화 수량 및 가격

$MR = MC$

$100 - \frac{2}{3}Q = Q + 10$

→ $Q = 54$(세전균형거래량 : 54 … ①)

→ $P = 100 - \frac{1}{3}Q$에 $Q = 54$ 대입 시 $P = 82$(세전균형가격 : 82 … ②)

6 조세부과 후 이윤극대화 수량 및 가격

$MR' = MC$

$80 - \frac{2}{3}Q = Q + 10$

→ $Q = 42$(세후균형거래량 : 42 … ③)

→ $P' = 80 - \frac{1}{3}Q$에 $Q = 42$ 대입시 $P = 66$

①, ②, ③은 위의 과정을 통해 답의 확인이 가능하다.

④ 소비자가 실제로 부담하는 단위당 세금은 ~~12이다.~~
→ 4이다. 조세부과 후 소비자는 66 + 20(소비자에게 부과하는 조세) = 86을 부담한다. 따라서 조세부과 전에는 82원을 부담하나, 조세부과 후 86을 부담하므로 소비자가 실제로 부담하는 세금은 4이다.

⑤ 소비자에게 20의 조세를 부과하였으나, 소비자가 실제로 부담하는 단위당 세금이 4이므로 공급자가 실제로 부담하는 단위당 세금은 16이다.

유사문제 CHECK

2023년 5번
2022년 15번
2021년 8번
2020년 27번
2018년 11번
2017년 20번

문제 35 개별조세이론

유 형	이론형
중요도 ★☆☆	정답 ④

정답해설

① 소득세의 면세점이 인상되면 저소득층의 조세부담이 감소하게 된다. 따라서 저소득층의 실질소득은 증가한다. *관련이론1

② 재산세의 증세로 인해, 부동산소유자는 이전보다 재산세를 더 많이 납부하게 된다. 따라서 부동산소유자의 실질소득은 감소하고, 보유하고 있는 재산수익률은 낮아지게 된다. *관련이론2

③ 여가가 정상재인 경우, 근로소득세가 감면되거나 부과되었을 경우 저소득층과 고소득층 모두 노동공급의 증감은 불확실하다.

④ 자원배분의 효율성이 증진된다.
  ↳ 불분명하다. 소득세 면세점 인상과 재산세의 증세가 동시에 일어난다면, 소득세 면세점 인상으로 인한 저소득층의 실질소득 증가와 재산세 부과대상 납세자의 실질소득이 감소하므로 자원배분의 효율성 여부를 정확히 판단할 수 없다.

⑤ 소득세의 면세점 인상은 주로 저소득층이 혜택을 보며, 재산세 증세는 주로 고소득층이 혜택을 보게 된다. 따라서 소득분배의 형평성을 제고할 수 있다.

관련이론1 소득세

(1) 능력원칙에 따른 누진과세가 이루어지며, 공평성을 실현할 수 있는 가장 대표적인 조세

(2) 개인의 노동공급, 저축, 위험부담 행위 등과 관련된 의사결정에 중대한 영향을 미침

(3) 우리나라 소득세법의 특징 : 순자산증가설을 일부 수용한 소득원천설에 따른 과세, 실현된 소득에 대한 과세, 자본이득, 귀속소득·이전지출·현물급여는 비과세

관련이론2 재산세

(1) 자산의 보유에 대한 과세

(2) 부과목적 : 편익원칙과 능력원칙의 실현, 소득세의 보완, 부의 집중 완화, 정책적인 목적

(3) 토지에 대한 재산세

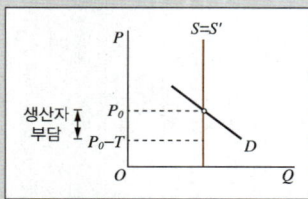

- 토지의 공급곡선 : 수직
- 100% 토지 소유자에게 귀착됨
- 토지 소유자의 세전수익률은 불변, 세후수익률은 하락

(4) 건물에 대한 재산세

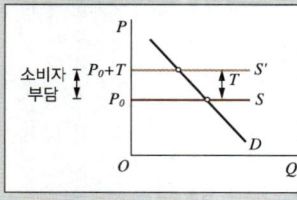

- 건물의 공급곡선 : 수평(장기적으로 공급은 완전탄력적이라고 보는 경우)
- 100% 임차인에게 전가(역진적)
- 건물 소유자의 세전수익률은 상승, 세후수익률은 조세부과 전과 동일

문제 36   조세의 전가와 귀착

유형: 이론형
중요도: ★★★
정답: ③

정답해설

① 독점적 경쟁시장의 상품에 과세한 경우, 기업이 충성고객을 확보하였을 때는 <u>전가가 어렵다.</u>
  ↳ 전가가 쉽다. 충성고객의 가격탄력성은 매우 낮으므로 가격이 변동되어도, 과세된 상품을 그대로 쓸 확률이 높기 때문에 조세 전가가 수월하다.

② 독점적 경쟁시장의 상품에 과세한 경우, 상품에 이질성이 높으면 <u>전가가 어렵다.</u>
  → 전가가 쉽다. 이질성이 높다는 것은 상품이 차별화 되어 있단 것이므로, 대체재를 찾기 어렵단 것이다. 따라서 소비자에게 전가가 쉬워진다.

④ 완전경쟁시장 개별 기업의 상품에 과세한 경우에 비해 <u>전가가 어렵다.</u>
  → 전가가 쉽다. 완전경쟁시장에 비해 독점적 경쟁시장은 시장지배력을 가지고 있으므로 완전경쟁시장에 비해 조세의 전가가 쉽다.

⑤ 독점적 경쟁시장의 상품에 과세한 경우, 상품에 동질성이 높으면 <u>전가가 용이하다.</u>
  ↳ 전가가 어렵다. 앞서 본 ②번 지문과 반대의 개념이다. 동질성이 높다는 것은 상품이 비슷하므로 대체재를 찾기가 더 쉽기 때문에 수요의 가격탄력성이 낮다. 따라서 조세의 전가가 어렵다.

유 형		이론형	
중요도	★★☆	정답	②

문제 37 최적과세론

정답해설

중립성이란 상대가격의 변화로 인한 대체효과가 발생하지 않는 것으로서, 소비자 선택에 교란을 발생시키지 않아야 한다.

①, ③, ④, ⑤의 경우에는 세금을 부과해도 상대가격의 변화가 생기지 않으므로 중립성을 저해하지 않는다. 따라서 정답은 ②번이다.

② 소득세를 부과한 이후에 **특정 재화에 물품세를 부과한다.**
↳ 모든 재화에 1원당 같은 세율의 물품세를 부과한다. 소득세를 부과한 이후 특정재화에 물품세를 부과하면 재화의 상대가격이 변하게 된다. 따라서 대체효과가 발생하고 소비자 선택에 교란이 발생하므로 중립성을 저해한다.

> **합격의 TIP**
> '중립성' 또는 '중립적인 조세'란 단어가 보이면, 초과부담이 없는 이상적인 조세에 대한 문제라는 것을 예측해야 한다.

관련이론 이상적인 조세

(1) 효율성(초과부담이 낮은 조세)이 높은 조세
  1) 조세를 부과하면 상대가격체제의 교란(= 대체효과)이 발생하기 때문에 민간의 의사결정이 왜곡되므로 후생이 감소(초과부담)
  2) 초과부담이 발생하지 않는 경우 : 중립세
    ① 초과부담이 0인 세금
    ② 대체효과가 0인 세금으로 소득효과만 발생
    ③ 상대가격체계 교란이 발생하지 않음
    ④ 민간의 의사결정 왜곡이 발생되지 않음
  ※ 현실에는 존재하지 않고 이론적으로만 존재한다. 근접한 건 인두세지만, 인두세도 장기적으로 보면 중립세로 볼 수 없다.

(2) 조세부담의 공평성이 지켜지는 조세
  1) 편익원칙 : 편익을 받는 사람이 조세를 부담
  2) 능력원칙 : 능력에 따라 조세를 부담
    ① 수평적 공평성 : 동일능력을 가진 납세자에게는 같은 세금을 부과하는 것
    ② 수직적 공평성 : 더 큰 능력을 가진 납세자에게는 더 많은 세금을 부과하는 것

(3) 행정적으로 단순한 조세
  행정적으로 단순한 조세는 징세비용과 납세협력비용이 감소하기 때문에, 탈세를 방지할 수 있음

(4) 신축성이 높은 조세
  신축성이 클수록(누진성이 높을수록) 조세의 경기조절 기능이 높아짐

(5) 정치적 책임성이 있는 조세
  조세는 조세법률주의에 근거하여 부과하고, 가급적이면 직접세 위주의 조세를 부과하는 것

유 형	이론형
중요도 ★★☆	정답 ①

문제 38 경제적 효율성과 시장실패

정답해설

① 도덕적 해이의 축소와 ~~역선택의 확대~~ *관련이론
　　　　　　　　　　↳ 역선택의 축소

②, ③, ④, ⑤ 불확실성 완화방안

> **합격의 TIP**
> 자주 출제되는 주제는 아니지만, 반드시 맞추어야 하는 문제이다. 도덕적 해이와 역선택을 이해하고, 두 가지를 구분할 수 있다면 관련된 주제의 시험준비는 충분하다.

관련이론 도덕적 해이와 역선택

(1) 도덕적 해이

감추어진 행동의 상황에서 어떤 계약이 이루어진 이후에 정보를 가진 측이 바람직하지 못한 행동을 하는 현상

도덕적 해이가 발생하는 장소	해결방안
보험시장	공동보험제도, 기초공제제도
금융시장	담보제도, 감시제도, 보증인제도
노동시장	승진제도, 포상과 징계의 활용, 효율성임금

(2) 역선택
　1) 감추어진 특성의 상황에서 정보수준이 낮은 측이 바람직하지 못한 상대방과의 거래(낮은 품질의 재화를 구입)할 가능성이 높아지는 현상
　2) 해결방안 : 선별*, 신호발송, 신용할당제도, 효율성임금 등을 활용
　　　* 선별 : 정보를 갖지 못한 측에서 주어진 자료(불충분한 자료)를 이용하여 상대방의 특성 파악

※ 도덕적 해이와 역선택의 가장 큰 구분은 역선택은 사전적 선택 시 발생하는 문제이고, 도덕적 해이는 사후적으로 일어나는 행동이라는 점이다.

유 형	이론형
중요도 ★★☆	정답 ⑤

문제 39 소득분배 및 사회보장

정답해설

교육바우처제도란 정부가 학부모에게 학비로 사용할 수 있는 일정 금액의 쿠폰을 지급하는 제도로, 교육바우처가 지급되면 자녀의 교육비에 더 많은 금액을 사용할 수 있게 된다.

따라서 부모들은 자녀를 사립초등학교에 보내고자 할 것(①)이고, 이전에 사립초등학교에 보낼 수 없던 부모들의 선택 폭도 늘어나게 된다(②). 이러한 경제적 상황이 반영되면 사립초등학교 지원율은 자연스럽게 높아진다.(①) 그리고 사립초등학교의 선택이 쉬워짐에 따라 공립초등학교에도 경쟁의 원리가 도입되어 더 나은 교육서비스를 제공하고자 할 것이다(④). 또한 사립초등학교에 대한 수요가 증가함에 따라 사립초등학교의 신설이 늘어날 것이다(③).

하지만 공립초등학교의 경우에는 수요가 감소하게 되므로, 공립초등학교의 신설이 늘어나진 않을 것이다.

⑤ 공립초등학교의 신설이 ~~늘어날 것이다~~.
  ↳ 줄어들 것이다.

합격의 TIP

교육바우처제도에 대해 인지하고 있지 못해도 이 제도가 현금보조인지, 현물보조인지, 가격보조인지 간파할 수 있다면 풀 수 있는 문제이다.

유 형	이론형
중요도 ★★☆	정답 ②

문제 40 비용편익분석

정답해설

① **조건부가치측정법**은 현시된 선호에 기초해 환경의 질 개선에 대해 사람들이 지불
   ↳ 현시선호법
   할 용의가 있는 금액을 편익으로 측정하는 방법이다.

③ **헤도닉가격접근법**은 환경질 악화로 손실을 본다고 느끼는 사람들에게 이를 개선
   ↳ 지불의사접근법
   하기 위해 지불할 용의가 있는 금액을 편익으로 측정하는 방법이다.

④ **지불의사접근법**은 환경재의 질적 개선으로 인한 가격상승폭을 편익으로 측정하
   ↳ 조건부가치평가법
   는 방법이다.

⑤ 여행비용접근법은 환경재를 이용함에 있어 가상적인 효과를 제시하고, 이를 통해
   얼마만큼 지불할 용의가 있는지를 묻는 방법을 통해 측정하는 방법이다.
   ↳ 특정 지역을 사람들이 자발적으로 방문하는 경우 방문자들이 지출하는 여행비용과 시간을 계산하여 그 환경의
      가치를 측정하는 방법

관련이론 환경의 가치평가 방법

(1) **지불의사접근법** : 환경이 개선되었을 때 소비자가 동일한 효용을 유지하는 데 소요되는 지출액 감소분을 측정하는 방법

(2) **회피행위접근법** : 환경오염으로 인한 고통을 회피하기 위해 지불할 용의가 있는 금액을 측정하는 방법

(3) **헤도닉가격접근법** : 환경이 가지고 있는 여러 특성을 주택가격과 연결한 함수를 이용하여, 환경의 질 개선이 주택가격 상승에 미치는 정도를 측정하여 환경개선의 편익을 측정하는 방법

(4) **조건부가치평가법** : 설문조사를 통하여 환경재의 질적 개선으로 인한 가격상승폭을 편익을 측정하는 방법

(5) **여행비용접근법** : 특정 지역을 사람들이 자발적으로 방문하는 경우 방문자들이 지출하는 여행비용과 시간을 계산하여 그 환경의 가치를 측정하는 방법

작은 기회로부터 종종 위대한 업적이 시작된다.

– 데모스테네스 –

2026 세무사 1차 재정학 10개년 기출문제해설

개정7판1쇄 발행	2026년 01월 05일 (인쇄 2025년 10월 30일)
초 판 발 행	2019년 03월 05일 (인쇄 2019년 01월 23일)
발 행 인	박영일
책 임 편 집	이해욱
편 저	송지은
편 집 진 행	김준일 · 백한강 · 권민협
표지디자인	김도연
편집디자인	차성미 · 고현준
발 행 처	(주)시대고시기획
출 판 등 록	제10-1521호
주 소	서울시 마포구 큰우물로 75 [도화동 538 성지 B/D] 9F
전 화	1600-3600
팩 스	02-701-8823
홈 페 이 지	www.sdedu.co.kr
I S B N	979-11-434-0294-3 (13320)
정 가	23,000원

※ 이 책은 저작권법의 보호를 받는 저작물이므로 동영상 제작 및 무단전재와 배포를 금합니다.
※ 잘못된 책은 구입하신 서점에서 바꾸어 드립니다.

나는 이렇게 합격했다

당신의 합격 스토리를 들려주세요
추첨을 통해 선물을 드립니다

베스트 리뷰
갤럭시탭 / 버즈 2

상/하반기 추천 리뷰
상품권 / 스벅커피

인터뷰 참여
백화점 상품권

이벤트 참여방법

합격수기
시대에듀와 함께한 도서 or 강의 **선택** ▷ 나만의 합격 노하우 정성껏 **작성** ▷ 상반기/하반기 추첨을 통해 **선물 증정**

인터뷰
시대에듀와 함께한 강의 선택 ▷ 합격증명서 or 자격증 사본 **첨부**, 간단한 소개 작성 ▷ 인터뷰 완료 후 백화점 상품권 증정

이벤트 참여방법
다음 합격의 주인공은 바로 여러분입니다!

QR코드 스캔하고 ▷▷▷
이벤트 참여하여 푸짐한 경품받자!

합격의 공식
시대에듀

세무사 1차 시험

기출문제해설 도서로 *단기간 합격*을 안내합니다.

1차 시험 이렇게 준비하라!

- **회독과 반복**
  - 생소한 개념, 어려운 용어 반복적 학습
  - 계산문제는 반드시 손으로 풀어보기

- **선택과 집중(8-8-4-4 전략)**
  - 선택과목과 재정학에서 80점 이상 득점
  - 세법학개론과 회계학개론에서 40점 이상 득점

- **오답 + 암기노트**
  - 시험 전날 꼭 봐야 할 암기사항 정리
  - 자주 틀리는 오답사항 정리

시대에듀 세무사 1차 시험 기출문제도서가 합격을 안내합니다.

- **연도별 문제풀이**
  최근 10년간 연도별 기출문제로 실전연습

- **상세한 해설**
  혼자서도 학습이 가능한 정확하고 상세한 해설

- **동영상 강의 예정**
  전문강사의 기출문제해설 유료 동영상 강의

1차 시험 합격을 안내하는 시대에듀 기출문제해설 도서

2026 시대에듀 세무사 1차
재정학 10개년 기출문제해설

10개년 기출문제 + **상세한 해설** + **유사문제 체크와 관련 핵심이론**

- 연도별(2025~2016) 기출문제
- 한눈에 비교가능한 첨삭식 해설
- 관련 핵심이론과 유사문제 수록

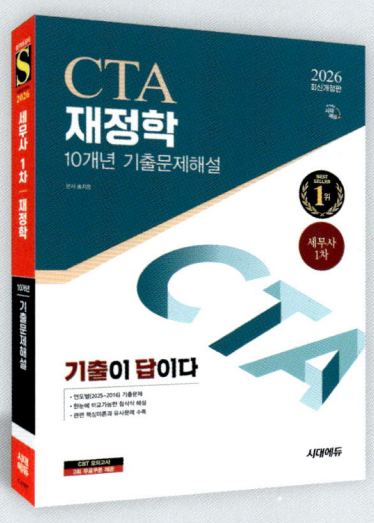

세무사 1차 시험
시험의 처음과 끝

시대에듀 세무사 1차 시험 기출문제해설 도서

세무사 1차 회계학개론
기출문제해설(4×6배판)

세무사 1차 세법학개론
기출문제해설(4×6배판)

세무사 1차 재정학
기출문제해설(4×6배판)

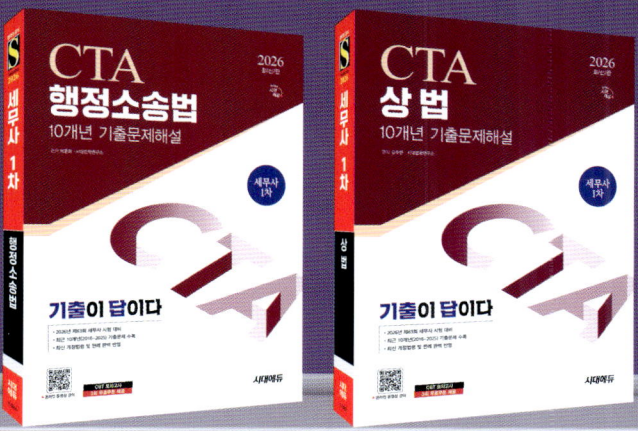

세무사 1차 행정소송법
기출문제해설(4×6배판)

세무사 1차 상법(회사법)
기출문제해설(4×6배판)

※ 본 도서의 이미지는 변경될 수 있습니다.